Каббала
ДЛЯ НАЧИНАЮЩИХ

УЧЕБНОЕ ПОСОБИЕ

МЕЖДУНАРОДНАЯ
АКАДЕМИЯ
КАББАЛЫ

Каббала для начинающих. Учебное пособие.
Laitman Kabbalah Publishers, 2019. — 664 с.
Напечатано в Израиле.

Kabbalah for Beginners: a text book
Laitman Kabbalah Publishers, 2019. — 664 pages.
Printed in Israel.

ISBN 978-965-7577-92-9
DANACODE 760-137

Перед вами учебное пособие по каббале, которое дает вам уникальную возможность получить системные знания по каббале. Однако для чего вообще необходимо изучать эту науку?

Вся история человечества есть непрерывный поиск способа изменить окружающую природу, себя, общество с целью достичь лучшего состояния. Однако до сих пор никому так и не удалось в этом преуспеть.

Причина в том, что нашим миром управляет огромная система сил, называемая «Высший мир», не подвластная нашему вмешательству без тщательного изучения ее законов.

Каббала дает нам научное понятие об устройстве этой системы, о том, каким образом мы можем с ее помощью изменить судьбу — как свою собственную, так и всего человечества.

Я искренне желаю вам успехов в учебе и еще больших успехов в ее быстрейшем применении к вашей жизни.

Удачи!
М. Лайтман

Copyright © 2019 by Laitman Kabbalah Publishers
1057 Steeles Avenue West, Suite 532
Toronto, ON M2R 3X1, Canada
All rights reserved

Оглавление

Предисловие. ... 13
Несколько предварительных замечаний. ... 17
Таблица каббалистических терминов. ... 19

Методика изучения каббалы ... 21
  Содержание: ... 22
  Глава 1. Основы каббалы ... 23
    1.1. Вступление ... 23
    1.2. Цель обучения ... 24
    1.3. Основные разделы науки каббала. ... 25
    1.4. Исторический аспект каббалы ... 26
    1.5. Каббала как методика достижения подобия природе ... 28
    1.6. Суть каббалы ... 30
    1.7. Предмет изучения каббалы. ... 30
    1.8. Пути достижения Высшей цели. ... 31
    1.9. Две системы: нисхождение и подъем. ... 32
    1.10. Основные элементы мироздания ... 34
    1.11. На каких данных основана каббала ... 35
    1.12. Проблема реальности в каббале ... 35
    1.13. Абстрактные названия. ... 36
    1.14. Язык ветвей ... 36
  Глава 2. Учебный процесс ... 39
    2.1. Вступление ... 39
    2.2. Взаимодействие преподавателя и ученика. ... 40
    2.3. Роль преподавателя в каббале ... 41
    2.4. Каббалистические книги ... 42
    2.5. Краткое описание трудов Бааль Сулама ... 42
    2.6. Что подразумевается под учебой?. ... 43
    2.7. Цель изучения каббалы. ... 43
    2.8. Процесс обучения ... 44
    2.9. Самостоятельная работа и домашнее задание. ... 49
    2.10. Возможности изучения ... 49

Раздел I Восприятие реальности ... 51

Глава 1. Постижение действительности ... 53
1.1. Предисловие ... 53
1.2. Три составляющие реальности. ... 54
1.3. Как мы изменяем мир. ... 62
1.4. Каббала — наука о восприятии реальности ... 68
1.5. Что такое мир. ... 69
1.6. Закон подобия свойств ... 70
1.7. Вопросы и ответы ... 71
Тест ... 77
Дополнительный материал. ... 78

Глава 2. Способы восприятия действительности ... 81
2.1. Множественность подходов к восприятию реальности ... 81
2.2. Каббалистический метод восприятия реальности ... 84
2.3. Человек определяет свой мир ... 85
2.4. Все миры находятся внутри человека. ... 88
2.5. Воображаемый мир ... 89
2.6. Вопросы и ответы ... 94
Заключение ... 95
Тест ... 96
Дополнительный материал. ... 96

Раздел II Схема мироздания ... 99
Введение. ... 101

Глава 1. Замысел творения ... 105
1.1. Первопричина (Творец) ... 105
1.2. Действие света ... 106
1.3. Постижение действительности ... 107
1.4. Восприятие мира. ... 110
1.5. Свет бесконечности, Экран ... 112
1.6. 125 уровней восприятия ... 113
Тест ... 116

Глава 2. Развитие желания ... 117
2.1. Стадии распространения прямого света и развитие желания ... 117
2.2. Нулевая стадия — кетэр (бхина шорэш) ... 117
2.3. Первая стадия — хохма (бхина алеф) ... 118

2.4. Основные состояния творения	119
2.5. Вторая стадия – бина (бхина бэт)	121
2.6. Третья стадия – зэир анпин (тифэрэт) (бхина гимэль)	123
2.7. Четвертая стадия – малхут (бхина далет)	126
Тест	130

Глава 3. Зарождение творения ... 131
- 3.1. Мир Бесконечности (олам Эйн Соф) ... 131
- 3.2. Духовные органы ощущений ... 132
- 3.3. Ступени восприятия действительности ... 133
- 3.4. Мир Сокращения (олам Цимцум), малхут – творение ... 135
- 3.5. Как происходит наполнение малхут ... 140
- Тест ... 143

Глава 4. Возникновение миров ... 145
- 4.1. Построение парцуфа ... 145
- 4.2. Порядок вхождения света в кли ... 147
- 4.3. Мир Адам Кадмон ... 150
- 4.4. Особенность парцуфа САГ ... 156
- Тест ... 163

Глава 5. Краткое повторение пройденного материала ... 165
- 5.1. Стадии творения и развития кли ... 165
- 5.2. Десять сфирот ... 167
- 5.3. Каббалистические определения ... 167
- 5.4. Мир Сокращения ... 167
- 5.5. Экран и отраженный свет ... 170
- 5.6. Рош – тох – соф – парцуф (душа) ... 171
- 5.7. Возникновение миров ... 171
- Тест ... 175

Глава 6. Соединение свойств Творца и творения ... 177
- Вступление ... 177
- 6.1. Свойство бины и свойство малхут ... 178
- 6.2. Соединение свойств бины с малхут ... 181
- Тест ... 185

Глава 7. Разбиение сосудов ... 187
- 7.1. Смысл разбиения ... 187
- 7.2. Второе сокращение (цимцум бэт) ... 188
- 7.3. Смешение бины и малхут ... 190
- Тест ... 193

Глава 8. Мир исправления ... 195
    8.1. Принцип исправления ... 195
    8.2. Мир Ацилут, мир Исправления ... 197
    8.3. Система миров БЕА ... 200
    8.4. Исправление малхут ... 201
        Тест ... 202

Глава 9. Краткое повторение пройденного материала ... 203
    9.1. Адам – особый парцуф ... 203
    9.2. Разбиение сосудов ... 205
    9.3. Следствие разбиения ... 205
    9.4. Порядок исправления ... 206
    9.5. Исправление АХАП ... 206
    9.6. Разделение Адама на души ... 207
    9.7. Путь человека ... 209
    9.8. Исправление – подобием ... 209
        Заключение ... 211
        Тест ... 212

Глава 10. Дополнительное занятие. Строение души Адама ... 215
    10.1. Адам Ришон – единая душа ... 215
    10.2. Адам Ришон относительно миров АБЕА ... 216
    10.3. Конструкция парцуфа Адам Ришон ... 221

Раздел III   Исследование мироздания ... 225
    Содержание: ... 226
    Глава 1. Четыре вида постижения ... 227
        1.1. Введение ... 227
        1.2. Познание в современной науке ... 230
        1.3. Постижение материи в науке каббала ... 232
        1.4. Вопросы и ответы ... 238
            Тест ... 241
            Дополнительный материал ... 242
    Глава 2. Область изучения ... 255
        2.1. Введение ... 255
        2.2. Основные определения ... 256
        2.3. Область исследований ... 257
        2.4. Вопросы и ответы ... 262

Заключение 263
Тест 263
Дополнительный материал. 264

Глава 3. Постижение методом уподобления 269
3.1. Выявление замысла — в достижении Цели 269
3.2. Ступени постижения 270
3.3. Подъем по ступеням. 271
3.4. Два аспекта силы, воздействующей на человека 273
3.5. Система миров — система отношений человека с Творцом 274
3.6. Скрытие и раскрытие Творца 275
3.7. Раскрытие ощущений зависит от намерения 276
3.8. Существование в намерении. 277
3.9. Намерение — это ощущение или разум? 280
3.10. Работа с намерением. 281
3.11. Качественная и количественная оценка в намерении 282
3.12. Духовный мир — это мир намерения 282
3.13. Разница между двойным и простым скрытием 283
3.14. Создание намерения. 285
3.15. Вопросы и ответы 286
Тест 289
Дополнительный материал. 290

Глава 4. Восхождение по ступеням миров 299
4.1. Четыре ступени развития желания 299
4.2. Строение желания. 301
4.3. Достижение Цели 303
4.4. Исправление человека 305
4.5. Подъем человека. 307
4.6. Вопросы и ответы 310
Заключение 311
Тест 312
Дополнительный материал. 313

Раздел IV Краткая история развития каббалы 333
Содержание: 334
Предисловие. 335
Глава 1. Шифр каббалистов. 337

Глава 2. От Адама к Аврааму 339
Глава 3. Об Аврааме 341
Глава 4. О Моше 345
Глава 5. Шимон бар Йохай и книга Зоар 349
Глава 6. АРИ и наука каббала 353
Глава 7. Бааль Шем Тов и хасидизм 357
Глава 8. Бааль Сулам и последнее поколение 361
Глава 9. РАБАШ и новая эпоха 367
Глава 10. Михаэль Лайтман и интегральный мир 371
Глава 11. Бней Барух 375

Раздел V Критика каббалы 377
  Содержание: 378
  Глава 1. Борьба противоположностей — получения и отдачи 379
  Глава 2. Объективная причина противоречий — противоположность получения и отдачи 381
  Глава 3. Субъективные причины противоречий: две части одного народа 383
  Глава 4. Отчужденность и раздробленность 385
  Глава 5. Отчужденность переходит в ненависть 387
  Глава 6. Политическая и идейная ангажированность 389
  Глава 7. Борьба за каббалу 391
  Глава 8. Почему люди по-прежнему настороженно относятся к каббале? 393
  Глава 9. Выводы: феномен критиков современной каббалы 395
  Заключение 397

Раздел VI Каббала и верования 401

Содержание: 402

Глава 1. Две реальности 403

Глава 2. Развитие представлений о Высшей силе 405

Глава 3. Сравнительный анализ каббалы и верований 407
   3.1. Постоянство Творца 407
   3.2. Молитва 407
   3.3. Заповеди — это внутренняя работа 408
   3.4. Осознание зла эгоистической природы 408
   3.5. Подобие Творцу 409
   3.6. Постижение или вера 409

Глава 4. Религиозная форма всех народов 411

Раздел VII Каббала и философия — сравнительный анализ 413

Содержание: 414

Предисловие 415

Глава 1. Каббалистическая и философская мысль в поисках ответа на «вечные вопросы» 419
   1.1. Человек и Природа 419
   1.2. Вопрос о происхождении мира и сущности человека в западной философии .. 420
   1.3. Кризис традиционных систем мышления 429
   1.4. Почему нужно сравнивать каббалу и философию 432
   1.5. Влияние каббалы на философию и науку 433
   Тест 443

Глава 2. Антагонизм каббалы и философии 445
   2.1. Предисловие 445
   2.2. Каббала и философия как разные способы исследования реальности 445
   2.3. Проблема определения «духовного» 446
   2.4. Различие между пониманием и постижением 452
   2.5. Вопрос о сути Высшей управляющей силы (Творца) 453
   Тест 454

Глава 3. Познание материи и формы 457
   3.1. Исследование материи и формы 457
   3.2. Материя и форма в каббале 465

3.3. О сущности и происхождении материи 470
3.4. Может ли духовное породить материальное 476
Тест 476

Глава 4. О строении мироздания и восприятии реальности 479
4.1. Строение и происхождение мироздания с точки зрения каббалы 479
4.2. О восприятии реальности 480
Тест 483
Заключение 483

Раздел VIII   Свобода выбора (на основе статьи Бааль Сулама «Свобода воли») 489

Содержание 490

Глава 1. Между наслаждением и страданием 491
1.1. Введение. 491
1.2. Суть свободы 494
1.3. Наша жизнь – между наслаждением и страданием 494
1.4. Кто определяет наши наслаждения? 497
Тест 499

Глава 2. Факторы, определяющие наше развитие 501
2.1. Четыре фактора 501
2.2. Основа – первичный материал данного создания, из которого оно возникло . 501
2.3. Неизменные свойства основы 502
2.4. Свойства, изменяющиеся под воздействием внешних сил 504
2.5. Изменения внешних сил 505
2.6. Свобода выбора 506
Тест 508

Глава 3. Влияние окружения 511
3.1. Краткое резюме предыдущих глав 511
3.2. Защита от влияния трех неизменных факторов 512
3.3. Власть разума над телом 513
3.4. Два пути управления 515
3.5. Следовать за большинством 518
Заключение 524
Тест 527

Раздел IX   Каббала как интегральная наука 529
    Содержание 530
        Предисловие 531
    Глава 1. Каббала и современные науки 533
        1.1. Картина мира 533
        1.2. Критерий ценности науки 538
        1.3. Ценность каббалы 539
        1.4. Причина малочисленности ученых-каббалистов 539
        1.5. Постижение – в усилиях 544
        1.6. Вопросы и ответы 545
        Тест 549
    Глава 2. Каббала — корень всех наук 551
        2.1. Методика каббалы 551
        2.2. Необъективность картины мира 552
        2.3. Каббала — корень всех наук 553
        2.4. Вопросы и ответы 556
        Заключение 564
        Тест 565
        Дополнительный материал 566

Раздел X   Каббалистическая антропология 569
    Содержание: 570
    Глава 1. Тело и душа 571
        1.1. Введение 571
        1.2. Три теории души и тела 572
        1.3. Критика теории отрицания 574
        1.4. Понятие «душа и тело» в каббале 575
        1.5. Реинкарнация согласно каббале 575
        1.6. Суть исправления 576
        1.7. Жизнь и смерть 576
        1.8. Причина смерти человека 577
        1.9. Цель земного существования 579
        1.10. Заключение 580
        1.11. Вопросы и ответы 581
        Тест 582

Глава 2. Понятие души в каббале 585
   2.1. Условия развития души 585
   2.2. Что значит иметь душу 586
   2.3. Три этапа развития души 586
   2.4. Цель кругооборотов душ 592
   Тест 594

Глава 3. Духовная конструкция Адам Ришон 597
   3.1. Введение 597
   3.2. Условия развития творения 598
   3.3. Подобие свойств 600
   3.4. Движущая сила развития человека 600
   3.5. Строение общей души Адама 602
   3.6. Процесс разбиения 604
   3.7. Причина разбиения 607
   3.8. Кругооборот изменения формы 608
   Заключение 611
   Тест 612

Раздел XI Каббала в современном мире 615
  Содержание: 616
  Глава 1. Генетический багаж или окружение 617
   1.1. Введение 617
   1.2. Наше здоровье и медицина в эгоистическом обществе .. 618
   1.3. Сфера здравоохранения в эгоистическом обществе 619
   1.4. Здоровье и социальный статус 620
   1.5. Здоровье как система: главные компоненты здоровья . 620
   1.6. Связь физического и «духовного» здоровья 622
   1.7. Человек как единый организм 623
   1.8. Каббалистический подход 624

  Глава 2. Семья как интегральная система 625
   2.1. Два вида творения: мужчина и женщина 625
   2.2. Поиски семейной гармонии 626
   2.3. Любовь и отношения в семье 626
   2.4. Семья – основа для духовной работы 627

  Глава 3. Экономика – отражение отношений в обществе .. 629
   3.1. Введение 629

3.2. Конец экономики потребления 630
3.3. Экономика взаимного поручительства. 630
3.4. Экономика счастья 632
Заключение 633
От редколлегии. 635

Приложения 641
Глоссарий. 643
Список сокращений 655
Ответы к тестам 657
Библиографический список 659

Предисловие

Истоки классической каббалы

Каббала зародилась более четырех тысяч лет назад в шумеро-аккадский исторический период. Ее происхождение уходит корнями во времена Древнего Вавилона. Однако на протяжении всех этих тысячелетий каббала оставалась практически скрытой от человечества, что поддерживало неугасающий интерес к ней. Философы и ученые многих стран мира, в числе которых были такие выдающиеся личности, как И. Ньютон, Г. Лейбниц, Пико делла Мирандола[1], исследовали эту науку, понимая, что в ней заложены основополагающие знания об устройстве мироздания, но и по сей день очень немногие знают, что представляет собой каббала на самом деле.

Каббала изучает систему управления нашим миром. Ее основная задача — выяснение причин и цели творения. Разумеется, здесь не принимаются в расчет многочисленные коммерческие подделки, распространяющиеся сегодня под маркой каббалы и спекулирующие на ее неугасающей популярности. Это серьезная наука о системе мироздания, которая выявляет базовые знания, лежащие в основе всех классических наук.

Знаменитый немецкий гуманист Иоганн Рейхлин[2] (1455-1522) в своей книге «Искусство каббалы» («De arte cabalistica») пишет[3]:

«Мой учитель Пифагор, отец философии, перенял свое учение от каббалистов, и он первым перевел слово «каббала», неизвестное его современникам, на греческий язык словом «философия». Каббала не оставляет нам возможности проводить нашу

---

[1] *Джованни Пико делла Мирандола* (Giovanni Pico della Mirandola) (1463-1494) — итальянский мыслитель эпохи Возрождения.

[2] *Иоганн Рейхлин* (Johann Reuchlin) (1455-1522) — немецкий гуманист, филолог. Был советником вюртембергского герцога, несколько раз посетил Италию, сблизился с деятелями платоновской Академии (Пико делла Мирандола и др.); последние годы жизни — профессор греческого и еврейского языков в университетах Ингольштадта и Тюбингена. Считался в Германии лучшим знатоком древних языков — латыни и особенно древнееврейского и древнегреческого. (Иоганн Рейхлин. Большая Советская Энциклопедия).

[3] «Haec est Cabala quae nos humi degere non sinit, sed mentem nostram extollit ad altissimam comprehensionis metam», «Pythagoras ille meus, philosophiae pater, tamen qui non a graecis eam doctrinae praestantiam <...> quin potius ab illis ipsis Iudaeis receperit. Itaque <...> Cabalista nominandus erat, <...> ipse nomen illud Cabalae suis incognitum primus in nomen philosophiae grecum mutaverit». Reuchlin. De arte cabalistica, 20a-22b.

жизнь в прахе, но поднимает наш разум к вершине познания».

Вокруг каббалы, которая в течение многих столетий оставалась закрытым учением, тайной мудростью, возникло такое множество легенд и фальсификаций, что современному человеку трудно добраться до истинных источников. Об этом писал, в частности, известный философ, математик и физик Готфрид Лейбниц (1646-1716) в своей книге «Письма об основах философии» («Hauptschriften zur Grundlegung der Philosophie»)[4]:

«Поскольку у людей не имелось правильного ключа к Тайне, то страсть к знанию была, в конечном итоге, сведена к разного рода пустякам и поверьям, из чего возникла своего рода «вульгарная каббала», которая далека от настоящей, а также различнейшие фантазии под ложным названием магии, и этим полнятся книги».

Философия, восприняв часть каббалы, пошла по иному пути. От нее произошли современные науки о материальном мире, его законах — в рамках явлений, которые способны воспринять наши пять органов чувств. Древние науки, в том числе каббала, остались за пределами интересов большинства исследователей. То, что не смогла охватить наука, что осталось для нее областью непостижимой, стало основой религий, их ритуалов, обрядов и таинств. Древняя мудрость постепенно забылась!

Человечество, исследуя этот мир, пытаясь определить место и возможности человека, понять цель и смысл существования, использовало параллельно науку и религию. Однако как та, так и другая увели его от постижения управляющей Высшей силы, от гармонии с ней. Человек изучал законы естественной среды обитания не для того, чтобы узнать, что желает от него природа, и изменить себя, а с намерением покорить ее, использовать в угоду своему эгоизму.

Особую трудность для понимания всегда представляет то, что невозможно увидеть, ощутить, почувствовать. Что только не предлагалось человечеству под именем каббалы в течение тысячелетий: мистика, гадания, магия, но только не сама эта наука. За последние четыре тысячи лет каббала обросла многочисленными ложными толкованиями и лжеучениями. Поэтому в первую очередь необходимо очистить ее от досужих домыслов и искажений, разъяснив, что реально представляет собой такая наука, как каббала.

---

[4] «Et Pythagoram credibile est, ut alia multa, ita hanc quoque opinionem ex Oriente attulisse in Graeciam. Sed cum vera arcani clavis ignoraretur, lapsi sunt curiosiores in futilia et superstitiosa, unde nata est Cabbala quaedam vulgaris, a vera longe remota, et ineptiae multiplices cujusdam falsi nominis Magiae, quibus pleni sunt libri». *Leibniz.* Die philosophischen Schriften, VII. P. 184.

Суть каббалы

Великий каббалист XX века Й. Ашлаг (Бааль Сулам[5]) пишет:

«Наука каббала представляет собой причинно-следственный порядок нисхождения Высших сил, которые подчиняются постоянным и абсолютным законам, связанным между собой и направленным на то, чтобы раскрыть человеку в этом мире Высшую управляющую силу, которую мы именуем Творцом».

Это означает, что существует творение, находящееся в состоянии, которое называется «этот мир», и Творец — нечто неизвестное, что человеку необходимо постичь. Для осуществления этой задачи в нем заложены определенные основы, корни, которые должны постепенно проявиться и привести к познанию Творца. Таким образом, каждый человек обладает внутренними задатками для реализации своего формирования. Сам путь развития имеет определенный порядок причинно-следственных связей и располагается в направлении от человека к Творцу. Этот порядок есть следствие предшествующего процесса: нисхождения корней от Творца к человеку. То есть прежде, излучив свою энергию, эти корни создали человека в состоянии, называемом «этот мир», после чего начинается восходящий процесс их постижения вплоть до раскрытия Творца.

Далее Бааль Сулам продолжает, объясняя, что в этом процессе действуют «два закона» — «общего» и «частного».

«Общее» означает, что все человечество в конце своего развития неизбежно должно прийти к раскрытию Творца и, завершив долгий путь развития, достичь того, о чем писали мудрецы: «И наполнится земля знанием о Творце, как воды моря покрывают сушу»[6].

Итак, все без исключения человечество, как говорит Бааль Сулам, обязано прийти к состоянию, когда оно в полном объеме познает Творца. Для обретения этого знания у любого человека есть достаточно разума и чувств. Каждый из нас обладает способностями для абсолютного и совершенного постижения Творца, Высшей Силы. Здесь нет различия между людьми. Это неизбежно произойдет, как подчеркивает Бааль Сулам, то есть у нас нет ни малейшей возможности избежать и не **завершить этот долгий путь развития**. Причем мы должны не только пройти его, продвигаясь в обратном направлении — от *этого мира* до Творца, но и осуществить постижение, находясь в *этом мире*. Так сказано в определении каббалы как науки: **«раскрытие Божественности Творца Его творениям в *этом мире*».**

---

[5] *Бааль Сулам* — Йегуда Ашлаг (1884-1954) — основоположник современной науки каббала. Основной труд – «Учение Десяти Сфирот». Имя «Бааль Сулам» получил после выхода в свет комментария на «Книгу Зоар», под названием «Сулам» («лестница» – ивр.). Автор комментария на сочинения АРИ.
[6] Пророки, Исайя, 11:9.

«Частное» означает: прежде чем все человечество придет к совершенству, в каждом поколении будут появляться избранные личности, сумевшие достичь его первыми. Речь идет о тех, кто удостоится постижения определенных ступеней в раскрытии Творца.

Они не достигнут общей конечной цели творения, так как прийти к этому можно только всем вместе, однако заслужат, по словам Бааль Сулама, **«постижения определенных ступеней в раскрытии Творца»**. Так происходило на протяжении всех тысячелетий развития человечества, когда каббала находилась в стадии скрытия. Однако в наши дни под воздействием естественных сил у людей начинает появляться стимул включиться в процесс, приводящий к познанию Творца, к восхождению в *мир Бесконечности*, к слиянию с законами Природы.

Таким образом, существует определенный период развития каждого человека, называемый частным, и время продвижения по данным этапам всего человечества в целом. Сейчас мы приближаемся к состоянию, когда значительное количество людей в мире прошли стадию внутренней эволюции и стоят на пороге нового уровня развития, они хотят познать свой корень, смысл жизни, свою суть. Помочь им в этом и есть задача каббалы.

Каббалистическая методика исследования мира

Каббала — наука, которая предназначена всему человечеству, всем народам земли. Это знание о том, что скрыто от пяти органов чувств человека, не воспринимается ими. Она оперирует только духовными понятиями и рассматривает лишь то, что происходит выше нашего мира.

Изучение каббалы позволяет определить место человека в мироздании, ответить на вопрос о причине и цели его существования, исследовать и выбрать самое оптимальное из возможных решений для того, чтобы изменить свое состояние к лучшему.

Каббала является открытым для всех методом изучения и практического овладения законом мироздания. Человечество постепенно начинает осознавать свою полную дезориентацию и беспомощность в этом мире и, находясь под угрозой самоуничтожения, проникается необходимостью прояснить истинную цель своего существования. В силу этого у людей появляется потребность овладеть каббалистическими знаниями.

В каббале существует свой математический, методологический и психологический аппарат. Она исследует всю механику внутреннего мира человека и показывает, каким образом в каждой ситуации можно выйти за пределы своих индивидуальных ощущений, рисующих нам картину мира, для постижения истинной объективной реальности. Именно об этом каббалисты рассказывают в своих трудах.

В каббале существуют теоретический и практический разделы, есть собственный язык и понятийный аппарат, графики, чертежи, самостоятельные инструменты исследования, постановка опыта и сравнительный анализ. Изучив данное пособие вы получите полный объем необходимой информации.

Несколько предварительных замечаний

1. Во многих науках не принято переводить термины: они употребляются только на языке оригинала (например, латинские названия в медицине, итальянские — в музыке). Так и в нашем курсе оказалось невозможным перевести многие каббалистические термины, поскольку кроме смыслового значения слова чрезвычайно важно числовое выражение составляющих его букв (гематрия), их форма и элементы, а также другие факторы.

Конечно, желательнее всего было бы оставить написание терминов ивритскими буквами, так как глубокий смысл заключен даже в форме их начертания, но от этого по разным причинам пришлось отказаться. В тексте применяются русские падежные окончания слов (например, *«в сфире»*, «от *масаха»*), а во множественном числе — окончания иврита (например, в женском роде: *сфира — сфирот* или в мужском роде: *парцуф — парцуфим*).

Духовные миры не ограничены рамками пространства, времени, перемещения (места, движения), не существует в них и зрительной формы объекта. Поэтому все графические изображения отражают лишь соотношения духовных объектов.

2. Каббала использует язык ветвей[7], то есть под словами, обозначающими объекты *нашего мира*, подразумеваются их духовные аналоги. Необходимо **постоянно** помнить об этом и учиться ощущать то, что имеется в виду под названиями духовных действий и объектов.

3. Как и во всякой науке, познание в каббале является ступенчатым, послойным: сначала усваивается верхний, наиболее легкий слой, исходные данные, упрощенные схемы, общая картина. Затем наступает второй этап — подробный анализ каждой детали, затем третий — соединение всех деталей в общую картину и заключительный — анализ-синтез.

Таким образом, шаг за шагом материал ощущается все лучше, вырисовывается общая картина системы, уточняются детали, процессы начинают постигаться не умозрительно, а чувственно. Специалистом в любом деле можно назвать того, кто ощущает материал без приборов и чертежей — как говорится, шестым чувством.

---

[7] **Язык ветвей** – язык причины и следствия, когда следствие в нашем мире (определенный материальный объект) дает название силе, которая его создала, которая его удерживает.

В каббале требуется многократное осмысление текста, пока не возникнут чувства, адекватные изучаемому материалу. Это подобно восприятию музыканта, читающего партитуру: сама нотная запись дает ему полное впечатление от музыкального произведения.

4. Итак, при первом чтении достаточно понять лишь последовательность создания духовных миров и нашего мира. При втором — причины их создания и уже потом — путь каждого: снизу, из нашего мира — вверх, к духовным мирам, и через них к Источнику.

5. Не следует беспокоиться, если по мере изучения материала вы почувствуете, что он становится все менее понятным — это нормально и означает правильное осмысление и продвижение вперед. Продолжайте занятия, и понимание придет!

6. Если какие-то места в уроках покажутся вам совершенно неясными, пожалуйста, пропустите их. Содержание прояснится во время дальнейшей работы над текстом и главное — над собой. По мере духовного роста вы сможете увидеть в уже изученном ранее материале более глубокий смысл. Поскольку текст многослоен, то новое осмысление его на более высоком уровне — показатель вашего духовного прогресса.

Таблица каббалистических терминов

сфира (мн. ч. сфирот)	мир: олам (мн. ч. оламот)	свет: ор (мн. ч. орот)	парцуф (мн. ч. -парцуфим)	части парцуфа, келим, части миров	уровни развития, стадии прямого света
кетэр	мир Бесконечности олам Эйн Соф	свет йехида ор йехида	Гальгальта	гальгальта вэ-эйнаим (ГЭ)	неживой домэм
хохма	мир Сокращения олам Цимцум	свет хая ор хая	АБ, САГ, МА, БОН.	озэн хотэм пэ (АХАП)	растительный цомэах
бина	мир Адам Кадмон (АК) олам АК	свет нэшама ор нэшама	Атик	парса табур сиюм	животный хай
хэсэд	мир Некудим олам Некудим	свет руах ор руах	Арих Анпин (АА)	рош хазэ тох соф	человеческий медабэр
гвура	мир Ацилут олам Ацилут	свет нэфеш ор нэфеш	Аба вэ-Има (АВИ)	масах	стадия 0 бхина шорэш
тифэрэт зэир анпин (ЗА)	мир Брия олам Брия	сокр. НАРАН-ХАЙ	Ишсут	решимо (мн. ч. — решимот)	стадия 1 бхина алеф
нэцах	мир Ецира олам Ецира	свет бесконечности ор эйн соф	парцуф Зэир Анпин (ЗА)	отиёт	стадия 2 бхина бэт
ход	мир Асия олам Асия	окружающий свет ор макиф (ОМ)	парцуф Малхут	таамим	стадия 3 бхина гимэль
есод	миры АБЕА оламот АБЕА	внутренний свет ор пними (ОП)	ЗОН	тагин	стадия 4 бхина далет

сфира (мн. ч. сфирот)	мир: олам (мн. ч. оламот)	свет: ор (мн. ч. орот)	парцуф (мн. ч. -парцуфим)	части парцуфа, келим, части миров	уровни развития, стадии прямого света
малхут нуква	наш мир олам азэ	Высший свет ор элион		некудот	желание получать рацон лекабель
зэир анпин и нуква вместе: ЗОН	Адам Ришон	прямой свет ор яшар (ОЯ)		авиют	желание отдавать рацон леашпиа
кетэр, хохма, бина (КАХАБ)	Высший мир олам Элион	отраженный свет ор хозэр (ОХ)		итлабшут	гмар тикун окончательное исправление
хэсэд, гвура, тифэрэт (ХАГАТ)	некудот дэ-САГ	ор хохма		первое сокращение цимцум алеф (ЦА)	
нэцах, ход, есод (НЭХИ)	Ацмуто	ор хасадим		второе сокращение цимцум бэт (ЦБ)	
даат		ГАР		взаимное соударение битуш пним у-макиф	
хохма, бина, даат (ХАБАД)		ЗАТ			
			парцуф Некудот де-САГ	гуф	

Методика изучения каббалы

Содержание:

Глава 1. *Основы каббалы*
Глава 2. *Учебный процесс*

Глава 1. Основы каббалы

1.1. Вступление
1.2. Цель обучения
1.3. Основные разделы каббалы
1.4. Исторический аспект каббалы
1.5. Каббала как методика достижения подобия природе
1.6. Суть каббалы
1.7. Предмет изучения каббалы
1.8. Пути достижения высшей цели
1.9. Две системы: нисхождение и подъем
1.10. Основные элементы мироздания
1.11. На каких данных основана каббала
1.12. Проблема реальности в каббале
1.13. Абстрактные названия
1.14. Язык ветвей

1.1. Вступление

Человек познает мир с помощью пяти органов чувств. Он подобен черному ящику[8], который воспринимает только то, что поступает в него извне. Информация, доставляемая нашими сенсорами в замкнутую систему, регистрируется, обрабатывается, анализируется. То, что не улавливается органами восприятия, мы не ощущаем.

Окружающая действительность постоянно оказывает на нас воздействие, которое на самом деле остается для нас загадкой. Мы ощущаем только свою реакцию на него, поэтому наше познание замкнуто внутри нас и не позволяет объективно судить о внешней реальности. Мы обрабатываем поступающие сведения с помощью наших ощущений, только и всего.

Все существующие технические приспособления лишь несколько расширяют диапазон наших возможностей, но не позволяют кардинально выйти за их рамки. С помощью приборов невозможно создать новый орган чувств. Мы даже не можем себе представить, какой увидели бы окружающую действительность, будь у нас иные органы восприятия.

После соответствующей обработки всех полученных впечатлений в нашем представлении возникает внутренняя картина, которую мы называем *наш мир*. Эта картина сугубо субъективна, и мы не имеем возможности сравнить ее с объективной реальностью.

Таким образом, объем нашего познания всегда ограничен рамками наших ощущений, базирующихся на возможностях пяти органов чувств.

---

[8] «**Черный ящик**» (кибернетика) — система, в которой исследователю доступна лишь входная и выходная информация этой системы, а внутреннее устройство может быть неизвестно.

Это положение является общим для всех людей, что и позволяет нам поддерживать отношения, обмениваться знаниями, впечатлениями, понимать друг друга.

Наши органы ощущений, а точнее, органы сбора информации, извлекают и обрабатывают ее исключительно по признаку личной выгоды.

Любой организм устроен так, что его единственным желанием является получение наслаждения. Желание получить максимальное наслаждение — это основной закон, существующий на всех уровнях природы — неживой, растительной, животной и человеческой.

Может ли человек развить в себе дополнительный орган ощущения, позволяющий ему воспринимать окружающую реальность во всей ее полноте?

Каббала и есть та выверенная временем, научно обоснованная методика, позволяющая развить дополнительный орган ощущения. Она дает возможность получить добавочную информацию о чем-либо, существующем во внешнем мироздании. Освоив этот метод, мы начнем осознавать окружающий мир совершенно иначе: вне зависимости от нашего субъективного эгоистического восприятия.

Каббала — самая близкая человеку наука. Она объясняет, для чего он существует: зачем рождается, почему живет, откуда пришел, куда уходит после того, как заканчивает свой земной путь, и в чем смысл его жизни.

Таким образом, каббала — это методика постижения духовных миров[9] и нашего мира как их следствия. Каббала не просто дает нам знания о духовных мирах, но и сам учебный процесс развивает в нас дополнительный орган ощущения, с помощью которого мы можем осуществить взаимосвязь с системой Высшего управления.

Каббала не является теоретической или абстрактной наукой, она неотделима от практики: человек постигает на собственном примере, кто он, какова его природа и что ему необходимо изменить в себе. Для него нет и не может быть ничего ближе этого знания, потому что он познает себя, свою судьбу и мир объективной реальности.

1.2. Цель обучения

Данное учебное пособие рассчитано на самостоятельное изучение каббалы. Главная его цель — приобретение каббалистических знаний на основании первоисточников и исследовательских материалов.

Для реализации этой цели учебная программа предусматривает знакомство с разработанными методическими принципами изучения каббалы, историей ее происхождения, основными понятиями, терминами и положениями в соответствии с традиционным академическим направлением.

---

[9] **Духовный мир** — мир, существующий по законам свойства отдачи, в котором находятся и действуют только силы и чувства без материальных облачений.

1.3. Основные разделы науки каббала

Каббалисты такие же люди, как и все мы. Однако, вооружившись соответствующей методикой, они произвели такую работу над собой, что начали ощущать внешний объективный мир. Это каббалисты и объясняют в своих трудах, знакомя нас с системой *духовных миров*. Как в любой науке, в каббале существует теоретическая и практическая сторона, куда включается собственный язык, понятийный аппарат, самостоятельные инструменты исследования, постановка экспериментов и сравнительный анализ.

Всего насчитывается *пять миров*, пять уровней познания. Все они, как описывает «Книга Зоар» — основной каббалистический источник, — присутствуют внутри человека и построены по единой схеме. Каждый из миров является следствием предыдущего. Все, что есть в нашем мире — любой атом, клетка, организм, — имеет свой корень, прообраз в мирах духовных. В Высших мирах нет материальных понятий, там существуют только силы, порождающие объекты нашего мира и наши ощущения.

Между силой Высшего мира (причиной, корнем) и ее следствием (ветвью) в нашем мире существует четкая определенная связь. Поэтому любой корень вверху мы можем отобразить с помощью его ветви в нашем мире. На этом принципе основана передача информации, называемая «язык ветвей», с его помощью созданы основные каббалистические труды («Книга Зоар», «Древо жизни» и др.)

В каббале имеется три основных раздела, и в каждом из них говорится о постижении Общего Закона мироздания. Есть раздел, изучающий нисхождение[10] миров[11] и импульсов поступенчато, вплоть до нашего мира. Он занимается исследованием исключительно Высших миров: их функционированием, управлением, воздействием на нас; тем, как мы своими поступками влияем на Высшие миры и какова их обратная реакция.

Следующий раздел каббалы занимается методикой развития души[12], внутренней части человека, принадлежащей Высшему миру. Эта часть не имеет ничего общего с витальной, жизненной силой нашего организма, которая не отличает человеческие тела от животных.

Все процессы, связанные с нисхождением души в физическое тело, выходом из него после биологической смерти и нисхождением в новое тело, называются «кругооборотами души». В отношении тел такого понятия не существует.

Раздел каббалы, в котором разработан математический (понятийный) аппарат для описания духовных процессов, позволяет каббалисту изучать их воздействие на себе, анализировать,

---

[10] **Нисхождение** = удаление от первоначального состояния.
[11] **Миры** — меры, степени скрытия Творца.
[12] **Душа** — духовный орган, который постепенно рождается в человеке, находящемся в нашем мире. Рождение души означает постепенное развитие ощущения воздействия духовных сил, возникновение минимального восприятия Творца.

градуировать, сопоставлять поступающие свыше сигналы с собственными реакциями на них.

Математический аппарат каббалы состоит из:
1. *гематрий* – цифровых записей духовных состояний *миров* и *души*;
2. графиков состояния и зависимости взаимного влияния *духовных миров* и *души*;
3. таблиц, матриц всевозможных включений свойств *миров* и *душ*.

В результате постижения с уровня *нашего мира Высших духовных миров* человек начинает ощущать единую систему и единый замысел творения. Однако еще до того, как он почувствовал присутствие духовного пространства, только приступив к изучению каббалы, человек уже начинает понимать, что без приобретения дополнительного органа восприятия он не сможет выйти за границы своего мира.

Конечной целью изучения данной науки является: получение наивысшего наслаждения, достижение совершенства своего существования, абсолютное познание и как следствие этого — полное равновесие между внутренней системой (душой человека) и внешней, называемой «Творец».

На протяжении тысячелетий существования нашего мира каждое поколение отличалось от предыдущего все более эгоистическим характером душ. Поскольку постижение Творца или Высшего Закона природы происходит в самой душе, то если она качественно меняется, соответственно, изменяется и методика постижения духовных миров.

1.4. Исторический аспект каббалы

Истоки каббалы, как и большинства древних учений, следует искать в Месопотамии — колыбели человеческой культуры. Неслучайно это место и сегодня является центром столкновения противоборствующих интересов. Каббала зародилась около 4000 лет назад. Затем эти знания были почти забыты, а в наше время они как бы открываются заново.

Вся история человечества определяется развитием эгоизма. Именно этот фактор вынуждает нас изучать окружающую среду с целью реализации возрастающих эгоистических желаний. В отличие от неживой, растительной и животной природы нашего мира, человек постоянно претерпевает изменения как из поколения в поколение, так и индивидуально на протяжении своей недолгой жизни. Его эгоизм развивается по пяти возрастающим ступеням.

В древние времена человек не был еще настолько эгоистичным, чтобы противопоставить себя природе. Он даже без слов, словно телепатически, на неком духовном уровне чувствовал все, что его окружало, и это взаимное единение было языком его общения с природой.

Оказавшись на первой ступени эгоистического роста, человек уже почувствовал желание подчинить себе природу, а не уподобиться ей. Аллегорически это описано как желание построить Вавилонскую башню высотой до небес. Возросший эгоизм оторвал человека от природы. Вместо того чтобы устранить все возрастающую противоположность, человек возомнил, что сможет эгоистически постичь замысел творения: не путем исправления эгоизма, а взяв власть над окружающим миром. Тем самым он противопоставил свое Я обществу и природе. В результате человек перестал понимать природу, утратил чувство единства и близости с окружающими его людьми. Вместо любви возникла ненависть, отчуждение, разобщение, и единый древний народ разделился на множество наций.

На языке метафор это выражается в Ветхом Завете[13] так:

«На всей земле был один язык и одно наречие. Двинувшись с востока, они нашли в земле Сеннаар равнину и поселились там. И сказали друг другу: построим себе город и башню, высотою до небес, и сделаем себе ИМЯ, прежде чем рассеемся по земле.

И сошел Господь посмотреть город и башню, которые строили сыны человеческие. И сказал Господь: вот, один народ, и один у всех язык. Вот что они начали делать — и не отстанут от задуманного. Смешаем язык их, чтобы один не понимал речи другого. И рассеял их Господь оттуда по всей земле — так они перестали строить город и башню».

Иосиф Флавий в своей книге «Иудейские древности»[14] описывает:

«К ослушанию Творца призывал народ Нимрод. Он советовал построить башню, более высокую, чем может подняться вода, если Творец вновь нашлет потоп — и тем отомстить Творцу за гибель предков. Толпа согласилась, и стали считать повиновение Творцу позорным рабством. С большим желанием начали строить башню. Видя, что люди не исправляются после урока потопа, Творец сделал их разноязычными — они перестали понимать друг друга и разошлись. Место, где строили башню, назвали «Вавилон» — из-за произошедшего там смешения языков».

В начале XX века немецкий археолог Р. Кольдевей (*Robert Koldeway*) обнаружил в Вавилоне руины башни размером 90 х 90 х 90 метров. Геродот, живший в V в. до н.э., так же описал башню, как семиярусную пирамиду подобных размеров. Исторические источники повествуют, что в центре Вавилона был расположен храмовый город Эсагила, а в его сердце — Вавилонская башня — храм верховного божества Мардука. Называлась она Этеменанки, что означает краеугольный камень Небес и Земли.

Эсагила являлась религиозным центром всего тогдашнего мира в его попытке заменить познание истинного Бога на противоположную Ему по сути религию. Астрология, зодиакальные гороскопы, гадания, магия цифр, спиритизм, мистика, колдовство, заговоры, сглазы, вызывание злых духов — все это было разработано в Эсагиле, дожило до наших дней, и

---

[13] Бытие, 11,1-9
[14] *Иосиф Флавий.* Иудейские древности. Соч. в 2 т. Т.1, книга первая, гл.4. М.:Ладомир : АСТ, 2003.

именно сегодня происходит очередной всплеск этих верований.

С тех пор человек эгоистически противостоит природе, то есть свойству абсолютного альтруизма[15]. Вместо того чтобы заменить себялюбие бескорыстием и исправиться, уподобившись природе, люди создают искусственную защиту от нее. Для этого они развивают науку и технологии. Нежелание людей исправлять себя, их стремление властвовать над природой называется «возведением Вавилонской башни», которое продолжается по сей день.

1.5. Каббала как методика достижения подобия природе

Каббала как наука возникла в то время, когда появилась необходимость исследовать причины роста эгоизма в человеке. Каббала утверждает, что свойство всего сущего — эгоистическое желание получить наслаждение. Однако естественным образом это осуществить невозможно, потому что приходящее наслаждение аннулирует желание и вследствие этого перестает ощущаться. Подобно тому, как поглощаемая пища уменьшает чувство голода, а с ним пропадает и наслаждение от нее.

Поскольку без наслаждения человек существовать не может, то он вынужден постоянно культивировать в себе новые желания, чтобы, наполняя их, испытывать наслаждение. Из этой непрерывной погони за наслаждением, которого достичь невозможно, и состоит вся наша жизнь. Разочарования и пустота вызывают депрессию, приводят к употреблению наркотиков.

Древняя мудрость аллегорически повествует, что человечество создано как одно существо, имея в виду, что все люди изначально были связаны воедино. Природа именно так и относится к нам — как к одному человеку. Этот собирательный образ называется *Адам*, от слова *«домэ»*, что на арамейском — древневавилонском разговорном языке — означает «подобен Творцу». Изначально созданные, как один человек, вследствие роста эгоизма мы постепенно утратили чувство общности и отдалились друг от друга, доведя разобщение до ненависти.

Согласно замыслу природы, эгоизм должен возрастать в нас до тех пор, пока мы не осознаем своей губительной разобщенности. Глобализация наглядно демонстрирует нам сегодня, что, с одной стороны, все мы связаны друг с другом, а с другой — непомерно возросший эгоизм разъединяет нас.

Однако для чего нужно было изначально создавать нас как единое творение, а затем разделять на эгоистические, отдалившиеся друг от друга личности? Причина в том, что только так мы можем увидеть свою полную противоположность основному закону природы — **закону абсолютной отдачи** и понять крайнюю ничтожность, ограниченность и безысходность эгоизма. Именно таким

---

[15] **Альтруизм = (альтруистические желания)** — желание отдавать, действия с намерением ради Творца.

образом мы приходим к тому, чтобы возненавидеть свою эгоистическую натуру, разобщающую нас. Нам самим необходимо пожелать объединиться, изменить свою сущность на альтруистическую, подобную основному закону природы.

Как эгоистические клетки, соединяясь в одно тело, аннулируют свой личный эгоизм ради существования всего организма, чувствуя в итоге всю полноту его жизни, так и люди обязаны достичь единения. Только тогда они ощутят не свое земное бытие, а вечное существование природы, до уровня которой им необходимо подняться.

К этому призывает нас древний принцип: «Возлюби ближнего, как самого себя». Это правило действовало до построения Вавилонской башни, а затем стало основополагающим во всех религиях и в общественной морали, взращенных на почве древне-вавилонской мудрости. Следуя этому принципу, каждый из нас уже не остается единоличным эгоистом, а ощущает жизнь общего организма — Адама в его подобии Творцу, то есть вечное совершенное существование природы.

В древней каббалистической «Книге Зоар» говорится, что к концу XX века человечество достигнет состояния максимального развития эгоизма и максимальной разочарованности в таком способе существования. Тогда, утверждает «Книга Зоар», настанет время раскрыть человечеству каббалу как научную методику достижения подобия природе.

Предназначение каббалистов любой эпохи заключается в том, чтобы адаптировать, корректировать эту науку и предлагаемую ею методику постижения Творца в соответствии с характером душ данного поколения.

Создателем новой каббалистической методики был великий каббалист РАШБИ (II в. н.э., полное имя рабби Шимон бар Йохай). В то время в ней возникла острая необходимость, и он подробно изложил ее в своей «Книге Зоар».

Дальнейшее развитие и корректировку эта методика получила лишь в XVI веке. Каббалистом, который создал новый метод постижения Высшего мира для своего поколения, был АРИ (полное имя Ицхак Лурия Ашкенази, 1534-1572).

Последним ученым, сделавшим каббалистические знания приемлемыми для нашего поколения, был Йегуда Ашлаг (1884-1954), известный под именем Бааль Сулам по названию своего комментария «Сулам» [*Perush Ha-Sulam*] на «Книгу Зоар». Бааль Сулам считается основоположником современной науки каббала, так как является создателем нового подхода к трудам АРИ, и разработал методику постижения внешнего, *духовного мира*, соответствующую типу *душ*, нисходящих сегодня в *наш мир*.

Поскольку мы изучаем систему *духовных миров*, откуда исходят все следствия нашего мира, то можно говорить о приложении духовных знаний, освещаемых каббалой, не только в точных науках, но и в живописи, музыке, литературе, а также во многих других проявлениях человеческой деятельности.

Изучая каббалу, человек постигает общие законы мироздания и, как их следствие, все законы *нашего мира*, видит зарождение всех наук. Провести грань между тем, что уже открыто, а что пока недоступно исследованиям ученых, осознать, где исчерпываются возможности познания с помощью пяти органов чувств, приборов, логики и начинается внешний мир, можно только выйдя за рамки нашего мира с помощью изменения своих личных свойств.

1.6. Суть каббалы

Для базисного определения основ каббалы приведем следующую формулировку из статьи великого каббалиста XX века Бааль Сулама «Суть науки каббала»:

«Что представляет собой наука каббала? Вопрос этот, конечно, возникает у каждого разумного человека. И чтобы дать на него удовлетворительный ответ, я приведу верное, выдержавшее испытание временем определение: каббала есть не что иное, как полная и достаточная информация о порядке причинно-следственного нисхождения Высших сил, согласно постоянным и абсолютным законам, связанным между собой и направленным на достижение одной высочайшей цели — цели мироздания, определяемой как «раскрытие Творца творениям в этом мире».

Итак, каббала изучает порядок нисхождения в *наш мир Высших сил* из некого источника, называемого «Творец», являющегося их первопричиной и корнем; причинно-следственное развитие этих сил, каким образом они трансформируются относительно человека и влияют на него.

Нисходя в соответствии с абсолютными и строгими законами, эти силы образуют всю систему мироздания и целенаправленно воздействуют на человека, с намерением постепенно раскрыть ему Творца в период его пребывания в *этом мире*.

Каббала изучает все, что создано мыслью Творца, являющегося по отношению к человеку Абсолютом. А именно: каким образом эта мысль облачается в силы; как они строят материю — желание наслаждаться, из которого затем возникает человек; как человек, находясь на самом низшем уровне — в нашем мире, постепенно, с помощью этих сил, достигает наивысшего уровня — слияния с Творцом, замыкая на себе две диаметрально противоположные, крайние точки мироздания. Иными словами, эта наука рассматривает формирование всего процесса эволюции творения согласно изначальному Замыслу его создания.

1.7. Предмет изучения каббалы

Каббала — это наука о мироздании, его генезисе, общем устройстве, движении, в целом, и каждой его детали, в частности.

Каббала изучает:
1. сотворение мироздания, включая *духовные миры*, наш космос, Солнечную систему, *неживую, растительную, животную* природу и *человека*;
2. течение и конечную цель процесса развития;
3. возможность вмешательства человека в этот процесс (антропологический фактор);
4. связь между сегодняшним состоянием и теми, в которых мы пребывали до появления на этой земле человека и общества;
5. смысл того отрезка жизни, в течение которого мы существуем как биологическое тело и ощущаем через него окружающий мир;
6. состояние, в котором мы существуем до нашего рождения; наше состояние в *этом мире*, состояние, в котором мы пребываем после смерти;
7. кругообороты жизни – существуют ли они и каким образом связаны между собой;
8. возможность включения в течение земной жизни в высшую форму, в которой мы пребываем до момента рождения и после смерти;
9. источники наук, искусства, культуры – т.е. всего, что связано с языком, поведением человека, их корни и причины реализации именно в таком виде.

Все вышеперечисленные вопросы освещает каббала, потому что она выводит общий Закон, дает суммарную формулу описания всего мироздания. Эйнштейн мечтал найти формулу, которая бы объединяла всю Вселенную, со всеми ее деталями, понимая, что если такая формула истинна, то должна быть очень прозрачной: взаимодействие между несколькими параметрами путем простой функциональной зависимости. Каббала приводит нас к этой проясняющей все формуле. По крайней мере, к такому выводу пришли каббалисты в результате своих исследований, и человек, изучая каббалу, может лично убедиться в этом.

1.8. Пути достижения Высшей цели

Каббала рассматривает способы достижения человеком Высшей цели – отождествление с общей управляющей Высшей силой, называемой «Творец».

Чтобы пояснить это, возьмем для примера какой-либо мельчайший живой организм, вся роль которого сводится лишь к тому, чтобы прокормить себя и просуществовать определенное время, необходимое для воспроизводства потомства. При исследовании этого простейшего микроорганизма мы обнаружим, что он представляет собой сложное соединение, состоящее из огромного числа различных волокон, как уже установлено биологами и физиологами в результате исследований, хотя остается множество тонкостей, о которых им пока не известно. Это говорит о том, что для поддержания даже такого примитивного существования необходимо многочисленное количество деталей, связей, функций, о которых мы знаем далеко не все.

По аналогии с этим примером можно вообразить то неисчислимое многообразие различных соединений и связей, которые нам необходимо освоить, чтобы достичь высшей цели. Другими словами, Высшая цель достижима только в результате полнейшей реализации всего, что есть в человеке. Мы должны осмысленно разумно исследовать на себе все воздействия Творца: свое устройство, Его создание и управление, а также то, каким образом оно изменяется и приводит к завершающему совершенному состоянию.

Таким образом, изучить закон означает реализовать его на себе, досконально исследовав причину: откуда он нисходит, почему именно в такой форме, каким образом действует, в чем состоит его задача и как его применить, чтобы достичь Высшей цели.

В данном случае постижение законов управления мирозданием означает не просто наблюдение за их действием и измерение соответствующих параметров, как мы экспериментально изучаем законы нашего мира. Духовные законы необходимо осваивать, принимая во внимание исходную точку их возникновения: почему созданы именно они и именно в таком виде, почему именно такими созданы мы и прочие объекты миров, — вплоть до понимания того, что происходит с каждым атомом, с каждым телом во всех существующих состояниях.

Когда человек постигает всю систему мироздания целиком, на всех ее уровнях, только тогда он понимает действие Творца относительно всего мироздания, становится равным Творцу и оправдывает Его. Такое состояние называется: «слияние с Творцом подобием свойств».

Каббала дает нам все знания о природе, и, если мы их не абсорбируем, не впитаем, не реализуем, то не достигнем цели. Огромная и, на первый взгляд, невероятная задача — чтобы каждый из нас стал физиком, химиком, биологом на всех уровнях мироздания. Человек обязан в течение своей жизни постичь абсолютно все законы, но не привычным, традиционным исследованием тех или иных явлений. С помощью каббалы он познает корни еще до того, как они реализуются на уровне неживой, растительной и животной природы нашего мира, где следствия их проявления могут быть зафиксированы и исследованы техническими средствами академических наук.

1.9. Две системы: нисхождение и подъем

Каббала включает в себя исследование двух параллельных и полностью равных друг другу систем и предлагает способы их использования для достижения цели творения. Первая называется: «порядок нисхождения миров, парцуфим[16] и сфирот[17]». Вторая: «постижение» или «ступени познания *Высшей силы*». Единственное отличие этих абсолютно идентичных систем заключается только в том, что первая выстраивается сверху вниз: от первопричины (Творца) в *мире Бесконечности*[18] до ее полной противоположности – нижней ступени *нашего мира*. Вторая начинается в нашем мире и поднимается вверх по направлению к первопричине, в точности повторяя все состояния, соединения и связи, которые составляют структуру первой системы.

Поднимаясь по ступеням второй системы, человек шаг за шагом постигает все уровни познания Высшей управляющей силы, согласно тем законам и принципам, по которым они выстроились от первопричины до состояния «*наш мир*». Следовательно, первая система является некой моделью, и ее существование обусловлено необходимостью осуществить цель мироздания – полное постижение Творца всем человечеством, то есть реализовать вторую систему.

Таким образом, раскрытие Творца не является одномоментным актом, а занимает время, необходимое для приобретения качеств восприятия явлений и свойств всех нисходящих ступеней, пока человек полностью не постигнет их многообразие.

Процесс последовательного распространения Высших сил сверху вниз определил такой же поэтапный характер их исследования снизу вверх, что подобно подъему по лестнице, и потому уровни постижения были названы «ступенями».

Находясь на нижней ступени, человек не представляет, что может пожелать перейти на следующую, ведь он не ощущает ее, а как можно желать неизвестного? Подъем становится возможным благодаря тому, что следующая ступень дает ощущение своего присутствия. Для этого ее нижняя часть как бы опускается в верхнюю часть предыдущей ступени. Возникает разница между уровнями и понимание того, что необходимо сделать, чтобы подняться.

Очередность постижения всех ступеней предопределена: каждое последующее выше предыдущего. Различие состоит в глубине постижения. Мы и сейчас находимся в *мире Бесконечности*, ощущаем его, но только в самом минимальном проявлении, которое мы называем «*наш мир*». Не существует ничего, кроме *мира Бесконечности* и нас в нем. Все остальное – суть фильтры, установленные на наших органах восприятия.

Наш мир является самым большим фильтром, ослабляющим в нас

---

[16] **Парцуф (мн. ч. парцуфим)** = «духовное тело» – желание наслаждаться Творцом, снабженное экраном (то есть способное получить свет).
[17] **Сфира (мн. ч сфирот)** – различные свойства, которые принял на себя Творец относительно творений. Всего их 10 – кетэр, хохма, бина, хэсэд, гвура, тифэрэт, нэцах, ход, есод, малхут.
[18] **Мир Бесконечности** – состояние, когда все желания удовлетворены полностью, без ограничения, то есть творение (желание наслаждаться) не ограничивает распространение света (наслаждения).

ощущение *мира Бесконечности*. Устраняя этот фильтр, человек восходит на более высокую ступень. Сквозь *этот мир* он видит следующий слой *мира Бесконечности*, который проявляется все больше и больше по мере подъема. Так, по сути, человек проникает в глубь материи, постигая замысел.

Таким образом, можно сделать вывод о существовании двух реальностей:

1) реальность **материи** — порядок раскрытия Высшего света сверху вниз, от Первичного источника, определяющего меру и качество света, исходящего из сути Творца. Этот свет проходит стадии сокрытия, одну за другой, пока из него не возникнет материальная действительность;

2) реальность **Высшего разума** — после раскрытия сверху вниз выстраивается порядок снизу вверх, представляющий собой ступени лестницы, в соответствии с которой человечество развивается до тех пор, пока не достигнет цели творения.

1.10. Основные элементы мироздания

Благодаря своим исследованиям, ученые-каббалисты обнаружили: все, что присуще мирозданию, сводится к следующим феноменам: *желанию получить наслаждение* и абсолютному желанию насладить (*отдаче*) и составляет два его основных элемента. Желание получать наслаждение (буквальный перевод термина с иврита *рацон лекабель*) как форма существования предполагает наличие пустоты, отсутствие наполнения, которое на более высоких уровнях природы присутствует в форме ощущения. Это состояние является вторичным, ему неизменно предшествует состояние наполненности.

Из всего вышесказанного было сделано два важных вывода:

a. самостоятельному существованию желания получать, названному материалом мироздания, предшествовало симбиотическое состояние двух основ, первичное наполнение или первичное проявление первопричины, желания насладить, названное миром Бесконечности;

b. существовал некий момент, когда феномен получения выделился из состояния первичной наполненности; лишившись в результате этого своего наполнения, он стал существовать, как желание получать — материал мироздания.

В результате акта творения был прерван контакт с Высшей дающей силой и образовался первичный материал — творение, желание получать. Это произошло вследствие противоположности свойств Творца (дающего) и творения (получающего). Целью творения является самостоятельное, свободное от влияния Творца желание уподобиться своей первопричине. Состояние всего мироздания ученые-каббалисты определили как уровни, ступени этого подобия, которые и называются мирами.

1.11. На каких данных основана каббала

Каббала основана только на точных, проверенных опытным путем данных, она не принимает во внимание никакие теории или гипотезы. Вся информация, на которой базируется эта наука, получена от людей, лично постигших ощущения *Высшего мира*, то есть осознавших, проверивших, измеривших и описавших свои постижения. Совокупность их исследований и образует весь научный материал каббалы.

В каббале, как и в любой науке, есть свой четкий исследовательский аппарат: математический и графический (в виде схем и таблиц). Вместо чувств, переживаний, впечатлений от воздействия Высшей управляющей силы каббалисты оперируют векторами, интенсивностью притяжения и подавления желаний. Их соотношения измеряются численно, а желания и их наполнение определяются мерами. С помощью таких научных средств каббалисты описывают ощущаемое ими Высшее управление.

1.12. Проблема реальности в каббале

Из наиболее очевидных примеров взаимодействия человека с окружающей средой нам становится ясно, что глубина постижения ограничивается рамками потребностей постигающего.

В нашем мире существуют разного рода процессы и явления, такие как электромагнитные колебания, силовые поля, радиоволны, радиоактивное излучение, химические реакции и пр., которые человек использует в повседневной жизни. Не постигнув их глубинной сути, он успешно пользуется свойствами и возможностями, которые они ему предоставляют.

Человек присвоил им соответствующие названия, руководствуясь своими внутренними ощущениями, в зависимости от их воздействия на него. Термины вошли в обиход, а сумма проявлений данного явления (даже ограниченная) вызывает у всех, кто с ним соприкасается, определенную совокупность ассоциаций. Именно она и создает в человеке ощущение предметности какого-либо процесса, явления или объекта. То есть реальность в данном случае определяется общим числом воздействий на ощущения исследователя.

Это верно как в отношении первопричины и ее проявлений, так и в отношении явлений и объектов нашего мира, воздействующих на наши сенсоры. Познание, таким образом, ограничивается знакомством с тем или иным влиянием на пять органов чувств человека. Сумма реакций на такое воздействие и создает в нашем представлении полный и достаточный образ или понятие, несмотря на отсутствие знания о внутренней сути самого предмета исследования.

Это будет справедливо и в отношении самопознания человека. Все, что он знает о себе, есть внешние проявления некоей внутренней сути, которая ему доподлинно не известна.

Приступая к изучению основ какой-либо науки, учащийся на первом этапе наполняет звуковую оболочку терминов представлениями, почерпнутыми ранее из учебников, с необходимостью полагая, что эти названия — результат воздействия явлений на ощущения исследователей или на приборы. В процессе обучения, в результате экспериментов реальность специальных терминов переходит на более высокий уровень.

Данный принцип справедлив и по отношению к исследователям каббалы, для которых воздействие первопричины, называемое свет, на каждом из уровней его проявления является полным и достаточным основанием для наименования этого уровня.

> *Поэтому одно из правил этой науки гласит: «Все, поддающееся оценке и исходящее из первопричины, проявляясь на различных уровнях природы, полностью удовлетворяет потребности постигающего»[19]. Таким образом, у человека никогда не возникает необходимости в чем-либо, что не заложено в природе мироздания, которое, в целом, является проявлением первопричины.*

1.13. Абстрактные названия

Существует ошибочное мнение, что все названия и понятия, используемые в каббале, относятся к разряду абстрактных и являются чисто условными. Это неверное представление возникло вследствие того, что каббала изучает *Высший мир*, находящийся вне рамок времени и пространства. Его можно постичь, только овладев каббалистической методикой. Поскольку лишь немногие ученые осваивают эту науку и постигают *духовный мир*, то есть наблюдают, ощущают и практически исследуют Высшие законы и их проявления, то бытует мнение, что все, относящееся к *Высшим мирам*, суть категории отвлеченные, абсолютно оторванные от действительности.

На самом деле каббала как раз не описывает ничего, что не отражало бы реальную действительность, постигаемую путем практического опыта. Непреложный закон каббалистов гласит: «Описывается только постигаемое практически». Для каббалиста не существует того, чего он не постиг. Поэтому в каббале не может быть абстрактных объектов, понятий, определений — все они являются следствием постижения.

> *Постижение в каббале — есть явное ощущение, осознание источника наслаждения, того, что исследуется, со всеми его замыслами, планами в мере той ступени, на которой мы его постигаем. Постижение основано на понимании первопричин духовной природы.*

1.14. Язык ветвей

Исследования ученых-каббалистов показали, что строение всех *духовных*

---
[19] *Бааль Сулам*. Суть науки каббала. Kitvei Baal Hasulam. ARI. Israel. 2009. P. 16.

миров в точности повторяет друг друга с разницей лишь в «материале», то есть состояние элемента получения в каждом из них определяется удаленностью от первопричины.

Поэтому каждое следующее звено — это проявление первопричины на данном уровне. В этом качестве само звено системы в полном смысле слова является первопричиной для низшего звена, порождающей его и полностью определяющей все его свойства.

Все это дало возможность исследователям применить для передачи информации об уровнях мироздания, недоступных для простого описания, особую знаковую систему. Они назвали ее *язык ветвей*. В этой системе каждое слово, семантически относящееся к объекту или явлению *нашего мира*, называется ветвью. Ветвь указывает на причину, породившую этот объект — *корень*, на то, о каком явлении или объекте высшего уровня идет речь.

Таков характер языка, которым пользуются ученые-каббалисты для передачи информации и употребления ее в следующих поколениях, в устной и письменной форме. Этот язык отвечает требованиям достаточности, то есть полностью удовлетворяет потребности тех, кто желает изучать мироздание и участвовать в реализации его цели.

Итак, системным подходом к созданию каббалистической терминологии является принцип языка ветвей, основывающийся на характере строения мироздания как предмета изучения данной науки.

Мы не можем привести здесь множество других очень важных аспектов знаковой системы каббалы, таких как передача информации через графическое начертание букв, через их числовое значение (*гематрии*), а также рассказать о причинах возникновения и особенностях четырех исторически сложившихся типов языка каббалы. Этот материал подробно изучается в соответствующих разделах данной науки.

Глава 2. Учебный процесс

2.1. *Вступление*
2.2. *Взаимодействие преподавателя и ученика*
2.3. *Роль преподавателя в каббале*
2.4. *Каббалистические книги*
2.5. *Краткое описание трудов Бааль Сулама*
2.6. *Что подразумевается под учебой?*
2.7. *Цель изучения каббалы*
2.8. *Процесс обучения*
2.8.1. *Урок*
2.8.2. *Семинар*
2.8.3. *Учебные упражнения и игры*
2.8.4. *Подведение итогов семинара*
2.8.5. *Вебинар*
2.8.6. *Действие света*
2.8.7. *Правильный подход к изучению каббалистических текстов*
2.9. *Самостоятельная работа и домашнее задание*
2.10. *Возможности изучения*

2.1. Вступление

В любой современной науке каждое серьезное достижение, как правило, является следствием работы большого коллектива ученых, в некоторых случаях — даже мирового сообщества. Ученый в своих исследованиях опирается на знания предыдущих поколений и использует весь научный багаж, накопленный его современниками.

Изучение *Высшего мира* практически невозможно, если его исследователь не находится в группе каббалистов и занимается постижением без ее поддержки. Следовательно, необходима школа, научный коллектив, который работает над всеми аспектами законов *Высшего мира*. Одновременно с этим все полученные знания передаются, обогащаются, обновляются, и, таким образом, они составляют каббалистическую науку.

Результат исследования зависит от желания каждого объединиться с остальными членами группы и настроиться на достижение цели. Главным в их работе должно стать стремление изменить эгоцентрическое восприятие мира, которое ограничивает и тормозит процессы постижения истинной картины мироздания. Такой картиной является единая духовная модель всего человечества, а не физические тела и окружающие их материальные объекты неживой, растительной и животной природы. Они существуют лишь как реакции на информацию, полученную с помощью наших органов восприятия. Внутренняя же суть человека, его желания, мысли представляют собой огромную систему взаимосвязей, энергетическое поле, управляемое Высшей силой — Творцом.

Человек в одиночку никогда не сможет постичь всей полноты картины, так как он замкнут в себе и ощущает лишь свой маленький мирок. Это можно сравнить с клеткой живого организма, все существование которой сводится лишь к примитивным процессам потребления и выделения в сравнении с ощущением жизни целого организма. Поэтому необходимо соблюдать это очень важное условие обучения, без выполнения которого вся учеба сводится не более чем к механическому запоминанию терминов и определений, но никак не к ощущению и постижению. Разумеется, всякое познание происходит индивидуально, но в мере приложения усилий включиться в коллектив и жить его целью.

Поэтому серьезные исследования в области каббалы необходимо проводить, только находясь в коллективе, хотя ознакомительный этап можно преодолеть индивидуально.

2.2. Взаимодействие преподавателя и ученика

В такой науке, как каббала, важно уважать учителя, тогда как в другой науке бывает достаточно только получать от него знания. В других науках можно даже ненавидеть источник передачи информации, учиться заочно, не зная преподавателя. В каббале учитель не только преподаватель, а еще и путеводитель, проводник в неизвестный ученику *мир*. Учитель по сравнению с учеником — это высшая ступень, не в знаниях, хотя и это важно, а в постижении неведомого *мира*. Учитель и ученик — суть две фигуры, созданные Творцом в *этом мире* именно потому, что у ученика нет возможности постичь неизвестное, не ощущаемое без помощи учителя. Учитель постепенно, без жестких указаний, намеками приводит ученика к самостоятельным выводам, как правильно настроиться на ощущения *духовного мира*.

Поэтому от учителя необходимо перенимать его направление на цель, на Творца.

Во многих случаях желательно сравнивать отношения «учитель — ученик» с отношениями «взрослый — ребенок», так как это аналог корня и ветви в *нашем мире*.

Учитель же должен намеренно делать себя простым, не рекламировать свои духовные постижения и силы (это вообще не присуще каббалисту — явный признак лжеучителя!), скрывать их от учеников, чтобы дать им возможность свободного выбора.

Если Учитель указывает на Творца, то он — Учитель, а если указывает на себя, то он — самозванец.

Учитель считается истинным, если:
1. Получил свои духовные знания от признанного каббалиста;
2. Обучает своих учеников по оригинальным каббалистическим источникам, не заменяя их своими текстами

(не имеется в виду вспомогательная литература, написанная им для распространения и обучения начинающих);
3. Ни в коем случае не привлекает внимание учеников к своей личности;
4. Направляет учеников на Творца, то есть на приобретение Его свойств.
Связь преподавателя и ученика зависит только от запросов последнего. Она обусловлена способностями ученика без помех воспринять от учителя внутреннюю суть каббалистических источников.

Это огромная работа со стороны ученика. Ему ни в коем случае не следует превозносить своего преподавателя, он должен быть уверен только в его духовном постижении. Все остальные качества, свойства, черты характера, внешний вид не имеют никакого значения. Главное, слушать советы преподавателя и стремиться реализовать их на практике.

2.3. Роль преподавателя в каббале

Преподаватель отвечает на вопросы ученика, но в приемлемом (скрытом) для ученика виде и мере, давая знания, словно в оболочке, обертке. Ответ может быть скрытым, запутанным и неясным. «В приемлемом виде» — это значит в том, который максимально настроит ученика на постижение цели[20], на устремление к ней.

Главное в каббале — это направленность мыслей, намерение, с которым производится действие.

Преподаватель должен так искусно объяснять ученику материал, чтобы у него возникало еще больше вопросов. То есть содержание ответа должно настраивать ученика на дальнейшее внутреннее развитие, вызывая у него появление вопросов с целью выявления последующих уровней желаний, знаний. Ученик не способен напрямую воспринять истину, поэтому преподаватель говорит то, что ученик желает и может услышать, но внутри этого ответа скрыта информация, необходимая для постоянного увеличения стремления к цели.

Преподаватель обязан дать ученику определенные конкретные знания о строении *миров*, то есть о тех потенциальных состояниях, которые ему предстоит пройти. Вначале эта информация может показаться сухой и скучной, но затем, по мере продвижения, ученику раскрываются ранее скрытые от него связи и взаимоотношения между всеми частями творения, включая замысел Творца. Материалы о схеме мироздания и нисхождении *миров* должны изучаться параллельно со статьями об историческом процессе развития общества и индивидуума, с материалами о внутренней работе человека.

---

[20] **Цель творения** — постижение Общего Закона мироздания, достижение подобия свойств с Творцом.

2.4. Каббалистические книги

Все каббалистические труды содержат описание системы взаимоотношений Творца и созданных им творений.

Многие из каббалистов, постигнув замысел творения, описали все состояния нисхождения от наивысшей точки слияния с Творцом и до *нашего мира*, где творение находится в полном скрытии. Эти труды имеют особое воздействие на учащихся, ведь они рассказывают обо всех состояниях, которые должно пройти человечество и каждый лично, о состояниях, которые существуют в потенциале, но еще скрыты от тех, кто их постигает.

Если человек, читая книгу, привносит в каждое слово свое желание, стремление быстрее преодолеть этот путь, то, приложив определенное количество усилий, он удостаивается раскрытия Творца. Это значит, что под воздействием прочитанного он начал приобретать свойства Творца и по закону подобия свойств удостоился раскрытия в себе Высшей силы, то есть следующего, более высокого своего состояния. Ученик как бы вводит свое желание в ту формулировку, которую каббалист дает в своей книге.

Это похоже на математическое выражение. Само по себе оно мертво, неизвестно, какие состояния им описываются. Каббалистическая формула просто отображает связи между отдельными частями творения. Ученик помещает себя внутрь нее. Поскольку он в процессе изучения материала желает почувствовать эти состояния, то самим своим стремлением он вызывает на себя определенное воздействие текста, которое изменяет его ощущения и вводит в *духовный мир*.

Еще раз хотелось бы напомнить, что все духовные состояния или *миры* (мир в переводе с иврита означает *«скрытие»*) ощущаются внутри наших желаний, в большей или меньшей степени подобных Высшим законам природы или Творцу (природа и Творец идентичны). В «Книге Зоар» сказано, что все *миры* находятся внутри человека. Это очень важный момент, который поможет тем, кто изучает каббалу, избежать в дальнейшем процессе обучения множества ошибок и отклонений.

2.5. Краткое описание трудов Бааль Сулама

1. **Статьи** («Поручительство», «Мир» и другие) написаны специально для начинающих учеников и направляют их на самопознание, на внутреннее исследование своей природы.

2. **«Письма»** изучаются избирательно в зависимости от внутренних состояний ученика.

3. **«Учение Десяти Сфирот»** — основополагающий учебник по каббале, который описывает всю духовную работу человека, проходящего ступени исправления, изменения своей природы, а для тех, кто еще не вступил на ступени внутреннего постижения, является источником воздействия и изменения внутренних качеств с целью уподобления свойствам Творца. «Учение Десяти Сфирот» начинают

изучать после статьи «Введение в науку каббала» по следующему порядку: 1,4,6,8,15,16, 3, 2, 7, 9, 10, 11, 12, 14, 13, 5 части.

4. «Книга Зоар» с комментариями Бааль Сулама — это объяснение духовной работы по методике трех линий[21]. «Книгу Зоар» могут воспринять только продвигающиеся по трем линиям, то есть люди, уже находящиеся на определенном духовном уровне восприятия законов природы или Высшей силы. Эту силу мы называем Высшей, духовной, так как Она нас создала, Она является причиной, а мы следствием. «Книгу Зоар» изучают после статьи Бааль Сулама «Предисловие к «Книге Зоар» и статьи «Введение в науку каббала».

2.6. Что подразумевается под учебой?

В каббале существуют три фактора продвижения ученика. Это учеба по истинным каббалистическим источникам, преподаватель и коллектив единомышленников. Учитель дает направление и объясняет методы исследования. Группа единомышленников является местом исследования, где каждый индивидуум пытается выяснить собственное отношение к своему окружению, изменить его, уподобить законам природы, которые изучаются в каббалистических книгах.

Учиться — значит работать с книгой и ожидать, что в результате этого действия и приложенных ранее усилий по выяснению и исследованию своей природы произойдет изменение в ощущениях и человек сможет почувствовать состояния, описанные каббалистом.

Книги должны быть только подлинными, истинными каббалистическими источниками — это «Книга Зоар», произведения АРИ, Бааль Сулама и РАБАШа[22].

Преподавателем может быть тот, кто понимает путь, лично прошел его и служит примером для продвижения, дает необходимые советы, координирует работу в коллективе и направляет процесс учебы. Коллектив — это люди, собравшиеся вместе вокруг учителя и истинных книг, с серьезным намерением изучить и постичь на практике замысел, которым является раскрытие Творца творениям в этом мире, как пишет об этом Бааль Сулам в своей статье «Суть науки каббала».

Эти три фактора становятся рабочей средой для человека, желающего продвигаться по духовному пути.

2.7. Цель изучения каббалы

Каббалу изучают для изменения внутренних качеств с целью уподобиться

---

[21] **Три линии** — система, позволяющая прийти к подобию Творцу: левая линия — желание получать (свойство творения), правая линия — желание отдавать (свойство Творца), среднюю линию человек создает самостоятельно собственным стремлением к соответствию, подобию Творцу.
[22] *РАБАШ* — рав Барух Ашлаг (1907-1991), сын и ученик Бааль Сулама, автор книги «Ступени лестницы», впервые описывающей все этапы внутренней духовной работы человека.

свойствам Творца. Для этого необходимо желание присутствовать на уровне того, кто эту информацию ощутил и передал нам. Книги великого каббалиста XX века Бааль Сулама наиболее адаптированы для нашего поколения, поэтому основную часть учебного процесса мы посвящаем именно им.

Истинная цель обучения состоит в выявлении внутренней связи с изучаемым материалом, поиск в себе всех разбираемых объектов, свойств, действий, поскольку в каббалистических книгах речь идет только о том, что происходит с человеком, с его восприятием *мира*.

Обучение должно быть не насильственным, а только в том виде, который приемлем для учащегося, и в соответствии с его вопросами и уровнем развития, умственным и внутренним. То есть ученик продвигается в изучении или постижении только в мере своего желания. Любое постижение в каббале предполагает внутреннее стремление исследовать на себе действия Творца, и здесь все зависит от собственного желания.

«Нет насилия в духовном» — это закон, который находится в основе наших желаний.

2.8. Процесс обучения

Ученику, начинающему изучать каббалу, трудно понять, что само постижение этой науки является средством изменить себя, открыть и почувствовать более высокие состояния, то есть наиболее близкие к цели творения.

Ученику необходимо достичь такого подхода к учебе, когда он воспринимает ее в качестве лаборатории, а себя — объектом исследования, который он исправляет, изменяет и совершенствует. Всегда необходимо помнить, для чего ты учишься, с какой целью открываешь книгу, что желаешь с ее помощью достичь.

С этой точки зрения необходим максимально прагматичный подход к процессу обучения — требовательный и целенаправленный. Это и будет означать высокое качество приложенного во время учебы усилия, без которого человек не может даже надеяться получить какие-либо исправления. Поэтому сила, заключенная во всех каббалистических книгах, и в особенности в произведениях Бааль Сулама, есть интенсивность воздействия на человека в зависимости от того, насколько он этого желает.

В нашем мире нет иной силы исправления, кроме духовной, той, которую мы получаем из истинных каббалистических трудов. Книга — это единственное средство связи с Высшим источником. По ней мы изучаем законы Высшего мира и тем самым вызываем на себя их воздействие. Так, мы сами становимся причиной, на основании которой закон приближается к нам, а изучаемые процессы начинают изменять наши ощущения, ибо все они происходят внутри нас. Когда мы изучаем их по книгам, они больше раскрываются и эффективнее воздействуют на нас.

Человек вовсе не должен сидеть и учить материал 24 часа в сутки. Главное, получать силу, желание, стремление изменить свои ощущения, исправить эгоцентрическое восприятие мира, продвигаться в правильном направлении и удерживать его в течение всего дня, независимо от внутренних состояний. Поэтому очень важно находить время для занятия утром, в течение дня, вечером, хотя бы в течение часа за день. Современные гаджеты позволяют прослушивать или читать учебный материал в дороге, во время совершения простых действий по дому или работе. Это совершенно отличается от нашего обычного подхода к учебе, и только так мы должны относиться к каббалистическим трудам.

Книга — источник сил, а накопление знаний — вещь второстепенная.

Сегодня каббалистические книги переведены на множество языков. Изучать их можно на любом из них, но основные термины, а их несколько сотен, необходимо выучить на языке оригинала.

Цель данного учебного пособия — ознакомить ученика с каббалистическими знаниями, но дальнейший процесс обучения проходит только по оригинальным источникам в переводе на родной язык.

2.8.1. Урок

Подготовительная часть урока предназначена для выяснения цели присутствия ученика на занятиях. Это может показаться странным, но такая работа является важнейшим фактором в дальнейшем ходе урока: с какой целью я сейчас начинаю учебный процесс и каких результатов ожидаю от своих исследований.

Подготовительная часть урока должна занимать 10-15 минут. После нескольких месяцев занятий время на подготовку будет увеличиваться, потому что появятся более точные определения своего состояния, более тонкие замеры малейших нюансов мыслей, намерений, расчетов. Необходимо четкое осознание того, что вся информация, заложенная в тексте, влияет на меня лишь в мере **моего желания** измениться.

Настроиться на урок — это понять, что в книге, по которой я занимаюсь, говорится о моих собственных состояниях, обо мне лично, и ни в коем случае не представлять себе какие-либо внешние материальные объекты, исторические процессы, геометрические фигуры.

Основная часть урока — это личное включение в состояния, которые описаны в каббалистических книгах. Подход к обучению — требовательный и целенаправленный. Когда мы учимся на уроке, мы должны понимать, что в книге говорится обо мне лично, о моих состояниях. Каждое слово должно вызывать чувственную реакцию. Книга воздействует на ученика в мере желания войти в описанные духовные состояния.

Урок состоит из чтения каббалистического источника и его объяснения преподавателем. Для лучшего проникновения учеников в материал в течение урока могут проводиться семинары и учебные упражнения. Для лучшего понимания материала ученики могут задавать вопросы преподавателю.

2.8.2. Семинар

Обсуждение учениками темы и вопросов урока по правилам называется семинаром.

Есть 6 правил внутренней работы учеников на семинаре, чтобы сделать его эффективным:

1. Отношения к товарищам должны быть пронизанные внутренним уважением.
2. Необходимо найти единое желание учебной группы, сохраняя индивидуальность каждого. «Один человек с одним сердцем».
3. Надо представлять, что все товарищи совершенны. Все вокруг меня совершенны, лишь я должен исправить себя.
4. Представлять, что только я могу помочь товарищам. «Личная ответственность».
5. Решение обсуждаемого вопроса необходимо искать на следующей ступени.
6. Лишь после того, как на семинаре создается ощущение общности, можно вносить свое мнение. «Направление на центр круга».

2.8.3. Учебные упражнения и игры

В ходе семинара или после можно применить еще один метод — объединяющую или ролевую Игру или Упражнение. Играя в будущее состояние, мы привлекаем свет, возвращающий к источнику. Игра — надежная территория для проб и испытаний.

2.8.4. Подведение итогов семинара

Подведение итогов или рефлексия по итогам семинара помогает проанализировать и подытожить обсуждения. Проводится как обсуждение вопроса «Что я почувствовал и понял на семинаре?», «К какому итогу мы пришли на семинаре?», «Как изменилось мое понимание вопроса в результате обсуждения?» и похожих вопросов об итогах семинара. Рефлексия по итогам семинара трансформирует чувства и впечатления в осознанное когнитивное пространство, то есть превращает переживания в смысловой итог.

2.8.5. Вебинар

Все чаще уроки проводятся в форме вебинара, когда ученики участвуют в уроке удаленно посредством средств коммуникации. Эффективность такого участия не ниже физического участия в уроке, если все ученики чувственно включены друг в друга, настроены на книгу и на преподавателя, который объединяет учеников, вместе чувствуют себя группой, настроенной на одну цель и ожидают раскрытия Высшей силы.Так проводятся подготовка к уроку, урок, семинары и упражнения.

2.8.6. Действие света

Как мы говорили ранее, в книгах Бааль Сулама описаны все состояния творения от его Замысла до нисхождения в *наш мир*. Под термином *«наш мир»* следует понимать ощущение крайней удаленности от первопричины и абсолютное отсутствие возможности даже минимального контакта с ней. Однако необходимо осознавать, что она существует, и желать ее полного раскрытия. Поэтому, изучая те или иные состояния, желая постичь их чувственно, ученик вызывает на себя воздействие сил, заключенных в тексте. Попробуем подробнее разобрать этот процесс.

Все человечество существует в пространстве единственной силы, называемой «Творец». Находясь там, мы можем изменить поле воздействия Творца так, чтобы оно было направлено к нам. Вообще мы можем говорить о каком-то пространстве или поле только относительно того, кто находится в нем, потому что именно он создает воздействие, препятствие и производит изменение в этой точке пространства. Особое воздействие места на объект соответствует тому, насколько сам объект влияет на него. При этом возможности пяти органов чувств нашего биологического тела ни в коем случае не меняются, человек продолжает жить и работать в своем обычном мире, но в дополнительно приобретенном желании он ощущает, осознает причины, цель и взаимосвязь всех частей мироздания. Это происходит в результате воздействия *«окружающего света»*.

Окружающий свет — это энергия, которая воздействует на потенциальное желание ученика уподобиться Творцу, но еще не может войти в него, так как он не имеет подобия свойств, соответствия. В мере нашего желания стать чувствительными элементами к окружающему свету он становится внутренним, то есть мы начинаем ощущать скрытое прежде воздействие Творца.

Находясь рядом с большим каббалистом и занимаясь по каббалистическим книгам с правильным намерением, человек силой своего желания изменяет отношение между собой и полем Творца. В сущности, таков желательный результат, который мы можем извлечь из этой силы — прибегнув к помощи того, кто уже изменил вокруг себя пространство — за счет разности потенциалов между ним и пространством.

Здесь мы, действительно, можем вывести те же формулы, что и, например, в физике, только в каббале мы имеем дело с силами мысли и желаний, хотя принцип аналогичен.

Мы не знаем, кто такой Творец, что представляет собой поле, но своими желаниями, стремлениями мы выявляем его, влияем на него, изменяем его воздействие на нас. Мы ощущаем свойство отдачи только в том случае, если изменяем собственное свойство с *получающего на отдающее*. В сущности, именно желание отдавать мы именуем Творцом, поскольку обнаруживаем, что оно существует в нашем корне и управляется Им. *Желание получать* мы называем *творением*. Поэтому все мысли во время учебы должны быть направлены на воздействие *«окружающего света»*, который помогает нам приблизиться к нашему корню, первопричине, то есть к подобию свойств.

Примечание: уроком считается любая из перечисленных форм обучения (см. ниже пункт «Возможности изучения»).

2.8.7. Правильный подход к изучению каббалистических текстов

Как и в любой академической науке, получение знаний в каббале является процессом ступенчатым, многоуровневым: прежде всего, усваивается верхний, наиболее легкий уровень, исходные данные, упрощенные схемы, общая картина. Затем наступает второй этап — подробный анализ каждой детали, затем третий — соединение всех деталей в общую картину.

Таким образом, шаг за шагом вырисовывается общая идея системы, затем уточняются детали, процессы начинают постигаться не умозрительно, а чувственно. Специалистом в любом деле можно назвать того, кто ощущает материал без приборов и чертежей — как говорится, шестым чувством.

В каббале требуется многократное осмысление текста, пока не появятся впечатления, адекватные изучаемому материалу. Это можно сравнить с ощущениями музыканта, читающего партитуру: нотные знаки дают ему полную картину музыкального произведения.

В конце «Предисловия к Учению Десяти Сфирот» есть часть, которая называется «Порядок изучения». Порядок учебы, пишет Бааль Сулам, заключается в том, что ученик должен заучивать на память все определения. С какой целью? Для того чтобы при чтении у него не возникали в уме геометрические фигуры, образы и различные материальные, овеществленные представления об объектах, изучаемых в каббалистических книгах. Прочитав определения: *«прямой свет»*, *«отраженный свет»*, *«окружность»*, *«сокращение»*, ученик должен представлять эти термины внутри себя, в своих чувствах, мыслях, желаниях.

Так, например: *«прямой свет»* — означает, что я готов принять наполнение вне всяких рамок и ограничений, *«сокращение»* — означает, что мне очень хочется, но я себя ограничиваю.

Вся эта работа необходима для того, чтобы каждое слово вызывало внутри нас соответствующую чувственную, а не только умозрительную реакцию.

Переход от мысленного представления геометрических фигур и чертежей к желанию чувственно участвовать в описываемых процессах требует четкого знания определений каждого понятия, используемого в этой книге. Тогда мы сможем автоматически внутри себя сразу же трансформировать любой термин. Он будет возникать, сопровождая определение, которое мы запомнили, как наше чувственное состояние, и это очень важно.

Задача учащегося заключается в том, чтобы раз за разом приближать к себе эти определения, постоянно уточняя их, и тогда его постижение будет более глубоким, переходящим из умозрительной плоскости в чувственную, внутреннюю.

Бааль Сулам пишет в 155-м пункте «Предисловия к Учению Десяти Сфирот»: «Несмотря на то что изучают и не знают то, что изучают, но желают этого достичь, в этой мере вызывают на себя воздействие *окружающего света*». Окружающий свет воздействует на нас в мере нашего желания понять изучаемый материал. Например, я хочу понять, почему эти окружности расходятся именно так, а не иначе, почему *творение* состоит из пяти частей и так далее. Это неправильный подход к изучению каббалистических книг.

Окружающий свет воздействуют на нас в мере нашего желания войти в эти состояния, уподобиться им по свойствам, стать объектом для их постижения.

2.9. Самостоятельная работа и домашнее задание

Домашним заданием является подготовка к очередному уроку, который обязательно должен состояться в течение суток.

Нельзя не приступать к занятиям в течение 24 часов, необходимо прочитать хотя бы несколько строк из книги. Отрыв от учебы на сутки повлечет за собой отставание на недели и даже на месяцы. Вы не можете изучать материал десять часов подряд, а потом сделать перерыв на неделю. Намного эффективней заниматься час в сутки, но каждый день. Если у вас серьезные намерения продвинуться в учебе, то это условие является обязательным, и здесь не может быть никаких компромиссов.

Очень важно в течение дня работать с каббалистическими материалами.

Целью таких занятий является подготовка к работе на уроке, а также построение внутренней базы общей информации, запоминание терминов и определений.

Вот несколько примеров заданий по работе с текстами. Задание выполняется после изучения всей темы, раздела или урока.
1. Определить основную тему урока.
2. Написать резюме и определить, какой из двух нижеперечисленных подходов использовал автор статьи:

   a. когда сразу же дан конечный результат, а затем объяснение, каким образом к нему прийти?

   b. когда автор поступенчато, шаг за шагом ведет читателя к конечному результату?

3. Описать причинно-следственную связь, с помощью которой автор статьи приводит нас к решению поставленной задачи.
4. Попробовать прийти к такому же результату, но используя другой метод, примеры из других наук.

2.10. Возможности изучения

Существуют несколько способов изучения каббалы:

Международная академия каббалы на сайте edu.kabacademy.com проводит дистанционное обучение в форме вебинаров, семинаров, учебных заданий, участием в форуме и других интерактивных функций.

Через Интернет-сайт по каббале www.kabbalah.info. Сегодня этот сайт обеспечивает пользователям неограниченный доступ к аутентичным текстам на 36 языках без обязательной регистрации или указания личной информации. Это один из крупнейших сайтов Интернета по количеству учебно-образовательного и информативного материала по каббале. Здесь вы найдете переводы оригинальных статей Бааль Сулама и других каббалистов.

Международная академия каббалы проводит ежедневную прямую видео- и аудио- Интернет-трансляцию уроков и лекций по всему миру на 23-ти языках, с демонстрацией чертежей; возможностью задавать вопросы и получать ответы в реальном времени. Все записи занятий помещаются в медиа-архив.

Раздел I

Восприятие реальности

Всегда есть достаточно света для тех, кто желает видеть, и достаточно тьмы для тех, кто желает обратного.

Блез Паскаль[1]

---

[1] Pascal. Oeuvres completes. Paris, 1954.

Содержание:

В данном разделе дается подробное объяснение трех элементов, составляющих действительность: Сущность Творца, Бесконечность души и способы восприятия этой действительности человеком. Описывается каббалистический метод восприятия реальности и его отличие от традиционного, естественного способа исследования мира с помощью пяти органов чувств. Излагается каббалистический взгляд на мир, который спасает человека от множества заблуждений и неверных расчетов и тем самым выводит его на другой, более высокий, уровень существования.

Глава 1.   *Постижение действительности*
Глава 2.   *Способы восприятия действительности*

Глава 1. Постижение действительности

1.1. Предисловие
1.2. Три составляющие реальности
1.3. Как мы изменяем мир
1.4. Каббала – наука о восприятии реальности
1.5. Что такое мир
1.6. Закон подобия свойств
1.7. Вопросы и ответы
Тест
Дополнительный материал

1.1. Предисловие

Естественным способом мы воспринимаем реальность посредством пяти органов чувств[2], и нам сложно ориентировать себя таким образом, чтобы сквозь эту реальность ощутить *духовный мир*[3]. Мы видим, как ошибаются люди, воображающие себе иные формы существования, принимая их за духовные.

Для того чтобы проникнуть в глубь материи и ощутить силы, действующие внутри нее, необходимо пользоваться определенной методикой и прилагать особые усилия. Все действующие в мироздании силы в конечном итоге соединяются в одну, именуемую Высшей силой, или Творцом. Творец организует, создает и содержит в Себе все частные силы, приводит их в действие и через них актуализирует материю, поскольку в любой материи всегда заключена частичка Его всеобъемлющей силы. Мы же ощущаем исключительно материю, то есть воздействие этой силы на нас.

Материей, или материалом, каббала называет *желание*[4], за которым стоит еще одно желание, приводящее его в действие. Изначальное желание называется Творцом. Нашему восприятию трудно прорваться сквозь материю и увидеть Творца — ту внутреннюю силу, приводящую ее в действие.

Здесь уместен пример со стереограммой: на первый взгляд мы не видим на ней ничего, кроме беспорядочных мелких штрихов. Однако, когда мы перестаем фокусировать на них свое зрение, то проникаем как бы

---

[2] **Пять органов чувств** – зрение, слух, обоняние, осязание и вкус.
[3] **Духовный мир** – реальность, ощущаемая в дополнительном, шестом, органе чувств, где находятся и действуют только силы без их материальных облачений.
[4] **Желание** – недостаток наслаждения и стремление к определенному виду наполнения (образу), предположительно несущему наслаждение). Так, например, голод, как недостаток наполнения, при наличии даже мысленного образа пищи формируется в желание поесть.

внутрь картины и начинаем видеть трехмерное изображение.

Как перестать фокусироваться на внешней стороне реальности? Как сконцентрировать взгляд таким образом, чтобы разглядеть за картиной нашего мира силу, приводящую материю в действие? На эти вопросы дает ответы каббала, в этом и заключается ее методика.

Изучение данной темы поможет нам правильно настроить себя и увидеть единую всеобъемлющую силу, управляющую нами, приводящую материю в действие.

1.2. Три составляющие реальности

Комментарий М. Лайтмана к статье Б. Ашлага (РАБАШ) «Предисловие к книге «Плоды мудрости. Письма» (жирным шрифтом выделен текст статьи, обычным — комментарий)

Мы различаем множество ступеней и множество определений в мирах[5]. То есть реальность многогранна.

Необходимо знать: когда говорится о ступенях и определениях, то имеется в виду постижение душами, в соответствии с тем, что они получают в этих мирах, то есть мы судим обо всем, что нас окружает, исходя из увиденного и постигнутого.

Мы находимся в реальности этого мира и видим, что существует земля, деревья, дома, солнце, луна, небо, другие люди. Мы обозреваем действительность и выносим свои суждения, исходя из увиденного, из связей между объектами. Мы передаем свои ощущения от того, как они воздействуют на нас и как мы можем воздействовать на них. Мы судим обо всем, исходя из собственных ощущений, в результате своего постижения, согласно правилу (оно существует, в том числе и в каббале, как во всех других науках и методах познания): «**То, что не постигнем — не можем назвать по имени**»[6].

Это означает: если мы что-то не ощущаем, то ничего об этом не знаем и не можем дать этому никакого названия. Напротив, если говорится о чем-либо, имеющем отношение к каббале, то речь идет о личном постижении. То, что постигаем, мы именуем. Название присваивается нами, согласно собственному ощущению. Определения «горячий» или «холодный» соответствуют тому, как мы воспринимаем данный объект; «большой» или «маленький» — тому, каким он кажется относительно нас, и так далее. Все

---

[5] **Миры** — вся совокупность наших ощущений (реакций на внешнее воздействие) создает в нас сугубо субъективную внутреннюю картину, называемую «**наш мир**». С помощью каббалистической методики человек развивает свои ощущения и начинает видеть мир в его истинной форме. Состояние, в котором мы сейчас находимся, называется мир Бесконечности (полное удовлетворение всех потребностей). Из всего этого уровня Бесконечности человек может ощущать различные степени получения, восприятия и постижения. Эти уровни постижения реальной, единственной и бесконечной действительности, в которой существуют творения, называются *мирами*.

[6] *Бааль Сулам*. Наука каббала и философия. Kitvei Baal Hasulam. ARI. Israel. 2009. P. 33.

имена и названия, которые мы даем объектам, местам, силам, действиям и поступкам, соответствуют тому, что проходит через нас, определяются нашим отношением к наблюдаемому.

Рис. 1.1. Пример стереограммы. Изображение лампы.

Слово «имя» указывает на постижение, подобно тому, как человек дает название чему-нибудь лишь после того, как постиг в нем что-либо, и в соответствии с постигнутым им. Согласно тому, что мы постигаем, ощущаем и в соответствии с нашим отношением к чему-либо, мы именуем это явление.

Поэтому вся действительность делится, с точки зрения духовного постижения, на 3 части:
1. «*Ацмуто*»[7], сущность Творца;
2. *Бесконечность*[8];
3. *души*[9].

1) **О Его сущности мы вообще не говорим,** — поясняют каббалисты[10].

---

[7] **Ацмуто** — непостигаемая суть, сущность Творца. Наше восприятие внешнего материала всегда субъективно, так как мы ощущаем лишь воздействие на нас Творца, а Его самого мы познать не можем (как и вообще все, что находится за пределами нашего тела). Поэтому все, что существует за границами наших ощущений, мы называем Ацмуто.

[8] **Бесконечность** — состояние, когда все желания удовлетворены полностью, без ограничения, то есть творение (желание наслаждаться) не ограничивает распространение света (наслаждения).

[9] **Души** — в начале замысла творения была создана единая душа, называемая Адам Ришон (Первый Человек). Она разбилась на 600 тысяч частей. Теперь у каждой части есть возможность уподобиться Творцу. **Душа** человека состоит из двух компонентов — света (наслаждения) и сосуда (желания к этому наслаждению), причем сосуд — это суть души, а свет, наполняющий его, и есть задуманное, уготованное Творцом наслаждение.

[10] **Каббалист** — ученый, обладающий дополнительным органом ощущения, который позволяет исследовать духовный мир, воздействие Творца на себя.

Однако, если мы постигаем Его, почему не можем говорить о Нем?

Поскольку корень и место творений начинаются с *Замысла творения*[11], в котором они заключены, и смысл этого скрыт в словах: «Окончание действия — в его замысле».

Пока еще мы ничего не постигаем в Ацмуто. Мы осознаем только, что есть некая сила, охватывающая всю реальность, однако не различаем в ней ничего, кроме самой констатации этого факта.

2) **Бесконечность** (ее мы уже ощущаем) **представляет собой замысел творения, скрытый в выражении «Его желание — насладить свои творения».**

Здесь мы ощущаем, как Ацмуто — единая сила — относится к нам, чувствуем, что Он — «Добрый и Творящий добро». Тот, кто постигает бесконечность, говорит, что отношение этой силы к нам исключительно положительное.

Это связь, существующая между Ацмуто и душами, — *Ацмуто* относится к *душам* через бесконечность позитивно, без какого бы то ни было различия. Это означает, что свыше на нас поступает только положительное воздействие.

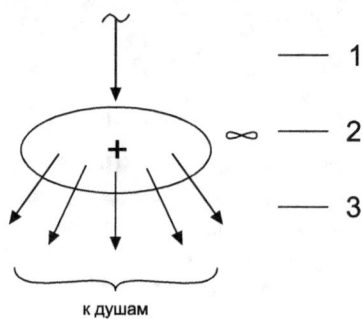

Рис. 1.2. Связь между Ацмуто и душами: 1. Ацмуто, 2. Бесконечность, 3. души.

Бесконечность — это начало всего (относящегося к нам) процесса — есть максимум того, что могут постичь каббалисты. Это означает, что если я существую в этом мире, в своем теле и развил свое кли[12] из точки в сердце[13], поднялся вверх и в этом кли начинаю постигать, то в нем я

---

[11] **Замысел творения = замысел Творца** — создать творения с целью доставить этим творениям максимальное наслаждение.

[12] **Кли** («сосуд») — желание получать в творении. Эгоистические желания и стремления не называются кли. Кли — это исправленные, пригодные для получения света, желания, то есть обладающие экраном (силой сопротивления эгоизму), трансформирующим эгоизм в альтруизм.

[13] Термин «**сердце**» употребляется для обозначения всех желаний человека. **Точка в сердце** — зародыш будущей души, экрана (силы сопротивления эгоизму).

постигаю все менее и менее ограниченную реальность — до тех пор, пока не постигну все, что способен постичь в своем кли, то есть бесконечность.

Под бесконечностью подразумевается отсутствие границ постижения: во мне нет ничего, что мешало бы постигать, я не ограничен в ощущении, постижении, понимании, восприятии, измерении. Я воспринимаю все, поднимаясь через мир Асия[14] в мир Ецира[15], Брия[16], Ацилут[17], Адам Кадмон[18], пока не достигаю мира Бесконечности.

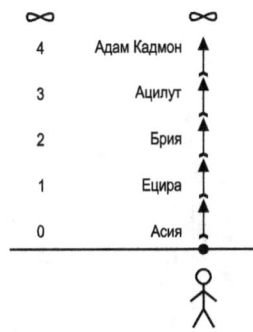

Рис. 1.3. Подъем человека через духовные миры Асия, Ецира, Брия, Ацилут, Адам Кадмон в мир Бесконечности. Цифры от 0 до 4 соответствуют уровням авиюта. Горизонтальная линия — это барьер (махсом), граница между миром материальным и Высшим. Точкой (.) изображен зародыш будущей души — точка в сердце человека.

Я развил свое кли с нулевого уровня авиюта[19] до четвертого. Уровням авиюта соответствует определенный объем кли. Я достиг бесконечного объема кли и потому воспринимаю реальность без ограничения. Поскольку я воспринимаю ее во всех частях своей души, она наполняет меня, я охватываю ее, поглощаю, ощущаю и измеряю во всем, что есть во мне, будучи уверенным, что никогда не смогу познать ее больше. После этого я говорю, что отношение ко мне этой единственной в природе силы — абсолютно доброе.

---

[14] **Мир Асия** — полностью эгоистичный мир, наиболее удаленный от Бесконечности, в котором человек либо вообще не ощущает Творца, либо ощущает Его управление, как злое, несущее страдания.
[15] **Мир Ецира** — первое раскрытие «лица Творца» (осознание Его доброго управления).
[16] **Мир Брия.** Основа этого мира — желание отдавать, услаждать. Относительно себя человек ощущает управление Творца как абсолютно доброе, но в нем существует недостаток познания действий, отношения Творца ко всем остальным творениям.
[17] **Ацилут** — мир полного ощущения Творца и слияния с Ним.
[18] **Адам Кадмон** («адам» — человек, «кадмон» — первичный) — прообраз, предчеловек. Замысел, вследствие реализации которого человек может полностью уподобиться Творцу.
[19] **Авиют** — сила, глубина желания (измеряется по шкале от 0 до 4).

Я постигаю ее всей силой и глубиной своих ощущений и своего понимания.

В этом случае я постигаю то, о чем говорят каббалисты:

> «Если ты еще не постиг, то не ощущаешь этого, но если постигнешь, то увидишь, что постигаешь самую положительную силу, наполняющую тебя и желающую наполнением доставить тебе наслаждение и в разуме, и в сердце, то есть дать тебе позитивное ощущение и неограниченное знание»[20]. В этом и состоит связь между нами и Высшей силой[21].

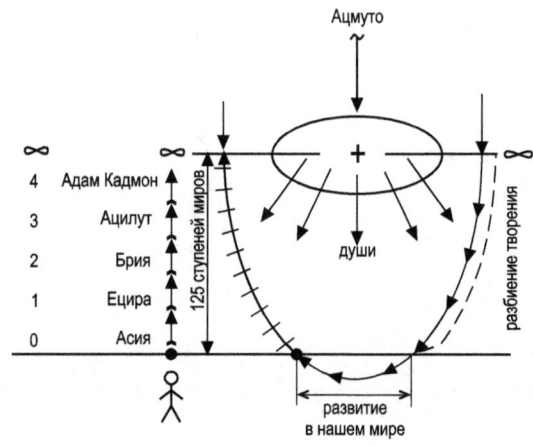

Рис. 1.4. Этапы развития творения. Объяснения в тексте.

И она, эта связь, **называется** *светом*[22] без *кли*, однако оттуда берет свое начало корень творений, то есть отношение Творца к *творению*, при котором Он создает его в такой форме, чтобы *творения* после их создания прошли огромный круг истории (под историей подразумевается развитие) и достигли состояния, в котором все сотворенное познает Его.

Родившись и начав существовать в качестве *творения*[23], мы не ощущаем ничего. Мы подобны семени, которое начинает развиваться в материнском

---

[20] Ashlag Y. Pri Chacham Igrot. Bnei Brak, 1999. – P.64 (hebrew).
[21] **Высшая сила = Творец** – это общий замысел и природа мироздания, глобальный закон, который нисходит на нас, строит нас, создает нашу Вселенную, управляет всем, ведя к изначальной цели – развить творения до своего уровня.
[22] **Свет** – воздействие Творца, ощущаемое как наслаждение, желание насладить.
[23] **Творение** – сосуд, душа, созданное из ничего («еш ми аин») желание насладиться Творцом, ощущением Творца, светом.

чреве, и пока еще не может быть речи о какой-либо независимости. В процессе развития мы проходим стадию *разбиения*[24], спускаемся из *мира Бесконечности* и затем развиваемся в *нашем мире*[25] на протяжении многих лет истории человечества вместе со Вселенной, земным шаром, нашим телом — до тех пор, пока не начинаем ощущать *«точку в сердце»*.

Тогда с помощью такой науки, как каббала, мы начинаем подниматься по 125 *ступеням миров*[26] и приходим к постижению того, что создавшая нас сила бесконечна и желает нам только блага. Раскрывая отношение Творца к нам, мы представляем собой уже не просто *точку, созданную Им*[27], не малое желание. Напротив, когда это малое желание, спускаясь[28] из бесконечности, достигает состояния, в котором мы осознаем его, мы начинаем самостоятельно развивать это желание до тех пор, пока оно не достигнет уровня бесконечного *кли*. Мы обретаем бесконечное, неограниченное восприятие и в такой мере воспринимаем Его.

Далее мы переходим к *душам*, поскольку, в сущности, все определено внутри *душ*.

3) **Души, которые получают благо, заключенное в Его желании насладить.**

Бесконечность называется бесконечностью, поскольку представляет собой связь, существующую между Ацмуто и душами.

Связь между нами и Творцом всегда остается бесконечной, но мы воспринимаем ее в той степени, в какой позволяет нам наше состояние (величина нашего *кли*). Это означает, что и сейчас мы находимся в бесконечной связи. Высшая сила, со своей стороны, создала только одно состояние — *души*, соединенные в одну систему, называемую *Адам*[29].

---

[24] **Разбиение** — исчезновение связующего «экрана» (намерения «ради отдачи») между различными свойствами, желаниями. Изменение альтруистического принципа взаимодействия на эгоистический.

[25] **Наш мир** — свойство абсолютного эгоизма, ощущаемого в наших пяти органах чувств, который не способен получить свет (наслаждение) внутрь себя, поэтому ощущается как пустота (страдание).

[26] **125 ступеней = 125 уровней восприятия.** Мы и сейчас находимся в мире Бесконечности и ощущаем его, но лишь в самом минимальном проявлении, называемом «этот мир», «наш мир». Кроме мира Бесконечности и нас, в действительности ничего нет. Уровни постижения реальной, единственной и бесконечной действительности, в которой мы существуем, называются мирами. Существует пять миров, каждый из которых делится еще на пять небольших частей, и каждая из них — еще на пять частей. Таким образом, существует 125 ступеней осознания, понимания, постижения и ощущения нашего истинного состояния, в котором мы на самом деле существуем.

[27] **Точка, созданная Творцом = «еш ми айн» (сущее из ничего)** — созданное вне Творца микроскопическое желание насладиться. Вначале эта точка, это состояние лишь немного темнее, чем свет.

[28] **Спускаясь = удаляясь.** Основной закон, действующий в мире, — принцип подобия свойств. Он гласит, что два объекта сближаются, вплоть до слияния, в мере подобия, сходства свойств и отдаляются — ввиду отличия свойств. Этот принцип близости в мере подобия свойств существует также и в нашем мире: чем более схожи между собой люди по вкусам, взглядам, тем они ближе друг другу, а ненавидящие друг друга — далеки один от другого.

[29] **Адам = Адам Ришон** — совокупность всех созданных душ, связь между ними на основе взаимоотдачи.

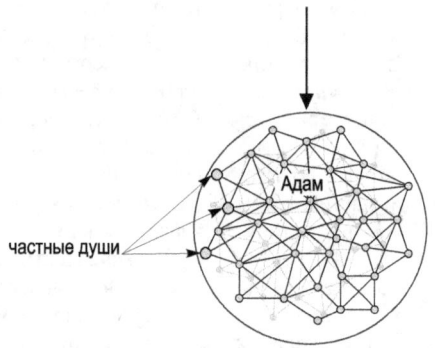

Рис. 1.5. Адам – совокупность всех созданных душ.

Души, созданные изначально в такой форме, не ощущают себя пребывающими в бесконечной реальности, а начинают чувствовать себя находящимися в *этом мире*[30]. С какого момента человек начинает осознавать себя? Спустя какое-то время после рождения в этом мире он вдруг начинает понимать, что находится в нем, допустим, в возрасте одного, двух или трех лет: «Я существую в этом мире. Есть я и есть *мир*, мои родители, моя комната». С этого ощущения начинается *наш мир*, наше осознавание.

Где мы находимся на самом деле? На самом деле мы находимся в мире Бесконечности. Однако то, что мы в состоянии постичь из него, определяется объемом наших келим[31], которые развивались с нуля и постепенно пришли к раскрытию материала. На данный момент они раскрывают нам минимальную часть материала – нашего желания получать.

Это означает, что я воспринимаю в своих *келим* все ту же бесконечную реальность, но чрезвычайно незначительную, сокращенную, ограниченную. Затем я развиваю органы ощущений за счет свойств, имеющихся во мне, и используя то, что предоставляет мне мое окружение – родители, детский сад, школа, книги, учеба: я раскрываю свои инструменты восприятия.

До какой степени я их раскрываю? До некоторого предела, определяемого моими внутренними свойствами и окружением, помогающим мне развивать их. То есть вместо изначального

---

[30] *Этот мир* – абсолютный эгоизм, который не способен получить свет (наслаждение) в себя, поэтому ощущается нами как пустота (страдание). Это состояние – следствие чувства отрыва от общей души (Адама).

[31] *Келим* – мн.ч. от «кли» = желания = инструменты восприятия, которые появляются в результате полученного опыта.

постижения на нулевом уровне, при котором я на самом деле не осознаю себя, я начинаю осознавать себя и на протяжении жизни развиваю свое постижение до некоторой определенной величины. Такое восприятие я называю этим миром, моим миром, *нашим миром* — миром, в котором мы сейчас живем и ощущаем себя.

Рис. 1.6. Постижение действительности.

Однако и это восприятие ограничено, оно является лишь фрагментом *мира Бесконечности*. Я всегда ощущаю бесконечность. Вопрос заключается лишь в том, в каких келим я ощущаю ее, насколько ясно, насколько глубоко осмысляю? Это зависит от параметров моего восприятия.

Воспитание и гены — то есть то, с чем мы родились и что получили от окружения — помогают нам осознать бесконечность лишь в той малейшей степени, которая называется *этим миром*. Мы находимся в состоянии связи со всеми созданиями, кого называем людьми. Люди ощущают эту реальность в одинаковой форме, у них идентичные органы чувств. Мы воспринимаем друг друга и вместе осознаем бесконечность и самих себя в той степени, которая называется «этот мир».

Если у человека есть желание, то существует возможность продолжить развитие. К нашей жизни, к раскрытию *этого мира* у нас есть желание, мы приобретаем его в тот момент, когда ощущаем себя родившимися в телах. Затем, на определенном этапе, мы получаем еще одно желание. Оно требует осознанного развития с помощью маленькой точки — личных начальных условий — и при содействии окружения.

Если я развиваю свои духовные данные (под духовными данными понимаются задатки, находящиеся за пределами земных, телесных органов ощущений, полученных от рождения) с помощью правильного окружения, нацеленного именно на их развитие (так же, как я развивал врожденные желания за счет родителей, детского сада, школы), то достигаю восприятия *духовного мира*. То есть необходимым условием для получения этого результата служит правильное окружение и развитие точки в сердце.

В этом направлении я могу продвигаться по пяти уровням[32], пока не достигну бесконечного восприятия. Тогда я обнаруживаю, что, в сущности, у меня нет иной реальности, я всегда пребывал в *мире Бесконечности и миры* не существуют. Миры — это сокрытия состояния, в котором я постоянно нахожусь. Я могу пребывать в большей или меньшей степени сокрытия бесконечности, а могу быть скрыт настолько, что вообще не ощущаю, кто я такой (как не осознавал себя в младенческом возрасте).

«Я» и мир раскрываются вместе. Я постигаю мир благодаря своим ощущениям, своему восприятию. Следовательно, дело не в том, чтобы изменить что-то извне, а в том, чтобы увидеть сокрытия, завесы, отгораживающие от меня истинное состояние, в котором я нахожусь. Именно с этими сокрытиями, с этими мирами мы и работаем[33]. Мне необходимо лишь снять с себя сокрытия — со своих органов чувств, со своего разума — и тогда я обнаружу, что пребываю в ином мире.

1.3. Как мы изменяем мир

В процессе улучшения[34] нашего восприятия мы обнаруживаем более глубокий материал творения, дополнительные силы, действующие в Природе. С трансформацией инструментов восприятия меняются наши понятия времени, движения, пространства. Изменяется все. Внезапно мы начинаем ощущать, насколько иными стали наши чувства, наши внутренние определения.

Поэтому наука, раскрывающая наше *кли*[35] до такой степени, что мы начинаем ощущать себя, словно в другом мире, называется наукой восприятия реальности. Когда человек воспринимает реальность уже на более высоких духовных ступенях, ему становится ясно, что он в состоянии регулировать этот процесс. То есть он может закрыть себя от восприятия так, что будет способен испытать: восприятие младенца, взрослого человека, серьезного каббалиста, бесконечности — без какого бы то ни было ограничения в ощущениях. Он сможет находиться в такой степени сокрытия, что будет способен спуститься в состояние, в котором он словно не существует. Тогда он на самом себе поймет, что означает «не существовать». «Не существовать» — значит, ничего не чувствовать.

Это можно уподобить состоянию младенца: его ощущения совершенно не развиты, он ничего не знает о себе, не может оценить, чувствует он что-либо или нет, существует он или не существует. То же самое можно

---

[32] **Пять уровней** — миры Асия, Ецира, Брия, Ацилут, Адам Кадмон.
[33] **Работаем** = развиваемся = изменяем восприятие.
[34] **Улучшение** (восприятия) — изменение себя в соответствии с эталоном, со свойствами мира Бесконечности.
[35] **Кли** — исправленные, пригодные для получения света (наслаждения), желания.

сказать о животных, растениях и неживой материи.

Человек, выходящий на уровень неограниченного восприятия, который начинается (в большей или меньшей степени) за пределами *этого мира*, в *духовных мирах*, отличается способностью видеть себя со стороны. В постижении *этого мира* он пользовался своими желаниями для восприятия таким образом, что стремился впитывать в них максимум возможного. Однако в этом случае восприятие весьма ограничено в виду того, что любое наполнение, входящее в желание, немедленно аннулирует его. Внутри желания попросту невозможно достичь большего, чем получить незначительное количество восприятия и минимальное ощущение реальности.

Что касается точки в сердце, то человек развивает ее уже в ином восприятии: с целью отдавать, установить связь с другими людьми. В этом случае он начинает чувствовать свою жизнь и реальность в окружающих, а не в самом себе. Через него начинает постоянно протекать духовная информация, и потому ощущение реальности не исчезает.

После этого человек может прокладывать себе путь, направлять себя: «Кто «Я», что представляет собой *мир*, как я воспринимаю его извне?» Он видит себя со стороны.

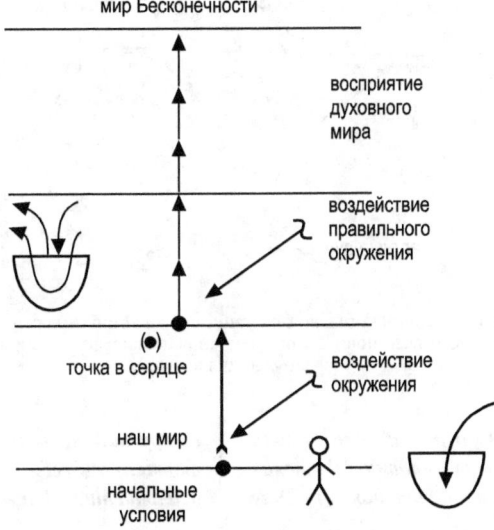

Рис. 1.7. Подъем по ступеням восприятия, начиная с нашего мира и до мира Бесконечности.

После этого человек может прокладывать себе путь, направлять себя: «Кто «Я», что представляет собой *мир*, как я воспринимаю его извне?» Он видит себя со стороны.

Келим человека становятся подвластны ему, он начинает направлять себя таким образом, словно одновременно является младенцем и в то же время обладает властью над этим младенцем как взрослый человек. Он чувствует себя так, будто ему дано в руки две власти: одна — из материального мира, другая — из духовного, от *малхут*[36] и от *бины*[37].

Видя *мир* и себя со стороны, человек может направить себя так, чтобы использовать свою власть над собой. Потому каббалисты и могут рассказать нам, что видят себя вне тела, вне кли — со стороны Творца. Находясь исключительно внутри своего материала, называемого *малхут*, внутри желания наслаждаться, человек ограничен в своих ощущениях возможностями пяти органов чувств. Поэтому он и не способен выйти из рамок этого восприятия и увидеть себя со стороны.

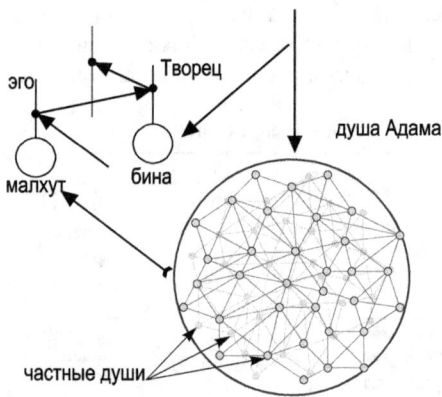

Рис. 1.8. Схема создания духовного кли. Сочетание свойств бины (Творец) и малхут (творение), построение человеком с помощью этого сочетания правильного восприятия реальности (средняя линия на рис.).

Малхут — это души, а бина — сила Творца, свойство отдачи. Располагая обеими силами, сочетая одну силу с другой, человек самостоятельно формирует себя и свое восприятие реальности. Благодаря этому он

---

[36] **Малхут** — намерение получить, насладиться. Это наш корень.
[37] **Бина** — свойство света, в котором ощущается наслаждение от чувства отдачи.

становится независимым от малхут и бины — этих созданных Творцом сил.

Человек — не материя, а общее восприятие, которое устанавливается между получающим и отдающим, нечто такое, что мы строим внутри самих себя.

Если я хочу постичь духовное ощущение, я должен воспринять нечто, находящееся за пределами моего *кли*: не внутри *кли*, а вне его пределов. Это возможно лишь в том случае, если к своему *кли* я присоединяю *кли* другого человека. Если не говорить о других *келим*, вне моего *кли* находится только *свет бесконечности*[38], который я не воспринимаю. Чтобы воспринять его, мне нужна некая основа, на которую будет воздействовать сила[39]. Я не могу воспринять силу без действия. Эта сила воздействует или на меня, или на других. Поэтому понятие «*вне моего кли*» означает действие этой силы на других людей.

Как это осуществить? Наша работа заключается в том, чтобы соединиться, создать совокупность *душ*. Чем крепче будет единение, тем ближе станут мне остальные *души*: они образуют *кли*, находящееся как бы вне меня. Присоединив их к себе, я начну ощущать то, что происходит в них. Процессы, протекающие в них, я ощущаю в силе *бины*, а их желания, которые я присоединяю к себе, — суть дополнительные силы *малхут*.

Таким образом, единственное, что есть у меня, это маленькая точка, в которой я ощущаю *этот мир*. Весь *духовный мир* я получаю в своем восприятии в других *душах*, развивая в отношении к ним силу *бины*. Чтобы развить в отношении к ним отдачу, силу *бины*, мне необходим *окружающий свет*[40], нужно, чтобы свыше пришла сила и дала мне возможность относиться к другим с отдачей. Эту силу мы получаем за счет изучения каббалистических источников: в них говорится о том, каким образом соединиться с другими, как функционирует система, когда ее части соединены между собой.

В каббале изучается не наша нынешняя ситуация, а состояние слияния, в котором все человечество находится в мире Ацилут.

Пока я изучаю это слияние и устремляюсь к *миру Ацилут, из мира Бесконечности* (где все мы уже находимся, не видя этого за сокрытиями) ко мне поступает окружающий свет в качестве небольшого свечения, дающего мне силу *бины*. В этом случае я, действительно, получаю возможность относиться к другим душам с отдачей и присоединять к себе все недостатки их наполнения, все их *малхут*.

---

[38] **Свет Бесконечности** — свет (наслаждение), исходящий из сущности Творца, воспринимаемый нами, как Творец. Этот свет, Высшая мысль, замысел включает в себя все творение — от начала и до его окончательного состояния (ощущения человеком совершенства, ввиду полного слияния с Творцом).

[39] **Сила** — имеется в виду сила света, наслаждения, отдачи.

[40] **Окружающий свет** — свет, который пока находится вне кли, но своим давлением, целенаправленным воздействием вынуждает кли изменяться, совершенствоваться.

Получается, что во мне есть сила *бины*, полученная свыше, а от всех остальных душ я получаю силу *малхут* и тем самым объединяю в себе *бину* и *малхут*. Силу *бины* мы получаем свыше, от Творца, а силу малхут — снизу, от творений. Однако сила *малхут* тоже создана в нас Творцом. По мере получения силы *бины* и силы *малхут* и путем правильного их соединения я создаю свое духовное *кли*. То, что я постигаю внутри этого *кли*, называется *духовным миром*. Внутри своей точки в сердце я никогда не постигну ничего, кроме ощущения *этого мира*.

Мир Бесконечности я постигаю только в том случае, если увеличиваю эту точку и строю над ней правильное отношение к другим душам ради объединения, ради того, чтобы самому стать всей суммой *душ, Адамом*[41].

Чтобы стать Адамом и присоединить к себе все остальные души, каждый человек обязан построить для себя такую систему. В сущности, это и есть жизнь в исправленном теле. В правильной системе каждая клетка соединена со всеми остальными и обслуживает их: получает, отдает и так существует.

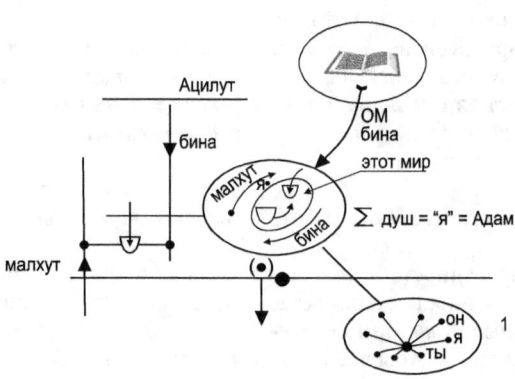

Рис. 1.9. Создание и развитие духовного кли. Объяснения в тексте.

Итак, я ни у кого ничего не похищаю. Напротив, присоединяя к себе остальных, я создаю из себя большое *кли*, и это *кли* — Я. Твое большое *кли*, созданное из твоего отношения, — это Ты. Каждый человек строит из себя совершенную систему, называемую *Адамом*.

---

[41] **Адам = Адам Ришон** — созданная Творцом единая душа, состоящая из частей (частных душ), содержащих в себе все остальные части.

Получается, что система *Адам* выстраивается в каждом человеке, в каждой душе, отделившейся от других в момент *разбиения*[42]. Теперь представьте себе, во сколько раз больший свет у нас накопится, какой силы излучение притянет каждый из нас!

Мы увеличиваем *мир Бесконечности*, созданный изначально, приумножаем наше ощущение пребывания в нем в бесконечное число раз. **Поэтому такое восприятие и называется бесконечным.**

Я представляю собой всего-навсего коробку, наделенную пятью входами. То, как я осмысляю поступающую в них информацию, сумма всех моих впечатлений называется *моим миром*. Вне этой коробки существует лишь свет, неизменно пребывающий в абсолютном покое. Все изменения происходят во мне.

Я существую в постоянном силовом поле. Поэтому говорится, что Творец — «Добрый и Творящий добро всем своим созданиям — и плохим, и хорошим», Он не меняется. Что же меняется? Происходит моя личная, внутренняя перестройка. Я существую в этом поле, внутри которого на меня действует давление Творца — «Доброго и Творящего добро». Любые действия являются моей внутренней работой по развитию моего желания. Когда это желание меняется, я ощущаю себя изменившимся. Исключительно от этого зависит мое восприятие.

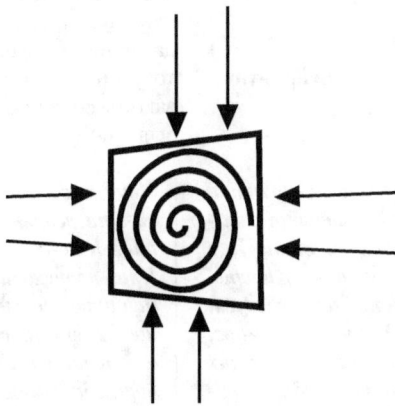

Рис. 1.10. Развитие желания под воздействием духовного поля. Стрелками с четырех сторон обозначено воздействие Творца на человека.

---

[42] **Разбиение** — исчезновение связующего экрана (намерения отдавать) между различными свойствами, желаниями. Изменение альтруистического взаимодействия на противоположное, эгоистическое.

Сейчас я тоже ощущаю себя пребывающим в некой реальности, вижу *этот мир*, людей, живущих в нем, — все это является суммой моих внутренних состояний, так я ощущаю бесконечность. Если мои внутренние *келим* изменятся, я увижу бесконечность — ту самую постоянную силу — в иной форме. Изменения происходят только внутри человека, вне его ничего не меняется.

Обобщая, можно сказать, что реальности в нашем понимании не существует. Есть бесконечность — одна сила, одно поле, и то, что мы в состоянии воспринять от нее, мы называем своим миром. Будь у нас другие свойства, мы бы не увидели здесь людей, а увидели бы другие силы и иначе их восприняли. Все это зависит от наших внутренних свойств.

1.4. Каббала – наука о восприятии реальности

Каббала — это наука о восприятии («каббала» в переводе с иврита означает «получение», «восприятие»), о том, как я воспринимаю реальность. Каббала дает понять, что следует остановиться и подумать не о мире, находящемся вокруг нас, а о самих себе. Если мы изменим себя, окружающий мир тоже будет выглядеть по-другому, мы увидим его иным.

Я увижу, что *мир* прозрачен, что я прохожу сквозь него, в нем нет стен и перегородок. Я воспринимаю его разгороженным потому, что так устроены мои органы чувств. Будь они устроены иначе, я проходил бы сквозь стены, подобно рентгеновским лучам. Однако мои органы чувств устроены таким образом, что один материал кажется мне твердым, другой — жидким, третий — газообразным. Так я все это ощущаю.

Поэтому самое главное — знать, как мы можем изменить наше восприятие, и не просто изменить, а достичь состояния, при котором увидим вместо *этого мира* истинную картину, называемую *миром Бесконечности*. Бесконечность означает отсутствие границ постижения, устранение предела в осмыслении, глубине воспринимаемой реальности. Тогда мы обнаружим единую силу. Мы не видим нюансов, не различаем ни красного, ни белого, не чувствуем ни сладкого, ни горького, ни давления, ни вакуума, никаких объектов, никаких иных сил. Все силы и все законы соединяются в одном поле, называемом *светом бесконечности*.

Что я собой представляю и какова эта реальность? Это реальность наивысшего духовного восприятия. Что происходит с моим телом? Я начинаю ощущать, что тела не существует, что оно — лишь мое впечатление от самого себя. Подобным образом изменяется и вся действительность. Я начинаю понимать, что мои представления о собственном рождении и жизни в каком-то мире, в неком окружении, на Земле, во Вселенной, являлись не более чем внутренними. Содержание этих представлений определялось спецификой моих инструментов восприятия. Таким образом, человек выходит из своей ограниченности к бесконечному неограниченному восприятию и обнаруживает, что существует в иной форме. Это существование в иной форме называется душой.

Итак, мы постоянно пребываем в одной реальности — в поле, называемом светом бесконечности, или Творцом. Творец создал каждого из нас в виде точки, ощущающей саму себя. В конечном итоге, существует одна сила, и в ней имеется точка, ощущающая индивидуальность, свою собственную жизненную силу. Эта точка развивается до тех пор, пока не начинает воспринимать реальность как бесконечность. *Миры, души* и все, что кажется нам существующим в *этом мире*, — суть временные феномены, присутствие которых в воспринимаемом нами поле обусловлено несовершенством способов нашего постижения.

По мере совершенствования *келим* этот мир становится все более прозрачным и, в конце концов, исчезает. Вместо него возникают картины, в большей степени соответствующие бесконечности и называемые духовными *мирами: Асия, Ецира, Брия, Ацилут, Адам Кадмон и мир Бесконечности.* Так совершенствуется мое восприятие. Поэтому Бааль Сулам говорит, что все, воспринимаемое душами, определяется их внутренними свойствами. В той мере, в какой меняются эти свойства, меняется и окружающий *мир*.

1.5. Что такое мир

В понятии «мир» заключено два смысла:
1. «*Мир*» (*олам*) означает *сокрытие* (*алама*) — мира Бесконечности. Я воспринимаю не саму бесконечность, а лишь небольшой ее фрагмент, называемый *духовным миром* или *этим миром*. Такое ограниченное, неполное восприятие называется *миром* — от иритского слова «*сокрытие*».
2. Слово «*мир*» происходит также от слова «*исчезающий*» (*нээлам*), потому что миры уходят, заканчиваются. Когда мы говорим: «Я нахожусь в каком-то *мире*», это означает, что я пока еще пребываю — в соответствии с восприятием своих *келим* — не в бесконечности, а на какой-то стадии усеченного восприятия. Наиболее ограниченное восприятие называется «*этим миром*».

Бесконечность — это тоже вид восприятия. Это означает, что я ощущаю и воспринимаю все без какого бы то ни было ограничения. Бесконечность — это «отсутствие конца», «отсутствие границы», «отсутствие ограничения». Напротив, за пределами всех преград, всех расстояний я воспринимаю бесконечным зрением, бесконечным слухом, бесконечным ощущением во всех направлениях. Бесконечность не означает отсутствие понимания и ориентации. Напротив, я понимаю и ощущаю все в неограниченно ясной форме.

Я должен развить имеющиеся у меня сейчас келим (желания, инструменты восприятия), а именно: зрение, слух, обоняние, осязание, вкус. Мне необходимо до такой степени расширить диапазон возможностей этих пяти келим, чтобы они стали моими духовными органами ощущений, называемыми *кетэр, хохма, бина, ЗА и малхут*[43].

Разница между материальным и духовным восприятием состоит в том, что в новых духовных келим я начинаю постигать мир помимо себя, извне, через другие души. Поэтому новые келим уже не называются глазами, ушами, носом или языком, а называются кетэр, хохма, бина, ЗА и малхут. Начиная их совершенствовать, я поднимаю эти келим по ступеням миров.

Граница между миром материальным и духовным пролегает по первой, низшей ступени — *миру Асия*. Затем следуют *миры: Ецира, Брия, Ацилут, Адам Кадмон и Бесконечность*. Поднимаясь по пяти *мирам*, я повышаю свою чувствительность и получаю возможность воспринимать бесконечную неограниченную картину мироздания. Во все мои *келим — кетэр, хохма, бина, ЗА и малхут —* свет начинает входить без всякого ограничения. Для того чтобы воспринять свет, сами келим уподобляются свету. Это и называется «неограниченным восприятием».

1.6. Закон подобия свойств

Есть я и есть то, что я постигаю. Чтобы иметь возможность что-либо воспринять, мои органы ощущений должны быть аналогичны тому, что я воспринимаю. Соответственно, наша способность воспринимать духовный *мир* определяется степенью нашего подобия свету.

Именно поэтому мы должны приобрести свойство *бины*[44], свойство *света*. Его мы обретаем в единении с остальными душами: если я присоединяю к себе все другие *души*, то внутренне начинаю относиться к ним так же, как к ним относится Творец. Таким образом, я обретаю свойство *бины* и уподобляюсь свету. Когда я достигаю отношения к остальным душам, подобного отношению к ним Творца, то приобретаю аналогичные с Ним свойства, начинаю существовать в неограниченной реальности и становлюсь единым целым с Творцом. Ничего не меняется, кроме меня самого, но эта перемена полностью меняет мое восприятие.

Мир — это то, что я ощущаю внутри своих келим. Если я изменяю келим, то ощущаю другой мир. В нашем мире я могу чувствовать себя более-менее здоровым или бодрым, просто изменив свое настроение. В этом случае я

---

[43] **Кетэр, хохма, бина, ЗА и малхут** — пять частей желания, в которых творение ощущает Творца. *Кетэр* — отдача и в замысле, и в действии. *Хохма* — еще неосознанное, несамостоятельное желание насладиться, в котором доминирует создавший его свет. *Бина* — желание отдавать. *Зэир анпин (ЗА)* — уровень, на котором творение уже начинает применять принцип «получение ради отдачи», то есть использовать желание получать, наслаждаться ради Творца. *Малхут* — законченное, самостоятельное творение, которое само хочет получать и ощущает себя получающим.

[44] **Свойство бины** — свойство света, в котором ощущается наслаждение от чувства отдачи, подобия Творцу. Это наслаждение называется ор хасадим.

замечаю, что мир тоже словно изменился. Я испытываю от него другие впечатления, воспринимаю вещи иным образом. Однако мое восприятие ограничено теми же самыми келим (я воспринимаю все внутри своего кли). Если же я выхожу из своего кли и начинаю улавливать восприятие извне, через остальные души – так же, как это делает Творец, то обретаю восприятие, не ограниченное моими свойствами.

Такой способ восприятия достигается опытом, практикой. Необходимо просто работать над собой и своими келим: начать ощущать их ограниченность и понимать, насколько истинная реальность не соответствует той, которую мы видим. Нужно усвоить, что мы воспринимаем все противоположным образом.

«Противоположным образом» не означает, что сейчас мы видим объекты в перевернутом виде, а затем наш мозг исправляет изображение. Мы воспринимаем все противоположным образом во всех органах чувств и во всех измерениях.

Все, что я вижу внутри себя, во всех субъективных определениях, противоположно тому, что я начинаю видеть, выходя за пределы своих возможностей. Поэтому у Бааль Сулама написано, что человек, выходящий за эти пределы, говорит: «Увидел обратный *мир*». Начните воспринимать реальность, исходя исключительно из этой картины. В отличие от «бабушкиных сказок» или историй про чертей, духов и крылатых ангелов, такое восприятие даст вам объяснение всего происходящего и приведет в правильное состояние. Вы увидите, что нет ничего, кроме единой силы и человеческого восприятия изнутри этой силы. Ничего, кроме этого!

Вдруг начнешь понимать, что называется жизнью и смертью, когда человек, находящийся рядом с тобой, умирает, а когда живет. Почему видишь вещи в той или иной форме, благодаря чему они изменяются **в твоих глазах**, отчего одно плохо, а другое хорошо. Изменяются **не вещи**, изменяется тот, кто их **воспринимает**.

Этот новый опыт чрезвычайно сильно отличается от нашего обычного восприятия. Вначале это вносит путаницу, но впоследствии начинаешь ощущать истинную картину и видеть за ней силы, приводящие ее в действие. Начинаешь понимать, что **ты** рисуешь эту картину, что, в сущности, ты – режиссер разворачивающегося перед тобой фильма, что **ты** сейчас создаешь его. Если ты перенаправишь свои силы и изменишь собственное восприятие, изменится и этот фильм. Это означает, что человек начинает изменять *мир*, за счет власти над своими силами привносить перемены в свои ощущения.

1.7. Вопросы и ответы

Вопрос: Каббала исследует различные способы восприятия реальности?

Восприятие реальности не имеет прямого отношения к данной науке. Это второстепенный фактор. Производя свое исправление[45], мы, прежде всего, открываем новые ощущения, новую картину, новый взгляд и вследствие этого восстанавливаем реальность, в которой существовали прежде.

Человек не способен осознать свое текущее состояние. Нужно подняться на более высокую ступень, чтобы с ее уровня исследовать ступень, находящуюся внизу. Почему мы успешно исследуем неживую, растительную и животную природу, но ошибаемся в том, что касается человека? Так происходит потому, что для разрешения человеческих проблем необходимо подняться выше уровня «человек»[46].

Начав с помощью изучения каббалы ощущать более высокое состояние, мы оцениваем состояние предшествующее. Таким образом происходит наше продвижение. Мы не исследуем принципов восприятия и видения реальности, не ищем возможностей еще глубже проникнуть в ее тайны, как это делают ученые.

У каббалистов это происходит иначе. Они проникают в суть данного состояния на уровне ощущений и, испытывая, переживая его, раскрывают предыдущее, а также отчасти текущее состояние. Каббалист всегда прежде восходит на более высокую ступень и уже с нее исследует низлежащую.

К примеру, я не узна́ю, что значит быть ребенком, пока я им являюсь. Нужно повзрослеть, чтобы понять, что собой представляло мое детство. Так происходит на любом этапе. Человек испытывает какое-либо состояние и не может охватить его, оставаясь внутри него.

Каббала не исследует реальность, переходя от узкого диапазона восприятия к более широкому, как это делают ученые. Каббалисты вообще не считают, что такое возможно, поскольку при этом исследуется только материя. Нам необходимо лично пережить и прочувствовать каждое состояние. Правильно исследовать реальность можно лишь поднявшись на уровень сил, действующих над материалом. Ощущая эти силы, мы присваиваем их. Находясь на их уровне и вследствие этого мы понимаем, что происходит. Это наша жизнь, наше жизнеобеспечение. Мы не воспринимаем их разумом — они даны нам в переживаниях.

С помощью внешнего разума, путем одного умственного восприятия мы не сможем исследовать реальность на уровне более высоком, чем тот, на котором работают естествоиспытатели. Чтобы перейти к более высокой реальности, нужно проникнуть в нее органами чувств. Научные приборы, какими бы высокотехническими они ни казались, здесь не помогут. Можно, конечно, вообразить высшую

---

[45] **Исправление** – изменение намерения наслаждаться ради себя на намерение наслаждаться потому, что этого желает Творец (Высшая сила).

[46] **Уровень «человек»** — четвертая ступень развития желания наслаждаться, которая рождает возможность ощущать кого-то, находящегося вне его (ближнего), в результате чего «человек» является обладателем свободы выбора, то есть имеет возможность подняться над своим естеством, познать природу Творца, уподобиться Ему.

реальность, на вид противоположную нашей, реальность, в которой все устремлено на отдачу. Можно представить, что над нашей эгоистической природой все работает в единой спайке. Ученые уже высказали предположение, что, вероятно, за всем стоит единая мысль и любовь. Эта идея возникла у них потому, что они обнаружили: все соединено, все части реальности спаяны воедино, составляют общий механизм и пребывают в гармонии. Каждая содействует и помогает другой, является важным элементом системы, и все заботятся друг о друге, как клетки одного тела.

Это понимание и приводит ученых к предположению, что, по-видимому, всю действительность охватывает общий закон — закон любви. Если бы в ней действовали противоположные силы, она не могла бы поддерживать свое существование и развиваться. Так называемые антагонистические силы необходимы лишь для того, чтобы формировать систему от состояния к состоянию: ведь всегда существует необходимость отвергать худшие состояния ради лучших. Потому силы развития и кажутся нам антагонистическими.

Возьмем, к примеру, дыхание. Мы вдыхаем и выдыхаем воздух, легкие расширяются и вновь сжимаются. Однако силы, участвующие в этом процессе, нужно рассматривать не как противоположные, а как помогающие друг другу и действующие на основе взаимной любви.

Ученые догадываются об этой взаимосвязи, когда обнаруживают, насколько все в природе соединено в прекрасное единство. Однако сами они не выходят на тот уровень, чтобы жить этой природой. Если бы они смогли изменить свое естество в соответствии с собственными ожиданиями, то обнаружили бы, что за темной материей и исчезающими частицами, предъявляющими вместо себя лишь неведомые и неуловимые волны, кроется иная реальность. Они ощутили бы ее так же, как мы чувствуем реальность твердых тел. Они воспринимали бы силы, их взаимосвязь и принципы взаимодействия. Однако для этого нужно определенное ви́дение, соответствие, ощущение на уровне этих сил.

Например, при включении в комнате света можно увидеть находящиеся в ней предметы — но разве прежде их там не было? Просто было произведено исправление и сейчас появилась возможность видеть их, поскольку произошла адаптация к новой картине реальности. Сосуд восприятия был приведен в соответствие с воспринимаемым состоянием. То же самое здесь: человек обязан приводить себя в соответствие с действующими силами. Подобная адаптация и является методикой каббалы.

Вопрос: Существует ли одновременно несколько реальностей?

Нет никакой реальности, кроме той, которая называется *«малхут мира*

*Бесконечности»*⁴⁷. Все остальное является мнимой реальностью, предстающей пред взором *малхут мира Бесконечности* ступень за ступенью, погружающейся в туман затмения чувств. Она как бы теряет сознание, все в меньшей степени ощущая себя и свое наполнение, пока не доходит до состояния наиболее низкого, наиболее смутного и наиболее оторванного от единственно существующей реальности — бесконечности. Такое состояние называется «*этот мир*».

Состояние *этого мира* характеризуется тем, что малхут бесконечности пребывает здесь в виде человеческих *душ*. Души чувствуют себя оторванными друг от друга — так им представляется, хотя в действительности ничего подобного не существует. Отталкиваясь от этой реальности, люди должны стремиться достичь реальности бесконечного *мира*.

Каждое мгновение жизни в человеке пробуждаются «*решимот*»⁴⁸. *Решимо* включает в себя текущее состояние и отчасти состояние более высокое, то есть будущее. Если я правильно реализую решимо, то поднимаюсь на следующую ступень. Это происходит за счет того, что стремление к Высшему⁴⁹ обнаруживает во мне новые желания. Затем я удостаиваюсь их исправления и восхождения.

Таким образом, предо мной никогда не открывается огромное число возможностей. В каждый момент жизни у меня лишь одно решимо. Я могу или реализовать или не реализовать его. Во втором случае оно реализуется в какой-то иной форме — через страдания или посредством *Высшего света*⁵⁰.

Одно решимо постоянно сменяется во мне другим, подобно звеньям цепочки. В зависимости от степени желания участвовать в процессе своего развития, в процессе выхода решимот я начинаю целенаправленнее относиться к жизни, стремлюсь найти истинную реальность, изыскиваю средства ее достижения и так далее.

Вопрос: *Наш мир — воображение или реальность?*

Мы говорим, что *наш мир* является воображаемым. Вообще, мы всегда исходим из образа мыслей и уровня понимания отдельного человека. Если человек постигает реальность как реальность — то она является таковой, если он считает ее воображаемой — значит, она воображаемая. Определяет это именно сам человек, а не кто-то со стороны. Есть люди, которым наша реальность представляется мнимой, однако они работают с ней, поскольку понимают, что речь идет

---

⁴⁷ **Малхут мира Бесконечности** — состояние малхут (желания получать, творения), безмерно, без всяких ограничений наполнившей себя. Эта «малхут мира Бесконечности» и есть сам «мир Бесконечности», или «Бесконечность».
⁴⁸ **Решимо**, мн.ч. «**решимот**» — «духовный ген», «запись» духовной (не облаченной ни в какую внешнюю оболочку) информации об определенном состоянии.
⁴⁹ **Высший** — мое будущее, более совершенное состояние, Творец.
⁵⁰ **Высший свет** — ощущение присутствия Творца; определенный вид излучения свыше, положительные внешние энергетические поля.

об одном из этапов, который человек обязан пройти.

Точно так же мы не пытаемся развеять фантазии ребенка: они — часть его мировосприятия. Малышам свойственны определенные ошибки в видении мира: ребенок боится, что за дверью медведь, он придумывает всевозможные персонажи, населяющие его мир. Мы, со своей стороны, стараемся не разрушать без необходимости мир ребенка, поскольку знаем, что для той ступени развития, на которой он находится, это вполне нормально.

Подобным же образом человек, перешедший из одной реальности в другую, воспринимает прежнюю как воображаемую. Она является таковой именно для него, но не для тех, кто все еще находится на предыдущей ступени. Для них это, возможно, единственная реальность, поскольку они никогда еще не поднимались со своей ступени восприятия на более высокую.

Человек, не прошедший *махсом*[51], не видит, что за *этим миром* стоят силы, рисующие в нем текущую картину реальности так же, как невидимые электрические силы прорисовывают картинку на экране компьютера. Мы задаем в настройках 16 миллионов цветов, устанавливаем нужное разрешение и любуемся красочным изображением — а ведь это всего-навсего комбинация электрических сил. Однако посмотрите, что они позволяют нам делать: мы можем пересылать эти изображения, сохранять и обрабатывать.

В *этом мире* мы тоже видим картинку, только не на экране, а в своем восприятии. За этой картинкой стоят прорисовывающие ее силы. Тот, кто поднимается на их уровень, понимает, насколько эти силы реальны, а рисунок — мним. Изображение очерчивается каждый раз по-иному, однако силы остаются теми же, только их взаимосвязь подразделяется на уровни. Речь идет о духовных ступенях, по которым человек приближается к истине, все глубже постигая связь этих сил, пока не доходит до такого их соединения, которое называется бесконечностью. При этом человек понимает, что все предварительные этапы и первоначальные постижения были воображаемыми.

Реальна ли картинка на экране компьютера? Вообще, что значит «реальный» и «воображаемый»? Если бы у меня были другие органы чувств, я бы ее не воспринимал, для меня бы не существовало этих тонкостей. Следовательно, первая аксиома утверждает — речь идет о восприятии человека, однако вне человека ты остаешься без инструментов восприятия — кто же тогда смотрит на реальность, кто постигает, кто определяет, кто воспринимает ее? Потому мы все время должны оставаться последовательными и не выходить за рамки восприятия постигающего.

Вопрос: Останутся ли миры, когда все человечество исправится?

---

[51] **Махсом** — граница между духовным и материальным миром.

Нет, не останутся. Потому что эти *миры* — суть ограничение света Творца при Его нисхождении к нам. Поднимаясь к Творцу, мы возвышаемся над этими *мирами*. Они остаются под нами, мы их не ощущаем, мы поднимаемся над ними. Поэтому относительно нас они вообще исчезают.

Вопрос: Что такое *душа*?

Душа — это еще один орган ощущения, который человек должен сформировать из своего первоначального стремления к чему-то Высшему, к своему корню. В процессе ее развития человек начинает внутри расширяющейся точки ощущать дополнительную, ранее скрытую область мироздания.

Вопрос: Что определяет различие между духовными ступенями и *мирами*?

Из каббалистических источников мы узнаем, что у творения есть множество состояний. Самое возвышенное из них — это *мир Бесконечности*, затем происходит нисхождение по ступеням *миров*, вплоть до «этого мира». Различие между ступенями заключается не в самих деталях творения. Ведь все ступени и все **миры** — от этого *мира* и до *мира Бесконечности* — состоят из одних и тех же элементов. Отличие — только в их материале, которым является *желание насладиться*. Вернее сказать, отличие — в использовании этого материала: либо ради себя, в угоду нашим мелким желаниям, либо ради отдачи, с альтруистическим *намерением* в огромных желаниях, устремленных на Творца.

Намерение[52] зависит от человека, и лишь оно определяет различие между всеми ступенями и всеми мирами, а в остальном они совершенно подобны. Все ступени и миры — только определенное восприятие действительности человеком, то, как он ощущает единственно существующее состояние — мир Бесконечности — согласно сути своего угла зрения, то есть в зависимости от своего экрана[53] или в силу условия о подобии свойств, в мере равновесия между ним и миром Бесконечности.

Поэтому, хотя мы и говорим, что духовные *миры* находятся наверху, один над другим. Может быть, такая последовательность путает человека, и, возможно, нам следует рассматривать это иначе: будто мы уже пребываем в *мире Бесконечности*, только видим его сквозь искажающие очки, ощущаем в своих неисправных органах чувств.

В той мере, в какой мы исправляем, излечиваем свои органы ощущения, мы начинаем видеть в том же самом окружающем *мире* все большую глубину, большее количество связей между одними и теми же элементами, пока не понимаем, что все это — поистине бесконечность, пребывающая в единстве, общности и подобии с Высшей силой.

---

[52] **Намерение** — расчет, мотивация по отношению к свету (наслаждению).
[53] **Экран** — «сила сокращения», которая пробуждается в творении относительно Высшего света с целью предотвратить самонаслаждение. Сила преодоления, сопротивления эгоизму (желанию получить ради себя).

Поэтому, когда каббалисты рассказывают нам о «поле, которое благословил Творец»[54], — это именно то поле, в котором мы и сейчас находимся. Все, что я вижу перед собой, — это, по сути, то самое поле, тот самый *мир*. Если я буду относиться к нему, как к месту своей работы, понимая, что только от меня, от исправления моих органов восприятия зависит, в каком *мире* я нахожусь, что я вижу перед собой и что наполняет мои *келим*, то я, безусловно, стану пребывать в благословенном состоянии. Исправление заключается в изменении связи между *душами*, в результате которого человек развивает и совершенствует свои инструменты восприятия — так называемое кли *Адам Ришон*.

Каждый человек должен развить в себе такой орган восприятия. Если он понимает, что ему в распоряжение дано его небольшое окружение, а затем и все человечество, чтобы он смог соединиться с ним и установить отношения, присущие исправленному состоянию, то он находит место для благословения, то есть место, «которое благословил Творец».

Однако при этом ничего никуда не должно перемещаться: нет верха и низа, нет времени и пространства — все находится перед нами. В этом случае мы увидим: то, что кажется нам сейчас *этим миром*, есть на самом деле *мир Бесконечности*.

___
[54] Писание, Бытие 27:27.

Тест

1. **Что называется материалом творения?**
   a. материя;
   b. желание отдавать;
   c. желание насладиться;
   d. человек.

2. **На какие 3 части делится окружающая действительность с точки зрения духовного постижения?**
   a. Творец, творение, *свет*;
   b. *души*, *свет*, Творец;
   c. *миры*, человек, Творец;
   d. сущность Творца (*Ацмуто*), Бесконечность, души.

3. **Каким образом человек приобретает силу бины?**
   a. сила *бины* дается человеку от рождения;
   b. получает от *окружающего света* при изучении каббалистических источников;
   c. силу *бины* человек получает с помощью медитации;
   d. силу *бины* человек получает от окружающего его общества.

4. **В чем разница между материальным и духовным *миром*?**
   a. в уровне желаний;
   b. в количестве воспринимаемого *света*;
   c. они находятся в разных измерениях;

d. в том, что в духовном восприятие осуществляется посредством других *душ*.

5. **Что такое мир?**
   a. *мир* — это фрагмент действительности, который человек способен воспринять в соответствии с объемом своих *келим*;
   b. окружающая меня живая и неживая материя;
   c. Творец, создающий для меня окружающую действительность;
   d. среда существования моего «я».

Дополнительный материал

Вселенная — это гигантская голограмма[55]

Теории, положившие начало открытию голографического эффекта, были впервые разработаны в 1947 году Денисом Габором (*Dennis Gabor*), получившим за это открытие Нобелевскую премию. Голограмма представляет собой явление, в котором целое содержится в каждой из его составляющих. Ученые приходят к выводу, что реальность, по своей сути, тоже является голограммой. На голографическом эффекте основывается и работа головного мозга. Наши мыслительные процессы имеют много общего с низшим уровнем развития Вселенной и состоят из того же вещества. Мозг — это голограмма, отражающая голографическую Вселенную.[56]

Авторами этой необычной идеи являются двое выдающихся мыслителей — физик Лондонского университета Дэвид Бом (*David Bohm*), ученик Эйнштейна, и один из светил мировой квантовой механики, нейрофизиолог Стэндфордского университета Карл Прайбрам (*Karl Pribram*). По воле случая они совершили свои открытия совершенно независимо друг от друга, работая в разных областях науки.

Бом пришел к выводу о голографической природе Вселенной после нескольких лет неудачных попыток объяснить все процессы и явления квантовой механики с помощью традиционных теорий.

Прайбрам, занимаясь изучением человеческого мозга, также убедился в неспособности традиционных теорий разгадать многочисленные загадки его устройства. Для обоих ученых голографическая модель внезапно наполнилась определенным смыслом и послужила ответом на многие прежде неразрешимые вопросы.

Оба автора опубликовали свои открытия в начале 70-х годов прошлого столетия. Их работы нашли живой отклик в научной среде, но, к сожалению, так и не получили широкой известности за ее пределами. Некоторые исследователи отнеслись к ним скептически (а какая научная теория избежала подобной участи?), однако многие ведущие ученые мира пополнили ряды их сторонников.

---

[55] По отрывку из книги Джона Кехо «Подсознание может все», гл. 1, изд. «Попурри», Минск, 2005
[56] Представление о мозге как о голограмме близко к теории *ассоциативного мышления*, одной из фундаментальных, давно существующих в науке теорий.

Ученый из Кембриджа, лауреат Нобелевской премии по физике 1973 года, Брайан Джозефсон (*Brian Josephson*) назвал теорию Бома и Прайбрама «прорывом в понимании сущности реальности». С этой точкой зрения согласен и доктор Дэвид Пит (*David Peat*), ученый-физик Канадского королевского университета и автор книги «Мост между материей и мозгом». Пит утверждает, что «наши мыслительные процессы значительно теснее связаны с физическим миром, чем многие предполагают».

В 1979 году Роберт Дж. Джан (*Robert G. Jahn*), декан Школы технических и прикладных наук Принстонского университета, разработал программу по изучению «роли сознания в выявлении материальной действительности». Проведя тысячи экспериментов, Джан и его помощники опубликовали свои открытия, обнаружив, что имеются все основания утверждать: **мозг может непосредственно влиять, и влияет, на материальную действительность.** В 1994 году ведущие ученые и педагоги мира собрались в Принстонском университете, чтобы обсудить, как можно развить эту поразительную теорию и применить ее на практике в конкретных областях науки. Это открытие настолько необычно, что попытки применить его результаты на практике неизбежно связаны с многочисленными сомнениями и колебаниями.

Взаимодействие сознания и материального мира уже не представляется сегодня чем-то фантастическим: сознание — энергия в ее тончайшей и наиболее динамичной форме. Это помогает понять, почему наши фантазии, мысленные образы, желания и страхи оказывают влияние на реальные события, и объясняет, как материализуется созданный мозгом образ.

Подобные открытия, касающиеся сущности реальности, могут стать движущей силой для нашего дальнейшего совершенствования и роста. Осознавая себя частью открытой и динамичной Вселенной и понимая, что его мозг играет решающую роль в создании реальности, человек сможет развить более активный и творческий подход к жизни. Теперь ему не нужно стоять на обочине, наблюдая за происходящим со стороны, — новые открытия позволяют понять, что обочины нет и никогда не было. Все основано на взаимном влиянии. Куда бы мы ни шли и что бы мы ни делали, наши мысли творят окружающую действительность.

Эйнштейн как-то сказал: «Открытие новой теории подобно восхождению на гору, когда взору открывается новая и более широкая панорама».

Глава 2. Способы восприятия действительности

2.1. *Множественность подходов к восприятию реальности*
2.2. *Каббалистический метод восприятия реальности*
2.3. *Человек определяет свой мир*
2.4. *Все миры находятся внутри человека*
2.5. *Воображаемый мир*
2.6. *Вопросы и ответы*
    Заключение
    Тест
    Дополнительный материал

2.1. Множественность подходов к восприятию реальности

Исследования внешнего мира сконцентрированы внутри человека. Ощущать что-либо, находящееся извне, человек не способен. Он может лишь до некоторой степени расширить диапазон своих органов чувств, повысив их природные возможности: для усиления зрения использовать микроскоп и телескоп, для усиления слуха — гидрофон и т.д.

Несмотря на то что мир постоянно меняется, человеческие органы чувств остаются неизменными. Какие бы приборы мы ни конструировали, сколько бы ни узнавали о своем теле, мы способны регистрировать лишь наши реакции на нечто, находящееся вне нас. С конца XX столетия ученые стали понимать, что традиционная система исследования природы, в сущности, исчерпала себя. Изучая реакции на поступающую извне информацию, человек не может достичь контроля над реальностью и своим существованием.

Естественные науки демонстрируют, что для поддержания жизни и дальнейшего развития любая клетка или целый организм должны находиться в равновесии с окружающей средой. Внутренние свойства клетки или организма должны быть сбалансированы с естественной средой обитания по принципу гомеостазиса[57]. Если равновесие не соблюдается, организм испытывает дискомфорт, негативные последствия которого могут привести к его гибели.

---

[57] **Гомеостазис** (греч. hómoios — подобный, одинаковый и stasis — неподвижность, стояние). Относительное динамическое постоянство состава и свойств внутренней среды и устойчивость основных физиологических функций организма.

Знание законов природы и функционирования Высшего мира[58] позволит человечеству ознакомиться с воздействующими на нас естественными силами, о которых мы сегодня ничего не знаем. Если мы сможем войти с ними в гомеостазис, то обретем наилучшую форму существования.

Следовательно, овладение знаниями о внешнем *мире* в том виде, в каком он предстает сам по себе, вне наших телесных ощущений, даст нам возможность полностью ему соответствовать и, таким образом, достичь наилучшего состояния.

Одним из важнейших следствий получения информации о духовном *мире* является исчезновение понятия времени и абсолютное знание всех своих будущих состояний. В результате этого человек получает возможность в полной мере управлять своей судьбой. Современная наука тоже начинает признавать необходимость выхода за пределы возможностей пяти органов чувств, однако не имеет методики для подобной инверсии.

Вплоть до начала прошлого столетия ньютоновская наука формировала у людей весьма ограниченный взгляд и лимитировала раскрытие их потенциальных возможностей. В течение более чем двух столетий ньютоновским мировоззрением диктовались критерии приемлемости и неприемлемости переживания реальности. В соответствии с этим «нормально функционирующим» считается тот человек, который способен точно отражать описанный ньютоновскими законами объективный внешний *мир*. Согласно этой точке зрения, наши ментальные функции ограничиваются восприятием информации через органы чувств, ее хранением в наших «ментальных банках данных», а затем, возможно, перетасовкой сенсорных показаний с целью создания чего-то нового. Любое значительное отклонение от такого восприятия «объективной реальности» могло быть квалифицировано как продукт бурного воображения или расстройства психической деятельности[59].

Однако поистине фантастические открытия в области природы материи, на которые столь щедрым оказался прошлый век, разрушили многие привычные стереотипы. Постепенно ученые пришли к выводу, что природа — вероятностный мир, и в ней господствует закономерный выбор возможностей, а не принудительный фатализм. По мере продолжения исследований сверхмалого и сверхбольшого — субатомных сфер микромира и астрофизических сфер макромира — исследователи обнаружили, что в некоторых из основных ньютоновских принципов имеются серьезные ограничения и изъяны. В первой половине

---

[58] **Высший мир = Духовный мир** — существующий по законам свойства отдачи. «Высшим» называется потому, что свойство отдачи — это причина, корень нашего мира, который является его следствием, полностью управляем им.
[59] Цит. по М. Лайтман, В.М. Розин. Каббала в контексте истории и современности. – М.: Едиториал УРСС, 2005. – (Теоретические дискурсы культурологии)

XX в. экспериментальным путем удалось выяснить, что атомы, которые ученые считали неделимыми строительными блоками материального мира, на самом деле состоят из элементарных частиц — протонов, нейтронов и тому подобных. Обнаруженные субатомные частицы демонстрировали не типичное поведение, которое ставило под сомнение ньютоновские принципы. В одних экспериментах они вели себя как материальные частицы, а в других проявляли волновые свойства. Это явление стало известно как «квантово-волновой парадокс». На субатомном уровне наши старые определения материи были заменены статистическими вероятностями, описывающими их «тенденцию существовать», и, в конечном счете, старые определения материи растворились в так называемом «динамическом вакууме». Дальнейшее исследование микромира вскрыло тот факт, что Вселенная, которая, по нашим наблюдениям, состоит из плотных дискретных объектов, в действительности является сложной сетью, объединяющей события и отношения. В этом новом контексте сознание играет активную роль в творении самой реальности, а не только пассивно отражает объективный материальный мир.

В исследовании астрофизической сферы ученые обнаружили столь же поразительные откровения. Например, в теории относительности Эйнштейна пространство не трехмерно и время не линейно, они существуют нераздельно и скорее объединены в четырехмерный континуум, известный как «пространство – время». При таком взгляде на Вселенную то, что мы воспринимали некогда как границы между объектами и различие между материей и пустым пространством, ничем новым не заменяется.

Напротив, вся Вселенная, состоящая из дискретных объектов и пустых промежутков между ними, рассматривается как единое протяженное поле переменной плотности. С точки зрения современной физики материя и энергия превращаются одна в другую. Согласно этому новому знанию сознание считается неотъемлемой частью вселенской канвы и не ограничивается деятельностью нашего мозга. По этому поводу британский астроном Джеймс Джинс[60] сказал, что Вселенная современного физика намного больше походит на великую мысль, чем на сверхгигантскую машину.

Исследования известного американского физика Д. Бома[61] в области квантовой механики и физики микромира также опровергают

---

[60] *Джеймс Хопвуд Джинс (Jeans)* (1877–1946), английский физик и астрофизик. Основные труды по кинетической теории газов, теории теплового излучения, фигурам равновесия вращающихся жидких тел, строению и эволюции звезд, звездных систем и туманностей. Вывел (1905–09, независимо от Дж. У. Рэлея) закон излучения Рэлея – Джинса. Выдвинул гипотезу образования двойных звезд из единого облака. Автор космогонической гипотезы (гипотеза Джинса). Автор научно-популярных книг по астрономии.

[61] *Дэвид Джозеф Бом (David Joseph Bohm)* (1917-1992), один из выдающихся физиков XX столетия, оригинальный мыслитель, внесший значительный вклад в развитие и интерпретацию квантовой механики. Был учеником Эйнштейна и Оппенгеймера.

традиционное описание бытия как мозаики разъединенных элементов. Мир в его экспертизе оказывается целостной и неделимой реальностью, подобной описаниям каббалистов. В этой констатации нет ничего удивительного. Бом считает ограниченной и незавершенной любую теорию космоса, если она не включает в себя сознание как существенный ингредиент бытия. Скажем еще откровеннее: Бом, как и ряд других физиков, склоняется к мысли, что Вселенная сама похожа на какой-то всепроникающий Разум.

Квантовая теория возрождает каббалистическое воззрение о том, что Вселенная — это множество миров: космос, можно полагать, определенным образом закодирован в каждой клетке.

2.2. Каббалистический метод восприятия реальности

Каббала обучает методике достижения верного восприятия реальности. Рисуя себе картину реальности, человек оживляет ее. Образы и ситуации, которые он создает в своем воображении, в сущности, и являются миром, в котором он живет (собственно, поэтому такой мир и называется «воображаемым»). Если человек построит правильные модели для ощущения высшей, бесконечной, реальности, это будет означать, что он достиг вечной и совершенной жизни.

К этому выводу приводит каббала, утверждая, что в творении не существует ничего, кроме нас и света бесконечности, имеющего единственную цель — уподобить себе творение и сделать его таким же вечным и совершенным. Мы изучаем науку, разработавшую метод обретения такой формы существования и с ее помощью занимаемся построением правильных образов для восприятия *нашего мира*, постижением высших форм существования. Мы должны нарисовать себе правильные образы света бесконечности, пребывающего вне нас.

Формы света бесконечности мы создаем в себе не сразу. Вначале мы строим различные промежуточные фазы, называемые *ступенями*[62], *мирами*[63], *парцуфим*[64], *сфирот*[65]. Постепенно, после постижения всех этих духовных объектов, мы приходим к истинной и единственно существующей картине. Каббала обучает тому, как поступенчато прийти к ее осмыслению.

---

[62] **Ступени** — уровни желания отдавать, приобретаемые человеком, называются ступенями духовных миров (всего существует 125 ступеней).

[63] **Миры** («олам») — от слова «сокрытие») — всевозможные частичные меры ощущения Творца. Существует пять миров (уровней сокрытия): Асия, Ецира, Брия, Ацилут, Адам Кадмон (АК).

[64] **Парцуф** (мн. ч. **парцуфим**) = «духовное тело» — желание наслаждаться Творцом, снабженное экраном (то есть способное получить свет).

[65] **Сфира** (мн. ч. **сфирот**) — различные свойства, которые принял на себя Творец относительно творений. Всего их 10 — кетэр, хохма, бина, зэир анпин (который состоит, в свою очередь, из хэсэд, гвура, тифэрэт, нэцах, ход, есод), малхут.

При этом не важно, что ты представляешь себе в своих желаниях, не важно, как твои желания сочетаются в каждое мгновение жизни, во время существования в текущем состоянии. Важно в каждом своем состоянии позаботиться о том, чтобы твои желания были направлены вовне, чтобы ты не оставался внутри своего эгоистического *мира*, а изучил, в соответствии с рекомендациями каббалистов, что представляет собой *Высший мир* для того, чтобы правильно его понять.

В каббале это называется «раскрытие глаз». В конечном итоге, все книги каббалистов служат тому, чтобы правильно откалибровать наши органы чувств и настроить наше кли таким образом, чтобы достичь восприятия *простого Высшего света*[66].

Раскрываемые нами промежуточные фазы являются воображаемыми. Даже *Высшие миры – Асия, Ецира, Брия, Ацилут, Адам Кадмон* – также представляют собой частичные формы *мира Бесконечности*, картины которых мы рисуем в наших *келим*, пока еще не полностью уподобленных *простому Высшему свету*.

Когда мы достигаем совершенной картины, все *миры* исчезают, мы включаемся внутрь бесконечной силы, и это является правильной формой существования. Мы пребываем в ней и в настоящий момент, но не воспринимаем ее, рисуя себе другую картину, которая предстает перед нами.

Получается, что работа должна осуществляться не над самими желаниями, а над их направленностью, то есть мы обязаны обрести намерение отдачи вне нас, поменять способ постижения. Тем самым мы достигаем духовного восприятия, бесконечности. Наше ощущение жизни, смерти, болезней, здоровья и всего существующего изменится соответствующим образом, поскольку все это мы создаем в собственном воображении.

2.3. Человек определяет свой мир

Миры и все, что присутствует в реальности, включено в бесконечность. Когда *души* придут к исправлению, составляющие реальности раскроются в соответствии со степенью исправления. Сейчас потенциал этой реальности находится в *мире Бесконечности*, чтобы проявиться перед тем, кто раскроет его на деле, и остаться потенциалом для того, кто этого не сделает.

Таким образом, раскрытие — это совершенно индивидуальный фактор, личное дело каждого. Сообразно со своими *сосудами*[67] человек определяет, в каком мире и в какой реальности он находится, какую часть

---

[66] **Простой Высший свет** – не составной, не разложенный на части, не дифференцированный, так как только получающий выделяет в этом однородном свете определенные качества (согласно своим свойствам).

[67] **Сосуды** («келим», ивр.) = желания = инструменты восприятия, которые появляются в результате пережитого опыта.

бесконечности ощущает. О том, что остается вне человеческого ощущения, невозможно ничего сказать. Мы не знаем, что находится вне нашего восприятия, вне *кли*. *Кли* всегда ощущает то, что присутствует внутри него. Ни в *этом мире*, ни в духовных *мирах* мы не можем чувствовать вне своих *келим*. Поэтому и миры не существуют вне того, кто их ощущает. Однако потенциально *сосуд* и *свет* в бесконечности уже готовы к тому, чтобы *души* получали оттуда — каждая в мере уподобления свойствам света.

Мы говорим о «*нисхождении миров*»[68], о «*возникновении душ*»[69], о «*разбиении*»[70]. *Души* нисходят до ступени *этого мира*, и отсюда, с наихудшей точки, начинается процесс *исправления*. Кто же ощущает этот процесс? Имел ли он место? Вершилась ли наша история? Можем ли мы ответить на эти вопросы утвердительно? Нет, не можем.

Можно сказать лишь одно: сегодня я в своих *сосудах* обнаруживаю, что нечто послужило **фактором**, вызвавшим мои ощущения. Фактор этот по отношению ко мне присутствует в потенциале, а не в действительности. Все происходившее было включено в бесконечность. Для меня все, что находится вне моих *сосудов*, — это бесконечность.

Так вершилась ли история? Произошло ли падение из бесконечности на наихудшую ступень? Началось ли затем развитие неживого, растительного, животного и говорящего уровня в *нашем мире*? Имел ли место исторический процесс, продолжающийся вплоть до наших дней? Сегодня мы с вами слышим обо всем этом — так было это или нет?

Это имело место в *мире Бесконечности* — в потенциале. На это заявление можно возразить: люди писали книги, совершали определенные действия. Однако все это **мы** сегодня обнаруживаем. Несмотря на то, что они писали о событиях тысячелетней давности, неправомерно говорить, что это **происходило**. Все в потенциале включено в *мир Бесконечности*.

«Вчера я жил и ощущал себя существующим. Вчера рождались и умирали люди, вчера в моем *мире* происходили различные события, и я был тому свидетелем. Сегодня я тоже живу и рассказываю вам о том, что было вчера». Этого вчерашнего дня не существует. Есть состояния, которые мы, в большей или меньшей степени, улавливаем из бесконечности, и они представляются нам историческим процессом. Однако в действительности каждое состояние — это вырванный из бесконечности кусок картины.

---

[68] **Нисхождение миров** сверху вниз — их постепенное отдаление от света Творца, ослабление света в них. Оно происходило для того, чтобы можно было создать человека, который, изначально находясь в полном отрыве от Творца, имел бы возможность достичь полного слияния с Ним.

[69] **Возникновение душ** — процесс «рождения» Адама Ришона (Первого Человека), единой души, затем ее разбиение на частные души, нисхождение в этот мир. Когда душа уже находится в этом мире, разбитая на мелкие части, есть возможность посредством работы поднять ее обратно, в состояние Адама Ришона.

[70] **Разбиение** — исчезновение связующего экрана (намерения отдавать) между душами.

Если выбрать другой фрагмент, картина окажется иной. Все части картины пребывают в бесконечности в потенциале, а мы в своем *кли выделяем* какую-либо из них.

В бесконечности эти фрагменты не разложены по полочкам, словно в архиве, каждый элемент которого доступен по отдельности. Там картина бесконечна, но я извлекаю из нее сегменты сообразно со своими сосудами. Мои келим, мои внутренние инструменты восприятия устроены так, что бесконечность всегда предстает предо мною в двояком виде: «я и нечто вне меня».

Важнейшим в данной связи является понятие *духовного времени*. История кажется нам развивающимся во времени процессом, происходящим на неживом, растительном, животном и говорящем уровнях. Однако в действительности этого нет. Речь идет исключительно о процессе развития инструментов восприятия, который никак не связан с категориями времени, движения и места: мне в моих нынешних сосудах восприятия всего лишь кажется, что время, движение и место существуют. Иначе я не могу видеть картину, поскольку воспринимаю ее в эгоистических сосудах, *снабженных намерением*[71] ради получения.

В моем восприятии эгоизм «растягивает» точку и создает эффект расстояния, пространства. Он «растягивает»

мое действие и создает эффект времени. На самом деле времени нет. Я или делаю что-то, или нет. Совершив действие, я перехожу из одного состояния в смежное с ним. Сделал еще что-то — перешел в следующее и, сообразно с этим, вижу другой *мир*, иную картину реальности. Однако, если я ничего не сделал, то остаюсь в том же самом состоянии. Откуда в нем взяться течению времени? Что такое «время»? Разве другой может выполнить что-либо вместо меня?

Итак, из одной точки наш эгоизм «выдувает» целое виртуальное пространство с измерениями, пролегающими вдоль координатных осей. В этом «раздутом» из точки пространстве мы воспринимаем процессы, идущие как бы сами по себе, то есть протекающие на уровне, расположенном ниже *экрана*[72]. Они не обусловлены какими-либо моими действиями по реализации желаний. Я могу ничего не делать, и все равно какие-то события будут происходить. Так работает эгоизм.

Все, что расположено ниже экрана, является ложным проявлением картины мира. Эта форма, воспринимаемая исключительно внутри нашего эгоизма. Как только мы делаем на него сокращение[73] и поднимаемся над ним, нам становится очевидно, что картина мнима, ее не существует.

---

[71] **Намерение** – расчет, мотивация по отношению к свету (наслаждению).
[72] **Экран** (масах) – «сила сокращения», которая пробуждается в творении относительно Высшего света с целью предотвратить самонаслаждение. Сила преодоления, сопротивления эгоизму (желанию получить ради себя).
[73] **Сокращение** (цимцум) – решение скрыть от самого себя свою природу, вообще не использовать свои желания.

Потому и сказано Бааль Суламом, что наш мир — воображаемый мир.

2.4. Все миры находятся внутри человека

Реальность происходит от *Высшей силы*, от Творца, от *света*. *Высший свет* строит *кли*. Вначале Он создает *миры*, а вслед за ними приходит творение — *душа Адам Ришон*. Эта *душа* разделяется на множество частей, спускающихся в плоскость *нашего мира*. Вопрос заключается в том, существует ли *этот мир* или духовные *миры* сами по себе? Является ли *мир творением*?

Каббалисты постигают духовный *мир* и обнаруживают, что *творение* — это существующий в *этом мире* человек, то есть *желание наслаждаться*.

Творение пребывает в особом состоянии, в котором собственные ощущения называет своим миром. Это ощущение меняется по мере изменения свойств самого творения. Изменяется ли что-нибудь извне? Мы не можем говорить, что снаружи вообще что-то существует, потому что никогда не ощущаем этого. Мы всегда чувствуем только то, что происходит внутри нас.

Что же происходит внутри нас? Самые разнообразные процессы. С помощью каббалы я могу изменить свои свойства и почувствовать перемены в ощущении. Если я не меняю своих свойств с помощью данной методики, во мне все равно что-то меняется, в соответствии с неизвестным мне, заранее заданным процессом. Благодаря этому я ощущаю изменения в самом себе и в *окружающем мире*.

Существует ли этот *мир* без меня? Он существует исключительно в моем ощущении. Если меня нет, есть ли *мир*? Продолжают ли в нем жить другие люди? Существовал ли он до моего рождения и останется ли после того, как я его покину? — Мы можем говорить только, исходя из ощущений человека. Вне ощущений ничего не существует.

То же самое касается духовного *мира*. Мы можем исправить себя так, что у нас появится дополнительный орган восприятия еще одного измерения, и тогда мы почувствуем его и назовем *духовным*. Однако существует ли духовный мир вне меня? Этого я не знаю. Он существует только в моем ощущении. Я могу измениться, и он тоже изменится. Изменения же во мне происходят независимо от меня.

Это означает, что вне человека нет ничего, кроме простого Высшего света, пребывающего в неизменном покое. Все изменения происходят исключительно внутри *душ*. Все *души*, в сущности, являются единой душой, ощущающей себя разделенной на множество противоположных друг другу и удаленных друг от друга составляющих. Они находятся либо в измерении, называемом *этим миром*, либо пребывают в ином измерении — духовном.

Каббалисты говорят, что все ощущаемое нами находится внутри нас. Внутри себя мы постоянно изменяемся в соответствии с *решимот*, с непрерывно меняющимися данными. В соответствии с этим мы ощущаем реальность, которая делится на внутреннее «Я» и окружающую среду. Когда мы исправим себя, то ощутим, что никакого разделения нет. «Я» и среда представляют собой одно целое: «Я» и *наполнение во мне* — Творец.

Не следует разделять реальность на духовные *миры* и *этот мир*, на *души* и тела, на неживой, растительный, животный и человеческий уровни. Напротив, все это не существует вне человека, а наличествует внутри него в потенциале. То есть человек имеет возможность ощутить вид реальности, исходя из пробуждающихся в нем решимот.

Нет миров вне человека. Миры — это внутренние ступени, по которым он поднимается или спускается в ощущении самого себя и окружающей среды. По мере исправления ступени и миры исчезают. Остается человек в виде желания, уподобленного по свойствам своему наполнению — свету. После исправления человек существует в простой форме, не включающей в себя другие части, не разделенной на них и не состоящей из них.

Все пребывает в простом единстве, в тождестве частей, связанных между собой в одно целое, в слиянии с единым наполнением. Это, безусловно, существующая форма. Другие формы, кажущиеся нам реальными, существуют только относительно *души*, в зависимости от степени ее исправленности.

Такой **взгляд на реальность** спасает человека от множества заблуждений, неправильного мироощущения, неверных расчетов. Необходимо представлять себе это состояние вместе с тем, которое человек видит перед собой. С одной стороны, как сказано мудрецами в Вавилонском Талмуде[74]: «Нет у судьи ничего, кроме того, что видят его глаза». С другой стороны, представление истинного состояния рядом с мнимым всегда стабилизирует человека относительно реальности.

Названия, которые каббалисты дают своим постижениям и ощущениям, в сущности, присваиваются согласно решимот, когда в них раскрываются те или иные впечатления от наполнения[75]. Реализуя всевозможные решимот, каббалисты получают различные впечатления и именуют каждую их степень.

Продвигаясь вслед за каббалистами по той же цепочке духовного возвышения, мы приводим в действие все новые и новые решимот и сами постигаем имена, о которых говорят каббалисты. Таким образом, каждый человек раскрывает для себя каббалу, то есть науку о личном получении и наполнении своего *кли*.

2.5. Воображаемый мир

Комментарий М. Лайтмана к статье Бааль Сулама «Введение к Книге Зоар»

---

[74] Трактат Санэдрин, лист 6, с.1.
[75] **Наполнение.** Человек создан, как чувствующий элемент («кли», «сосуд») с желанием наслаждаться. Наполнением называются переживания, впечатления от раскрывающейся действительности в нашем желании наслаждаться.

(оригинальный текст Бааль Сулама выделен жирным шрифтом, комментарий приводится непосредственно под текстом оригинала.)

Й. Ашлаг пишет в своей статье[76]:

«И не вопрошай о сем, так как тот же принцип действует также и в нашем постижении материального мира, как например: наше зрение, которым мы видим перед собой огромный мир, во всем его чудесном наполнении, однако на самом деле, не видим все это, а эти картины возникают внутри нас. Иначе говоря, в задней части нашего мозга есть действующая, словно глаз, фотомашина, которая рисует там все, что мы видим, и ничего из того, что было бы снаружи нас.

И для этого сделал нам Творец в нашем мозгу словно бы зеркальный глаз, переворачивающий все, что в нем отображается, чтобы виделось оно нам как будто находящееся вне нас, перед нами.

И хотя то, что мы видим вне нас, не является истинным, мы должны благодарить управление Творца за то, что сделал Он в нашем мозгу это зеркало, позволяющее нам видеть и постигать находящееся вне нас. Этим Он дал нам силу осмыслить каждую вещь в знании и достоверном постижении, измерить каждую вещь изнутри и снаружи. Без этого пропала бы большая часть из нашего познания».

Мы постигаем окружающий *мир*, который находится словно вне нас. Это дает нам возможность ощущения дополнительных свойств Творца, единственного, что присутствует извне в виде простого света.

Я постигаю исключительно реакции на информацию, поступающую в мои органы чувств. Например, если я пробую что-то на вкус, то ощущаю это изнутри. Однако вижу я то, что расположено снаружи. В действительности, мои вкусовые рецепторы тоже постигают нечто, поступившее извне. Я пробую что-то внешнее, соприкоснувшееся с моим органом чувств. На самом деле и в том, и в другом случае я постигаю исключительно *внутренний свет*, точнее, свою реакцию на него.

По мере накопления различных реакций на внешние раздражители я начинаю представлять себе, что находится снаружи. Я воображаю доносящийся до меня звук, который приникает в ухо и проходит через всю нервную систему; различаю его и в соответствии с этим могу сказать, что снаружи что-то присутствует. На самом деле там нет ничего, но по реакции нервной системы я домысливаю себе, что есть. Мое внутреннее *желание получить* возбуждается настолько, что его реакция на находящийся снаружи свет доставляет мне оттуда ощущение чего-то особенного.

Получается, что, основываясь на внутренней реакции, я представляю внешнюю форму и строю перед собой представление о Творце. У меня

---

[76] *Бааль Сулам.* Введение в Книгу Зоар. Kitvei Baal Hasulam. ARI. Israel. 2009. P. 112.

существует множество желаний, в них я начинаю ощущать реакции на альтруистические свойства. Таким способом в каждом желании я постепенно постигаю *свойство отдачи*. Вместе с тем я постигаю свойства Творца и Его отношение ко мне. Так, в *отраженном свете*[77] я создаю представление о Творце, образ Творца, который находится как бы вне меня. Без возможности чувствовать изнутри и представлять снаружи у меня не было бы способа связи с Творцом. Я пребывал бы исключительно в своих внутренних ощущениях, вне союза с Дающим.

Все изменения внутри душ (исправления, подъемы, падения, отношение к свету и к происходящему с ними) являются внутренними ощущениями, «однако выглядит это так, как будто изменения происходят в самом Дающем» — словно Творец находится непосредственно перед каббалистами, создает с ними взаимную связь и действует заодно. Только таким путем они удостаиваются знаний и постижения прелести Замысла творения.

«Несмотря на то что мы видим все как бы происходящим перед собой» — по нашей реакции на *Высший свет* нам кажется, будто мы строим перед собой Творца, тогда как *Высший свет* пребывает в совершенном покое, и только наши реакции постоянно меняются в соответствии с внутренними исправлениями. Я то и дело корректирую состояния своих желаний: в глубине, силе сопротивления им и т.д. Каждый раз, когда я внутренне меняюсь, мне кажется, что перемены происходят снаружи.

«Несмотря на то, что мы видим все, как бы происходящим перед собой, любой, обладающий разумом, ясно видит, что все, что мы видим, находится внутри, в нашем мозгу. Так же и души: несмотря на то, что все образы они видят в Дающем, у них нет никакого сомнения, что все эти образы находятся у них внутри, в мозгу, а вовсе не в Дающем. Разберись в сказанном, со всей тщательностью, так как не в моих силах раскрыть это больше...»

Я вижу собственные изменения и внутреннее видение как бы находящимися снаружи, но именно это создает во мне картину Творца, с ней я связываюсь, с ней веду диалог. Творение должно видеть, то есть чувствовать (зрение — есть высшая степень ощущения) Творца. Самого Творца, Его суть мы не постигаем. Абстрактная форма воспринимается нами нечетко, случайным образом и является вещью обманчивой. Мы ясно постигаем форму, облаченную в материю, и саму материю, то есть себя (свои желания). В этом случае она становится формой Творца, облаченного в материю творения.

Почему «формой Творца»? Материя творения — суть желания. Если творение сможет исправить свои желания с наибольшей силой, получаемой от Творца, то каждое желание,

---

[77] **Отраженный свет** (ор хозэр) — («ор» — наслаждение, «хозэр» — возвращающийся, т.е. отраженный свет) — желание дать наслаждение Творцу так же, как и Он дает мне.

максимально работающее на отдачу, станет изначально сотворенной формой. Это печать Творца, которую Он запечатлел в творении в качестве желания.

Со стороны Творца это была *сила отдачи*. Его след в желании творения получать проявился как *желание насладиться*. Присутствовало ли в печати Творца это желание отдавать? Был простой Высший свет, называемый Суть. Однако, проявившись путем определенного развития в материи, он создал в ней множество желаний. Связь творения с Творцом может осуществляться только через эти желания.

Что видит творение в этих желаниях? Оно видит источник изливаемого на него наслаждения.

Если я направляю все свои желания на отдачу, то постигаю с их помощью отношение Творца ко мне как Дающего. В этом случае мне кажется, что эту картину я и вижу извне. Однако, по сути, это моя внутренняя картина, которую я постиг благодаря тому, что поступал как дающий. Дающий, которого я сам из себя создал, видится мне находящимся передо мной.

Если бы я не вообразил Дающего снаружи, то не смог бы с Ним связаться, потому что сути Его я не постигаю. Обманчив ли образ Дающего, которого я постигаю и вижу как бы перед собой? Нет, это не обман. Это подлинное отношение Творца ко мне. Фантазией является то, что Он находится передо мной как источник отдачи, наполняющий келим моей *души*. У самого Творца нет такой формы. Это каббалисты

так представляют Его. У Него самого нет никакого образа.

Точно так же в *нашем мире* мы естественным путем представляем себе, что впечатления, возникающие в нас благодаря органам восприятия, суть происходящие вне нас, снаружи. Бааль Сулам говорит, что каждый, обладающий разумом, понимает в своих исследованиях, что **«все, что мы видим, находится только в нашем мозгу»**. Если выпадает из обращения какой-то орган чувств, исчезает и часть окружающего *мира*. Утрать мы все свои сенсоры, то увидели бы совершенно другой *мир*, в иной его форме.

В конце концов, весь мир — сумма внутренних ощущений в пяти органах чувств. Изменив даже их диапазон, мы увидим другой спектр, будем слышать другие частоты и т.д. То есть получим совершенно иную картину мира.

В каббале это называется придуманным *миром*, потому что наши чувства охватывают очень узкий диапазон, они статичны и дают нам случайную, обманчивую картинку. Однако этого нам вполне достаточно для того, чтобы продвигаться в развитии шестого органа чувств.

Почему человек сотворен именно в таком виде и с такими сенсорами? Из собственного опыта мы приходим к заключению, что весь *наш мир* является результатом того, что построили в нас наши ощущения. Люди, удостоившиеся духовного зрения, действительно, видят, что картина *нашего мира*, которую мы строим перед собой, есть неизменный Высший свет, наполняющий всю реальность. Только наши чувства, реагируя на Высший свет, подразделяют отпечаток Творца на четыре вида природы: неживую, растительную, животную и человека.

Картинка, рисуемая нашим воображением, выглядит настолько живой, что мы не можем вырваться из искаженного представления, пока не разовьем дополнительного шестого чувства. Начиная жить его ощущениями, мы обнаруживаем, что можем словно внедриться в пять природных чувств и существовать в них, а можем выйти за их пределы. Погружаясь в ощущения, получаемые при помощи пяти органов восприятия, человек, как говорится, начинает жить, выходя же из них, он умирает.

Человек представляет собой всего лишь желание получать, которое может принимать всевозможные оттенки. В духовном *мире* оно называется «человек»[78] и является последней ступенью в ряду: «*неживое*»[79], «*растительное*»[80], «*животное*»[81], «*человеческое*».

Видоизменив желание получать, можно почувствовать себя животным, растением или представителем неживого *мира* — все это ощущения духовных ступеней. Наша материальная оболочка неизменна, но если бы мы были к этому способны, то опытным путем сделались бы камнем, животным или цветком. Все зависит исключительно от уровня желания получать, от степени его развития и исправленности, то есть от того, как оно взаимодействует со *светом*.

Это значит, что одеяния, которые мы себе воображаем в качестве картины внешнего *мира* и внутри которых создаем представление о свете *мира Бесконечности*, суть реакции наших пяти органов чувств, прообразами которых являются 5 духовных *сфирот*[82]. Используя эти органы чувств, мы можем представить себя человеком с его внешним миром, или собакой с ее миром, или растением с его миром, или чем-то неживым. Даже у камня существует собственная связь с окружающей природой и свое впечатление от нее.

---

[78] **Человек** (уровень) — четвертая ступень развития желания наслаждаться, которая создает возможность ощущать кого-то, находящегося снаружи (ближнего). В результате этого «человек» становится обладателем свободы выбора, то есть получает возможность подняться над своей природой, познать природу Творца, уподобиться Ему.

[79] **Неживой** (уровень) — имеющий единственное свойство — сохранять свое стационарное состояние: получать и наслаждаться, выполняя те желания, ту программу творения, которая в нем заложена.

[80] **Растительный** (уровень) — начало зарождения самостоятельного желания, благодаря которому появляются силы преодолеть свое стремление насладиться и действовать с желанием отдавать. Однако находящийся на этом уровне еще не в состоянии идти против желаний своего окружения.

[81] **Животный** (уровень) — уровень развития желания получать, который рождает в каждом частном элементе индивидуальные ощущения — особую жизнь каждого, отличающуюся от остальных. Однако на этой ступени еще отсутствует чувство сопереживания ближнему, то есть нет необходимого сострадания или радости за себе подобных.

[82] **5 сфирот** = кетэр, хохма, бина, зэир анпин, малхут — части общего желания насладиться светом Творца, разделенные по образу будущего человека (пять органов чувств). Каждая сфира ограничивает получение света по-своему, в зависимости от своего «характера».

Поскольку у нас нет способности воспринимать суть Творца, мы постигаем не Его самого, а лишь образ, сложившийся на нашем уровне понимания. Как творение, мы не в состоянии выйти за собственные рамки и почувствовать нечто вне нас. Если наше *кли* будет совершенно исправлено, мы сможем представить *отдачу* Творца в наиболее истинной форме, без искажений и помех в личных свойствах. Однако даже такое постижение подразумевает ощущение, поступающее через органы чувств, с которыми Он нас создал. Он мог заложить в нас совершенно другие способности к восприятию. Или вообще лишить каких бы то ни было ощущений...

Однако уже сама возможность представить, что существует нечто вне меня, за пределами моих чувств, не ощущаемое мною, говорит о наличии другого состояния, которого я смогу достичь по окончании исправления, и когда мои чувства будут приведены в соответствие с Творцом. В конце исправления я увижу Его таким, каким Он желал предстать передо мной. Что же случится после?

Возможно, по достижении этого состояния существует выход на какую-то принципиально новую ступень, открытие небывалых возможностей, которые сейчас не наблюдаются. Все, что рассказывают нам каббалисты в своих трудах, доводит нас только до этого порога... До тех же пор я вижу Творца согласно мере своего исправления, и мое представление о Нем всегда более-менее ограничено. Только так я и могу сказать о Нем что-то или представить Его. «Каждый, видящий изъяны, видит их в мере своей испорченности, и каждый оправдывающий оправдывает в мере своего исправления»[83].

2.6. Вопросы и ответы

Вопрос: *Мир*, окружающий меня, это фантазия или реальность?

Все происходит внутри человека. Когда я прикасаюсь к чему-то материальному, это не более чем мое представление. Все обусловлено только восприятием постигающего.

Я беру в руки стакан. Существует ли он относительно меня? Стоит ли на столе? Протягиваю ли я к нему руку? Да, и есть ли у меня рука? Существует то, что я воспринимаю. «Я» — это мое сиюминутное ощущение. Если я вижу свои руки, чувствую их, значит, они у меня есть. Здесь не следует пускаться в фантазии.

Человек реально существует потому, что в материи и форме, воплощенной в материю, здраво и достоверно ощущает действительность, согласно принципу: «сужу по тому, что вижу». Воображая себе абстрактные формы, он теряет ориентацию и уже не представляет, в каком направлении продвигается.

---

[83] Вавилонский Талмуд, трактат «Кидушин», лист 70.

Вопрос: Как воспринимает *мир* исправленный человек?

Человек, который себя исправил, поднялся на духовный уровень, видит, что все мироздание представляет собой абсолютный альтруизм, просто раньше у него было неверное представление о нем, так он воспринимал его благодаря своим органам чувств.

Вопрос: Материя функционирует эгоистически или альтруистически?

Она функционирует так, как ты ее воспринимаешь.

Вопрос: Есть ли ощущение у материи?

Этого мы сказать не можем, поскольку всегда судим только с точки зрения ощущающего. Можно исходить лишь из личных постижений. Говорить об ощущениях другого неправомерно. Реальность воспринимается только с позиции того, кто непосредственно ее ощущает. Нужно находиться внутри данной материи, чтобы испытать то же, что испытывает она, и только тогда делать выводы.

Заключение

Наука всегда утверждала, что мы воспринимаем мир по определенным законам, вне зависимости от личности исследователя. Когда выяснилось, что все зависит от наших изменений, картина мира пошатнулась. Таким образом начала выявляться связь между естественными науками и каббалой.

Сегодня каббалисты и представители других наук совместно обсуждают проблемы правильного восприятия реальности и обращаются к человечеству с новым объяснением устройства мира. Это настоящий переворот в мировоззрении, и последствия его огромны, их трудно переоценить. Вся система законов *этого мира*, все наблюдаемые нами связи и соответствия между частями мира зависят только от нас самих.

Не существует никакой объективной реальности. Если это так, то нам необходимо знать только одно: каким образом стоит измениться, под каким углом зрения следует рассматривать абстрактный Высший свет, пребывающий в абсолютном покое, чтобы он проявился наилучшим для нас образом, в оптимальном виде. Этим и занимается такая наука, как каббала.

Картина мира, в том виде, в каком она сегодня перед нами предстает, ужасна. Мир погружен в полное отчаяние; отсюда — непомерная тяга молодежи к наркотикам, кризис личности и общества в целом. Однако это вовсе не потому, что так устроен мир. Это лишь слепок растущего в нас желания: ведь именно желание порождает нашу картину мира, проецируя себя на свойства Высшего света.

Каким образом правильно сопоставить свои внутренние свойства с Высшим светом, можно понять, изучая каббалу. Она объясняет, что это делается с помощью *экрана* — антиэгоистического намерения «получать ради отдачи». Установив его на желание получать, мы тем самым уподобляем наши внутренние свойства свойствам внешнего света. В этом случае мы достигаем ощущения реальности, которая не довлеет над нами и устраняет все противоречия. Свет воспринимается как наслаждение, мудрость, знание, постижение. Каббала открывает перед человечеством совершенно новые горизонты, показывая, как мы влияем на действительность своими мыслями и желаниями, как взаимодействуем с ней и изменяем ее.

Тест

1. **Какое представление о Вселенной возрождает квантовая теория?**
   a. творец существует;
   b. в природе существуют постоянно действующие законы развития;
   c. вселенная стремится к хаосу;
   d. вселенная представляет собой множество миров.

2. **В чем состоит работа человека?**
   a. необходимо работать над желаниями;
   b. необходимо работать над направленностью своих желаний (*намерением*);
   c. нужно подготовить *келим* к получению *света*;
   d. нужно победить свой эгоизм.

3. **Что существует вне ощущений человека?**
   a. две противоборствующие силы воздействия;
   b. ничего не существует;
   c. духовные *миры*;
   d. то, что существует, зависит от характера ощущений.

4. **Что представляет собой материя творения?**
   a. желание;
   b. замысел творения;
   c. силы взаимодействия творения и Творца;
   d. *свет*.

5. **Что представляет собой система «Адам»?**
   a. система причинно-следственных связей;
   b. совокупность всех *душ*, соединенных между собой правильным (исправленным) образом;
   c. система *миров*;
   d. сумма впечатлений человека от *высшего света*.

Дополнительный материал
Иной взгляд на реальность[84]

Есть многое на свете, друг Горацио, что и не снилось нашим мудрецам.

Шекспир

---

[84] По отрывку из книги Джона Кехо «Подсознание может все», гл. 1 изд. «Попурри», Минск, 2005

Чтобы использовать силу головного мозга, совсем не обязательно знать законы физики или понимать сущность реальности: нам не обязательно знать устройство карбюратора или системы зажигания, чтобы водить автомобиль. Лишь немногие разбираются в автомобилях, но это не мешает большинству людей управлять ими. Точно так же обстоит дело и с силой мозга — любой может овладеть основами этой системы и успешно применять ее на практике, в повседневной жизни.

Мы начнем с изучения сущности реальности и особенно поразительных открытий, сделанных в науке за последние двадцать лет. Эти открытия помогут лучше понять, как мозг создает свою собственную реальность. Они объясняют, почему визуализация или мысленное представление не просто ненужные мечтания, а творческий процесс, помогающий человеку контролировать и направлять энергетические потоки, способные склеивать вещи, превращать жидкость в пар или вызывать набухание и рост семян.

Осознав сущность этих энергетических потоков, вы придете к пониманию сущности работы мозга и увидите, что вдохновение, молитва и интуиция не являются чем-то сверхъестественным, а подчиняются законам, которые могут применяться по воле человека. Как и все, известное человеку во Вселенной, силы мозга управляются законами, которые, если освободить их от научной терминологии и представить в доступном виде, может понять каждый.

Современная физика рассматривает Вселенную как безграничную неделимую сеть динамической активности. Она не только живет и постоянно изменяется — все ее составляющие влияют друг на друга. На первичном уровне Вселенная представляется цельной и неделимой — этаким бездонным морем энергии, пронизывающей каждый предмет и каждое действие. **Мы — не отдельные элементы, а части гигантского единого целого.**

«Когда срывают травинку, вздрагивает вся Вселенная».

Фраза из древних Упанишад

Современная физика изменила наши взгляды на материальный мир. Сегодня уже никто не утверждает, что частицы состоят из какого-то основного вещества: их считают пучками энергии. Они могут совершать внезапные перемещения, так называемые «квантовые прыжки», в одних случаях действуя как единое целое, в других — как волны чистой энергии. Реальность течет, ничто не постоянно, все является частью модели, находящейся в непрерывном движении. Даже скала — это результат бешеной «пляски» энергии. **Вселенная жива и динамична, и мы сами, находясь в ней и будучи ее частью, живы и динамичны.**

Раздел II

Схема мироздания

Содержание:

Самый большой по объему новой информации материал: здесь рассматривается вся схема мироздания от Замысла творения до появления духовной конструкции, прототипа *общей души*, называемой *Адам Ришон*, частицами которой мы являемся. Тема основана на статье Бааль Сулама «Введение в науку каббала» и считается ключевой для дальнейшего изучения каббалистической литературы. Материал не прост для усвоения, так как в нем задействовано множество каббалистических терминов и определений, требующих четкого запоминания. Предлагается большое количество схем и чертежей, воспроизводящих строение и механизм воздействия Высшей природы на человека. Особый язык позволяет каббалистам описывать реальность, постигнутую ими чувственным образом, но еще неявную для нас.

Введение
Глава 1. Замысел творения
Глава 2. Развитие желания
Глава 3. Зарождение творения
Глава 4. Возникновение миров
Глава 5. Краткое повторение пройденного материала
Глава 6. Соединение свойств Творца и творения
Глава 7. Разбиение сосудов
Глава 8. Мир исправления
Глава 9. Краткое повторение пройденного материала
Глава 10. Дополнительное занятие. Строение души Адама

Введение

Не подлежит сомнению, что человек не в состоянии жить в *нашем мире* без определенных знаний о природе, о среде, которая его окружает.

Так же точно *душа*[1] человека не может существовать в *Высшем мире*[2], если не постигнет устройство духовных *миров* и их действия. Рождаясь на свет, то есть появившись в *нашем мире*[3], младенец не знает ничего, и всю необходимую для жизни информацию ему сообщают родители.

Он существует и развивается благодаря заботам отца и матери. Постепенно, подрастая и накапливая знания и опыт, ребенок учится самостоятельно ориентироваться в окружающей среде. Повзрослев и научившись использовать в своих интересах приобретенные знания, человек выходит из-под родительской опеки в большой мир.

Подобные стадии развития проходит и *душа* человека, пока не удостаивается понять истинную мудрость каббалы в ее абсолютной полноте. Без этого *душа* не может достичь совершенства. Не то чтобы знание каббалы обеспечивало само развитие *души*, просто такова ее внутренняя природа. Она не в состоянии самостоятельно функционировать без запаса определенного количества знаний, потому рост *души* зависит от их уровня.

Дело обстоит так, что если бы *душа* развивалась в отсутствии знаний, она могла бы пострадать. Так, Природа предусмотрительно не дала новорожденному способности самостоятельно передвигаться. Ведь у ребенка нет разума, и будь у него силы, он мог бы навредить себе.

Итак, право на существование в духовных *мирах* получает лишь тот, кто загодя приобрел знания об их устройстве. Приступая к изучению системы духовных *миров*, необходимо прежде всего рассмотреть, как действуют в них главные факторы *нашего мира*.

В *Высших мирах* отсутствуют такие физические понятия, как время, пространство, движение (уже в *нашем мире* они видоизменяются: при скоростях, близких к скорости света, время стремится к нулю, масса — к бесконечности, а пространство сжимается в точку).

---

[1] **Душа** — духовный орган, постепенно рождающийся в человеке, находящемся в нашем мире. Рождение души означает поэтапное появление ощущения от воздействия духовных сил, возникновение минимального ощущения Творца.

[2] **Высший мир** = **Духовный мир** — существующий по законам свойства отдачи. «Высшим» называется потому, что свойство отдачи является причиной, корнем нашего мира, а он сам — следствием, полностью управляемым из духовного мира.

[3] **Наш мир** — картина, ощущаемая нами (творениями) посредством пяти органов чувств (зрение, обоняние, осязание, вкус и слух).

Вместо времени в духовных *мирах* рассматриваются причинно-следственные связи, переход одного состояния в другое, видоизменения формы. Если вы спросите, сколько времени понадобилось для протекания тех или иных процессов, то вопрос не будет иметь смысла, так как под временем понимается лишь последовательность действий.

Поэтому в каббале материал изучается по цепочке — от причины каждого явления к его следствию, или, что одно и то же, от начала творения[4] до его грядущего окончания.

Место — это не определенная, занимаемая телом часть пространства, а положение на шкале духовных свойств, качеств, где за сто условно принимается свойство Творца[5], а за нулевую отметку — первоначальное качество творения.

Таким образом, перемещение в духовном *мире* — это изменение духовным объектом своих свойств. Он как бы перемещается в духовном пространстве по шкале соответствующих ценностей (ближе или дальше относительно Творца). Однако в духовном *мире* объект не исчезает, там лишь возникает его новая форма.

Другими словами, с появлением новых качеств от духовного объекта отделяется его обновленная форма, а прежняя продолжает существовать, как и ранее. Было одно духовное тело, оно изменило свои свойства, тотчас же отделилось от старого тела и стало существовать самостоятельно.

Таким образом, теперь появилось два духовных тела. Так рождаются новые духовные объекты. (Кстати, и в *нашем мире* зародыш, находящийся в чреве матери, является одновременно и частью ее организма, и отдельным новым существом. Причина же окончательного отделения — приобретение им определенных собственных, отличных от материнских качеств).

Пытаясь найти каббалистические определения понятий пространства, времени, движения, необходимо установить, какой терминологией мы можем пользоваться. Ведь мы должны говорить о вещах, которые не наблюдаем воочию, хотим передать информацию о мирах, которых не чувствуем. Как же мы можем быть уверены, что правильно поняли друг друга?

У людей в *нашем мире* существует общность ощущений, но как передать собеседнику знания об объекте, которого он никогда не видел? В таком случае мы переходим на язык аналогий: «похож на то-то...», «подобен тому-то». Ну, а если я пришелец из другого мира, в котором все совершенно не похоже на ваш мир? Как же мне описать мой мир? Это возможно только при наличии связи миров.

Бааль Сулам в своем предисловии к книге «Сияющий и объясняющий лик»[6] пишет, что все существующее в нашем мире — порождение мира духовного.

---

[4] *Творение* — созданное из ничего желание получать наслаждение.
[5] *Творец* — общая природа всего мироздания; желание отдавать, наслаждать.
[6] *Бааль Сулам*. Предисловие к книге «Паним Меирот». Kitvei Baal Hasulam. ARI. Israel. 2009. P. 133.

Поскольку все сущее исходит от Творца и, проходя через систему миров, нисходит в наш мир, то нет ничего в нем, что не имело бы корня в мире духовном. Поэтому каббалисты сочли возможным использовать понятия нашего мира для описания объектов мира духовного. Ведь существует строгая связь между корнем (духовным) и ветвью (материальной), и не может произрастать из одного корня несколько ветвей. Поэтому можно именами объектов нашего мира называть их духовные корни-силы, вызывающие данные ветви к жизни.

Естественно, подобный язык может разработать лишь тот, кто имеет способность видеть одновременно корень и ветвь, причину и следствие, то есть находящийся одновременно в обоих *мирах*. Как мы рассмотрим в дальнейшем, **человек, находясь в нашем мире, может одновременно войти и в мир духовный — бесконечный вечный мир душ.** Жить одновременно в обоих мирах, осознать вечность, постичь духовные миры, находясь в *нашем материальном мире* — это ли не достойная цель для человека!

Однако пока мы вынуждены использовать «язык ветвей», не видя корней. Поскольку, как было уже сказано, существует точное соответствие духовных и материальных объектов, то нельзя произвольно менять каббалистическую терминологию.

В каббале существует три основных раздела, и все они говорят о постижении Общего Закона мироздания. Есть раздел науки, изучающий *нисхождение*[7] *миров*[8] и сигналов, ступенчато, вплоть до *нашего мира*. Он занимается изучением исключительно *Высших миров*: их функционированием, управлением, воздействием на нас, тем, как мы своими поступками влияем на них и как, в зависимости от наших реакций, они снова воздействуют на нас.

Следующий раздел каббалы занимается методикой развития *души*, внутренней части человека, которую он получает из *Высшего мира*.

В данном разделе каббалы мы будем изучать материал, в котором говорится о создании математического аппарата для описания определенных процессов, происходящих с *душой*. Он позволяет каббалисту использовать научный подход в исследовании; изучать на себе воздействие духовных *миров*, анализировать, градуировать, формулировать связи сигналов воздействия свыше с собственными реакциями и наоборот; получить практический результат для оптимальной реализации духовно-энергетической части — *души*. Математический аппарат каббалы состоит из:

1. *гематрий* — цифровых записей духовных состояний *миров* и *души*;
2. графиков состояния и зависимости влияния *миров* на *душу* и влияния *души*, человека на духовные *миры*;

---

[7] **Нисхождение** = удаление от первоначального состояния.
[8] **Миры** — меры, степени скрытия Творца.

3. таблиц и матриц всевозможных включений свойств *миров* и *душ*.

Примечание. При чтении всех каббалистических текстов следует непременно помнить, что каббала, как и всякая наука, пользуется специфической терминологией. Для человека, который с ней незнаком, эти тексты могут представляться несущими некий описательный, образный или этический характер. Во избежание подобной ошибки, приводящей многих к трудности и даже невозможности изучения каббалы, необходимо постоянно обращаться к словарю терминов за пояснением значений слов.

Изложение материала следует «хронологическому» порядку создания *духовных миров: Творец*[9] — *кли*[10] — *мир Бесконечности*[11] — *первое сокращение*[12] — *мир Адам Кадмон*[13] — *мир Некудим*[14] — *разбиение келим*[15] — *мир Ацилут*[16] — *миры БЕА*[17] — *сотворение человека — грехопадение*[18] — *олам азэ (наш мир)*[19].

---

[9] **Творец** = первопричина = Источник света (наслаждения).
[10] **Кли (сосуд)** — осознанное желание получить удовольствие от света, присущее творению.
[11] **Мир Бесконечности** — состояние, когда все желания удовлетворены полностью без предела, без ограничения.
[12] **Первое сокращение** — решение никогда более не наслаждаться светом ради себя.
[13] **Мир Адам Кадмон** — прообраз, замысел, вследствие реализации которого человек сможет полностью уподобиться Творцу.
[14] **Мир Некудим** — особый мир, образовавшийся (*в мире Адам Кадмон*) на решимо (*информационная запись, воспоминание*) 2/1 — о том, что можно использовать только альтруистические (отдающие) желания.
[15] **Разбиение келим** (сосудов) — исчезновение связующего звена — «экрана» (намерения «ради отдачи») между различными свойствами, желаниями. Изменение альтруистического принципа взаимодействия на эгоистический.
[16] **Мир Ацилут** — система управления всеми расположенными ниже мирами вплоть до нашего мира.
[17] **Миры БЕА** — система миров Брия, Ецира, Асия, созданная из отдающих сосудов, находящихся внутри получающих сосудов (ГЭ в АХАП), с помощью которой души способны поступенчато создать экран (мотивацию, намерение) для трансформации эгоистических свойств в альтруистические.
[18] **Грехопадение** — разбиение сосудов (швират келим), в результате которого смешались альтруистические (отдающие) и эгоистические (получающие) сосуды, желания.
[19] **Наш мир** — свойство абсолютного эгоизма, ощущаемого благодаря нашим пяти органам чувств, неспособность получить свет (наслаждение) в себя, поэтому ощущается как пустота (страдание).

Глава 1. Замысел творения

1.1. Первопричина (Творец)
1.2. Действие света
1.3. Постижение действительности
1.4. Восприятие мира
1.5. Свет бесконечности, экран
1.6. 125 уровней восприятия
   Тест.

1.1. Первопричина (Творец)

Первопричиной (Творцом) в каббале называется Высшая управляющая сила, которая характеризуется учеными-каббалистами как Абсолютное добро.

Приведем некоторые положения о Творце:

a. Его природа не поддается непосредственному исследованию, так как любое исследование возможно лишь при соблюдении закона подобия свойств. Можно анализировать лишь Его влияние: одна из принятых в науке методик исследования состоит в том, что некоторый объект с заданными свойствами подвергается воздействию, свойства которого нам неизвестны, и по *изменению качеств объекта делаются выводы* о свойствах влияния;

b. Его влияние («*свет*»[20]) постоянно, неизменно, и состояние Его определяется как абсолютный покой, так как движение является следствием ощущения недостатка;

c. Его влияние воспринимается творениями как желанное и доброе.

Творец — это глобальный нисходящий на нас закон, который строит нас, создает нашу Вселенную, управляет[21] всем, начиная с элементарных частиц, клеток и через все организмы целой громадной структурой.

Творец — это общая природа мироздания. Когда мы вникаем в эту природу глубже, то видим, что Творец — есть мысль. Примерно так представлял себе единый закон мироздания Эйнштейн. Сегодня ученые приходят к мнению, что за физическими законами ощущается мысль, ими управляющая. Практически это означает приближение к пределу возможностей

---

[20] **Свет** — передача информации, чувств, наслаждений (по аналогии со светом в нашем мире, дающим жизнь, тепло и т.д., или светом мысли, осмысления, постижения).
[21] **Управляет** = целенаправленно развивает.

постижения в *этом мире*. Далее начинается только чувственное познание.

Все ощущения человека происходят внутри него. Даже тот, кто еще не почувствовал воздействие Высших сил и не увидел *свет* внутренним зрением, может себе представить: существует нечто высшее, и как бы мы его ни именовали, в этом имени будет отражаться наше восприятие, а не Он сам. Например, Высший относительно нас — Творец, потому что Он нас создал. Этот Высший представляет Собой однородное поле, подобное силовому.

В Самом Себе этот Высший выделил место, где никак не проявляется. Поэтому оно называется пустым, свободным от *света* местом. Там Высшая сила создала человека — нечто, ощущающее себя. Человек способен чувствовать и окружающего его Творца, но только в той мере, в какой его свойства уподобляются Его свойствам. В своем изначальном состоянии человек ощущает только себя, а искаженное восприятие Творца воспринимает как мир, который его окружает, называемый поэтому «*наш мир*».

С точки зрения Творца мы существуем в абсолютном слиянии и согласии с Ним, и Он полностью управляет нами, пронизывая и наполняя нас и все пространство. Сокрытие Творца существует только относительно нас.

Задача человека состоит в том, чтобы, начиная от первоначального духовного уровня, в котором он родился и ощущает только себя, через субъективное восприятие окружающего мира достичь полного постижения Творца. Добиться такого состояния в своих ощущениях, когда желание насладиться не будет мешать его слиянию с Создателем, как это было до момента облачения души в эгоистическую[22] и материальную[23] форму.

1.2. Действие света

Есть три основных действия, которые выполняет *свет*, или Творец. Вначале Он создает желание[24], то есть строит *душу* человека. Затем совместно с человеком, по его просьбе, при активном его участии Творец исправляет[25] человека. Последнее действие может быть произведено только по желанию самого человека и в случае его готовности к этому.

Когда Творец исправляет человека, Он одновременно, в зависимости от степени его исправленности, как бы облачается в человека, наполняет его Собой. Говоря каббалистическим языком, свет *создает кли*[26] (*сосуд*), свет *исправляет кли*, и *свет* наполняет *кли*. Вместо слова «Творец», мы обычно

---

[22] **Эгоистическая (оболочка души)** — силы, действующие против сближения творения с Творцом.
[23] **Материальная оболочка души** — чувство, ощущение на самом низком уровне желания [практически без стремления к свету, Творцу], воспринимаемое как материя этого мира.
[24] **Желание** — недостаток наполнения (света, наслаждения).
[25] **Исправление** — изменение намерения наслаждаться ради себя на намерение наслаждаться потому, что этого желает Творец (Высшая сила), что приводит к получению, наполнению ради Творца.
[26] **Кли** (сосуд) — это исправленные, пригодные для получения света, желания, т.е. уже не эгоистические, а с намерением «ради отдачи», обращающим эгоизм в альтруизм.

говорим «*свет*», то есть ощущение проявления Творца.

Чтобы принять активное участие в исправлении и наполнении, мы должны знать, каким образом это делать, где именно находится точка приложения наших усилий. Иначе мы можем на протяжении долгого времени находиться в поисках и кажущемся движении, а необходимого результата так и не добьемся. Очевидно, есть какой-то ключик, специальное слово, код, действительно раскрывающий связь между человеком и Творцом — надо лишь набрать правильный номер (ведь существует же между нами какая-то связь) и восстановить, прочистить этот канал.

Дело здесь в том, что достижение конечного результата зависит от того, что именно человек требует у Творца во время учебы. Учеба — это та аудиенция, то время, когда человеку позволительно что-то просить у Него. Главное — знать, что просить и не упускать возможность изложить свою просьбу. Как тяжелобольной постоянно думает о том, что ему надо вылечиться и ничто другое его в жизни не волнует, так и нам следует помнить только об одной нашей болезни: о том, что у нас отсутствует связь с Творцом. Если эта связь осуществится — все остальное приложится.

1.3. Постижение действительности

В начале разберем, что представляет собой понятие *Ацмуто*[27] (непостижимая сущность). Для выяснения этого вопроса обратимся к статье Бааль Сулама «О духовном постижении» из книги «Услышанное»[28] (жирным шрифтом выделен оригинальный текст статьи, обычным — комментарий):

«**Мы различаем множество ступеней и множество определений в мирах. Необходимо знать: когда говорится о ступенях и определениях, речь идет о постижении душ с точки зрения того, что они получают от миров, но в соответствии с правилом: «То, что не постигнем — не назовем по имени». Таким образом, слово «имя» указывает на постижение, подобно тому как человек дает имя (название) какой-либо вещи лишь после того, как постиг в ней что-либо и в соответствии со своим постижением.**

Действительность делится, с точки зрения духовного постижения[29]**, на 3 ступени:**

1. Его сущность «Ацмуто»;

---

[27] **Ацмуто** — непостигаемая суть, сущность Творца. Наше восприятие внешнего всегда субъективно, т.к. мы ощущаем лишь воздействие на нас Творца, а Его самого мы не можем познать (как и вообще все, что находится за пределами нашего тела). Поэтому все существующее за гранью наших ощущений мы называем Ацмуто.

[28] **Бааль Сулам.** Шамати. «О духовним постижении». Kitvei Baal Hasulam. ARI. Israel. 2009. P. 515.

[29] **Духовное постижение** — постижение, внутри которого мы явно ощущаем источник того, что постигаем. В духовном постижении свет несет в себе, кроме наслаждения, четкое осознание источника наслаждения (глубина этого осознания зависит от ступени, на которой мы находимся) со всеми его замыслами, планами.

2. Бесконечность «Эйн Соф»;
3. Души.

Рассмотрим каждую ступень более подробно.

1) О Его сущности мы вообще не ведем речи, поскольку корень и место творений начинается с замысла творения[30], куда они включены по принципу: «Конец действия в начальном замысле».

2) Бесконечность представляет собой замысел творения, желание Творца насладить творения на уровне бесконечности, называемом «Эйн Соф[31]». В этом состоит связь между Его сущностью и душами[32]. Связь эта понимается нами как желание насладить творения.

Бесконечность — это начало всего процесса, она называется «свет без кли», но в ней — корень творений, то есть связь между Творцом и творениями, называемая «Его желанием насладить творения». Это желание начинается с мира Бесконечности и нисходит до мира Асия[33].

3) Души — получатели наслаждения, имеющегося в Его желании насладить.

«Бесконечность» обозначает связь между Его сущностью и душами, понимаемую нами как желание насладить творения. Помимо этой связи с желанием насладить мы ничего не обсуждаем. Там начало всего процесса (это называется светом без кли), там корень творений. Относительно самих себя все миры определяются как свет без кли, и они не обсуждаются. Они определяются как Его сущность, и нет им никакого постижения».

Итак, нам необходимо различать два понятия:
a. Творец;
b. то, что от Него исходит.

Уровень (a), определяемый как Его сущность, не позволяет нам вести о Нем речь, как сказано выше. Уровень (b) — то, что от Него исходит, определяется как *свет*, распространяющийся внутрь наших *келим*[34], то есть внутрь нашего желания получать, и называется бесконечностью. Это связь, имеющаяся у Творца с творениями, Его желание насладить творения. Желание насладить определяется как распространяющийся *свет*, приходящий, в итоге, к желанию получать.

---

[30] **Замысел творения** = замысел Творца создать творения, чтобы доставить им максимальное наслаждение.

[31] **Эйн Соф** (олам) = нет конца (иврит.) = мир Бесконечности — состояние, когда все желания удовлетворены полностью без предела, без ограничения, то есть творение (желание получать) не ограничивает распространение света (наслаждения).

[32] **Души** — в начале замысла творения была создана единая душа, называемая Адам Ришон (Первый Человек). Она разбилась на 600 тысяч частей. Теперь у каждой части есть возможность произвести работу по исправлению и уподобиться Творцу. Душа человека состоит из двух компонентов — света (наслаждения) и сосуда (желания к этому наслаждению). Причем сосуд — это суть души, а свет, наполняющий его, и есть задуманное, уготованное Творцом наслаждение.

[33] **Мир Асия** — полностью эгоистичный мир, наиболее удаленный от Бесконечности, в котором человек либо вообще не ощущает Творца, либо ощущает Его воздействие как злое, несущее страдания.

[34] **Келим** (мн.ч. от «кли») = составные части кли = желания = инструменты восприятия.

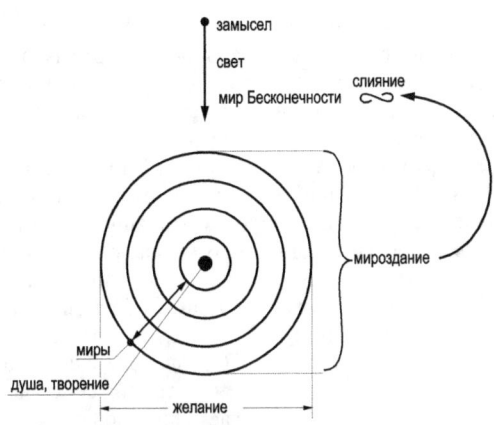

Рис. 1.1. Замысел.

В духовном постижении достигается слияние постигающего и постигаемого. В отсутствие постигающего у постигаемого нет формы, поскольку нет никого, кто принял бы форму постигаемого. Поэтому эта ступень определяется как Его сущность, которую невозможно обсуждать.

Мы можем начинать обсуждение лишь с того места, где наши чувства реагируют на распространяющийся *свет*, на Его желание насладить Свои творения, действительно, приходящее к получающим.

Можно сравнить этот процесс с тем, как мы рассматриваем, предположим, стол: благодаря нашему осязанию мы чувствуем, что он твердый; мы можем оценить его длину и ширину в соответствии с информацией, поступающей в органы чувств. Однако совершенно необязательно, что стол будет выглядеть так же с точки зрения обладателя иных органов восприятия — например, с точки зрения животного, которое видит его сообразно своим органам чувств. Мы не можем определить форму с позиций животного, поскольку не пользовались возможностями его сенсоров.

Отсюда следует: как у нас отсутствует способность постижения Самого Творца, точно так же мы не можем сказать, какова форма *миров* с Его точки зрения — мы лишь постигаем *миры* через свои органы чувств и ощущения. Его желанием и было, чтобы мы постигали Его именно так.

В этом состоит смысл выражения: «Нет изменения в свете». Все изменения происходят только в сосудах, то есть в наших ощущениях; и все определяется нашим представлением (также: подобием).

Из этого утверждения понятно, что если несколько человек будут рассматривать один духовный объект, то каждый постигнет его в соответствии с собственным представлением (подобием ему) и возможностями своих органов чувств. Поэтому каждый видит иную форму. Также и в самом человеке форма будет меняться соответственно его *подъемам*[35] и *падениям*[36]. Как написано выше: *свет*[37] — это *простой свет*[38], все изменения — лишь в получающих его.

1.4. Восприятие мира

Ощущая себя живущими в *этом мире*, мы не можем представить себе другую картину постижения. Мы отличаемся по своему характеру, настроению, возрасту, образованию, однако в конечном итоге воспринимаем одну и ту же картину мира. Есть разного рода экстрасенсы, улавливающие чуть больше и тоньше чувствующие различные флюиды и вибрации. Они могут несколько глубже разобраться в поведении человека и даже в какой-то мере разглядеть его прошлое, настоящее и будущее. Однако эти вещи не выходят за рамки возможностей наших органов чувств, обостренных или обычных. У всех нас одна картина реальности, поэтому нам и не кажется, что она совершенно необъективна и обусловлена нашими естественными способностями восприятия.

Если бы у нас были другие органы чувств, будь их больше или меньше — мы воспринимали бы совершенно иную реальность. Мы изучаем органы чувств животных: например, пробуем смотреть на мир глазами пчелы или использовать обоняние собаки. Настолько, насколько можем проникнуть в их сенсоры, мы обнаруживаем, до какой степени даже они видят *мир* иным. Однако, так или иначе, мы все-таки относимся к одной форме жизни в *этом мире — животному* виду, и наши органы чувств принадлежат *животной ступени*[39].

Бывают очень странные и необычные с нашей точки зрения виды, которые по-особому воспринимают *мир*. Действительность, отражающаяся в их мозге, отличается от нашей по цвету, запаху и другим параметрам. Картина мира у животных зависит от системы анализаторов, которые являются определяющими (генетически) у данного вида. Так, у пчелы ведущей является зрительная система восприятия, коренным образом отличающаяся от нашей. Зрительный анализатор

---

[35] **Подъемом** в духовных мирах называется все большая связь с Творцом.
[36] **Падение** — отдаление от Творца, то есть когда келим, желания человека становятся более грубыми, материальными.
[37] **Свет** — воздействие Творца, ощущаемое как наслаждение.
[38] **Простой свет** — не составной, не разложенный на части, не дифференцированный. Только получающий выделяет в этом однородном свете определенные (согласно своим свойствам) качества.
[39] **Животный уровень** (ступень) — существуют четыре ступени развития желания получать: неживое, растительное, животное, человек. Животный уровень желания получать рождает в каждом частном элементе индивидуальные ощущения — особую жизнь, отличающуюся от других. Однако на этой ступени еще отсутствует чувство сопереживания постороннему, как на человеческом уровне.

пчелы воспринимает сигналы не только видимого светового спектра, но и ультрафиолетовое излучение, которое определяет ее поведение и функции[40]. У собаки ведущими являются орган обоняния, который в 100-10000 раз чувствительнее, чем у человека, и слуховой, в 3-4 раза превышающий человеческий. Они и формируют мироощущение собаки[41]. Однако все равно речь идет о восприятии через пять органов чувств.

Мы не можем представить себе картину, которая возникла бы, обладай мы дополнительными органами чувств. У нас нет опыта, нет реакции на это, эмоций, *решимот*[42]. Поэтому, сколько бы в *этом мире* человек ни создавал приборов, ни изобретал приспособлений, он не сможет придумать ничего такого, что послужило бы ему в качестве принципиально нового органа чувств.

Все, что мы изобретаем, лишь усиливает глубину или широту восприятия тех же самых пяти органов чувств: микроскоп, телескоп, детектор частот различного диапазона (ведь все, что мы улавливаем, — это частоты, волны). Сколько бы волн мы ни открыли (зрительных, слуховых, осязательных, обонятельных и т.д.), сколько бы ни расширяли диапазон восприятия, все равно, в конечном итоге, за приборами стоит человек, который получает от них информацию на свои природные сенсоры. Общая реакция всех пяти органов чувств составляет некую картину, и картина эта очень ограничена.

Человек никогда не сможет изобрести для себя дополнительный орган чувств или, скажем, совершенно аннулировав свои природные сенсоры, оснастить себя другими. Это невыполнимо. Мы даже не знаем, что это означает. Интересно, что наука движется вперед, и ученые говорят об ограниченности человеческого восприятия, однако они не могут вести речь о дополнительном органе чувств. Они имеют в виду повышение точности восприятия в ощущениях, большую чувствительность и глубину и не представляют, что у нас может быть другой орган чувств.

Есть множество примеров исследований, проводимых до и после физической смерти. В человеке была «*душа*», а теперь ее нет. Сколько же она весит? Человека взвешивают в обоих этих состояниях. Опыты подобного рода проводятся со всей серьезностью, поскольку отсутствует понимание того, что *душа* может находиться вне рамок человеческого восприятия. Это естественно.

Мы уже говорили, что в мировоззрении всегда главенствовал подход, согласно которому *мир* существует вне человека. Я живу и умираю, а *мир* остается тем же. Почему? Потому что таковы мои ощущения: я живу, рядом со мной живут и умирают люди, и мир не меняется оттого, что они живут или умирают. Значит, и я могу жить или

---

[40] Опыты Фиша в 1914 г. и Кюна в 1927 г., по данным Института Зоологии АН Украины.
[41] По данным исследований кафедры Зоологии Хельсинкского университета в 1966 г.
[42] **Решимот** – воспоминание, запись, «след» о предыдущем состоянии.

умереть, и это не повлияет на привычное существование *мира*. Таким образом, согласно нашему восприятию, *мир* — это константа, нечто стабильно существующее вне человека. В нем происходят изменения, но он существует.

Наконец, ученые начали признавать, что мировосприятие относительно, что оно зависит от того, кто воспринимает, — *от постигающего*, как это называется в *каббале*. Первым обратил на это внимание Альберт Эйнштейн. Согласно его утверждению, мировосприятие существует само по себе, однако оно меняется в зависимости от скорости передвижения того, кто ощущает. Относительно него же меняется и время, пространственные характеристики и соотношения.

Таким образом, теория относительности — есть теория относительного восприятия, зависящего от получающего. Однако и здесь получающий всего лишь меняет свою скорость, он не меняет *мира*, не меняет себя. Просто восприятие *мира* относительно него меняется, поскольку между ними присутствует некая переменная скорость. Очень ограниченный подход, однако все равно для своего времени это было революцией.

Затем другой ученый, Хью Эверетт (*Hugh Everett, III*) (1930-1982), пошел еще дальше. Он заявил, что мир не существует константно в том виде, в каком предстает перед нами, а совмещает нас и нечто существующее. Иначе говоря, имеется некая картина, форма, однако мы воспринимаем ее не как таковую, а сообразно собственным ощущениям, своим качествам. Таким образом, воспринимаемая картина является результатом сочетания моих свойств и свойств *мира*.

Хотя Эверетт, возможно, менее известен, чем Эйнштейн, его концепция столь же революционна, как и теория относительности. По Эйнштейну, параметром, который изменяет восприятие, является скорость — нечто, не относящееся ни к миру, ни ко мне, нечто, существующее вне меня. Эверетт же утверждает, что, меняя свои органы чувств, я тем самым изменяю мировосприятие. Он вводит субъективную точку восприятия: воспринимаемое мною не есть действительность, но принадлежит моим органам чувств, зависит от них и определяется ими.

1.5. Свет бесконечности, Экран

Наконец, имеет место каббалистический подход, согласно которому, как объясняет Бааль Сулам, получающие воспринимают, по сути, собственные свойства, спроецированные на *свет бесконечности*[43].

Таким образом, нет никакой картины или формы, существующей вне меня и воспринимаемой мною тем или иным образом, сообразно моим органам чувств, как утверждает Эверетт,

---

[43] **Свет Бесконечности = свет мира Бесконечности** — свет (наслаждение), исходящий из сущности Творца, воспринимаемый нами как Творец. Этот свет — Высшая мысль, замысел насладить творения без какого-либо облачения, ограничения, дифференциации, и только получающий выделяет его из этого однородного света определенные (согласно своим свойствам) качества.

или же согласно некоему внешнему условию, как утверждает Эйнштейн. Картина эта сама по себе, независимо от меня (как считалось до Эйнштейна, согласно теории, называемой обычно «ньютоновским детерминизмом») не существует.

Каббала утверждает: не существует вообще никаких форм. Мы воспринимаем собственные свойства на фоне Высшего света. Картина, представающая нашему взору, есть картина наших свойств, и ее мы называем Творцом. Однако мы можем называть ее и творением, ведь мы воспринимаем взаимоотношения между ним и светом бесконечности. Поэтому существуют лишь души и свет бесконечности. Души – это желания получать[44], оснащенные экраном[45], то есть способностью приводить себя в соответствие Высшему свету. Воспринимаемая человеком картина обуславливается тем, насколько он привел себя в соответствие Высшему свету. Эту картину он называет: «мой мир». Поэтому у каждого свое мировосприятие.

1.6. 125 уровней восприятия

В духовном *мире* желание получать обладает экраном. Наше желание получать делится на 125 *ступеней* или *уровней восприятия*[46]. Тот, кто работает[47] со своим желанием получать, имея определенную *меру экрана*[48], воспринимает соответствующую картину. Каждый, кто работает с той же мерой желания получать и с тем же экраном, воспринимает ту же картину. Каждый, кто находится на данной ступени, видит то же, что и все, кто на ней находится. Тому, кто изменяет свое желание[49] и, следовательно, *экран*, раскрывается иная форма, иная картина. Так происходит на духовных ступенях. Получающему, то есть *душе* – желанию получать с *экраном*, всякий раз раскрывается

---

[44] **Желание получить** – незаполненное пространство, пустующее место, которое стремится себя наполнить, получить наслаждение. Материал всего творения, состоящий из нескольких уровней: неживое, растительное, животное, человек.

[45] **Экран** («масах» ивр.) – это «сила сокращения», которая пробуждается в творении относительно Высшего света с целью предотвратить самонаслаждение. Сила преодоления, сопротивления эгоизму (желанию получить ради себя).

[46] **125 ступеней = 125 уровней восприятия.** Мы и сейчас находимся в мире Бесконечности и ощущаем его, но лишь на самом минимальном уровне, называемом «этот мир», «наш мир». Кроме мира Бесконечности и нас, в действительности ничего нет. Уровни постижения реальной, единственной и бесконечной действительности, в которой мы существуем, называются мирами. Существует пять миров, каждый из которых подразделяется еще на пять небольших частей, и каждая из них – еще на пять. Таким образом, есть 125 ступеней осознания, понимания, постижения и ощущения нашего истинного состояния, в котором мы на самом деле существуем.

[47] **Работает** = исследует = развивает = изменяет.

[48] **Мера экрана** = сила экрана – определяется в соответствии с силой, глубиной желания, требования (по шкале от 0 до 4).

[49] **Желание** – недостаток наслаждения и стремление к определенному виду наполнения (образу, предположительно несущему наслаждение) образует желание. Так, например, голод как недостаток наполнения, при наличии образа пищи (мысли о пище) формируется в желание поесть.

иная форма, являющаяся проекцией его *экрана* на *Высший свет*.

Желание получать при любых обстоятельствах состоит из пяти частей, и его *экран* также делится на пять частей. Это сопоставимо с нашими пятью органами чувств. Поэтому и воспринимаемая картина улавливается, так сказать, в пяти измерениях, в пяти видах, в пяти параметрах. У нас есть зрение, слух, осязание, вкус и обоняние — точно так же и в духовном *мире* у нас пять ощущений. Картина воспринимается как включающая в себя пять параметров, которые, состыковываясь, предстают перед нами в качестве картины *мира*, где находится *душа*.

Тот, у кого нет *экрана* на желание получать, воспринимает мир внутри своего желания получать без *экрана* — минимального желания получать, которому можно существовать без *экрана*. Да и то, он воспринимает *мир* сообразно своим качествам. Это мы сейчас и воспринимаем, это и называется «*нашим миром*».

Итак, мы воспринимаем все, исходя из возможностей своих органов чувств, и на основе этого даем названия тому, что воспринимаем. Мы именуем все в соответствии с собственным ощущением и пониманием, поскольку, безусловно, вне нас картина эта не существует и названия нет. Поэтому, если нет человека, то не существует и мира, отсутствуют имена и формы — имеется лишь свет бесконечности.

Однако кто сказал, что есть *свет бесконечности*? *Света бесконечности* тоже нет — это отношение *Ацмуто* (непознаваемой сущности Творца) к творениям. Он создал в них пять видов восприятия и хочет, чтобы они раскрывали Его с помощью этих пяти органов чувств. Если бы Он создал нас в иной форме, которую мы не можем себе представить, мы, разумеется, иначе воспринимали бы *мир*, по-другому себя вели, понимали и ощущали. Как именно — сказать нельзя. То, что никогда не ощущалось и не воспринималось, представить себе невозможно.

Поэтому все, что мы ощущаем, воспринимается нами в силу некой общности между человеком, его органами чувств или желанием получать с экраном и светом бесконечности, в отношении которого нет слова, картины, имени — ничего, о чем можно было бы что-то сказать. Ничего, кроме одного — Его желания принести благо Своим творениям. Это отношение к нам свыше существует, и оно постоянно раскрывается в нас. Таким образом, наша картина мира — это, в сущности, определенное соотношение между нашими органами чувств. Она зависит от степени их соответствия свету бесконечности или от степени нашего понимания отношения к себе Творца как Доброго и Творящего добро.

Сегодня мы не можем раскрывать в *нашем мире* все, что воспринимаем как добро или зло, наслаждение или страдания. Наши чувства недостаточно заострены. В органах чувств, работающих с *экраном* ради отдачи[50], отношение к Творцу (мировосприятие) делится лишь в соответствии с ощущением наслаждения или страдания. Картина *мира* складывается из двух цветов, назовем ее черно-белой. Различие лишь в том, до какой степени я воспринимаю отношение Творца к себе как доброе — на фоне восприятия Его отношения как не доброго. Это зависит от меры исправленности моего желания получать.

Так я вижу весь *мир*. Вся раскрывающаяся предо мною картина вырисовывается лишь на фоне соотношения этих двух вещей: *света*[51] и *кли* (*сосуда*[52]), добра и зла. Я раскрываю Творца как доброго и одновременно вижу противоположность Ему, следовательно, еще не раскрываю Его правильно. Так формируется картина восприятия. То же самое происходит с нами и сегодня, но мы не осознаем этого, не чувствуем, что это так.

Итак, человек всегда видит картину себя самого, собственные свойства на фоне Высшего абстрактного света. Поэтому, исправляя себя, мы увеличиваем степень своего соответствия свету бесконечности, Доброму и Творящему добро, чтобы получить всю картину — ту, что исходит от Творца к нам, без всяких помех со своей стороны. Тогда мы включаемся, возвращаемся в свет бесконечности, в мир Бесконечности.

Иными словами, тогда отношение Творца к нам раскрывается полностью, мы не отмечаем никакого оттенка в *свете бесконечности*, картина как бы исчезает — остается лишь *свет бесконечности* внутри наших келим. Наши *сосуды* не мешают, они пребывают в том же свойстве, что и *свет бесконечности*, исправленные на *намерение* ради отдачи без всякого ограничения и предела. Тогда и *кли*, и *свет* действуют как одно, без какого-либо различия между ними: происходит уподобление свойств. Таково состояние, к которому мы должны прийти — состояние *окончательного исправления*[53].

С другой стороны, можно сказать: хотя это абсолютно белая картина без всяких оттенков, она, тем не менее, включает в себя все картины, все тона и формы, которые мы в своем исправлении прошли по пути из этого *мира* к *миру Бесконечности*. Ибо все формы, все перемены, все различия между нами и *светом бесконечности* остаются и, в конечном итоге, соединяются, чтобы стать сосудом, полностью соответствующим *свету бесконечности*. Таким образом, рассуждая с

---

[50] **Ради отдачи** (аль менат леашпиа) — намерение (стремление) отдать, насладить Творца. Использование своей природы, своих свойств с целью доставить удовольствие Творцу.
[51] **Свет** — воздействие Творца, ощущаемое как наслаждение.
[52] **Кли (сосуд)** — осознанное желание (недостаток наполнения) получить удовольствие от света, присущее творению.
[53] **Окончательное исправление (гмар тикун)** — конечное состояние всего мироздания, когда самая низшая точка творения достигает того же состояния, что и самая высшая. Полное исправление своих свойств и, соответственно, полное слияние с Творцом.

точки зрения *кли*, мы должны сказать, что оно раскрыло себя совершенно черным, неисправленным. На фоне противоположного *свету* качества (совсем черного, обратного белизне) мы использовали *экран* и сделали его белым, «отбелили» *сосуды*. Тогда все стало подобным *свету бесконечности*.

Тест

1. Что такое Бесконечность?
a. связь *Ацмуто* с *душами*;
b. желание насладить творения;
c. бесконечное наполнение;
d. все ответы правильны.

2. Что такое желание получать, оснащенное экраном?
a. *свет*;
b. душа;
c. *мир Бесконечности*;
d. Творец.

3. Восприятие мира внутри своего желания получать без экрана называется...
a. *наш мир*;
b. *простой свет*;
c. *душа*;
d. *Ацмуто*.

4. Состояние конца исправления – это...
a. противоположность свойств с Творцом;
b. подобие свойств с Творцом;
c. противоположность *намерений*;
d. обретение формы.

5. Сколько частей есть в желании получать?
a. 3 части;
b. 4 части;
c. 5 частей;
d. 6 частей.

Глава 2. Развитие желания

2.1. Стадии распространения прямого света
2.2. Нулевая стадия – кетэр (бхина шорэш)
2.3. Первая стадия – хохма (бхина алеф)
2.4. Основные состояния творения
2.5. Вторая стадия – бина (бхина бэт)
2.6. Третья стадия – зэир анпин (бхина гимэль)
2.7. Четвертая стадия – малхут (бхина далет)
Тест

2.1. Стадии распространения прямого света и развитие желания

Мы начинаем изучение каббалы с понятия о существовании единого и единственного Творца. Его желание состоит в том, чтобы насладить творение. Желание насладить творение – это высшая ступень. Если мы достигаем этой ступени, то ощущаем замысел Творца, согласно которому Он и начал творение, сотворил нас. До тех пор пока не достигнем *окончательного и полного исправления*, мы не постигнем замысел творения (создать творения для того, чтобы насладить их) и не обретем совершенного наслаждения, насыщения, наполнения, подобия Творцу.

Находясь на высшем уровне, Творец желает создать нас, чтобы привести затем к Своему уровню – слиянию с Ним. Если Он – Единственный и Совершенный, то естественно, единственно совершенное состояние – это стать равным Ему, находиться в том же состоянии, что и Он. Согласно этому состоянию Он и строит нас – наше *первоначальное желание получить наслаждение*.

2.2. Нулевая стадия – кетэр (бхина шорэш)

Замысел Творца состоит в том, чтобы создать в творении желание насладиться, равное тому наслаждению, тому насыщению, которое испытывает Творец.

Это состояние называется нулевым, или *шорэш* (корень), *кетэр*. Оно относится к желанию самого Творца, к Его цели.

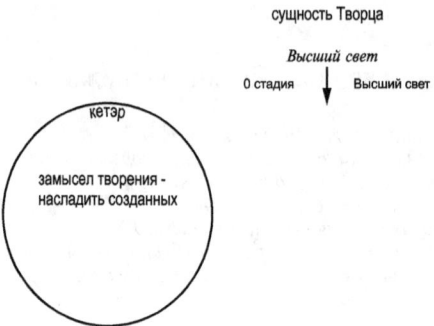

Рис. 2.1. Нулевая стадия, кетэр, бхина шорэш.

2.3. Первая стадия – хохма (бхина алеф)

Второе состояние, которое строит Творец, является первым из созданных. Это желание насладиться – *1-я стадия* «алеф», *хохма*. *Свет*, наполняющий это кли, называется *ор хохма*[54].

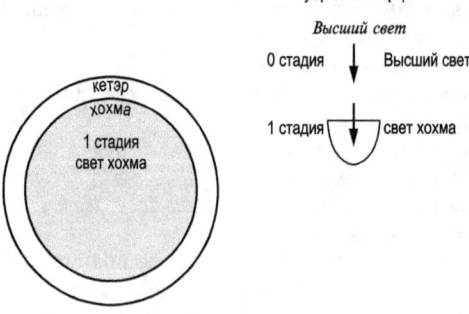

Рис. 2.2. Первая стадия, хохма, бхина алеф

В этом состоянии творение просто желает получать *свет*, исходящий из Творца, *нулевой стадии*, делая это неосознанно (таким оно создано) и

---
[54] **Свет (ор) хохма** – весь исходящий от Творца свет, то есть свет, который включает в себя все, что желает дать нам Творец, он определяется как сущность и жизнь творения.

совершенно не воспринимая себя. Здесь не существует свободы воли, не присутствует личного, самостоятельного, исходящего от творения желания. Творение просто существует как *неживая природа* в *нашем мире*, которая и является следствием этого состояния. Почему *неживая*? Потому что она существует в том виде, в котором была создана для того, чтобы поддерживать свое существование на том же уровне, в том же состоянии. На этой ступени действует закон полного сохранения образа, созданного свыше.

Бааль Сулам пишет об этом в своей книге «Услышанное»[55]:

> *«Неживое — это состояние, в котором нет свободы и власти над собой; неживое находится под властью хозяина и обязано выполнять все желания хозяина» — все, что делает Творец, полностью выполняется творением без всякого вмешательства с его стороны. «А поскольку Творец создал все творения ради Себя, то природа Творца, как Хозяина, отпечатана в творениях, и каждое творение все делает ради себя» — по желанию Творца, чтобы получать и наслаждаться. Такова наша первоначальная природа.*

Поэтому мы и рождаемся в этом мире именно в таком духовно *неживом* состоянии. Мы просто существуем как обычные люди в *нашем мире*. Что в нас привнесено природой, то мы и выполняем — следуем законам, которые заложены в нас Творцом. Мы можем по-разному классифицировать людей, разделяя их на эгоистов, альтруистов, желающих чего-то, стремящихся к чему-то, совершающих определенные поступки — но это все не имеет значения. Главное, они осуществляют заложенные в них желания, программу творения. Она непрерывно возбуждается внутри них, а они просто ее выполняют — без всякого личного участия. Это и называется «духовно *неживое* состояние».

> *Все, находящееся на ступени «духовно неживое» в нашем мире (имеется в виду не соответствующий уровень в человеке, а вся неживая природа нашего мира), существует абсолютно не меняясь. Единственное свойство неживого — сохранять свое постоянное состояние.*

2.4. Основные состояния творения

Существует пять состояний, основ творения:
* *корень*;
* *неживое*;
* *растительное*;
* *животное*;
* *человек*.

Этим состояниям соответствуют духовные *миры Адам Кадмон*[56],

---
[55] **Бааль Сулам.** Шамати. «Неживое, растительное, животное, человек». Kitvei Baal Hasulam. ARI. Israel. 2009. P. 617.
[56] **Адам Кадмон** (ивр. «адам» — человек, «кадмон» — первичный) — мир, который предшествует человеку. Замысел, вследствие реализации которого человек может полностью уподобиться Творцу.

Ацилут[57], *Брия*[58], *Ецира*[59], *Асия*[60] (подробнее устройство этих *миров* мы будем изучать в последующих главах). Соответственно существует такое же разделение и в душах.

Неживой уровень — это желания к телесным наслаждениям (половым отношениям, пище и т.д.);

Растительный — к богатству;

Животный — к славе;

Человек — к знаниям;

Выше находится «*точка в сердце*»[61] — стремление к Творцу, к слиянию с Ним.

В *нашем мире* тоже есть *неживая* природа, *растительная*, *животная*, *человеческая*. В нем нет только подобия «*точки в сердце*», она находится выше *человеческой* природы.

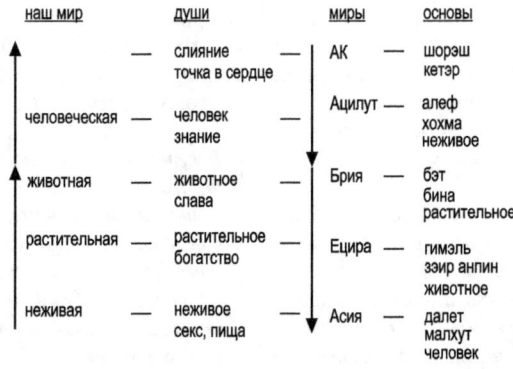

Рис. 2.3. Основные состояния творения, развитие желания: нисхождение и подъем.

Примерно так проецируются эти желания. Пусть вас не смущает, что *миры* и *души* как бы противоположны по своим знакам. Нисхождение «растит» желание, а подъем приводит к слиянию. Так сотворено наше желание и мы. Творец создает желание сверху вниз для того, чтобы затем мы вернулись к Нему снизу вверх.

Четыре стадии распространения *света* (*миры* и *душа*, которая потом в них рождается и нисходит до *нашего*

---

[57] **Мир Ацилут** — система управления. Управляя потоком нисходящего света, мир Ацилут воздействует на наш мир.

[58] **Мир Брия** — мир, в основе которого лежит желание творения отдавать, услаждать. Такое желание (кли) считается очень светлым, неэгоистичным, поэтому мир Брия считается полностью духовным.

[59] **Мир Ецира** — основа этого мира — желание отдавать, но здесь уже присутствует и желание получать. Хотя намерения кли в какой-то степени эгоистичны, тем не менее, альтруистические стремления все же преобладают, поэтому кли в мире Ецира еще считается духовным.

[60] **Мир Асия** — полностью эгоистичный мир, наиболее удаленный от Творца, без всякого духовного движения.

[61] **«Точка в сердце»** — духовный сосуд человека, еще не достигшего в своих ощущениях выхода в духовный мир, зародыш будущей души.

мира) реализуются в природе вокруг нас и в том, как мы поднимаемся. Поэтому действие в нас *неживой, растительной, животной* и *человеческой* природы противоположно действию *неживого, растительного, животного* и *человеческого* уровней *миров — экран противоположен желанию*.

Когда Творец полностью властвует в творении, как в *1-й стадии* (бхина алеф)[62] или как в *неживой* природе *нашего мира,* со стороны творения какие-либо движения отсутствуют. Творение является полностью зависимым от программы и свойств, находящихся в нем в настоящее время. Они могут изменяться, но в любом случае они полностью закладываются Творцом. Такое состояние *называется* неживым в природе, *неживым* в *душах* и неживым в их *корне* — в *1-й стадии (бхина алеф)*.

2.5. Вторая стадия — бина (бхина бэт)

Растительное желание. Чем оно отличается от *неживого*? Тем, что желает уподобиться Творцу: или выполнять полностью программу творения — получать от Творца, или желать отдавать — быть подобным Творцу. Лишь эти два желания могут наличествовать в творении — больше ему ничего не дано.

Между двумя участниками мироздания — Творцом и творением — существуют только два движения: отдавать или получать. Поэтому если есть желание получать, в творении может возникнуть только желание отдавать, третьего не дано. Возникающее в творении желание отдавать, в принципе, противоположно первоначальному желанию, созданному в нем Творцом.

Однако желание отдавать тоже является вынужденным, даже и с противоположным знаком, по сравнению с желанием в первоначальном состоянии: хотя движение и существует, это просто противоположное движение, оно неосознанное, как бы инстинктивное. Что в нем особенного? Дело не в том, что существует само движение, *оно задано Творцом*.

Вторая стадия (бхина бэт)[63] возникает оттого, что в конце первой стадии желание начинает ощущать свой Источник — Того, Кто дает, Кто наполняет его и потому желает уподобиться наполняющей высшей ступени. Отсюда и желание отдавать: оно возникает вслед за желанием получать в обязательном порядке. Однако в нем уже проявляется зачаток самостоятельного желания.

---

[62] **1-я стадия (бхина алеф)** — первичное, полностью наполненное светом кли, то есть подавленное наслаждением и потому неразличимое.
[63] **2-я стадия (бхина бэт)** — вторая стадия проявления Творца, желание отдавать, начало появления самостоятельной реакции кли на свет.

(*Свет*, который получает *кли*, называется *ор хасадим*[64] — наслаждение от подобия свойств с Творцом, от отдачи.

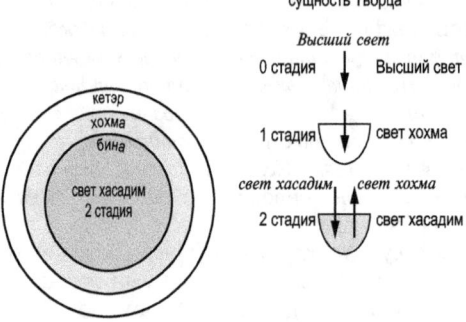

Рис. 2.4. Вторая стадия, бина, бхина бэт.

В начальной стадии это, практически, не ощущается, но когда появятся следующие стадии, они уже будут наблюдать за процессом как бы со стороны: сначала я хотел только получать — потому что хотел, потому что я такой. Потом я хотел только отдавать — потому что хотел, потому что я такой.

Из этих двух противоположных состояний уже можно будет выбрать нечто среднее: почему я хотел получать, почему я хотел отдавать, кто я такой, что я хотел — получать или отдавать? Хотя эти два состояния и противоположны друг другу, они заданы в нас Творцом. Первое — как бы прямым Его указанием, второе — тем, что Он показывает Себя. Затем из этих двух состояний можно вырастить нечто иное, особенное, и именно потому, что они противоположны.

> *На растительном уровне уже проявляется начало самостоятельного желания. Оно состоит в том, что творение может делать что-то против желания Хозяина.*

Желание Хозяина заключается в том, чтобы творение получало, а оно не хочет получать. (Это чисто природное действие, как вдох и выдох, расширение и сжатие: всегда существуют два полюса, две противоположные силы, и одно невозможно без другого). Однако здесь уже присутствует попытка сделать что-то противоположное желанию Хозяина.

---

[64] **Ор хасадим** — свет, который творение желает дать, вернуть Творцу. Представляет собой огромное наслаждение от подобия Творцу, оттого, что ты находишься вместе с Ним, что в тебе есть та же информация, что и в Творце. Ты знаешь Его мысли, чувства, ты постигаешь то, что есть в Нем, находишься на одной ступени с Ним.

«То есть появляется возможность сделать что-нибудь не ради себя, появляется возможность отдавать, противоречащая желанию получать, вложенному в сущее Хозяином при создании.

Однако мы видим на земных растениях, что, хотя они и могут меняться в ширину и в высоту, но у них у всех есть одна особенность: ни одно из них не может пойти против своей природы. Каждое растение подчиняется общим для всех растений законам, и у него нет возможности совершить что-либо несвойственное остальным, а значит, нет у него самостоятельной жизни. Его жизнь — это часть жизни всех растений».

Хотя растение растет и в нем есть нечто, позволяющее преодолевать притяжение земли (оно выходит из *неживого* состояния, хочет расти и изменяться), но это желание все еще очень невелико и является частью общего. В нем нет никакой индивидуальности, оно просто противоположно предыдущему *неживому* состоянию. Поэтому растения одного сорта в *нашем мире* растут в одно время, одновременно раскрываются и закрываются, живут, цветут, плодоносят, увядают и т.д. Все растения одного и того же сорта одинаковы, ни в одном из них нет самостоятельности. В них есть лишь присущее всему *растительному миру* отличие от *неживого*, однако самостоятельного движения изнутри себя на самом деле нет. Все происходящие в них изменения подчинены поступающим свыше законам, хотя эти законы

и противоположны желанию Хозяина, как говорит Бааль Сулам в своей статье, то есть противоположны первоначально заданной программе, они все равно исходят из воли Хозяина.

Хозяин, Творец Своим желанием насладить создал творение — желание получить наслаждение, а потом проявил Себя внутри созданного желания. В творении сразу же возникло стремление стать таким же, как Творец, появилось желание отдавать.

Так и массы людей в нашем мире находятся в духовно *неживом* состоянии, и поэтому, если взять отдельного человека из толпы, он будет таким же, как все остальные. В состоянии общего изменения все меняются одинаково, подобно растениям. Это еще *не индивидуальное движение*.

2.6. Третья стадия – зэир анпин (тифэрэт) (бхина гимэль)

Следующее состояние — 3-я *стадия* (*бхина гимэль*)[65]. Оно появляется, когда *второе состояние* (*бэт*) ощущает только одно желание — стремление быть таким, как Творец, но на самом деле оно не совершает никакого движения. (Оно не может еще отдавать так, как это делает Творец.) Тогда, кроме *намерения* отдавать Творцу, оно совершает также и действие. Как оно может отдавать Творцу? Тем, что получает. Откуда

---

[65] **3-я стадия (бхина гимэль)** — это первое действие кли, решение получить немного света вследствие осознания в стадии бэт (вторая стадия), что Творец желает, чтобы оно получило свет и наслаждалось им.

ему это известно? Благодаря своему *первому состоянию*.

Творец желает, чтобы я получал — я получаю. Теперь, когда я желаю Ему отдавать, я сам, сознательно буду выполнять Его желание — буду получать.

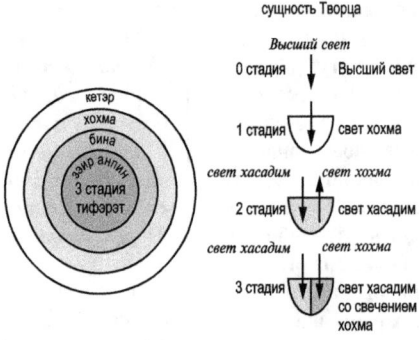

Рис. 2.5. Третья стадия, зэир анпин (тифэрэт), бхина гимэль.

Третья стадия отличается от *первой* тем, что здесь *кли* выполняет то же самое действие, что и на *первой стадии*, но уже сознательно. *Кли* получает, потому что само решило, что будет получать. Естественно, это желание не самостоятельное, оно все еще полностью исходит от Творца. Как желание получать, так и желание отдавать — от Творца. Желание получать, чтобы давать наслаждение Творцу, тоже пришло от Творца. Оно еще не полностью самостоятельно, поэтому и называется всего лишь *животным состоянием*.

Животное желание. Вот что говорит Бааль Сулам о таком состоянии: «У каждого уже есть своя особенность, животное не находится в рабстве у окружающего, у каждого из животных свое ощущение, свои свойства».

Под *животными* подразумеваются те, кто находится на *животном* уровне. На *животном* уровне *духовного мира*, *животном* уровне *нашего мира*, на *животном* уровне в массах — везде присутствует это разделение на пять частей.

По сравнению с остальными, *животное* состояние — то, в котором уже есть проявление индивидуальности. У растений этой индивидуальности нет, все они одинаковы по своим свойствам, по способу существования. У каждого животного имеется в наличии своя особенность, индивидуальность, как и у человека, пребывающего на *животном* уровне: он не находится в рабстве у окружающего общества. Это значит, что он уже желает славы, жаждет власти. Если это обычный человек в *нашем мире*, то он хочет выделяться из толпы себе подобных.

Богатство необходимо для того, чтобы обеспечить себя, для ощущения безопасности, стабильности, независимости. Желания славы, почестей, власти направлены уже на окружающее общество. Я желаю быть выше остальных и готов за это поступиться всеми телесными наслаждениями. Это более высокое желание, и, естественно, оно всегда сильнее.

У каждого, кто находится на *животном* уровне (включая *душу*, когда она поднимается), есть собственное ощущение, свои личные свойства. В отличие от *растительного* уровня, здесь уже проявляется индивидуальный характер. Мы видим, что животные, даже одного вида, отличаются по нраву. Если спросить ветеринара, он сможет многое рассказать о манерах поведения различных животных. Чем более высокоорганизованным является животное, тем ярче выражены в нем личные, индивидуальные, специфические качества. Оно может что-то делать против желания Хозяина, то есть получать ради Хозяина, ради того, чтобы отдавать Ему. Это уже совершенно не та мысль, с которой Творец создал его.

Кроме того, *душа*, находящаяся на *животном* уровне, неподвластна окружению, потому что у нее уже есть собственное «Я», личные свойства, желание выделяться, быть над всеми. Слава, власть, почести – все это присутствует здесь. Неподвластность окружению означает наличие личной жизни, не зависящей от других, хотя и не в полной мере.

Мы знаем, что у большинства животных существует фиксированное время, когда они производят потомство. В определенный период рыбы идут на нерест, птицы перелетают на другие места и так далее. Все равно животные совершают групповые действия, нельзя сказать, что они совершенно не подчинены обществу себе подобных. Властвующие над ними силы природы вынуждают их в одно и то же время совершать одни и те же действия.

Таким образом, особи класса животных еще не абсолютно индивидуальны. Так и человек желает славы, почестей в том виде, в котором это принято в окружающем его обществе. В этом он зависит от него. Он хочет выделяться по тем показателям, которые считаются там предпочтительными. Поэтому он не в состоянии ощутить больше, чем себя, то есть не может воспринять посторонних, а значит, и заботиться о других. Его индивидуальность определяется средой, в которой он живет. Человек не может выйти за ее рамки. Максимум, чего он хочет, – быть самым большим среди всех, быть королем в *этом мире* – но *в этом мире*.

Это и есть *3-я стадия* (*бхина гимэль*). Почему только в этом мире творение хочет превзойти всех? Потому что *3-я стадия* (*бхина гимэль*) состоит из двух частей: она является следствием *2-й стадии* (*бхина бэт*), а *2-я стадия* является следствием *1-й стадии* (*бхина алеф*). Когда *2-я стадия*, *бина*, желает получать *свет*, она начинает понимать, что для того, чтобы доставить удовольствие Творцу, она должна получать. Она берет желание, бывшее у нее ранее, внутри первой стадии, и начинает получать в него с *намерением* отдавать Творцу.

Все эти действия находятся внутри *3-й стадии*. Хотя она и делает что-то, направленное якобы против желания Хозяина, но она уподобляется Ему по *действию*, а это все-таки *действие отдачи*. Она, действительно, отдает, а не получает, находясь, тем не менее, внутри своей природы, не выходя за рамки своего общества и присущих ей свойств. Это и порождает на *животном* уровне стремление к славе, богатству, почестям — ко всему, что считается самым главным в обществе.

Я хочу быть первым, но в том, что общество считает самым важным, не выше этого. Потому это желание еще называется *животным*: оно не может выйти за пределы своей природы.

2.7. Четвертая стадия – малхут (бхина далет)

Следующее состояние — «человек». Из него благодаря стремлению к знаниям можно осуществить переход в состояние *«точка в сердце»*[66] *— желание к слиянию с Творцом*. Какими особенными свойствами обладает человек, после того как *3-я стадия* совершает в нем то же самое, что делает Творец?

Движение Творца наполнить творение, *нулевая стадия*, полностью подобна *третьей стадии* — отдаче Творцу: я полностью отдаю Творцу, как Он дает мне. Из этого естественного подобия в моих природных, полученных от Творца свойствах внутри меня возникает понимание — Кто Такой Творец на самом деле.

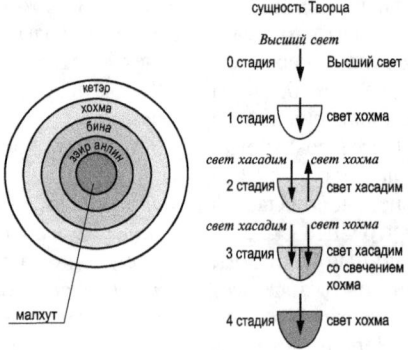

Рис. 2.6. Четвертая стадия, малхут, бхина далет.

Это осознание и раскрытие того, Кто Он на самом деле (в отличие от простого ощущения Его желания отдавать, наполнить меня), вызывает

---

[66] Термин «**сердце**» употребляется для обозначения всех желаний человека. **Точка в сердце** – зародыш будущей души, помещенная в сердце человека непосредственно Самим Творцом.

во мне желание к Нему, стремление получать именно от Него, от Хозяина. Я желаю, чтобы именно Он меня наполнял, чтобы я был связан именно с Ним.

Желание *четвертой стадии* является абсолютно новым. Это желание получать от самого источника. В *третьей стадии* оно раскрыло Самого Творца из подобия Ему. Возникшая *4-я стадия (бхина далет – малхут)*[67] является принципиально новой, в ней присутствует отличительное качество. Не ощущение получения от Творца и реакции на него, а чувство, которого не было во мне прежде: оно называется ощущением *сути Творца*. Я начинаю испытывать нечто, выходящее за пределы желания получать, внутри которого я создан.

Я хочу отдавать, и в рамках этого желания действую на отдачу, но в *4-й стадии* я нахожусь *вне этих рамок*. Здесь у меня возникает желание, направленное к Самому Хозяину, я начинаю ощущать Его вследствие того, что уподобился Ему по *действию*, я начинаю понимать, Кто Он. У меня появляется *желание подняться на Его уровень*, ощутить Его состояние, а не то, что *исходит* из Него. Впервые во мне возникает чувство, что Кто-то находится вне меня. Это и называется ощущением ближнего, а в итоге – это только Творец!

Множество людей, которые, по нашему мнению, существуют вокруг нас, весь *мир*, находящийся вроде бы вне нас, и даже *Высший мир*, Сам Творец – словом, все, что нам кажется существующим вне нашего «Я», является лишь *различными вариациями проявления Творца*. Возможность такого ощущения проистекает из *четвертой стадии*.

Таким образом, *четвертая стадия*, настоящее творение, отличается от предыдущих тем, что у творения появляется возможность *ощущать находящегося извне*. Это желание является специфическим свойством духовно развивающегося творения.

На это свойство, в отличие от всех остальных, было произведено *сокращение*[68] и затем создано *намерение*[69]. Эти действия являются необходимыми, вынужденными следствиями того, что создал Творец.

---

[67] **4-я стадия (бхина далет – малхут)** – самостоятельное, законченное, бесконечное, неограниченное желание насладиться самим Творцом, Его состоянием, Его статусом вследствие ощущения природы Творца (в третьей стадии).

[68] **Сокращение** (цимцум) – отказ принимать свет из альтруистических соображений. Властвующий над своими желаниями, то есть удерживающий себя и не получающий, хотя очень желает получить, называется сокративший себя.

[69] **Намерение** – расчет, мотивация по отношению к свету (Творцу).

Распространение света до четвертой стадии мы называем девятью первыми сфирот: кетэр[70], хохма[71], бина[72], хэсэд[73], гвура[74], тифэрэт[75], нэцах[76], ход[77], есод[78]. Девять первых сфирот (тет ришонот) — так называемые свойства Творца. Через них Творец как бы желает передать все вариации Своего отношения к этому новому свойству, из которого творение может ощутить именно Его.

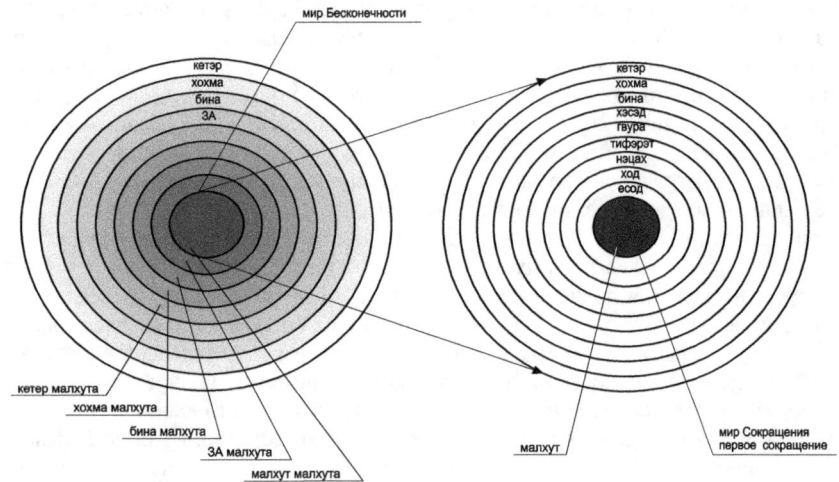

Рис. 2.7. Строение и дальнейшее развитие четвертой стадии, первое сокращение (ЦА).

---

[70] **Сфира кетэр** — это первая сфира из 10 сфирот, свойства Творца (света, желания отдать), является представителем Творца относительно всего остального и практически нами (творением) не постигается.

[71] **Хохма** — весь исходящий от Творца свет, то есть свет, включающий в себя все, что желает дать нам Творец, он определяется как сущность и жизнь творения.

[72] **Сфира бина** — состояние, когда душа не желает получать ради себя.

[73] **Сфира хэсэд** — желание уподобиться Творцу в зэир анпин (третья стадия, бхина гимэль), его кетэр. (6 сфирот хэсэд, гвура, тифэрэт, нэцах, ход, есод являются частными свойствами сфиры зэир анпин).

[74] **Сфира гвура** — свойство, выражающееся в силе преодоления эгоизма. Включение свойств хохма в ЗА.

[75] **Сфира тифэрэт (или зэир анпин)** — свойство бина в зэир анпин, состоит из трех частей: верхние две трети тифэрэт — это ГАР дэ-бина, свойство чистой отдачи, а нижняя треть тифэрэт называется ЗАТ дэ-бина, которая получает свет сверху и передает нижним по просьбе последних.

[76] **Сфира нэцах** — это свойство зэир анпина (ЗА) в ЗА.

[77] **Сфира ход** — сфира ход является включением свойств малхут в зэир анпин.

[78] **Сфира есод** — сумма всех предыдущих пяти сфирот зэир анпина, то, что затем, из есод как результат получает малхут.

Если из неживого, растительного, животного уровней мы желаем подняться к уровню «человек», нам необходимо развить в себе свойство ощущать вне себя. Вне нас — есть только Творец!

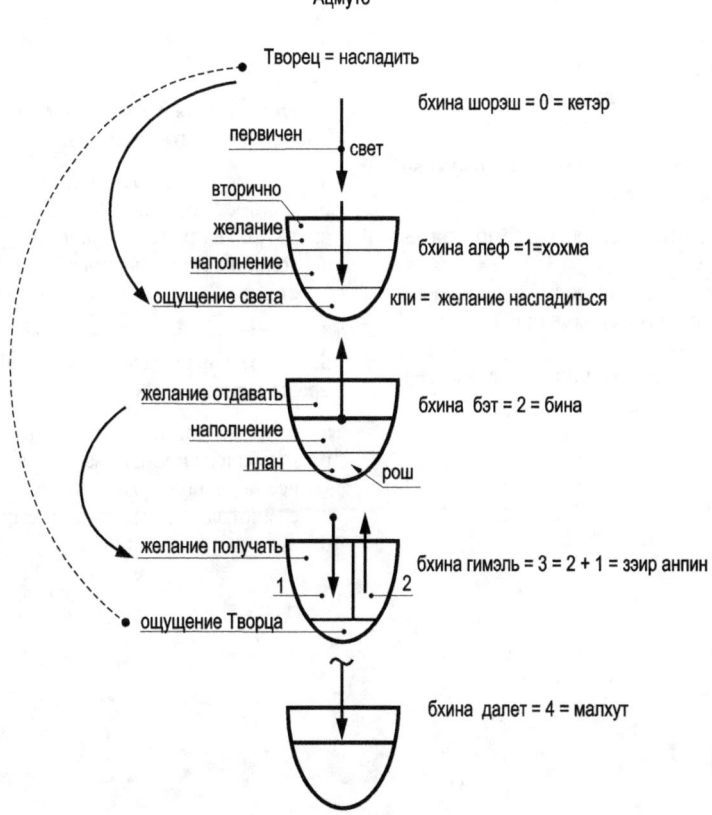

Рис. 2.8. Стадии распространения прямого света.

Тест

1. **Нулевая стадия (бхина шорэш) — это желание:**
   a. творения;
   b. Творца;
   c. творения и Творца;
   d. все ответы правильны.

2. **Каково основное свойство духовно неживого уровня:**
   a. является полностью самостоятельным;
   b. является полностью зависимым;
   c. свободен только в пределах своей природы;
   d. свободен только в пределах предыдущих стадий.

3. **Какая стадия возникает в результате того, что желание начинает ощущать свой Источник:**
   a. *алеф*;
   b. бэт;
   c. *гимэль*;
   d. *далет*.

4. **Обладает ли 3-я стадия (бхина гимэль) самостоятельностью:**
   a. полностью самостоятельна;
   b. полностью зависима;
   c. только в пределах своей природы;
   d. только в пределах предыдущих стадий.

5. **Чем отличается четвертая стадия от предыдущих стадий:**
   a. возможностью ощущать вне себя;
   b. наиболее сильным желанием, чем все предыдущие стадии;
   c. самостоятельным желанием;
   d. все ответы правильны.

Глава 3. Зарождение творения

3.1. Мир Бесконечности (олам Эйн Соф)
3.2. Духовные органы ощущений
3.3. Ступени восприятия действительности
3.4. Мир Сокращения (олам Цимцум), малхут – творение
3.5. Как происходит наполнение малхут
    Тест

3.1. Мир Бесконечности (олам Эйн Соф)

Замысел творения, называемый «мир Бесконечности» (Эйн Соф), – это связь Ацмуто с душами в виде «желания насладить творения (души)».

Почему это состояние называется *миром Бесконечности*? Потому что Его Замыслом было создать нас и наполнить бесконечно. Кроме этой связи, мы ничего не постигаем, а потому ни о чем более говорить не можем. Мы не в состоянии постичь Суть Творца, *Ацмуто*, а только Его отношение к нам. Мы не можем познать Самого Хозяина, а только имеем возможность уподобиться Ему, Его **отношению к нам**.

Все различаемое и постигаемое в мирах существует только относительно душ, о самих же мирах мы ничего не можем сказать, поскольку не имеем возможности постичь их как таковые. Сами по себе они непостигаемы и относятся к Ацмуто. Такого отдельного понятия,

как миры, не существует. Души получают от миров. Они находятся в мирах на всех уровнях. Миры определяются душами лишь в том виде, в котором души их постигают.

Предположим, я нахожусь в каком-то месте духовного пространства, получаю от *мира Бесконечности* через несколько *миров*. Это значит, что я постигаю эти миры. Однако не будь меня, не существовали бы и *миры*. Кому они тогда несли бы *свет мира Бесконечности*? Значит, *миры* не существуют.

Поэтому мы говорим, что **все миры находятся внутри человека**. *Миры* – это степени сокрытия *мира Бесконечности* от человека из-за его желания получать.

Это происходит из желания насладить творения и является соотношением между ними и Сутью[79].

Творец настолько открывается мне, насколько я скрываю от Него свое желание получать. Это определяет мою ступень, мой уровень в мирах.

---
[79] **Суть** = Ацмуто

Наше общее чувство называется «желание получать», и по мере получения мы различаем в этом желании множество различных деталей и подробностей. Желание получать *уже* называется творением — новой категорией «*нечто из ничего*»[80], поэтому именно с того момента, когда желание получать начинает ощущать, извлекать впечатления, можно вести разговор об отдельных деталях ощущения. Все это уже называется *соотношением* между *Высшим светом*[81] и желанием получать.

Отсюда следует: если множество людей смотрит на один и тот же духовный объект, то каждый из них постигает его иначе, чем другие, в соответствии с собственным воображением и впечатлением. Кроме того, даже в отдельно взятом человеке этот духовный объект тоже будет изменяться в зависимости от его состояний. Человек каждый раз чувствует иную форму, потому что **«свет по своей природе прост и у него нет никакой формы, а все формы — только в оценке получающих»**[82].

3.2. Духовные органы ощущений

Вне получающего мы не можем вести речь о существовании какой-либо формы или картины. Поэтому даже в том случае, когда мы говорим, что наша Вселенная создана 13,7 миллиарда лет назад, а земной шар — 4,6 миллиарда,

имеется в виду то, *как мы постигаем эти периоды*, согласно нашему пониманию времени, нашему представлению о причинно-следственных связях. Речь идет не о том, что это происходит вне нас или имеет смысл вне наших органов ощущений.

Возникает вопрос: продолжает ли существовать действительность после моей смерти? Есть ли другие люди, которые ее ощущают? Если я умер, то откуда мне известно, что она существует? После смерти я чувствую нечто иное. Умерло мое желание получать, прекратилось восприятие посредством пяти органов чувств, и я начинаю чувствовать реальность иначе: *душой*, *«точкой в сердце»*, корнем души. Тогда я вижу другую действительность.

В настоящее время вся моя реальность — это *мир*, который я воспринимаю через пять органов чувств. *Свет бесконечности* я ощущаю в каком-то цвете, в виде некой картины, определенным образом слышу, чувствую вкус и запах чего-либо, осязаю нечто. Органы чувств заменяют мне *кетэр, хохма, бина, зэир анпин* и *малхут*[83]. Я обладаю именно такими органами восприятия и именно таким образом чувствую воздействие *света бесконечности*.

Что происходит, если у меня отсутствуют пять органов чувств? Каббалисты говорят, что у человека все равно существует *кли*, воспринимающее *свет*

---

[80] **«Нечто из ничего»** («еш ми аин») — возникшее (созданное) из несуществовавшего ранее, до Замысла Творца.
[81] **Высший свет** — ощущение присутствия Творца; связь между Ацмуто и творением.
[82] *Бааль Сулам*.Предисловие к книге «Зоар». Kitvei Baal Hasulam. ARI. Israel. 2009. P. 445.
[83] **Кетэр, хохма, бина, зэир анпин и малхут** — пять частей желания, в которых творение ощущает Творца; кли творения.

бесконечности пятью внутренними частями. Наши естественные органы чувств являются самой внешней частью восприятия. Существуют еще более внутренние *келим: кетэр, хохма, бина, зэир анпин* и *малхут*. Они дают возможность почувствовать другую реальность и представлять ее в иных картинах. Однако осознать это различие можно лишь *развив при жизни в этом мире* необходимые *келим* восприятия.

Для этого и предназначена каббала. Она призвана возвести человека на уровень *мира Бесконечности*, поспособствовать такому развитию *келим восприятия*, когда наряду с органами зрения, слуха, осязания, обоняния и вкуса образуется бесконечное *кли*, в которое можно воспринять все, что предназначено Замыслом творения. К этому нас, в сущности, и подталкивает вся действительность.

3.3. Ступени восприятия действительности

Что означает: «Я существую»? Являюсь ли я единственным существом или существуют и другие люди? В настоящее время, как я это постигаю, они существуют. Когда я поднимусь на другую ступень восприятия, то, возможно, всех, кого я в своих ощущениях на уровне *этого мира* воспринимаю в качестве людей, подобных мне внешне, я буду осознавать иначе? Они станут казаться мне другими существами по их внутренней сути. Я начну рассматривать их как тела, выполняющие все указания *света*.

Можно спросить и так: если я умер и перестали действовать мои пять органов чувств, то воспринимаю ли я этот мир через свою душу? Ответ таков: ты начинаешь воспринимать мир посредством пяти органов чувств души. Ты имеешь дело с миром сил, а не с миром тел. Когда ты возвысишься в своем внутреннем видении над нынешним восприятием, то увидишь мир сил. Ты начнешь сравнивать себя с силами, стоящими за телами. За неживой, растительной, животной и человеческой природой ты почувствуешь силы, приводящие все в действие, и с ними будешь вступать в отношения. Потому что работают именно они, а не тела, которые являются их облачениями.

В *мире Бесконечности*, в Замысле творения мы объединены все вместе. Тогда не было еще разделения на *неживую, растительную, животную* и *человеческую* части. Человек, животное, растения, камни и т.д. — ничего этого не существовало отдельно. Все включало в себя понятие «творение», и Замыслом было насладить всех сотворенных.

В чем же проблема? Когда мы изучаем устройство действительности, мы видим, что из всего развившегося материала только на человека возложена обязанность привести *этот мир* обратно в *мир Бесконечности*. Эта задача не возлагается ни на *неживой*, ни на *растительный*, ни на *животный* уровень.

Бааль Сулам пишет во «Введении в науку каббала» (п. 58), что только человек может привести всех за собой. Почему? Потому что из стадий *хохма, бина, зэир анпин* и *малхут* только в *малхут*[84] желание получать развито настолько, что в состоянии почувствовать Дающего, уподобиться Ему, а затем образовать с Ним связь. Эту возможность имеет только *малхут* согласно глубине ее ощущений. Поэтому, исправляя себя, человек вытягивает за собой *неживую, растительную* и *животную* природу.

> *Нет ни одной детали в творении, которая бы в результате работы человека не почувствовала изменений в своих свойствах. Однако только у человека есть свобода выбора, и только он может привести всю действительность в мир Бесконечности.*

Возникает вопрос: ученые говорят о том, что, начавшись с точки, Вселенная в процессе своего развития расширяется. Следует ли это понимать, что когда человек приведет весь мир в *гмар тикун (конечное исправление)*[85], то вся материальная действительность вернется в состояние начальной точки в Замысле творения? Нет! Каким нам представляется развитие материи — это имеет отношение только к развитию наших органов чувств. На самом деле, кроме *мира Бесконечности* не создано ничего. Когда мы достигаем правильного восприятия действительности, достаточно развиваем наше *кли* восприятия, то как посредством материального, так и посредством духовного ощущений, с помощью *миров* мы постигаем *мир Бесконечности*.

Все предварительные формы, встречавшиеся нам по пути, откладываются у нас как существовавшие ввиду недостаточного духовного видения, а не потому, что эти формы на самом деле существовали на этих ступенях. Их не было — это наша неисправленность порождала в нас подобные картины. Поэтому *миры* — это сокрытия *мира Бесконечности*. Вместо *простого света* в простом *кли* мы наблюдаем различные картины, воспринимая реальность через пять органов чувств. Поднимаясь по ступеням исправления, человек собирает их все в себе. Когда он восходит на более высокую ступень, все низшие, кроме той, которая называется *этот мир*, как бы стираются.

> *Наш мир — это ступень неживого уровня, которая не может измениться. Даже по достижении мира Бесконечности данные, доставляемые телесными органами чувств, не изменятся: ты будешь видеть ту же самую картину, и так — до состояния гмар тикун. О нашем восприятии после гмар тикун мы говорить не можем.*

---

[84] **Малхут** — законченное, самостоятельное творение, которое само хочет получать и ощущает себя получающим. Четвертая стадия распространения света (бхина далет).
[85] **Гмар тикун (окончательное исправление)** — конечное состояние всего мироздания, когда самая низшая точка творения достигает того же состояния, что и самая высшая. Полное исправление своих свойств и, соответственно, полное слияние с Творцом.

Зарождение творения

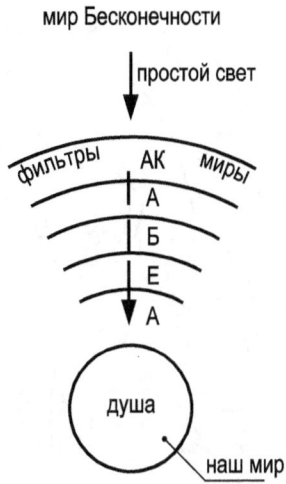

Рис. 3.1. Миры — меры сокрытия мира Бесконечности.

3.4. Мир Сокращения (олам Цимцум), малхут — творение

Когда в четвертой стадии[86] появляется желание получить, мы говорим, что имеем дело с творением, отчасти уже отделенным[87] от света, от Творца, в то время как все предыдущие стадии — 1, 2, и 3 — не отделены от кетэр (0). Поэтому все стадии — от кетэр до есод — мы называем девять первых сфирот[88]. Только малхут мы называем десятой сфирой. Почему? Потому что все произошедшее до малхут — это преобразование света, и только в малхут получается новое желание. Оно тоже не самостоятельно, очень близко к кетэру и также является следствием того, что малхут постигает кетэр, но это все-таки уже ее личное постижение.

---

[86] **Четвертая стадия** (распространения света) — бхина далет, малхут; самостоятельное, законченное, бесконечное, неограниченное желание насладиться самим Творцом, Его состоянием, Его статусом вследствие ощущения природы Творца (в третьей стадии).

[87] **Отделенный** — в духовных мирах — удаление, сближение, слияние — все эти процессы происходят только согласно различию или сходству внутренних свойств духовных объектов. Разница в свойствах отделяет их друг от друга, сходство — сближает и ведет к слиянию. Желание получать (творение) и желание отдавать (Творец) являются противоположными по свойствам, то есть абсолютно отдалены, отделены друг от друга.

[88] **Девять первых сфирот** (тет ришонот) — свойства Творца, вложенные в творение.

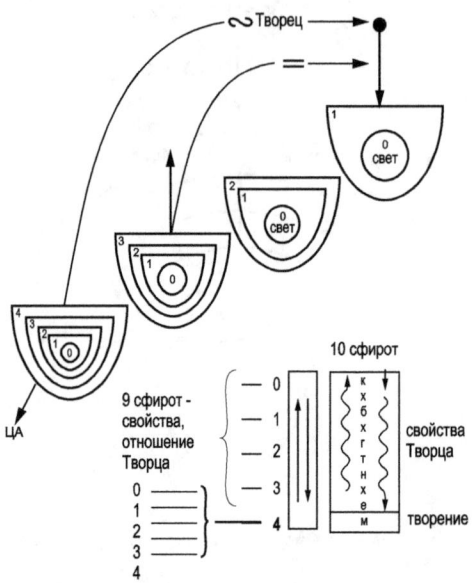

Рис. 3.2. Соотношение малхут и девяти первых сфирот.

Поскольку малхут, согласно своему желанию, получает свет, то тот же свет, которым наполнялась первая стадия его распространения (бхина алеф), приходит и к малхут. Однако, малхут уже желает больше, чем первая стадия, поэтому она, получая свет, наполняется им без ограничения. Однако, когда после наполнения светом она желает стать подобной ему (как и первая стадия, которая после наполнения ее светом тоже хотела быть подобной ему), то совершает сокращение (цимцум)[89]. Она не желает быть получающей, как в первой стадии. После цимцума, желая уподобиться бине, то есть отдавать (а как отдавать, она уже знает — для этого надо получать), она, действительно, снова пытается получать для того, чтобы отдавать, но уже как малхут. Малхут после цимцум алеф (первое сокращение)[90] проходит все те же стадии для того, чтобы получить экран (масах).[91]

---

[89] **Цимцум** (сокращение) — отказ принимать свет из альтруистических (не ради себя) соображений.
[90] **Цимцум алеф (первое сокращение)** — исторжение света из малхут вследствие желания уподобиться Творцу.
[91] **Экран (масах)** — «сила сокращения», которая пробуждается в творении относительно Высшего света, с целью предотвратить наслаждение ради себя. Сила преодоления, сопротивления эгоизму (желанию получить ради себя).

Зарождение творения

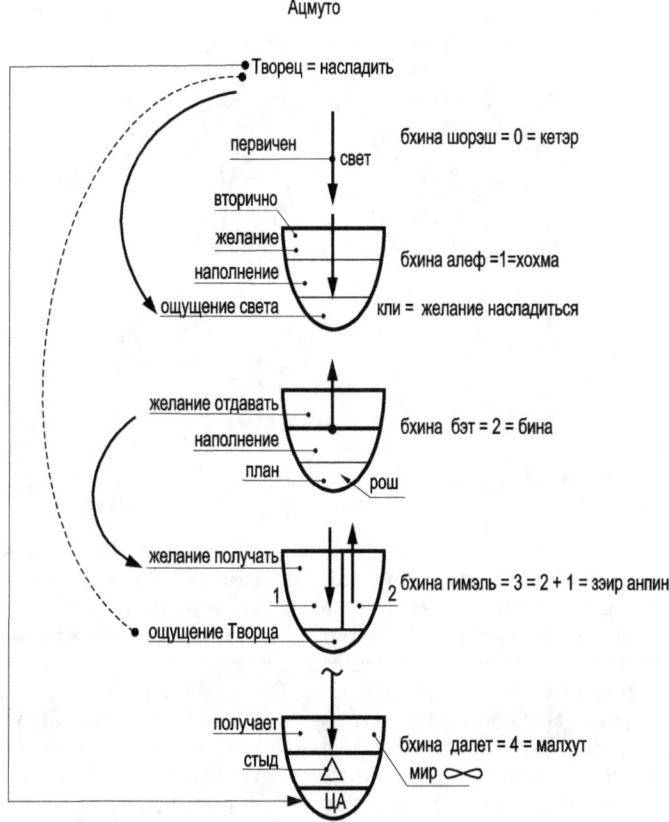

Рис. 3.3. Общая схема наполнения малхут светом.

Когда малхут наполняется светом и начинает наслаждаться им, согласно своему желанию, она подобна первой стадии.

Что происходит дальше? Четвертая стадия полностью наполнена светом, и в ней возникает то же, что и во второй стадии. Естественно, она делает цимцум. Однако она не просто изгоняет из себя свет, а желает уподобиться ему, но уже не может этого сделать просто так, потому что желание у нее — собственное. Если нарисовать малхут в виде окружности, то внешняя часть будет нулевой стадией, а центральная — четвертой стадией.

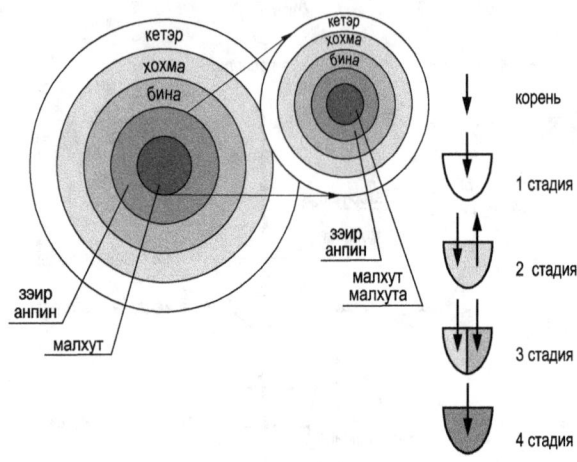

Рис. 3.4. Стадии развития внутри четвертой стадии (малхут).

Личное желание малхут, четвертое желание является следствием предыдущих. Оно лично ее[92]. Именно на свое собственное желание она делает цимцум алеф — первое сокращение. На все остальные желания цимцум делать не требуется. Однако в малхут из того места, где у нее появляется новое желание, свет просто так исчезнуть не может, ибо это ее желание. Поэтому, после того как малхут создала в себе это желание, она обязана сейчас же его закрыть. Это она и делает.

Действие, посредством которого малхут скрывает свое желание, не позволяет себе его использовать (она ничего не может с этим желанием сделать, поскольку оно не пришло извне, а родилось в ней и продолжает жить), называется цимцум алеф.

Единственное, что она может сделать, — это покрыть его «оболочкой», не позволяющей этому желанию наполниться светом. Она силой изгоняет из себя свет, продолжая желать наслаждения.

Если при переходе из первой стадии во вторую желание получать скрылось как бы само по себе и вместо него возникло желание наслаждать, то здесь этого не происходит. В определении *цимцум алеф* в книге «Учение Десяти

---

[92] **Лично ее** = подвластно, управляемо самим творением (малхут), а не Творцом, как это было в трех предыдущих стадиях.

Сфирот»[93] (ч.1, стр. 33) сказано: «**Силы, властвующие над своим желанием насладиться, ограничивают его вопреки огромному желанию насладиться в нем**». *Малхут*, действительно, имеет силу воли не использовать это желание. Из всех остальных желаний, как в *бине*, во второй стадии, *свет* исчезает.

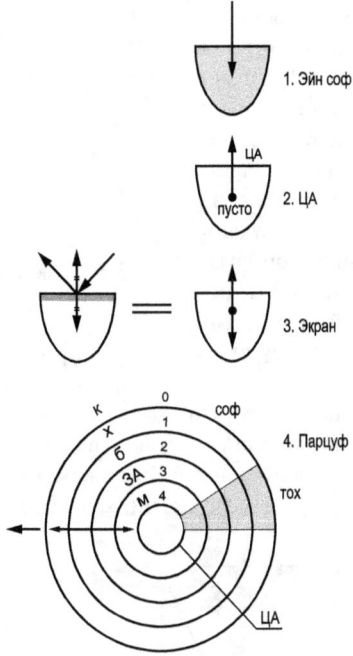

Рис. 3.5. Получение малхут света после ЦА.

Каковы результаты того, что я сделал цимцум? Во мне теперь ничего нет, пустота, как и в бине, но я при этом не подобен Творцу. Следующая стадия — третья, только теперь она обретает совсем другие формы: получение с намерением отдавать. Однако как это сделать? Раньше желание получать с намерением отдавать было в двух разных частях: в одной — желание отдавать, в другой — желание получать. Теперь оно не может пребывать

---

[93] **Учение Десяти Сфирот** (Талмуд Эсэр Сфирот) — основной каббалистический учебник нашего времени (6 томов, более 2000 страниц). Включает в себя вопросы и ответы, материалы для повторения и запоминания, объяснения, графики, чертежи и так далее. В книге дается описание законов и сил, управляющих нашим мирозданием. Автор: Бааль Сулам (Йегуда Ашлаг (1884-1954).

в разных частях, потому что это желание — мое, лично мной приобретенное в четвертой стадии. Поэтому здесь все реализуется в едином желании.

Есть желание получать, которое тут же используется на отдачу. Если нарисовать кли, в котором есть экран, то оно будет над кли, над четвертой стадией, окруженной оболочкой, не позволяющей насладиться. С одной стороны, в кли присутствует желание получать и наслаждаться. С другой стороны, существует экран, препятствующий наслаждению, желающий принимать свет только взвешенно: получить, но с намерением отдать. В той мере, в какой это намерение активно[94], присутствует и действие получения.

В общем, не произошло ничего, что выходило бы за рамки пяти стадий: 0, 1, 2, 3, 4. Однако при этом получается, что работающая таким образом малхут — это, в принципе, та же малхут, что и малхут остальных стадий, только сейчас она придумала для себя правильную реализацию: действовать с помощью экрана. Если сейчас с помощью экрана малхут совершит это действие — получит ради Творца, как это сделала бина, которая тоже получила ради отдачи, — то получить она сможет только в свою маленькую часть. Получить во всю малхут, как бина, ей не удается.

3.5. Как происходит наполнение малхут

В малхут существует пять частей, которые тоже называются кетэр, хохма, бина, зэир анпин и малхут. В эти пять частей она и пытается получить, видя, что в каждую из них она может получить только маленький сегмент.

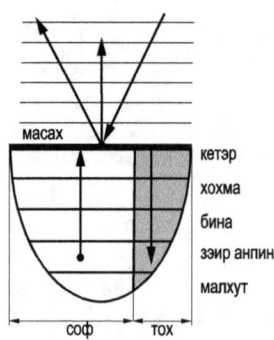

Рис. 3.6. Схема наполнения малхут.

---
[94] **Активно** = задействовано = используется.

Тох — внутренняя часть кли. Все остальное пустое пространство называется соф — наружная часть кли. Возникает вопрос: почему малхут может наполнить себя только в малой части — настолько минимальной, что этот тонкий сегмент в окружности называется «кав дак» (тонкая линия) — до такой степени он узкий. Почему у нее появляется только такой маленький экран на получение ради Творца? Потому что свойства, которые она получает свыше от предыдущих сфирот, ничтожны по сравнению с желанием, возникающим изнутри. Если мы разделим эту малхут на части: нулевая, первая, вторая, третья и четвертая, то по величине желания четвертая часть (та, которая возникает в ней, а не является предыдущими желаниями) в миллиарды раз больше всех предыдущих. Приходящий снаружи свет — это свет, способный изменить желание, созданное им в первой, второй и третьей частях. Свет поддерживает лишь те желания, которые сам породил, только им он может дать силу.

Поэтому получается, что эта малхут не может просто так уподобиться бине или кетэру: ей не хватает сил. Наполняющий ее свет не может дать ей соответствующий экран, ибо он намного меньше по силе воздействия на малхут, чем желание, которое она сейчас породила внутри себя. Отсюда и получается, что наполнение этой малхут подобно узкому сегменту, тонкой линии.

Почему это происходит? Почему бы изначально не сделать все иначе? Допустим, у малхут хватило бы сейчас сил получить света столько, что его было бы достаточно на полный экран. Малхут тогда бы наполнилась и совершила полное действие отдачи во второй и в третьей своих стадиях. Во второй стадии — намерение отдавать, желание уподобиться нулевой стадии, в третьей стадии — действие, подобное первой стадии: получает, как во второй стадии, и с намерением отдает. Третья стадия получает, как первая, и желает отдать, как вторая. Четвертая стадия уже состоит из нулевой, первой, второй, третьей и четвертой, там присутствуют дополнительные желания. Почему не сделать так, чтобы малхут сейчас смогла сделать цимцум, экран, и получить сразу весь свет с полным намерением ради Творца, и все бы закончилось?

К этому нет никаких предпосылок. Для того чтобы изнутри, из этого дополнительного желания малхут могла захотеть сейчас стать подобной кетэру, нужно иметь другую бину, которая дала бы намерения на весь новый эгоизм. То есть необходимо переделать все предыдущие стадии. Надо взять заново появившуюся часть малхут и поставить над ней совершенно другие предыдущие стадии — такие, которые по силе, интенсивности, глубине и величине были бы подобны этой дополнительной, новорожденной части в малхут. Однако это невозможно.

Поэтому предыдущие части способны «обслужить» все, кроме самой малхут. Она не в состоянии уподобиться нулевой стадии, Творцу, в получении ради Творца. Этот процесс заложен еще в нулевой стадии, это внутренние тонкие замыслы всей системы, которую создает свет, Творец, и постепенно из подобных проявлений новых желаний выявляется такое, которого раньше вообще не было.

Это поразительно: как можно создать желание или свойство, которых не существовало прежде. Или создать возможность мысли, замысла, действия, которое не существовало бы в Творце, которое действительно можно было бы назвать творением свободным, существующим независимо от Него, но в то же время понимающим, что такое

Творец и выбирающим из всех возможностей именно Его состояние (при том, что остальные возможности не хуже, чем сам Творец).

Если возможности, которые есть у творения в момент выбора своего будущего состояния хуже тех, чем представляется ему Творец, то это желание, этот выбор не свободен. Для того чтобы свободой воли выбирать подобие Творцу, надо иметь равноценные возможности, и все же по какому-то критерию предпочесть Творца, Его состояние.

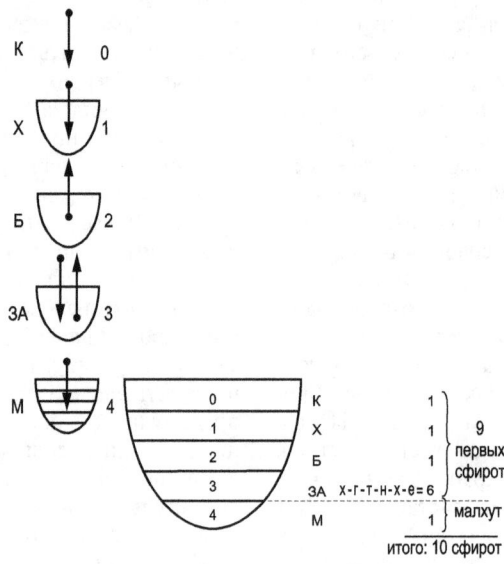

Рис. 3.7. Развитие и распространение малхут (четвертой стадии в самой малхут)

Поскольку малхут от нисходящего на нее света не может получить всю силу на экран (потому что дополнительное желание не покрывается этим светом, он может только показать разницу между ним и этим желанием), она делает сокращение. Однако свет не может дать этому желанию свойства подобия себе, потому что это свет исправления[95], и он намного меньше, чем желание, возникшее сейчас в малхут. Чтобы получить его в полном объеме, малхут должна создать вокруг себя целую систему собственного исправления. Это и происходит.

Малхут начинает получать свет ради Творца в те свои предыдущие стадии, где это возможно, кроме последней, четвертой. Четвертая стадия остается пустой и называется развитием и распространением малхут (последней ее части).

Что происходит в этой малхут, когда она наполнена? Она, естественно, делает расчет на наполняющий ее свет. С помощью экрана вычисляет, сколько она может получить света с намерением ради Творца, то есть уподобляется действию третьей стадии с намерением, как в стадии два, и производит это действие.

Тест

1. От чего зависит картина наблюдаемой действительности?
a. от наблюдателя;
b. от окружающего *мира*;
c. и от наблюдателя, и от окружающего *мира*;
d. не зависит ни от чего.

2. Из всего развившегося материала — неживой, растительный, животный уровень, человек — обязанность привести весь мир обратно в мир Бесконечности возложена на...
a. животных;
b. растения;
c. человека;
d. каждый самостоятелен.

3. Действие, которым *малхут* скрывает свое желание в себе, не позволяет себе его использовать, называется...
a. *мир Бесконечности*;
b. *цимцум алеф*;
c. *бхина бэт*;
d. *бхина алеф*.

4. *Малхут* желает быть подобной...
a. стадии *бина*;
b. стадии *кетэр*;
c. самой себе;
d. предыдущей стадии.

5. Сколько частей включает в себя четвертая стадия:
a. 3 части;
b. одну часть;
c. 4 части;
d. 5 частей.

---

[95] **Свет исправления** — свет, создающий в нас желание отдавать. Он раскрывается нам не как сильнейшее наслаждение, а как «величие Высшего», и это пробуждает в нас желание отдавать Творцу.

Глава 4. Возникновение миров

4.1. Построение парцуфа
4.2. Порядок вхождения света в кли
4.3. Мир Адам Кадмон
4.4. Особенность парцуфа САГ
    Тест

4.1. Построение парцуфа

Парцуф — душа, духовное «тело»[96], состоящее из головы (рош), туловища (тох) и конечной части (соф).

После того как прямой свет[97] (ор яшар — ОЯ) приходит к малхут, она его отталкивает, рассчитывая, сколько может взять от него. Малхут решает, что может принять, допустим, только 20%. Этот свет называется внутренний свет (ор пними — ОП). Остаются незаполненными 80% келим, и, соответственно, свет, который не вошел, составляет 80%.

Окружающий свет[98] (ор макиф — ОМ) оказывает давление на пустые келим, содержащие небольшое количество прямого света. Прямой свет, находясь внутри желаний, ослабляет их тем, что дает им наслаждение. Окружающий свет как бы говорит о том, что если его получить, то наслаждения будут еще большими: как те, которые получаешь внутри, так и те, которые можно отдать Творцу, уподобившись Ему в этом желании. Эти два вида света давят на место, ограничивающее распространение в келим дополнительного света, то есть на экран, расположенный в табуре[99].

Если уподобить желание сосуду, то экран можно представить в виде внутренней заслонки, которая способна перемещаться вверх и вниз. Заслонка имеет рукоятку и ставится как бы перед сосудом-желанием. Мы производим вычисление, сколько света может войти, беремся за рукоятку и отодвигаем заслонку на рассчитанный уровень.

---
[96] **Тело** — телом в каббале называется желание (-я), разделенное с помощью экрана на рош (голова — принимающая решение часть), тох (туловище — внутренняя часть, наполненная светом) и соф (окончание — незаполненная, пустая часть). Таким образом образуется духовное тело, духовно живой объект.
[97] **Прямой свет** (ор яшар, ОЯ) — свет, распространяющийся от Бесконечности к творениям; желание Творца насладить творение.
[98] **Окружающий свет** (ор макиф, ОМ) — свет, предназначенный для облачения в ступень, который пока не может войти внутрь из-за некоторого препятствия в ней, то есть находится вне кли, но своим давлением на кли вынуждает его изменяться, очищаться.
[99] **Табур** — линия, ограничивающая получение света в гуф (тело), образует разделение между тох (внутренняя часть кли, наполненная светом) и соф (конечная, незаполненная, пустая часть тела).

Наполняем желание. Затем, если по каким-то причинам производить наполнение окажется невозможно, мы снова поднимем заслонку до прежнего уровня или можем ее опустить. Что является рукояткой, с помощью которой мы перемещаем заслонку? Ею является наш расчет. В голове (рош) парцуфа всегда производится вычисление, насколько максимально мы можем уподобиться приходящему к нам свету.

> *Уподобление свету, или уподобление Творцу, является единственным критерием действия парцуфа.*

Когда на экран, расположенный в табуре, воздействуют два вида света — ор пними и ор макиф (прямой и окружающий), этот экран не может находиться на прежнем месте, так как, оставаясь в таком статичном состоянии, он никогда не достигнет стопроцентного подобия. Если экран останется на одном месте, он не сможет далее получать внутрь, поскольку это будет отдалением, противоположностью Творцу. Единственная возможность, которая у него остается, — вернуться в исходное состояние, в котором он находился до получения света. Этот процесс называется осветление, поднятие экрана вверх.

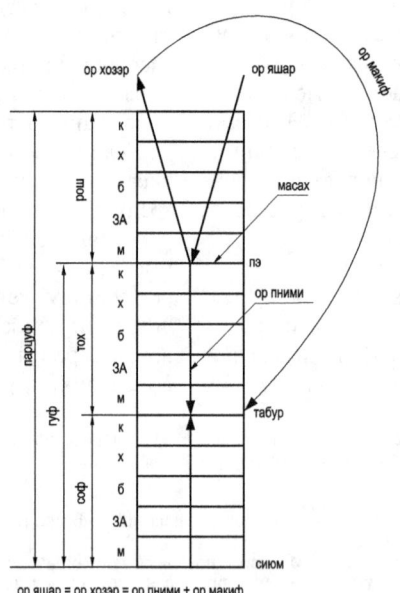

Рис. 4.1. Строение парцуфа.

Рассмотрим, как протекает этот процесс далее. Ор пними — свет, распространяющийся в парцуфе сверху вниз. Ор макиф — 80% света, оставшегося снаружи. Ор яшар — свет, приходящий к парцуфу, ор хозэр[100] (ОХ) — свет, отраженный от парцуфа.

Ор пними, распространяющийся сверху вниз, называется «таамим», от слова таам — вкус. Свет, уходящий из парцуфа, называется «некудот», от слова некуда — точка, потому что малхут — это черная точка, которая и является причиной, ограничивающей вхождения света в кли. Она не в состоянии больше принимать, значит, причина, по которой свет исчезает,

это точка-малхут (отсюда — некудат малхут, мн.ч. — некудот).

4.2. Порядок вхождения света в кли

О предыдущем состоянии можно добавить, что оно разбивается на множество вариаций. Свет входит в кли постепенно. Сначала входит ор нэфеш[101]. Затем он перемещается внутрь, на ступень ниже, а в верхнюю ступень входит ор руах[102]. Затем ор руах перемещается вниз, ор нэфеш опускается еще ниже, и в парцуф входит новый — ор нэшама[103]. Такой порядок вхождения света сохраняется до тех пор, пока в парцуф не войдет ор йехида[104].

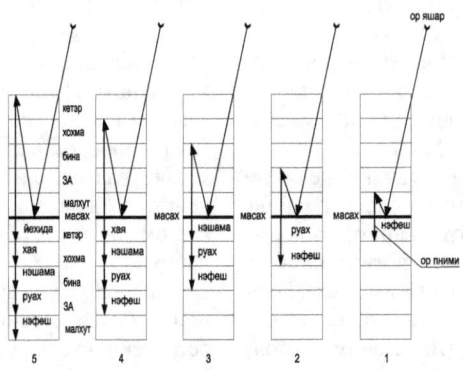

Рис. 4.2. Порядок вхождения света в парцуф.

---

[100] **Ор хозэр** (отраженный свет) — «ор» — свет, наслаждение, «хозэр» — возвращающийся, то есть отраженный свет — это желание дать наслаждение Творцу, так же как и Он дает мне.

[101] **Ор нэфеш** — свет, получаемый с экраном на самый маленький эгоизм (авиют 0); минимальное ощущение Творца. Название «нэфеш» указывает на отсутствие у этого вида света собственного движения.

[102] **Ор руах** (досл. «дух») — движение, перемещение. Действие отдачи, которое совершает творение, исходя из исправленного эгоистического свойства (авиют 1). Свет, облачающийся в кли ЗА.

[103] **Ор нэшама** — душа, свет, облачающийся в кли бина (авиют 2).

[104] **Ор йехида** — свет, облаченный в сфиру кетэр. Наибольший свет в творении (авиют 4).

Вхождение света внутрь кли происходит постепенно, но, поскольку расчет на его получение производится только один раз, то весь этот свет мы считаем как бы одним и называем НАРАНХАЙ (нэфеш, руах, нэшама, хая[105], йехида). В голове (рош) парцуфа принимается только одно решение: заполнить все келим. То, что свет входит постепенно, значения не имеет. Главное, решить, что постепенно поглощается пять порций. Вначале принимается решение — и только после этого происходит наполнение.

Когда свет выходит из кли, из тох парцуфа (некудот), то это тоже происходит не сразу.

Свет, распространившийся сверху вниз (таамим), называется также кетэр, потому что в нем еще нет никакого авиюта (величина желания получить, толщина). Этот свет просто распространяется внутри кли. Со стороны самого парцуфа еще нет никакого противодействия. Однако, целиком наполнив кли светом и когда ор макиф начнет действовать, парцуф поначалу будет оказывать противодействие тому, чтобы свет находился в нем. Парцуф хочет вытолкнуть его, видя, что находится не в оптимальном состоянии. Противодействие парцуфа свету поэтому и называется некудот (точки): от черной точки малхут, выталкивающей этот свет. Выталкивание происходит постепенно, по стадиям авиюта.

Парцуф принял свет на четвертой, самой сильной своей стадии. Выталкивает он его из четвертой же стадии авиюта, не желая принимать самую сильную порцию света. Поэтому в голове на четвертую часть расчет уже не производится. (В рош тоже есть малхут.)

Таким образом, экран перемещается вверх, в пэ[106], и, соответственно, свет уходит из малхут. Затем свет уходит из зэир анпина, из рош, из гуф[107] и далее — по такой же схеме. Постепенно экран уменьшается в голове, постепенно же уходит из парцуфа и свет. Следовательно, исход света из парцуфа происходит в четыре стадии: хохма, бина, зэир анпин, малхут.

Чем отличаются кетэр, хохма, бина, зэир анпин и малхут в рош парцуфа от соответствующих сфирот в тох или в соф или от таких же сфирот света в парцуфе? Они отличаются мерой участия кли в распространении света (или, наоборот, в исторжении). Самое малое участие кли, то есть авиюта, в действии, в давлении, в смешении со светом наблюдается именно в голове парцуфа.

Здесь присутствует свет, который принимается во внимание лишь теоретически: что же у меня есть из моих желаний и в каком виде я могу с ними работать? Затем — внутри парцуфа — свет просто распространяется внутри кли, согласно заранее принятому решению. Здесь нет никакого действия

---

[105] **Ор хая** — («свет жизни»), свет сфиры хохма (авиют 3).
[106] **Пэ** (рот) — часть, в которой происходит взаимодействие Высшего света с экраном — малхут дэ-рош.
[107] **Гуф** (тело) — следствие принятого в рош решения в действии. Состоит из «тох» (внутренняя часть, туловище) и «соф» (конечная часть), то есть из части, которая получает свет, и части, в которой творение создает ограничение на получение света.

Возникновение миров

со стороны кли, и потому это распространение как бы является процессом полной отдачи, подобно распространению света от Творца на нулевой стадии.

Когда кли начинает ощущать свет в себе, чувствует, что оно его получило, и начинается воздействие на него со стороны малхут, возникают стадии хохма, бина, зэир анпин, малхут. Причем, хохма соответствует третьей стадии, бина — второй, зэир анпин — первой и малхут — нулевой. Так обозначается мера участия малхут. Затем свет полностью уходит из всех частей.

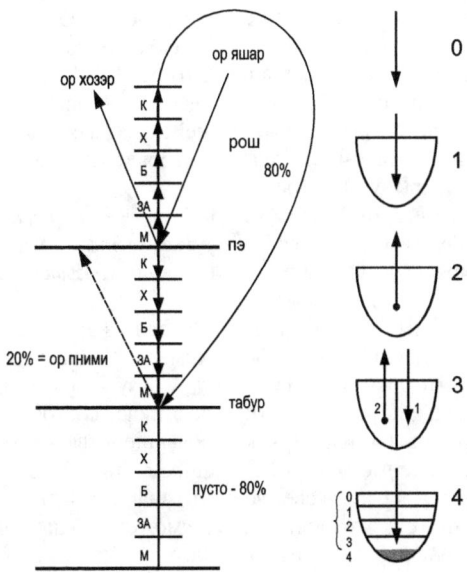

Рис. 4.3. Распространение и исторжение света в парцуфе, давление внутреннего (ОП) и окружающего (ОМ) света на масах, находящийся в табуре.

В каком случае мы говорим обо всех этих частях (кетэр, хохма, бина, зэир анпин и малхут), рождающихся при осветлении экрана[108]? Когда речь идет о свойствах кли. Каким образом появляется кли? Ведь дело не в том, что существует желание и оно принимает в себя больше или меньше света. Процедура распространения света в келим заключается в том, чтобы со стороны малхут по отношению к свету возникли всевозможные столкновения. Возникают же они как раз в некудот. Именно исторжение света из парцуфа

---

[108] **Осветление экрана** — исторжение света вследствие давления внутреннего (ОП) и окружающего (ОМ) света; уменьшение силы сопротивления желанию насладиться ради себя.

создает некудот (точки), из которых потом строится линия или буква[109] (имеется в виду желание). Некудот являются наиважнейшими следствиями этого процесса.

Следовательно, главнейшая информационная и вообще самая важная для всего процесса часть — это постепенное, медленное ослабление экрана. Суть не в том, что экран ослабляется и выталкивает весь свет, а в том, что это происходит ступенчато.

В то время как малхут выталкивает свет, она находится в таком взаимодействии с ним, что вынуждена освободиться от него. Запись этой слабости малхут, этой необходимости освободиться от света, который она не в состоянии оставить в себе, называется воспоминанием (решимо[110]), информационной записью, буквами — «отиет». Это самое главное, что у нас остается.

Миры являются фильтрами на пути света к душе. Фильтры создаются как раз в процессе постепенного, ступенчатого вмешательства малхут в свет во время исчезновения его из парцуфа, когда она не может находиться с ним в контакте и выталкивает его ввиду своей слабости.

4.3. Мир Адам Кадмон

Рождение парцуфим

Итак, кли было полностью, насколько это возможно, наполнено светом. Оно сделало «зивуг дэ-акаа»[111]: расчет — сколько может в себя получить. Каким образом кли производит этот расчет? Оно исходит из того, что в текущем состоянии в нем есть решимот 4/4[112]: четыре дэ-итлабшут и четыре дэ-авиют (частица «дэ» на арамейском языке, нередко используемом в каббале, означает принадлежность).

Количество света, которое в нем было, называется итлабшут, а имевшееся желание называется авиют.

Исходя из этого кли и действует: принимает в себя какую-то порцию света. Сразу же вслед за принятием света возникает состояние абсолютного несовершенства — то, чего в духовном мире быть, в общем-то, не может. Что это значит? Кли останавливается, оно не может дальше получать, потому что здесь на желания получать ради Творца нет экрана.

---

[109] Подробнее это объясняется в разделе «Исследование мироздания».
[110] **Решимо** — воспоминание, запись о предыдущем состоянии.
[111] **Зивуг дэ-акаа** (ивр. «ударное соитие») — ударное взаимодействие света с экраном, при котором экран препятствует распространению света в стадии далет (желании насладиться), отталкивает свет обратно к его корню (источнику). В этом явлении есть два противоположных действия: отталкивание света и последующее взаимодействие с ним, приводящее к получению света в кли, потому что свет, отброшенный от бхины далет, превращается в отраженный свет, то есть в иное кли, облачающее и раскрывающее свет в парцуфе.
[112] **Решимот 4/4, 4/3, 3/2, 2/1, 1/0** — каждое предыдущее состояние сосуда (кли), содержащего свет, оставляет после себя два вида решимот (записей, воспоминаний) — решимо от света, который был внутри сосуда, и решимо от экрана (силы сопротивления эгоизму), который у него есть в настоящее время. Эта информация, необходимая для совершения духовного действия, записывается кратко в виде цифр — «4/4» — решимо света: далет (4), решимо экрана: далет (4); «4/3» — решимо света: далет (4), решимо экрана: гимель (3) и т.д.

Возникновение миров

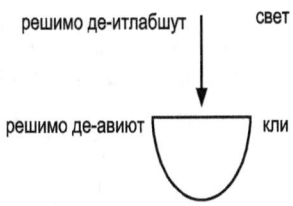

Рис. 4.4. Решимо дэ-итлабшут и решимо дэ-авиют.

Однако получить всего лишь маленькое количество света и на этом остановиться означает невозможность перейти ни в какое другое состояние, ибо если входящий в кли свет остается неизменным и не будет постоянно обновляться, он исчезает. Почему? Потому что исчезает желание.

Наполненное желание перестает существовать. Если оно не ощущается как таковое, то, естественно, и свет не ощущается в нем как наслаждение.

Кли оказывается в состоянии, когда оно обязано что-то делать. Единственный выход — уйти из этого состояния и вернуться в предыдущее. Однако кли возвращается в прошлое состояние уже с другими решимот: не с решимот 4/4, которые были у нее в мире Бесконечности, а с 4/3. Это означает, что оно уже прошло определенный путь и, к сожалению, вследствие этого у него возникли определенные недостатки.

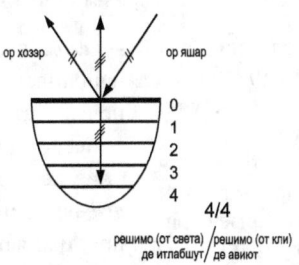

Рис. 4.5. Кли с решимот 4 дэ-итлабщут и 4 дэ-авиют (4/4).

Желание, с которым кли, малхут сейчас может работать с экраном, уменьшилось. Почему? Потому что она убедилась, что предыдущее желание, на которое у нее был экран, привело ее в тупиковое состояние. В ответ малхут совершает следующее действие: начинает работать на уровень, расположенный ниже (вместо авиют 4 — авиют 3), что соответствует нисхождению на одну ступень; вместо внутреннего кетэр она работает на остальные части авиюта[113]: хохма, бина, ЗА, малхут. Соответственно, она наполняет эти келим, но уже совершенно другим светом. Это второе наполнение келим другим светом называется парцуф АБ[114].

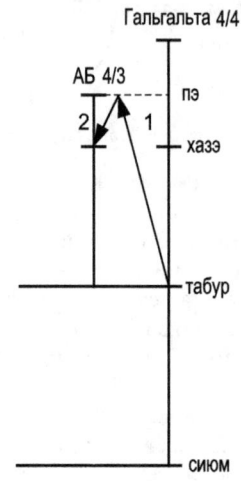

Рис. 4.6. Рождение парцуфа АБ с решимо 4 дэ-итлабщут и 3 дэ-авиют (4/3). Стрелками показаны: 1 – подъем масаха из табура в пэ Гальгальты, 2 – спуск масаха на одну ступень ниже – пэ парцуфа АБ.

Первым при высшем наполнении был парцуф кетэр (*Гальгальта*[115]). Теперь же самое высшее наполнение – *хохма*, поэтому этот *парцуф* называется *парцуф хохма* (*АБ*). Он распространяется только до *табура*, как и предыдущий, но у него нет тех *келим*, которые были у *Гальгальты*, потому что у *Гальгальты* имелись *все келим*. Гальгальта решила нижние *келим* (от *табура* и ниже – *келим*, соответствующие *малхут*) не наполнять. Если *Гальгальта* решила не работать с этими *келим*, но, тем не менее, они в ней все еще есть, то в *АБ* они уже просто отсутствуют. Этот *парцуф* не принимает их в расчет. Он распространяется от *пэ* до *табура* в своих *сфирот*: второе наполнение *светом келим* на *решимот* 4/3.

---

[113] **Авиют** – сила, глубина желания, требования (измеряется по шкале от 0 до 4).
[114] **АБ** – парцуф хохма (мира Адам Кадмон), образованный вследствие зивуга на решимо света – далет (4), решимо сосуда – гимэль (3). Этот парцуф работает с такими желаниями, с которыми предыдущий парцуф (Гальгальта) работать не смог.
[115] **Гальгальта** – первый парцуф, первого мира (Адам Кадмон), образовавшийся после цимцум алеф (первое сокращение) на решимот далет дэ-авиют (4) и далет дэ-итлабшут (4). Парцуф Гальгальта, относительно мира Бесконечности, где светом было заполнено все мироздание, представляет собой лишь тонкий луч света.

Возникновение миров

Решимот всегда диктуют нам, что делать. Почему? Потому что это единственная всеобъемлющая информация: решимот о свете и решимот о кли. Поскольку, вообще, в мироздании есть свет и есть кли, которое создается светом, то, соответственно, любое состояние мы можем выразить лишь в этих двух параметрах. *Чтобы описать любое состояние, нам достаточно света и кли. Информация, определяющая прошлое или будущее состояние (не настоящее), называется решимот. Это запись о свете и о сосуде (кли).*

Итак, АБ наполняется светом соответственно своему экрану с авиютом 3 и получает, естественно, меньше. Он тоже не может работать с малхут: как парцуф Гальгальта не может заполнить малхут (часть ниже табура, соф) своим светом кетэр, так и АБ не может заполнить ее своим светом хохма. Каждый из пяти парцуфим, которые будут рождаться (Гальгальта, АБ, САГ, МА Элион, БОН Элион), не сможет наполнить парцуф Гальгальта ниже табура (ее соф).

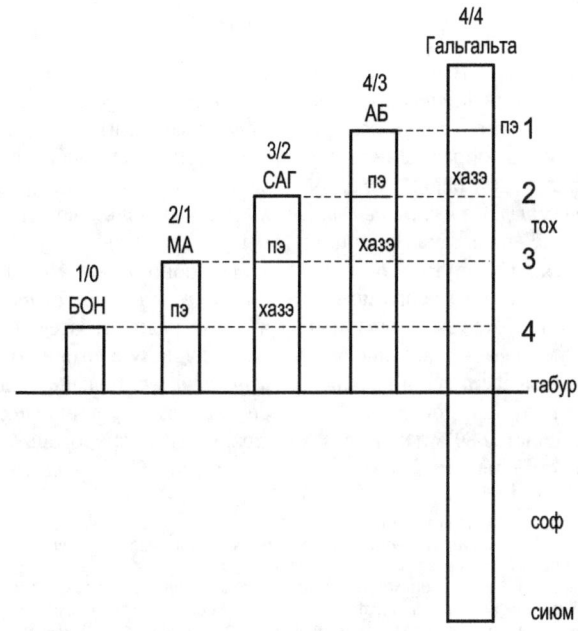

Рис. 4.7. Пять парцуфим мира Адам Кадмон (АК).

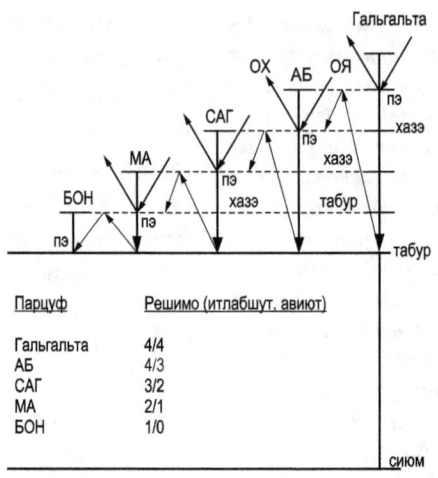

Рис. 4.8. Рождение парцуфим мира АК.

Почему *АБ* не распространяется вниз? Он не может наполнить *малхут* — нижнюю часть *Гальгальты* — своим *светом*. Затем *АБ* получает определенное количество *света* в свои первые *сфирот*. У него был *ор кетэр*[116] в *кли дэ-кетэр*, а сейчас — *ор хохма*[117] в *кли хохма*. Он также останавливается на полпути, и ему также приходится принимать решение в тупиковой ситуации. Это так называемый «битуш-пним-умакиф» — **давление внутреннего и окружающего света на экран**. Когда *парцуф* получает, допустим, 20% света, у него остается 80% неиспользованным. Эти 80% неиспользованного света, в принципе, должны были бы заполнить *малхут*. Однако, поскольку *малхут* заполнить нельзя, эти 80% света, вернее, его невостребованность, давят на *табур*, границу, которая не позволяет воспользоваться этими огромными желаниями.

Подобно этому *АБ* под воздействием *окружающего* его *света* (*ОМ*) решает, что ему надо обязательно вернуться к предыдущему состоянию, то есть *парцуф Хохма* уже больше не действует, *пэ*[118] спускается с уровня *кетэр* на уровень *хохма*, затем на уровень *бина*, и возникает *парцуф САГ*[119] — *парцуф Бина*.

---

[116] **Ор кетэр** — свет наивысшей ступени, ор йехида.
[117] **Ор хохма** — весь исходящий от Творца свет, то есть свет, включающий в себя все, что желает дать нам Творец, определяется как сущность и жизнь творения.
[118] **Пэ (рот)** — часть, в которой происходит взаимодействие Высшего света с экраном — малхут дэ-рош.
[119] **Парцуф САГ** (парцуф бина) — парцуф мира Адам Кадмон с решимот гимэль (3) дэ-итлабшут и бэт (2) дэ-авиют. Это значит, что САГ работает только на отдачу (решимо бэт, бина), однако САГ имеет также итлабшут гимэль — воспоминание о предыдущем состоянии (парцуфе АБ, парцуфе Хохма). Поэтому внутри парцуфа САГ есть небольшое свечение света хохма.

Возникновение миров

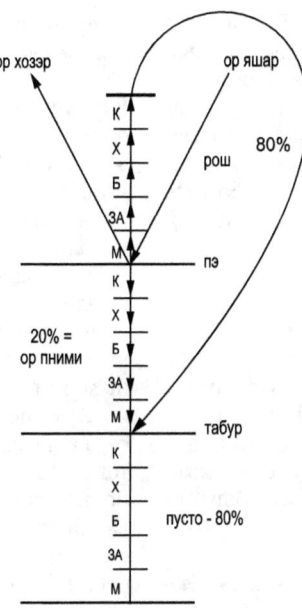

Рис. 4.9. Давление внутреннего (ОП) и окружающего (ОМ) света на масах («битуш-пним-умакиф»).

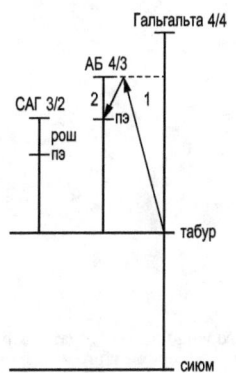

Рис. 4.10. Рождение парцуфа САГ с решимо 3/2.

АБ — парцуф Хохма, САГ — парцуф Бина. В бине, как мы с вами уже говорили, есть зачатки альтруистического намерения, желания отдавать. Бина по своим свойствам желает быть подобной кетэру, а кетэр не хочет ничего получать, только отдавать. Это его намерение отдавать и делает САГ особенным парцуфом.

4.4. Особенность парцуфа САГ

Что происходит в САГ? Начиная с Гальгальты, которая вышла на решимот 4 дэ-авиют и 4 дэ-итлабшут, в любом следующем парцуфе решимот дэ-авиют и решимот дэ-итлабшут не являются одинаковыми.

Решимот дэ-итлабшут — это воспоминания о прошлом свете, который у меня был. Решимот дэ-авиют — это информация об экране, который у меня имеется на данный момент.

В стадии решимот 3/2 решимо 3 говорит о том, что в нем еще присутствуют воспоминания о свете хохма. Воспоминание о свете хохма — это стремление к свету хохма, оно создает в САГ дополнительную подсветку.

Хотя на авиют 2 сюда приходит ор хасадим[120], но на итлабшут 3 тут есть немного ор хохма[121]. Когда САГ начинает избавляться от света, поскольку не может противостоять его давлению и желает поднять экран обратно от табура к пэ, ор хохма исчезает, и остается только ор хасадим. Ор хасадим полностью подобен кетэр, желанию отдавать, поэтому это свет, который может находиться везде, для него нет ограничений. Желание получать здесь преразуется в желание отдавать.

---

[120] **Ор хасадим** — свет, который творение желает отдать, вернуть Творцу. Он представляет собой огромное наслаждение от подобия Творцу, оттого, что ты находишься вместе с Ним, что в тебе есть та же информация, что и в Творце. Ты знаешь Его мысли, чувства, ты постигаешь то, что есть в Нем, находишься на одной ступени с Ним.

[121] **Ор хохма** — весь исходящий от Творца свет, то есть свет, который включает в себя все, что желает дать нам Творец, определяется как сущность и жизнь творения.

Возникновение миров

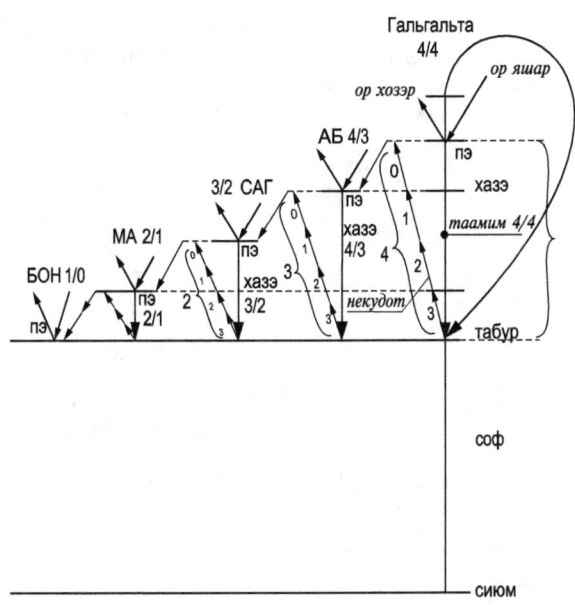

Рис. 4.11. Порядок рождения парцуфим в зависимости от решимот.

Что находится в четвертой стадии[122], в ее окончании, там, где расположено желание получить – новое желание со стороны творения, когда это новое творение делает *цимцум*[123]? Там находится *ор хасадим*, потому что *цимцум* совершается ради уподобления Творцу, когда творение не желает получать. Поэтому внизу, внутри этих желаний, присутствует *ор хасадим*, и совершенно не важно, какой при этом *авиют* у парцуфа: 3 (как в *АБ*) или 4 (как в *Гальгальте*). Почему это не важно? Потому, что они *подобны друг другу*. Когда свет заполняет *кли*, он властвует в нем абсолютно, то есть настолько, что самого *кли* не чувствуется.

Желание уподоблено *свету*, он заполняет его, как стакан наполняется напитком. Для нас важен сам напиток, а не стакан, который мы употребить не можем. Поэтому, когда возникает

---
[122] **Четвертая стадия** – последняя стадия развития сосуда, в которой появляется новое желание – не просто наполниться от Творца, но насладиться Им самим, Его состоянием, Его статусом, приходящее вследствие ощущения природы Творца.

[123] **Цимцум** (сокращение) – отказ принимать свет из альтруистических соображений; решение скрыть от самого себя свою природу, вообще не использовать свои желания.

подобие по свойствам между *парцуфом САГ* в его *некудот*[124] и в *соф Гальгальты*[125], эти два *парцуфа* становятся подобными друг другу. Они соединяются, поскольку и в том и в другом находится одинаковый *свет — ор хасадим*, и не важно, что в одном *авиют экрана 2-й стадии*, а в другом — *4-й стадии*.

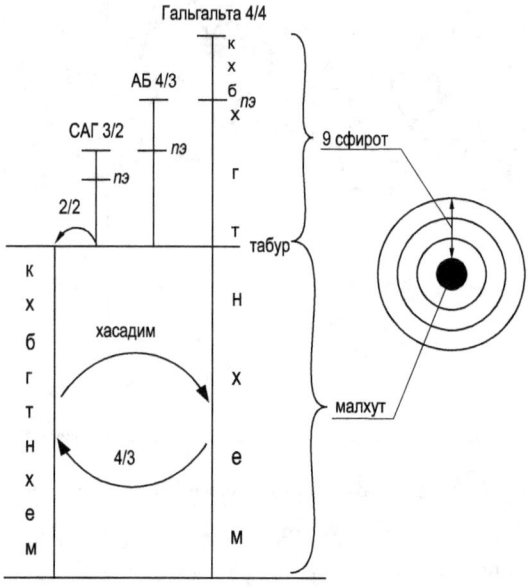

Рис. 4.12. Спуск под табур некудот дэ-САГ (решимо 2/2).

Как только появляется парцуф, наполненный ор хасадим, он может спуститься, как Некудот дэ-САГ[126], под табур Гальгальты и соединиться с соф парцуфа Гальгальты (малхут). Эти два парцуфа практически становятся одним. Вследствие этого возникает особое состояние. Та, полностью изолированная, часть малхут, которая была совершенно ничему не подвластна, в которую невозможно было проникнуть, становится, в принципе, доступной через парцуф, который называется Некудот дэ-САГ.

---

[124] **Некудот** (точки) — свет, исходящий из парцуфа.
[125] **Соф Гальгальты** — часть творения, которая остается пустой, называется соф (конечная), там творение создает ограничение на получение света из-за отсутствия соответствующего экрана. Соф Гальгальты — это малхут, которая не в состоянии ничего получить.
[126] **Некудот дэ-САГ** — промежуточный парцуф, имеющий бэт дэ-авиют (2) и бэт дэ-итлабшут (2) — (чистая бина), возникший в результате подъема экрана и изгнания света в САГ.

Далее на протяжении нашего развития все, что мы делаем, — наполняем малхут через парцуф Некудот дэ-САГ, вплоть до такого состояния, когда сможем на самом деле целиком ее наполнить. Этот парцуф является как бы буфером. Если правильно использовать это свойство хасадим[127], которое только и может быть в контакте с последней частью парцуфа Гальгальты, с малхут, то мы через нее сможем довести все творение до абсолютной наполненности, до исполнения замысла Творца.

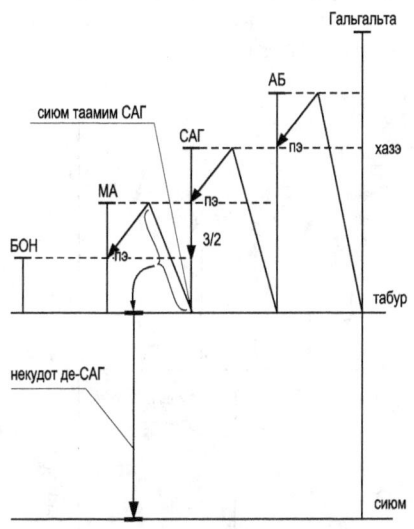

Рис. 4.13. Распространение парцуфа некудот дэ-САГ от табура до сиюм Гальгальты.

Что происходит далее? После того как эти два парцуфа соединяются между собой, вступает в действие их авиют, желания. Желания у них разные, они не были заметны, пока свет властвовал до смешивания этих парцуфов друг в друге. Когда они соединились между собой и перемешались так, что стали обладать одним и тем же светом, то соединились и их уровни — авиют 2 и 4[128]. Получилось, что часть их желаний в парцуфе Некудот дэ-САГ стала иметь авиют от малхут дэ-Гальгальта.

---

[127] **Свойство хасадим** — свойство света хасадим, благодаря которому человек развивает в себе способность к отдаче, альтруизму.

[128] **Авиют 2 и 4** — авиют 2 (бэт) — желание отдавать Творцу (уподобиться Ему). Авиют 4 (далет) — желание быть таким, как Творец, желание стать на Его место, а не наслаждаться светом, из Него исходящим.

В итоге возникает очень интересное сочетание двух систем. Одна система — кетэр, хохма, бина, зэир анпин, или, другими словами, девять первых сфирот — это, в основном, свойство бины, присутствующее в Некудот дэ-САГ. Происходит распространение их сверху вниз, от Творца к творению. Другая система — это малхут, желание получать, соф Гальгальты, творение.

Со стороны соф Гальгальты мы получаем дополнительное желание — то, что творение желает в отношении Творца. В итоге получается, что желание 4, которое переходит от соф Гальгальты к Некудот дэ-САГ, соединяясь с его желанием 2, создает в одном парцуфе две поразительно разные части. Одна часть исходит из Творца, а другая — из творения.

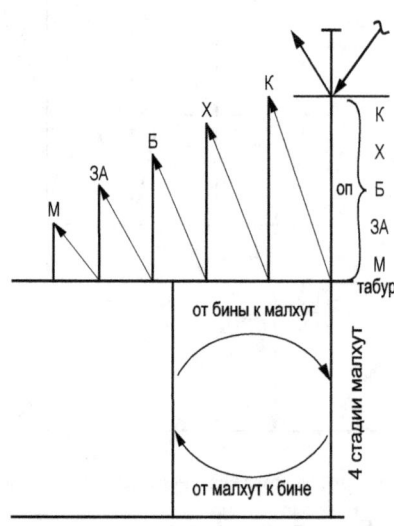

Рис. 4.14. Сочетание бины (свойства Некудот дэ-САГ) и малхут (соф Гальгальты) под табуром Гальгальты.

Теперь нужно только одно: объединить в одном кли свойства творения со свойствами Творца. Как же это произойдет?

Либо мы возьмем такое кли, в котором будет одна часть Творца, а другая часть творения и, допустим, временно нейтрализуя свойства творения, будем работать со свойствами Творца, либо нейтрализуем свойства Творца и будем работать со свойствами творения. Возможно, мы сможем сделать так, чтобы творение переняло у Творца Его свойства и, взяв их себе, работало с ними? В таком случае появляется возможность встречи между двумя противоположными, совершенно не стыкующимися частями мироздания, которые даже нельзя было себе представить.

Это происходит благодаря свойствам бины. С одной стороны, кли желает уподобиться Творцу, и бина как бы является посредником. Если посмотреть на кетэр, хохма, бина, зэир анпин и малхут, то бина находится между ними как промежуточная остановка, как переходник: это кли, творение, которое принимает подобие Творцу, с одной стороны, а с другой стороны, как раз и создает законченное творение — малхут.

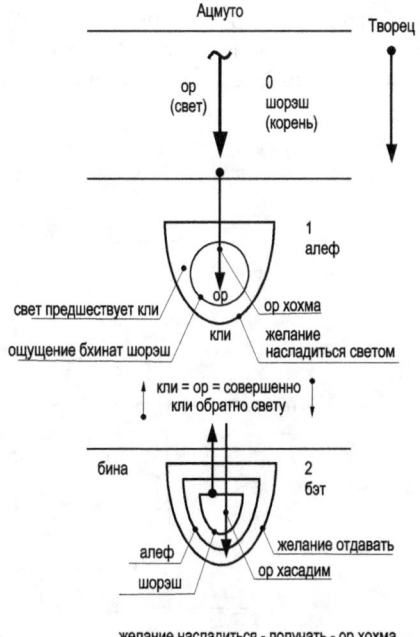

Рис. 4.15. Взаимодействие стадий кетэр (0) и хохма (1) со стадией бина (2). Сочетание свойств отдачи (бина) и получения (малхут).

Малхут может принять свойства бины (потому что это тоже творение), «подарив» свой лишний, дополнительный эгоизм и, таким образом, частично уподобиться Творцу, а затем вернуться к себе со свойствами Творца и начать действовать уже со своим дополнительным эгоизмом и с новыми свойствами, которые она переняла от Творца, от кетэр. В этом сочетании в парцуфе Некудот дэ-САГ возникает совершенно непредсказуемая возможность, действительно, исправить малхут, создать на нее экран и сделать так, чтобы она уподобилась Творцу.

При этом, когда она Ему уподобится, то не станет подобной просто кетэру. Она уподобится тому, что стоит за ним, потому что ее желание — встать на место кетэра, а не просто уподобиться ему по свойствам. Ее желание — быть подобной ему по уровню. Здесь возникает совершенно новая возможность. Мы с вами будем разбирать, как из этой новой возможности, сочетания бины и малхут, возникнет система исправления малхут с помощью бины. Она пройдет еще многие этапы своего предварительного развития, пока не станет действительно системой исправления, но уже сейчас это, по крайней мере, ключ к тому, с чем можно продвигаться дальше.

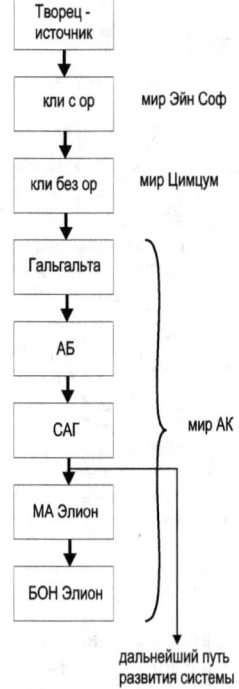

Рис. 4.16. Точка, (на рис. между парцуфом САГ и МА Элион) от которой продолжается дальнейший путь развития системы.

Сверху эти парцуфим заполняются просто: парцуф Кетэр, Хохма, Бина, затем рождаются Зэир Анпин и Малхут. Здесь нужно подчеркнуть только одно: пять парцуфим мира Адам Кадмон выходят[129] на экран, который поднимается — от табура к пэ. Так же и в САГ: от табура дэ-САГ к пэ. Все эти пять парцуфим выходят по одной системе, по одной методике. Только парцуф Некудот дэ-САГ, который спускается, имеет свой совершенно особый путь развития. Он как бы совершенно не участвует в этих действиях. Это абсолютно новое устройство, которое создается для исправления малхут, а парцуфим Гальгальта, АБ, САГ, а потом, МА (Элион)[130] и БОН (Элион)[131] действуют сами по себе.

Эти пять парцуфим должны существовать, чтобы дополнять первые девять сфирот, кроме самой малхут. Малхут комбинируется с той частью Некудот дэ-САГ, которая спускается. Затем появляется мир Некудим[132],

миры БЕА[133] и души[134]. Вся система существует только ради наполнения малхут, это мы будем изучать в следующих главах. Пять парцуфим существуют как поддерживающие первые девять сфирот, как эталонные, как демонстрирующие и проявляющие свойства Творца относительно малхут.

Тест

1. Воспоминания о прошлом свете это:

a. *решимо дэ-авиют*;
b. *решимо дэ-итлабшут*;
c. *тох*;
d. *некудот*.

2. Информация о силе экрана, который был у парцуфа в прошлом, это:

a. *решимо дэ-авиют*;
b. *сиюм*;
c. *рош*;
d. *свет*.

---

[129] **Выходят** = появляются = рождаются в результате взаимодействия экрана и Высшего света.
[130] **МА (Элион)** — парцуф, вышедший на решимот 2/1 (после ослабления экрана парцуфа САГ). Этот парцуф никакого отношения к нам, то есть к настоящему творению, не имеет, а существует только для того, чтобы дополнить мир Адам Кадмон до пяти парцуфим.
[131] **БОН (Элион)** — последний парцуф мира Адам Кадмон, образовавшийся на решимот 1/0, оставшихся от МА Элион. Также как и парцуф МА Элион, этот парцуф существует только для того, чтобы дополнить мир Адам Кадмон.
[132] **Мир Некудим** — особый парцуф (мир), вышедший (из САГ дэ-АК) на решимо (запись, воспоминание) 2/1 — о том, что можно использовать только отдающие желания. Это первый мир, который построен по принципу второго сокращения (ЦБ).
[133] **Миры БЕА** — система миров Брия, Ецира, Асия, созданная из отдающих сосудов, находящихся внутри получающих сосудов (ГЭ в АХАП), с помощью которой души способны поступенчато создать экран для превращения эгоистических свойств в альтруистические.
[134] **Души** — части (600 тысяч) общей души Адама. **Душа** человека состоит из двух компонентов — света и кли, причем кли (сосуд) — это суть души, а свет, наполняющий его, и есть уготованное Творцом наслаждение.

3. Что заставляет парцуф опустошиться от света?
   a. давление внутреннего и наружного *света*;
   b. *внутренний свет*;
   c. *наружный свет*;
   d. давление *экрана*.

4. Какой свет находится там, где желание получать делает цимцум?
   a. пустота;
   b. *ор хасадим*;
   c. *ор хохма*;
   d. *простой свет*.

5. В каком парцуфе возникает совершенно непредсказуемая возможность действительно исправить малхут, создать на нее экран?
   a. в Гальгальте;
   b. в *АБ*;
   c. в *Некудот дэ-САГ*;
   d. в МА Элион.

Глава 5. Краткое повторение пройденного материала

5.1. *Стадии творения и развития кли*
5.2. *Десять сфирот*
5.3. *Каббалистические определения*
5.4. *Мир Сокращения*
5.5. *Экран и отраженный свет*
5.6. *Рош – тох – соф – парцуф (душа)*
5.7. *Возникновение миров*
    Тест.

5.1. Стадии творения и развития кли

0 – *кетэр* – желание Творца создать *кли* и дать ему наслаждение.

1 – *хохма* – рожденное *светом*, но еще не осознанное, несамостоятельное желание наслаждения, как бы связанные вместе *ор* и *кли*. Самостоятельного желания со стороны *кли* еще нет. Естественно, что в стадии *хохма* доминирует *свет*, так как его желание дать наслаждение первично: оно породило *кли*. Поэтому самостоятельные желания в *кли хохма* отсутствуют.

2 – *бина* – впитывая весь *ор хохма*, *кли* приобретает и его желание «давать», предпочитает быть подобным *свету*, давать Творцу, как дает Он.

Рождается новая стадия – *бина*, которая получает наслаждение не от *света*, а от чувства отдачи Творцу. Это наслаждение называется *ор хасадим*.

Бина – первая самостоятельная реакция творения.

3 – *зэир анпин (ЗА)* – чувствуя, что не в состоянии существовать только с *ор хасадим* (ведь *ор хохма* дает ей жизнь), *бина* решается на компромисс: получать лишь необходимое для жизни количество *ор хохма*, а остальное по-прежнему отдавать. Эта новая стадия называется *зэир анпин* и состоит из шести *сфирот*: *хэсэд*[135], *гвура*[136], *тифэрэт*[137], *нэцах*[138], *ход*[139], *есод*[140].

---

[135] **Сфира хэсэд** – желание уподобиться Творцу в зэир анпин, его кетэр.
[136] **Сфира гвура** – сила преодоления эгоизма. Включение свойств хохма в ЗА.
[137] **Сфира тифэрэт** – свойство бина в зэир анпин, состоит из 3 частей: верхние две трети тифэрэт – это ГАР дэ-бина, свойство чистой отдачи, а нижняя треть тифэрэт называется ЗАТ дэ-бина, которая получает свет сверху и передает нижним по просьбе последних.
[138] **Сфира нэцах** – свойство зэир анпина в зэир анпине.
[139] **Сфира ход** – включение свойств малхут в зэир анпин.
[140] **Сфира есод** – сумма всех предыдущих пяти сфирот зэир анпина, то, что затем, из есод, уже как результат, получает малхут.

Рис. 5.1. Соотношение сфиры зэир анпин и основных десяти сфирот.

4 — малхут — чувствуя, что *ор хохма* дает ему жизнь, *зэир анпин* стремится заполнить им всего себя, как в стадии *хохма*. Возникает следующая стадия.

Малхут — настоящее кли, творение, самостоятельно стремящееся получить все наслаждение, которое Творец желает дать. Поэтому только малхут называется кли-создание-творение, а предшествующие стадии — это лишь этапы его развития. Такова воля Творца: создать кли, которое бы само желало насладиться Его светом. Малхут в состоянии полного наполнения светом называется олам Эйн Соф — мир Бесконечности.

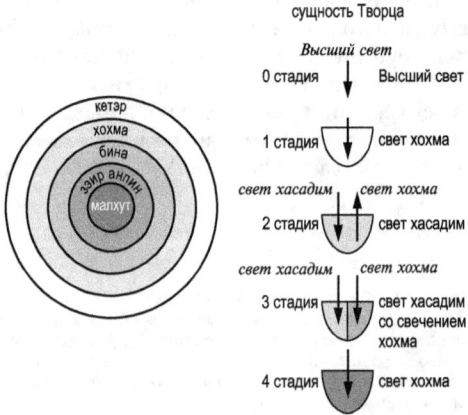

Рис. 5.2. Стадии развития творения – малхут.

5.2. Десять сфирот

Все возможные виды *света*, исходящие от Творца к творениям, сводятся к десяти основным, к 10 *сфирот*: *кетэр, хохма, бина, хэсэд, гвура, тифэрэт, нэцах, ход, есод, малхут*.

Сфирот — это свойства, в которые специально облачился Творец, чтобы таким образом проявлять Себя относительно созданий.

Сфирот не являются Его личными свойствами. О Его личных свойствах мы ничего сказать не можем, Он непостигаем, мы можем постичь лишь то, каким образом Он желает раскрыться нам. Именно эти Его «внешние» относительно нас свойства и называются «сфирот».

Каждое воздействие, направленное от Творца к человеку, — это определенное управление, сигнал, вызывающий в последнем определенную реакцию, ощущение. По этому ощущению сфира и получает свое название. Все виды света сфирот — это управление и отношение Творца к творению, то есть сфирот доводят до творений управление Творца.

5.3. Каббалистические определения

Величина желания определяет емкость *кли*: чем больше желание, тем больше объем *кли*. Так, человек, говоря, что у него в желудке нет места, имеет в виду отсутствие желания его наполнить. Чувство голода порой отсутствует и при пустом желудке.

Движение — изменение желаний, приводящее к появлению новых *келим* (*сосудов*).

Время — последовательность действий в духовном мире.

Когда мы говорим: «*мир Бесконечности*» (*олам Эйн Соф*), то имеем в виду сосуд, полностью (безгранично, бесконечно) наполненный наслаждением, сосуд, в котором нет предела наполнению, то есть неудовлетворенного желания. С этой точки зрения доверху наполненный стакан тоже находится в состоянии *эйн соф*. Таким образом, под бесконечностью подразумевается состояние безграничного насыщения, когда все запросы удовлетворены.

5.4. Мир Сокращения

Предыдущие стадии — хохма, бина, зэир анпин — этапы образования кли, зародышевые стадии, когда свет был первичен, а следствием являлось желание. Первичный свет рождал желание получать, желание отдавать и их совместное воздействие. Малхут — это желание наслаждаться, которое начинает ощущать в себе результат этого воздействия.

Результат данного воздействия в малхут ощущается как стыд[141]. Она

---

[141] **Стыд** (ивр. «буша») — унизительное ощущение эгоизма, единственного творения, по сравнению с альтруизмом, Творцом, свойством абсолютной отдачи. Боль, отвращение к своему состоянию. Эгоизм и ощущение стыда — два проявления одного свойства.

начинает сопоставлять себя, наслаждающуюся светом Творца, и себя, ощущающую Его внутреннее свойство отдачи. Малхут обнаруживает в себе крайнее противоречие: свою природу относительно Его природы, свое желание получать относительно Его свойства отдачи.

Огромное различие свойств, ощущаемое ею, вызывает цимцум алеф — первое сокращение желания: малхут сокращает себя, не желая ничего получать. Чувство ущербности настолько превосходит в ней наслаждение, полностью подавляет и гасит его, что она остается совершенно пустой.

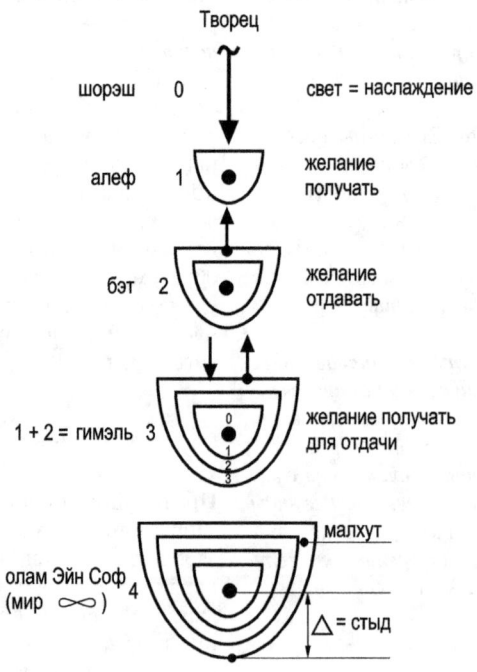

Рис. 5.3. Стадии образования кли.

Малхут остается пустой, но в ней сохраняются все внутренние построения, градации желания, созданные светом. Сам свет при этом исчезает, то есть пропадает ощущение Творца, наслаждения.

Малхут отталкивает ощущение Творца, приходящее к ней, и пытается разрешить сложившуюся ситуацию. В состоянии абсолютной пустоты она не может реализовать ни свойства получения, ни свойства отдачи. Необходимо что-то делать.

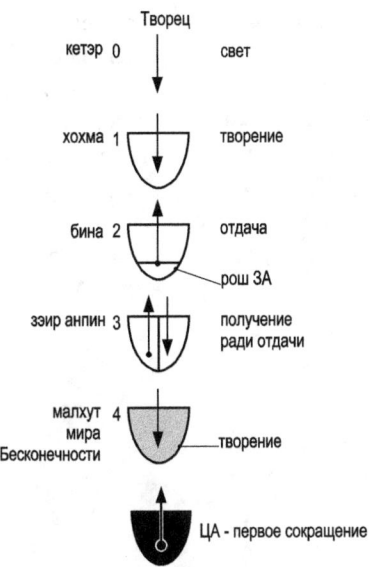

Рис. 5.4. Первое сокращение, объяснение в тексте.

В малхут возникает решение: принимать ради Творца, потому что Он желает насладить творения. Принимая ради Творца, малхут, таким образом, будет давать Ему наслаждение, и получение станет полностью эквивалентно отдаче.

Получается, что природа малхут — не помеха в том, чтобы уподобиться Творцу. Можно уподобиться Ему именно с помощью своей природы, если правильно использовать имеющееся в малхут огромное желание, потому что у Творца относительно этого желания есть свое желание — насладить.

Следовательно, используя оба желания вместе, малхут будет получать потому, что Он желает давать, значит, малхут, тем самым, наполнит не свое, а Его желание. Происходит как бы подъем кли к Творцу и наполнение Его, а не себя. Малхут словно говорит:

Я существую для того, чтобы наполнить Его, так же как Он существует относительно меня только для того, чтобы наполнить меня. В этом мы совершенно подобны и равны.

Такая техника потому и называется «каббала» (получение), что именно правильным получением воздействия Творца мы можем наполнить Его и, таким образом, подняться до Его уровня.

5.5. Экран и отраженный свет

Рассмотрим структуру творения, созданного в четвертой стадии. Свет, выходящий из Творца, называется прямым ор яшар (ОЯ). Он стремится войти в желание, малхут, но наталкивается на экран (масах)[142], который отражает свет назад, к Творцу. Отраженный свет называется ор хозэр (ОХ). Затем экран (масах) вычисляет, какое количество света он все-таки может принять ради Творца. Свет, частично входящий в кли, называется внутренним, ор пними (ОП). Большая часть света, оставшаяся снаружи, называется окружающим светом, ор макиф (ОМ).

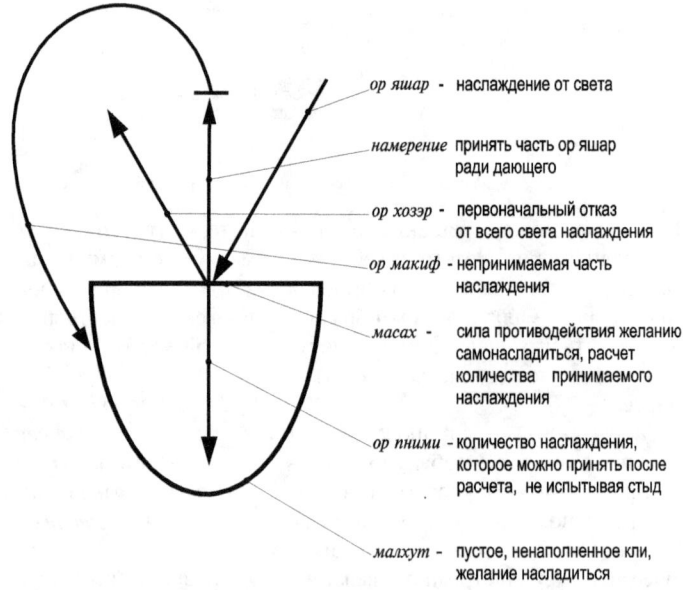

ор яшар - наслаждение от света

намерение принять часть ор яшар ради дающего

ор хозэр - первоначальный отказ от всего света наслаждения

ор макиф - непринимаемая часть наслаждения

масах - сила противодействия желанию самонасладиться, расчет количества принимаемого наслаждения

ор пними - количество наслаждения, которое можно принять после расчета, не испытывая стыд

малхут - пустое, ненаполненное кли, желание насладиться

Рис. 5.5. Структура кли, творения.

---

[142] **Экран** (масах) — «сила сокращения», которая пробуждается в творении относительно Высшего света, с целью предотвратить наслаждение ради себя. Сила преодоления, сопротивления эгоизму (желанию получить ради себя).

5.6. Рош – тох – соф – парцуф (душа)

После сокращения творение может альтруистически принять только небольшую порцию света, допустим, 20%, а остальные 80% оно отталкивает. Та часть творения, где принимается решение относительно того, сколько света войдет внутрь ради Творца, называется рош. Часть экрана, стоящая над малхут и пропускающая свет внутрь, называется пэ.

Часть творения, получающая свет, называется тох (внутренняя часть, туловище), а та, что остается пустой, называется соф (конечная), там творение создает ограничение, заканчивает получать свет. Тох и соф вместе образуют тело – гуф.

Линия, ограничивающая получение света в гуф, именуется – табур. Нижняя граница соф – конечной части называется сиюм, окончание. Весь этот объект полностью и есть творение, душа, парцуф.

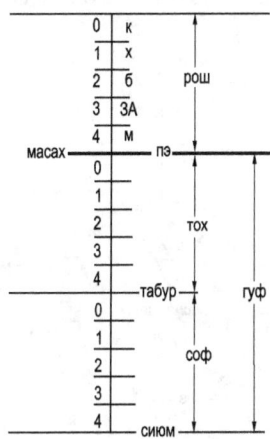

Рис. 5.6. Строение парцуфа.

5.7. Возникновение миров

Малхут начинает действовать: она частично получает свет, частично отталкивает его и таким образом создает градации – парцуфим. Так малхут взаимодействует с Высшим светом.

Желая довести творение до совершенного состояния, Творец должен привести его к тому, чтобы центральная точка, малхут (именно та, которая ощущает себя последней из четырех стадий, а не предыдущие стадии, поскольку их строит в нас Творец), уподобилась кетэру, уподобилась Творцу. Поэтому все, что находится до малхут, так называемые девять первых сфирот, являются средой, в которой она существует.

Чтобы уподобиться Творцу, кетэру, малхут должна преобразовать себя не только изнутри, но и совершить соответствующее внешнее изменение.

Малхут может себя исправить, только приобретя свойство бины. Она должна подняться через зэир анпин в бину и соединиться с ней. Когда произойдет их полное соединение, малхут через хохму сможет достичь кетэра.

Каким образом малхут вообще может подняться со своего места? Проблема в том, что ощущения наслаждения от получения и от отдачи совершенно разные, они вызывают в малхут противоречие, противостояние (обозначается буквой «дельта»). Чтобы свойство малхут исправить с помощью бины, им необходимо каким-то образом соединить, включить свои свойства одно в другое.

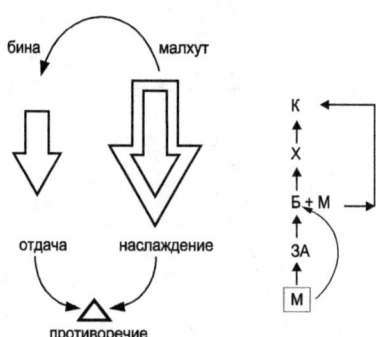

Рис. 5.7. Соединение малхут с биной; поднятие малхут через хохма в кетэр.

Как это сделать? Главная задача, стоящая сейчас перед творением: каким образом подготовить себя к тому, чтобы начать исправляться. Подготовка производится с помощью ряда последовательных действий.

Первое действие: малхут делает сокращение (цимцум алеф) в мире Бесконечности на весь свет. Затем малхут создает градации в получении света. В ней существует четыре стадии и пятая стадия, кетэр. Малхут желает принимать свет в зависимости от того, какой у нее будет экран, то есть мера подобия свету, свойству отдачи. Она создает пять парцуфим: делит себя на четыре стадии. Расчет при этом такой: «Если у меня будет экран на все мое желание, я буду получать ор йехида, если на четыре вида желания — ор хая, если на три вида желания — ор нэшама, если на два вида желания — ор руах, если на один вид желания — ор нэфеш». Так получается НАРАНХАЙ — пять орот, соответствующих пяти ступеням экрана[143].

Таким образом, малхут располагает вверху Творца, затем — фильтры, и внизу — себя. В зависимости от силы ее экрана в нее проходит: или ор нэфеш, или руах, или нэшама, или хая, или йехида. Малхут как бы защитила, проградуировала себя в соответствии с силой своего экрана.

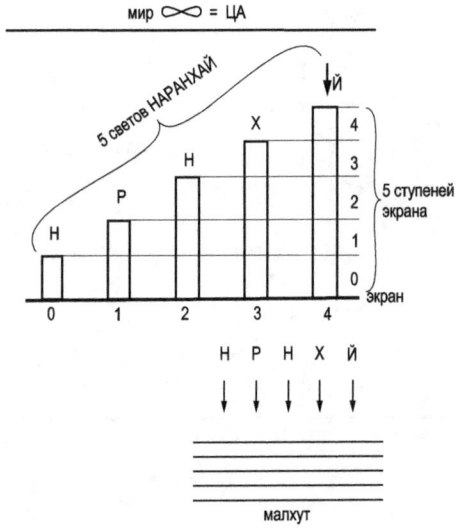

Рис. 5.8. Наполнение малхут светами нэфеш, руах, нэшама, хая, йехида в зависимости от силы экрана (на рис. 0, 1, 2, 3, 4).

Все это происходит в мире Адам Кадмон (АК)[144], состоящем из пяти ступеней: Гальгальта, АБ, САГ, МА, БОН. В них присутствуют, соответственно, желания авиюта (силы) четыре, три, два, один, ноль. В зависимости от силы экрана эти желания наполняются светами НАРАНХАЙ: нэфеш, руах, нэшама, хая, йехида.

---
[143] **Пять ступеней экрана** — экран (сила сопротивления эгоизму) измеряется в соответствии с силой (авиютом) желания. Поскольку желание имеет пять уровней авиюта — 0, 1, 2, 3, 4, то и экран делится на пять ступеней.

[144] **Адам Кадмон** (сокр. АК) — первый и наивысший из духовных миров (АБЕА), возникший после ЦА, получающий свет из мира Бесконечности, первое скрытие на Высший свет. Корень, источник, зародыш создания человека в нашем мире.

Эти парцуфим еще не относятся к самому творению, они являются фильтрами, задерживающими Высший свет — свет бесконечности, входящий в Гальгальту. Через нее свет проходит по этим парцуфим, которые фильтруют его в зависимости от того, какие экраны есть в творении: в соответствии с ними творение и получит Высший свет. Итак, мир Адам Кадмон совершает цимцум алеф, выстраивая малхут под Высший свет.

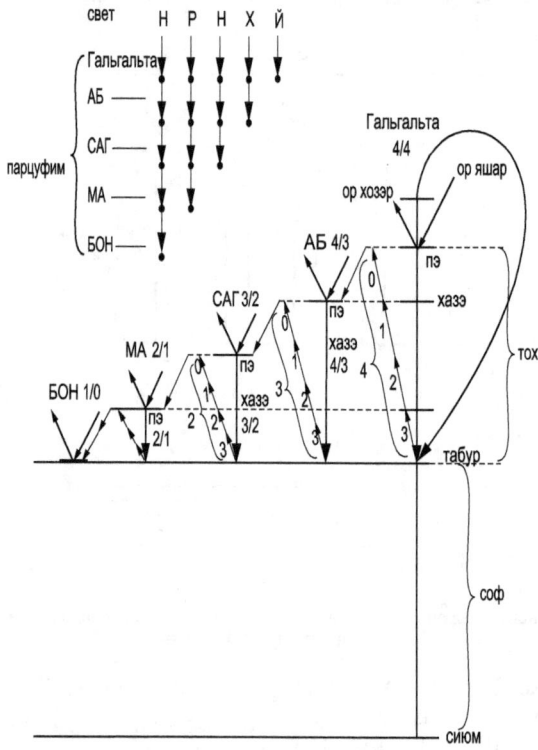

Рис. 5.9. Порядок входа света в мире Адам Кадмон. Объяснения в тексте.

Свет в мир Адам Кадмон входит следующим образом: сначала через Гальгальту входит ор нэфеш, затем, когда выходит следующий парцуф АБ, то этот свет проходит через Гальгальту и затем входит в АБ. Таким образом, в Гальгальте находятся уже два света: нэфеш и руах. Затем, когда выходит парцуф САГ, ор нэфеш входит в него.

Первый свет, который входит в парцуф всегда называется нэфеш.

Затем ор руах проходит вниз, в АБ, а в Гальгальту входит свет, называемый ор нэшама. Затем, когда рождается парцуф МА, то ор нэфеш спускается в него, потому что МА сейчас вышел первым.

Тогда в САГ спускается ор руах, и в АБ спускается ор нэшама, а в Гальгальту приходит ор хая. Когда рождается парцуф БОН, в него спускается ор нэфеш, ор руах спускается в МА, нэшама — в САГ, хая — в АБ, и ор йехида входит в Гальгальту.

То есть полностью все пять парцуфим: Гальгальта, АБ, САГ, МА, БОН мира Адам Кадмон получили весь свет НАРАНХАЙ. Так они и распределились: в Гальгальта есть все пять видов света — НАРАНХАЙ, в АБ есть четыре — НАРАНХ, в САГ — три — НАРАН, в МА есть ор нэфеш, руах и в БОН есть только ор нэфеш. Таким образом распределяется свет через все парцуфим. В принципе, все парцуфим представляют собой как бы фильтры, и свет мира Бесконечности проходит через них. Поэтому естественно, что ор йехида — наверху, далее, по нисходящей: хая, нэшама, руах и нэфеш внизу. Таким образом, чем ниже находится парцуф, тем меньше света к нему поступает, но, в итоге, все парцуфим мира Адам Кадмон получают весь свет НАРАНХАЙ.

Тест

1. Свет, выходящий из Творца, называется:

a. прямой свет;
b. отраженный свет;
c. внутренний свет;
d. окружающий свет.

2. Часть парцуфа, которая остается пустой, называется:

a. тох;
b. гуф;
c. пэ;
d. соф;

3. Совершенное состояние творения достигается, когда *малхут* **уподобится:**

a. *ЗА;*
b. *хохме;*
c. *бине;*
d. *кетэру.*

4. *Малхут* **может исправить себя, только приобретя свойство:**

a. кетэра;
b. хохмы;
c. бины;
d. ЗА.

5. От чего зависит, какой свет будет находиться в парцуфе:

a. от силы света;
b. *от силы экрана;*
c. *от степени скрытия Творца;*
d. *от силы самого* парцуфа.

Глава 6. Соединение свойств Творца и творения

Вступление
6.1. *Свойство бины и свойство малхут*
6.2. *Соединение свойств бины с малхут*
    Тест

Вступление

Мы приступаем к изучению новой темы, которая называется «Исправление под табуром (соединение свойств бины с малхут)». Если до этого мы рассматривали чисто теоретические вопросы, то есть изучали, каким образом и в каком месте происходит ЦА (первое сокращение), где еще не существовало нашего корня, то теперь мы начинаем исследовать явления, происходящие в нас.

Наш корень — это малхут, центральная точка творения, находящаяся в центре темного пространства. Эта черная точка совершенно не приспособлена к тому, чтобы впитать в себя какие-либо духовные, альтруистические свойства, и поэтому она сделала на себя сокращение, то есть отказалась принимать в себя свет, работать с собой.

Каким же образом можно ее исправить? Ведь кроме нее исправлять, в сущности, нечего, все остальное — это Творец, свет Творца, свойства Творца, девять первых сфирот, а она, десятая сфира, полностью себя сокращает.

Исправить малхут можно только одним способом: соединить ее с биной. Если мы сможем смешать свойства малхут со свойствами бины так, чтобы малхут подавила себя и до некоторой степени приняла на себя свойства бины: действовала с ее намерением и одновременно с собственным эгоистическим желанием, то такой симбиоз вполне возможен. Подобная связь между ними позволит малхут уподобиться Творцу если не в своем внутреннем, то хотя бы во внешнем свойстве.

Мы приступаем к изучению того, как происходит процесс исправления[145]. Это очень непростой вопрос. Он является для нас краеугольным, потому что мы частички этой черной точки — малхут, и если нам не удастся найти связи с биной, то мы не начнем исправляться.

Наша главная задача — обнаружить первый контакт с биной. Это

---

[145] **Исправление** — изменение намерения: наслаждаться не ради собственного удовольствия, а потому, что этого желает Творец, то есть получать ради Творца.

называется переходом через махсом[146] в *Высший мир*. *Затем мы будем каждый раз решать одну и ту же задачу: как подтянуться и еще больше слиться со свойствами бины, чтобы максимально реализовать малхут. Соединение малхут и бины — это основное и, можно сказать, единственное действие, которое есть в мироздании, когда Творец (бина) и малхут (мы) соединяются вместе, чтобы улучшить свойства малхут (себя).*

Если я таким образом обращаюсь к Творцу (к бине) и желаю Его раскрытия, слияния, сближения с Ним, чтобы исправить свои свойства, Он мне раскрывается. Проблема в том, что я не стремлюсь исправляться, а желаю Его по каким-то другим причинам. Мне кажется, что я от этого буду чувствовать себя лучше, комфортнее, жизнь станет светлее, благодатнее. Если бы я желал исправиться, то Творец в тот же момент раскрылся бы мне, притянул меня, дал мне исправление.

Сначала мы будем изучать, каким образом этот процесс происходит в мире Некудим, а из дальнейших занятий постепенно узнаем, как он реализуется все ближе и ближе к нам — вплоть до того, как это происходит в нас самих. Этот материал достаточно сложный для понимания, но понемногу он будет усваиваться.

Мы должны помнить о том, что, изучая процесс нашего слияния с биной, с Творцом, как нам следует взаимодействовать с Ним, мы, тем самым, притягиваем на себя Высший свет[147], заключенный в Нем, который начинает исправлять нас.

Ничего страшного, если мы не все понимаем, — это неважно. Главное — вникать в процессы и *стремиться в них участвовать*. Мы желаем, чтобы воздействие духовных сил проявилось в нас. Все, о чем пишут каббалисты[148], они обнаружили в себе и описали, исходя из личных постижений. Человек, *малхут* внутри себя ощущает все эти действия. Извне не совершается ничего. Вне *кли*, вне *души*, вне нас ничего не происходит, есть лишь *простой Высший свет*. Поэтому, если вы что-то не понимаете, просто **желайте, чтобы эти действия произошли в вас, чтобы вы явно их в себе обнаружили, сделались их участником.**

6.1. Свойство бины и свойство малхут

Намерение[149] на отдачу называется свойством бины. Намерение получить, насладиться называется свойством малхут. Чтобы создать творение и довести его до наивысшего уровня,

---

[146] **Махсом** — непроницаемая оболочка, граница между духовным и этим миром.
[147] **Высший свет** — ощущение присутствия Творца; свет, создающий в нас желание отдавать, правильное намерение, все, что необходимо, чтобы получить впоследствии раскрытие Творца внутри себя.
[148] **Каббалист** — ученый, обладающий духовным органом ощущения — экраном, который позволяет исследовать духовный мир, воздействие Творца на себе.
[149] **Намерение** — расчет, мотивация по отношению к свету (Творцу).

Творец создает желание насладиться (первую стадию), наполняет его, и внутри наполнения помещает еще и Себя, то есть Свое ощущение. Как только желание насладиться ощущает внутри наполнения еще и Наполняющего, оно должно уподобиться Ему, то есть начать отдавать, а не получать.

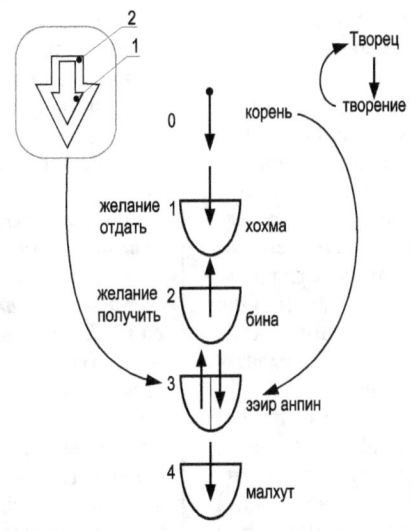

Рис. 6.1. Создание и реализация желания получения с намерением ради отдачи.

Таким образом, свет воздействует на кли, наполняет его и качественно изменяет — самостоятельно мы никогда ничего не сможем с собой сделать, то есть само желание в нас создает свет, он же наполняет нас и изменяет наше желание.

Человек ничего не должен искать внутри себя. Самостоятельно пытаться измениться — пустая трата сил и времени. Никакими собственными усилиями ничего сделать невозможно, бесполезно стараться прыгнуть выше себя. Надо это четко помнить и все

время себя таким образом настраивать: только свыше может прийти свет, который в состоянии исправить и изменить меня.

Это мы видим на рисунке: создание с помощью света эгоистического желания насладиться, наполнение эгоистического желания, передача этому эгоистическому желанию ощущения Творца. В первой стадии светом создается желание — желание наполниться светом. Затем свет наполняет желание. Это первая стадия, первая часть первой стадии, его верхняя составляющая. Затем, внутри света проявляется свойство кетэр: свет приходит снаружи, он действует наслаждением — входит в кли и наслаждает.

Иными словами, внутри проявляется его нулевая стадия, в которой находится Творец, — свойство самого света. Это происходит постепенно. Сначала проявляется первая стадия, а затем, когда свет входит в кли, начинает проявляться более высокая нулевая стадия. У кли возникает желание быть всегда подобным тому, что его наполняет. Поэтому в следующей, более низкой части желания насладиться появляется желание отдавать. Оно реализуется во второй стадии. Всегда прежде проявляется то, что посылается, а затем — его источник.

То же самое происходит с желанием на второй стадии (бина): проявляется желание получать внутри желания отдавать. Оно исходит из первой стадии (внутри желания отдавать находится желание получать — верхняя часть), то есть сначала проявляется нижняя половина, а потом внутри нее проявляется ее верхняя составляющая. Бина начинает понимать, что ей надо получать: проявляется верхняя половина. Бина и состоит из этих двух свойств: желания отдавать и желания получать.

Это первое творение, состоящее из собственных свойств и свойств Творца. Далее появляется еще и третья стадия (зэир анпин) — смешение первой (хохма) и второй (бина) части, когда бина желает получать для того, чтобы реализовать отдачу, и тогда она начинает понимать, что такое Творец. Тем самым она уподобляется Творцу.

В бине происходит только уподобление Творцу по намерению, а в третьей стадии — в зэир анпин — уподобление Творцу по действию. Теперь бина получает для того, чтобы отдавать. Таким образом, здесь присутствует как бы первая стадия — хохма и вторая стадия — бина. Реализуется желание получения ради отдачи.

Действие, при котором малхут полностью подобна свойству нулевой стадии или кетэру, вызывает в ней понимание, что такое быть Творцом. Поэтому в малхут возникает желание иметь статус Творца, подняться на Его уровень. Последняя стадия — малхут — желает не просто получать и наслаждаться, а получать, наслаждаться и быть по статусу равной Творцу. Это желание не пришло от Творца к творению, а зародилось в творении, когда оно уподобилось Творцу и стало понимать, что это означает.

Это желание в малхут является самостоятельным, оно не возникло путем прямого поступления от Творца. Поэтому малхут и называется творением, желанием, которого раньше не было. Оно появляется не за счет Творца, а как самостоятельно существующее. Если бы оно исходило от Творца прямым путем, как хохма или бина, мы бы не называли его творением. Это была бы просто система, созданная Творцом и автоматически Им приводимая в действие. В данном случае это не так.

В *малхут* проявляются не существовавшие ранее желания, не

созданные непосредственно Творцом по ходу распространения *прямого света*. Поэтому четыре стадии (ноль, один, два, три) называются четырьмя стадиями **распространения прямого света**, прямого воздействия Творца, а стадия *малхут* уже не находится в пределах этих четырех. Она является их непрямым следствием, и поэтому желание в *малхут* является новым, исходящим из самого творения.

Творение захотело быть равным, полностью подобным Творцу. В чем? В том, что подобно Ему по действию – получает ради отдачи. Получение ради отдачи эквивалентно отдаче, эквивалентно корневой стадии. Малхут поняла, что значит отдавать, а исходя из этого осознала, что испытывает тот, кто отдает.

Если мы разделим третью стадию, то тоже обнаружим в ней две составляющие. Одна из них – действие получения ради Творца, то, что было задумано в бине, как рош, голова, а в зэир анпине выполняется автоматически. В нижней части зэир анпина происходит осознание того, Кто такой Творец, если Он так действует. Отсюда возникает желание малхут быть подобной Творцу.

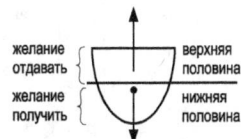

Рис. 6.2. Разделение стадии зэир анпин.

Что значит, быть подобной Творцу? Уподобиться верхней части кетэр. Малхут желает подняться на данный уровень. Это и называется стремиться к своему Источнику: не просто к свету, удовлетворяющему желания, а к Самому Источнику этого света. Мы видим, что свет нас наполняет, исправляет, приводит к самому наивысшему результату, даже к своему Источнику. Воздействие света на малхут, на эгоизм происходит так, что свет поднимает творение выше самого себя. Представляете, до своего Источника – это выше самого света!

Таково его воздействие на желание насладиться, на малхут.

6.2. Соединение свойств бины с малхут

Где же все кардинально перемешивается и проявляется критическая точка? Критическая точка – это бина. Она является переходным пунктом между действиями Творца.

Свет создает желание, внутри желания получить он создает желание отдавать, и желание принимает решение отдавать и получать ради отдачи.

Если я реализую желание получать ради отдачи (а мы уже знаем, как оно реализуется, — в виде экрана на малхут), это значит, что у меня есть малхут — желание получать, перед которым я ставлю экран и получаю ради отдачи. Это эквивалентно действию Творца отдавать. Такое действие поднимает меня на Его уровень, и это не просто эквивалент — я становлюсь таким, как Он, по статусу. Таким образом, наша задача в том, чтобы, находясь в состоянии малхут, каким-то образом овладеть свойствами бины.

Это происходит в нас, в системе миров следующим образом: малхут ощущает в себе изменения, поскольку сама состоит из предыдущих стадий — ноль, один, два, три и самой себя — четвертой стадии. Первые стадии в ней — это свойства четырех прямых стадий, первых девяти сфирот (их девять, потому что третья стадия, зэир анпин, состоит из шести частей: хэсэд, гвура, тифэрэт, нэцах, ход, есод).

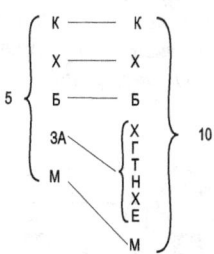

Рис. 6.3. Соотношение деления на 5 сфирот и на 10 сфирот.

В первых девяти сфирот нет проблемы сделать расчет и получить весь свет ОП (ор пними[150]) на отдачу ради Творца. При этом, в принципе, с малхут ничего не происходит, она не становится подобной Творцу, потому что эти четыре стадии включены в нее.

Четвертая стадия находится под табуром[151], а первые девять сфирот или три первые (с нулевой по третью стадии) — над табуром. Поскольку малхут состоит из пяти частей (кетэр, хохма, бина, зэир анпин, малхут), то и получение в малхут пяти соответствующих видов света происходит последовательно: кетэр, хохма, бина, зэир анпин, малхут. Так рождаются пять парцуфим, называемых пять парцуфим мира Адам Кадмон (АК)[152].

---

[150] **Ор пними (внутренний свет)** — свет, который входит внутрь исправленного желания получать.
[151] **Табур** — линия, ограничивающая получение света в «гуф» (тело), образует разделение между «тох» (внутренняя часть кли, наполненная светом) и «соф» (конечная, незаполненная, пустая часть тела).
[152] **Пять парцуфим мира Адам Кадмон** — Гальгальта, АБ, САГ, МА, БОН.

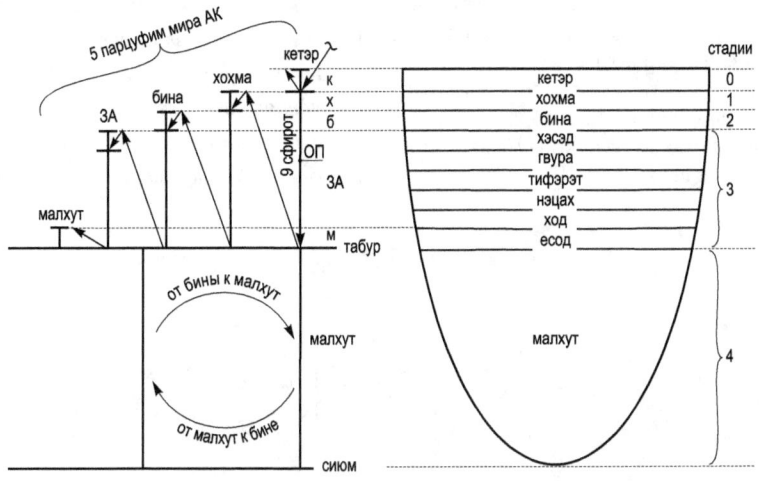

Рис. 6.4. Взаимодействие малхут и бины под табуром Гальгальты.

Наполнились первые девять сфирот, но малхут при этом ничего не получила. В ней отсутствует сила на получение ради Творца. Чтобы она смогла что-то получить, ей (как мы видим из четырех стадий прямого света) необходимо каким-то образом обрести свойства бины. Малхут сможет это сделать только при условии, если бина войдет в нее.

Допустим, бина начинает нисходить в малхут. Если она сможет связаться с ней, передать малхут свои свойства (от бины в малхут), то малхут сможет обрести их — свойства Творца совместно со своими. Другими словами, окружающий свет может так подействовать на нас, что мы обретаем экран. В нас возникнет намерение не ради себя и появится возможность выйти в ощущение Высшего мироздания.

Мы рассмотрим, каким образом это делается в мирах.

Проблема в том, что бина может воздействовать на малхут только в той мере, в какой это необходимо малхут. Для того чтобы бина смогла узнать, как воздействовать на малхут, то есть для того, чтобы Творец как бы узнал, каким образом Он может воздействовать на создания, Он должен состоять из них, включать в Себя их свойства, их особенности, их слабости, их природу. Поэтому нужно не только сделать так, чтобы бина воздействовала на малхут, но чтобы и малхут воздействовала на бину, чтобы свойства малхут передавались бине. Система исправления малхут должна включать следующие этапы: кетэр, хохма, бина, ЗА, малхут. Малхут должна подняться в бину, находиться в ней и создавать в бине четкое ощущение своих свойств, качеств, недостатков и слабостей. Исходя из того, что она получила от малхут, бина может воздействовать на нее, согласно этим свойствам, возникшей обратной связи. Необходимо создать конкретный цикл взаимной связи.

Замкнутый цикл связи между биной и малхут называется системой миров. Система, в которой малхут и бина соединяются вместе, малхут обретает свойства бины и становится подобной Творцу, называется душой.

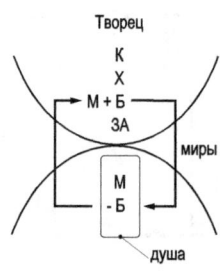

Рис. 6.5. Система миров и строение души, их взаимодействие.

Из кли, созданного в мире Бесконечности, из малхут возникают две части: первая — миры, существующие в бине, то есть то, как она воздействует на малхут, а вторая — души, или малхут, включающая в себя свойство бины. Разделение мироздания на эти две составляющие необходимо для того, чтобы привести малхут к подобию Творцу. Каким образом это достигается? Вначале создается система бины со встроенными в нее недостатками, свойствами и слабостями малхут. Эта система называется системой миров Некудим[153] и Ацилут[154] (мы будем подробно изучать строение этих миров в последующих главах).

Для того чтобы бина вобрала в себя все отрицательные качества малхут, она должна спуститься со своего высокого духовного уровня. Бина — это свойства отдачи, с помощью которых постигаются только внешние ощущения. Таким способом она и может ощутить свойства малхут, желающей только получать, самонаслаждаться, никоим образом не выходить за свои пределы. Эти два свойства — малхут и бина — противоположны друг другу. Как же они могут в таком случае соединиться,

---

[153] **Некудим** — особый парцуф (мир), вышедший (из парцуфа САГ) на решимо (запись, воспоминание) 2/1 — о том, что можно использовать только отдающие желания.
[154] **Ацилут** — система управления. Управляя потоком нисходящего от Творца света, мир Ацилут воздействует на нас.

как одно сможет включить в себя другое? Чтобы произвести слияние двух противоположных свойств, происходит процесс, называемый разбиение желаний (швират келим)[155], при котором одновременно бина и малхут претерпевают такое воздействие Высшего света, что обе они полностью теряют свои изначальные предпосылки получать и отдавать и соединяются вместе именно под ударным воздействием света[156].

Тест

1. Наш корень — это...
a. кетэр;
b. хохма;
c. бина;
d. малхут.

2. В бине малхут уподобляется Творцу только по:
a. намерению;
b. действию;
c. замыслу;
d. желанию.

3. В третьей части — в зэир анпин — малхут уподобляется Творцу по:
a. намерению;
b. действию;
c. замыслу;
d. желанию.

4. Переходным звеном между действиями Творца и творения является:
a. ЗА;
b. хохма;
c. бина;
d. кетэр.

5. Система, в которой малхут обретает свойства бины и становится подобной Творцу, называется:
a. миры;
b. душа;
c. прямой свет;
d. наш мир.

---

[155] **Разбиение желаний (сосудов), («швират келим»)** — исчезновение связующего экрана между различными свойствами, желаниями, исчезновение альтруистического взаимодействия между собой.
[156] **Ударное воздействие света** — удар («акаа») — определенный процесс взаимодействия между Высшим светом и экраном; столкновение противоположных желаний, целей.

Глава 7. Разбиение сосудов

7.1. Смысл разбиения
7.2. Второе сокращение (цимцум бэт)
7.3. Смешение бины и малхут
     Тест

7.1. Смысл разбения

Желание, созданное Творцом, состоит из десяти *сфирот: кетэр, хохма, бина, хэсэд, гвура, тифэрэт, нэцах, ход, есод, малхут*. Все эти желания самостоятельны. В *мире Бесконечности* каждое из них действовало само по себе — в четырех стадиях распространения *прямого света*. После *сокращения* в *мире Бесконечности* и принятия решения работать только с *намерением* ради Творца все эти желания объединяются и становятся одним целым, все они работают только на отдачу, каждое насколько может.

В любом желании содержатся его «поджелания» — частные желания, состоящие в свою очередь также из десяти сфирот. В итоге получается сто сфирот, и все они работают на отдачу Творцу. Каждую из этих десяти сфирот можно разбить еще на десять, и еще на десять, и так далее. Пока они склеены между собой одним экраном, *они подобны единому телу, полностью работающему на одну мысль, на одно действие и не важно, что делает любая из его частей, — каждая делает что-то, чтобы приблизиться к цели.*

В таком случае, это творение считается одним, над всеми желаниями стоит голова — рош. Рош, состоящая из кетэр, хохма, бина, решает, сколько я могу получить и сколько не могу получить для отдачи Творцу, и получает, в итоге, в теле — гуф.

Если же *экрана (масаха)* нет, то эти желания становятся абсолютно разобщенными — они разбиваются, отделяются друг от друга, между ними исчезает «клей», который собирал их все в единое действие, *намерение*, устремление к чему-то одному. В этом и заключается смысл разбиения.

Разбиваются не сами желания — разрывается единство в их работе ради одной цели.

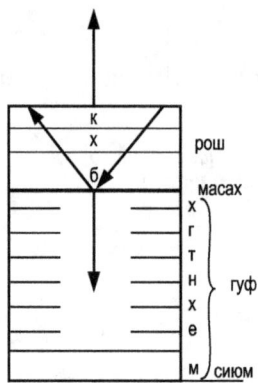

Рис. 7.1. Строение желания: рош и гуф.

7.2. Второе сокращение (цимцум бэт)

Далее необходимо смешать свойства малхут и свойства бины. Это осуществляется в мире Некудим. От парцуфа САГ, олицетворяющего собой бину, нисходит свойство бины и смешивается со свойством малхут.

На самом деле смешаться они не могут, в итоге они лишь делят парцуф Бины пополам, где верхняя часть – это свойство бины, а нижняя – малхут. Необходимо добиться соединения их свойств каким угодно образом, чтобы потом можно было каждую частичку малхут исправить с помощью соответствующей частички бины.

Парцуф Некудот дэ-САГ[157] спустился от САГ под табур, смешался с малхут и привел к сокращению (цимцуму) в самом себе. Это сокращение называется «цимцум бэт» (ЦБ) – второе сокращение.

Цимцум алеф, первое сокращение, малхут произвела на себя относительно Высшего света: «Я не желаю его принимать, потому что при таком получении я противоположна Творцу». Затем малхут проградуировала себя экраном относительно Высшего света. Теперь она полностью защищена от самой себя, то есть малхут уже не даст возможность Высшему свету распространяться в ней ради нее самой, она понимает, что это значит.

---

[157] **Некудот дэ-САГ** — промежуточный парцуф, имеющий бэт дэ-авиют и бэт дэ-итлабшут (чистая бина), возникший в результате подъема экрана и изгнания света в САГ.

Разбиение сосудов

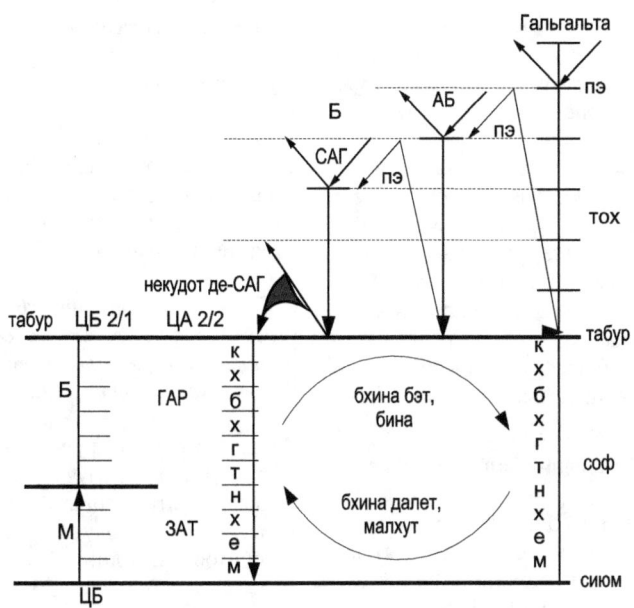

Рис. 7.2. Поднятие малхут в сфиру тифэрэт парцуфа Некудот дэ-САГ.

Теперь происходит другой вид сокращения: не в малхут, а в бине. Когда в САГ[158] попали свойства малхут от парцуфа НЭХИ дэ-Гальгальта[159] (второй, нижней части Гальгальты), парцуф Бины сократился.

Бина изначально состоит из двух частей: верхняя называется ГАР (гимэль ришонот — три верхние сфиры), а нижняя — ЗАТ (заин тахтонот — семь нижних сфирот). Верхняя часть бины — отдающие свойства, собственно бина, а нижняя часть — получающие свойства, качества будущей малхут. Нижняя часть создана в бине для того, чтобы получать свет. Сейчас ее нижняя часть принимает свойства малхут, и таким образом происходит сокращение бины в бине. Бина понимает, что в том месте, где она прониклась свойствами малхут, ни в коем случае нельзя принимать свет.

---

[158] **САГ** (парцуф бина) — парцуф мира Адам Кадмон с решимот гимэль (3) дэ-итлабшут и бэт (2) дэ-авиют. Это значит, что САГ работает только на отдачу (решимо бэт, бина), однако САГ имеет также итлабшут гимэль (3) — воспоминание о предыдущем состоянии (парцуфе АБ, парцуфе хохма). Поэтому внутри парцуфа САГ есть небольшое свечение ор хохма.
[159] **НЭХИ дэ-Гальгальта** — сфирот нэцах, ход, есод парцуфа Гальгальта.

Подъем малхут до середины бины с целью оставить только отдающие келим, а все получающие келим сократить, называется «цимцум бэт».

Появляется новый сиюм, новая граница распространения света. Если раньше свет мог полностью распространяться в бине, то сейчас он может заполнить ее лишь до этой границы и не ниже. Свет не должен проникнуть в свойства малхут, иначе нарушится запрет цимцум алеф. Это новое условие, новая граница называется «парса[160]».

7.3. Смешение бины и малхут

Мы получили элемент творения, в котором бина и малхут находятся в одном парцуфе, однако они еще разделены между собой. Теперь их необходимо смешать, и тогда в этом парцуфе можно будет исправить малхут с помощью бины. Это достигается разбиением мира Некудим.

Возможно, чертежи могут многим показаться сложными, но для нас главное — уловить сам принцип творения.

Общее, глобальное понимание смысла существования каждого действия, каждого блока необходимо человеку для того, чтобы увидеть принцип творения, осмыслить, что это действительно существует и имеет в нашем мире соответствующие следствия. Такое знание дает ему основу, на которой он начинает строить себя.

Итак, парцуф Некудот дэ-САГ спускается под табур парцуфа Гальгальта, происходит подъем малхут в бину, и затем рождается катнут[161] (малое состояние) парцуфа мира Некудим.

Катнут — это парцуф, согласный действовать только со свойствами бины и совершенно не принимающий во внимание свойства малхут.

Затем этому парцуфу начинает казаться, что он может получать для того, чтобы наслаждать Творца: «Сверху Творец, а я внизу. Если я получаю от Творца ради того, чтобы наполнить Его, значит, тем самым я как бы отдаю Ему, и возношу свое кли. Внизу у меня остается только мое «Я» — моя точка в сердце».
У этого парцуфа возникает абсолютно четкое, достоверное впечатление, что если он сейчас примет Высший свет, то такое его действие будет равносильно отдаче Творцу. Он полностью уверен, что у него это получится.

Он пытается это сделать, но безрезультатно. В итоге экран разбивается. Свойство малхут внизу и свойство бины наверху остаются свойствами, только экран на них разбивается, и вследствие этого появляются разбитые келим.

---

[160] **Парса** — представляет собой вид масаха (экрана), который не позволяет свету перейти границу, разделяющую парцуф на ГЭ (сфирот кетэр и хохма и верхняя часть бины; отдающие келим) и АХАП (нижняя часть бины, ЗА и малхут; получающие келим).

[161] **Катнут** (малое состояние) — состояние парцуфа, не использующего рош (голову), то есть в нем есть сфирот от хэсэд до малхут, а у большого парцуфа, в дополнение к малому, есть еще кэтэр, хохма, бина, то есть рош или большое состояние (гадлут).

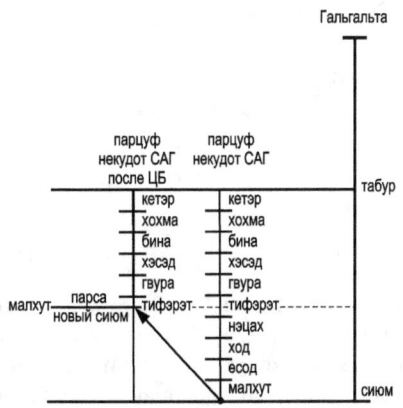

Рис. 7.3. Образование нового окончания (парса), второе сокращение (ЦБ).

Разбиение сосудов (швират келим) *— это процесс, который мы обязаны пройти еще до того, как попадем в разряд творений. Иначе мы не называемся творениями. Творения — это те, кто ощущает Творца и может пребывать в связи с Ним. Под связью подразумевается обмен данными, состояниями, чувствами и действиями. Нет творения без Творца, и нет Творца без творения. Невозможно дать кому-либо имя, если напротив нет никого, называющего его этим именем. Поэтому на данных этапах мы пока говорим не о творении, а о подготовке будущего творения.*

Итак, далее возникает система под названием: «мир Некудим», в которой и происходит разбиение. Вначале создается малый парцуф, где можно действовать исключительно в части бины. Это называется малым состоянием (катнут) мира Некудим. Затем появляется парцуф большого состояния (гадлут[162]) мира Некудим, когда система решает, что кроме гальгальты вэ-эйнаим[163] (ГЭ) (отдающие келим) можно присоединить к себе также и АХАП[164] (получающие келим), чтобы вести получение ради отдачи во всем парцуфе: и в гальгальте вэ-эйнаим (ГЭ), и в АХАПе.

---

[162] **Гадлут** («большое состояние») — состояние парцуфа, имеющего экран — силу противодействия своей эгоистической природе, возможность не только **не** получать для себя, но и получать ради отдачи. В таком случае, парцуф наполняет все свои желания — все 10 сфирот — ор хасадим и ор хохма.

[163] **Гальгальта вэ-эйнаим** — кетэр, хохма и верхняя часть бины (ГАР дэ-бина) вместе называются «гальгальта вэ-эйнаим» (ГЭ) или отдающие, альтруистические сосуды (келим).

[164] **АХАП** (озэн, хотэм, пэ) — сфирот нижней части бины, зэир анпин и малхут, в которых есть желание получить. Сосуды (келим) получения.

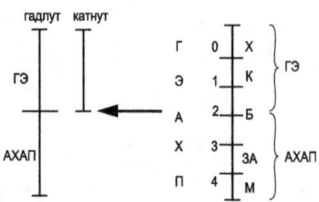

Рис. 7.4. Малое (катнут) и большое (гадлут) состояния парцуфа мира Некудим.

Однако осуществить это не удалось, и произошло разбиение. Внизу действовала сила сокращения, поскольку малхут поднялась в место бины. Такое действие называется вторым сокращением (цимцум бэт): в совместном парцуфе Бины и Малхут нижняя часть малхут не подлежит использованию.

В большом состоянии (гадлут) была начата работа по использованию также и сосудов получения. Однако обнаружилось, что у них нет экрана, и тогда весь парцуф разбился.

При этом бина и малхут перемешались между собой. Части всех сфирот парцуфа во всех своих деталях смешались так, что стало невозможно выделить чистую бину или малхут даже в самой малой крупице разбитых сосудов. Теперь в самом малейшем сосуде бина и малхут будут присутствовать вместе, неотличимые друг от друга.

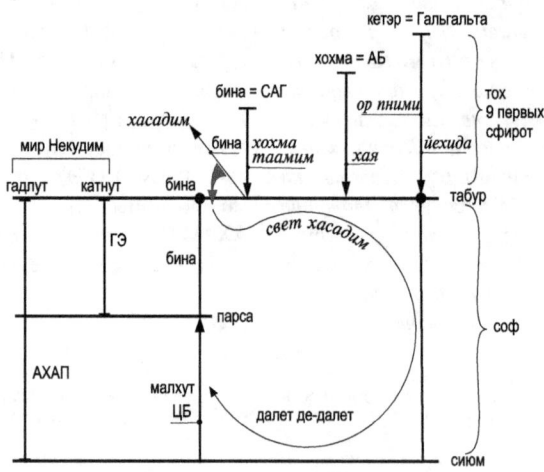

Рис. 7.5. Разбиение сосудов (швират келим).

Вот к чему привело смешение двух этих частей, изначально противоположных друг другу и не способных к сосуществованию. Почему же они все-таки могут уживаться вместе? Ведь в духовном мире, в отличие от материального, невозможно задействовать взрывной напор и при помощи каких-то исключительных средств или материалов силой перемешать одно с другим. Смешение произошло благодаря тому, что бина потеряла свою ступень, вошла в малхут и «испортилась» вместе с ней. Иными словами, экрана теперь нет вообще — ни у сосудов отдачи, ни у сосудов получения. Кроме того, все перемешалось и упало на наихудшую ступень, что привело к разрыву с духовным состоянием.

Тест

1. Рош состоит из сфирот:
a. кетэр;
b. *девять первых* сфирот;
c. *кетэр, хохма, бина*;
d. малхут.

2. Катнут (малое состояние) означает использование только...
a. *получающих* келим;
b. *отдающих* келим;
c. *только* малхут;
d. только кетэр.

3. Второе сокращение (ЦБ) произошло на:
a. отдающие *келим*;
b. *келим Гальгальты*;
c. получающие *келим*;
d. все *келим* под *табуром*.

4. ЦБ — это сокращение в:
a. малхут;
b. бине;
c. кетэр;
d. во всем парцуфе.

5. При разбиении келим исчез (разбился):
a. мир АК;
b. парцуф Некудот дэ-САГ;
c. экран (масах) ;
d. табур.

Глава 8. Мир исправления

8.1. Принцип исправления
8.2. Мир Ацилут, мир Исправления
8.3. Система миров БЕА
8.4. Исправление малхут
    Тест

8.1. Принцип исправления

«Разрыв с духовным» означает, что мы не чувствуем Творца, не ощущаем Его келим, Его воздействия, не можем понять, что такое отдача.

Происходит полное разбиение. Речь идет еще не об этом мире, а о других ступенях. Итак, сосуды разбились. Хорошо это или плохо? Это момент положительный: благодаря разбиению удалось внедрить свойства бины в малхут. Хотя вся система и разбилась, упав с духовной ступени на наихудшую, однако тем самым была достигнута связь между малхут и биной.

Если мы начнем выявлять разбитые сосуды бины и малхут, то увидим, что все они подразделяются на четыре вида:
• кли бины;
• кли малхут;
• кли малхут в бине;
• кли бины в малхут.

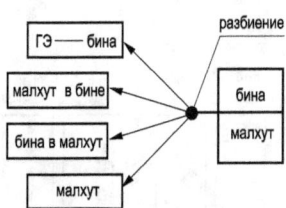

Рис. 8.1. Виды сочетаний свойств бины и малхут в разбитых келим.

Как исправить эти келим? Сосуды, представляющие собой собственно бину, гальгальту вэ-эйнаим — это чистые келим. Если мы исправляем их, то из них можно сразу же выстроить духовный парцуф.

Что касается малхут, то из нее ничего нельзя сформировать. Нужно просто сделать на нее сокращение (цимцум) и вообще не использовать.

Сосуды, которые мы должны только проанализировать, выявив невозможность их использования, называются клипот.

Однако бина и малхут существовали и до разбиения. Кроме них остаются еще два вида келим: малхут, включенная в бину, и бина, включенная в малхут (см. рис. выше). Они и являются тем результатом, который мы ожидали от разбиения, ибо в них малхут и бина соединяются друг с другом и подлежат исправлению. Малхут, включенная в бину, может принять на себя сокращение, экраны и свойства бины. Она способна присоединиться к бине, и тогда бина с вкраплениями малых частей малхут входит в основную бину.

Вследствие этого возникает система мира Ацилут (называемая также миром Исправления). Малое состояние (катнут) мира Ацилут происходит от сосудов бины, а его большое состояние (гадлут) — от присоединения малхут, включенной в бину («АХАП дэ-алия»). Остается последний вид келим: бина, включенная в малхут. Отсюда происходят системы миров Брия, Ецира и Асия.

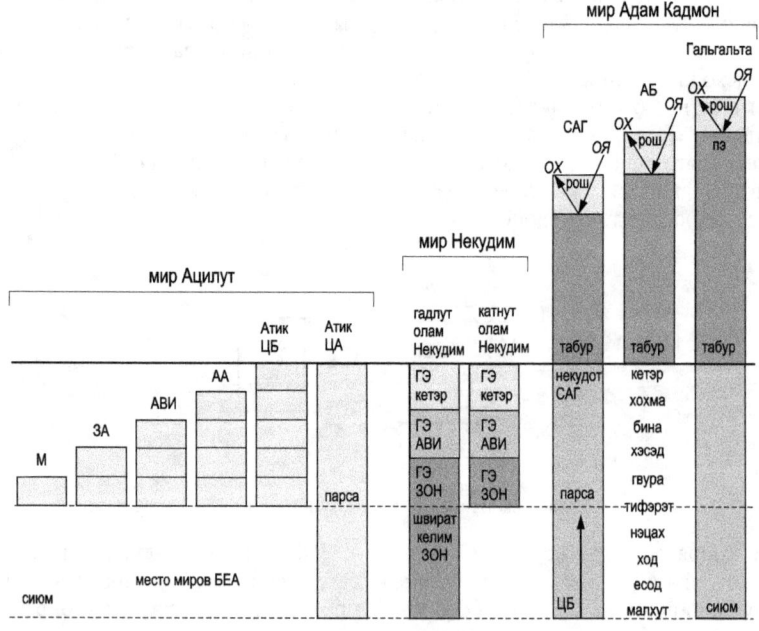

Рис. 8.2. Система мира Ацилут.

8.2. Мир Ацилут, мир Исправления

Как действует мир Ацилут? Над миром Ацилут есть Творец, мир Бесконечности, и мир Адам Кадмон. В мире Бесконечности имеется свет бесконечности[165], а мире Адам Кадмон — пять видов света НАРАНХАЙ[166], соответствующих способности творения принимать их. Далее идет табур, а под ним — система мира Ацилут. Ниже — парса и миры БЕА.

После разбиения под табуром, где малхут соединилась с биной, было произведено исправление сосудов. Таким образом, мир Ацилут — это, по сути, свойства бины и малхут, включенной в бину. Степень вхождения бины в малхут обуславливает построение миров Брия, Ецира и Асия.

Рис. 8.3. Взаимовключение свойств малхут и бины.

Выходит, что, подобно миру Адам Кадмон, разделившему воздействие Творца на пять соответствующих видов света НАРАНХАЙ, согласно экрану первого сокращения, мир Ацилут распределяет их согласно смешению свойств малхут и бины. Сам он находится в гальгальте вэ-эйнаим (отдающих келим). Если малхут может присоединиться к нему, он действует по отношению к низшим, давая им свет. Какие виды света он им дает, зависит от того, в какой степени низшие способны вызвать их своей просьбой.

Возникает очень интересная система. В мире Адам Кадмон малхут

---
[165] **Свет бесконечности** — свет (наслаждение), исходящий из сущности Творца, воспринимаемый нами как Творец; включает в себя все творение от начала и до его окончательного состояния.
[166] **НАРАНХАЙ** — пять видов света, воспринимаемых соответственно пяти ступеням экрана. Творение в мере зависимости от своего экрана (то есть, в какой мере оно подобно свету, свойству отдачи) желает принимать свет. Эти частные меры называются — нэфеш, руах, нэшама, хая, йехида — сокращенно НАРАНХАЙ.

поднялась в девять первых сфирот и распределила типы света согласно экранам. Теперь в мире Ацилут малхут поднялась в бину и произвела распределение согласно смешению сосудов получения с сосудами отдачи внутри себя самой. Иными словами, если внизу находится творение, в котором присутствуют свойства малхут и бины, то в зависимости от своей способности поднять свойства бины над свойствами малхут оно может пробуждать мир Ацилут. Творение поднимает просьбу (МАН[167]), и в соответствии с этим мир Ацилут передает ему свет.

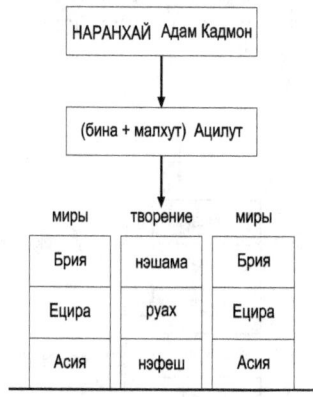

Рис. 8.4. Взаимодействие творения (души) с миром Ацилут, поднятие просьбы об исправлении (МАН).

Таким образом, здесь мир Ацилут действует уже по принципу реагирования. Он ждет, пока снизу все разбитые келим поднимут к нему МАН, и только тогда отвечает им, давая свет. О каких еще разбитых сосудах идет речь? Ведь вся система уже сформирована: мир Ацилут и миры БЕА выстроены. Бина вошла в малхут и выстроила эти миры.

Что происходит в этих мирах? Брия, Ецира и Асия — это бина, вошедшая внутрь малхут и организованная внутри малхут в такой форме, чтобы построить ор нэфеш[168], ор руах[169], ор нэшама[170]. Эти виды света будут влиять на творение, которое будет находиться в этих мирах, но творения пока еще там нет.

---

[167] **МАН** («мэй нуквин» — «воды нуквы») — просьба низшего парцуфа к Высшему о возможности получить ор хохма. Истинное, глубокое желание исправиться и приблизиться к Творцу.
[168] **Ор нэфеш** — свет, получаемый с экраном на самый маленький эгоизм (авиют дэ-шорэш); минимальное ощущение Творца.
[169] **Ор руах** — действие отдачи, основанное на исправленном эгоистическом желании (авиют 1).
[170] **Ор нэшама** — душа, свет, облачающийся в кли бина (авиют 2).

Мир исправления

Можно представить это и другим образом: миры Адам Кадмон, Ацилут, Брия, Ецира, Асия и после них — творение. Над всеми ними — Творец. Почему мы не изображаем это именно так? Потому что творение относится к келим малхут, а келим малхут — это все келим миров Брия, Ецира, Асия (озэн[171], хотэм[172], пэ[173] — сокр. АХАП), поскольку озэн относится к Брия, хотэм — к Ецира и пэ — к Асия. Поэтому творение получает из всех миров (Брия, Ецира, Асия) параллельно — из каждого мира свой свет НАРАН (нэфеш, руах, нэшама).

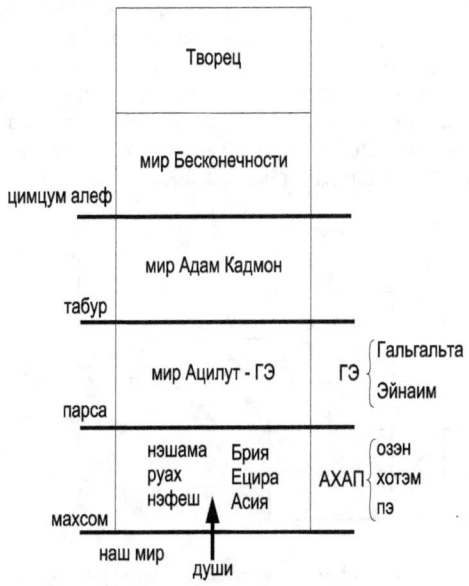

Рис. 8.5. Келим творения (АХАП) в мирах БЕА и соответствующие им ор нэфеш, ор руах, ор нэшама.

Итак, мы пришли к такому состоянию: от мира Адам Кадмон до мира Ацилут происходит уменьшение света, а затем миры Брия, Ецира и Асия градуируют его поступенчато, соответственно степени исправления малхут за счет бины.

---

[171] **Озэн** (ухо) — малхут, которая поднялась в бхину бэт дэ-рош, называется «озэн». Бина в рош парцуфа.
[172] **Хотэм** (нос) — малхут, которая поднялась в бхину гимэль дэ-рош, называется хотэм. Зэир анпин в рош парцуфа.
[173] **Пэ** (рот) — малхут дэ-рош.

8.3. Система миров БЕА

Таким образом, до сих пор была построена система, способная, в случае появления здесь творения, обеспечить ему воздействие, исходящее от Творца сверху вниз, — поступенчатое, раздельное, направленное, построенное таким образом, что если творение разобьется, эта система сможет понять его, подготовить к исправлениям в любых состояниях, а затем начать исправлять его, доведя до окончательного исправления (гмар тикун[174]).

Эта система называется системой миров (олам (мир) — от слова алама (сокрытие)), поскольку в мирах существует сокрытие[175] и раскрытие, определяемое тем, какое воздействие необходимо оказать на творение в каждом конкретном состоянии: сколько в нем необходимо исправить, вызвать в творении осознание зла[176], осознание добра и т.д.

Почему эта система способна к такой работе? Потому что она построена уже из разбитого творения. Она впитала его в себя и была построена из общих, совместных келим, созданных сочетанием разбитых келим бины и малхут. Такова, в сущности, система миров.

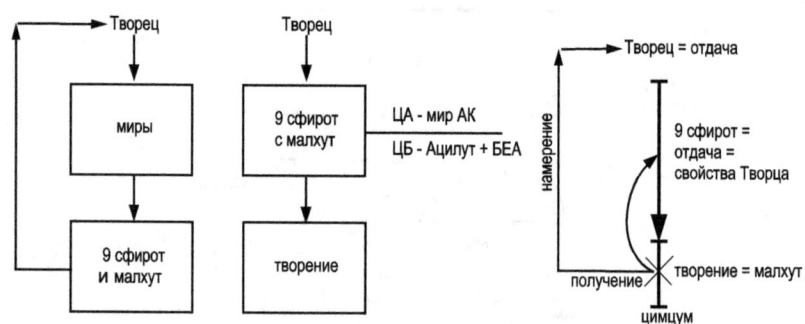

Рис. 8.6. Система для исправления малхут — творения.

Затем появляется собственно творение. Творение — это та же малхут мира Бесконечности[177]. Мы должны

---
[174] **Окончательное исправление** (гмар тикун) — конечное состояние всего мироздания, когда низшая точка творения достигает того же состояния, что и высшая. Полное исправление своих свойств и, соответственно, полное слияние с Творцом.
[175] **Сокрытие** означает недоступность восприятия органам ощущений ввиду отличия свойств. Это либо полное сокрытие, то есть отсутствие ощущения, что Творец всем управляет, либо частичное сокрытие, то есть отсутствие ощущения управления Творца как доброго.
[176] **Осознание зла** — осознание того, насколько мои свойства противоположны свойствам Творца.
[177] **Малхут мира Бесконечности** — четвертая стадия распространения света, в которой созданное Творцом в предыдущих стадиях желание насладиться обретает самостоятельность, делает сокращение и решает принимать свет только ради отдачи Творцу.

исправить эту малхут — именно она и является творением.

8.4. Исправление малхут

Мы говорили, что малхут невозможно исправить, что она не способна перенять никаких свойств Творца, не способна прилепиться к Нему, не способна абсорбировать Его качества. Как же в таком случае она будет исправлять себя, становиться подобной Ему?

Творение не способно включить свойства Творца внутрь своей эгоистической природы. Оно может перенять природу Творца только как намерение[178], надстроенное над своей природой, но не включенное в нее. Творение должно обязательно пройти некое исправление. Этот процесс и называется осознанием самого себя относительно Творца. Именно он и происходит в малхут мира Бесконечности.

Иными словами, невозможно вызвать в малхут мира Бесконечности исправление, которое бы обратило ее в бину, однако можно заставить малхут мира Бесконечности ощутить свое зло, то есть почувствовать, насколько она противоположна свойству бины, свойству Творца. В результате она до такой степени захочет уподобиться бине, что попросит исправить ее. Когда к ней придет свойство бины, оно исправит малхут, дав ей масах (экран), который будет намерением ради отдачи. В такой форме исправление возможно.

Рис. 8.7. Создание над малхут намерения ради отдачи.

Таким образом, природа остается той же самой. Поверх малхут, над природой, добавляется только намерение ради отдачи: сама малхут не может получить большее исправление.

Теперь мы выясним, что такое парцуф Малхут, носящий название

---
[178] **Намерение** – расчет, мотивация по отношению к свету (Творцу).

парцуф Адам Ришон[179] или нэшама (душа). Эта душа может теперь родиться. Сначала выстраивается вся система миров, и это происходит за счет действия и влияния света. Там отсутствует какая-либо свобода выбора и пока еще нет творения. Это просто действия, которые свет, подобно чисто физическим законам, производит над желанием насладиться. Система миров строится за счет взаимодействия желания насладиться и света, несущего наслаждение. Таким образом были построены все миры, от начала и до конца.

После этого в действие вступает малхут мира Бесконечности и рождается в виде парцуфа, называемого Адам (человек)[180]. Процесс рождения Адама изучается в дополнительном курсе.

Тест

1. Из малхут, включенной в бину, образуются:

a. души;
b. миры БЕА;
c. мир Ацилут;
d. лев аэвен.

2. Малхут исправляется посредством получения:

a. *намерения*;
b. *экрана*;
c. свойств *бины*;
d. все ответы правильны.

3. Из бины, включенной в малхут, образуются:

a. мир Ацилут;
b. миры БЕА;
c. свет НАРАН;
d. души.

4. Какой мир является свойством чистой отдачи?

a. *мир Бесконечности*;
b. *мир Асия*;
c. *мир Ацилут*;
d. *мир Ецира*.

5. От чего зависит пробуждение мира Ацилут?

a. от взаимодействия *света* и *кли*;
b. от просьбы творения об исправлении;
c. от Творца;
d. от *мира Бесконечности*.

---

[179] **Адам Ришон** (ивр. первый человек) — созданная Творцом единая душа, состоящая из частей (частных душ), содержащих в себе все остальные части по принципу голографической картины (все во всех).

[180] **Адам** (ивр. человек) — означает «подобный Творцу» («эдомэ ле Элион»), самостоятельно строящий себя для того, чтобы стать Ему подобным.

Глава 9. Краткое повторение пройденного материала

9.1. Адам — особый парцуф
9.2. Разбиение сосудов
9.3. Следствие разбиения
9.4. Порядок исправления
9.5. Исправление АХАП
9.6. Разделение Адама на души
9.7. Путь человека
9.8. Исправление — подобием
Заключение
Тест

9.1. Адам — особый парцуф

От Творца до нашего мира расположено 5 миров, в каждом из которых имеется 5 парцуфим, а каждый парцуф состоит из 5 сфирот. Таким образом, от нас к Творцу ведут 125 ступеней[181].

Проходя все эти ступени, малхут поднимается на самую высшую. Тем самым достигается смешение четвертой стадии, единственного творения, с предшествующими стадиями. Малхут полностью перенимает их свойства и в результате этого становится равной Творцу. Это и есть цель творения.

Чтобы смешать малхут с остальными девятью сфирот, создается специальный парцуф, состоящий из малхут и 9 сфирот — от кетэр до есод. Он называется «Адам».

Древом называются все сфирот строения души. Изначально девять первых сфирот и малхут, десятая сфира, не соединены между собой. Поэтому сказано[182], что Адаму было запрещено есть плоды древа познания добра и зла[183].

Чтобы исправить малхут, необходимо смешать ее свойства со свойствами 9 первых сфирот. Это и достигается в действии «грехопадения Адама»[184]: разбиваются его келим, 9 первых сфирот падают в малхут, и она получает

---

[181] **125 ступеней восприятия** — изменение в качествах от эгоизма к альтруизму и в соответствии с этим постижение Высшего мира, Высшей управляющей силы, единственное свойство которой абсолютная отдача. Ступени градуируются по 5 основным, называемым «миры», каждый из которых состоит из 5 частей, называемых «парцуфим», а каждый парцуф, в свою очередь, состоит из 5 сфирот, итого: 5 миров × 5 парцуфим × 5 сфирот = 125 ступеней постижения духовного мира.

[182] Пятикнижие. Книга Бытия, 2:16,17.

[183] **Древо познания добра и зла** — сфирот зэир анпин (исправленные желания) и точка малхут (эгоистические неисправленные желания). «Есть плоды» этого «дерева» и получать наслаждение познания можно только тогда, когда желания малхут буду исправлены.

[184] **Грехопадение (Адама)** — разбиение сосудов (швират келим), в результате которого смешались альтруистические (отдающие) и эгоистические (получающие) сосуды, желания.

возможность использовать их для осуществления своего подобия Творцу.

Если малхут останется сама собой, без изменений, это будет означать, что она (душа Адам) находится в мире Асия. Если она уподобится 3-й стадии, стало быть, она находится в мире Ецира. Ее подобие 2-й стадии предполагает пребывание в мире Брия, подобие 1-й стадии соответствует нахождению малхут в мире Ацилут, а подобие малхут нулевой стадии равно пребыванию в мире Адам Кадмон.

Все духовные движения сверху вниз — от малхут мира Бесконечности до нашего мира и обратно — заранее предусмотрены. Нет ничего, что не было бы запрограммировано с ориентацией на

Цель творения, когда 4-я стадия уподобляется 3-й, 2-й, 1-й и нулевой стадиям, находящимся внутри 4-й.

Миры — это нисхождение Творца, как бы Его сокращение. Последовательное удаление творения от Творца, пока оно не спускается в наш мир и полностью отрывается от Творца, перестает чувствовать Его.

Начиная подниматься вверх, творение совершает свой путь по тем же 125 ступеням 5-ти миров, которые были созданы сверху вниз для этой цели. В результате подъема на очередную ступень творение получает от нее силы для перехода на следующую и т.д.

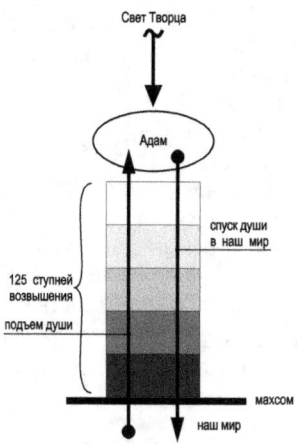

Рис. 9.1. Спуск души в наш мир и ее подъем по 125 ступеням к Творцу.

Спуск по ступеням — это процесс регрессии души, а подъем, *соответственно, ее исправление и совершенствование. При спуске сила*

каждой ступени уменьшается, все больше прикрывая собой свет Творца по отношению к творению. Подъем же все больше и больше раскрывает свет Творца и, следовательно, увеличивает силу, необходимую душе для преодоления этого пути.

9.2. Разбиение сосудов

Чтобы творение смогло в полной мере оценить совершенство и вечность, оно должно состоять из двух противоположных свойств: альтруистических и эгоистических. Вследствие этого возникает необходимость в смешивании этих свойств Творца и творения. Это достигается разбиением этих свойств – лишением их экранов.

Свойства Творца – бина и свойства творения – малхут падают и смешиваются. Такое действие должно произойти в мирах (в мире Некудим) – в системе управления и в душах (разбиение Адам Ришон).

Вначале происходит исправление миров, вследствие чего они становятся пригодными к управлению и приведению душ к исправлению, к цели. После того как миры реконструировали себя, происходит разбиение Адама и затем уже в нас, начиная с нашего времени-состояния, исправление душ.

Когда ор хохма начинает проходить сквозь парсу – границу между желанием отдавать и получать, происходит разбиение сосудов, так как сосуды, находящиеся под парсой, хотят получить свет ради себя, а не ради Творца. Поскольку отдающие сосуды, находящиеся над парсой, соединяются в одно целое с сосудами получения, расположенными под парсой, они разбиваются.

9.3. Следствие разбиения

В эгоистическую часть, малхут, падают 9 альтруистических сфирот, которые малхут пытается использовать для себя. При этом образуется смесь альтруизма и эгоизма. Если на нее окажет воздействие интенсивный свет, способный пробудить малхут и дать ей понимание – кто она и Кто Творец, у нее возникнет стремление быть подобной верхним сфирот, то есть свету Творца.

После разбиения начинают выстраиваться две параллельные системы миров Асия, Ецира, Брия – альтруистическая и эгоистическая.

Душа человека тоже состоит из альтруистических и эгоистических келим. Грехопадение Адама смешало вместе оба вида келим, его парцуф разбился. При подъеме каждой такой частички на соответствующую ступень миров она обретает там соответствующее ей свойство.

Рис. 9.2. Две параллельные системы миров БЕА – альтруистическая и эгоистическая (клипа и кдуша).

Любой парцуф состоит из гальгальты вэ-эйнаим (ГЭ) – отдающих келим, и АХАП – получающих. При разбиении кли у него уже появляются не две части, а четыре: гальгальта вэ-эйнаим, АХАП, ГЭ внутри АХАП и АХАП внутри ГЭ. Такая смесь находится в каждом из разбившихся келим. Цель состоит в том, чтобы разбить каждую частичку и затем отделить ГЭ от АХАП. В процессе отделения свойств ГЭ от АХАП творение обретает понимание действий Творца.

9.4. Порядок исправления

Порядок исправления таков: мир Ацилут направляет на каждую неисправленную частичку луч света, выделяет из смешанной частички ГЭ, поднимает ее к себе, а оставшийся АХАП «отставляет в сторону» как эгоистические келим, не используя их.

9.5. Исправление АХАП

Как исправляются *АХАП*, находящиеся под *парсой*? Они получают огромный *свет*, который позволяет им увидеть свое отличие от Творца. *АХАП* начинают желать исправления и обращаются к вышестоящему *парцуфу*, который по отношению к ним является Творцом, с просьбой позволить приобрести отдающие свойства, обрести экран. Если просьба какого-либо определенного *АХАП* истинна, вышестоящий *парцуф* поднимает его из миров Брия, Ецира, Асия *(БЕА)* в *мир Ацилут*. **Наполнение светом происходит только в мире Ацилут.**

Кроме АХАП, который можно поднять в мир Ацилут, в мирах БЕА остается еще множество келим, не имеющих такой возможности ввиду того, что они не смешаны с ГЭ. Чтобы исправить и эти келим, должно произойти разбиение в душах, подобное уже происшедшему разбиению в мирах.

Для этого малхут мира Бесконечности, находящаяся в сокращении (ЦА), соединяется с келим мира Ацилут. При этом мы получаем комбинацию отдающих келим с получающими, при которой такой парцуф разобьется на мелкие частички вследствие ударного соединения[185] противоположных свойств. Когда отдельные искорки альтруизма и эгоизм перемешаются между собой, появится надежда на исправление малхут с их помощью.

9.6. Разделение Адама на души

При разбиении парцуфа Адам Ришон его тело разделилось на 600 000 частей[186] — частных душ. Каждая из этих частей должна в течение 6000 лет[187], ступеней, совершить свое частное исправление.

| *Часть эгоизма, которой человек может пожертвовать ради Творца, называется его душой.*

Разбившись, желания Адама упали на низший эгоистический уровень. Как следствие этого, в нашем мире отсутствует связь между людьми, они разобщены, и каждая отдельная частица желает лишь эгоистически наслаждаться. Поэтому и созданы в нашем мире специальные условия, помогающие человеку восстановить связь с Творцом, чтобы получить сверху свет исправления.

В течение 6000 лет, то есть, пока еще не все души исправлены, раскрытие Творца в этом мире не ощущается. После того как исправятся все души, возникнет состояние, называемое «конечное исправление» (гмар тикун), и во всем мироздании проявится Творец, этот мир станет совершенным, потому что свет из мира Бесконечности низойдет до него, так как исчезнет парса мира Ацилут, являющаяся преградой для распространения света.

---

[185] **Ударное соединение** (противоположных свойств) (см. зивуг дэ-акаа) — соединение эгоистических и альтруистических желаний посредством удара, «взрыва», вследствие чего альтруистические, чистые желания попали внутрь эгоистических, нечистых. Как результат этого в человеке образовалась возможность свободы воли и самоисправления.

[186] **600 000 частей** (душ) — качественное понятие взаимовключения частных душ (сфирот) в общее совершенное кли (сосуд).

[187] **6000 лет** — время (последовательность действий) исправления получающих келим (сосудов, желаний) во имя отдачи. Это подъемы в трех мирах: Асия, Ецира и Брия — каждому миру соответствует период в 2000 лет.

Такое состояние называется «седьмое тысячелетие»[188].

Когда человек направляет к Творцу просьбу об исправлении всех своих желаний (МАН), на него нисходит свет Творца. Путем последовательных действий человек исправляет свою душу до такой степени, что она становится подобной малхут мира Бесконечности и получает весь свет Творца ради Него.

Высший исправляющий свет приходит из исправленного состояния Адама. Духовный подъем начинается еще в пределах нашего мира[189], в состояниях сокрытия.

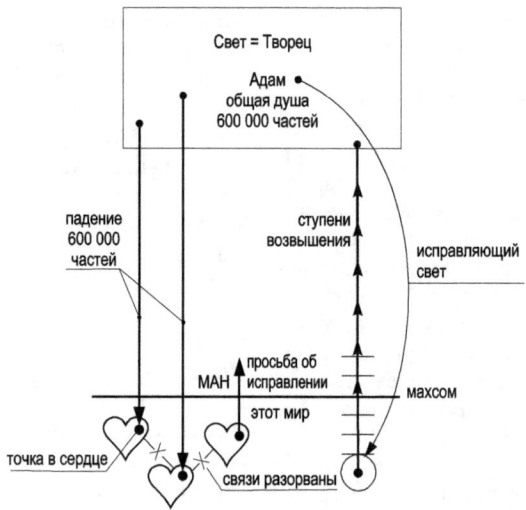

Рис. 9.3. Схема духовного подъема человека, начиная с нашего мира и до своего исправленного состояния в общей душе Адам Ришон.

Все, что мы изучаем, относится только к миру Ацилут и парцуфу Адам Ришон. От того, насколько поднимается человек и какую часть в парцуфе Адам Ришон он занимает, зависит его ощущение мира, в котором он находится в каждый отдельный момент.

---

[188] **Седьмое тысячелетие** — первые шесть тысяч лет мы исправляем себя, так называемые келим АХАП дэ-алия. В седьмое тысячелетие мы заканчиваем это исправление. То, что происходит после этого, не описывается ни в одном каббалистическом труде.

[189] **Наш мир (олам азэ)** — свойство абсолютного эгоизма, ощущаемого в наших пяти органах чувств как пустота (страдание), поскольку он не способен получить свет (наслаждение) в себя.

9.7. Путь человека

Чтобы ощутить духовный мир, необходимо иметь общие с ним свойства. Если из всех моих желаний хотя бы одно в какой-либо своей части будет соответствовать духовным качествам отдачи, через эту точку у меня произойдет контакт с Творцом. Самое сложное — установить первый контакт.

Когда человек получает духовное постижение, он не может ошибиться в том, что оно таковое, он четко это знает. Человеку нужно только стремиться изменить желания. Творец хочет нас исправить и ждет, когда мы Его об этом попросим.

Рис. 9.4. Исправление человека с помощью методики духовного подъема.

Высший свет пребывает в абсолютном покое. Изменяются только души. На каждом этапе изменения они получают от света новую информацию. Творец отвечает только на искреннюю молитву-просьбу. Если ответа нет, значит, это еще не истинное желание. Как только человек будет готов, ответ не замедлит появиться, потому что свет всегда желает войти в кли.

9.8. Исправление — подобием

Рождение пяти миров (Адам Кадмон, Ацилут, Брия, Ецира, Асия) и есть реализация 5-ти сфирот кетэр, хохма, бина, ЗА и малхут, находившихся в самой малхут. Миры сверху вниз распространяются как последовательное увеличение желания получать (авиют[190]): 0, 1, 2, 3, 4.

Миры являются той сферой, где существует душа. Это можно уподобить тому, как мы ощущаем наш мир окружающим нас снаружи, а себя — внутри него. При исправлении органов чувств, изменении своих качеств человек постепенно начнет ощущать следующую сферу, затем более внешнюю и т.д.

Все миры являются как бы фильтрами на пути распространения Высшего света, постигая которые, человек удаляет их один за другим, все больше приближаясь к свету Творца. Если бы свет доходил без ослабляющих сфер, произошло бы разбиение келим человека нашего мира, и он оказался бы в полной власти нечистой системы[191], не имея возможности когда-либо выйти из-под ее диктата.

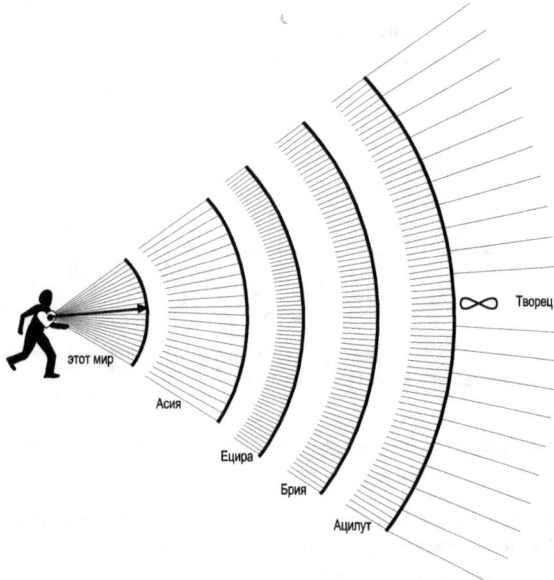

Рис. 9.5. Миры – фильтры на пути распространения Высшего света. Постигая, человек удаляет их один за другим на пути к свету Творца.

---

[190] **Авиют** — сила, глубина желания (измеряется по шкале от 0 до 4).
[191] **Нечистая система** — система миров, использующая все свойства отдачи Творца на благо желания получать.

Постепенно снимая завесы-миры, человек впускает все их в себя и становится таким, как свет. Подобное состояние наступает при окончательном исправлении.

Пребывая внутри миров, человек ощущает их ограничивающую власть. Чтобы снять ограничение, нужно принять на себя внутреннее исправление, соответствующее, например, свойствам мира Асия. Это значит – уподобиться свойству отдачи (Творцу) на нулевом уровне.

Я преодолеваю мир Асия, и он входит в меня, отпечатывается во мне, я уже ощущаю его. Чтобы ощутить мир Ецира, необходимо уподобиться его свойствам, тогда он тоже войдет в меня. Таким образом человек поднимается по ступеням миров.

Задачей человека является вобрать в себя все миры, уподобиться им и на последующих ступенях авиюта: 1, 2, 3, 4. Так исправляется малхут, вбирая в себя свойства 9-ти первых сфирот[192]. В итоге человек выходит за пределы всех миров в мир Бесконечности.

Заключение

Изучая строение духовных миров, в которых находятся корни всего существующего и происходящего в нашем мире, каббала показывает пути, каналы, по которым из Высших миров нисходит программа, на основе которой существует наш мир. Эту программу мы должны понять, чтобы правильно ею пользоваться.

В нашем мире, как и в Высших мирах, все устроено по одной системе: в соответствии с пятиступенчатым нисхождением Высшего света. Миллионами нитей (можно назвать их духовными или информационными) связан наш материальный мир с миром Высшим.

В мире Ацилут находится контрольный блок, управляющий нашим миром. Вся его структура, всевозможные части и подблоки, а также связь между ними определяют то, что существует в нашем мире. Здесь эти свойства обращаются в три основных параметра нашего ощущения действительности: движение, время и место.

Цель человечества состоит в том, чтобы каждый индивидуум (а в итоге и все человечество), находясь в нашем мире, поднялся в своем постижении – причем, в явном, реальном и научном, то есть чувственном – до ощущения мира Бесконечности.

Задача Высшего управления сводится к тому, чтобы поднять человека до более высокого уровня, чем тот, на котором он был создан. Причем произойти это должно в соответствии с собственными усилиями человека – так, чтобы все, что он постигает, осознавалось им явно, разумно, с пониманием, чтобы желание постижения исходило от него самого и все получаемое знание стало

---

[192] **Девять первых сфирот** («тет ришонот») – свойства Творца, проявляющиеся относительно творения, внутреннее кли парцуфим, предназначенное для внутреннего света (ОП). Свойства Творца, вложенные в творение.

осмысленным, определилось как завоеванное им лично.

Изучая управление Высших миров нашим миром, каббала показывает их влияние на каждый участок планеты. В зависимости от этого человек ощущает различные воздействия Высших сил, и, таким образом, изменяется его характер, даже внешность и тому подобное. Мы наблюдаем это на примере народов, населяющих землю. Каббала описывает общую структуру мироздания, и в ней можно обнаружить очень интересные сведения о зарождении музыки, языков, наук — любых форм деятельности человека.

Исходя из практического опыта, можно сказать так: человек начинает видеть сетку, на которой лежит материя — весь наш мир, связи, соединяющие его объекты в общую систему. Это подобно тому, как можно увидеть все соединения, узлы, существующие с изнаночной стороны вышивки.

В данном разделе приведено очень краткое, тезисное изложение строения Высшего мира. У АРИ[193] описание мироздания занимает 21 том. Основной учебник по каббале — «Учение Десяти Сфирот» — содержит 6 томов (более 2000 страниц). Кроме того, существуют альбомы чертежей Высших миров, таблицы распространения света и много иного вспомогательного материала по данной науке.

Высший мир намного сложнее нашего, но, поскольку в нем зарождается этот мир и все, что в нем происходит, *то, изучая Высший, мы постигаем и наш мир.*

Теперь, глядя на открывающуюся вам стройную систему мироздания, судите сами, какие неограниченные возможности предстают перед современным человеком: полное постижение Замысла творения, Цели мироздания и нашей жизни, выход из тесной клетки материальности в мир Бесконечный, вечный и совершенный.

Тест

1. В какой последовательности исправляются миры и души:

a. одновременно;
b. сначала — *души*, затем — *миры*;
c. независимо друг от друга;
d. сначала — *миры*, затем — *души*.

2. Что является результатом разбиения келим?

a. разделение их на части;
b. уничтожение *кли*;
c. лишение их *экрана*;
d. возникает новый способ получения *света*.

3. В каком из миров происходит наполнение светом?

a. *в мире Асия*;
b. *в мире Ецира*;
c. *в мире Брия*;

---

[193] *АРИ* — полное имя: Ицхак Лурия Ашкенази (1534-1572). Основоположник методики постижения высшего мира, приспособленной для масс. Основной труд — книга «Древо жизни».

d. *в мире Ацилут.*

4. Какую функцию выполняют миры при распространении света сверху вниз:
a. ослабляют *свет*;
b. усиливают *свет*;
c. отталкивают *свет*;
d. притягивают *свет*.

5. Какие келим в первую очередь исправляются в мире Ацилут:
a. *ГЭ*;
b. *ГЭ* и *АХАП*;
c. *АХАП*;
d. все ответы правильные.

Глава 10. Дополнительное занятие.
Строение души Адама

10.1. Адам Ришон – единая душа
10.2. Адам Ришон относительно миров АБЕА
10.3. Конструкция парцуфа Адам Ришон

10.1. Адам Ришон – единая душа

Человек является единицей от общего количества душ, которые вместе, в исправленном состоянии, в правильной связи друг с другом называются системой душ, или единой душой Адам Ришон. Поэтому человек, после разбиения включающий в себя все души (и во все души включенный), не может исправить себя, если не будет связан с ними воедино. Его связь с Творцом не осуществится до тех пор, пока он не добьется исправленного единения со всеми душами.

Фактически человеку необходимо получить через них всевозможные виды воздействия, которые сейчас проявляются в нем в неисправной, эгоистической форме, и обратить их в противоположные: в альтруистическую реакцию по отношению ко всем душам.

Что значит – «Адам Ришон»? Это разбитое кли, где впервые свойство бины проявилось в малхут. До этого момента желания в человеке развивались, проходили свои состояния – от неживого, растительного, животного к человеческому, пока не возникла «точка в сердце» – стремление познать духовный мир, Творца.

Когда произошло разбиение кли, его части перемешались между собой. В духовном парцуфе, обладающем экраном, каждая из сфирот от кетэр до малхут четко выстроена в соответствии со своим авиютом: у малхут авиют максимальный, у кетэр – минимальный. Однако все желания и все экраны полностью соответствуют друг другу и расположены в зависимости от своей мощности.

Кли, начинающее работать со светом, состоит из многих внутренних частей: любое кли состоит из ста сфирот (десять умножить на десять), а каждое из тех еще из ста и еще, и еще, и так – до бесконечности. Когда происходит разбиение, то каждая часть этого кли, каждый его осколок (обозначим его буквой «N») содержит внутри себя абсолютно все келим. Он является суммой самого себя: (n) плюс все остальные келим ($N = \sum n + $остальные).

Поэтому в каббале существует правило – частное и общее абсолютно подобны. Если мы исправляем частное, в нем присутствуют все части общего, и, таким образом, это частное входит также и во все общее уже в исправленном виде.

Каждая часть, которую я исправляю, содержит в себе полностью все остальные внутренние части – они все входят в нее. Поэтому, если я ее исправил, то свои исправления включил абсолютно во все остальные части.

10.2. Адам Ришон относительно миров АБЕА

Итак, парцуф Адам Ришон был создан и находился в мирах БЕА[194]. Он присутствует внутри них постоянно, существует в них.

Однако при сотворении эти *миры – Брия, Ецира* и *Асия* – находились не на своем изолированном отдельном месте, а были в состоянии подъема, то есть отчасти присутствовали в *мире Ацилут*. На чертеже мы видим: *мир Ацилут*, далее *парцуф Аба вэ-Има мира Ацилут*[195], в нем находится *ЗОН мира Ацилут*. *ЗОН*[196] – это *зэир анпин*[197] и *малхут*[198]. Малхут называется *нуквой*[199]. Малхут мира Ацилут начинается с *хазэ*[200] *Зэир анпина* и распространяется вниз. Под ними находится *парса* (граница между дающими и получающими *сосудами*).

Рис. 10.1. Парцуф Адам Ришон относительно миров БЕА.

---

[194] **Миры БЕА** – система миров Брия, Ецира, Асия, созданная из отдающих сосудов, находящихся внутри получающих сосудов (ГЭ в АХАП), с ее помощью души способны поступенчато создать экран для обращения эгоистических свойств в альтруистические.

[195] **Аба вэ-Има мира Ацилут** – верхняя часть бина мира Ацилут, называемая АВИ (Аба вэ-Има), соответствует мужской и женской части, как ЗА и малхут. АВИ находятся в постоянной связи между собой, чтобы передавать вниз ор хасадим для поддержания существования всех, находящихся под ними.

[196] **ЗОН** – зэир анпин и малхут – система, занимающаяся исправлением душ, находящихся в мирах БЕА.

[197] **Зэир анпин** – стадия, сфира, свойство, возникшее в результате решения получать лишь необходимое для жизни количество ор хохма, а остальное отдавать. Состоит из шести сфирот: хэсэд, гвура, тифэрэт, нэцах, ход, есод.

[198] **Малхут** – законченное, самостоятельное творение, которое ощущает, что и от кого оно получает. Центральная точка всего творения.

[199] **Нуква** – малхут мира Ацилут, от слова «нэкев» – отверстие для прохождения света. Малхут мира Ацилут – сумма всех творений, всех человеческих душ.

[200] **Хазэ** («грудь») – граница между кетэр, хохма и половиной бины (ГАР дэ-бина) – с одной стороны, и второй половиной бины, ЗА и малхут – с другой. Разделяет отдающие и получающие келим.

Миры Брия, Ецира и Асия могут подниматься и опускаться вместе с миром Ацилут в своем внешнем пространстве, внешней оболочке. В момент сотворения парцуфа Адам Ришон миры Брия, Ецира и Асия поднялись с уровня хазэ мира Ецира и выше, до Аба вэ-Има (АВИ) мира Ацилут — так, что мир Брия был на месте зэир анпина мира Ацилут, мир Ецира находился от хазэ зэир анпина до хазэ постоянного мира Брия, и с хазэ мира Брия и вниз до хазэ постоянного мира Ецира находился мир Асия. Таким образом, миры Брия, Ецира, Асия не находились на своем обычном месте под парсой.

Внизу находится точка нашего мира. Наш мир называется «точкой», потому что в духовном мире не имеет никакого объема.

Место от хазэ мира Ецира вниз называется «мадор клипот»[201] — отдел нечистых желаний. В этом месте нет миров БЕА, нет Высшего света, и поэтому в нем находятся клипот[202].

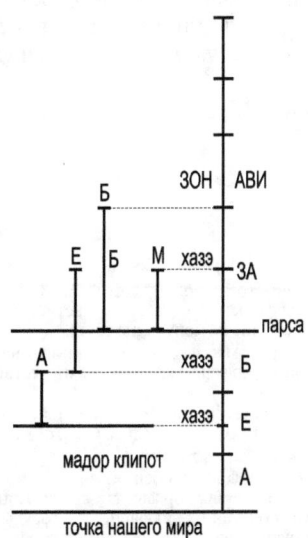

Рис. 10.2. Местонахождение парцуфа Адам Ришон относительно миров БЕА и мира Ацилут в момент создания.

---

[201] **Мадор клипот** (отдел нечистых желаний) — часть миров БЕА от хазэ Ецира до «сиюм» (окончания). Мадор клипот состоит из 4 сфирот мира Ецира и 10 сфирот мира Асия. Это совершенно пустое (от света) место.

[202] **Клипот** — желание насладиться «ради себя» вопреки запрету цимцум алеф (первому сокращению).

Когда парцуф Адам Ришон был создан, он находился внутри миров БЕА – Брия, Ецира, Асия: его гуф[203] был из мира Ецира, нэфеш[204] – из мира Брия, руах[205] – из нуквы дэ-зэир анпин мира Ацилут, нэшама[206] – из зэир анпин дэ-Ацилут. Почему из зэир анпин дэ-Ацилут? На том месте, где стоял Адам Ришон, у него был, кроме всего прочего, еще и свет нэшама. Нэшама ле-нэшама[207], то есть дополнительный свет, он получал от Аба вэ-Има дэ-Ацилут. Нэшама ле-нэшама или хая[208] – это одно и то же.

Такова была конструкция души Адама на момент создания. Вокруг существует так называемое «место миров»[209], то есть сфирот мира Некудим или, еще точнее, сфирот некудот дэ-САГ, спустившиеся под табур, чтобы связаться с НЕХИ дэ-Гальгальта[210].

Это подобно тому, как если мы всю нашу Вселенную уберем из места ее существования, то останется пустое пространство. Мы не сможем дать ему никаких характеристик, оно неощущаемо. В нем не окажется ни газов, ни скоплений звезд, ни планет, оно будет просто пустым – настолько пустым, что в нем не за что станет уцепиться. Оно является характеристикой высшего, непостижимого для нас объема. Этот объем находится вне миров и называется «местом миров». Это место – сфирот некудот дэ-САГ[211].

---

[203] **Гуф** («тело») – воплощение принятого в рош (голове) решения в действии. Состоит из «тох» (внутренняя часть, туловище) и «соф» (конец), то есть из части, которая получает свет, и части, в которой творение создает ограничение на получение света.

[204] **Нэфеш** – свет, получаемый с экраном на самый маленький эгоизм (авиют дэ-шорэш); минимальное ощущение Творца. Название «нэфеш» указывает на отсутствие у этого вида света собственного движения.

[205] **Руах** (досл. «ветер, дух») – это движение, перемещение. Действие отдачи, основанное на исправленном эгоистическом желании. Руах – ор хасадим. Свет, облачающийся в кли ЗА.

[206] **Нэшама** – душа; свет, облачающийся в кли бина.

[207] **Нэшама ле-нэшама** – ор хая, который способен облачиться в творении до Конца Исправления (ВАК дэ-хая). К нам **не** приходит полный ор хая, так как до Конца Исправления мы используем только АХАП дэ-алия (сосуды получения, включенные в сосуды отдачи), а лишь та его часть, которая светит человеку и которую он постигает сосудами, относящимися к АХАПу дэ-алия – облачается в сосуд нэшама и в свет нэшама. Чтобы подчеркнуть, что это не полный свет, его называют «нэшама ле-нэшама».

[208] **Хая** – досл. «свет жизни», ор хохма.

[209] **Место миров** – изучая каббалу, необходимо все время помнить, что в духовном нет места, времени и пространства в нашем обычном понимании. Понятие места возникло только после ЦБ (второго сокращения). Некудот дэ-САГ под парса после ЦБ остаются пустыми и образуют место для миров Ацилут, Брия, Ецира и Асия.

[210] **НЕХИ дэ-Гальгальта** – сфирот нэцах, ход, есод парцуфа Гальгальта.

[211] **Некудот дэ-САГ** – промежуточный парцуф, имеющий бэт дэ-авиют и бэт дэ-итлабшут (чистая бина), возникший в результате подъема экрана и изгнания света в парцуф САГ.

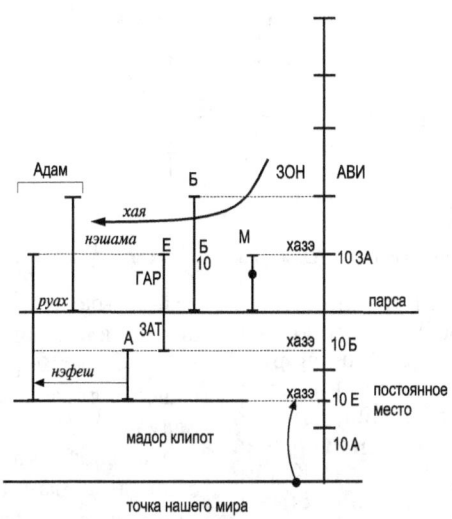

Рис. 10.3. Получение парцуфом Адам Ришон дополнительного света нэшама ле-нэшама (хая) от парцуфа Аба вэ-Има мира Ацилут.

Небольшое напоминание: не важно, насколько мы понимаем изучаемое. Мы пытаемся проникнуть в это состояние, потому что родились в нем и должны в него вернуться. Вы можете спросить: «Разве в это состояние мы должны вернуться? Мы должны вернуться в мир Бесконечности!» Верно, мы должны вернуться в мир Бесконечности. Однако когда мы возвращаемся в это состояние сами, собственными усилиями, то поднимаемся в еще более высокое состояние, предшествующее миру Бесконечности. То есть нам надо лишь достичь этого состояния, а наши усилия добавят к нему еще и ступени до мира Бесконечности.

Следует знать, что до греха Древа Познания (Эц Даат)[212], то есть до того, как Адам упал в наш мир, в парцуфе Адам имелись два вида НАРАН[213], два вида света: НАРАН от миров БЕА и НАРАН из мира Ацилут. Что это значит?

Если Адам находится только в мирах БЕА, то получает свет только от миров Брия, Ецира, Асия: он получает ор нэфеш от мира Асия, ор руах — от мира Ецира, и ор нэшама — от мира Брия.

---

[212] **Грех Древа Познания** (Эц Даат) — использование сосудов получения (которые находятся ниже табура) без достаточного намерения ради Творца (вопреки запрету на их использование).

[213] **НАРАН** — ор нэфеш, ор руах, ор нэшама. Нэшама — самый большой свет, который творение может раскрыть до гмар тикун, поэтому сам сосуд называется «нэшама» («душа»).

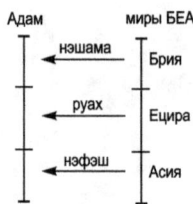

Рис. 10.4. Получение парцуфом Адам Ришон ор нэфеш, ор руах, ор нэшама от миров БЕА.

В нем присутствуют три типа света. Ор хая и ор йехида[214] отсутствуют, они находятся внутри ор нэфеш, ор руах, ор нэшама. Адам Ришон был создан только с авиют ноль, один, два — до его хазэ. Третьей и четвертой степени авиюта в нем не существовало. Келим, находящиеся под хазэ (три и четыре), он не использовал, на них был цимцум бэт[215]. Использовались только келим ноль, один, два, называемые гальгальта вэ-эйнаим, или келим дэ-ашпаа. Келим дэ-каббала (три, четыре) нельзя было использовать, потому что они представляли собой центральную точку малхут мира Бесконечности, а на нее был еще цимцум алеф — это гуф Адама.

Используя только авиют ноль, один, два, Адам Ришон, находясь в мирах Брия, Ецира, Асия, получает от них ор нэфеш, ор руах, ор нэшама, а ор хая и ор йехида получает в виде дополнительной подсветки в тех же келим — нэфеш, руах, нэшама.

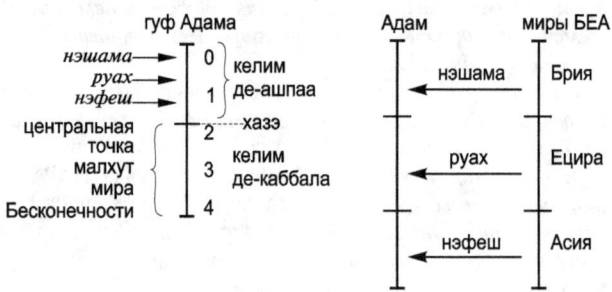

Рис. 10.5. Используя только авиют ноль, один, два, Адам Ришон, находясь в мирах Брия, Ецира, Асия, получает от них ор нэфеш, ор руах, ор нэшама.

---

[214] **Йехида** — свет, облаченный в сфиру кетэр, называется Йехида. Наибольший свет в творении.
[215] **Цимцум бэт (второе сокращение)** — сокращение на келим дэ-каббала (получающие сосуды, желания).

Кроме того, он получает дополнительный свет свыше от ЗОН[216], которые поднялись в Аба вэ-Има[217]. От Аба вэ-Има через ЗОН к нему проходили ор хая и ор йехида.

10.3. Конструкция парцуфа Адам Ришон

В момент рождения парцуфа Адам Ришон все миры находились на более высокой ступени, чем теперь, после его грехопадения.

После грехопадения миры располагаются от парса и вниз: Брия, Ецира, Асия. Десять сфирот мира Брия, десять сфирот мира Ецира, десять сфирот мира Асия (десять сфирот считаются одной ступенью). До грехопадения миры располагались на полторы ступени выше, а ниже находился мадор клипот.

Рассмотрим это более детально: на месте Аба[218] находился ЗА, на месте Има[219] — малхут, нуква, на месте ЗА дэ-Ацилут — Брия, на месте нуква дэ-Ацилут — ГАР[220] дэ-Ецира.

Мы делим парцуф на части — гальгальта вэ-эйнаим (ГЭ) и АХАП. ГЭ — это ХАБАД[221], ХАГАТ[222].

Хохма, бина, даат — это гальгальта; хэсэд, гвура, тифэрэт — это эйнаим. Нэцах, ход, есод, малхут — это АХАП (озэн, хотэм, пэ[223]). Итак, четыре сфиры — в АХАП, а в ГЭ — шесть сфирот.

Таким образом, шесть сфирот — ГЭ мира Ецира — находились на уровне малхут мира Ацилут, а четыре нижние сфиры мира Ецира (ЗАТ) находились под парсой.

От парсы и ниже до хазэ постоянного мира Брия находится «маком кавуа»[224] — постоянное место. Мир Асия располагался от хазэ мира Брия до хазэ мира Ецира (постоянных).

Когда Адам находится на своем определенном уровне в мире Асия, он получает ор нэфеш. Однако поскольку сейчас мир Асия поднялся на уровень Ецира, то от этого уровня он уже должен получить не ор нэфеш, а ор руах, потому что находится на ступени мира Ецира.

---

[216] **ЗОН** — зэир анпин и нуква (малхут), прообраз мужчины и женщины в нашем мире, духовное начало — мужское и женское, система, занимающаяся исправлением душ, находящихся в мирах БЕА.
[217] **Аба вэ-Има** (отец и мать) — парцуф хохма и бина мира Ацилут.
[218] **Аба** («отец») — парцуф хохма в мире Ацилут.
[219] **Има** («мать») — парцуф бина в мире Ацилут.
[220] **ГАР** — «гимэль ришонот» — три первых (сфиры): кетэр, хохма, бина.
[221] **ХАБАД** — хохма-бина-даат — большое состояние (гадлут), ступень (уровень) мохин (разум). Голова (рош) парцуфа.
[222] **ХАГАТ** — хэсэд-гвура-тифэрэт — сфирот тела (гуф), соответствующие сфирот головы (рош): хэсэд подобно кетэр, гвура — хохма, тифэрэт — бина. Называются гальгальта вэ-эйнаим (ГЭ) тела.
[223] **Озэн, хотэм, пэ** («ухо», «нос», «рот»): **озэн** — малхут, которая поднялась в бхину бэт дэ-рош; «**хотэм**» — малхут, которая поднялась в бхину гимэль дэ-рош; «**пэ**» — малхут дэ-рош.
[224] **Кавуа** = «постоянно» — состояние, ниже или меньше которого быть не может. **Маком кавуа** («постоянное место») — состояние, когда миры БЕА занимают место от парсы до точки нашего мира, называется постоянным, то есть в них никогда не будет наблюдаться никакого уменьшения. В этом состоянии во всех парцуфим и мирах есть только уровень ВАК (малый) без рош (головы).

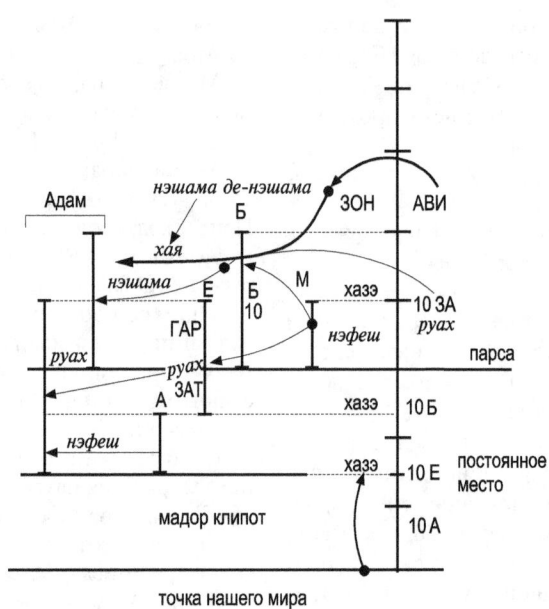

Рис. 10.6. Получение света парцуфом Адам Ришон в зависимости от его расположения относительно миров АБЕА; взаимное расположение Адама Ришон и миров АБЕА до и после грехопадения.

Как в духовном мире определяется любое состояние? Например, я испытываю нечто, путешествую по ступеням духовной лестницы. Есть мое тело, мое кли, которое своими внутренними изменениями производит движение вверх или вниз по этой лестнице. Я поднимаюсь вместе с мирами, в которых нахожусь. Миры, где я был прежде, соответственно тоже поднимаются.

Я находился, допустим, на месте мира Асия. Выше расположены миры Ецира, Брия, парса, и затем малхут дэ-Ацилут, ЗА дэ-Ацилут, Аба вэ-Има, Арих Анпин[225] мира Ацилут. Я вызвал в себе духовный подъем: приложив усилия, с помощью занятий притянул ор макиф. Он поднял меня на следующий уровень. Предположим, на уровень мира Ецира. Я не просто поднялся на этот уровень, а вызвал этим подъем всех миров на

---

[225] **Арих Анпин** — корень всех творений, и он является корнем или кетэром в действии для всего мира Ацилут. В Арих Анпине находится полностью все управление Творца, «мозговой центр» мироздания. Арих Анпин — высшая ступень, на которой зарождается все.

одну ступень: мир Ецира становится на место мира Брия, мир Брия становится на место малхут дэ-Ацилут и т.д. Все миры сдвигаются на один регистр, возвышаются.

В итоге я получаю внутренний свет от мира Асия, как и раньше, но теперь он стал более интенсивным, потому что мир Асия сейчас находится на уровне мира Ецира (в постоянном состоянии). Значит, я получаю свой ор нэфеш, и, поскольку нахожусь на уровне мира Асия, который теперь находится на уровне мира Ецира, то этот свет уже определяется, как ор руах мира Ецира. Сам же мир Асия, поскольку поднялся в мир Ецира, стал этим миром Ецира и добавляет мне ор руах. Получается, сдвигаясь,

я вызываю изменения в себе, в том мире, на который поднимаюсь, и в том мире, который находится выше.

Если мы разберем нашу внутреннюю структуру (я — как Адам, состоящий из десяти сфирот), то увидим, что в ней происходит взаимное наложение трех слоев. Поэтому есть возможность говорить о любом свете, который я получаю. Это может быть ор руах, или ор нэшама, или свет ГАР и т.д. Конечно, это непросто для понимания.

Когда мы начнем ощущать, что находимся внутри некоего объема, откуда что-то улавливаем, чувствовать, как меняемся вместе с ним, когда станем воспринимать вокруг себя дыхание Высшего мира, только тогда мы поймем и этот текст.

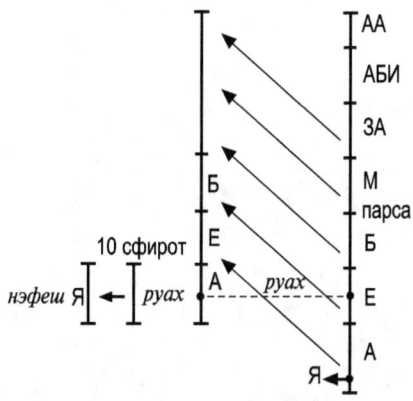

Рис. 10.7. Порядок получения света при подъеме души по ступеням миров АБЕА.

Раздел III

Исследование мироздания

Содержание:

Тема рассматривает область, методы и объект, изучаемый данной наукой, которым в каббале является человек. Для получения достоверных и объективных результатов исследователю необходимо абстрагироваться от своих природных инструментов постижения (органов чувств) и обрести новый орган, на языке каббалы называемый «масах» (экран). Истинность и точность результатов гарантированы в каббале строгими законами. Явственно устанавливаются границы исследований, разделяющие мироздание на постигаемую и непостигаемую части. Постижение происходит внутри человека в тот момент, когда он эмпирическим путем обнаруживает в себе свойство, полностью идентичное Творцу, причем, результаты могут быть повторены неоднократно и воспроизведены другими исследователями. Таким абсолютно достоверным методом человек постепенно раскрывает внутри себя полную картину мира.

Пресветлый, с вершин излучающий!
Там, за завесою экрана —
Тайны праведников открываются,
Светят вместе и свет, и тьма.
Как прекрасно познать Всевышнего,
Но остерегайтесь коснуться Его —
И возникнет тогда пред вами
Та особая башня Оз.
Воссияет вам чудно истина,
Лишь ее уста изрекут,
А все, что раскроется в откровении, —
Вы увидите — и никто другой.

Йегуда Ашлаг[1]

Глава 1. Четыре вида постижения
Глава 2. Область изучения
Глава 3. Постижение методом уподобления
Глава 4. Восхождение по ступеням миров

---

[1] *Йегуда Ашлаг* (1884-1954) — основоположник современной каббалы. Основной труд — «Учение Десяти Сфирот». Он создал обширный комментарий «Сулам» («Лестница») на «Книгу Зоар» (по названию этого труда получил имя — Бааль Сулам).

Глава 1. Четыре вида постижения

1.1. Введение
1.1.1. Что изучает каббала
1.1.2. В чем заключается свобода воли
1.2. Познание в современной науке
1.2.1. Познание материи
1.2.2. Познание формы, абстрагированной от материи
1.2.3. Ложность теоретического исследования
1.3. Постижение материи в науке каббала
1.3.1. Материя – сила, воздействующая на органы чувств
1.3.2. Основа материи – заключенная в ней сила
1.3.3. В действительности существуют только силы
1.3.4. Мы не постигаем силы – мы постигаем их воздействие на нас
1.3.5. Единая сила
1.3.6. Метод исследования в каббале
1.3.7. Восприятие в каббале
1.3.8. Постижение в каббале
1.3.9. Постигаемое и непостижимое
1.4. Вопросы и ответы
Тест
Дополнительный материал

1.1. Введение

1.1.1. Что изучает каббала

Основной предмет исследований данной науки — взаимопроникновение и взаимосвязь всех частей мироздания. Каббала изучает, как управляемые единым законом природы составляющие огромной действительности всех миров[2] включаются друг в друга, пока не образуют абсолютного единства, где все части соединены в одно целое.

Из последовательного усвоения научного материала мы узнаем, что создание творения[3] началось с единой мысли — Замысла творения, которая

---

[2] **Миры** — вся совокупность наших ощущений (реакций на внешнее воздействие) создает в нас сугубо субъективную внутреннюю картину, называемую «**наш мир**». С помощью каббалистической методики человек развивает свои ощущения и начинает видеть мир в его истинной форме. Состояние, в котором мы сейчас находимся, называется мир Бесконечности (полное удовлетворение потребностей). Из всего этого уровня Бесконечности человек может ощущать различные степени получения, восприятия и постижения. Эти уровни постижения реальной, единственной и бесконечной действительности, в которой существуют творения, называются *мирами*.

[3] **Творение** — созданное из ничего (ивр. «еш ми аин») желание насладиться, получить, которое является материалом всей существующей действительности.

определяется как «желание Творца[4] насладить свои творения». Насладить их можно лишь существующим в Нем совершенством — иначе наслаждение будет неполным, а неполное, несовершенное действие Творец совершить не в состоянии.

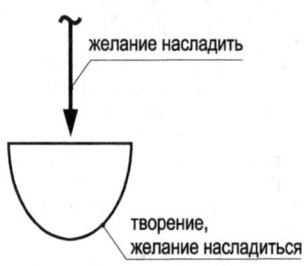

Рис. 1.1. Создание творения.

Исследуя, каким образом все исходит из единого действия Творца, из Его единой мысли — Замысла творения, мы познаем развитие творения: его распространение, расширение, удаление от Замысла Творца — вплоть до состояния, когда оно становится противоположным Ему.

Творение приобретает формы абсолютно противоположные Творцу и не имеющие никакой связи с первоначальными. Затем, благодаря собственным усилиям, свободному выбору и добровольному участию в созидании творение вновь воссоединяется и возвращается к единой мысли, Замыслу, Цели, которая называется «желанием Творца насладить свои творения».

Распространение и отдаление от первоначального Замысла, вплоть до форм ему противоположных, называется «распространением миров сверху вниз» — *удалением от Одного, Единого, Единственного, объединяющего в Себе все противоположности.*

Даже такое состояние творения, когда оно отдаляется настолько, что становится абсолютно противоположным Творцу, является особенным, желательным, необходимым, ибо начиная с него и далее, творение обретает исключительное свойство, называемое *свободой воли, свободой желания, свободой выражения.*

---

[4] **Творец** — общий замысел и природа мироздания, глобальный закон, который нисходит на нас, строит нас, создает нашу Вселенную, управляет всем, ведя к изначальной цели — поднять творения в развитии до Своего уровня.

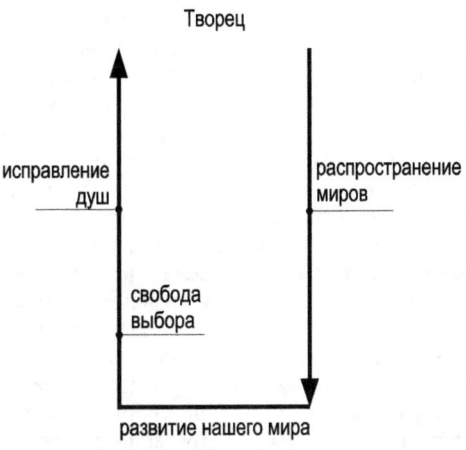

Рис. 1.2. Развитие творения.

1.1.2. В чем заключается свобода воли

Только достигнув нижней точки при распространении *миров* сверху вниз и оказавшись в состоянии полной противоположности Творцу, творение способно начать постигать эту противоположность. Исходя из своего положения, оно может для себя определить: каково его желание.

Пользуясь свободой выбора, творение приходит к выводу, что единственным желательным состоянием должно стать для него слияние с Творцом, то есть возврат в ту единственную мысль, замысел творения, где все соединено между собой без всякого различия.

Отсюда следует, что все наше существование, все наши ощущения, мысли, поступки, решения должны быть очень точно направлены. В *начале любого действия* необходимо осознать свое состояние как порочное, ущербное, противоположное слиянию с Творцом и сделать выбор в пользу единственно правильного из всех возможных — возвращения в положение единства.

Не важно, каким способом воплощает человек свое действие, с помощью каких именно средств, в каких земных образах он будет переходить от одного состояния к другому, к третьему, пока не достигнет раскрытия целостности мироздания, Единого Творца. Это будет единственно правильным действием, совершенным в условиях свободы воли.

В каком бы направлении мы ни прилагали усилия, они, в итоге, продемонстрируют лишь нашу ущербность, если наши действия не направлены на раскрытие единства Творца, на включение в Него, на возврат к точке, в которой все соединяется. Это точка слияния с Ним, где мы, Он, все действия, все мироздание объединены в одно целое и нам покажут необходимость того, чтобы мы своей свободой воли и правильным осознанием раскрыли это единство. К такому выводу, постигая на себе и обобщая собственный опыт, приходит исследователь мироздания — каббалист[5].

Предметом изучения науки каббала является взаимопроникновение всех частей действительности, их объединение, управление ими при помощи всеобщего Закона для достижения состояния соединения в одно целое. В результате исследования данной науки человек осознает, что все казавшееся ранее взаимоисключающим, взаимоуничтожающим, включается, впитывается в единство Творца без всякого антагонизма, противоречий и напряжения.

Именно *приближение к единству* и создает само это единство, увеличивает и определяет его, потому что даже самые крайние противоположности соединяются в нем, дополняя друг друга.

1.2. Познание в современной науке

Существуют четыре вида познания:

Познание материи
Познание формы материи
Познание абстрактной формы
Познание сути

Поскольку в окружающей нас действительности нет ничего, в чем нельзя было бы распознать материю и форму, то и науку, рассматривающую эти вопросы, в целом можно подразделить на две части: познание материи и познание формы.

Взяв в качестве примера стол, можно обнаружить, что его материей является дерево, а формой — конфигурация стола. Материя, то есть древесина, есть носитель формы, представляющей собой стол. Аналогично этому, слово «лжец» имеет свою материю (человек) и форму (ложь), так что материя «человек» является носителем формы — лжи.

Этот закон справедлив для любых объектов мироздания как в нашем мире[6], так и в духовном[7]. Относительно человека все состоит из двух частей: материи и формы. Что бы мы ни рассматривали: неживую, растительную, животную и человеческую природу, духовные объекты, мысли или чувства — восприятие нами любого объекта происходит в этих двух категориях. Так мы воспринимаем действительность.

Этим и обусловлено разделение науки, исследующей действительность, на две части. Одна — изучает саму

---

[5] **Каббалист** — ученый, обладающий духовным органом ощущения («кли»), позволяющим исследовать духовный мир, воздействие Творца на себе.
[6] **Наш мир** — картина, ощущаемая нами посредством пяти органов чувств (зрение, обоняние, осязание, вкус и слух).
[7] **Духовный мир** — действительность, в которой находятся и действуют только силы без их материальных облачений, ощущаемая в дополнительном (шестом) органе чувств.

материю, то, из чего состоит объект, а вторая — его форму, свойства и внешние проявления. Если бы человек обладал другими органами чувств, которые позволяли бы ему по-другому ощущать действительность, то, разумеется, по-иному развивалась бы и эта наука.

1.2.1. Познание материи

Раздел науки, изучающий свойства материи, существующей в действительности (как чистую материю без ее формы, так и материю и ее форму вместе), относится к познанию материи. Например, изучая человека – его анатомию, физиологию, психологию, исследуют его материю.

Это познание носит эмпирический характер, то есть основано на доказательствах и сопоставлениях результатов практических опытов, которые принимаются наукой за достоверную основу для истинных выводов. Возможность повторения исследований и неоднократное воспроизведение результатов принимается за критерий подлинности знания.

1.2.2. Познание формы, абстрагированной от материи

Другой раздел науки рассматривает только форму, абстрагированную от материи и не имеющую с ней никакой связи. Скажем, формы «правда» и «ложь» абстрагируются от материи, то есть от людей, являющихся их носителями, и рассматривается только значимость самих этих форм в чистом виде, вне воплощения в какой бы то ни было материи.

Такое познание не имеет эмпирической основы, поскольку абстрактные формы не находят своего выражения на практике, подтвержденной опытом, они располагаются за пределами реальной действительности.

На практике не существует категорий лжи, правды, доброты или коварства в «чистом» виде. Эти свойства всегда облачены в человека и познаются лишь через своего носителя.

Сказанное справедливо и в отношении любых других свойств: твердости, жесткости, линейности, множественности и т.д. Постижение их возможно только в соединении с определенными физическими объектами.

1.2.3. Ложность теоретического исследования

К категории абстрактного знания относится и философия. Давая определение науке, ученые ставят в качестве необходимого условия непосредственное наличие в ней эксперимента, так как дискуссии, построенные на зыбкой почве теоретических изысканий, являются ненадежной основой для серьезных научных умозаключений. Достоверной можно считать только эмпирическую основу, позволяющую через форму войти в материю и через материю — в форму. В противном случае результаты исследований являются недостоверными, а выводы могут оказаться ошибочными.

Изучение абстрактных свойств, таких как доброта или альтруизм, в отрыве от человека, рассмотрение этих качеств в идеальном виде приводит к искаженному восприятию. Такой подход послужил причиной создания различного рода коммунистических и утопических теорий, которые впоследствии насильственно пытались воплотить в материи. Однако с материей они не имеют ничего общего. Она совершенно эгоистична, а выдуманная людьми форма — абсолютно альтруистична, и они никоим образом не сочетаются друг с другом. Примеры мы видим на практике: попытки построения социализма и коммунизма в России, создание киббуцев в Израиле и т.д. Все эти поползновения потерпели крах.

Аналогично дело обстоит и с отношением человека к духовному *миру*, ибо его представления о нем базируются исключительно на собственных фантазиях. Глядя на проявления окружающей действительности, человек воображает, что на духовном плане существует некое, не облаченное в форму свойство, и именует его таковым. Разумеется, это лишено какой бы то ни было реальной почвы.

Тем не менее, эти надуманные представления легли в основу всевозможных «духовных» теорий, философий и религий, которые, не имея практического подтверждения, лишь запутывали и продолжают запутывать человечество. Занимая умы миллионов и миллиардов людей, они уводят их от естественного, правильного, эмпирического познания природы.

1.3. Постижение материи в науке каббала

Каббала также подразделяется на две вышеупомянутые части: познание материи и познание формы. Однако по сравнению с классической наукой в ней даже познание формы целиком построено на научном исследовании восприятия, то есть на опытной основе.

Сказанного достаточно, чтобы понять, насколько отличается каббала от всех существующих наук. Она позволяет человеку увидеть, ощутить, познать как материю, так и форму, в их явном проявлении и неразрывной связи, когда любой объект и нашего, и духовного *мира* постигается практически, опытным путем.

1.3.1. Материя — сила, воздействующая на органы чувств

Весь духовный *мир* воспринимается нами как сила, отделенная от тела, и поэтому не имеет никакого материального образа. Однако не вступая ни в какой контакт с *миром* материальным, как он может породить и привести его в движение? Другими словами, существует ли между ними взаимосвязь или она отсутствует?

Согласно материалистическому определению, «материя — это объективная реальность, данная нам в ощущениях»[8]. Из этого определения совершенно неясно, что представляет собой «объективная реальность», но утверждение, что она дается нам в ощущениях — верно. То, что мы ощущаем в данный момент, мы называем «материальным», а то, что не ощущаем, отчего-то именуем «духовным». Если начать чувствовать то, что не воспринималось ранее, к какой категории это следует относить — к духовной или материальной?

Как известно, материя может принимать разнообразные формы, переходя из одного состояния в другое. Некоторые из этих состояний ощущаются человеком в большей степени, некоторые — в меньшей. Однако если изменятся *возможности органов чувств*, то изменится и восприятие материи. В этом случае газ (например, воздух) станет ощущаться как жидкость или твердое тело, так что человек будет чувствовать себя погруженным в жидкость или находящимся внутри твердого тела.

Если разогреть материю до такой степени, что вся Вселенная перейдет в газообразное состояние, останется ли она материей? Если — да, то кто в таком случае сможет ощутить это?

Сказанное позволяет сделать вывод, что материя является понятием относительным и существует лишь относительно свойств определенного наблюдателя. Если изменяются свойства наблюдателя, то по отношению к нему претерпевает изменения и сама материя.

Что представляет собой материя сама по себе, нам неизвестно. Мы можем сказать о ней лишь одно: нечто с определенной силой воздействует на наши органы восприятия, вызывая в нашем мозге возникновение соответствующих образов. Так что материя для нас — это лишь некие силы, определенным образом воздействующие на наши органы чувств. Каббалисты, ощущающие духовные силы в дополнительном *шестом органе чувств*[9], говорят, что и они являются материей.

1.3.2. Основа материи — заключенная в ней сила

Сила является не менее реальной материей *нашего мира,* чем вся остальная. То, что сила не обладает образом, воспринимаемым человеческими органами чувств, не умаляет ее значимости.

Например, кислород и водород в чистом виде невидимы для глаз, не имеют запаха и вкуса, то есть относительно органов восприятия человека они никак не проявляются. Однако, вступив в определенное соединение, они образуют воду — видимую жидкость, обладающую вкусом, объемом и весом. Если добавить воду в негашеную известь, то вода немедленно впитается в нее, и жидкость станет твердым веществом. Таким образом,

---

[8] В.И. Ленин, Материализм и эмпириокритицизм. Полн. собр. соч. Т.18, — М., 1983. С. 276.
[9] Шестой орган чувств — орган, в котором человек ощущает воздействие Высшего света (Творца) на себя и потому способен реагировать на Него.

неощутимые в чистом виде химические элементы — кислород и водород — из газообразных, не воспринимаемых человеческими органами чувств, превращаются в твердое вещество, ощущаемое нами как окончательное в своей форме.

То же самое можно сказать и о действующих в природе силах. Обычно они не считаются материей, потому что не познаются через ощущения. Однако, с другой стороны, то, что является ощущаемой реальностью, например, жидкости и твердые тела, способно при нагреве превращаться в газ, который, будучи охлажденным до определенной температуры, может вновь стать твердым веществом.

Всегда можно подняться до самого неуловимого состояния любого вещества и от него прийти к его более грубому, твердому состоянию. Все картины, ощущаемые нами, происходят от основ, которые невозможно почувствовать и которые не являются материалами, существующими ради самих себя. Потому все зафиксированные в нашем сознании картины, с помощью которых мы и определяем материалы, непостоянны. Они не существуют в силу своих особых свойств, а лишь изменяют свою форму под воздействием внешних факторов — таких, например, как температурный режим. Нагревая или охлаждая какое-либо тело, можно наблюдать, что с ним происходит на более неуловимой ступени и на более осязаемой.

Итак, основа материи — заключенная в ней сила. Однако силы не проявляются относительно нас сами по себе, как химические элементы. В будущем сущность сил раскроется так же, как и химические элементы, которые тоже были в свое время открыты человеком.

1.3.3. В действительности существуют только силы

Каббала поможет человечеству обнаружить, что материи как таковой не существует. Уже сегодня ученые в своих исследованиях приходят к выводу: материя существует только относительно нас, и вид ее определяется *нашим восприятием*. Любую материю по отношению к наблюдателю можно довести до ощущения ее, как твердой, жидкой, газообразной. Материю можно перевести в плазменное или совершенно исчезающее из нашего восприятия состояние. Все зависит только от того, как мы на нее воздействуем, насколько мы пытаемся увести ее в «зону неощущаемости». При этом с материей ничего не происходит — она переходит из одного состояния в другое, но не исчезает. Все изменяется лишь относительно возможностей наших органов чувств, нашего восприятия. В действительности существуют одни только силы, которые относительно нас либо не проявляются вообще, либо проявляются в тех формах, которые мы улавливаем: плазменной, газообразной, жидкой или твердой.

1.3.4. Мы не постигаем силы – мы постигаем их воздействие на нас

До тех пор пока наука не разовьется до своей совершенной формы, мы должны считаться только с конкретной действительностью. Сегодня мы ощущаем самих себя и то, что нас окружает. Хотя даже обычное понимание себя и *мира* демонстрирует нашу необъективность, а определения, даваемые нами, – временные и неточные, другого выхода у нас нет. Мы можем давать названия только в соответствии с реакцией мозга на ту информацию, которую доставляют ему наши органы чувств.

Все видимые и ощущаемые нами материальные действия должны рассматриваться в связи с тем, *кто* их совершает, с учетом того, что и он, и сами действия в основе своей состоят из материи. Если бы не это обстоятельство, то не существовало бы возможности постижения.

Мы не постигаем сами силы, то есть духовный мир. Мы постигаем только их действия и следствие этих действий, которым и даем названия. До тех пор пока мы не выйдем на уровень сил, их одеяния будут постоянно меняться, и мы не сможем ни ощутить ничего абсолютного, ни дать ему истинное определение.

1.3.5. Единая сила

В действительности существует лишь единственная сила, представленная в наших ощущениях разложенной на бесконечное множество частных сил, которые воспринимаются нами в большей или меньшей степени, в зависимости от нашей способности восприятия, познания, контакта с ними. Это и определяет наличие вокруг нас многообразия объектов и действий, из которых складывается картина *нашего мира*.

На самом деле реальность не состоит из нашего мира и мира духовного. Это мы одну общую силу, Творца, делим на такие проявления. Мы воспринимаем себя как «я, находящийся в заранее заданном мире». Каббала предлагает нам иной угол зрения на мир: «я, как кли[10] относительно света[11], создающего меня и ощущаемого мною». Такой подход позволяет понять, что, вопреки существующему представлению, материальное не является одеянием духовного и что, следовательно, через материальное нельзя повлиять на духовное.

1.3.6. Метод исследования в каббале

Постижение Высшего мира происходит в созданном каббалистом дополнительном органе чувств, который называется душа[12]. То, что

---

[10] **Кли (сосуд)** – самостоятельное (осознанное, сознательное) желание получить удовольствие от света.
[11] **Свет** – сила, творящая, исправляющая и наполняющая творение; источник наслаждения.
[12] **Душа** = экран = отраженный свет – желание, стремление, намерение доставить удовольствие, дать наслаждение Творцу (так же, как и Он дает мне), вопреки своему исконному желанию получать.

воспринимается в нем, называется духовным постижением[13]. Духовное постижение происходит только в той мере, в какой этот дополнительный орган и его свойства соответствуют свойствам единственно существующей управляющей силы, которую каббалисты называют «Творец».

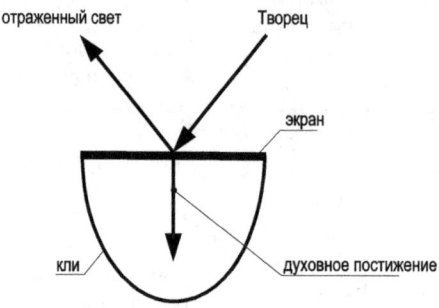

Рис. 1.3. Метод духовного постижения с помощью экрана и отраженного света.

По мере уподобления Творцу, человеку раскрывается Высший мир[14]. Слово «мир» (олам) происходит от слова «скрытие» (алама), то есть, изменяя себя, человек постепенно раскрывает то, что было ранее скрыто. Таким образом, все миры существуют в человеке, раскрываются в нем и являются не чем иным, как частичным подобием Творцу.

Процесс уподобления Творцу является постепенным, ступенчатым: создание органа духовного ощущения происходит по 125-ти ступеням, называемым «*125 ступеней миров*»[15], по которым человек постепенно поднимается к полному раскрытию Творца.

Абсолютное равенство Творцу называется *полным исправлением* человека. Этим он достигает цели своего сотворения.

---

[13] **Духовное постижение** — постижение, внутри которого мы явно ощущаем источник того, что постигаем. В духовном постижении свет несет в себе, кроме наслаждения, четкое осознание источника наслаждения (глубина этого осознания зависит от ступени, на которой мы находимся) со всеми его замыслами, планами. Основано на понимании первопричин духовной природы.

[14] **Высший мир = Духовный мир** — существующий по законам свойства отдачи. «Высшим» называется потому, что свойство отдачи — причина, корень нашего мира, а наш мир является его следствием, полностью управляемым из духовного мира.

[15] **125 ступеней миров** — от Творца до нашего мира есть 5 ступеней сокрытия, которые называются мирами, мир («олам») от слова «алама» (сокрытие). Каждый из этих миров делится еще на пять небольших частей, и каждая из них — еще на пять. Таким образом, существует 125 ступеней сокрытия, а когда мы поднимаемся по этим ступеням — раскрытия свойств Творца.

1.3.7. Восприятие в каббале

Любая наука имеет определенный диапазон исследования, определяемый чувствительностью естественных органов восприятия. Несколько повысить их возможности позволяют приборы, но и они имеют предел.

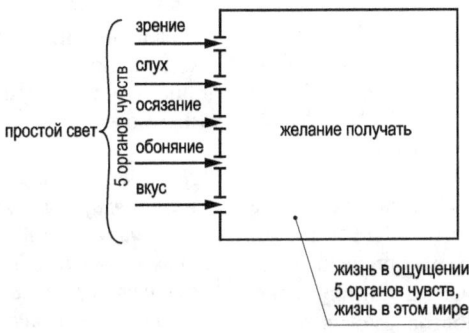

Рис. 1.4. Восприятие человеком (желание получать) нашего мира с помощью пяти органов чувств.

Каббала дает человеку неограниченный объем восприятия, оговаривая при этом, что ни в коем случае нельзя отрываться от постижения объективной реальности: достоверно лишь то, что каббалист воспринимает, только в этих границах проводится исследование. Поэтому каббалисты всегда очень осторожны в передаче своих знаний.

Особенно хорошо это видно по «Учению Десяти Сфирот»[16] Бааль Сулама, который, разъясняя выходящее за рамки понимания другого каббалиста, пишет: «Далее следует личное предположение». Любое мнение, не базирующееся на четком измерении и постижении, всегда оговаривается, как таковое. Оно никогда не принимается в качестве достоверного научного факта ни самим автором, ни теми, кто изучает его труды.

Каббала — такая же наука, как и другие естественные дисциплины, только позволяющая исследователю работать в более широком диапазоне. Она также относится к познанию и восприятию действительности, как и все остальные науки, то есть базируется на четком постижении человека. Только то, что мы постигаем, измеряем, можем повторить, записать, передать, является в каббале научными данными. Форма и материя не отрываются друг от друга, а изучаются вместе.

---
[16] «Учение Десяти Сфирот» — основной каббалистический учебник нашего времени (6 томов, более 2000 страниц). Автор: Бааль Сулам — Йегуда Ашлаг (1884-1954).

1.3.8. Постижение в каббале

Раскрывая в себе дополнительные ощущения, человек начинает входить внутрь той части мироздания, которую раньше не воспринимал, и работать в ней так же, как и в открытой части мироздания, которую ощущают все. Человек познает причины происходящего, связи между ними и следствиями. Раскрываемый фрагмент мироздания присоединяется к прежней картине *мира*. Получаемое знание является абсолютно достоверным, поскольку добыто эмпирическим путем, результаты исследования имеют стопроцентную повторяемость и могут быть проверены другими исследователями.

Один из законов каббалы гласит: «То, что непостигаемо, невозможно назвать». Определяя объект, дают название какому-то его свойству только после того, как он постигнут полностью.

Постижением в каббале называется самое глубокое понимание предмета, когда человек постигает не только сам объект, но и более высокую ступень, причину, его породившую. Осознание причины своего сотворения раскрывает цель существования, все состояния, которые человек должен пройти по цепочке причинно-следственных связей до приобретения им окончательной формы. Сумма таких знаний об объекте и называется в каббале постижением.

1.3.9. Постигаемое и непостижимое

Каббала принципиально не делит мироздание на духовное и материальное — она говорит о постигаемом и непостижимом.

То, что я сегодня постигаю органами чувств, называется «этот мир», «мой мир», «постигаемый мною мир», «моя ступень». Та часть, которую я еще не раскрыл, но которую, как объясняют каббалисты, я должен раскрыть, остается скрытой от меня и называется тайным миром.

1.4. Вопросы и ответы

Вопрос: Чем обусловлена разница между изучением и постижением? Почему мы осуществляем изучение сверху вниз?

Почему мы делаем это сверху вниз? Потому что мы изучаем то, что совершил Творец. После того как появилось творение, оно начало нуждаться в исправлении[17], и мы изучаем процесс исправления и возвышения *в мирах*. Однако все равно изучение идет параллельно в обоих направлениях: и сверху вниз, и снизу вверх.

Строго говоря, путь снизу вверх в каббале не рассматривается, потому

---
[17] **Исправление** заключается только в изменении намерения наслаждаться «ради себя» на намерение наслаждаться «ради отдачи», благодаря чему творение становится равным Творцу, уподобляется Ему.

что человек должен проделать его сам. Поэтому, хотя наша учеба и построена на исследовании функционирования *Высшего мира*, мы ни в коем случае не должны думать, что благодаря своим занятиям получаем правильное представление о том, как *этот мир* создан.

Учеба необходима нам не для того, чтобы стать более умными и знающими, а чтобы с ее помощью мы вызвали на себя воздействие *окружающего света*[18]. Мы, действительно, изучаем, как происходит распространение *миров* сверху вниз, но их постижение идет снизу вверх. Этот путь мы должны исследовать на самих себе по мере собственных усилий, в получении живительной силы, *экрана*[19] для подъема, именно благодаря изучению распространения *миров* сверху вниз.

Сделано это намеренно, чтобы помочь человеку, не путаясь, оптимальным образом искать свой путь, ибо это и есть поиск Творца, того единства, о котором мы сейчас говорим.

В чем заключается сегодня наша работа по восхождению на первую духовную ступень? Чем отличается первая духовная ступень от нашего нынешнего состояния? Только тем, что мы начинаем ощущать Единую силу, управляющую всем вокруг нас.

Вместо людей, животных, растений и небесных тел (*неживой, растительной, животной, человеческой* природы) я обнаруживаю стоящую за ними Единую силу, которая управляет всем и таким образом воздействует на меня. Исходя из этого, я уже вижу и знаю, как я должен относиться через них к Единой силе, к Творцу!

Первым признаком связи с Творцом является состояние, когда Он представляется мне как Единая сила, стоящая за каждым, управляющая каждым, находящаяся в каждом, словно рука кукловода. В этом случае я могу связать все воедино и вообразить Его как Единое поле, называемое *Сияние Шхины*[20]. Раскрытие такого пассивного проявления Высшего управления, Его единства, Его единственности, Его единой цели, единого направления – и есть наша задача. Впоследствии человек обнаруживает это единство в массе собственных противоположных и самых невероятных проявлений.

Мы описываем постижение духовного *мира* в некоторых переживаниях и образах, однако оно абсолютно реально и поддается измерению, может быть повторено. Классические науки, которые мы развиваем на основании информации, воспринимаемой

---

[18] **Окружающий свет** – свет, который пока находится вне кли, но своим давлением, целенаправленным воздействием вынуждает кли изменяться, улучшиться.

[19] **Экран** – «сила сокращения», которая пробуждается в творении относительно Высшего света, с целью предотвратить наслаждение ради себя. Сила преодоления, сопротивления эгоизму.

[20] **Сияние Шхины** – ощущение присутствия Высшей силы во всем, что окружает человека. Это всепроникающее, пронизывающее все, дышащее вокруг тебя и внутри тебя поле, которое готово проявиться в тебе, для тебя, чтобы ты почувствовал его, как диктующее всему определенные законы, почувствовал как бы напряженность этого поля относительно себя. В нем заложена вся мысль Творца, и оно само – Творец.

в *нашем* временном *мире* — в особых, очень ограниченных, условиях, — передают ощущение различных сил не в их истинном виде, а в качестве наших собственных свойств. Каббала же говорит о том, что стоит *за* этими силами и свойствами, — о единственной силе Творца.

Несмотря на то что духовный материал нам неизвестен, мы можем исследовать его путем логики, как в любой науке. Например, занимаясь анатомией, изучая отдельные органы и их взаимовлияние, мы еще не имеем представления о живом человеке в целом, но с течением времени, постигнув эту науку, мы получаем возможность из частного правила вывести общее, которое обуславливает поведение всего организма. Таким образом строится многое в классических науках, и это абсолютно научный подход.

Приступая к исследованию *Высшего мира*, не имея о нем никакого понятия (поскольку знание постигаемо только из совокупности всех деталей), человек обязан изучить все частности, схему их взаимодействия, факторы, причины и следствия, пока не постигнет всю мудрость. Когда он будет знать все до тонкостей, то достигнет общего знания.

Если учеба объединяется с *намерением* раскрыть единство Творца, то все наши усилия складываются, включаются в Него, и в итоге трансформируются в духовное знание.

Постижение единства означает, что мы должны суммировать все наши знания, впечатления, измерить их, соединить между собой, сопоставить таким образом, чтобы они образовали в нас полную картину единства, состоящую из взаимоисключающих, противоположных друг другу сил, явлений, действий. Когда мы узнаем до тонкостей все детали, то достигнем общего знания.

Только сейчас каббалу начинают изучать во всем *мире*. Этого не делали не потому, что она была непостижима. Ведь у астронома тоже нет точного понятия о самих звездах и планетах, но он исследует происходящие с ними процессы, продвигая и развивая свою науку. Так и мы: не постигаем ни *суть нашего мира*, подобно астрономам или физикам, ни *суть духовного мира*, подобно каббалистам. Однако не имея возможности постичь саму суть, мы осмысляем ее действия, реакции, отзвуки. Этого нам достаточно, потому что изучение процессов, происходящих с непостигаемыми объектами, все равно приводит нас к полному знанию.

Вопрос: Что именно мы постигаем, когда поднимаемся по ступеням миров?

Мир — это объем моего исправленного желания, он называется миром моего постижения. *На настоящий момент, поскольку я еще совершенно ничего не исправил в себе, не уподобился Творцу, то нахожусь на предварительной ступени, которая называется «наш мир». Это тот же эгоизм, благодаря которому я ощущаю Творца в себе, в* своих естественных свойствах, но все это — исключительно ради себя.

Человек не воспринимает ничего другого, кроме Творца, кроме *света*, который его создал и наполняет. Каждый из нас и сейчас ощущает Творца, но только в самом противоположном Ему, низшем состоянии, называемом «*наш мир*»[21].

Такое состояние не считается постижением *Высшего мира*, оно не является духовным, так как в нем отсутствует какое-либо подобие Творцу. Однако и в этом состоянии, и во всех последующих, более высоких, я воспринимаю свое желание: меру его исправленности или неисправленности. Все ощущается внутри меня, внутри моего желания. Таким изначально и создано наше желание, то есть творение.

Подъем со ступени на ступень происходит не за счет того, что я увеличиваю свое желание — оно фиксированно и неизменно. Я могу увеличить его только за счет слияния с другим желанием, затем с еще одним, и еще, и так далее. Подъем по ступеням возможен только по мере слияния с остальными *душами*[22], с остальными желаниями. Присоединяя их к себе, я делаю свое *кли* больше, получаю дополнительное желание. «Я его присоединяю» — означает, что я его исправляю, то есть исправляю себя. Иначе невозможно, потому что благодаря присоединению уничтожаются эгоистические перегородки между двумя объектами. Таким образом, у меня образуется исправленное *кли*. В нем я ощущаю следующую ступень исправления и так далее.

Вопрос: Что обнаруживает человек, когда постигает духовный мир?

Человек обнаруживает, что в духовном *мире* существует полнейшая гармония, что все управляется Высшей силой, которая ведет все *миры*, все творения к общей цели. Раскрывая эту цель для себя, человек перестает совершать необдуманные поступки, он начинает понимать, как следует относиться к другим людям. Он становится неразрывной интегральной частью всего творения.

Тест

1. Что изучают современные науки?
a. материю;
b. форму, облаченную в материю;
c. материю; форму, облаченную в материю; абстрактную форму;
d. суть.

---

[21] **Наш мир** — картина, ощущаемая нами посредствам пяти органов чувств (зрение, обоняние, осязание, вкус и слух). Эта картина является отображением свойства абсолютного эгоизма, который не способен получить свет (наслаждение) в себя, поэтому ощущается нами как пустота (страдание).

[22] **Души** — в начале замысла творения была создана единая душа (желание), называемая Адам Ришон (Первый Человек). Она разбилась на 600 000 частей. Теперь у каждой отдельной части есть возможность произвести работу по личному исправлению и уподобиться Творцу.

2. **Почему исследование формы, не облаченной в материю, является ошибочным?**
   a. отсутствует проверка опытом;
   b. исследование очень трудно;
   c. исследование не ошибочно;
   d. исследуется только суть.

3. **Что такое материя?**
   a. объективная реальность;
   b. силы, воздействующие на наши органы чувств;
   c. силы, не ощущаемые нами;
   d. материи не существует.

4. **Что воспринимает человек?**
   a. реакцию органов чувств на воздействие внешних сил;
   b. внешнее воздействие сил;
   c. суть воздействующих на него сил;
   d. ничего не воспринимает.

5. **Что такое мир?**
   a. то, что я постигаю в своих органах чувств;
   b. то, где я буду, изучив каббалу;
   c. теория строения мироздания;
   d. то, что мною не постигается.

6. **Что исследуют каббалисты?**
   a. материю;
   b. абстрактную форму;
   c. материю и форму, облаченную в материю;
   d. суть и абстрактную форму.

Дополнительный материал

Постижение материи и ее формы

В мире Асия мы постигаем материю

Материя — это желание насладиться, созданное светом и противоположное ему. Используя это желание, можно постичь свет, отразившийся в нем, как противоположность. Отсюда: постижение той или иной противоположности свету ощущается нами как материя.

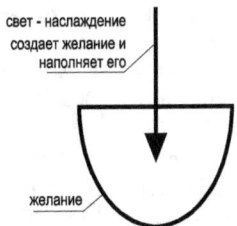

Рис. 1.5. Желание и наслаждение — свет и кли.

Материя постигается нами в состоянии, которое называется *мир Асия*. Этого внутреннего ощущения достигает человек, познающий в своих чувствах Высший *мир*, когда у него появляется минимальный *экран* на самые маленькие желания. Если человек может их аннулировать, не использовать ради себя, а ставить перед собой *экран*, чтобы не получать ничего, он называется «убар» (зародыш). Человек, словно зародыш в чреве матери, ни в чем не принимает активного участия, он абсолютно пассивен.

То, что человек имеет возможность постичь в состоянии *мира Асия*, называется *постижением материи*, причем, он еще совершенно не понимает, что с этим делать.

Зародыш в чреве матери полностью зависим от нее, несамостоятелен, и в соответствии с законами природы в *нашем мире* нейтрализует себя относительно материнского организма, питаясь от него и считаясь как бы его интегральной частью. Если бы эта часть в организме матери вела самостоятельное существование, немедленно произошло бы разделение, отторжение (отравление, заражение).

Мы знаем, что происходит, когда в организме находится инородное тело: возникает отторжение тканей (например, при пересадке донорских органов). Однако в данном случае постороннее тело настолько нейтрализует себя, что может интегрироваться в него.

Подобно этому процессу, общее тело в духовном *мире* называется Творец, а человек, в данном случае, называется «*убар*» (*зародыш*) внутри Творца. Он полностью нейтрализует свои желания и за счет этого может пребывать в Нем.

Состояние, когда человек пребывает внутри Творца, но абсолютно бездействует (то есть он делает очень большую работу, но она направлена только на то, чтобы нейтрализовать себя), называется *миром Асия. Мир* — это ощущение связи с Творцом.

Форма материи постигается в мире Ецира

Когда материя постигается полностью, начинает возникать ее форма. Форма материи — это отдача.

В *мире Асия* человек совершенно нейтрализовал себя и все свои желания. Теперь все его действия сводятся только к тому, чтобы принимать обучающие команды от Творца, как маленький ребенок, который хочет вырасти. Он на сто процентов должен все получать от Творца. Однако что он получает? Форму материи. *Он обучается действиям отдачи.*

Взаимодействие с Творцом, в процессе которого человек начинает использовать свои *экраны* для того, чтобы полностью следовать тому, чему его учит Творец (отдавать), называется *миром Ецира*. Происходящее при этом восприятие называется *постижением формы*, потому что внешняя форма желания получать — это отдача. Желание получать работает в форме отдачи.

Средства, которыми обеспечивается существование материи и формы в мирах Асия и Ецира, постигаются в мирах Брия и Ацилут

После того как в *мире Асия* в состоянии *убар* человек уже приобрел желание к Творцу, а в *мире Ецира* получил *форму на эти желания*, то есть *экран*, он, работая одновременно с формой и материей, пытается совершать те же действия, что и Творец. При этом, человек начинает постигать Его, как сказано: «Из Твоих действий познаю Тебя»[23]. Уподобляясь Ему в действии, человек начинает понимать Творца и Его замысел.

Это называется *постичь средства, которые обеспечивают существование материи и формы*. В этом и заключается задача человека, а со стороны Творца в этом заключается Цель творения.

Каждый мир из АБЕА[24] — дающий и получающий относительно душ. Состояние, в котором находится человек в духовном постижении, называется «его миром». Это подобно тому, как наши ощущения в сегодняшнем состоянии называются «наш мир». В мирах АБЕА каждое из состояний человека, то есть каждый из миров, является и дающим, и получающим относительно душ.

Из всех возможных состояний каббалисты исследуют только материю и ее форму в *мирах Асия* и *Ецира*, потому что *мир Брия*, общность *миров Асия* и *Ецира*, с трудом воспринимается разумом. Он уже не считается формой, полностью облаченной в материю.

Основой исследования является *мир Асия*, то есть материал множества частных желаний, каждое из которых имеет свою форму. Это легко осмысляется и развивает разум, позволяя выделять, отличать и исследовать отдельно взятую особенность (что и является целью работы), чтобы познать преимущества *света* над тьмой в каждой детали существующей действительности.

Главная работа, которую выполняет человек, заключена в материале. Когда мы говорим, что человек

---

[23] Вавилонский Талмуд, трактат Эдует, лист 85.
[24] **АБЕА** — сокращенное название системы миров Ацилут, Брия, Ецира, Асия, с помощью которой мы исправляем себя.

поднимается в *мир Ецира*, потом в *мир Брия*, в *мир Ацилут*, а потом в *мир Бесконечности*[25], то не следует думать, что он при этом отрывается от предыдущих *миров*. *Он поднимает их вместе с собой, поднимается вместе с ними. Все его прошлое, все предыдущие ступени идут вместе с ним и за ним.*

Рис. 1.6. Наш мир и духовные миры.

Таким образом, если мы говорим, что человек сейчас находится в *мире Ецира*, это значит, что он вместе со своим *миром Асия*, со всеми прошлыми жизнями и даже вместе с *нашим миром* поднялся в *мир Ецира* и работает в нем.

Что значит работать в *мире Ецира* с *миром Асия*? Человек постигает *мир Асия* на ступень глубже, а не так, как постигал его, когда находился в нем.

Когда он был в *мире Асия*, он постигал только верхний его срез. Сейчас, поднявшись в *мир Ецира*, он постигает одну ступень *мира Ецира*, а в предыдущем *мире Асия* постигает уже две ступени. Это подобно тому, как *свет* входит в *кли*.

Мы рассматриваем стадии *кетэр, хохма, бина, ЗА* и *малхут*[26]. Когда *свет* входит в *кетэр*, постигается только

---

[25] **Мир Бесконечности** — состояние постижения душами бесконечного совершенства и наслаждения от единства с Творцом (уподобления Творцу). В этом состоянии творение (совокупность душ) не ограничивает распространение света (наслаждения), то есть все желания удовлетворены полностью, без ограничения.

[26] **Кетэр, хохма, бина, ЗА и малхут** — пять частей желания, в которых творение ощущает Творца. Кетэр — желание Творца насладить творение. Хохма — еще неосознанное, несамостоятельное желание насладиться, в котором доминирует создавший его свет (Творец). Бина — желание отдавать. Зеир анпин *(ЗА)* — уровень, на котором творение уже начинает применять принцип «получение ради отдачи», то есть, использовать желание получать, наслаждаться ради Творца. Малхут — законченное, самостоятельное творение, которое само хочет получать и ощущает себя получающим.

кетэр дэ[27]-*кетэр* (*свет нэфеш*[28]). Затем он перемещается из *кетэр* в *хохма*, а в *кетэр* входит следующий *свет — руах*[29].

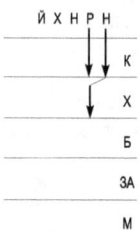

Рис. 1.7. Порядок вхождения в кли ор нэфеш и ор руах.

Допустим, я находился в *мире Асия*, где работал с *авиютом* 0[30]. Потом, углубляясь в материал, я спустился в *мир Ецира* и работаю теперь с *авиютом* 1[31]. Получается, что в *мире Ецира* я сейчас постигаю только первый уровень, а в *мире Асия*, в котором находился до этого, постигаю два уровня.

Поэтому и говорится, что в основном постигается материя. Когда мы поднимаемся в *мир Бесконечности*, то на самом деле углубляемся в ее исследование.

Почему мы углубляемся в материю? Разве главное — это наше желание? Дело в том, что, исследуя наше желание, мы постигаем Творца, постигаем то, что это желание наполняет. У нас нет другого *кли*, у нас нет иной возможности постичь Творца — только лишь в том случае, когда *Он облачается в нас*.

Творец целиком наполнил светом желание в *мире Бесконечности*, и теперь мы это постигаем. Мы возвращаемся в *мир Бесконечности*, проникаем внутрь своего желания до тех пор, пока не достигнем самых глубинных его слоев. Это значит — *вернуться в мир Бесконечности своим постижением*. Начиная постигать духовный мир, мы сначала входим в *мир Асия* и там исследуем материю, а затем мы продолжаем углубляться в этот же *мир*.

Можно сказать наоборот: углубление на один уровень больше в *мир Асия* называется *миром Ецира*, на два уровня — *мир Брия*, на три уровня — *мир*

---

[27] Каждая стадия — кетэр, хохма, бина, зэир анпин и малхут — состоит, в свою очередь, из таких же подстадий. Чтобы назвать определенную подстадию употребляется частичка «дэ», указывающая на принадлежность. Например, «кетэр дэ-кетэр» означает «кетэр кетэра» или «кетэр, что в кетэр».

[28] **Ор нэфеш** — свет, получаемый с экраном на самый маленький эгоизм (авиют 0); означает свет получения для себя без возможности отдачи другим.

[29] **Ор руах** — свет, получаемый с экраном на авиют 1. Дословно «руах» означает «ветер», «дух» (иврит.) — это движение, перемещение; действие отдачи, исходя из исправленного эгоистического свойства.

[30] **Авиют** — сила, глубина желания, требования (измеряется по шкале от 0 до 4). **Авиют 0** — зародыш желания, когда человек полностью аннулирует себя и растворяется в Творце.

[31] **Авиют 1** — желание к свету (Творцу) в потенциале.

Ацилут, на четыре уровня — *мир Адам Кадмон*, а на все пять уровней — это *мир Бесконечности*.

То, что не облачено в нашу материю, в наше желание, мы не ощущаем. Мы не покидаем *мир Асия*, потому что лишь в нем мы сохраняем все ощущения. Остальные *миры* можно назвать просто уровнями *мира Асия*, на которых мы постигаем *свет*, или Творца, облаченного в нашу материю.

Вопрос: Значит, речь идет только об относительных степенях облачения формы в материал? Постоянно ли соотношение между ними?

Мы можем говорить о том, как *свет* облачается в материю, Творец облачается в творение. Разница между *мирами* — это, конечно, разница между ступенями, но она огромна. Мы не можем представить, насколько постижение первой ступени материи в *мире Асия* ничтожно по сравнению со второй ступенью, с третьей, с четвертой. Здесь то же соотношение, что и между видами *света*, когда вместо *света нэфеш* постигается *свет руах*.

Нэфеш — это *неживая* материя. Мы ощущаем ее только как материю, без облаченного в нее *света*. Это то, что постигается в *мире Асия*. В *мире Ецира* мы уже постигаем, как *свет* начинает облачаться в материю, каким образом она становится живой.

Так растение, по сравнению с минералом, уже живет и умирает, поворачивается за солнцем, за источниками жизни, знает, что надо поглощать и что выделять, что вредно и что полезно. В нем существует собственное отношение к Творцу. Это совсем другой уровень существования.

Мы постигаем желание со *светом*, с Творцом, который облачается в это желание, с отношением этого желания (человека, творения) к Творцу, взаимодействие между ними, но пока еще только на *растительном* уровне. У растения не существует свободы воли, нет возможности менять среду, передвигаться, оно жестко зависит от времени, оно подобно всем остальным в рамках своего вида, у него еще нет индивидуальности.

В этом состоит различие между *неживым, растительным, животным* и *человеческим* уровнями постижения. Отношения с Творцом, зависимость, которую мы постигаем в *мире Асия*, резко отличается от отношений в *мире Ецира*. В *мире Брия* зависимость еще больше. Там постигается возможность свободного действия, перемещения, развития, воспроизводства себе подобных. Там уже существуют действия, которые приводят к исправленным состояниям, — это называется рождать потомство.

«*Потомство*» — это следующие действия на отдачу (как *парцуф*

*Гальгальта*³² порождает *парцуф АБ*³³), когда я на самом деле порождаю воздействие. Что значит «породить что-то»? «Породить что-то» означает выразить присущее тебе свойство отдачи. «*Гальгальта* рождает *АБ*», выделяя из себя желание, которое полностью посвящает себя отдаче Творцу.

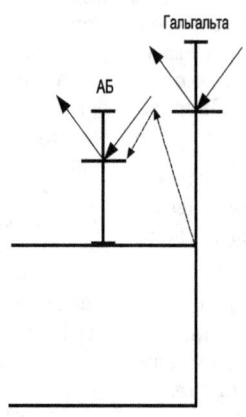

Рис. 1.8. Рождение парцуфа АБ из парцуфа Гальгальта. Пунктирной линией показан путь экрана (поднятие из табура Гальгальты обратно в пэ, затем спуск на одну ступень ниже в пэ парцуфа АБ).

Таково *отличие* между *миром Ецира* и *миром Брия*. Однако где оно постигается? В *мире Асия*, то есть в той же материи. Только постигается более глубинное отношение материи к источнику.

Вопрос: Мир Асия — это всегда мера аннулирования относительно Высшего? Аннулирование это растет?

Да, правильно.

Если я нахожусь в *мире Брия*, то все ступени, начиная с нашего мира, я поднимаю за собой в *мир Брия*. В *мире Брия* у меня есть *кетэр дэ-Брия*, *хохма дэ-Ецира* и бина дэ-*Асия*. Если я поднялся в *мир Брия*, мой нулевой слой находится в *мире Брия*, первый слой — это *мир Ецира*, который поднялся в *Брия*, и второй слой — *мир Асия*, который поднялся сначала в *Ецира* и потом в *мир Брия*. Я постигаю три слоя в материи, три уровня — *нэфеш, руах, нэшама*.

Это будет продолжаться до тех пор, пока я не вернусь в *мир Бесконечности*,

---

³² **Парцуф** = «духовное тело» — желание наслаждаться Творцом, снабженное экраном (то есть способное получить свет). **Парцуф Гальгальта** — это первое получение света от Творца в той мере, в которой творение может отдавать, уподобляясь этим Создателю (авиют 0).

³³ **Парцуф АБ** — второй после парцуфа Гальгальта. Он черпает свои желания из соф (окончание) Гальгальта, то есть работает с такими желаниями, с которыми предыдущий парцуф работать не смог.

где произойдет *окончательное исправление*[34] всего общего *кли*, созданного Творцом, когда уничтожаются все ступени, складываясь в одно общее *кли*.

До этого состояния каждый из нас тянет за собой все ступени, внутренне состоит из всех этих ступеней, и все они идут вглубь.

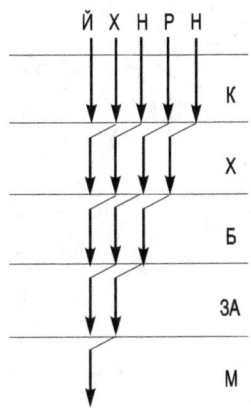

Рис. 1.9. Порядок вхождения в кли ор нэфеш, ор руах, ор нэшама.

Вопрос: Кроме того что мы поднимаем за собой предыдущие ступени, не проявляется ли при выходе из мира в мир еще больший эгоизм в добавление к тому, который был у нас на предыдущей ступени?

Естественно, подъем означает работу с более сильным эгоизмом. Когда я поднимаюсь, допустим, в *мир Брия*, то в *мире Ецира* я работаю на ступень ниже, то есть с большим эгоизмом, а в *мире Асия* на две ступени ниже. Все происходит по той же схеме, по какой мы изображаем порядок вхождения света в *келим*[35].

Четыре формы: точка, линия, плоскость, трехмерная фигура

Формой называется свойство отдачи, которое может принять на себя материя, желание насладиться.

---
[34] **Окончательное исправление (на ивр. — гмар тикун)** — конечное состояние всего мироздания, когда низшая точка творения достигает того же состояния, что и высшая.
[35] **Келим** (мн.ч. от «кли») = желания.

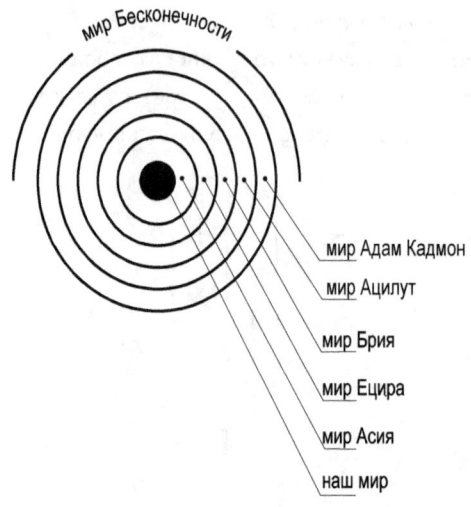

Рис. 1.10. Схема расположения нашего мира, миров АБЕА и мира Бесконечности.

Материя может принимать на себя четыре вышеперечисленные формы. Собственно, форм как таковых нет. Под этим понятием подразумевается наше обозначение тех или иных свойств, видов и качеств отдачи. Точка, линия, плоскость, трехмерная фигура (следствие соединения предыдущих форм) исчерпывают все формы, как в этом, так и в *Высшем мире*. Детали же всех миров одинаковы. В *нашем мире* и в *мирах Асия, Ецира, Брия, Ацилут, Адам Кадмон (АК)* и *мире Бесконечности* (даже в *мире Бесконечности!*) все эти формы совпадают, все *миры* параллельны друг другу.

Семь *миров* — один под другим, включая *мир Бесконечности* вверху, *наш мир* внизу и пять духовных *миров* между ними (*АК, Ацилут, Брия, Ецира, Асия*), абсолютно идентичны в своих деталях и отличаются друг от друга лишь степенью скрытия относительно постигающего их. Абсолютно все детали присутствуют на каждой из ступеней, однако мы не всегда способны их постигать, поскольку это зависит от того, как они относительно нас проявляются.

Допустим, сейчас я нахожусь в *нашем мире* — значит, детали всех духовных *миров* недоступны для моего постижения. Или я нахожусь в *мире Бесконечности* до того момента, как он начал распространяться сверху вниз, — там тоже детали были непостижимы. Они еще не вышли наружу, не проявились, а у меня было только ощущение существования.

Наш мир похож на *мир Бесконечности* отсутствием детализации. Во всех остальных *мирах* в большей или меньшей степени проявляются их: детали, количество, качество, взаимоотношения, связи. Собственно, степень, в которой они проявляются, не имеет значения. Важно то, что абсолютно все во всех *мирах* детализировано и параллельно, все *миры* параллельны друг другу.

Поэтому все происходящее в *нашем мире* спускается из *мира Бесконечности* через все *миры*. Если в *нашем мире* у человека есть желание, которое может задеть Творца и подняться к Нему, оно проходит через все *миры* и обязательно достигает *мира Бесконечности*. Все *миры* задействованы параллельно друг другу, потому что все они проявляются, в принципе, только относительно нас. На самом деле их не существует, потому что *малхут мира Бесконечности*[36] заканчивает собой все творение (см. раздел «Восприятие реальности).

Только для того, чтобы мы постепенно вошли в мир Бесконечности, существуют внутри нас ступени постижения Бесконечности, которые называются мирами: наш мир, Асия, Ецира, Брия, Ацилут, АК. Все промежуточные миры — это порции, дозы мира Бесконечности, которые мы постепенно принимаем, адаптируем к себе и благодаря этому начинаем понимать саму Бесконечность.

Вопрос: Бесконечность тоже постигается из материи мира Асия?

Все, что мы постигаем, мы постигаем в материи. *Мир Асия* — это наша материя, мы ее постигаем. Все, что мы постигаем потом, — это формы, которые одеваются на эту материю во все большем и большем подобии Творцу.

Вопрос: Как создается конечное состояние?

Конечное состояние создается, когда все *миры*, накладываясь друг на друга, поднимаются в *мир Бесконечности*.

Миры исчезают, потому что *мир*, *олам* (от слова «*алама*» — скрытие) — это частный случай постижения *Бесконечности*.

Итак, *этот мир*[37] (*олам азэ*) — материал, отпечатанный со спустившихся Высших духовных *миров*. Во время работы в *этом мире* все наши постижения происходят исключительно в материальных формах. Вне материальных форм нет никакой возможности понять и постичь что-либо.

Творец как создатель всего постигается нами в имени АВАЯ (י – ה – ו – ה)[38], включающем в себя все виды существующих в мире форм, где:

(י) — буква юд — точка;
(ה) — буква хэй — плоскость;
(ו) — буква вав — линия;

---

[36] **Малхут мира Бесконечности** — состояние малхут (желания получать, творения), безмерно, без всяких ограничений наполнившей себя. Эта «малхут мира Бесконечности» и есть сам «мир Бесконечности» или «Бесконечность».

[37] **Этот мир** = наш мир — свойство абсолютного эгоизма, ощущаемого при помощи наших пяти органов чувств, неспособность получить свет (наслаждение) в себя. Поэтому наш мир ощущается нами как пустота (страдание).

[38] **АВАЯ** — «юд-хей-вав-хей» — четырехбуквенное имя Творца, отражает 4 стадии построения в нас ощущения Творца (кли) и Его имени (наполнения).

(ה) – буква хэй – трехмерная фигура.

Творец постигается нами одновременно во всех этих формах: постижение не может происходить только в одной из них (в первой, во второй, в третьей или четвертой).

Что значит «постигается нами как точка, как буква, как плоскость, линия, фигура»? Нами *постигаются наши личные свойства, качества,* которые могут уподобиться Ему.

Уподобление сначала происходит в виде точки (черной точки), когда я себя полностью аннулирую, как семя в чреве матери. Ведь на самом деле семя в чреве матери подобно *душе* в *мире Бесконечности*. Мы находимся полностью в исправленном, наполненном состоянии, но из всего этого состояния мы ощущаем только точку, в которой соединяемся внутри *мира Бесконечности*. Поэтому оцениваем все, окружающее нас, как *мир Асия* или точку.

Затем идет линия – когда мы строим свои взаимоотношения (буква вав), учимся принимать на себя форму.

Затем следует плоскость – когда отношения Творца и творения становятся подобны *животным* состояниям (буква *хей*).

Затем идет трехмерная фигура – когда мы начинаем вырастать в наших *намерениях* до уровня Творца.

Последняя буква «*хей*» (трехмерная фигура) – это раскрытие первой буквы «*хей*» (плоскость), только в более материальном виде, то есть в форме, занимающей место, тогда как три предшествующие формы места не занимают, они еще не имеют объема, не наполнены внутри желанием. В них нет желания получать, которое работало бы на отдачу, они не подобны по своим формам Творцу. Только последняя буква «хей» работает на отдачу, то есть получает ради Творца.

Постигается также начало точки, острие буквы «юд». Это имя – источник всех имен.

Каждое имя – это проявление Творца в творении, то есть получение и отдача со стороны творения, когда оно получает для того, чтобы отдать.

Ведь Суть Творца (имеется в виду *Ацмуто*[39]) непостижима (когда она вне нас), постигается только воздействие, приходящее к нам от Него. Если быть совсем точным: *постигается наше уподобление Его воздействию.*

Похожим образом любой измерительный прибор (как и наши естественные органы чувств) измеряет не само воздействие, а свою реакцию на него. Он уравновешивает внешнее воздействие и измеряет мощность, которую требуется для этого приложить. Именно эту мощность мы и принимаем за силу воздействия на нас.

Только через действия, которые я совершаю, чтобы уравновесить Творца, достичь подобия с Ним, я могу о

---

[39] **Ацмуто** – непостигаемая суть, сущность Творца. Наше восприятие всегда субъективно, т.к. мы ощущаем лишь воздействие на нас Творца, а Его самого мы не можем познать (как и вообще все, что находится за пределами нашего тела). Поэтому все, что существует за гранью наших ощущений, мы называем Ацмуто.

Нем что-либо понять. *Я постигаю не Его, а себя, то есть свое подобие Ему.*

Когда мы говорим о Творце, то имеем в виду вовсе не *Ацмуто*, не то, Кто Он Сам по Себе: мы исходим из того, что приняли на себя некие законы, правила, уподобились Ему. Как выгляжу я — подобный Ему — так я и именую Творца. На самом деле, это не образ Творца, а образ человека, который уподобился Ему.

Ведь Суть Творца совершенно непостижима, постигается воздействие, приходящее к нам от Творца. Потому и все творение представляет собой имена Творца. Человек исследует на себе и объединяет полученное имя с его корнем, Творцом, в *намерении* отдачи. Таким образом, имя — это то, что человек получает, исследуя и познавая Дающего. Мы постигаем Творца только по мере уподобления Ему. Я совершенно не знаю, что такое *свет*, не представляю его свойств, мне неизвестно вообще, существует он или нет. На меня нечто воздействует. Откуда я могу узнать, что именно на меня воздействует? Только в том случае, если мне удастся уравновесить внутреннее воздействие в соответствии со своей чувствительностью. Исходя из собственных свойств, я говорю о том, что существует вне меня.

Допустим, на меня извне воздействует некоторая сила. Для того чтобы ее уравновесить, я должен приложить внутреннее усилие в 10 кг, и тогда я чувствую, что нахожусь в состоянии покоя, словно этой силы нет. Я измеряю свои усилия и говорю: «Снаружи на меня давят 10 кг». Исходя из качества усилий, которые я приложил, чтобы уравновесить данное воздействие, я делаю вывод: «10 кг, которые действуют на меня, — это сила давления». Почему? Потому что изнутри я приложил такую силу, в таком ее виде, который я определяю как давление. Что снаружи на самом деле, я не знаю. Мне не известно, ни какой вид имеет внешнее воздействие, ни его мощность, ни величина. Может быть, моя чувствительность именно такова, что если я противодействую силе в 10 кг, то чувствую себя уравновешенным. Возможно, снаружи давят 100 000 кг, а я воспринимаю их как 10 кг.

Например, мы не ощущаем на себе атмосферного давления, а ведь на каждый квадратный сантиметр нашего тела приходиться давление в 1 кг! Это очень большое давление, огромное. Если бы наш организм автоматически не уравновешивал его изнутри, мы бы просто расплющились.

В *нашем мире* все построено на законах равновесия. Даже если мы говорим уже не о материи, которая должна уравновешиваться хотя бы для того, чтобы существовать, а о чувствах. Равновесие — это то, к чему мы стремимся. Состояния покоя: чтобы на меня ничего не давило, чтобы не было никаких неудовлетворенных желаний, чтобы все они были насыщены.

Достижение такого равновесия зависит от нашей чувствительности. Если бы у нас внутри был прибор, повышающий ее порог, мы бы чувствовали, что можем уравновешивать себя все больше и больше. Это и значит подниматься по ступеням *миров* с целью уравновесить себя на самом максимальном уровне — *на четвертом уровне авиюта*.

Наш мир — обратный *миру Бесконечности*, в нем трудно выявить детали. *Мир Асия* — тот же *мир Бесконечности*, только мы его ощущаем в самом грубом виде, всего лишь как *домэм* (*неживое*). *Мир Ецира* — *мир Бесконечности*, ощущаемый уже как *цомэах* (*растение*).

Что значит любой *Высший мир*? Я — тот же самый, и *мир Бесконечности* тот же самый, только я повышаю свою восприимчивость. Я все равно ощущаю все исходя из возможностей своих пяти органов чувств, потому что я так устроен. У меня всегда будет именно та картина, которую они позволяют мне внутренне нарисовать.

Мы заключены внутри нашего желания и не знаем, что на нас действует. Картина нашего мира строится исходя из того, как наше желание реагирует на внешние воздействия.

Вопрос: По мере подъема мир ощущается все менее составным?

По мере подъема *мир* ощущается все более составным, все более сложным, с большим количеством деталей и с более сложными связями между ними. Однако вся эта сложность в итоге обращается в простоту, потому что она — в тебе. Ты, наоборот, начинаешь понимать, как работает все устройство, поэтому относительно тебя-познающего — оно является простым.

По мере подъема, по мере постижения происходит увеличение количества деталей, количество связей становится огромным. Высшие миры в бесконечное множество раз сложнее и больше, чем наш мир. Однако одновременно с бесконечным количеством деталей и связей постигаются простота, замысел, общая система, которая работает слаженно и просто, хотя она огромна и бесконечна по объему, сложности и количеству деталей. В итоге человек постигает намного более простую картину мира, чем та, которая представляется ему сегодня.

Сегодня в *нашем мире* мы не можем ничего сложить вместе. Мы не представляем себе правильных причинно-следственных связей, а там присутствует огромное количество деталей, и все они раскрыты, как причины и следствия.

Глава 2. Область изучения

2.1. Введение
2.2. Основные определения
2.3. Область исследований
2.4. Вопросы и ответы
Заключение
Тест
Дополнительный материал

В конечном итоге, мы исследуем себя. Вся каббала, как и вообще всякое научное постижение действительности, все познание высшей реальности – это процесс самопознания. Внутри себя человек раскрывает Творца. Мы можем познать Его лишь из глубины собственного кли. Вне нас мы не воспринимаем ничего.

2.1. Введение

Мы различаем множество ступеней и отличий в *мирах*, однако необходимо знать: все, что говорится о ступенях и отличиях, касается только того, кто получает от этих *миров*, согласно правилу: «То, что не постигнуто, не может быть названо по имени»[40]. Имя выражает постижение[41], и то, как, согласно постижению, человек дает имя объекту, только постигнув его.

В сущем, относительно духовного постижения, выделяются 3 отличия:

1) *Ацмуто* (Высший непостигаемый, буквально «Он сам») – об этом мы вообще не говорим, потому что корень и источник творений начинается от *Замысла творения*[42], где они включены, как «конец действия в начальном замысле».

2) *Бесконечность* – суть Замысла творения, состоящая в том, чтобы «дать творениям наслаждение, называемое Бесконечностью» (бесконечное наслаждение).

Это связь между Высшей силой и *душами*, она понимается нами как желание насладить творения. *Бесконечность* – начало действия, *свет без*

---

[40] *Бааль Сулам.* Наука каббала и ее суть. Kitvei Baal Hasulam. ARI. Israel. 2009. P. 23.
[41] Любое **духовное постижение** обязано соответствовать двум критериям: 1 – оно должно быть истинным, а ни в коем случае не являться плодом воображения; 2 – оно не должно вызывать ни малейшего сомнения, как не вызывает в человеке сомнения собственное существование. То есть необходимый уровень познания, которое можно назвать постижению, соответствует чувственному ощущению, приравниваемому к реакции сенсоров тела. Уровни познания, не соответствующие данному определению, называются в каббале понимание, изучение и пр.
[42] **Замысел творения** = замысел Творца создать творения для того, чтобы доставить этим творениям максимальное наслаждение.

сосуда, но именно там — источник творений, связь Творца с творениями, называемая «желанием насладить творения». Оно берет начало в *мире Бесконечности* и нисходит до *мира Асия*.

3) *Души*, которые получают наслаждение, заключающееся в желании дать наслаждение.

2.2. Основные определения

1. Существуют четыре вида познания:
- познание материи;
- познание формы материи;
- познание абстрактной формы;
- познание сути.

2. Во всем, что наличествует в *Высшем мире*, связанном с сотворением *душ* и формами их существования, мы различаем:
- *мир Бесконечности*;
- мир Ацилут;
- миры Брия, Ецира, Асия (БЕА).

3. В каждом из *миров БЕА* присутствуют три аспекта:
- десять *сфирот*[43], *свет* которых есть в каждом из *миров*;
- *души* людей;
- действительность, расположенная ниже *душ* людей.

4. Десять *сфирот* называются: *кетэр, хохма, бина, хэсэд, гвура, тифэрэт, нэцах, ход, есод, малхут*. Часто шесть *сфирот* – *хэсэд, гвура, тифэрэт, нэцах, ход, есод* объединяют в одну *сфиру*, которую называют *тифэрэт* или *зэир анпин*. В таком случае перечисляют пять *сфирот*.

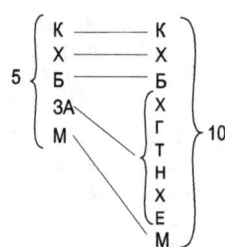

Рис. 2.1. Десять сфирот. Сфира зэир анпин включает в себя шесть сфирот.

Эти 10 сфирот составляют все мироздание, включая в себя все миры:
- сфира кетэр — мир Адам Кадмон;
- сфира хохма — мир Ацилут;
- сфира бина — мир Брия;
- сфира тифэрэт — мир Ецира;
- сфира малхут — мир Асия.

Как и все мироздание, каждый из миров состоит из десяти сфирот, и любая мельчайшая деталь любого мира также содержит десять сфирот.

---
[43] **Десять сфирот** – различные свойства, которые принял на себя Творец относительно творений.

2.3. Область исследований

1. Каббала не затрагивает таких понятий, как суть и абстрактная форма в десяти сфирот, а имеет дело только с материей в них и ее формами, так как форма — носитель материи.

Суть человека, как таковая, без материального воплощения, не воспринимается, поскольку реакции пяти органов чувств и воображение позволяют нам обнаружить лишь *действия* сути, но не ее саму. Например:

Зрение — способность глаза воспринимать световые волны, излучаемые сутью объекта и отраженные от него.

Слух — восприятие соответствующим органом силы воздействия акустических колебаний той или иной сути, распространяющихся в воздушной среде. Воздух, отражаясь под воздействием силы звуковой волны, давит на барабанную перепонку, позволяя нам слышать источник звука.

Обоняние — способность соответствующих участков мозга воспринимать специфические молекулы, исходящие от сути.

Вкус — реакция, возникающая от контакта какой-либо сути с нашими вкусовыми рецепторами, расположенными на слизистой оболочке внутри полости рта.

Осязание — тактильность — реакция кожи на механическое или тепловое раздражение, вызываемое некой сутью.

Можно остудить горячее и подогреть холодное, твердое расплавить до жидкого состояния, а жидкость, испарив, обратить в газ так, что ее будет невозможно обнаружить нашими природными сенсорами. Однако, вместе с тем, суть сохраняется, и мы можем заново проделать с ней обратные процедуры.

Ясно, что с помощью наших пяти органов чувств выявляется не суть, а лишь проявления ее действий. Нам следует знать: все, что нам не дано воспринять в ощущениях, не может присутствовать и в нашем воображении, следовательно, никогда не будет существовать в разуме, и у нас нет никакой возможности познать это.

Суть невозможно постичь мыслью. Более того, нам не дано постичь даже собственную суть. Я ощущаю и знаю, что занимаю некоторый объем в пространстве, являюсь твердым, горячим, думаю, чувствую и тому подобное лишь вследствие проявления воздействий моей сути. Однако если меня спросят: «Какова суть, из которой исходят все эти проявления?», — я не буду знать, что ответить. Высшее управление предотвращает постижение сути, и мы постигаем только исходящие из нее проявления.

Материю, то есть *проявления действий любой сути*, мы способны воспринять полностью, так как они объясняют суть, находящуюся в материи. Мы совершенно не страдаем от отсутствия возможности постижения самой сути и не нуждаемся в ней, так же, как и не испытываем потребности, скажем, в шестом пальце. Другими словами, постижения материи, то есть проявления действий сути, нам совершенно достаточно для удовлетворения всех наших потребностей в познании: как в постижении себя, так и в постижении любого объекта вне нас.

Форма материи также постигается ясным и достаточным образом из опыта конкретных действий, извлекаемого нами из реакций материи. Так мы приобретаем все высшее знание, на которое, действительно, можно положиться.

Абстрактная форма. После того как форма проявилась, будучи воспроизведенной в материи, сила воображения позволяет нам разделить их и изучать форму абстрагированно, отдельно от любой материи. Примером могут служить такие абстрактные формы, как человеческие свойства и качества, о которых идет речь в учении о морали и этике. Когда мы говорим о свойствах правды и лжи, гнева и героизма, мы имеем в виду абстрактную форму, свободную от любой материи. Мы наделяем эту абстрактную форму достоинствами и недостатками.

Ученые относятся к понятию абстрактной формы весьма осторожно, поскольку невозможно полностью полагаться на то, что абстрагировано от материи, здесь можно легко совершить ошибку.

Из выясненного следует, что:

- у нас, в принципе, нет возможности постижения сути;
- изучение абстрактной формы может привести к заблуждениям;
- достоверно только познание материи и формы, воплощенной в материю.

Таким образом, каббала говорит исключительно о первом и втором видах познания; третий и четвертый не признаются каббалистическими источниками.

2. Каббала изучает только миры БЕА. Мир Бесконечности и мир Ацилут не исследуются отдельно от миров БЕА, данная наука лишь касается их в той мере, в какой БЕА получают от них свет.

Теперь можно прояснить правильное отношение к постижению реальности духовных сущностей *миров АБЕА*, ведь в мироздании нет ни малейшей детали, которая не подразделялась бы в соответствии с четырьмя видами познания.

По отношению к познанию в каждом *мире* можно выделить четыре типа:

- *сосуды мира* определяются как материя *мира*;
- заполнение *сосудов мира* Высшим светом[44] является формой материи;
- *Высший свет* как таковой, отделенный от материи *мира*, является абстрактной формой;
- Суть.

---

[44] **Высший свет (ор элион)** — определенный вид излучения свыше, положительные внешние духовные энергетические поля. Высший свет состоит из двух составляющих: постигающий и постигаемое. Все, что мы говорим о Высшем свете, это только лишь впечатления постигающего от постигаемого.

В системе миров:
- *миры Брия, Ецира, Асия* являются материей;
- свечение *Ацилут* в *мирах БЕА* является формой, одевающейся в материю;
- *мир Ацилут* — абстрактная форма;
- *мир Бесконечности* является сутью.

В 10 *сфирот*:
- *бина, тифэрэт* и *малхут* — материя;
- свечение *хохма* в *бине, тифэрэт* и *малхут* — форма, облаченная в материю;
- *хохма* — абстрактная форма;
- *кетэр* — суть.

Итак, в каббале, речь идет только о трех *мирах БЕА*, считающихся материалом, и представляющих собой *сфирот бина, тифэрэт* и *малхут*; а также о свечении *мира Ацилут*, «одетом» в три *мира БЕА*, то есть, *ор хохма*, «одетый» в *бину, тифэрэт* и *малхут*, — форму, воплощенную в материю.

Сказанное справедливо, как для всего творения в общем, так и для любой его части. Соответственно, если человек, изучающий данную науку, не будет постоянно следить за тем, чтобы его мысли и понимание находились в пределах этих двух видов познания, он сразу же запутается в рассматриваемых вопросах, так как не сможет понять *истинный* смысл основных определений.

3. Следует знать: несмотря на то что в каббале подробно объясняются мельчайшие детали каждого из миров, основное внимание всегда сконцентрировано на человеческих душах, находящихся на уровне соответствующего мира. То, о чем говорится и что разъясняется в отношении других аспектов, рассматривается лишь для того, чтобы узнать, что души получают от них. Тот материал, который не имеет отношения к вопросу получения душами, полностью опускается.

Существует четыре уровня творения:
- *неживой;*
- *растительный;*
- *животный;*
- *говорящий.*

В каждом из *миров*, включая *наш мир*, эти уровни являются *четырьмя уровнями желания получать*. В каждом из них также существует четыре уровня: *неживой, растительный, животный* и *говорящий*.

Человек тоже состоит из четырех уровней желания:
1) желание получать в той мере, в какой это необходимо для поддержания существования;
2) желание получать сверх меры необходимого для существования, стремление к излишествам и роскоши;
3) жажда наслаждений, которые предоставляет общество (слава и власть);
4) стремление к знаниям.

Рис. 2.2. Ступени в уровнях развития желания.

Первый и второй уровни *человеческого* желания получают и питаются от низших по отношению к ним уровней *(неживого, растительного, животного).* Третий уровень желания получает и наполняется от равных себе.

Четвертый получает наслаждение и наполняет себя от высшего по отношению к нему уровня, то есть от сути мудрости и разума, представляющих собой духовные понятия.

Все *миры* являются оттиском друг с друга по направлению сверху вниз, и все находящееся на уровнях *неживой, растительный, животный* и *говорящий* в *мире Брия* отпечатывается в *мире Ецира*. Соответственно, из уровней: *неживой, растительный, животный* и *говорящий мира Ецира* отпечатываются уровни: *неживой, растительный, животный* и *говорящий мира Асия*. Далее, *неживой,*

растительный, животный и *говорящий* уровни *мира Асия* отпечатываются уровни: *неживой, растительный, животный* и *говорящий* — в этом *мире.*

В мирах:
- *неживой* уровень в *духовных мирах* называется «*дворцы*»;
- *растительный* уровень называется «*одеяния*»;
- *животный* — «*ангелы*»;
- уровень *говорящий* — это *души* людей соответствующего *мира;*
- десять *сфирот* в каждом *мире* — это *Высший свет.*

УРОВНИ ЖЕЛАНИЯ	неживой	растительный	животный	говорящий
В ЧЕЛОВЕКЕ	телесные	богатство	почести	знания
В МИРАХ	Дворцы	Одеяния	Ангелы	души людей

Таблица 1.

Души людей являются центром каждого из миров. Они получают наполнение от всей духовной реальности соответствующего мира, так же как человек в материальном мире получает наполнение от всей материальной действительности нашего мира.

Это происходит следующим образом:
- в первой стадии, которая является желанием получить в той мере, в какой это необходимо для поддержания существования, человек получает *свет* от «дворцов» и «одеяний»;
- во второй стадии, которая является излишествами *животных* желаний,

— от ангелов, то есть получает духовный *свет* в количестве большем, чем необходимо для существования, чтобы развить сосуды, в которые одета его *душа*. В первой и второй стадиях он получает от низших по отношению к нему уровней, которыми являются дворцы, одеяния и ангелы, находящиеся там. Их уровень ниже уровня *душ* людей;
- в третьей стадии, представляющей собой *человеческие* желания, которые развивают дух, человек получает от равных ему, то есть от всех *душ,* находящихся в данном *мире,* и с их помощью увеличивает количество *света,* наполняющего его *душу;*

- в четвертой стадии желания, то есть в стремлении к наукам, он получает от *сфирот* соответствующего *мира*.
- *Душа* человека, находящаяся в каждом из *миров*, должна развиваться и совершенствоваться от всего, что находится в *этом мире*.

В каббале говорится обо всех частичках Высших миров: сфирот, души, ангелы, одеяния или дворцы. Несмотря на то что они изучаются как таковые, необходимо непременно помнить, что о них говорится только относительно человеческой души, получающей и питающейся от них. Все они направлены на обеспечение потребностей души. Если в процессе изучения каббалы учащийся будет неукоснительно следовать этой линии, то тогда он правильно поймет эту науку.

2.4. Вопросы и ответы

Вопрос: Чем исследование каббалиста отличается от исследования ученого?

Каббалист выявляет иную причину.

Я не изучаю, как одна молекула приводит к возникновению другой, а раскрываю это в виде силы, свойств. Что я раскрываю в Творце? Я обнаруживаю, что Он является Высшим по отношению ко мне. Иными словами, Творец — это совокупность свойств, более высокая по сравнению со мной

закономерность. Высшая ступень содержит в себе те же силы, свойства, что и я, — иначе как бы я мог улавливать ее?

Можно сказать так: Высший свет абстрактен, а я внутри пробуждающегося во мне решимо[45] каждый раз представляю себе последующую высшую ступень еще более высокой. Однако я представляю ее себе исходя из проекции собственных свойств. Именно я представляю себе Творца, именно я каждый раз рисую Его перед своим внутренним взором. Я обязан воображать себе Творца, иначе мне не уловить Его. Абстрактный, лишенный одеяний свет я не воспринимаю. Я представляю себе Творца посредством своих пяти органов чувств, в своих пяти келим: КАХАБ-ТУМ (кетэр, хохма, бина, тифэрэт, малхут).

Можно говорить о том, что за этим следует абстрактная форма и суть Творца, Ацмуто, однако она уже не поддается восприятию.

Вопрос: Что является инструментом исследователя?

Никакая наука этого мира не требует от человека изменить себя для того, чтобы иметь возможность исследовать и понимать законы природы. Это и понятно: законы природы — это наши законы, и мы обладаем той же природой, что и они. Я пребываю в подобии свойств с неживой, растительной, животной природой в этом мире, и поэтому способен ее изучать.

---

[45] **Решимо,** мн.ч. «**решимот**» — «духовный ген», «запись» духовной (не облаченной ни в какую внешнюю оболочку) информации об определенном состоянии.

Однако когда речь идет об исследовании иной природы, с которой у нас нет подобия свойств, мы должны сначала приобрести *кли*, которое ее ощущает. *Кли* позволяет осуществлять исследования только согласно подобию свойств: насколько я уподобляюсь духовной природе, настолько могу в нее проникнуть. Один и тот же закон подобия свойств при восприятии чего-либо отличного действует как в духовном, так и в материальном *мире*.

Заключение

Мы не можем сказать, какую форму имеют миры относительно Творца — мы постигаем их только в мере возможностей наших органов чувств и относительно собственных ощущений. Известно, что не происходит изменений в свете, а все изменения происходят только в сосудах, то есть в наших органах ощущения, и измеряется согласно нашим представлениям. Поэтому, если несколько людей наблюдают один и тот же духовный объект, каждый постигает его согласно своему представлению и ощущению.

Тест

1. В чем состоит замысел творения?
a. сотворить творения;
b. насладить творения;
c. насладить Творца;
d. сотворить *миры*.

2. Чем являются миры БЕА?
a. материей;
b. формой, облаченной в материю;
c. абстрактной формой;
d. сутью.

3. Чем является свечение *хохма* в *бине*, *тифэрэт* и *малхут*?
a. материей;
b. формой, облаченной в материю;
c. абстрактной формой;
d. сутью.

4. Что не изучается в каббале?
a. материя;
b. форма, облаченная в материю;
c. абстрактная форма и суть;
d. материя *миров*.

5. Относительно чего изучаются все процессы и явления в каббале?
a. Творца;
b. *душ*;
c. *миров*;
d. *сфирот*.

6. В чем происходят изменения?
a. в *свете*;
b. в Творце;
c. в *сосудах*;
d. в *свете* и Творце.

Дополнительный материал

Комментарии М. Лайтмана на статью Бааль Сулама «Предисловие к книге «Уста мудрого»

(«Предисловие к книге «Уста мудрого», над которым начал работать Бааль Сулам, было предвестником «Учения Десяти Сфирот». Однако вскоре он понял, что надо писать совершенно другой учебник – академический, большой. Он оставил эту книгу и приступил к созданию шеститомника «Учение Десяти Сфирот». Книга, которая называется «Пи Хахам» — «Уста мудрого», так и осталась неизданной).

Человек нисходит в *этот мир*, чтобы, пребывая именно в нем, достичь определенной цели. Решить эту задачу, как говорят нам каббалисты, можно только посредством такой науки, как каббала.

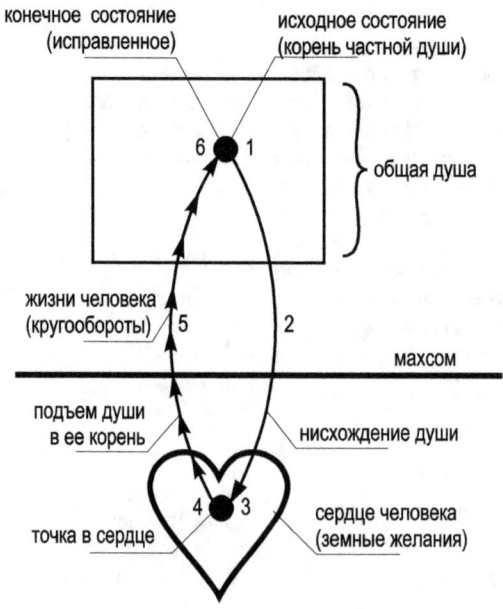

Рис. 2.3. Схема кругооборота души.

Однако тут же возникает вопрос: чем же выделяется каббала из огромного списка остальных наук? Почему ею непременно должен овладеть каждый человек, а если не сделает этого, то будет считаться, что он зря жил в *этом мире*? Как совершенство человека связано с изучением каббалы? Какая необходимость в обязательном овладении этой наукой?

Если я занимаюсь исследованиями в области физики, химии или любой другой академической науки, то, утратив интерес или испытав разочарование, я могу оставить свои занятия, никто меня к этому не обязывает, не ради этого, что называется, я родился. Однако каббала – совсем иное дело. Тот, кто не занимался ею, не освоил, не реализовал ее в себе, считается *родившимся напрасно*.

Рассмотрим условие, выдвигаемое исследователями-каббалистами: «Не постигнутое не описываем». Имеется в виду как то, что еще не постигнуто этой наукой, так и то, что вообще постичь невозможно (суть Высшей силы). Поэтому каббалисты отказываются даже чисто теоретически, гипотетически рассуждать о сути Высшей силы и, тем более, давать своим предположениям определения, имена и т.д. С одной стороны, мы должны изучать эту науку, и она наглядно демонстрирует возможность раскрытия Высшей силы, а с другой – мы говорим, что раскрывать, ощущать, исследовать Высшую силу мы можем только в той мере, в какой явно постигаем ее на себе. То есть эта наука имеет абсолютно практическое приложение.

Все определения, даваемые Высшей силе, относятся не к ее сути, а к *свету, исходящему от нее*, не к самому источнику, а к тому, как он наполняет нас. Даже определение «*Бесконечность*» в каббале означает *свет*, исходящий из сути *Высшей силы*. Поскольку исследователи-каббалисты определили, что *свет*, распространяющийся из сути Творца относительно получающих творений, является бесконечным, они назвали его таким именем.

Почему мы называем *свет бесконечным*? Потому что мы находимся в изначальном состоянии, когда отсутствуют какие-либо ограничения на получение наполнения. Потому мы и называем себя, свое *кли*, свое состояние бесконечным, безграничным: бери, сколько хочешь. Есть такое понятие в фармакологии – «quantum satis» (сколько нужно), то есть до полного насыщения. В каббале это называется «бесконечность».

Незыблемый закон гласит, что запрещено (запрещено в каббале означает невозможно) даже размышлять о сути Высшей силы, поскольку суть невозможно постичь и именовать, ведь имя указывало бы на определенную степень постижения. Поэтому и говорится: «То, что не постигаем, не называем».

Бога, Творца, Создателя – все, что относится к *Высшим мирам*, и то, что человек не ощущает в себе явно, как научные данные, – в каббале исследовать запрещено.

Напротив, *свету*, исходящему из *Высшей силы*, человек может по результатам своих исследований давать какие-либо определения и характеристики. Поскольку каждый из нас представляет собой как бы приемник воздействий *света*, ибо они определяют все наше существование, то их исследование и правильное использование является непреложной обязанностью каждого человека. Ведь тем самым мы изучаем пути влияния Высшей силы на нас.

Итак, что мы должны изучать? Мы должны стремиться к тому, чтобы нас наполнил *Высший свет*. Его наполнение, то есть наши качества, которые он изменяет, и являются предметом изучения данной науки. Результаты этих знаний составляют суть каббалы, а правильное их применение приводит к наполнению человека *Высшим светом* и является достойным вознаграждением за труды.

Каббала — прикладная наука, обучающая тому, *как и насколько ты должен себя изменить* и *что* ты в результате получишь, *что* тебя наполнит. *Кли* (*сосуд*) и *ор* (*свет*) — ничего больше в этой науке нет, кроме условия, при котором это *кли*, данный сосуд, наполняется *светом*. Условие называется «экран» (ивр. «*масах*») или «*подобие*».

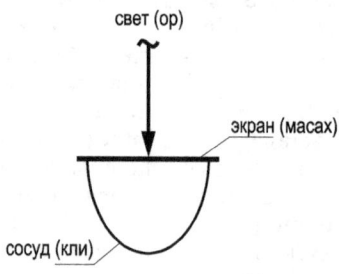

Рис. 2.4. Свет и сосуд (ор и кли).

В «Книге Зоар» говорится, что все *Высшие миры* созданы для того, чтобы привести каждого человека к совершенству. Эта цель является причиной сотворения всех *миров*: «Окончание действия изначально находится в замысле творения».

| Все создается, только исходя из окончательного состояния. Его нельзя достичь, если не будет некоторых *промежуточных состояний, которые образуются на пути постижения как вспомогательные средства. Окончательный результат всегда определяет, что должно находиться посередине. Исходя из конечного результата — слияния с Творцом — необходимо создать такие промежуточные состояния, которые были бы противоположны этому слиянию. Они-то и называются мирами.*

Основываясь на первопричине — «насладить творения Своим *светом*» — созданы *Высшие миры, наш мир*, и человек, состоящий из двух сущностей, облаченных одна в другую: *душа*, помещенная в материальное *тело*.

Итак, изначально человек помещается Высшей силой в низшее из всех возможных состояний — материальное тело с облаченной в него *душой*,

и через систему нисходящих *миров* Высшая сила воздействует на человека с целью развить его *душу*, духовный сосуд для получения *света*, настолько, чтобы целиком заполнить его. Как сказано: «И наполнится земля (земля — на иврите «*эрец*» от слова «*рацон*» — «желание») знанием Творца, так как познают Меня все, от мала до велика»[46].

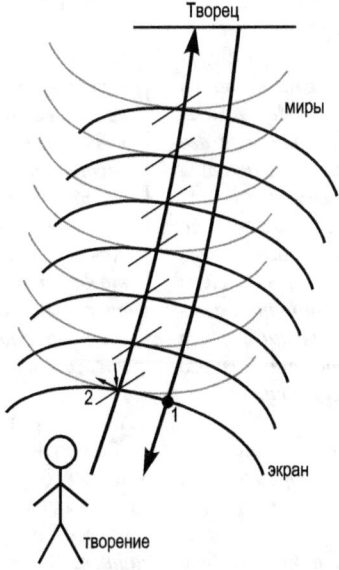

Рис. 2.5. Воздействие в нашем мире Высшей силы на человека через систему нисходящих миров.

Абсолютно все *келим* будут исправлены и наполнены *светом*. Все вместе они называются: в исправленном состоянии — *душой*, а в неисправленном — *желаниями человека*.

Душа человека состоит из желаний наполнения *Высшим светом*. Изначально эти желания эгоистические. Однако это не проявлено только

---
[46] Пророки, Исайя, 11:9.

относительно нас, а на самом деле это *кли* существует извечно.

Вследствие изучения каббалы, то есть привлечения *Высшего света*, в человеке на каждое желание — от самого малого до самого большого — возникает *намерение* наполниться, чтобы достичь подобия Высшей силе.

Свет, который приходит к нам в результате занятий, постепенно создает в нас *экран* на каждое, все большее и большее эгоистическое желание.

> *Изменение эгоистического намерения на альтруистическое называется действием исправления. Исправленное желание, в соответствии с его подобием Высшей силе, заполняется Высшим светом, ощущением Высшей силы, Творца. Исправив намерение на все желания, человек постигает весь свет, исходящий от Высшей силы лично к нему. Такое состояние называется личным исправлением. Тем самым, человек достигает полного личного единения с Высшей силой.*

Само по себе это единение называется *окончательным исправлением*. Из этого состояния на нас нисходит *свет*, который и заставляет нас действовать. Каждое наше действие, все наши состояния определяются *светом*, исходящим из самого последнего состояния — *полного исправления*: оттуда он тянет нас к себе.

Состояния, которые каждый из нас ощущает в каждое мгновение (желаем мы обучаться или нет, плохо нам или хорошо, или мы заняты чем-то другим), кажутся нам спонтанными, беспорядочными. На самом деле это не так: любое наше состояние определяется Высшей силой, то есть нашим наполненным исправленным состоянием относительно нас сегодняшних.

> *В каббале, и вообще в духовном мире, есть закон, который гласит: «нет исчезновения в духовном». Мы находимся в полностью исправленном состоянии, оно — единственно существующее. Все остальные ощущаемые нами состояния являются ложными и необходимы лишь для того, чтобы мы оценили, захотели, правильно поняли наше единственное состояние как полностью исправленное, совершенное и вечное.*

Итак, на уровне Творца мы находимся в абсолютно совершенном единственном состоянии. Однако мы сами еще должны его выявить, то есть *вернуться из бессознательного состояния в осознанное*. Данный процесс так и называется: «тшува» (возвращение). Это возвращение в наших ощущениях.

Глава 3. Постижение методом уподобления

3.1. Выявление замысла — в достижении Цели
3.2. Ступени постижения
3.3. Подъем по ступеням
3.4. Два аспекта силы, воздействующей на человека
3.5. Система миров — система отношений человека с Творцом
3.6. Скрытие и раскрытие Творца
3.7. Раскрытие ощущений зависит от намерения
3.8. Существование в намерении
3.9. Намерение — это ощущение или разум?
3.10. Работа с намерением
3.11. Качественная и количественная оценка в намерении
3.12. Духовный мир — это мир намерения
3.13. Разница между двойным и простым скрытием
3.14. Создание намерения
3.15. Вопросы и ответы
Тест
Дополнительный материал

3.1. Выявление замысла — в достижении Цели

Известно, что завершение действия и его результат присутствуют уже в первоначальном замысле. Допустим, человек ставит перед собой цель — построить дом и мысленно представляет его себе. Исходя из этого, он планирует строительство, чтобы намеченная цель была успешно достигнута.

Так и в мироздании: после выяснения цели становится понятно, что порядок творения во всех своих проявлениях определен заранее и в соответствии с задачей, согласно которой человечество будет развиваться и подниматься в свойстве отдачи до тех пор, пока не окажется способным ощутить Высшую управляющую силу как своего ближнего[47].

Свойство отдачи обретается человеком поступенчато, и он преодолевает ступени лестницы одну за другой, пока не достигает своей цели. Количество и качество этих ступеней определяется двумя действительностями:

1. Действительность материи — порядок раскрытия *Высшего света* сверху вниз, от Первичного источника, определяющего меру и качество *света*, исходящего из сути Творца. *Свет*

---

[47] **Ближний** — тот, чьи желания наиболее близки и подобны желаниям человека. То есть близость и удаленность измеряются степенью совпадения, подобия свойств (свойств или желаний — это одно и то же).

проходит скрытия одно за другим, пока из него не возникнет материальная действительность и материальные создания.

2. Действительность Высшего разума — после процесса нисхождения начинается этап восхождения, представляющий собой ступени лестницы[48], в соответствии с которой развивается человечество, постепенно поднимаясь, пока не достигнет *цели творения*[49].

Обе эти действительности исследуются во всех своих частных проявлениях и подробностях в каббале.

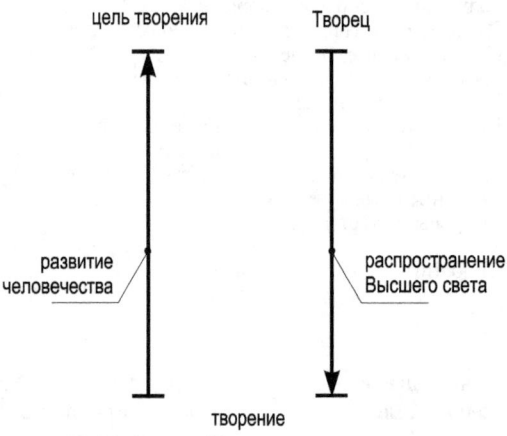

Рис. 3.1. Ступени постижения сверху вниз и снизу вверх.

3.2. Ступени постижения

Ступени включают в себя как распространение *света* сверху вниз (то есть все скрытое в этих ступенях), так и раскрытие снизу вверх (то есть все, что раскрывает человек, восходящий по этим ступеням).

Это означает, что каждая ступень включает в себя все существующее, начиная от нее и до *мира Бесконечности*, а также все то, что расположено под ней, вплоть до самой нижней

---

[48] **Ступени лестницы** — уровни желания отдавать, приобретаемые человеком. От Творца до нашего мира существует 5 ступеней, которые называются мирами. Каждая из них имеет свои подступени, называемые парцуфим, а каждая из подступеней имеет свои подступени, называемые сфирот. То есть всего от нас до Творца: 5 x 5 x 5 = 125 ступеней.

[49] **Цель творения = замысел творения** состоит в слиянии с Творцом: в наслаждении Его (и ставшим нашим вследствие исправления и подобия Ему) совершенством.

точки. В каждой ступени содержатся все скрытия от *мира Бесконечности* до нее, то есть она ощущает, в потенциале, все *обратные стороны (ахораим) света*[50], восходящие от нее до бесконечности, и эти обратные стороны *света*, в сущности, представляют собой те уровни, желания, исправления, которые потребуется произвести.

Все ступени, начиная с самой первой, пройденные человеком на своем пути, являются, в сущности, раскрытием разума Творца. Раскрывая Его, человек приобретает нечто новое.

Сами по себе духовные ступени — неживые (домэм) объекты, внутренние и внешние условия, созданные вокруг поднимающегося по ступеням человека, которые его душа обязана ощущать как свои внутренние и внешние данные.

3.3. Подъем по ступеням

Для человека, постигающего ступень за ступенью, уже сами они представляют собой условия раскрытия и скрытия, поскольку материалом, из которого он создан, является желание получать[51].

Условия раскрытия — это внутреннее состояние, которое человек уже обрел до текущей ступени, оно находится в нем, как нечто присущее ему.

Скрытие, начиная от этой ступени и вверх до *мира Бесконечности*, — это внешние условия, которые человек еще должен приобрести и превратить в свои внутренние.

Человек, восходящий по ступеням, должен привнести в себя природу каждой ступени и запечатлеть ее в своем желании получать, чтобы оно приобрело свойства той же ступени.

Поскольку человек (то есть желание получать) находится на определенной ступени, которая является внешним объектом по отношению к нему, то желание получать приобретает свойства данной ступени. Так происходит потому, что человек работает против него, желая исправить, прикладывая усилия к тому, чтобы приобрести природу ступени. Таким образом, на каждой ступени человек становится не только активным элементом, но и приобретает из условий и раскрытий, содержащихся в данной ступени, *свет НАРАНХАЙ*[52].

В отсутствии человека на каждой ступени не существует ничего, кроме условий. Однако когда человек входит в них, он включает в себя эти условия и обращает свое желание получать в свойства Творца, соответствующие данной ступени. В этом случае он обретает *свет* во много раз больший, чем он существовал на той же ступени. Это происходит благодаря тому, что человек, работая с желанием получать,

---

[50] **Обратная сторона (ахораим) света** — неисправленная часть кли, которая еще не готова к раскрытию духовного постижения.

[51] **Желание получить** — незаполненное пространство, пустующее место, которое стремится себя наполнить, получить наслаждение. Материал всего творения.

[52] **Свет НАРАНХАЙ** — пять видов света (ор нэфеш, ор руах, ор нэшама, ор хая, ор йехида), воспринимаемые соответственно пяти ступенями экрана.

прилагает против него усилия⁵³, то есть приобретает свойства ступени, умноженные на количество своих усилий. Поэтому мы должны рассматривать все *миры* как ступени подготовки, которые вне человека существуют только условно, в потенциале, а не сами по себе.

Аналогичные действия человек совершает и в *нашем мире*, стараясь изменить себя: он обладает разнообразными внутренними качествами и начинает их улучшать, исправлять, стремится упорядочить относительно некоторого образца, определенного им для себя в качестве исправленного. Когда человек поэтапно продвигается к этому исправленному эталону, он принимает во внимание все обстоятельства, условия, личные свойства и исправляет их поступенчато, одно за другим.

Все состояния, которые человек преодолевает, существуют в нем в потенциале, и он обязан пройти их, исходя из своей природы, личных начальных условий. Однако пока он не реализует эти состояния, они не существуют.

Точно так же все *Высшие миры* и их ступени, сами по себе, вне человека, существуют только как возможности, нереализованные условия. Если человек исправляет себя, то приобретает состояния, соответствующие этим ступеням, реально строит их в действии, формирует. Все ступени и все состояния существуют только относительно постигающего Высший мир человека, относительно того, кто реализует эту ступень из *решимот*, из условий — в действии по отношению к самому себе.

Безотносительно к субъекту мы не можем говорить о ступенях, потому что они существуют только как нереализованные условия. Тогда почему для каждой *души* созданы одни и те же ступени? Дело в том, что в конечном итоге все *души* происходят из одной общей *души Адам Ришон*⁵⁴. Когда эта *душа* теряла *экран*, утрата проходила поступенчато в исправленном желании получать *до того*, как оно стало неисправленным. Это означает, что понижение уровня, падение, разбиение желания⁵⁵ получать было поступенчатым, и тем самым создались все уровни разбиения.

---

[53] **Усилия** (ивр. игия) — работа, направленная на изменение своей природы: желания получить — на желание отдавать.

[54] **Адам Ришон** — созданная Творцом единая душа, единое желание, наполненное общим светом (наслаждением).

[55] **Разбиение желания** — изменение намерения в желании: от «ради отдачи» к намерению «ради получения». Стремление наполнить себя удовольствием и наслаждением, используя для этого всех остальных, утрата стремления к объединению ради того, чтобы доставить удовольствие Творцу. То есть на самом деле разбивается не желание, а экран, сила сопротивления эгоизму; исчезает связующее звено между желаниями, и альтруистическое взаимодействие заменяется на эгоистическое.

После того как эта реальность образовалась и начала исправляться в своем внешнем проявлении, то есть когда начали создаваться *миры*[56], они также организовались соответственно ступеням разбиения. Относительно *души* эти *миры* существуют только при условии, что *душа*[57] приобретает их свойства.

Получается, что ступени *миров* и ступени *души*, которая обязана приобрести свойства *миров*, одни и те же, и каждая из ступеней включает в себя условия, уже приобретенные *душой* при подъеме от низшей точки до данной ступени, а также условия, которые еще находятся в скрытии от нее до самого *мира Бесконечности*.

3.4. Два аспекта силы, воздействующей на человека

Две силы приводят нас в действие — положительная и отрицательная. Отрицательная сила — естественная, природная, действующая на нас неосознанно. Мы, собственно, не используем ее, а попадая, как мы говорим, под «удары судьбы», стремимся избежать их. Положительная сила притягивает нас наслаждениями, и мы стремимся воспользоваться ею.

Если мы хотим развиваться целенаправленно, возвышая нашу природу, то начинаем воспринимать притягивающую и подталкивающую силу на другом уровне — не как естественную, определяющую наше негативное или позитивное ощущение.

Я сам устанавливаю для себя мерило добра и зла. Злом я считаю то, что отдаляет меня от цели, а добром — все, что может приблизить к ней. При этом я не принимаю в расчет ощущения моей плоти, не придаю значения тому, комфортно я себя чувствую или нет.

Мы должны различать притягивающую и подталкивающую силу в соответствии с тем, как она действует: с нашего согласия или без него, без осознания ее воздействия на нас. Тут не следует принимать во внимание, какое при этом ощущение в нас возникает: сладостное или горестное, испытываем мы наслаждение или страдание.

Мы можем подразделить воздействие силы на истинное и ложное. Если ощущение, возникающее во мне, истинное, то для меня оно становится превыше любого негативного чувства. Ради того чтобы слиться с истиной, я готов превозмочь боль, ибо ее значимость перевешивает в моих глазах болезненные ощущения. Иными словами: когда самым главным для меня становится единение с истиной, я не чувствую боли.

---

[56] **Мир, миры** (ивр. «олам» — от слова «скрытие») — каждый из миров состоит из множества стадий ослабления (скрытия) света Творца.
[57] **Душа** — духовный орган, который рождается в человеке, находящемся в нашем мире. Рождение души означает постепенное появление в нем ощущения от воздействия духовных сил, новых — альтруистических — желаний.

Таким образом, человек выходит в иное измерение в оценке своих состояний. Он судит не на основе того, ощущает ли в своих получающих *келим*[58] наслаждение или страдание, а учитывает только приобретения и наполнение в альтруистических *келим*[59]: приближение к Творцу или отдаление от Него.

Этапы развития, при котором человек предпочитает приближение к Творцу, несмотря на ощущение пустоты в своих получающих *келим*, и составляют ступени духовной лестницы, по которой он поднимается от *этого мира* до *мира Бесконечности*, проходя через все *миры*.

3.5. Система миров – система отношений человека с Творцом

Таким образом, мы развиваем в себе совершенно другую систему ценностей, возвышающую нас над телесным наслаждением или страданием. Это система отношений с Творцом.

Такой порядок называется системой духовных или Высших миров. Однако, в действительности, вне нас не существует никаких миров – все они находятся внутри нас. Насколько я смогу простроить отношение к Творцу, находящееся за пределами данного мне от природы кли, расположенное выше моего желания получать, настолько в силу этого я начинаю раскрывать Его, свою связь с Ним. Различные степени моей связи с Творцом называются мирами.

Каждая ступень какого-либо *мира* говорит мне о том, насколько я поднялся над желанием получать, и это называется мерой моего раскрытия духовного ощущения. Степень же неисправленности моего желания получать является мерой скрытия духовного.

Промежуток, который я преодолел, поднимаясь от *этого мира* до, скажем, *миров Ецира, Брия,* определяет меру раскрытия. В этой области связь с Творцом для меня важнее ощущения, насколько пусты мои *келим* получения. От положения, где я сейчас нахожусь, и до бесконечности расположена скрытая часть, в которой я пока не способен отдать предпочтение: оставаться пустым ради того, чтобы находиться в связи с Творцом, быть Ему подобным, слиться с Ним.

Все миры находятся внутри человека. Мы строим внутри себя, выше нашего желания получать, целую систему отношений с Творцом. Она называется системой духовных миров.

Каббала учит: все, что существует в мироздании, — это десять *сфирот*.

---

[58] **Получающие келим** — сосуды восприятия, в которых человек способен произвести оценку состояний лишь исходя из их «сладости» или «горечи». Это «телесный», «животный», то есть естественный анализ. Подняться над «животным» — значит поступать исходя из проверки по шкале: истина-ложь, – ближе к Творцу или дальше от Него.

[59] **Альтруистические келим** — свойства Творца, приобретаемые человеком; желание отдавать.

Малхут — это мы, наше желание получать. Выше этого желания получать, в девяти первых *сфирот*[60], мы строим систему отношений с Творцом: как Он влияет на нас, как мы влияем на Него. То, что мы воспринимаем в девяти первых *сфирот*, и называется ощущением *Высшего мира*.

Рис. 3.2. Девять первых сфирот и сфира малхут. (зэир анпин состоит из шести сфирот).

Кроме десяти сфирот мы ничего не в состоянии почувствовать. Вне их находится Сам Творец, суть которого остается для нас непостижимой. Как Высшие миры, так и этот мир мы ощущаем внутри самих себя.

3.6. Скрытие и раскрытие Творца

Чем глубже мы проникаем в природу, тем более удаляемся от материи. Над материей находится энергия, над ней — информация, и в результате мы приходим к понятию «сила».

В естественной природе действуют две силы: силы, работающие как бы снаружи, и силы, притягивающие к себе. В *нашем мире* тоже есть силы притяжения и силы отталкивания. Однако, кроме этого, существуют еще силы, которые действуют ради себя: втягивают или выталкивают.

В *нашем мире* действуют и ощущаются нами только втягивающие силы. Силы духовного *мира* преследуют цель выхода наружу.

Проще говоря, сила, действующая в духовном мире, называется «намерением отдачи». Когда мы говорим, что желаем обрести намерение, мы просто стремимся овладеть этой силой, научиться ею управлять. Только этому и обучает нас каббала.

Мы и сейчас живем внутри своего *намерения* (только эгоистического) и видим *мир* через него. Когда *намерение* в человеке исчезает, он умирает. Бааль Сулам пишет, что сила жизни определяется исключительно *намерением*. Насколько велико желание человека взять все из *этого мира*, настолько интенсивно он в нем существует, живет, ощущает, принимает его. По мере того

---

[60] **Девять первых сфирот** — свойства Творца (желание отдавать), вложенные в творение (желание получать), внутреннее кли парцуфа, предназначенное для внутреннего света.

как человек в этом *намерении* ослабевает, он перестает воспринимать *этот мир*, вплоть до полного прекращения связи с ним. Ощущение себя и *мира* сохраняется только в зависимости от силы *намерения*.

Поэтому единственное, что нам необходимо сделать, — это найти правильное *намерение* для ощущения *Высшего мира*. Колебание нашего *намерения* относительно *этого мира* мы ощущаем по величине наслаждения, ощущения жизни, насыщения. Чем больше в человеке *намерения*, тем более жизнеспособным, радостным, веселым, энергичным, жаждущим он себя ощущает, и наоборот. Сила восприятия жизни, мера ее ощущения заключается только в имеющейся у нас *силе намерения*.

В духовном *мире* все связи между духовными объектами, между *душами* и Творцом определяются только силой *намерения*. Бааль Сулам пишет: «Исправление исконной природы человека, его эгоистических желаний необходимо производить только во имя слияния с Высшей силой, во имя подобия ей, обретения свойства отдачи».[61] Мы должны вырабатывать *намерение* дать наслаждение Творцу, как Он желает дать наслаждение нам.

3.7. Раскрытие ощущений зависит от намерения

Мы желаем подняться в пространство духовных сил, ощутить себя там, хотя на самом деле мы там существуем, только не ощущаем этого. Раскрытие нашего истинного состояния возможно лишь в той мере, в какой мы соответствуем *Высшему миру*. Мы и сейчас заполняем все мироздание, находимся в состоянии бесконечности. Мы не делаем ничего нового, кроме того, что проявляем возможности своего ощущения, которое раскрывается соразмерно силе *намерения*. Поэтому Бааль Сулам говорит: «**Если у человека есть намерение слиться с Высшей силой** (с тем, что заполняет нас на уровне *мира Бесконечности*), **то это намерение и продвигает его вперед**».[62]

Желание наслаждаться создано в человеке самой Высшей силой и не является противоположным Ей. Нам не нужно исправлять наши желания, какими бы эгоистическими они ни были. Никакие наши свойства — вредными или полезными они нам представляются — мы не должны ни искоренять, ни изменять.

Все, что создано в человеке, задано свыше в оптимальном соотношении. Нам необходима лишь правильная настройка на намерение (как точная настройка музыкального инструмента обеспечивает верное звучание). По мере настройки мы начнем обнаруживать, что все наши свойства, все наши желания, весь наш эгоизм оказываются приспособленными для проникновения в Высший мир, пригодны для его восприятия и нашего

---

[61] *Бааль Сулам*. Предисловие к книге «Уста мудрого». Kitvei Baal Hasulam. ARI. Israel. 2009. P. 809.
[62] Там же.

существования в нем. *Поэтому размышлять и беспокоиться нам следует лишь о правильном намерении. Чем точнее человек себя направляет, тем лучше он видит, насколько все в нем создано в соответствии с целью проникновения в Высший мир.*

Желание наслаждаться заложено в человеке самой Высшей силой и не является противоположным ей. Противоположным ей является *намерение наслаждаться ради себя*. Именно оно является эгоизмом. Созданное в нас Творцом желание наслаждаться является творением и не имеет никакого отношения ни к эгоизму, ни к альтруизму. Желание насладиться совершенно непорочно, оно является материалом, на котором мы строим *намерение*. Поэтому люди, пытающиеся подавить в себе желания, полагая, что таким образом они продвигаются к духовному *миру* (считая такой патологический аскетизм добродетелью), напротив, убивают основу, на которой можно взрастить правильное *намерение*.

Учения и методики, насаждающие требование уничтожать желание и ограничивать себя во всем, убивают саму возможность создания *намерения* и поэтому противоположны каббале. Никакие посты, никакие ограничения в каббале не приняты.

3.8. Существование в намерении

Нужно совершенно перестать заботиться о своих мыслях и желаниях, потому что они поступают свыше.

Мысли — это духовные гены, которые проявляются внутри нас и постоянно развиваются. Нет надобности контролировать наши текущие мысли, потому что мы не знаем, какими они на самом деле должны быть. Мы даже не знаем, какая из них хуже, а какая лучше. Лишь *намерение*, направленное на Цель, определяет все, что находится под ним: желания, мысли, действия, которые совершает человек.

Поэтому первое и самое главное для будущего каббалиста — это умение приподниматься над свойствами, желаниями и мыслями и существовать только в намерении. Человек, таким образом, сразу же переводит себя на следующий уровень.

Не нужно соотносить все с тем, что существует перед нашими глазами, — с материей *нашего мира*. Следует иметь дело с ее производной — с *намерением*. Тогда человек будет по-другому воспринимать то, что с ним происходит. Он не станет предъявлять претензии Творцу или окружающему обществу за то, что создан с такими свойствами, что оказывается в тех или иных обстоятельствах. Он не будет давать оценку ничему происходящему с ним, деля его на хорошее или плохое. Он начнет думать лишь о том, какого *намерения* он должен ожидать, что обязан увидеть в себе и определить. Это переключает человека с вопроса: «Что же я получаю от всего *мира* и от Творца?» на вопрос: «Куда я направляю то, что получаю, как я к этому отношусь и где я ежесекундно нахожусь?».

Выявление нашего отношения, слияния, соединения с *намерением* сразу же отрывает человека от его эгоистических выяснений: «Кто я, почему и чего мне не хватает?». Он перемещается на совершенно иную ступень, где задается вопросом: «Ради чего я делаю, куда в каждый момент своего существования направляю себя?». Он начинает ориентировать себя уже в соответствии с этим направлением.

Как только человек сосредоточивается на направлении «куда», он начинает чувствовать, что оказался в другом пространстве (как производная, дифференциал). Он вышел на иной уровень и ощутил пустоту. Тогда в этом пространстве человек должен определить, куда и как направить себя.

Тогда интенсивные занятия по каббалистическим источникам ориентируют его *намерение* в этом ином пространстве — *в пространстве намерения* — на нужную цель. Здесь у человека появляется новое ощущение. Он начинает разбивать это пространство *намерений* на всевозможные ориентиры. У него возникает *ощущение внутри намерения*: больше к себе, больше к другим, больше к Творцу, взаимодействую так, взаимодействую иначе. Человек начинает жить исключительно в *векторе намерения*, правильное определение которого показывает его продвижение.

Техника выхода в Высший мир заключается только в одном — в намерении к Творцу. Достигнув необходимого состояния, человек обнаруживает, что все остальное — сам Творец, человеческая материя — оказывается заданным заранее, абсолютно раскрытым и не зависит от него. Вся жизнь человека заключается только в точке контакта с Творцом, которая определяется намерением.

Независимо от обстоятельств, в которые он попадает, человек воспринимает всю свою жизнь только через эту точку контакта, и уже там раскрываются *миры Асия, Ецира, Брия, Ацилут, Адам Кадмон* и *мир Бесконечности*. Эта точка является как бы следующей производной от *намерения*: именно внутри самого *намерения* человек начинает строить свой будущий *мир*.

Нам может показаться противоестественным, что человек постоянно сосредоточивается на своих внутренних мыслях, уходит от жизни, искусственно погружается в некое внутреннее ощущение. На самом деле, углубляясь в *намерение*, пристально исследуя свое отношение к природе, он начинает постепенно сливаться с силой, которая ее создала. Чем глубже человек входит в *свое намерение*, тем отчетливее видит, что возвращается путем развития всей природы к *намерению Творца*.

Получается, что весь материал *нашего мира* поднимается вместе с человеком по ступеням нисхождения через *миры Асия, Ецира, Брия, Ацилут, Адам Кадмон* и *мир Бесконечности* обратно, вслед за *намерением* человека. Он как бы подтягивает за собой всю материю *мира* и проходит через все *миры* в *мир Бесконечности*.

Затем в своем *намерении* он проходит и *мир Бесконечности*, выходя к первоначальному *намерению* Творца, с которым Он создал все мироздание. Там и происходит полное слияние *намерения* человека с *намерением* Творца. Человек возвращается в ту точку, которую создал Творец: *нечто из ничего*[63], а затем поднимается и над этой точкой в *намерение*, с которым Он ее создавал. Таким образом, человек полностью сливается с Творцом или с Его Замыслом, с тем *намерением*, которое предшествовало нашему появлению как бы из «ничего».

Мы исходим из ощущений материального *мира*, мы рассматриваем все мироздание в пределах возможностей наших пяти органов чувств,

но мы хотим его ощутить в шестом органе — через *намерение*.

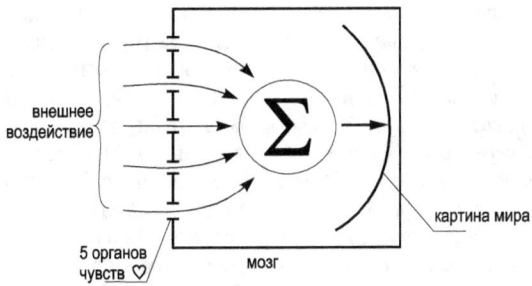

Рис. 3.3. Ощущение мироздания через пять органов чувств. Их сумма (Σ) дает нам картину нашего мира.

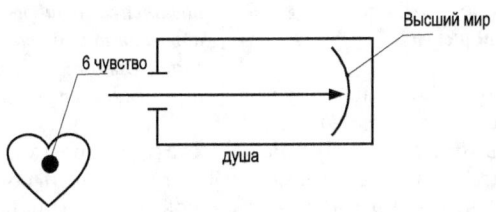

Рис. 3.4. Ощущение мироздания в шестом органе чувств (через намерение).

Когда человек не просто отрывается от возможностей своих пяти органов чувств и уходит в шестой, а перестает ощущать *мир* посредством

---

[63] **Нечто из ничего** (ивр. «еш ми айн») — желание насладиться, созданное Творцом из ничего, из «нуля», то есть качество, абсолютно противоположное Его свойству отдавать, не существовавшее ранее, до Замысла творения.

собственных природных свойств и воспринимает его только через свое отношение к Творцу, он проходит *махсом*[64]. После преодоления этого порога, где человек отождествляет себя с творением, созданным из «ничего», он приходит к отождествлению себя с Творцом. Это и есть Цель, которой мы должны достичь.

От нашего сегодняшнего состояния и до самого отдаленного для нас не существует другой задачи, кроме постоянного углубления в то, как мы относимся к себе, к окружающим и к Творцу.
Какую цель я преследую в каждом своем действии, через любое свое желание, через всякое ощущение мира? Чем интенсивней я начну требовать от себя ответа на подобные вопросы, тем быстрее стану подниматься над материей, не принимая ее во внимание.

3.9. Намерение — это ощущение или разум?

Мы говорим, что должны вырваться из привычного восприятия *нашего мира*, начать ощущать *Высший мир*, Творца. Именно ощущать! В таком случае может показаться, что *намерение* — это не ощущение, а мысль, работа разума, исследование. Однако это не так.

Мы сейчас ощущаем, что находимся в определенном состоянии относительно окружающего *мира*, как и его относительно нас. Все эти ощущения исчезнут. Мы должны взойти на следующую ступень восприятия, где начнем оценивать эти ощущения совершенно по-другому.

Я могу, не включая разума, чувствовать себя комфортно как в отношениях с окружающими, так и сам по себе. Потом я вдруг подключаю еще какой-то дополнительный параметр. Я начинаю его ощущать уже не через свои чувства, а через определенное отношение, через свою цель или через цель, которая, может быть, преследуется другими. Я спрашиваю: «Что меня ждет? К чему это, для чего? Чем мне это грозит? Чем это состояние вызвано?». Мы всегда так рассуждаем в *нашем мире*. Такая оценка возникающих обстоятельств только относительно себя и есть эгоизм, а оценка тех же самых обстоятельств относительно Творца есть альтруизм.

Намерение не убивает желания. Желание не исчезает полностью, оно становится целенаправленным, то есть абсолютно изменяет ощущение себя и мира. Одно только намерение может переменить ощущение на обратное.

То же самое происходит и в *нашем мире*. Я могу оценивать объект в той мере, в какой он для меня приятен или полезен. Если я четко представляю его целесообразность или вред, то буду его ненавидеть или любить. Допустим, я люблю сладкое, но оцениваю его вред относительно моего здоровья и в итоге отказываюсь от него, как бы ненавижу.

---

[64] **Махсом** — граница между ощущением, возникающим только благодаря пяти органам чувств, ощущением «этого мира», и ощущением в «шестом органе» чувств, ощущением «Высшего мира».

Поднимаясь на следующий уровень и начиная рассматривать все через *намерение*, практически существуешь в нем и через него оцениваешь то, что с тобой происходит. Ты словно видишь мир сквозь другое стекло — так нам и следует пытаться смотреть.

В той мере, в какой ты оцениваешь себя через намерение, ты имеешь право называться человеком, продвигающимся целенаправленно.

После этого благодаря окружению, с помощью каббалистических книг человек формирует направление своего *намерения*, и тогда можно говорить, что он идет к Цели.

Пока человек не начал существовать внутри *намерения*, он просто живет в своем материале — в желании насладиться, не поднимаясь над ним. Это значит, что он еще совершенно не работает над собой. Он не должен принимать во внимание весь имеющийся в нем материал. Ощущение, которое возникнет через *намерение*, будет само вести его вперед. Человек вдруг начинает понимать, что находится в ином измерении, по-другому оценивает себя и окружающих. Выйти на такую шкалу измерений можно только через *намерение*.

3.10. Работа с намерением

Однако почему так сложно бывает удержать даже эгоистическое *намерение*, не говоря уже о *намерении* ради Творца? Это происходит потому, что тем самым человек приподнимается над *животным*. У *животного намерение* отсутствует. Оно не понимает, что значит иметь *намерение* к чему-то, к кому-то, к себе или к другим. *Человек*, живущий подобно *животному*, не задумывается, ради чего существует. В нем есть эгоистические *намерения*, но они возбуждаются самим эгоистическим материалом — желанием насладиться. Он не культивирует в себе *намерение* «для чего, почему, во имя чего». Это самый комфортный, самый низкий, самый простой способ существования. Естественно, что вся наша природа к этому располагает. Тут ничего не поделаешь.

Однако мы обязаны любыми путями постоянно контролировать себя: для чего я вдохнул-выдохнул, повернулся, подумал, совершил что-либо. Малейшее внутреннее или даже автоматическое, внешнее движение нужно стараться совершать в намерении, в каком-то замысле. Необходимо постоянно ловить себя на том, чтобы любое твое внутреннее или внешнее действие, совершаемое на уровне силы, замысла, мысли, желания, на уровне физического действия, всегда сопровождалось вопросом: «Ради чего?».

Тогда ты поднимаешься. Ты уже не обращаешь внимания на сами действия и на свои мысли. Тебя интересует общее направление. Ты отрываешься и от физических действий, и от мыслей, которые вдруг проявляются, — от всего, что внутри тебя. Ты начинаешь понимать, что это *решимот*, которые по цепочке постоянно, ежесекундно в каждом из нас реализуются, и перестаешь обращать на них внимание. Ты озабочен только тем, чтобы непрерывно следить за своим *намерением*, за своим устремлением. Этот выход в непрестанный самоконтроль над *намерением* является первым подъемом человека над его обычной жизнью.

3.11. Качественная и количественная оценка в намерении

Ни в коем случае не следует думать, что в том состоянии, в котором мы находимся, с нами что-то произойдет. Выход в духовный *мир* — силовой прорыв, он может осуществиться только посредством серьезных усилий в *намерении*, каждое из которых можно оценить качественно и количественно. Количественная оценка: насколько часто я пытаюсь «продавить» себя. Качественная — до какой степени я могу собрать, сформировать, локализовать все внутренние усилия, чтобы существовать внутри этого *намерения*.

Бааль Сулам говорит, что самое главное *намерение* возникает во время учебы. Именно в это время на нас нисходит *ор макиф*[65], то есть альтруистическое *намерение*, идущее от Творца. Только в Творце нет материи, над

которой надо приподниматься, а само альтруистическое *намерение* — желание насладить, но без материала — и есть Творец.

Мы понемногу меняем привычные характеристики. Когда я во время учебы пытаюсь удержаться в своем *намерении*, стремлюсь получить сверху силу, которая мне поможет, то, таким образом, я пытаюсь подвести себя под *намерение* Творца. В дальнейшем, на следующих ступенях, я начинаю ощущать это в своем устремлении, в своей просьбе об исправлении, в своем *намерении* относительно Творца, и оно превращается в *кли*, а *намерение* Творца относительно меня становится *светом*.

Таким образом, мы переходим с уровня, на котором сейчас существуем и оцениваем обстоятельства, на уровень двух *намерений* — моего и Творца. На этом уровне мы с Ним контактируем, ибо нас связывают только *намерения*, и сила нашей связи — в подобии *намерений*. Это — *намерения отдачи*.

3.12. Духовный мир — это мир намерения

Весь духовный *мир* — это *мир намерения*. *Намерением* называются *экран*[66] и *отраженный свет*[67]. Скрытие и раскрытие тоже происходят в *намерении*.

---

[65] **Ор макиф** (окружающий свет) — свет, предназначенный для облачения в ступень, который пока задерживается из-за какой-то границы в ней, то есть находится вне кли, но своим давлением вынуждает кли изменяться, очищаться.

[66] **Экран** — «сила сокращения», которая пробуждается в творении относительно Высшего света, с целью предотвратить самонаслаждение. Сила преодоления, сопротивления эгоизму (желанию получить ради себя).

[67] **Отраженный свет** (ор хозэр) — «ор» — наслаждение, «хозэр» — возвращающийся, то есть отраженный свет — желание доставить наслаждение Творцу так же, как и Он дает мне.

Здесь возникает вопрос: скрытие Творца — это *намерение*? Раскрытие — это *намерение*? *Намерение* — это кли, внутри которого все раскрывается, моя эгоистическая или альтруистическая направленность, внутри которой далее раскрывается *свет*, Творец.

Творец — это не просто свойство отдачи, а состояние, в котором человек находится, если это свойство в нем присутствует. Существует свойство и есть ощущение внутри этого свойства.

Я сейчас приобрел какое-то новое свойство. Что я в нем ощущаю? Допустим, у меня был поврежден слух, а теперь я начал слышать, воспринимать звук. Кроме самого уха, есть еще ощущение внутри этого органа. Так вот, *намерение* является самим органом, шестым органом чувств, о котором мы говорили, и в этом органе я ощущаю Творца.

Существует двойное и простое скрытие, предваряющее раскрытие, — это выявление моих истинных *намерений*. Я нахожусь в неком состоянии. Исследовав его, я обнаруживаю, что мое *намерение* противоположно *намерению* Творца. Я выясняю, то есть раскрываю, что противоположен Ему. Раскрытие моей противоположности Творцу называется *раскрытием скрытия*. Моя противоположность Творцу вызывает скрытие Творца. То, что мы называем «две ступени» — «двойное скрытие» и «простое скрытие», — на самом деле является раскрытием нашего состояния.

3.13. Разница между двойным и простым скрытием

Бааль Сулам говорит об этом очень ясно. Если я оцениваю отношение Творца ко мне так, будто Его практически не существует (Он не управляет *миром, и мир* плохой), — это *двойное скрытие*. При *простом скрытии* мне представляется, что Творец управляет *миром, но мир* плохой.

Двойное скрытие — это скрытие и на *качество управления*, и на *Управляющего*, то есть Сам Управляющий не управляет *миром* и *мир* плохой. Простое скрытие — Творец есть, миром Он управляет, но плохо. Эти скрытия я ощущаю в своем *намерении* в зависимости от того, противоположно мое *намерение* Творцу по одному параметру или сразу по обоим.

Все мироздание, всю свою жизнь я ощущаю только в своем *намерении*. Если бы мое *намерение* состояло из пяти векторов, я бы ощущал существующий вокруг меня *мир* в пяти проекциях. Поскольку оно относительно Творца состоит только из двух векторов (наполнения и наполняющего), то я могу определить свое *намерение* только двухвекторно, и лишь таким образом ощутить Его.

Мое желание получать создано таковым, что в нем я ощущаю и наполнение, и наполняющего, то есть тут присутствуют два параметра. Если в своем отношении я противоположен Творцу по обоим параметрам, то ощущаю двойное скрытие.

Я ощущаю неправильное *намерение* и поэтому воспринимаю Творца как скрывающегося: я чувствую себя плохо в *мире*, скрывающем от меня Творца. Если я направляю себя на Творца правильно, пытаюсь оправдать Его, то по мере оправдания начинаю ощущать, что Он управляет *миром*, только я воспринимаю это управление как плохое.

Рассмотрим то же самое относительно общества. Каким образом я выхожу на двойную или простую степень *раскрытия своего скрытия по отношению к ближним*? Если я ощущаю себя и их взаимно отдающими или отдающими только их (с добрым *намерением* или с эгоистическим), это автоматически переносится на Творца и определяет меру *двойного* или *простого скрытия*.

Почему сейчас Творец скрыт от меня вдвойне, а может быть, даже более? Потому что я никак не отношусь к обществу, у меня с ним нет общего *кли*. Общее *кли* может основываться только на соединении двух частей, потому что произошло разбиение и *кли* раскололось на множество частей. Как только ты пытаешься склеить своими *намерениями* две части, появляется производная, которая называется *намерением*. Оно и является *кли*.

Поэтому мы всегда изображаем желание, а над ним *отраженный свет*, в котором ощущается Творец. *Свет* не входит в само желание. *Внутренний свет*[68] есть следствие того, что происходит над желанием в *намерении*. *Сосуд* — это наше *намерение*, а не само желание. Желание не является местом, где можно получить *Высший свет*.

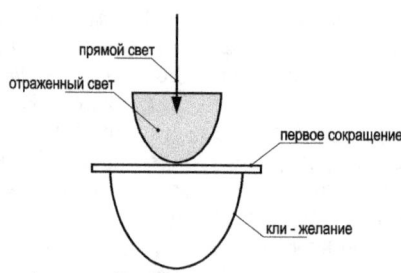

Рис. 3.5. Кли — желание и получение света над ним в сосуде — намерении.

Таким образом, в моем отношении к обществу (если у меня правильное к нему *намерение*) на стыке между нами образуется новый сосуд — духовный. Он может существовать только на стыке. Этот духовный сосуд образуется векторами наших взаимодействий.

Представьте себе чашу, разбитую на куски. Мы пытаемся ее сложить и склеить части. Клей в данном случае является *намерением*, местом, где

---

[68] **Внутренний свет** — свет (наслаждение), входящий внутрь исправленного тела (желания).

проявляется Творец, где проявляется *Высший свет*. Не в самом желании, не в отдельных кусочках, а в *намерении*! Поэтому мы и говорим о *намерении* как о производной, о том, что нам необходимо выстроить.

3.14. Создание намерения

Само *кли* создано Творцом. Если мы желаем быть равными Творцу, мы выращиваем себя только как *намерение*. Человек должен думать о себе, как о *намерении*. Мое «Я» — это не желание, не свойство, это лишь *намерение*.

> Все наши свойства заданы снаружи. Они находятся во власти Творца, нам с ними ничего не нужно делать. То, что исходит от Творца, исправлять не надо. Единственное, что от Него не исходит, — это *намерение*, его мы должны создать сами.

Разбиение *келим* дает нам возможность это осуществить. Мы создаем нечто новое. Творец разбил эту чашу, а мы, якобы, склеиваем заново. На самом деле мы ее не склеиваем — мы выявляем совершенно новое свойство, которое называется «*Адам*» — человек.

Мы уподобляемся Творцу: создаем нечто совершенно новое, что даже в зародыше не исходило из Творца. Это производная, которой вообще никогда не существовало в творении: альтруистические и эгоистические свойства соединились между собой и дали

производную — искру, из которой уже нами создается *намерение*, новый сосуд, новое состояние, новое творение.

Мы в сегодняшнем состоянии не являемся творением, потому что в нас нет ничего самостоятельного. Мы являемся роботами, производными Творца. В нашем состоянии не существует ни добрых, ни злых поступков.

> *Свобода воли состоит в том, чтобы создать в себе намерение. Соответственно, и стыд мы можем испытывать только за это. Все параметры нашей самостоятельности, нашего существования, нашей вечной жизни начинают рождаться только в намерении. До этого мы не существуем.*

В духовном *мире* мы существуем, как зародыши, как корни в Творце. Такими мы спускаемся в *наш мир* и материализуемся. При отсутствии *намерения* наше существование в духовном *мире* можно сравнить с семенем: как о семени, по сравнению со взрослым человеком, трудно сказать, что оно существует, так и мы едва ли существуем, если не развили в себе *намерение*, если не создали из себя *кли*.

Все параметры, о которых говорится в каббалистических книгах, имеют смысл только внутри *намерения*: *духовный парцуф*[69], получение в него *света* и т.д. Поэтому, чтобы подключиться к духовному *миру*, нам нужно заставить себя мыслить только в этом направлении.

---

[69] **Парцуф** = «духовное тело» — желание наслаждаться Творцом, снабженное экраном (то есть, способное получить свет).

Вне *намерения* жизни не существует — разумеется, кроме жизни в *этом мире*, где мы себя ощущаем якобы живущими. В данном случае мы говорим о духовной жизни, и ее ощущение, ее существование возможно только в *намерении*. Мера этого *намерения* определяет меру нашей вечной жизни, меру нашего совершенства, меру нашего существования в Творце.

Как только подключаешься к *намерению*, как только стремишься оценивать себя посредством вопросов: «Чего я хочу? Ради чего? Что определяет мой поступок? Куда должен быть направлен ход моих мыслей?», начинаешь входить в совершенно другую область. Только тогда можно говорить о двойном и простом скрытии Творца. Там мы это все уже увидим и определим.

Как только ты входишь в *намерение* и пытаешься его культивировать, то сразу же чувствуешь, как все, что ты делал раньше, начинает тебя подталкивать и помогать.

Внутри этой области возникают всевозможные ощущения, вибрации: «Куда я? Как я? Почему так и не иначе?» и т.д. Ты начинаешь формировать эту область, жить внутри нее, она становится твоим мировоззрением — пока не начнут раскрываться *миры*, то есть меры скрытия и раскрытия Творца.

В раскрытии Высшего управления все полностью противоположно тому, что происходило в скрытии. Только раскрытие Творца меняет для человека его *мир*. Уровни раскрытия Высшего управления называются духовными *мирами*.

Именно это изменение и должна произвести в нас каббала. В статье Бааль Сулама «Суть науки каббала»[70] дается определение этой науки:

> *Мудрость эта представляет собой не более и не менее как порядок нисхождения корней, обусловленный связью причины и следствия, подчиняющийся постоянным и абсолютным законам, которые связаны между собой и направлены на возвышенную, но глубоко скрытую цель, называемую «раскрытие Божественности Творца Его творениям в этом мире».*
>
> *Этот мир и все, что существует в нем, остается неизменным, мы только добавляем раскрытие Творца в нем и в наших состояниях. Происходит личное раскрытие Творца каждым отдельным человеком, и в ощущениях все обращается в противоположность. Человек входит в другой мир. Он не покидает этот мир физически, но переходит на другой уровень раскрытия Высшего управления.*

3.15. Вопросы и ответы

Вопрос: Как я должен относиться к происходящему в мире?

Все происходящее в мире человек сопоставляет с различными причинами. При этом ему кажется, что существует множество различных сил: он,

---
[70] *Бааль Сулам.* Суть науки каббала. Kitvei Baal Hasulam. ARI. Israel. 2009. P. 15.

его окружение, Творец, Высшая сила и несколько частных сил. Если человек считает, что есть он и окружение, которое влияет на его мысли, это требует исправления. Ему следует постоянно сосредотачиваться на том, что все его мысли и чувства, все, что наполняет его сердце и разум, приходит к нему только от Творца. Затем должны возникать вопросы: «Почему?», «Для чего?» и «Что я должен с этим делать?». Это уже этап дальнейшего развития, но прежде всего необходимо определить *истинное состояние*.

Вопрос: Почему нам трудно соотнести все происходящее с Творцом?

Человеку представляется, что его жизнь организуется за счет участия различных сил. «Много замыслов в сердце человека, но сбудется решение Творца»[71]. Творец специально скрывает, что желания и мысли приходят от Него.

Почему *человеческие* мысли и желания, приходящие от Творца, видоизменяются таким образом, что кажутся не имеющими к Нему отношения? За счет неисправленных эгоистических желаний человека.

Вопрос: Что такое человеческая личность? Не теряет ли человек свою индивидуальность после того, как сливается с Творцом, с Высшей силой?

Мы не понимаем, что никогда и не выходили из-под власти Творца, что «нет никого, кроме Него»[72]. О какой индивидуальности, о какой свободе в таком случае может идти речь? Мы должны оказаться в противоположном Ему состоянии, чтобы понять, насколько оно нежелательно, и стремиться к слиянию с Ним. Когда мы из такого положения желаем слиться с Ним, то начинаем оценивать Его свойства, осознавать, что Он — Особенный, Высший. Здесь речь идет о *свойствах*: Он — это Его свойства отдачи[73].

Только в этом случае мы можем объективно, совершенно независимо захотеть стать, как Он. Чтобы дать нам такую возможность — решить, что Его состояние самое лучшее, совершенное, вечное, полное, Творец поселил в нас иллюзию, что мы, якобы, не находимся в Его власти, а пребываем вне ее, что мы противоположны Ему, свободны. Из этого состояния мы можем наблюдать за Ним и издалека решать, что такая форма взаимодействия желательна.

Таким образом, приближаясь к Творцу, человек не только не утрачивает свою индивидуальность, но тем самым реализует собственное решение вырасти и стать более свободным. Как написано в статье «*Неживое, растительное, животное, человек*» из книги «Ступени лестницы» Бааль Сулама,

---

[71] Писания, книга притчей Соломоновых, 19:21.
[72] Пятикнижие, книга Второзаконие, гл. 4.
[73] **Свойство отдачи** (Творец) — качество, которым Высшая сила (Творец) проявляется относительно творения. Высшая сила создала творения для того, чтобы дать им наслаждение, и поэтому ее свойство называется отдачей.

чем более развит человек, тем больше у него желания и больше свободы.

Расти относительно Творца – означает быть более свободным от Него, приняв на себя Его свойства. В той мере, в какой я соглашаюсь сделать это и уподобиться Ему, я выхожу из-под власти Творца и становлюсь таким, как Он, – свободным, вечным, совершенным.

Здесь присутствует и элемент противоположности Ему, в соответствии с законом *обратной зависимости света и келим* (см. раздел «Схема мироздания»). То, что мы пребываем в природе обратной Творцу *до окончательного исправления*, создает это противоречие: отсутствие возможности сравнить противоположность *келим* и *света*. Поэтому мы думаем, что, сливаясь с Творцом, мы самоаннулируемся. На самом деле ничего подобного не происходит: когда мы поднимаемся и соединяемся с Ним, мы сливаемся со свойством *отдачи* и, наоборот, освобождаемся от Него. *Отдача – это свобода*, мы извлекаем из себя, отдаем, не нуждаясь в чем-либо внешнем.

Вопрос: Как я могу произвести изменения в мирах, если не ощущаю их? Относительно чего это делается?

Если я в какой-то мере меняю свое отношение к Творцу с получения на отдачу, то совершаю при этом изменения во всех остальных желаниях, и они, соединяясь с *Высшим светом*, производят изменения в *мирах*. Миры не существуют сами по себе, *миры* – это фильтры, через которые в *душах* проявляется *Высший свет*.

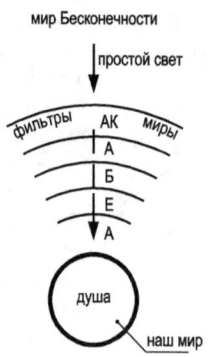

Рис. 3.6. Миры – фильтры, через которые в душах проявляется Высший свет.

Миры существуют внутри самих *душ*. Если желания уподобляются *Высшему свету*, то эти грубые фильтры утончаются, становятся ненужными.

Если я произвел исправления во всех *душах* на 50%, значит, эти фильтры, скрытия, *миры* автоматически истончились на 50%. Или, грубо говоря, все *миры* со всеми *душами, находящимися в них, поднялись и преодолели половину пути к миру Бесконечности.*

У нас нет ничего, кроме души — желания, созданного Творцом, и внутренней программы, по которой это желание работает. Такая внутренняя программа называется мирами. Миры не находятся вокруг души — они присутствуют внутри нее. Это та формула, по которой осуществляется контакт между душами и светом, и она включена в сами души.

Тест

1. Что означает: «Конец действия заложен в изначальном замысле»?
a. путь творений определен изначально в замысле творения;
b. путь творений не определен заранее;
c. путь творений определяется самими творениями;
d. творения формируют замысел Творца.

2. Что такое ступени?
a. внешние действия человека;
b. внутренние и внешние условия, созданные вокруг человека;
c. хорошие мысли человека;
d. слепые силы природы.

3. Что такое условие раскрытия?
a. внутренние условия, которые человек приобрел до текущей ступени;
b. внутренние свойства, с которыми человек рожден;
c. внешние условия, которые человек должен приобрести и превратить во внутренние;
d. внешние силы, управляющие человеком.

4. Как человек продвигается по ступеням?
a. передает ступеням свои свойства;
b. приобретает (копирует) свойства ступеней;
c. человек продвигается независимо от ступеней;
d. человек со ступенями никак не связан.

5. Миры существуют...
a. отдельно от человека;
b. внутри человека;
c. внутри природы;
d. отдельно от природы.

6. Что такое миры?
a. система приобретенных знаний;
b. система общественных законов;
c. система отношений человека с Творцом;
d. система самонаслаждения.

Дополнительный материал

Комментарий к статье Бааль Сулама «Скрытие и раскрытие Творца»

Каковы условия нашего мироощущения? Ощущение *мира* формируется в наших желаниях. Если желания исправлены, то есть в бо́льшей степени уподоблены Творцу, то мы ощущаем мироздание более раскрытым, а если они уподоблены Творцу в меньшей степени — мы ощущаем его менее раскрытым. В любом случае мы ощущаем *Высший свет* или Творца.

Высший свет сам по себе является неизменным. Он не меняется ни по отношению к нам, ни по своему качеству. Все возможные перемены происходят внутри нас. То, что мы чувствуем в данный момент, и то, что почувствуем в будущем, определяется исключительно состоянием наших внутренних келим и степенью их подобия Творцу.

Поэтому хотя мы и говорим о скрытии и раскрытии Творца (как если бы Он менялся относительно нас), правильнее было бы говорить не о следствии (как мы ощущаем Творца), а о причине, то есть о *наших свойствах*. Следует вести речь о том, что происходит с нами, почему мы ощущаем Его таковым. Об этом нельзя забывать, особенно при чтении статей, в которых рассказывается о якобы изменяющемся отношении Творца к нам.

Двойное скрытие Творца (скрытие в скрытии)

Что именно от нас скрывается: природа Творца, Его свойства, Его *намерение*, Его желание относительно нас, Его прямые и косвенные воздействия? Может быть, скрывается то, каким образом Он нас подталкивает, проявляя те или иные желания, которые мы считаем своими? Или когда Он напрямую посылает нам возбуждение, которое мы воспринимаем как положительное или отрицательное, в соответствии с нашими желаниями? Бааль Сулам не поднимает здесь этих вопросов, а говорит только о следствии — о том, *что происходит с человеком*.

При двойном скрытии человек не ощущает даже «обратную сторону» Творца, то есть не видит, что от Него вообще что-либо исходит. В этом состоянии *скрывается сам Источник*. Человек приписывает то, что получает, чему и кому угодно: себе, другим людям, неким мистическим высшим силам, но не Творцу.

Ощущение, что Творец покинул человека, не обращает на него внимания, не означает полного скрытия. Это уже является определенным раскрытием: Творец существует, но скрывается от меня, не обращает на меня внимания, но Он есть. В данном случае человек фиксирует, что *Творец существует и скрыт от него.*

Таким образом, при двойном скрытии человек постигает, что находится в состоянии двойного скрытия. Это не *животное* состояние, когда он вообще не подозревает о существовании Творца. Даже двойное скрытие — это уже присутствие ощущения, что Творец есть и Он скрыт.

Представьте себе, что вас кто-то преследует, стремится сделать вам что-то плохое и при этом постоянно прячется от вас. Вы остро чувствуете его присутствие — но где же он находится? Он должен быть где-то рядом, но неизвестно, как его обнаружить. Ощущение, что преследователь существует и скрывается где-то рядом, называется *двойным скрытием*.

Мы не говорим о людях, которые совсем не задумываются о том, что находятся в состоянии двойного скрытия Творца. Это ощущение свойственно человеку, уже ищущему Творца, находящемуся с Ним в некоторой связи (оставаясь двойным скрытием, это состояние все же является связью). Если человек выпадает из этого состояния, совершенно забывая о Творце, то спускается на *животный* уровень, потому что в *духовном мире* такого состояния нет.

Мы ведем речь о человеке, начиная от состояния двойного скрытия. Не ощущая Творца явно, он относит свои страдания на счет судьбы или слепой природы. Творец запутывает такого человека: скрывается — раскрывается, то тут — то там, и человек не может точно связать происходящее с Ним.

Получается, что, с одной стороны, я знаю, что Творец существует и скрывается от меня. Хотя я этого не чувствую, но Он, скорее всего, является Источником всего, что со мной происходит. С другой стороны, я непосредственно ощущаю происходящее со мной, но не связываю это с Творцом.

Что и в каких случаях ощущает человек?

- Когда молится[74] о своих бедах и совершает хорошие поступки — но не получает ответа, ведь у него нет связи с Творцом, он не ощущает ее.
- Когда перестает молиться в минуты несчастья — но, напротив, получает ответ. У человека существуют какие-то связи с неким источником, но не с Творцом: он обращается к Творцу, ничего от него не получает, а когда начинает действовать в жизни более активно, все нормализуется. Тогда человек считает, что зависит не от Творца, а от каких-то иных сил.
- Когда преодолевает себя и верит в Высшее управление, то есть, вопреки сомнениям, он усиливает свою связь с Творцом, считая, что все исходит от Него. Человек исправляет свои действия, желая не огорчать Творца, и видит, что это не приносит ему удачи, его безжалостно

---

[74] **Молитва** — выяснение, проверка незаполненных (неисправленных) желаний.

отбрасывают назад. Ничего не помогает, он не получает ответа.
- Когда перестает верить и совершает плохие поступки или вообще забывает Творца, разочаровывается — тогда приходит удача и наступает покой. Налицо все приметы «обратного управления», когда Творец воздействует на человека методом обратной зависимости: вызывает в нем противоположные действия и реакции. Так, например, деньги приходят к нему не честным путем, а только благодаря обману и т.д.
- Когда человеку кажется, что идущие путем Творца бедны, больны, презираемы, некультурны, глупы, лицемерны, а действующие согласно собственному разуму и животным инстинктам преуспевают: они здоровы, спокойны, умны, добры, симпатичны и уверены в себе.
- Когда Высшее управление вызывает такое ощущение, человек стремится отказаться от мысли, что страдания ниспосланы Творцом — ведь это ведет к потере веры в то, что Творец вообще управляет творениями. Человек склонен верить, что все, приходящее к нему, приходит по воле судьбы и природы.

В чем же заключается управление Творца в данном состоянии? В том, что Творец делает все возможное, чтобы оттолкнуть от себя человека, создать в нем больший *авиют*[75]. Насколько положительным человек хотел бы выглядеть в глазах Творца, желая думать, будто связь с Ним приводит к позитивным последствиям, насколько стремился просто хорошо думать о Творце — ровно настолько он видит, что его отталкивают, отвращая от всего позитивного. Он хорошо думает о Творце, а ему становится плохо, совершает благие поступки — еще хуже.

В общем, любой контакт с Творцом, всякое приближение к Нему воспринимается как плохое, ненужное, вредное. Это состояние называется *обратным управлением Творца, или двойным скрытием Творца*. Такие состояния необходимы для того, чтобы создать в нас больший *авиют*.

Вопрос: Как в таком состоянии можно определить, что Творец не меняется?

В состоянии двойного скрытия нам кажется, что меняется именно Творец. Мы обычно говорим, что изменяемся вместе с Ним. На самом деле, *свет* находится в абсолютном покое, а наши *келим* воспринимают его инверсно.

Двойное скрытие означает, что наши *келим* вдвойне неисправны и поэтому воспринимают правильное, доброе, вечное управление Творца дважды противоположным образом: мы не только не видим ничего хорошего в Его управлении, но и вообще не видим Его отношения к нам — это называется двойным скрытием.

Двойным оно называется не потому, что оно в два раза количественно больше, чем простое скрытие, а

---

[75] **Больший авиют** — большое желание получать с большим стремлением к наслаждению, называется большой авиют, а небольшое — маленький авиют.

потому, что оно *скрывает* два параметра, характеризующие Творца: «Добр» (Сам по Себе) и «Творящий Добро» (по отношению к нам).

Эти два параметра от меня полностью скрыты, то есть обратны, противоположны тому, что я ощущаю. По этим двум показателям между мной и Творцом нет связи. Первый параметр — просто связь с Ним — не важно, положительная или отрицательная. Все построено на том, чтобы оборвать любые мои попытки простроить связь. Второй показатель выражается в том, что Он добрый, отзывается на добро и что на соответствующие мои действия последует вознаграждение или наказание.

В «Предисловии к Учению Десяти Сфирот»[76] Бааль Сулам объясняет, что существует:

- двойное скрытие Творца;
- простое скрытие Творца;
- *махсом*;
- простое раскрытие Творца;
- двойное раскрытие Творца.

Двойное скрытие Творца — это скрытие *всякой связи* с Ним, а простое — скрытие *правильной связи* с Ним. В последнем случае связь уже существует, но она неправильная — без вознаграждения. Затем следует *махсом*. После *махсома* происходит простое раскрытие Творца, когда постигается управление *вознаграждением и наказанием*, то есть происходит *раскрытие наличия связи*. Следующий этап — это *ступень любви*, когда Его отношение к нам постигается *полностью*.

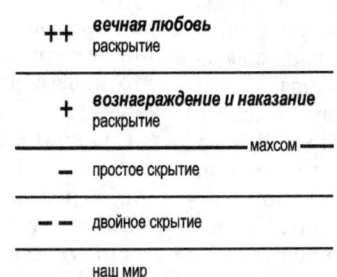

Рис. 3.7. Ступени скрытия и раскрытия Творца.

Ступени «минус два» и «минус один» под *махсомом* впоследствии исправляются и обращаются в ступени «плюс один» и «плюс два» над *махсомом* (см. схему).

Итак, в двойном скрытии Творца наши *келим* настолько инверсны, что Его отношение к нам и все, поступающее от Него, воспринимается нами обратным образом.

---
[76] Бааль Сулам. Предисловие к Учению Десяти Сфирот. Kitvei Baal Hasulam. ARI. Israel. 2009. P. 782.

Простое скрытие Творца

Творец скрыт, то есть проявляется не как абсолютно добрый, а, напротив, как приносящий страдания. Существует явная связь между мной и Творцом, но она является обратной. Однако возможно ли, чтобы нечто плохое исходило от Творца? Только в преломлении его доброго отношения ко мне через скрытие.

Считается, что в данном случае человек видит оборотную сторону Творца: ведь он получает от Него страдания. Несмотря на это, человек верит, что они приходят к нему не по воле слепого случая и природы, а именно Творец так относится к нему: наказывает за совершенные деяния или стремится привести на путь добра. Человек укрепляется в вере, что Творец заботится о нем.

Допустим, человеку не хватает заработка, у него забот полон рот, его одолевают хвори, он неуважаем людьми, все начинания идут прахом, ничего не получается. Однако все это происходит на уровне Творца. Человек суетится, пытается что-то предпринять. Он как бы находится «под Творцом», под Его призором, но все равно не преуспевает. Это простое скрытие Творца: управление есть, а правильная связь отсутствует. Связь, безусловно, существует, но она неверна.

Вопрос: Творец так относится к человеку в наказание за совершенные поступки или чтобы направить его на путь добра?

Естественно, Творец неизменно относится к человеку благонамеренно. Человек же воспринимает это по-разному: либо считает, что ему положено наказание, либо убеждает себя мыслью: «Это произошло потому, что Он желает таким образом наставить меня на путь истинный».

Это может следовать из двух состояний:

— если я не считаю, что согрешил, то могу оправдать Творца, сказав, что Он делает это намеренно, чтобы притянуть меня к Себе, напомнить о Себе, подтолкнуть;

— если я знаю, что я сделал что-то плохое, то говорю: «Мне это ниспослано за дурной поступок».

Человек, таким образом, оправдывает либо себя, либо Творца. Здесь присутствует простое или двойное оправдание Творца.

Если я знаю, что раньше совершил дурной поступок и сейчас получаю какой-то удар, то говорю: «Это наказание за прошлые грехи». Если я знаю, что ничего плохого не совершал, то могу сказать: «Это наказание мной не заслужено» или «Это наказание мне посылается не за дурной поступок, а чтобы подтолкнуть меня вперед, напомнить о Нем».

То же самое происходит, когда я знаю о своем проступке: в этом случае я могу оправдать себя и заявить, что это было подстроено Творцом. Или я могу сказать: «Нет, это все-таки сделал я, и сейчас получаю за это наказание». Или же я могу сказать: «Хорошо, что меня наказали, я одобряю Его, потому что впредь мне наука!». Могу сказать и по-другому: «Хотел бы я не делать того, что сделал тогда, и все равно понести наказание, считалось бы, что оно меня подталкивает вперед». Все зависит от того, как человек воспринимает сложившуюся ситуацию. Со стороны Творца никаких изменений нет.

Вопрос: Каков порядок этого процесса: сначала происходит двойное скрытие, потом — простое и потом — *махсом*, или сначала простое скрытие, потом двойное, а затем *махсом*?

Это всегда вызывает путаницу в нашем понимании, потому что следует из так называемого правила *обратной связи между келим и светом*.

Почему связь обратная? Если я вступаю на свой путь, пребывая в полном непонимании, в абсолютном неведении и не могу установить связь с Творцом, то начинаю я, очевидно, с двойного скрытия. Можно сказать и наоборот: если я начинаю правильно оценивать свои состояния, то даже незначительное скрытие смогу оценить как двойное. Поэтому говорят, что самое большое *скрытие* — перед раскрытием, самая густая тьма — перед рассветом. В итоге, можно говорить и так, и иначе, в зависимости от того, относительно чего мы судим: относительно *келим* или относительно *света*.

Вопрос: Зависит ли от человека переход из простого скрытия в двойное, из двойного в простое?

Человек не может определять свои состояния — он может только определять темп, в котором он их проходит.

Раскрытие

В состоянии скрытия вера в то, что Творец управляет всем *миром*, приводит человека к каббалистическим книгам, от которых он получает *исправляющий свет* (*ор макиф*) и понимание, как укрепиться в своей уверенности в том, что всем управляет Творец.

Когда собственные усилия оказываются достаточными для того, чтобы исправляющий *свет* подействовал и человек стал способен впитать его, он может считаться готовым к восприятию управления Творца в состоянии раскрытия.

Желания человека возрастают настолько, что он *поневоле правильно адаптирует все*, что приходит к нему. Он представляет собой *кли,* желающее получить исправление.

Усилия — это не вознаграждение за наполнение, которое Творец мне дает, усилия — это *кли*, которое я готовлю под наполнение Творца. Не хватит у меня усилий, не будет готово полное *кли* — нечего будет наполнять. К Творцу как к источнику надо приходить со своим *кли*, а оно складывается из усилий, которые накапливаются постепенно.

Приложив необходимые усилия, человек вызывает на себя достаточное количество *окружающего света*, и тогда он становится готовым к восприятию управления Творца в состоянии раскрытия.

Человек предоставил для этого *кли*, которое достигло такого критического размера, что может явно получить в себя *свет* Творца. Для каждого мера количества усилий (*сеа*[77]) — своя, и человек заранее не знает, сколько ему еще осталось, чтобы дополнить свое *кли*.

Творец раскрывается как Добрый, всеми природными путями Творящий Добро для всех своих творений, в соответствии с их желаниями. Так было и до раскрытия, но вследствие неисправленности своих *келим* человек этого не ощущал.

В состоянии раскрытия человек:
- ощущает получаемое от Творца благо, покой, постоянное душевное удовлетворение, достойно зарабатывает, не знает нужды и болезней, уважаем и во всем достигает успеха.
- если желает чего-либо — обращается к Творцу и немедленно получает желаемое от Него. Его желание соответствует желанию Творца, и поэтому все, что он желает, немедленно ощущает в этом *кли*. Человек не может желать ничего, что не содержал бы в себе раскрывающийся *свет*, то есть он исправлен.
- приумножает добрые дела — успех возрастает, приуменьшает добрые дела — уменьшается успех. Другими словами, получение *света* от Творца происходит напрямую, как между стадиями *кетэр*[78] и *хохма*[79]
- видит, что люди, идущие к исправлению, хорошо зарабатывают, здоровы, уважаемы, спокойны и с ними приятно сосуществовать (тогда как ранее было приятно с другими).
- видит, что те, кто не стремится к исправлению, не имеют заработка, вечно озабочены, больны, презираемы, глупы, некультурны, лицемерны, лживы и с ними отвратительно находиться рядом.

Человек не может производить оценку иначе, чем исходя из собственных свойств, если его внутренние качества меняются, другим становится и его взгляд на все окружающее.

Люди, ранее казавшиеся ему здоровыми, уважаемыми, богатыми, сейчас поневоле выглядят в его глазах другими — так он воспринимает их через свое *кли*, и внешнее проявление при этом значения не имеет.

Осуждающий человек судит в соответствии со своими качествами и оправдывает в соответствии с ними же. Состояния двойного скрытия, простого скрытия и состояние раскрытия Творца зависят исключительно от нашего *внутреннего кли*. В понимании этого обстоятельства заключается отличие верующего человека от каббалиста.

Верующий просит Творца: «Сделай милость, дай мне что-нибудь». Каббалист же знает, что незачем просить Творца, чтобы Он изменился, потому что Творец неизменен. Измениться — исправить свои *келим* — должен он, и

---
[77] **Сеа** (ивр. «полная мера») — сумма требуемых усилий (против своей природы), достаточная для того, чтобы молитва (МАН, требование об исправлении) была истинной, совершенной и полной.
[78] **Стадия кетэр** — желание Творца насладить творение.
[79] **Стадия хохма** — еще неосознанное, несамостоятельное желание насладиться.

тогда поневоле вместо двойного или простого скрытия Творца человек удостоится раскрытия всего совершенства.

Вопрос: Каким образом происходит переоценка ценностей у человека, прошедшего в Высший мир?

Мы не представляем себе, что значит менять внутреннее *кли*. У нас изменяются некоторые параметры — например, настроение, но при этом не меняется *кли*. Мы все равно продолжаем оценивать все в рамках эгоизма и поэтому не имеем понятия, что значит поменять его на нечто обратное и начать оценивать то, что нас окружает, противоположным образом. Если я и думаю: «Хорошо отдавать, хорошо быть отдающим», я все равно трансформирую это желание как: «хорошо для меня».

Поэтому мы не представляем себе человека, получившего духовную природу и находящегося в прямом контакте с Творцом, которому дано изобилие и связь с Ним. Мы не можем вообразить себе это состояние, когда в *нашем мире* с дающим угощение и с расположенными против тебя ястваами ты находишься в полном согласии, в полном союзе.

Нам трудно представить себе, каким образом человек, постигающий *Высший мир*, оценивает людей, находящихся в противоположном состоянии, хотя они и выглядят преуспевающими. Они кажутся ему самыми несчастными, поскольку он видит их противоположность Творцу.

Вопрос: Подразумевается ли под страданием и наслаждением в состоянии простого скрытия и раскрытия, что страдание происходит от отсутствия связи с Творцом, а наслаждение — от уверенной связи с Ним?

Дело не в том, что я воспринимаю, дело в том, в каких келим я это воспринимаю: в *келим* эгоистических (ради себя) или в *келим* альтруистических, когда стремлюсь и дальше развиваться ради отдачи. Вся проблема в том, в каком направлении я желаю продвигаться.

Состояние, в котором я сейчас нахожусь, определяет во мне все. Теперь от этого зависит, к какому состоянию я хочу двигаться. Этим же определяется в данный момент и мое восприятие того, что я читаю и как комментирую прочитанное. Можно и в плохом состоянии, не обращая внимания на прошлое (нет никаких прошлых провинностей), считать: «Это страдание дано мне для того, чтобы напомнить о Творце».

Чем дальше человек продвигается, тем больше он оправдывает Творца. Он видит в любом обращении Творца к нему только целенаправленные действия — будь то наполнение или отсутствие наполнения, связь или отсутствие связи.

Вопрос: В простом скрытии и раскрытии человек находится в постоянной связи с Творцом. Свидетельствует ли это об определенном мировосприятии человека?

Да. Простое скрытие или раскрытие Творца свидетельствует о том, что я нахожусь с Ним в связи, но *качество* этой связи, то есть «вознаграждение и наказание», я *должен оправдывать*. Вплоть до того, что мне необходимо прийти к состоянию, когда я говорю: «Никакого вознаграждения и наказания нет вообще», когда я в каждом своем желании прихожу к выводу, что творение всегда, в любых состояниях получает от Творца только благо. *Я оправдываю через желания, через качество наполнения, связь с Творцом.*

В любом состоянии, даже простого скрытия или первой степени раскрытия (в «минус один» или в «плюс один», под *махсомом* или над *махсомом*), я все равно работаю не только с тем, что получаю (или не получаю), но и с *намерением ради Творца*[80]. Тогда, в зависимости от *намерения* ради Творца, я могу видеть в своем *кли* вместо минуса плюс. Я увижу отсутствие наполнения как такового, я буду переходить от наполнения *светом хохма*[81] к наполнению *светом хасадим*[82].

Вопрос: Что значит «вера»?

Вера — это связь с Творцом над нашими желаниями. Вера — это свойство *бины*, свойство *хасадим*, когда я получаю свыше силу, позволяющую мне возвыситься над тем, что я получаю, чем я наполняюсь. Я могу быть абсолютно пустым — и счастливым, наполненным верой (*ор хасадим* вместо *ор хохма*). Это называется «вера выше знания» — вера выше наполнения *светом хохма*.

Вопрос: Каббалист приобретает новое видение *мира*. Как это влияет на его отношение к людям?

Каббалист одновременно видит и прямые, и обратные связи. Это как взрослый по отношению к маленькому ребенку чувствует все, что тот хочет сделать: скрыть, слукавить, нарушить запрет. Он все это понимает, видит, знает.

Однако раскрытие дополнительных связей ни на что не влияет, поскольку они раскрываются не в эгоистических желаниях, а в альтруистических. Это лишает человека возможности какого-либо личного вмешательства. Оказывается, что он может только дать совет об исправлении — как и Творец — и ничем другим помочь не в состоянии. Он ни во что не может вмешаться, какие бы судьбоносные действия вокруг него ни происходили. Он сливается с Высшей силой и против нее действовать не может.

---

[80] **Намерение ради Творца** = намерение «ради отдачи» — использование своей природы, собственных свойств с целью доставить удовольствие Творцу. С помощью намерения «ради отдачи» творение становится равным Творцу, уподобляется Ему.

[81] **Свет хохма** (ор хохма) — весь исходящий от Творца свет, то есть свет, который включает в себя все, что желает дать нам Творец; определяется как сущность и жизнь творения.

[82] **Свет хасадим** (ор хасадим) — свет, который творение желает отдать, вернуть Творцу; намерение доставить удовольствие Творцу; наслаждение от подобия свойств с Ним, от отдачи.

Глава 4. Восхождение по ступеням миров

4.1. Четыре ступени развития желания
4.2. Строение желания
4.3. Достижение Цели
4.4. Исправление человека
4.4.1. Два пути достижения Цели.
4.4.2. Два вида управления.
4.5. Подъем человека
4.5.1. Взаимодействие ступеней.
4.5.2. Степени ощущения Творца (сверху вниз).
4.5.3. Два вида анализа.
4.6. Вопросы и ответы
Заключение
Тест
Дополнительный материал

4.1. Четыре ступени развития желания

Комментарии М. Лайтмана к статье Б. Ашлага «Предисловие к книге Древо жизни»

Творец создал желание насладиться. Он не сотворил ничего, кроме желания получать наслаждения. В каббале оно называется «желание получить» (наслаждение).

Итак, существует Творец и созданное им желание насладиться. Насладиться чем? Творцом! Ощущение Творца творением и есть наслаждение (в каббале оно называется «свет», на иврите «ор»). Желание получить называется «сосуд», на иврите «кли». Итак, есть Творец и творение, наслаждение и желание, свет и сосуд, ор и кли.

Мы уже изучали на предыдущих занятиях, что желание получить в нашем мире можно разделить на четыре уровня:
- *неживой,*
- *растительный,*
- *животный,*
- *говорящий.*

В каждом из них желание получить различно по характеру и силе.

Наименьшее желание получить наблюдается на неживом уровне: оно настолько мало, что не порождает у его представителей движения. Творение на этой стадии ощущает нечто, ибо если оно сотворено, то оно есть желание насладиться, однако это никак не проявляется, поскольку желание получить здесь минимально.

Положительное и отрицательное следствия желания насладиться — эгоизм — пропорциональны величине желания. Поэтому неживое, находясь в состоянии неподвижности, не может само по себе никому навредить, равно как и принести пользу.

У растения желание получить больше, по сравнению с неживым, поэтому оно развивает в себе возможность роста, способность впитывать полезное и выделять вредное, в силу чего и называется «растение», от слова «расти».

Этому уровню присуще определенного рода движение: растения развиваются и умирают, ощущают смену дня и ночи, намного больше, чем неживое, зависят от окружающей среды. По сравнению с предыдущим это совершенно другой вид жизни. Все изменения и отличия существуют благодаря увеличению желания получить, которое в растительном уровне проявлено намного больше, чем в неживом.

Еще большее желание получить наблюдается у животных. Чем отличаются они от растений? Тем, что каждый из представителей этого уровня индивидуально ощущает окружающую среду и приближается к полезному, отдаляясь от вредного. Общая сила ощущения собственного вреда и пользы всего мира растений соответствует одному объекту, находящемуся на ступени «животное».

Животные способны перемещаться, имеют личные ощущения, у каждого из них есть собственный характер. Поскольку в «животном» желание получить больше, чем в «растении», у него существуют индивидуальные характеристики, собственный календарь: каждая особь в свое время рождается и умирает, в отличие от большинства растений, увядающих одновременно в конце сезона.

Хотя животное чаще всего живет в стаде или в стае, но у него своя личная жизнь, благодаря четкому половому разделению, и ему необходима связь с особями того же вида. Однако у животных существует временное ограничение: они не ощущают прошлого, не интересуются будущим.

Следующая ступень — «говорящий» (человек) — содержит две составляющие: силу ощущений и силу разума. Эти две составляющие поддерживают и развивают друг друга, поэтому представители данной ступени не ограничены местом и временем. Что невозможно воспринять с помощью одной составляющей (например, я не могу ощутить произошедшее 1000 лет назад), можно дополнить путем другой: я могу осмыслить то, что произошло 1000 лет назад. Разум помогает чувствам.

Возможна обратная ситуация: я чувствую нечто. Как ощущение может повлиять на меня? Я подключаю к нему разум и анализирую ситуацию. Разум и ощущения совместно расширяют мои возможности восприятия места и времени. Я уже не ограничен ими, могу понять другого, ощутив через него то, что сам реально не переживал, не присутствуя в том месте в то время. Благодаря этому человек поднимается над категориями пространства и времени.

Уровень «говорящий» соответствует всем, расположенным ниже уровням (неживому, растительному и животному), вместе взятым. Эта пирамида отражает соотношение между пятью видами творения, существующими в мироздании, где каждый представитель высшей ступени более значим, чем все творения низлежащей ступени.

Особенным образом это проявляется в желаниях:
- одно желание *растительного* уровня, польза и вред, им приносимая, соответствует всем желаниям *неживого* уровня во всем мироздании;
- одно желание *животного* уровня, его польза и вред, соответствует всем желаниям *растительного* уровня во всем мироздании;
- одно желание уровня «*говорящий*», польза и вред, которые оно может принести, соответствует всем желаниям *животного* уровня во всем мироздании;
- одно желание *духовного* уровня, польза и вред, доставляемые им, соответствует всем желаниям уровня «*говорящий*» во всем мироздании.

Если в одном представителе уровня «говорящий» зарождается «точка в сердце»[83], корень души, и он развивает ее до размера духовного сосуда, то его сила соответствует силе всех людей во все времена и во всех поколениях. Чем выше, чем особеннее объект, тем в меньшем количестве он существует в мироздании.

4.2. Строение желания

В созданном Творцом желании мы различаем пять ступеней, которые условно обозначаем как:

- начало буквы «юд»,
- буква «юд», י
- буква «хей», ה
- буква «вав», ו
- буква «хей», ה

$$ה - ו - ה - י$$

Таково обозначение созданного Творцом желания, обозначение творения. Желание состоит из пяти частей, обозначаемых пятью буквами. Это не имя творения, а имя Творца, потому что желания заполняет свет, ощущение Творца. Именно Творца ощущает творение — и более ничего.

Поэтому состояние творения есть имя Творца. Мир, который чувствует творение, само оно, его восприятия — все его совокупные ощущения и есть проявление Творца для него и в нем. Поэтому кли есть имя Творца. Произносятся только 4 буквы, кроме «начало буквы юд»: АВАЯ.

Итак, АВАЯ — это строение желания:
- «Окончание буквы юд» — неощущаемое еще желание;
- «י» — соответствует уровню «неживой»;
- первая «ה» — соответствует «растительному» уровню;
- «ו» — соответствует уровню «животный»;
- последняя «ה» — соответствует уровню «говорящий».

Желание каждого уровня, в свою очередь, делится на подуровни: неживой,

---

[83] Термин «**сердце**» употребляется для обозначения всех желаний человека. **Точка в сердце** — зародыш будущей души, экрана (силы сопротивления эгоизму).

растительный, животный, говорящий. Это означает, что даже на уровне «неживое» существует разделение на неживой, растительный, животный, говорящий.

Наша задача — понять, что из себя представляет человек. Одно растение соответствует всей неживой природе, единственное животное выше всего растительного мира, один человек выше всех животных. Определение «выше» отсылает нас к тому факту, что исправление человека покрывает все низшие творения.

Все включено в человека, поднимаясь, он подтягивает за собой миры, ибо все они созданы ради такого человека. Если человек исправляется, то все творение, соответственно, приближается к Творцу. Поэтому только человек должен исправлять себя.

Исправление означает изменение нашего отношения к Творцу. Если Творец дает человеку такое желание, то он называется «человеком», а под этой ступенью находятся уровни говорящий, животный, растительный, неживой. Это уровни желания в человеке нашего мира.

Мы уже изучали, что сами духовные миры — это:
- неживой уровень, называемый «эйхалот», — залы, чертоги;
- растительный уровень называется «левушим» — одеяния;
- животный уровень называется «малахим» — ангелы;
- говорящий уровень называется «нешамот» — душа человека.

Обязанность исправления всей природы возложена на человека как на обладателя души — самого большого, наиболее развитого желания. Человек, получающий в этом мире точку в сердце, зародыш души и начинающий развивать ее, становится самым важным как в материальном, так и в духовном мирах. Он включает в себя силы, дающие ему возможность слиться с Творцом, стать подобным Ему.

В самом человеке находятся все четыре ступени творения. Естественно, все основывается из ступени «неживое» — прах, пепел. Ее существование оправдано наличием трех чудесных свойств: отсюда берут начало растения, животные, человек. С одной стороны, прах ничего из себя не представляет, но без него невозможен никакой вид жизни.

То же самое можно сказать о ступени «человек», «an mass», представляющей собой «неживой» уровень, — в нем заключены три возможности развития. В массах может возникнуть три более развитых желания, называемых в каббале «богачи», «властители» и «мудрецы». Они развиваются благодаря соответствующим стремлениям к богатству, власти, знаниям, происходящим из желания «неживого» уровня. В результате, в человеке из желания предыдущей ступени развивается более зрелое под воздействием трех стремлений:
- вожделение, страсть,
- зависть,
- стремление к почестям.

Если наряду с этими желаниями Творец дает человеку душу — часть

Божественного, стремление к Высшему, то он и устремляется к Божественному. Благодаря этим желаниям человек развивается, поднимаясь со ступени на ступень, пока не достигнет последней – Совершенства.

Итак, благодаря желанию первой ступени – страсти – из массы людей выделяются «богачи». Это более высокая ступень, отличающаяся намного большим желанием, чем у остальных, она соответствует уровню «растительный» в мироздании.

Далее, если дать человеку развить желание к почестям, из общей среды выделяются «властители» – это вторая ступень, соответствующая ступени «животное» в природе. Стремление к почету существует только у человека. Богачи жаждут лишь нажить капитал, они стремятся к обладанию неживым материалом. Это желание будет существовать, даже если в мире вообще не останется людей, кроме самого богача – главное, чтобы у него было все, что он желает.

Напротив, жажда почестей нуждается в тех, кто их обеспечивает. Это иной вид существования. Желание уже развито настолько, что обладания чем-то неживым оказывается недостаточно, требуется властвовать также и над себе подобными, чтобы они поставляли наполнение, наслаждение. Властитель желает находиться у человека в сердце – это называется «желанием к почестям».

Посредством «зависти» из толпы выделяются «мудрецы». Существует поговорка: «Зависть мудрецов умножает мудрость»[84]. Люди, обладающие большим желанием и склонные к зависти, приобретают знание и мудрость. Эта ступень соответствует уровню «говорящий» в устройстве мироздания.

Действия мудрецов не ограничены местом и временем. Человек подчас до такой степени завидует кому-то жившему очень давно, будто тот его современник. Время на это чувство не влияет. Человек завидует не только потому, что кто-то обладает тем, что у него отсутствует, – он желает не чужого (иметь чужое желание и наполнение), а стремится уничтожить само чужое желание, чтобы другой ничего не имел.

Если я, например, отношусь к ступени «говорящий» в человеке, то мое желание настолько велико, что вынуждает меня желать все, что есть у других, и более того: чтобы у других этого не было. Таким образом я могу увеличивать свое желание бесконечно: хотеть все, что есть у других. Я один могу сравняться со всем человечеством.

4.3. Достижение Цели

Каббала представляет собой методику достижения высшего уровня существования, когда по возможностям и ощущениям человек становится равным самому высшему уровню – Творцу.

---

[84] Вавилонский талмуд, трактат «Бава Батра», ч.2:22.

Однако возникает вопрос, почему мы созданы Высшей силой в таком несовершенном состоянии, что должны его усовершенствовать, как бы исправляя действия Творца.

Это состояние можно разобрать на примере древней притчи. Она повествует о царе, у которого есть замок, полный всякого добра, но пустующий без гостей. Чтобы заполнить его гостями, нужно создать творения именно в нашем виде: состоящие из высших и низших свойств. Для приведения человека к состоянию высшего знания и наслаждения, образованы *миры*. Таким образом, *миры* были созданы, чтобы доставить наслаждение творениям. Однако, поскольку относительно Творца нет ни прошлого, ни будущего, то сразу же, по мере возникновения замысла создать творения и дать им наслаждение, Он его воплотил в действие. Такое состояние называется *миром Бесконечности*.

Рис. 4.1. Мир Бесконечности.

В *мире Бесконечности* в потенциале заключено все произошедшие затем от него: *миры* и все состояния человека, который должен пройти путь совершенствования от состояния, обратного Творцу, до полного Ему подобия.

Рис. 4.2. Мир Сокращения.

4.4. Исправление человека

Для исправления человека создано *сокращение*[85] и ограничение уровней, от *мира Бесконечности* до *нашего мира* — реального облачения *души* в материальное тело. Пребывая в нем, занимаясь исправлением своего эгоистического желания на альтруистическое, человек постепенно поднимается по ступеням *миров* (как низошли сами *свойства* до его появления в *этом мире*) и достигает полного подобия Творцу. Он становится таким, каким изначально уже существовал в *мире Бесконечности* в замысле Творца. Таким образом, человек получает наполнение Творцом, делается равным ему — вечным, бесконечным, совершенным.

4.4.1. Два пути достижения Цели

Существуют два пути достижения вышеупомянутой цели: путем возвращения — путем кратким, самим человеком, его усилиями, зависящим от него по времени и ощущениям в процессе исправления;

- путем страданий — путем долгим и неприятным, при помощи посылаемых свыше невзгод, вынуждающих производить исправления.

---

[85] Сокращение (цимцум) — отказ принимать свет из альтруистических соображений. Решение не использовать свое желание получать только ради собственного удовольствия.

4.4.2. Два вида управления

Все творение в целом и любая его часть состоит из 10 *сфирот*, в которых различаются две противоположности:
- девять первых *сфирот* — свойство отдачи, наполнены *светом*;
- *малхут* — свойство получения, отсутствие света.

- Также различаются два вида *света*:
- *внутренний свет* — во внутренней части;
- *окружающий свет* — во внешней части.

Причина такого разделения состоит в том, что противоположные свойства не могут находиться в одном носителе. Для *внутреннего* и *окружающего света* необходимы отдельные носители.

В духовном *мире* они не противоположны, так как *малхут* состоит в соединении с девятью первыми *сфирот* и обретает свойство отдачи в виде *отраженного света*. Однако еще неисправленные желания-свойства не связаны с девятью первыми *сфирот*. Из-за *сокращения свет* не входит в желания, не исправленные альтруистическим *намерением*, они остаются пустыми и поэтому противоположны наполненным *светом* частям творения.

Цель сокращения света — дать возможность эгоистическим устремлениям вне давления на них света-наслаждения избавиться от желания эгоистически наполниться, устремиться к желанию отдачи, то есть, уподобиться Творцу.

Как может исправиться пустое место, в котором отсутствует *свет*, если исправление желания, его изменение с эгоистического на альтруистическое происходит лишь под воздействием *света*? Собственно, поэтому и необходимо такое творение, как «*человек в нашем мире*»: находясь в состоянии развития, он получает *свет* от неисправленных эгоистических желаний и живет за счет этого, приобретая, таким образом, все бо́льшие неисправленные желания. Затем человек переходит к их исправлению Высшим *светом* в ответ на свои действия — попытки использовать собственные желания ради отдачи, чтобы дать наслаждение Творцу, и этим достигает подобия с Ним.

От перемены влияния этих противоположных сил на человека в нашем мире появляется ощущение времени. Когда он все исправит, понятие «время» исчезнет. Можно сказать и наоборот: нам необходимо существование понятия времени, чтобы эти две противоположности возникали в нас одна за другой, в состоянии развития, а затем в состоянии исправления.

Есть два вида *света* в десяти *сфирот*:
- прямой свет — нисходящий свет мира Бесконечности;
- отраженный свет — свет, порождаемый малхут, отражающийся от нее снизу вверх.

Оба этих вида *света* соединяются в один. После *сокращения Высшего света* на распространение в неисправленные желания *прямой свет*, нисходящий от Творца, в *малхут* не входит, но *отраженный свет* может ее наполнять, так как на него не было произведено *сокращения*.

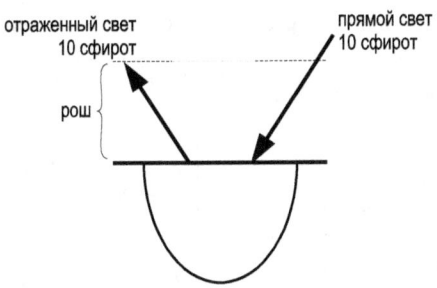

Рис. 4.3. Два вида света в кли.

Необходимость существования неисправленных желаний, системы эгоистических сил вытекает из цели *сокращения*: когда человек получает от системы эгоистических сил, в нем создается огромное желание наслаждений, и эта система нуждается в изобилии —*свете*. Откуда она может его получить, если все ее строение представляет собой лишь последнюю *сфиру* — пустое пространство без *света*? Поэтому и было заранее подготовлено разбиение первых девяти *сфирот*, вследствие чего часть *отраженного света* спускается в пустое пространство *сфиры малхут*.

4.5. Подъем человека

4.5.1. Взаимодействие ступеней

В мироздании есть только Творец и Его главное творение — человек, *поэтому все, что ощущает последний, — это только Творец, ведь кроме Него перед человеком нет более ничего. Если человек ощущает не самого Творца, а нечто вокруг себя, как ощущаем мы, это означает, что Творец скрывается от него за ширмой, называемой «этот мир».*

Духовный *мир* — это *мир* ощущения Творца, который существует внутри воспринимающего его человека. Если человек не ощущает Творца — значит, он не находится в духовном *мире*. Если человек начал ощущать Творца — мы говорим, что он вышел в духовный *мир*. Чем больше человек ощущает Творца, тем выше он поднимается в духовном *мире*. От *нашего мира*, где ощущение Творца отсутствует, и до максимального Его ощущения человек должен пройти 125 ступеней[86]. Каждая ступень означает, что человек ощущает Творца все более явно.

---

[86] **125 ступеней миров** — система сближения с Творцом, состоящая из 125 ступеней-сфирот. Каждые 25 сфирот составляют законченный этап, называемый «мир». Каждый мир имеет свои подступени, называемые парцуф (мн. число — парцуфим), а каждая из подступеней имеет свои подступени, называемые сфира (мн.ч. сфирот). Всего от нас до Творца: 5 миров х 5 парцуфим х 5 сфирот = 125 ступеней-сфирот.

4.5.2. Степени ощущения Творца (сверху вниз):

(курсивом обозначены *миры*, отделяющие человека от Творца)
- человек – Творец

(Неограниченное ощущение Творца называется *миром Бесконечности* – ощущение без конца, без ограничения, без разделения между человеком и Творцом).
- человек – АК – Творец
- человек – *Ацилут* + АК – Творец
- человек – *Брия* + *Ацилут* + АК – Творец
- человек – *Ецира* + *Брия* + *Ацилут* + АК – Творец
- человек – *Асия* + *Ецира* + *Брия* + *Ацилут* + АК – Творец
- человек – *Этот мир* + *Асия* + *Ецира* + *Брия* + *Ацилут* + АК – Творец

Человек воспринимает только *мир*, непосредственно находящийся над ним, а остальные *миры*, отделяющие его от Творца, он не ощущает. Иными словами, ощущается только более высокая ступень, и она воспринимается как природа (если человек воспринимает *этот мир*) или Творец (если человек вышел на ступень *мира Асия* или выше).

> *Высшая ступень всегда называется «Творец», потому что она порождает и питает низшую, а также управляет ею.*

Этот мир – все, что предстает пред нашими глазами, то, что мы воспринимаем в своих ощущениях. Иными словами, именно так мы воспринимаем Творца сейчас, до того, как начали исправлять наши органы восприятия. Исправление органов восприятия означает не изменение возможностей зрения, слуха, тактильной чувствительности и прочего, а исправление *намерений сердца*, которое воспринимает все, поступающее через пять органов чувств, как наслаждение или страдание.

Все ступени *миров* устроены так, что в каждую из них входит нижняя часть высшей, то есть каждая ступень опускает свою нижнюю часть в верхнюю часть нижней ступени.

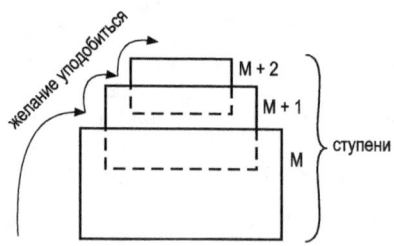

Рис. 4.4. Взаимодействие ступеней: пунктирными линиями показаны части высшей ступени, находящиеся в нижней. М – нижняя ступень относительно М+1, которая в свою очередь является высшей по отношению к ступени М и нижней по отношению к ступени М+2.

В итоге, где бы ни находился человек на пути постижения *Высших миров*, там всегда присутствует нижняя часть более высокой духовной ступени. Возможность духовного возвышения, переход со ступени на ступень реализуется именно благодаря тому, что в любой момент в человеке есть более высокая составляющая, к которой он стремится. Проблема только в том, как использовать эту возможность.

Ступень, на которой человек находится, определяет все его свойства и желания. Изменить их к лучшему человек может, только переместившись на более высокую ступень, — тогда свойства высшей ступени станут его естественными свойствами. Оставаясь же на своей ступени, он думает и поступает лишь в соответствии с тем, что получает от нее, именно эта ступень определяет его самосознание.

Как же в таком случае изменить свойства, желания, мысли, если они являются продуктом среды-ступени, на которой человек находится? Именно для этого в каждой ступени и содержится часть более высокой — иначе у человека не было бы никакой возможности осуществить подъем.

Получается, что часть высшей ступени, которая находится в низшей, является как бы посредником между обеими ступенями. Однако посредником можно быть, только обладая свойствами как той, так и другой ступени, а это невозможно — иначе они были бы единым целым.

Оторваться от свойств своего уровня и приобрести свойство высшего уровня можно, только совершенно перестав ощущать свои потребности, свойства, желания и приняв в себя иные свойства, желания, стремления. Поэтому в духовном мире властвует принцип альтруизма, ведь способность оторваться от своих желаний необходима для перемещения.

Поэтому высший *парцуф* специально опустошается от части своих желаний, абстрагируется от них, желает только «отдавать» ими. Эти желания как бы перестают ему принадлежать. Тем самым он обеспечивает возможность находиться своими желаниями в низшем, желать то, что желает низший, но не для себя, а лишь для того, чтобы сравняться с ним. Только такое сближение с низшим является возможным для высшего, и только благодаря такой помощи высшего низший может ощутить его в себе, но не как высшего, а как «своего».

4.5.3. Два вида анализа

Мы можем производить два вида анализа обстоятельств:
- анализ хорошего и плохого («сладкого и горького»);
- анализ истины и лжи.

Чтобы заставить творение развиваться и действовать в нужном направлении, продвигаясь к цели творения, Творец включил в его природу телесную способность анализа на основе чувства «горькое» или «сладкое». При этом анализе телесная сила ненавидит и отталкивает все горькое, поскольку оно неприятно, и любит, притягивает все сладкое. Этой телесной силы достаточно для целенаправленного развития *неживой, растительной* и *животной* природы с целью приведения ее в совершенство, то есть для поставленной Творцом задачи.

Лишь *человеку* приходится идти к цели вопреки желаниям тела, выбирая не из состояний — «сладкое» или «горькое», а исходя из состояний правда — ложь.

4.6. Вопросы и ответы

Вопрос: Если каббалисты достигли одной и той же ступени в каком-либо мире, будет ли одинаковым их постижение?

Они постигают одно и то же, подобно тому, как и мы в *этом мире*, только у каждого существует свое мнение относительно постигнутого. Когда мы смотрим на один и тот же предмет, у каждого из нас складывается о нем собственное суждение. Иными словами, совместное постижение едино, а индивидуальное — различно для каждого.

Вопрос: Как один вид *животного* уровня может быть равен по значению всем существующим видам *растительного* мира?

Речь здесь идет не о количестве, а о качественной силе.

Что особенного в растениях? Они тянутся к положительному влиянию и избегают вредного воздействия. Скажем, есть виды, раскрывающиеся навстречу солнцу и закрывающиеся ночью. Растения впитывают необходимое им и выделяют ненужное, они живут и умирают. Соответственно, в одном *животном* есть этот общий закон всех растений. Между растениями нет разницы: все они совершают одно и то же движение, проходят один путь развития, все они как один, и все они равны одному *животному*, в котором все это осуществляется, соответственно его личной форме, тогда как в другом — уже в иной форме. Это значит, что одно *животное* равно всем *растениям*.

Вопрос: Как можно сравнивать с *человеком неживой, растительный* и *животный* уровни?

Дело в том, что все эти свойства — как во внешней природе, так и во внутренней — проистекают из нашего Корня. Он создал нас так, что мы проходим пять стадий развития — от *света* до желания к нему. В соответствии с этим происходит развитие любой части творения, в любом месте и в любом состоянии.

Становление проходит только человек. Ни *неживой*, ни *растительный*, ни *животный* уровни не развиваются. Изменения в них происходят лишь в той мере, в какой они включены в человека, развивающегося в соответствии со своим свободным выбором. Только человек имеет особую цель и развивается по заранее определенным ступеням. Все остальное творение помогает ему и, поскольку включено в одну систему с человеком, поднимается и опускается вместе с ним.

Вопрос: Мы говорим, что цель человека — достичь осознания зла, но осознания зла *намерения*. **Как человек может научиться ненавидеть** *намерение*?

Каббала учит, что мы должны сосредоточиться только на *намерении*. Однако мы сами непосредственно не можем его изменить. Мы родились такими, что *намерение* любых наших действий — личная выгода. Следовательно, мы должны изменить свое *намерение* так, чтобы каждое наше действие совершалось ради Творца.

Для этого мне нужны предварительные данные:

Я должен знать: кто такой Творец, что Он от меня хочет, как я связан с Ним, почему я должен уподобиться Его свойствам. Я должен проверить свое сегодняшнее состояние и прийти к осознанию зла. Я должен осознать, что уподобление Творцу — это хорошо. Я должен увидеть свою природу, должен понять, что не способен изменить себя самостоятельно, что для этого мне необходима особая Высшая сила — свет, возвращающий к Источнику. Затем я должен осознать, как повлиять на эту силу, притянуть ее к себе, чтобы она воздействовала на меня правильным образом. Так начинается работа человека при условии, что он перестает быть озабоченным своим желанием и переходит к намерению.

Заключение

После проведенного исследования основных положений каббалы становится ясно, что это особая наука, гармонично сочетающая в себе соотношение рационального и иррационального знания. Хотя в отличие от академических наук она и раскрывает перед нами высший, иррациональный *мир*, но исследует его, используя те же законы и аналогичный подход, что и они. Что имеется в виду? Путь научного эмпирического опыта. Когда исследователь-каббалист изучает законы управления Высшей силы и одновременно начинает раскрывать на себе ее проявление, он входит в осознанное взаимодействие с исследуемым материалом.

Однако что же делает каббалу уникальной, чем она отличается от всех других методов познания, используемых человеком? Ее особенность состоит в том, что человек посредством каббалы познает высшую часть мироздания, откуда все там происходящее спускается в *этот мир*, одевается в наши пять органов чувств и начинает ощущаться и восприниматься нами как реальность *этого мира*.

То есть в традиции каббалистической науки мы можем постигать мироздание в самих его корнях. Это отнюдь не постижение еще одной дополнительной части реальности. Это мироздание на том уровне, на каком оно находится до того, как эта реальность нисходит к нам. Однако это не означает, что человек заранее постигает действительность еще до того, как она проявилась в *нашем мире*, и у него нет никакой власти над ней. Под раскрытием предыдущего уровня, до того как он становится нашей действительностью, каббалист имеет в виду возможность научиться управлять событиями, прежде чем они облачатся в материальный *мир*, за счет личного включения в высшую реальность. Мы будто поднимаемся в центр управления, откуда осуществляется весь контроль за нашей действительностью.

Человек возвышается над собой, переходя с уровня творения на уровень Творца — туда, откуда исходят все силы, чтобы затем облачиться в материю *нашего мира*, проявиться как конкретные события и факты. Если там, в самом их источнике нам удастся изменить наше отношение к ним (не сами силы, а именно наше отношение к ним), то, облачившись в материю *нашего мира*, они будут восприниматься нами совершенно по-иному.

Тест

1. Для чего созданы миры, ступени, сокращения?
a. для исправления человека;
b. для изучения их человеком;
c. для изоляции человека;
d. для страданий человека.

2. Какие два вида света есть в десяти сфирот?
a. *нэфеш* и *руах;*
b. *хохма* и *хасадим;*
c. прямой и отраженный;
d. есть только один вид.

3. За счет чего осуществляется контакт между ступенями?
a. часть высшей ступени входит в низшую;
b. часть низшей ступени входит в высшую;
c. ступени не контактируют друг с другом;
d. за счет изучения ступеней.

4. Какой вид анализа используется человеком на пути исправления:
a. логический;
b. «горько» и «сладко»;
c. правда и ложь;
d. отказ от анализа.

Дополнительный материал

Постижение единства мироздания
Цель творения

Если Высшая сила создала нас, значит, у нее была совершенно конкретная цель, то, ради чего Она это осуществила. Из всего разнообразия действительности, порожденной Высшим управлением, особую важность представляет собой способность разумно мыслить, данная исключительно человеку, – ощущение, благодаря которому он чувствует страдания ближнего. Поэтому, если у Высшей управляющей силы была цель творения, то объектом ее являлся человек. Все мироздание создано только ради того, чтобы он достиг своего предназначения – начал ощущать управляющую им Высшую силу так же, как воспринимает все, что его окружает.

Человек является центром творения, потому что в нем присутствует наибольшее желание насладиться, и в силу того, что он по *всем своим свойствам* развит больше остальных творений (мы не принимаем в расчет, плохими или хорошими являются эти свойства, мы говорим о степени их развития, возможности использования, потенциале, который в них заложен).

Главное, что отличает человека от всех остальных творений (в частности, от животных), – это способность к ощущению ближнего. Если человек, действительно, хочет подняться выше уровня животного, он должен использовать это единственное отличие.

Именно ощущение ближнего вызывает в нас стремление к богатству, к славе, к знаниям — это общественные желания, возникающие под влиянием социума. Если бы мы не находились в обществе себе подобных, а жили изолированно, то такие желания у нас не появлялись бы.

Желания, которые называются телесными — потребность в пище, создании семьи, продолжении рода, обустройстве жилища, — у нас практически такие же, как и у *животных*, только более развиты. Ясно, что на их основе мы не можем строить свою индивидуальность, реализовывать особое предназначение. Оно может базироваться только на том единственном отличии, которое выделяет нас из всей остальной природы, — на ощущении ближнего.

Эта способность дана нам для того, чтобы мы обострили ее до такой степени, что смогли ощутить Творца, стоящего за теми, кто нас окружает. В этом заключается наше предназначение и реализация наших возможностей. Развить в себе определенное отношение к ближнему, ощущение окружающих людей до такой остроты, чтобы чувствовать не просто их, а Того, Кто нами управляет. Так мы постигаем Творца.

Мы постигаем Его стоящим именно за *человеческой* природой окружающих нас людей, а не за *неживой*, *растительной* или *животной*. Как это происходит? Если *человек* готов относиться к ближнему, как к самому себе, то есть выйти за рамки собственных ощущений и проникнуть в чувства окружающих, ощутить другого, как самого себя, то это и будет означать максимальную реализацию заложенного в нем отличия от *животных*. Только в этом случае человек обнаружит Того, Кто им управляет, — Творца.

Чтобы позволить нам это осуществить, Творец и создал для нас окружение: *разбил Душу* на множество частей. Он намеренно сделал это, чтобы каждый из нас, обострив собственное восприятие другого человека, добрался до такой тонкости в своих ощущениях, что смог почувствовать стоящего за ним Творца.

Вследствие сближения с Творцом в свойствах отдачи и любви в человеке возникает огромное наслаждение, вплоть до чудесного ощущения полного взаимного контакта с Высшей управляющей силой. Уподобляясь свойствам Творца (это означает аналогичное отношение к окружающим, такую же возможность чувствовать кого-либо вне самого себя), мы достигаем состояния, когда начинаем ощущать Его, и таким образом, входим с Ним в контакт, вплоть до полного слияния.

Выявление Замысла — в достижении цели

Конец действия и его результат присутствуют в первоначальном замысле. Творец, согласно Своей цели, создал в обратном порядке (если можно так сказать о Нем) действия, которые к ней приводят. Однако для Него Самого не существует понятия времени и места, и поэтому относительно Него, на Его уровне (хотя мы этого и не способны представить) замысел, действие и результат совершенно идентичны. Желание Творца насладить творение реализуется мгновенно, без всяких промежуточных состояний.

Четыре стадии распространения прямого света[87], затем *сокращение света*, разделение, распространение, нисхождение *миров* до *нашего мира* и опять подъем *души* по ступеням *миров* в состоянии бесконечности — то есть, все то, что мы изучаем, имеет отношение только к *душам*, касается нас. Так

---

[87] **Четыре стадии распространения прямого света** — этапы построения духовного сосуда, желания. При распространении света сверху вниз сначала строится стадия кетэр (исходящий свет), затем хохма (желание получить), далее бина (желание отдать), ЗА (реализация бины, когда она хочет уподобиться Творцу — отдавать, получая) и, наконец, малхут (она желает не уподобиться Творцу, а получить все Его «состояние», «статус»). Обычно стадия кетэр не упоминается, т.к. является, по сути, самим Творцом, поэтому говорится о четырех стадиях построения кли (желания).

постигается и проявляется то единственное состояние, в котором мы на самом деле находимся.

Состояние, которое замыслил Творец, немедленно воплотилось в Его замысле. В нем мы и существуем: нет ничего, кроме Замысла творения. Состояние, которое мы ощущаем реализующимся в материи (в нас), как и те, которые мы постепенно проходим, чтобы постичь Его замысел, имеет отношение только к человеку. Все эти ощущения пробуждаются в нас и оформляются в единое впечатление от Его отношения к нам — желания насладить творение.

На самом деле, кроме Его Замысла, в котором мы существуем, ничего нет. Каббала говорит о том, как мы постигаем замысел Творца, начинаем ощущать себя существующими в нем и как он реализуется в нас. Однако все это касается только нашего ощущения, поэтому оно и называется *желанием получать* — сосудом, в котором мы ощущаем замысел Творца. Развитием этого *сосуда* (*кли*) и занимается каббала. В итоге вся эта наука есть изучение Замысла Творца, Его мысли, которая одна только и существует.

Астрофизики также высказывают предположение, что Вселенная представляет собой реализацию одной мысли, одного замысла. Такое впечатление возникает у них при изучении космоса. Так и в процессе изучения мироздания: после выяснения цели становится очевидно, что порядок творения во всех своих проявлениях определен заранее и только в соответствии с этой целью. Согласно ей, человечество будет развиваться и подниматься в свойстве отдачи до тех пор, пока не станет способным ощутить Высшую управляющую силу как своего ближнего.

Изначальный замысел Творца сразу же воплотился в Его отношение к творениям — появились творения, которые находятся в состоянии наслаждения от слияния с Ним. Однако сами творения осознают это состояние постепенно. Прежде всего, у них должно возникнуть желание, потребность ощутить, осознать, впитать, насладиться этим состоянием. «Кли кодем ле ор» — так это называется в каббале, то есть появление сосуда-желания должно предшествовать его наполнению. Поэтому постижение, ощущение творением своего состояния является процессом постепенным, и это проявляется на всех ступенях духовных *миров*.

Согласно плану Творца, все человечество должно прежде самостоятельно *постигнуть*, то есть само *пожелать*, а уж потом *ощутить* свое вечное и совершенное состояние. Оно к этому и идет — либо путем страданий, либо путем *света*, исправления, путем каббалы. Это продвижение будет продолжаться до тех пор, пока человечество не ощутит единственное состояние, которое существует. Все предшествующие — лишь ступени нашего пробуждения. Таким образом, творение всегда ощущает одно и то же — свое настоящее состояние, только в малой, ограниченной мере.

Мера ощущения единственного, полного, совершенного состояния называется *миром творения*, а природа творения устроена таким образом, чтобы подгонять его к достижению состояния совершенства, подобия, единения с Творцом.

Подъем по духовным ступеням

Свойство отдачи обретается человеком поэтапно: он словно поднимается по лестнице, преодолевая одну ступень за другой, пока не достигнет своей цели. Количество и качество этих ступеней определяется двумя действительностями.

Первая — это действительность материи, то есть порядок раскрытия *Высшего света* сверху вниз, от Первичного источника, определяющего меру и качество *света*, исходящего из сути Творца. *Свет* проходит скрытия, одно за другим, пока из него не возникает материальная действительность и материальные создания.

Распространение *света* сверху вниз *создает келим*, но они еще не являются творениями — это просто формы, с помощью которых *свет* постепенно уменьшается, материализуется (если можно так сказать), одевается в какие-то облачения, скрытия. Однако творений еще нет.

Вторая — это действительность Высшего разума: после раскрытия нисхождения начинается порядок восхождения (постижение творением Творца), представляющий собой ступени лестницы, в соответствии с которой развивается человечество, пока не достигнет Цели творения.

Рис. 4.5. Подъем человека по духовным ступеням.

Теперь те же самые ступени, формы, по которым *свет* постепенно материализовался, творение (желание) начинает надевать на себя, все более уподобляясь *свету*, пока не достигает максимального, полного подобия ему на высшей ступени. Тогда оно ощущает Замысел Творца — насладить творение.

Обе эти действительности во всех своих частных проявлениях и подробностях исследуются в каббале.

Каббала говорит о том единственном состоянии, которое существует, и о том, как кли, человек должен его достичь. Таким образом, она охватывает все творение, кроме самого Творца, исследование которого запрещено, потому что Он не проявляется в нас настолько, чтобы мы могли с достаточной степенью достоверности изучить Его. Проявляются лишь Его действия, которые мы обязаны исследовать, и из них, в конечном итоге, познать Его замысел.

Высшая управляющая сила

Мы можем называть ее Творцом или природой (у слов Творец и природа — «Элоким» и «тева» — одинаковая *гематрия*[88]). Творец и окружающая нас природа — это одно и то же: через природу Творец управляет нами.

Относительно нас природа подразделяется на ту, которую мы постигаем (окружающая среда) и которую постичь не можем. Эта природа также находится вокруг нас, но остается недоступной ввиду нашего сегодняшнего состояния. Все внешние и внутренние силы, воздействующие на нас, на наше желание (а рядом с желанием находится его осознание, разум), все, что мы постигаем в своем желании с помощью разума, называется природой или Творцом. Так в более понятных для нас терминах выражаются два понятия — *свет* и *кли*.

Высшая управляющая сила, обычно называемая Творцом, характеризуется учеными-каббалистами как абсолютное добро. Они постигли это на себе: ощутили как наивысшее внешнее и внутреннее проявление природы, всех законов, воздействующих на желание. Невозможно, чтобы она (природа или Творец) причинила кому-либо зло. Этот факт признается каббалистами как главный закон мироздания. Он охватывает и определяет абсолютно все, что в нем происходит, — от глобальных действий до самых незначительных.

Обычно действия природы и общества (через внутренние и внешние воздействия, которые мы ощущаем как нашу жизнь) воспринимаются нами не как абсолютное добро, а напротив, как зло. Это происходит не потому, что они таковы сами по себе, а потому что мы противоположны желанию, которое может правильно воспринять воздействие Творца. По мере исправления своего желания каббалисты начинают ощущать этот абсолютный закон Его доброго отношения к своим творениям.

---

[88] **Гематрия** — численное значение букв в слове. Математическая запись духовных состояний.

Путь страданий и путь каббалы

Здравый смысл явно подсказывает нам, что основанием для совершения всех плохих поступков является эгоизм, «желание получать наслаждение для себя» (сокращенно мы называем его «желанием получать»). Под понятием «здравый смысл» подразумеваются те, кто уже постиг «саму природу», изучил себя на основании материалистической психологии. Они видят и понимают, почему человек причиняет зло другим, а *мир* плох: это происходит только из-за человеческого эгоизма. Если бы человек уменьшил или исправил его, он чувствовал бы себя лучше.

Уменьшая или увеличивая эгоизм, может быть, можно частично избежать ударов, но наслаждения получить нельзя. Единственная возможность достичь наслаждения заключается в том, чтобы поменять эгоизм на альтруизм с помощью *намерения «ради Творца»* вместо *намерения «ради себя»*.

Что плохого в том, что мы просто уменьшим свой эгоизм и будем тихо, спокойно, никому не причиняя вреда, существовать в своем маленьком замкнутом мирке? Дело в том, что *природа не согласна на это*. В ней существует заранее установленный принцип — приведение творения к конечной цели. Поэтому, желаем мы того или нет, мы не можем, как дети, оставаться на стадии минимального эгоизма, а обязаны расти.

Более того мы растем независимо от нашего желания, и поэтому оказываемся в таком положении, когда просто не в состоянии уменьшить свой эгоизм. Он взрывается в нас, и человек начинает им пользоваться без всякого стыда и ограничения — и в итоге получает такие удары, что понимает: эгоизм — это зло, но отказаться от него невозможно. Таким образом, человек приходит к осознанию того, что надо менять эгоизм на противоположное ему качество. Другого выхода нет. Путь к такому осознанию длительный и болезненный и поэтому называется в каббале *путем страданий*.

Вместо этого можно убедить себя в необходимости изменить эгоизм на альтруизм с помощью изучения каббалы. Тогда во время учебы и в результате определенной работы *Высший свет* неощутимо влияет на человека, создавая в нем необходимые условия для того, чтобы он, действительно, захотел изменить себя и стать альтруистом.

Однако и в этом случае человеку не избежать страданий, но это уже совсем другие страдания. *Высший свет* демонстрирует ему абсолютные, совершенные состояния, которых можно достичь, и человек испытывает страдания от тоски по ним. Эти состояния кажутся ему настолько предпочтительными, что в нем возникает сила, достаточная, чтобы попросить об изменении.

Именно страстная погоня за собственным благополучием, вызванная желанием получать, является причиной того, что мы доставляем зло ближнему. Желание получать стремится к наполнению себя. Если бы творение не находило удовлетворения в собственном благополучии, в *мире* не было бы никого, кто причинял бы зло ближнему. Если мы подчас и встречаем злонамеренное создание, которое творит зло не из желания получать, то это можно отнести за счет привычки, изначально им порожденной и являющейся единственной причиной его поступков. Привычка стала его второй природой, превратилась в инстинкт, и он продолжает вредить. Такие состояния встречается и у *животных*, и у людей, но они подсознательны, не продиктованы явно эгоизмом.

Поскольку Высшая управляющая сила воспринимается нами как совершенная, не нуждающаяся более ни в чем, то очевидно, что в ней полностью отсутствует желание получать. В таком случае в ней отсутствует и всякое основание для того, чтобы причинять вред. Более того, она обладает желанием отдавать, творить добро для своих творений.

Отсутствие желания получать является естественным следствием абсолютного добра. Невозможно находиться в положении: «Не даю и не получаю». Такого нейтрального состояния в природе не существует. Есть либо состояние получения, либо отдачи, и переход из одного состояния в другое. Этот переход пролегает над бесконечной трещиной между ними, которая называется *махсом* — *энергетический порог*. Он неизмеряем по величине, ибо всегда стремится к *миру Бесконечности*, до его высоты.

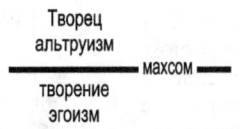

Рис. 4.6. Махсом – разделение состояния получения и состояния отдачи.

Все хорошие или плохие ощущения, которые испытывают творения, посылаются им Высшей управляющей силой, обладающей единственным свойством — желанием отдавать, творить для них добро. Это закон, по которому строятся отношения этой силы к творениям. Из него следует, что все творения получают от нее только благо, и только ради блага она их создала. Таким образом, каббалисты именуют эту силу абсолютным добром.

Каббалисты постигают ее как таковую, а нам остается лишь верить тому, что они говорят. Однако вера не прибавляет сил. До тех пор, пока человек находится в состояниях, противоположных Высшей силе, все, что исходит от нее, он будет воспринимать инверсно, с обратным знаком.

Высшее управление — целенаправленное

Бааль Сулам в своей статье «Суть религии и ее цель» пишет[89]:

Посмотрим на настоящую действительность, управляемую и контролируемую Высшей силой, выясним, как она творит одно лишь добро. Взяв любое, даже самое малое создание, принадлежащее к одному из четырех видов — неживой, растительный, животный, говорящий, — мы увидим, что как отдельная особь, так и весь вид в целом поэтапно, целенаправленно управляются в своем причинно-следственном развитии, подобно плоду на дереве, управление которым преследует благую конечную цель — созревание.

Мы видим, что природа постепенно приводит любой вид к определенному, заранее заданному окончательному состоянию, которое называется зрелостью. Ученые-ботаники могут объяснить, сколько состояний проходит плод с момента завязи до окончательного созревания, с момента цветения до появления спелого фрукта или овоща.

Однако состояния, предшествующие окончательному, когда творение полностью готово, что называется, «дозрело» и исправило свое *кли*, не только не содержат намека на конечную форму — красивое и сладкое, а, наоборот, выглядят совершенно ей противоположными. Чем слаще вырастает плод, тем он более горек и безобразен в предыдущих стадиях своего развития. Возникает вопрос — почему? Мы видим, что это так.

Еще более поразительные отличия в развитии обнаруживаются между уровнями «*животный*» и «*говорящий*» (*человек*). Животное, чей разум на протяжении всей жизни остается невеликим и почти не претерпевает изменений в процессе роста особи, колоссально отличается от *человека*, разум которого многократно возрастает к концу его развития, претерпевая огромные изменения.

Что значит «огромные изменения»? Бааль Сулам имеет в виду, что начальное состояние контрастно, противоположно конечному. Если мы возьмем теленка, то, едва родившись, он будет примерно таким же, как и взрослый бык. В то время как младенец не будет похож на взрослого, то есть его первоначальное состояние по отношению к конечному выглядит намного более контрастным. Таким образом, именно у тех представителей, кто, в итоге, должен «дозреть» до высшего состояния, начальные стадии развития выглядят противоположными конечным.

Например, теленок-однодневка уже называется бычком, так как может стоять, ходить и обладает достаточным разумом, чтобы избегать опасности, встречающейся на его пути. В то время как человек одного дня от роду подобен существу, лишенному чувств. Если бы кто-то, не знакомый с реалиями *нашего мира*, взглянул на этих

---
[89] *Бааль Сулам.* Суть религии и ее цель. Kitvei Baal Hasulam. ARI. Israel. 2009. P. 399.

двух новорожденных, то непременно сказал бы о младенце, что он не преуспеет в достижении своей цели, и охарактеризовал теленка как будущего великого героя. То есть, если судить по степени развития разума, то младенец по сравнению с теленком несмышленое существо.

Природа в своих движениях всегда использует *контрастные состояния*, потому что прежде должна развить *кли*, а потом начать его исправлять и формировать под наполнение. Сначала образуется емкость, затем форма, и только потом происходит наполнение. Таким образом, Высшее управление созданной им действительностью — не что иное, как форма целенаправленного развития, не принимающего в расчет порядок уровней.

Другими словами, промежуточные состояния совершенно не важны, и мы не должны обращать на них внимание в процессе развития. Мы должны только видеть, что человек развивается. Куда его при этом «заносит», не имеет значения. Главное, что он все время стремится к Творцу. Важно только его *устремление*, только вектор его движения.

Замысел творения

Высшая управляющая сила имеет свойство абсолютного добра и управляет нами целенаправленно, исходя из своего совершенства, блага, без всякой примеси зла. В силу закона причины и следствия мы обязаны принимать порядок прохождения различных состояний, пока не сможем получить желаемое благо, тем самым достигнув цели нашего создания, подобно великолепному плоду в конце его созревания. Конечный результат обеспечен абсолютно всем.

Замысел творения прост: Творец пожелал создать творение, которое постигло бы Его, стало бы таким же совершенным, как Он.

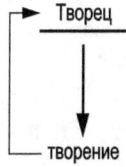

Рис. 4.7. Замысел творения: творение должно стать таким же совершенным, как Творец.

Творение не присутствует в Творце, оно пребывает вне Его и, следовательно, находится вне единства. Все мы созданы таким образом, что ощущение отсутствия единства есть наша первоначальная природа — тьма, *кли* (желание), «*хисарон*[90]» (недостаток). Недостаток чего? — Дефицит единства, отсутствие чувства слияния всех противоположностей и их взаимной поддержки.

> *Мы созданы в состоянии отсутствия единства, и наша задача — осознать это. Абсолютно все души вместе, любая частная душа должны самостоятельно устремиться к раскрытию отсутствия единства в каждом состоянии, желаем мы того или не желаем: когда есть я и есть Творец, но мы разделены расстоянием, между нами отсутствует подобие.*

Бааль Сулам пишет[91], что в каждом состоянии человек должен соединять в одно целое себя, средства достижения Цели и Творца. Он должен устремляться к Творцу, как влюбленный устремляется к своей любимой, чтобы соединиться с ней. Поэтому духовное слияние в *нашем мире* подобно сексуальному соитию.

В описаниях мы сравниваем процесс уподобления Творцу, соединения с Ним *слиянию*, то есть состоянию, в котором не существует никаких отличий. Однако как можно это осуществить, если творение противоположно Творцу? Благодаря тому, что они поддерживают и определяют друг друга: без творения нет Творца и без Творца нет творения.

Замысел Высшей управляющей силы состоит в том, чтобы всякая *душа* на протяжении своего жизненного опыта на этой земле, находясь в состоянии, противоположном высшему, реально выявила все противоречия, возникающие на каждом этапе развития, — раскрыла единство, то есть воздействие, исходящее из единого источника.

Если я уподобляюсь Высшей силе, между нами больше не возникает никаких противоречий, мы соединяемся с Ней. Творец становится понятным мне только в той степени, в какой мои свойства уподобляются Его свойствам. *Подобие свойств является средством слияния*. Поэтому работа с *экраном* над эгоистическим желанием называется «*зивуг дэ-акаа*[92]» (*ударное соединение*). Ударяя себя вопреки своему эгоистическому желанию, стремясь слиться с Творцом, я соединяюсь с Ним, и это соединение происходит в состоянии, обратном первоначальному.

Первоначально *свет* и сосуд противоположны, и наша задача заключается в том, чтобы вопреки *сосуду* сделать его подобным *свету*.

---

[90] **Хисарон** — исходящее из сердца требование о наполнении недостатка (отсутствия) желаемого.
[91] *Бааль Сулам*. Письма. Kitvei Baal Hasulam. ARI. Israel. 2009. P. 708.
[92] **Зивуг дэ-акаа** (ударное соединение) — взаимодействие света с масахом (экраном), когда кли (человек, творение) в стремлении к единению с Творцом делает огромные усилия и, превозмогая собственную природу, отталкивает свет (наслаждение) ради слияния (уподобления) с этим светом.

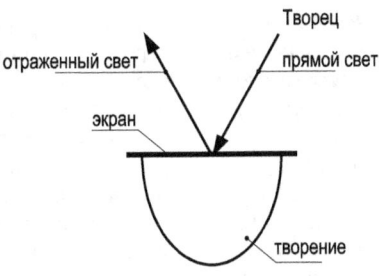

Рис. 4.8. Взаимодействие света с экраном.

Замысел Высшей управляющей силы состоит в том, чтобы привести нас к подобию с ее свойством абсолютного добра, и этой целью продиктованы все ее действия по отношению к нам. Мы должны раскрыть, что любое действие Творца, каким бы порочным и ужасным оно нам ни казалось, на самом деле желательно, необходимо, вынужденно для тех ступеней развития, которые мы должны пройти. Невозможно проскочить какую-либо ступень. Мы достигаем цели, только если мы постепенно, одну за другой, проходим их все.

Суть каббалы — развитие в человеке осознания зла

Целью всех действий человека в устремлении к постижению *Высшего мира* является *осознание зла*[93]: человек обнаруживает, что именно природный эгоизм стоит на его пути в Высший мир.

Однако и это неверное определение: ведь мы не устремляемся к постижению *Высшего мира*, нам не нужен *Высший мир*. Что значит «*Высший мир*»? Это означает еще большее скрытие, потому что каждый *мир* — это скрытие, и чем он выше, тем скрытие больше.

Значит, постижение *Высшего мира* — это раскрытие единства Творца на примере еще больших противоречий, противоположностей, несоответствий, и все их мы ощущаем в себе. В Высшем мире мы не постигаем ничего особенного, там нет никакого сверхъестественного пространства, населенного демонами или ангелами. Наоборот, мы постигаем *единую силу* и вместе с ней выявляем множество остальных сил, которые кажутся нам существующими самостоятельно. Их единение дает нам раскрытие Творца.

Кроме нашего мира — наблюдаемых объектов, человек постигает только единую силу, находящуюся за ними и

---
[93] **Осознание зла** — осознание того, насколько мои свойства противоположны свойствам Творца.

всем управляющую. Явное ее постижение и называется раскрытием Высшего мира. Раскрывается только степень единства управления всем (всем — это значит нами).

Когда мы говорим, что в *Высшем мире* существует множество объектов, то имеется в виду количество управляющих нами сил, которые мы, в конце концов, складываем в одну, называемую Творец.

Постижение *Высших миров* — это постижение единой управляющей силы в различных ее степенях, в мерах выявления ее противоречий. Чем выше *мир*, тем глубже противоречие между тем, что нам кажется, и его разрешением. То есть постоянно решается одна-единственная задача — выявление единства Творца.

Все отличие между творениями, между их уровнями заключается лишь в мере осознания зла. Более развитое создание осознает большую меру зла в себе, то есть степень своего отличия от Творца (что и называется злом). Это единственный способ измерения себя относительно абсолютного эталона — Творца.

Поэтому, по мере раскрытия зла, мы различаем и отталкиваем его от себя все в большей степени, с большей силой. Неразвитое же создание ощущает и отталкивает зло лишь в незначительной степени, оставляя его в себе, так как совсем не воспринимает его таковым.

Допустим, если бы я знал, что ради избавления от смерти, от тяжелой болезни, от какого-то страшного наказания мне надо приложить огромное усилие, то, конечно, я бы сделал это. Однако если я не чувствую этого, если мое окружение, мои привычки, мой внутренний устав не говорят мне об опасности, то я ничего не предпринимаю. Все определяется необходимостью. Или наоборот — если необходимость действовать продиктована не явными страданиями, то желанием достичь наслаждения.

Знай я, что могу заработать миллион долларов, для меня не составляло бы труда приложить любое усилие, потому что получу в результате от этого больше удовольствия, чем от своей праздности.

Следовательно, все зависит от значимости того, насколько моя связь с Творцом важнее удовольствия, которое я могу сегодня себе вообразить вне контакта с Ним. В этом и заключается проблема осознания зла.

Зло — это отсутствие слияния с Творцом в погоне за мнимым наслаждением. Поэтому и говорится, что основа всего зла — любовь к самому себе, эгоизм. Это свойство противоположно Высшей силе, единственное качество которой — желание отдавать. В чем же тогда заключается постижение единства? Постижение единства, или достижение свойства отдавать, включение в него, слияние с ним — это и есть постижение Творца, то есть возвышение, вход в Высший мир.

Те, кто представляет себе духовный *мир* иначе, чем достижение большего альтруистического свойства, отдачи, единения Творца и творения, просто неправильно понимают его. *Высший мир* — это наше состояние на альтруистическом уровне.

В духовном нет насилия — это главный принцип, по которому мы должны его осваивать, строить отношение к себе и к другим. Есть свойство отдачи, и оно противоположно насилию. Раскрытие единства, постижение Творца, свойство отдачи — это, вопреки нашим представлениям, одно и то же.

Восприятие мира

Почему я не могу с легкостью сопоставить проявление окружающего *мира* с отсутствием отдачи во мне? Мне это вовсе не представляется закономерностью. Я вижу огромный *мир*, а Творца в нем не наблюдаю. Откуда мне знать, что если я буду отдавать, то все будет хорошо?

Я воспринимаю картину *мира* соответственно своему эгоистическому *кли*. На своей себялюбивой подложке я рисую картину *мира*, в котором отсутствует Творец. По моим представлениям *этот мир* управляется политиками, финансистами, военными, потому что я сам нахожусь в эгоистическом свойстве, отличном от Творца. Я воспринимаю окружающее согласно правилу: «Всякий обвиняет соответственно своему изъяну».

Как только я меняю эгоистические свойства на альтруистические, то уподобляюсь Творцу. Творец входит в *мой мир*, начинает за ним проявляться, обнаруживает Себя во всем, что меня окружает и что находится внутри меня. Получается, что через окружающий *мир* я сливаюсь с Ним.

Самое главное, первоначальное состояние, которое мы проходим, называется *осознанием зла*. Мы начинаем ясно понимать, что в силу своего эгоизма — внутреннего противостояния Творцу мы неправильно воспринимаем окружающий *мир* и Его Самого.

Я не кричу Творцу: «Почему Ты скрываешься?!». Я Его не вижу и не ищу в себе правильное восприятие окружающего. Однако мне сказали, что Он существует. Постепенно я начинаю осознавать, в чем заключается причина того, что я не нахожусь в наилучшем положении. Это происходит потому, что я Ему противоположен. Я существую в состоянии полного эгоизма. Соответственно, *мне* необходимо измениться, а не поменять внешнюю картину. Я переключаюсь на причину, источник происходящего, на себя, и тогда меняется и мое восприятие действительности.

Сама действительность не меняется, она всегда одна и та же: я нахожусь в абсолютно добром исправленном состоянии, в мире Бесконечности. Однако правильно ощутить свое местонахождение я смогу только тогда, когда исправлю себя. Весь мир — абсолютно все, кроме меня, уже исправлено.

Человек, начинающий постигать *мир*, обнаруживает, что вокруг него нет ничего, кроме Творца, то есть самого исправленного состояния. Все, оказывается, сводилось только к его личному правильному включению в эту картину *мира*.

Условие подъема в духовный мир

Оценка эгоизма разными *душами* неодинакова. Духовно неразвитый человек не считает эгоизм дурным качеством и поэтому открыто, без всякого стыда им пользуется. Более развитый — уже ощущает некоторую степень своего эгоизма как зло, стесняется пользоваться им публично, но продолжает использовать его, только скрытно.

Мера эгоизма в человеке определяет, *как* он будет им пользоваться. Огромный эгоизм полностью владеет человеком — вопреки воспитанию, осторожности, и тогда он открыто убивает, грабит, достигает каких-то корыстных целей.

Таким образом, степень эгоизма определяет в человеке уровень духовного развития и бесцеремонность его поступков.

Ступень, когда человек начинает ощущать эгоизм *относительно Творца* (не как в первоначальных состояниях), является совершенно необходимой. Он собственными усилиями, своими действиями вызывает на себя *окружающий свет*.

Окружающий свет воздействует на нас, и мы обнаруживаем, что наши свойства противоположны его свойствам. Это ощущение противоположности *вышестоящей ступени* (пока не самому Творцу, полному *свету*), наше незначительное отличие от нее мы воспринимаем как осознание зла, что и определяет наш выбор правильного направления движения к сокращению различия.

Находиться в стадии *предварительного духовного исправления* — значит достичь осознания зла, понять, насколько ты не соответствуешь *свету*, насколько твои свойства противоположны свойствам Творца.

Противоположность, которую ты начинаешь осознавать, должна полностью подавлять все остальные неприятные ощущения. Ты озабочен только одним, и твое желание в данном случае называется вознесением *молитвы*, просьбы к Творцу *(МАН[94])*.

> *Творец отзывается только на просьбу о преодолении несоответствия тебя с Ним. Остальные проблемы не являются таковыми. Они будут в тебе накапливаться, пока ты не поймешь, что все они — лишь составляющие одной единственной — твоего несоответствия Творцу. Ради этого и создан наш мир со всеми его мнимыми заботами.*

---

[94] **МАН** (ивр. «мэй нуквин») — истинное, глубокое желание исправиться и возвыситься называется «алият МАН» — вознесение желания, вознесение молитвы, настоящего духовного стремления.

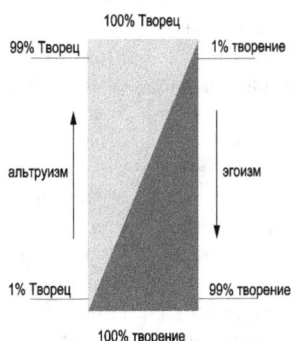

Рис. 4.9. Соотношение свойств Творца и творения.

Когда человек оказывается в правильном состоянии: «Нет ничего, кроме меня и Творца, и эту истину я должен постичь!», его внутреннее ощущение называется *подъем МАНа*. Потому что именно это страдание ощущается им как высшая ступень, и именно это желание может быть в нее включено.

Это просьба о слиянии, об исправлении, о подъеме в более высокое состояние, где человек соединяется с Творцом. Он уже просит о том, что высшая ступень готова ему предоставить, — исправление и наполнение. В этом случае сразу же происходит подъем человека из *нашего мира* в *Высший*, на первую духовную ступень.

Это может случиться только когда единственным желанием человека будет полное, на всю меру, которая в нем раскрывается, уподобление Творцу. Происходит это автоматически, без необходимости куда-то подниматься в физическом смысле этого понятия. Вверх — значит к более альтруистическому состоянию. Ничего другого наверху нет.

Все зависит от развития. Более развитый человек до такой степени ощущает эгоизм как мерзость, что не может с ним мириться и потому совершенно искореняет его в себе, не желая и дальше получать удовольствие за счет других.

> *Человек начинает ощущать, что его окружение Творец поставляет ему специально, чтобы через запутанность человеческих отношений он понял, что, в конечном счете, за всеми этими людьми стоит Творец, и устремился к единению с Ним.*

В человеке начинают пробуждаться искры любви к ближнему, называемые альтруизмом, который является основой добра. Мы видим, что духовные ступени и постижение Творца — не что иное, как этапы нашего исправления, степени осознания нами собственного зла, достижения альтруизма в отношении к окружающим. Так все более расходящимися кругами мы распространяем свою любовь на все человечество.

Понимание того, что раскрытие *Высшего мира*, подъем по его ступеням и есть все большее усвоение альтруистических свойств, правильное определение духовного постижения, мгновенно дает человеку ответ на вопрос о необходимости его продвижения по духовному пути.

Поэтому человек должен каждый раз немедленно внутренне определять, правильно ли он представляет себе духовный *мир* или же это лишь мнимая картина, и он только воображает, что устремляется к более комфортному состоянию. В последнем случае ясно, что он продвигается в ложном направлении, потеряв ориентацию.

Заключение

Наступает новая эпоха. Жизненное пространство обретает третье измерение, меняющее привычную систему координат. Из плоскостного оно становится сферическим, позволяющим прокладывать новые пути, быстро и легко налаживать коммуникации между различными частями земного шара. Утрачивают былое значение территории и расстояния, пространство взаимодействия начинает обретать иные очертания, все больше напоминая некое информационное поле. Это внешне позитивное технологическое совершенствование цивилизации вместе с тем несет в себе массу глобальных проблем (экологических, демографических, психологических), наиболее острой из которых является сохранение личности. Массовая депрессия, увлечение наркотиками и самоубийства, охватившие наиболее развитые западные страны, стали стратегической проблемой техногенной цивилизации. Ученые различных областей науки в условиях нависшей над человечеством угрозы мировой катастрофы вынуждены объединить свои знания в переоценке существующей парадигмы цивилизационного развития и в поисках выхода из глобального кризиса.

Ощущение кризиса — распространенная тема современной философии. Сегодня все больше людей, вовлеченных в процесс личностной трансформации, испытывают духовный кризис, когда рост и изменения становятся хаотичными. Люди, переживающие подобные эпизоды, чувствуют, что их привычный мир рушится, а прежние системы ценностей теряют смысл, сама основа их личной реальности претерпевает радикальные перемены. Во многих случаях в человеческую жизнь неожиданно врывается новый мистический и духовный опыт, порождая страх и смятение.

История красноречиво свидетельствует о том, что кризис — обязательный и закономерный этап в развитии каждой культуры, которая не может обрести самоидентичности без преодоления возникающих в ее русле внутренних коллизий. Поэтому переломные процессы внутри культуры далеко не всегда свидетельствуют о коррозии, распаде, крушении и, тем более, окончательной гибели культуры. В этом смысле кризис следует понимать в том значении, которое это слово имеет в медицине, — как тяжелое переходное состояние.

Сущность кризиса составляет переоценка и перекомпоновка слагаемых духовно-смыслового ядра культуры. Он способен парализовать культурную динамику, вызвать безвременье, болезненные, мучительные феномены. Это может привести к краху культуры в ее прежнем облике. Однако кризис нередко сопряжен с самопознанием культуры, с обнаружением ее потенциала, возможностей внутреннего развития.

Проблему кризиса в культуре рассматривал в книге «Закат Европы» О. Шпенглер. Гибель Запада, как и гибель античности, стала для немецкого философа темой, которая заключает в себе все великие вопросы бытия. По мнению Шпенглера, дух Запада был попросту отождествлен со смыслом мира. Великие мыслители возвели духовную нищету в метафизическую добродетель.

Примером кризиса в культуре для Шпенглера является гибель Запада. Она представляет собой не более и не менее как проблему цивилизации. Шпенглер полагал, что кризис культуры — это простое вхождение ее процветания в заключительную цивилизационную стадию. Если иметь в виду всю культурную историю человечества, то, очевидно, что кризисы в культуре не являются случайным наказанием, эпизодом в ее судьбе или жестоким приговором. В мировой культуре, как мы видим, такого рода процессы сопровождают всю историю. Однако современный кризис носит системный характер. Он охватил науку, религию, искусство.

Ученые оставляют поистине считанные годы на все развитие. Они говорят о том, что прежде кризис происходил в какой-то одной сфере общества — либо в науке, либо в технологии, либо в промышленности, либо в сфере культуры или просвещения, либо был связан с религией, но всегда одно приходило на смену чего-то другого. Это и называлось переворотом или даже революцией, когда, например, теряла свои позиции религия, и ее сменял расцвет культуры и новых технологий, или, наоборот, приходила в упадок культура и ее сменяло развитие промышленности. Кризис Средневековья породил Ренессанс, на смену которому, в свою очередь, пришла эпоха Просвещения. Всегда одно приходило на смену другого.

Сейчас мы достигли такого состояния, когда во всей области деятельности человека в его мире он приходит к совершенно исчерпывающим результатам, которые являются отрицательными, означающими полное истощение.

Осознавая наступление полномасштабного кризиса, охватывающего буквально все сферы жизни и деятельности человека, академик Н.Н. Моисеев говорит: «Я хочу начать с утверждения о том, что, по моему глубокому убеждению, возможности общества потребления — цивилизации, возникшей в результате неолитической революции, — исчерпаны или близки к исчерпанию. Все блага, которые это общество было способно дать людям, ими уже получены, и человечество вступает в эпоху качественного изменения характера своего развития. Если пользоваться языком теории динамических систем, оно вступает в фазу бифуркации, когда будет происходить смена канала самого процесса общественной эволюции, самого типа эволюционного развития общества (а может быть, и самого характера антропогенеза)[95].

Современный кризис — это не стадия перед новым скачком процветания, а завершение цикла, окончательное угасание культуры. Кризис закономерен, однако не в том смысле, что культура не может осуществить совокупность своих возможностей.

То же относится и к религиозному влиянию. Наблюдается некоторый возврат человека к религии, но это не возврат к прежней форме, существующей в прошлом, когда вслед за иудаизмом получили развитие христианство и ислам и религия занимала значительное место в жизни человека. В конце прошлого века обнаружилось явление, которое не предвидел ни один философ или религиовед: религиозное возрождение.

Начавшейся в эпоху Возрождения секуляризации дали отмашку, маятник качнулся в другую сторону. Расколдованный («разволшебствленный» по Веберу) мир двинулся в сторону набожности. Начался реванш богов — именно так философы и религиоведы назвали этот феномен. Усилилась критика рационалистической традиции, возник обостренный интерес к вере.

В данной ситуации обнаружилось, что в результате нашего развития по всем направлениям — в сфере общественных отношений, науки и культуры — мы так ничего и не обрели. От общего разочарования человечество якобы развернулось обратно к религии, и весь мир начинает проявлять тягу или к традиционному вероисповеданию, или к всевозможным мистическим учениям и так называемым «духовным» методикам. На первый взгляд, кажется, что происходит возврат к прошлому.

Однако это не так. На самом деле, такое положение можно уподобить последней вспышке жизни перед окончательным уходом. Возврат к религии происходит для того, чтобы снова проверить, пересмотреть ее и увидеть, что и она, в сущности, не приносит человеку ожидаемых результатов, не оправдывает надежд, которые на нее когда-то возлагались. Человеку только кажется, что он сможет найти в вере для себя некую опору. В итоге не оправдаются существующие сейчас теории о наметившейся связи между религией и наукой, и мы, внеся религию в нашу жизнь, сможем избавиться от ощущения своего бессилия и беспомощности. Возросший интерес к вере в наши дни — это последний всплеск с целью раскрыть существующую в них пустоту, отсутствие ответа для возникающих ненаполненных желаний.

---

[95] *Н.Н. Моисеев.* Универсум, информация, общество. — М.: Устойчивый мир, 2001.

Мы еще станем свидетелями разворачивающихся религиозных войн, которые явятся пиком борьбы человека в битве за то, чтобы оставить свое существование на уровне *этого мира* и перейти в *мир* духовный, к отдаче. То, что происходит с нами сейчас, в наше время, — это приход к некому тотальному завершению, окончательному итогу человеческого развития, которое на протяжении тысячелетий происходило на основе эгоистической природы человека.

Наука в том виде, в каком она сейчас существует, не будет более существовать. Все постижение знаний поднимется на другой уровень, и ученые будут работать, пользуясь шестым органом чувств. У них не будет нужды погружаться в глубь молекул и атомов. Ведь почему мы этим занимаемся? Чего же мы, в сущности, хотим достичь? В чем заключается побуждающая нас движущая сила? Мы движимы желанием постичь Источник. Раскрыть, кто Он — стоящий за этой материей. В чем причина ее создания и какова конечная функция? Человек неосознанно желает раскрыть Творца — и к этому поиску сводятся все науки.

Почему именно после этапа стремления к знаниям возникает желание к духовному постижению, стремление к Творцу? Почему желание поднимается в своем развитии именно по такой цепочке: физиологические потребности, богатство, почести (власть), знания и после него — жажда духовного? Потому что в результате своих поисков и исследований законов природы ученые понимают: все, что им удалось до сих пор обнаружить, — это лишь следствия некой первопричины, постичь которую невозможно в рамках обычного восприятия с помощью пяти органов чувств. Возникает желание раскрыть целостную картину *мира*.

Глобализация подрывает основы «островного сознания» во всех сферах деятельности человека. В этой связи каббала, описывающая причинно-следственные связи и общие законы мироздания, безусловно, относится к сфере наук фундаментальных. Каббалистическое знание дает человеку возможность воспринимать окружающий *мир* как целостную систему, преодолевая узость собственной психики, приобретенных предрассудков, временных и пространственных ограничений. Каббала как методика постижения скрытой от человека, но управляющей всем области мироздания объясняет его общую структуру, законы функционирования, место и роль в нем человека.

«Для выживания человечества необходимо научиться думать не только системно, но и междисциплинарно, — утверждает академик С.П. Капица. — XXI век принесет серьезные изменения в интеллектуальной традиции и потребует синтеза исторического, технологического и духовного знания. Поэтому я совсем не исключаю, что рядом будут стоять 10 томов теоретической физики Ландау и 26 томов классической каббалы. Человек, как говорят не поэты, а физики, это пепел погасших звезд. Все химические составляющие нашего тела сформировались в результате ядерных реакций во время образования Вселенной. А ведь 95% материи Вселенной находятся в неизвестном нам состоянии. В эпоху глобализации становится общим местом то, что наука уже не может развиваться без понимания целостности мира»[96].

Решая проблему глобального кризиса, современные ученые все больше убеждаются в том, что выход из него и переход на более высокий уровень существования напрямую связаны с перестройкой духовного мира человека, изменением шкалы его ценностей. Профессор В.И. Аршинов пишет следующее:

«Есть все основания полагать, что сегодня судьба цивилизации зависит во многом от того, в какой мере человечеству совместными усилиями удастся создать систему ценностей, новую структуру параметров порядка, аттракторов, новую человекомерную самоорганизующуюся среду. При этом существенно, что в наши дни все более осознается, что этот поиск вовсе не сводится только к открытию нового знания или конструированию радикально новых систем ценностей, парадигмальным примером которых может служить такая древняя система знаний, каковой является каббала.

Переоткрытие в современном постнеклассическом философсконаучном контексте, освоение и реинтеграция в современной культуре наследия каббалы должно быть, по моему мнению, составной частью общей подготовки современного человека к жизни в эпоху быстрых качественных изменений, бифуркации, эволюционных кризисов. Это часть образовательного процесса по опережающему формированию сообщества людей, которые могли бы мыслить исторически и глобально; действовать конструктивно и с осознанием общих законов творческой эволюции Космоса в целом, частью которого мы сами являемся»[97].

В эпоху смены миропредставлений новые подходы к научным исследованиям, в том числе такие, как каббала, могут представлять безусловный интерес для выявления законов, определяющих тенденции современных глобальных процессов, пути развития человеческой цивилизации. Каббала в данном случае не просто наука: это глубинная психология, великое естествознание и математика природы; это наука, обладающая высшей степенью нравственности.

---

[96] *С.П. Капица* Из доклада на Круглом столе ученых «Обогащение форм научного знания в эпоху глобализации». М., 2004.
[97] *В.И Аршинов*. Проблема синтеза знания и мудрости в контексте техногенной цивилизации // Сборник материалов Круглого стола «Обогащение форм научного знания в эпоху глобализации». М., 2004.

Раздел IV

Краткая история развития каббалы

Содержание:

Этот раздел дает возможность узнать о каббалистах прошлого, которые на протяжении всей истории человечества создавали методику связи человека с Творцом. Людей, постигавших Высший мир, было множество, однако непосредственно разработкой метода проникновения в него всегда занимались единицы. Развитие каббалы как научного способа постижения мироздания началось около 6000 лет назад. Кто первым постиг духовную материю? Каковы основные этапы развития каббалистической системы? Какова связь между современным изложением каббалы и развитием человечества? Ответы на эти и многие другие вопросы вы узнаете, изучив этот материал.

Предисловие
Глава 1.   *Шифр каббалистов*
Глава 2.   *От Адама к Аврааму*
Глава 3.   *Об Аврааме*
Глава 4.   *О Моше*
Глава 5.   *Шимон бар Йохай и книга Зоар*
Глава 6.   *АРИ и наука каббала*
Глава 7.   *Бааль Шем Тов и хасидизм*
Глава 8.   *Бааль Сулам и последнее поколение*
Глава 9.   *РАБАШ и новая эпоха*
Глава 10. *Михаэль Лайтман и интегральный мир*
Глава 11. *Бней Барух*

Предисловие

Исследователи, занимающиеся историей каббалы, зачастую не принимают в расчет очень непростую дилемму, изначально стоящую перед каббалистами, — открывать каббалу миру или, наоборот, скрывать.

> *Об этом плакал рабби Шимон, прежде чем выявить некую важную тайну в скрытой мудрости. Сказано: «Плакал рабби Шимон: "Горе, если скажу, и горе, если не скажу. Если скажу, научатся виновные работать на своего господина. А если не скажу, утратят товарищи это достояние"».*
>
> *Он страшился, как бы не дошла эта тайна до тех, кто занимается идолопоклонством, ибо тогда станут поклоняться идолам силой этого святого разума, что продлевает наше изгнание, неся нам страдания и разрушения.*[1]

Именно с точки зрения «раскрытия и скрытия» мы и будем рассматривать вызывающую такие споры тему как «история каббалы».

Начнем с удивительного и одновременно малоизвестного факта — момента появления каббалы. Вряд ли какая-либо область знания может указать так точно дату своего появления,
как каббала. Это, как и многое другое, о чем мы будем говорить далее, было передано древними каббалистами своим потомкам гениальным образом. Дату появления каббалы, абсолютно о том не догадываясь, ежегодно празднует весь еврейский народ. Речь идет о празднике, с которым, к слову сказать, еврейский народ поздравили в 2018 году высокопоставленные представители многих стран, включая «поклонников» Израиля — Турцию и Иран.

Этот, хорошо известный миру праздник, называется: «Рош а-Шана» («Новый год», дословно «Голова года»). Он был учрежден 1-го числа еврейского месяца тишрей, 5779 лет тому назад (верно на октябрь 2018 г.).

В этот день каббалистические знания раскрылись некоему человеку, и его имя — Адам. Имеется в виду самый обычный человек, а не известный библейский персонаж. Тогда же возник и судьбоносный вопрос: «Раскрывать каббалу или нет?»

Причину появления этого вопроса понять не сложно. Посудите сами. Как могло воспринять тогдашнее, погрязшее в суевериях человечество скрытые законы мироздания, глубочайшие знания о сути природы человека и о цели

---

[1] *Бааль Сулам.* Служанка, наследующая своей госпоже. Kitvei Baal Hasulam. ARI. Israel. 2009. P. 455.

его существования? В лучшем случае, люди бы этого не поняли, а в худшем — исказили бы до неузнаваемости.

Такая реакция достаточно предсказуема. Даже сегодня каббалистическая картина мира вызывает далеко неоднозначные реакции, поскольку по своему мировоззрению мы не далеко ушли от современников Адама. Почти такие же суеверия и та же неуверенность в завтрашнем дне.

Почему же сегодня каббала начала так широко раскрываться? Потому что между тогдашним и сегодняшним человечеством существует существенная разница. Это приобретенный в течение тысячелетий опыт. Лишь благодаря этому опыту мы, например, начинаем понимать, что счастье, к которому так стремится обычный человек, все-таки не имеет отношение к смене государственного строя, квантовой физике или социальным сетям.

Как бы там ни было, но каббалисты были обязаны передать каббалу человечеству, и потому было решено... ее зашифровать.

Глава 1. Шифр каббалистов

Для передачи каббалистической информации существует четыре языка[2]:
1. *язык ТАНАХа*[3] *(Пятикнижье)*.
2. *язык Алахи*[4] *(Предписания)*, который очень близок языку ТАНАХа.
3. *язык Агады*[5] *(Сказания)*.
4. *язык Каббалы (сфирот и парцуфим)*.

Эти языки появились одновременно, а не один за другим. Поэтому можно увидеть каббалистические термины в текстах ТАНАХа или слова из ТАНАХа в текстах написанных языком каббалы.

В результате тексты, составленные подобным образом, может прочитать любой грамотный человек, однако понять, что на самом деле он читает, может понять только каббалист.

Внутренняя часть науки каббала представляет собой не что иное, как внутреннюю часть ТАНАХа, Талмуда и Агады. И вся разница между ними только в путях логики, и это подобно копированию науки четырьмя языками.

Само собой разумеется, что вследствие изменения языка, суть науки каббала не изменилась, и все, о чем нам надо думать, — это о том, какая копия наиболее подходит для передачи науки изучающему.[6]

Таким образом, исторические рассказы со сложными перипетиями, заповеди и поучения, — все это лишь внешняя оболочка того, что на самом деле содержат эти тексты. Для непосвященного взгляда они воспринимаются как этика, история, философия, религиозная обрядность и т.д. Все зависит от подготовки читателя.

Отсюда вывод, что не только Зоар, но и Тору невозможно правильно понять без соответствующих пояснений каббалиста. Там, где неподготовленный читатель увидит исторический рассказ или инструкцию по хиромантии, на самом деле заложена глубокая каббалистическая информация.

К сожалению, о том, что упомянутые выше книги несут скрытую от постороннего взгляда каббалистическую информацию, известно лишь понаслышке.

Каббалисты пытаются донести эту информацию до широких масс уже более 500 лет, однако очень многих это не устраивает. Причины этого явления достаточно прозаичны, но об этом мы поговорим чуть позже.

---

[2] *Бааль Сулам.* Суть науки каббала. Kitvei Baal Hasulam. ARI. Israel. 2009. P. 24.
[3] ТАНАХ (תנ״ך), вошедшее в употребление в средние века и принятое в современном иврите название еврейской Библии.
[4] АЛАХА́ (הֲלָכָה), часть иудаизма, регламентирующая религиозную, семейную и гражданскую жизнь евреев.
[5] АГАДА́ (אַגָּדָה), часть Устного Закона, не входящая в Алаху.
[6] *Бааль Сулам.* Суть науки каббала. Kitvei Baal Hasulam. ARI. Israel. 2009. P. 26-27.

Вместе с тем, о том, что ТАНАХ несет в себе каббалистический посыл, было достаточно хорошо известно в средние века не только каббалистам.

Дословный смысл ТАНАХа подчиняется условиям времени и пространства. Аллегорический и каббалистический смысл остается на века, без временных и пространственных ограничений.[7]

Носителями внутренней, скрытой, информации являются не только особые, так называемые, «святые книги». Праздники еврейского народа тоже содержат закодированные сведения. Зашифрованная информация передается разными языками, в том числе и языком каббалы, как во время праздника «Лаг ба Омер».

Этот происходит следующим образом. После окончания праздника Песах и до начала праздника Шавуот в синагогах всего мира принято публично зачитывать некие, мало кому понятные написанные каббалистическим языком тексты.

На тридцать третий день после начала отсчета наступает праздник «Лаг ба Омер». Удивительно, но, несмотря на такую сложную и длительную процедуру подготовки к празднику, о том, что именно отмечают в этот день и почему, почти никто не знает.

Каббалисты однозначно сообщают, что суть праздника зашифрована в самом названии. В переводе с иврита оно означает: «тридцать три дня отсчета». Речь идет об особом периоде прохождения человеком совершенно определенных духовных состояний. В каббалистических источниках эта тема раскрывается очень подробно.

Уже исходя из представленных до этого момента материалов, становится понятным, откуда появились такие разночтения относительно происхождения каббалы и ее влияния на религиозную традицию.

Когда-то в этом были заинтересованы сами каббалисты, а сегодня это нужно только тем, кто хочет, исходя из своих меркантильных интересов, понизить значимость и важность каббалы.

Как бы там ни было, каббалисты передают нам из глубокого прошлого, что автором первой каббалистической книги был Адам. Повторимся, что конечно, речь идет об обычном человеке, а не библейском персонаже.

Это произведение дошло до нас. Оно называется — «Разиэль а-Малах» (Тайный Ангел). Книга свободно продается в магазинах и переведена на многие языки, в том числе и на русский.

Открыв эту книгу, даже не очень искушенный человек поймет, что это каббала. На это однозначно указывает специфическая терминология и масса характерных чертежей. На обложке книги указано: «эта книга Адама, которую ему дал Разиэль а-Малах».

Между прочим, имя Адам расшифровывается[8] — «Эдомэ ле Эльён» (быть подобным Высшему).

---

[7] Паулюс Рициус (1470-1541) — доктор медицины и профессор философии. Цитата из Paulus Ricius. Introductoria theoremata cabalae. De coelesti agricultura // Johannes Pistorius. Ars Cabalistica. P. 116.

[8] АШЛА а-Калош — Горовиц Иешуа бен Авраам (1558-1628) — каббалист, духовный вождь ашкеназской общины. Происхождение Адама. Предисловие, 3.

Глава 2. От Адама к Аврааму

О каббалисте Адаме нам известно не так много. Можно сказать, что это был человек, который первым постиг Единую Высшую силу, управляющую всем мирозданием. Свои знания, а также методику получения этих знаний он передал ученикам, а те в свою очередь передали ее дальше.

Со времен Адама и по сегодняшний день каббалистические знания передаются исключительно от учителя к ученику. Каббалисты утверждают, что только таким образом возможна передача настоящей каббалистической информации.

Адам Ришон был первым, принявшим порядок знаний, достаточных для понимания, и достижения успеха, и полного использования всего, что видел и постиг своими глазами. И знания эти не могут быть переданы иначе, чем из уст в уста.[9]

Такой способ передачи знаний практически закрывает доступ стороннему исследователю к изучению историографии каббалы. Поэтому неудивительно, что данные, полученные академическими учеными на основании лингвистических и других методов изучения каббалистических текстов, значительно отличаются от традиции. Исследователи также не берут в расчет, что каббалисты не просто передают друг другу информацию, полученную от предшественников, они ее дополняют и совершенствуют. Как, например, это произошло с известной книгой Зоар.

Однако не было запрещено дополнять Книгу Зоар, поскольку ей суждено было находиться в скрытии. Народу она была абсолютно не доступна, а только предводителям поколений за закрытыми дверьми... И каждый из предводителей поколений дополнял ее тем, чем считал нужным.[10]

Как бы там ни было, каббалистическая традиция утверждает, что методика, открытая Адамом, пройдя непростой путь, в итоге попала к праотцу Аврааму.

И все-таки истина ясна — от Адама до Авраама спустилась и пришла каббала.[11]

Говорить об Аврааме, с одной стороны, проще, чем об Адаме. Все-таки отец народов и известный законодатель, оставивший неизгладимый исторический след. С другой стороны, все, что он сделал, до сих пор рассматривается слишком поверхностно, а главное — его имя не ассоциируется с каббалой.

---
[9] *Бааль Сулам.* Наука каббала и ее суть. Kitvei Baal Hasulam. ARI. Israel. 2009. P. 30.
[10] *Бааль Сулам.* История науки каббала. Kitvei Baal Hasulam. ARI. Israel. 2009. P. 84.
[11] *Рабби Меир Бен Габай* (1480-1540) — известный каббалист времен испанского изгнания. Сефер «Аводат а-кодеш». Sefer avodat ha-kodeš. . (אא חלק ב פרק) http://www.hebrew.grimoar.cz

Глава 3. Об Аврааме

Вся историю человечество занимается поиском правильного объединения людей. Регулярная смена общественных формаций и правящих режимов тому яркое свидетельство. Между тем методика создания такого объединения существует уже около 3800 лет. Ее разработал и успешно применил на практике житель Вавилонии — Авраам.

В ту эпоху царям Вавилонии «помогал» править довольно пестрый пантеон богов. Ниже приведены несколько фрагментов из свода законов царя Хаммурапи. Этот царь — предполагаемый современник Авраама[12] — обращается с различными пожеланиями к своим друзьям-богам.

Пусть Эллиль — владыка, определяющий судьбы...

Пусть Нинлиль, великая матерь, повеления которой имеют вес в Экуре, владычица, одобряющая мои помыслы...

Пусть Эа — великий государь, чьи определения первенствуют, мудрейший среди богов, всеведущий, продлевающий дни моей жизни...

Пусть Шамаш — великий судья небес и земли, направляющий на верный путь всех живых существ, моя опора...

Пусть Син — владыка небес, бог, создавший меня...

Пусть Адад — владыка изобилия, ороситель небес и земли, мой помощник...

Пусть Забаба — великий витязь, первородный сын Экура, шествующий у меня справа...[13]

Тогда, когда боги, цари, и общество прекрасно ладили друг с другом, в семье жреца и одновременно крупного производителя идолов, Тераха, рождается необычный мальчик. Уже в раннем детстве он почувствовал, что все мироздание — это один организм, управляемый единой силой.

Каббалистическая методика дала Аврааму возможность свои ощущения превратить в формулы. Он открыл, что Природа (ха-Тева) и Творец (Элоким), два равнозначных понятия.[14]

Когда Авраам понял, что с помощью каббалы можно объединить все мироздание, он начал действовать.

Авраам разбил в Беер Шеве прекрасный фруктовый сад. В собственном шатре он устроил четыре входа, которые все время держались открытыми, чтобы утомленный путник, куда бы он ни шел, всегда мог войти внутрь и отдохнуть после дороги, получив кров и обильное угощение...

---

[12] Викитека, ст. ЕЭБЕ/Авраам.
[13] Законы вавилонского царя Хаммурапи. http://www.hist.msu.ru/ER/Etext/hammurap.htm
[14] Гематрия (численное значение) этих слов одинаковы. Бааль Сулам. Письмо 16. Kitvei Baal Hasulam. ARI. Israel. 2009. С. 703.

Его жена Сара тоже посвятила себя распространению истины на земле: она учила женщин.[15]

В результате деятельности Авраама и его жены Сарры появился особый народ.

В отличие от всех остальных народов мира, этот народ не появился естественным образом — на базе естественных, родственных связей. Древние вавилоняне — представители разных племен, решили стать одним народом, когда пришел Авраам-иври[16] со своей методикой. Никаких других предпосылок для вхождения в такую тесную консолидацию у них не было.

Этот народ называли и называют по-разному: «ивриим», «Исраэль», «йеудим» — и это не случайно.

У слова «иври» (עברי) есть однокоренные слова: ми-эвер (מעבר) — «по ту сторону», овер (עובר) — «он переходит», «маавар» — (מעבר) — переход. Речь идет о переходе из эгоистического восприятия хаотичного мира к постижению мира интегрального, управляемого единой силой.

Слова «Израиль», «Исраэль» (ישראל) происходит[17] от слов «яшар» (ישר) и «эль» (אל), что в переводе означает «прямо к Творцу».

Название «иудей» (йеуди — יהודי) происходит[18] от слова «единство» (йехуд — יחוד)[19]: человек достигает единения с Высшей Силой.

Создание еврейского народа не было главной целью Авраама. Его задача была значительно шире. Все человечество должно в конечном итоге соединиться с Высшей силой природы. Поэтому Авраам распространил концепции единства по всему миру.

А сыновьям наложниц, которые у Авраама, дал Авраам подарки и еще при жизни своей отослал их от Ицхака, сына своего, на восток, на землю восточную.[20]

В дальнейшем этот процесс не остановился. Идеи Авраама продолжали распространяться вместе с созданным им народом.

Как известно, еврейский народ неоднократно депортировался со своей земли и идеи объединения, в виде основополагающих принципов новых учений, начали последовательно распространяться по Земле.

Религиоведы давно обратили внимание на многочисленные странные совпадения каббалистических идей и некоторых идей в буддизме, учениях орфиков, пифагорейцев, Платона и неоплатоников, гностиков и герметиков.[21]

Небезынтересно сопоставить некоторые даты и высказывания отцов-основателей учений.

---

[15] *Рабби Моше Вейсман*. Мидраш рассказывает. Берешит. Швут Ами. Иерусалим. С. 201-202.
[16] Тора. Берешит. Лех Леха, 14:13.
[17] Там же.
[18] *Бааль Турим — Яков бен Ашер* (1269-1343) — галахический авторитет. Комментарии к Торе. Шмот, 18:9.
[19] Мидраш раба. Эстер. 6:2.
[20] Тора. Берешит. Хаей Сара, 25:6.
[21] *Хачатурян В. Лайтман М.* Судьбы человечества. LKPublishers, 2011. С. 159.

Разрушение первого храма: 586 год до н.э.
Рождение Будды: 563 год до н.э.
Рождение Конфуция: 551 год до н.э.
Моше: «Возлюби ближнего как самого себя».
Конфуций: «Чего не желаешь себе, того не делай людям».
Будда: «Кто сам не делает зла, не подвержен злу».

Присутствие идей каббалы на Дальнем Востоке и в частности в культурном наследии древнего Китая подтверждается современными научными исследованиями.

...алфавит из 22 букв, трактуемых в каббале в качестве элементов мироздания, аналогичен почти синхронно сложившейся китайской системе 22 универсальных циклических знаков (ганьчжи), состоящей из 10 «небесных стволов» (тяньгань) и 12 «земных ветвей» (дичжи). Другая каббалистическая основа мироздания — 10 первочисел соответствует искони принятой в Китае десятичной системе счисления, вовсе не тривиальной для древних культур.[22]

Сегодня мы еще не можем оценить по достоинству того что совершил Авраам. Методику, которая впоследствии стала называться каббалой, он сумел впервые в истории применить на практике, образовав с ее помощью целый народ. Идеи объединения, которые несет эта методика благодаря стараниям Авраама успешно вошли в культурное и духовное наследие большинства народов мира.

Можно сказать без преувеличения, что наша цивилизация своим появлением во многом обязана Аврааму.

---

[22] *Кобзев А. И.* Общество и государство в Китае: XL научная конференция / Ин-т востоковедения РАН. – М.: Ин-т востоковедения РАН, 2010. – 470 с. – (Ученые записки Отдела Китая ИВ РАН. Вып. 2 / редколл. А.А. Бокщанин (пред.) и др.). С. 445.

Глава 4. О Моше

Каббалистическая группа, основанная Авраамом и ставшая народом, на определенном этапе оказалась в Египте. Новые реалии требовали коренных изменений в методике, оставленной Авраамом, а также нужен был лидер, чтобы эту методику реализовать. Такой лидер появился — это был Моше, больше известный под именем Моисей. После себя он оставил получившее всемирное признание наследие под названием Тора. Слово Тора происходит от слов ораа — инструкция и ор — свет.

Биография Моше под стать истории еврейского народа. Она так же иррациональна и так же изобилует легендами. Общеизвестна его роль вождя и мыслителя мирового уровня. Менее известно, что он был не просто мыслитель — он был величайший каббалист.

Моше рабейну, мир ему, постиг реальность Творца не с помощью чуда, а с помощью каббалы.[23]

Египет времен Моше — это огромная, могущественная империя, находящаяся под централизованным управлением фараона. Так случилось, что Моше — сын еврейской матери, воспитывался в доме фараона. В то же самое время его соплеменники существовали в стране на положении рабов.

Однажды Моше познакомился с каббалой. Кто, когда и как обучал Моше неизвестно. Однако вся его дальнейшая деятельность диктовалась идеями, заложенными в каббале. Он возглавил еврейский народ и после напряженной борьбы против фараона сумел добиться освобождения народа из-под власти Египта. Но все же важнейшее событие, на наш взгляд, произошло не в Египте, а у горы Синай.

Историческое описание тех дней выглядит очень драматично: 600 000 мужчин, двадцати лет от роду и старше, окружают сплошным кольцом одну из гор в Синайской пустыне; затем каждый в отдельности громогласно объявляет о своем согласии взять на себя некое условие — Арвут (поручительство), произнеся хорошо известное сегодня изречение: «Сделаем и услышим»; и тогда произошло событие, известное под названием «Дарование Торы».

Случилось это через семь недель, а точнее, на пятидесятый день после выхода народа Израиля из Египта. С тех пор это событие ежегодно отмечается в праздник «Шавуот».

Тогда у горы Синай впервые была преодолена нелюбовь, а вернее, ненависть, существующая между людьми. Эта проблема мирового масштаба была решена с помощью

---

[23] *Рабби Меир Бен Габай.* Книга «Аводат а-кодеш». http://www.hebrew.grimoar.cz/ben_gabbai/avodat_hakodes.htm

каббалистической методики. Еврейский народ не уничтожил сомнения и подозрения, сопутствующие ненависти, как не уничтожил и саму ненависть. Народ над ненавистью «поднялся»! Это и передано аллегорически в рассказе о подъеме Моше на гору Синай.

«Гора Синай» на иврите «Ар Синай» (הר סיני). Ар (הר) — от слова (הערורים) (ирурим) — сомнения, размышления, возражения[24].

Синай — от слова «сина» (שנאה) ненависть[25].

Каббала говорит, что «Получение Торы» — процесс перманентный. И действительно, из истории мы знаем, что ненависть раз за разом возвращалась и фактически разрывала на отдельные части народ Израиля.

Дарование Торы, произошедшее у горы Синай, не означает, что когда-то была вручена Тора один раз и больше не вручается.[26]

Моше осуществил то, что задумал когда-то его предшественник, Авраам. Весь народ, целиком, взял на себя, прямо скажем, «нечеловеческую» миссию — стать как один человек с одним сердцем.

«И предстал Израиль перед горой...», что означает — как один человек с одним сердцем, поскольку каждый из народа Израиля полностью отказался от эгоистической любви к себе, и все их стремления были направлены на благо ближнего, во исполнение заповеди «возлюби ближнего как самого себя». Таким образом, были объединены в единый народ, став **как один человек, с одним сердцем,** *и только тогда были удостоены получения Торы.[27]*

Традиция объясняет нам, что Тора — это не сборник драматических коллизий и нравоучений. За персонажами и историческими сюжетами стоит четкий каббалистический посыл, который требует специального изучения:

Моше — это сфира «даат» мира Ацилут. Сфира «даат» — это как раз центральная линия (между сфирот «хохма» и «бина»). В книге Зоар сказано: "Яаков — это "тиферет" (тоже центральная линия), а Моше — это "даат"».[28]

Уникальность Торы в том, что она содержит многоуровневую каббалистическую информацию. Ее можно передать не только техническим языком «сфирот» но и языком повествовательным.

Моше — это особое состояние, так называемая «точка в сердце». Она, эта точка, «вытягивает» человека из ощущения своего эгоизма в интегральный, совершенный мир. Не случайно имя «Моше» происходит от глагола «лимшот» — вытягивать, вытаскивать.

---

[24] *РАБАШ.* Подготовка к получению Торы. 502.כתבי רב"ש כרך א.ע.מ ARI. Israel. 2008.
[25] *РАБАШ.* Кто укрепил сердце свое. 121.כתבי רב"ש כרך א.ע.מ ARI. Israel.2008.
[26] *Бааль Сулам.* Шамати. Дарование Торы. Kitvei Baal Hasulam. ARI. Israel. 2009. P. 580.
[27] *Бааль Сулам.* Поручительство. Kitvei Baal Hasulam. ARI. Israel. 2009. P. 395.
[28] *РАБАШ.* Три линии. 2038.כתבי רב"ש כרך ג.ע.מ ARI. Israel. 2008.

Египет (Мицраим) происходит от слов «миц» и «ра» — «концентрация зла», то есть ощущение самого большого эгоизма, который раскрывает в себе человек. В свою очередь Моше (точка в сердце) «вытянул» Исраэль (яшар Эль) — стремящихся к Высшему из Мицраим (эгоизм).

Тяжело, почти невозможно очиститься от стигм и догм, которые наслоились на протяжении многих поколений. Вместе с этим, как говорят каббалисты, пришло время убрать «железную перегородку». Выдающиеся и всеми признанные каббалисты не скрывали никогда, что представляет собой на самом деле Тора:

Зоар:

Горе тому человеку, который говорит, что Тора дана для того, чтобы просто рассказывать истории о событиях житейских, об Эсаве, Лаване и т.п. Ведь в таком случае даже в наше время мы можем написать Тору о свершающихся событиях, даже более привлекательных, чем те?

Если Тора призвана рассказать о происходящем в мире, то взять даже правящих в мире, — случаются между ними вещи более примечательные.[29]

Рав Кук:

Тора, конечно, скрыла многое про сотворение мира, ограничившись намеками и притчами. Все ведь знают,

что сотворение мира относится к тайнам Торы. А если все (что описано) происходило только так, как описано, буквально, где же здесь тайна? Невозможно поведать людям из плоти и крови обо всей мощи творения, поэтому Писание ограничивается общими словами. «В начале сотворил Б-г...»[30]

Бааль Сулам:

Известно из книг каббалы, что тайна имени Творца заключена в имени АВАЯ, которое включает в себя все имена Творца на всех ступенях. И потому «Творец, свет Его и Исраэль едины», несмотря на то, что массы не видят в Торе ничего, кроме исторических рассказов, законов, и судов.[31]

РАМБАМ:

«Тора говорит на языке людей», ибо предназначена она для того, чтобы с нее начинали и ее изучали дети, женщины и весь народ, а они неспособны понять эти вещи в их истинности.[32]

И еще раз Зоар:

Все события в Торе — это высшие тайны.[33]

Мы воспринимаем Моше, как великого, возможно, даже величайшего человека. Но никто, кроме каббалистов,

---

[29] Zohar for All. Kabbalah Publishers. Israel. 2014, vol. 7. P. 109.
[30] *Рабби А. И. Кук*. Философия иудаизма. Избранные статьи. /Пер. О. Балаги. Иерусалим: АМАНА. 1991. С. 28.
[31] *Бааль Сулам*. Предисловие к книге «Уста мудреца». Kitvei Baal Hasulam. ARI. Israel. 2009. P. 807.
[32] *Моше бен Маймон (РАМБАМ)*. Путеводитель растерянных. «Мосты культуры», Москва. 2003. С. 163.
[33] Zohar for All. Kabbalah Publishers. Israel. 2014, vol. 7. P. 109.

не понимает, что на самом деле стоит за свершениями Моше. Уникальность его духовного подвига заключается в том, что на основе идеи, абсолютно не имеющей отношения к нашему материальному миру — «Возлюби ближнего как самого себя», он объединил, а в сущности, создал новый народ.

Община Израиля — это не народ в обычном его понимании, а идеальная суть человека.[34]

---

[34] *Рабби А. И. Кук.* Философия иудаизма. /Пер. О. Балаги. Иерусалим: АМАНА. 1991. С. 76.

Глава 5. Шимон бар Йохай и книга Зоар

Во II-ом веке нашей эры был создан первый фундаментальный труд по каббале – книга Зоар. Это произошло на севере Израиля, в пещере Идра Раба, недалеко от горы Мирон. Создателями этого произведения были десять каббалистов во главе с рабби Шимоном бар Йохаем. Книгу Зоар иногда называют просто – Книга.

До Зоар РАШБИ не найдено ни одной книги с систематизированным изложением каббалы. Все предшествующие книги по каббале не могут называться разъяснениями науки и являются лишь простыми намеками. К тому же в них не соблюдают порядок причины и следствия, а потому таково и понимание сказанного в них.[35]

Рабби Шимон бар Йохай (РАШБИ) был учеником знаменитого законоучителя, рабби Акивы. История жизни рабби Акивы уникальна. Его отец, Йосеф, происходил из потомков ханаанского полководца Сисры, воевавшего против Израиля во времена пророчицы Дворы.[36] Рабби Акива, один из величайших мудрецов с мировой известностью начинал, как простой пастух, овладевший грамотой только в 40-летнем возрасте!

Уровень его каббалистических постижений характеризует следующее высказывание:

Рабби Акива постиг тайны Торы, которые не были открыты даже Моше.[37]

Неудивительно, что у такого великого человека, как рабби Акива, были великие ученики, которые сумели изложить каббалистическую методику разными языками.

И тогда ученики рабби Акивы начали записывать Устную Тору, которой они владели. Каждый из них получил особое задание, так что рабби Меир составил сборник «Мишнайот», рабби Иегуда – «Тосафот» и т.д. А рабби Шимон бар Йохай обобщил методику каббалы, которой они свободно пользовались, и написал книгу Зоар и «Тикуним».

Таким образом, как «Мишнайот» – это сборник положений из «Алахот» и «Хидушим» всех поколений, вплоть до поколения рабби Меира, так и Зоар – это методика науки каббала, вобравшая в себя знания всех предшествовавших РАШБИ каббалистов. Она просто была отнесена на имя РАШБИ, так как он упорядочил ее, хотя, безусловно, есть

---

[35] *Бааль Сулам.* Раскрытие малого и скрытие вдвое большего. Kitvei Baal Hasulam. ARI. Israel. 2009. P. 10.
[36] http://toldot.ru/tora/rabbanim/rabbanim_5744.html
[37] Мидраш. Бемидбар раба, 19:6. http://www.daat.ac.il/daat/tanach/raba4/19.htm

в ней и его собственные постижения.[38]

Кроме самого рабби Шимона и его сына рабби Элиэзера, в группу составителей Зоара вошли рабби Йоси, рабби Хизкия, рабби Йоси сын Якова, рабби Йегуда, рабби Аба, рабби Ицхак, рабби Хия и рабби Иса.

Как известно, каббала была долгое время скрыта от любопытного взгляда. В чем причина, а может быть, причины этого скрытия?

Он (рабби Шимон) страшился, как бы не дошла эта тайна до тех, кто занимается идолопоклонством, ибо тогда станут поклоняться идолам.[39]

По этой причине еще при написании Зоар были приняты особые меры предосторожности. Текст книги записывал ученик РАШБИ – рабби Аба. Он делал это таким образом, чтобы ее не могли понять непосвященные. После этого книга была спрятана. До нас дошла только небольшая часть оригинального текста. Существует предание, что «книга эта была столь велика в своем объеме, что, собрав ее вместе, можно было целиком нагрузить верблюда».

Написанный на арамейском языке, герметично закрытый, абсолютно не постигаемый для непосвященных текст Зоара, где соседствуют ангелы, животные, «случайные» персонажи и даже сами авторы книги, — это и есть то скрытие, которое сделал рабби Аба.

Раскрытие книги Зоар произошло в XIII веке в Испании. Книга получила известность благодаря каббалисту, р. Моше бен Шем Тову де Леону.

С того времени и по сегодняшний день не утихают споры по поводу авторства этого эпохального творения. Среди множества версий, отрицающих авторство Шимона бар Йохая и приписывающих его разным каббалистам средневековья, главенствует мнение о принадлежности книги самому Моше де Леону.

В 20-м веке версию авторства Моше де Леона поддержали и развили в своих работах философ, историк религии и мистики, Гершом Шолем (1897-1982) и его ученик, Исая Тишби (1908-1992). Однако тогда же несостоятельность исследований этих авторов подробно показал в своей работе[40] авторитетный знаток еврейских источников, дважды получивший почетную награду «Приз рава Кука» в области древнееврейской литературы, р. Менахем Кашер (1895-1983).

Шолем и Тишби ошибались в самих основах, на которых возвели свои воззрения.

Относительно авторства Моше де Леона р. Кашер отмечает:

---

[38] *Бааль Сулам.* История науки каббала. Kitvei Baal Hasulam. ARI. Israel. 2009. P. 84.
[39] *Бааль Сулам.* Служанка, наследующая своей госпоже. Kitvei Baal Hasulam. ARI. Israel. 2009. P. 455.
[40] הרב מנחם מ. כשר. הזוהר, סיני, ספר היובל, מוסד הרב קוק, ירושלים תשי"ח (1957). https://www.otzar.org/wotzar/book.aspx?156420

Следовательно, он не только не сочинил Зоар, но даже не помнил, что в книге Зоар написано.

В таком же ключе писал и Бааль Сулам.

Каббалист, рав Моше де Леон, был последним, пользовавшимся этим языком, и с его помощью это раскрылось миру, но он не понял ни единого слова в этом языке. По тем книгам, в которых он приводит выдержки из Зоар, понятно, что совсем не понимает языка.

Он комментировал, используя язык ТАНАХа, и очень затруднил понимание, хотя сам был каббалистом очень высокого уровня, как свидетельствует написанное им.

И так продолжалось в течение поколений, когда все каббалисты посвящали все свои дни постижению языка Зоар, но не преуспели в этом, поскольку сильно нагрузили его языком ТАНАХа, и из-за этого **книга эта была закрыта для них, как и для самого рава Моше де Леона.**[41]

Академические исследователи 21-го века уже не так категоричны в своих суждениях, как их предшественники, относительно авторства и времени происхождения книги Зоар.

Профессор философии из Тель-Авивского университета, д-р Ронит Мероз, утверждает, что у книги Зоар были десятки, если не сотни авторов, которые в течение веков вносили свои правки. По ее оценке некоторые тексты книги Зоар относятся к 11-му веку и ведут свое происхождение из земли Израиля...[42]

Задолго до этого каббалист Бааль Сулам — автор 21-томного труда, включающего в себя комментарий к книге Зоар и перевод всего текста с арамейского языка на иврит, — написал следующее:

Однако не было запрещено дополнять книгу Зоар, поскольку ей суждено было находиться в скрытии. Народу она была абсолютно не доступна, а только предводителям поколений за закрытыми дверьми... И каждый из предводителей поколений дополнял ее тем, чем считал нужным.[43]

Общепризнанно, что книга Зоар была и остается величайшим каббалистическим произведением в истории, вне всякой зависимости от того, кто был ее автором. В свою очередь, каббалисты не ставили и не ставят своей целью доказывать авторство Зоара. Они уже много веков пытаются донести нечто другое — важность и даже обязательность изучения этой великой книги.

Изучение книги Зоар превыше любой другой учебы.[44]

---

[41] *Бааль Сулам*. Наука каббала и ее суть. Kitvei Baal Hasulam. ARI. Israel. 2009. P. 26.
[42] https://www.youtube.com/watch?v=GTKQN_3UFj0
[43] *Бааль Сулам*. История науки каббала. Kitvei Baal Hasulam. ARI. Israel. 2009. P. 84.
[44] ХИДА — р. Хаим Йосеф Давид Азулай (1724-1806). Аводат а-Кодеш. Вильна 1906. С. 16. П.44.

Глава 6. АРИ и наука каббала

АРИ — величайший каббалист и революционер в области методики каббалы. Он олицетворяет тот переломный момент, с которого началось раскрытие каббалы миру.

Этот процесс с переменным успехом идет уже более 500 лет, но лишь к концу 20-го века, с появлением интернета, можно сказать, что каббала действительно стала достоянием человечества.

Вместе с этим, интернет сам по себе проблемы не решает. Важно то, в каком виде каббалистические знания передаются. Главная заслуга АРИ заключается в том, что он сумел изложить каббалистическую информацию в виде формул, четких определений и графиков. По сути, после АРИ стало возможным называть каббалу наукой постижения мироздания.

Тысячи лет были крепко заперты ворота этой мудрости, и потому было не так много каббалистов.... Теперь, когда опубликованы все святые тексты АРИ..., нет у нас помех и нет никакой опасности, чтобы делать настоящее раскрытие (каббалы).[45]

Ицхак бен Шломо Лурия Ашкенази (Ари а-кадош, Аризаль) родился в 1534 году в Иерусалиме, в доме, который сегодня можно найти по адресу: улица Ор а-Хаим дом №6.

Когда Ицхаку было восемь лет, умер его отец. Семья переезжает в Каир к брату матери, раву Мордехаю Френсису.

Учился АРИ у главного раввина Египта — Давида бен Шломо ибн Зимра (РАДБАЗ), и рава Бецалеля Ашкенази — одного из самых уважаемых равов Египта и Иерусалима.

В пятнадцатилетнем возрасте АРИ женился на дочери дяди и вскоре зажил жизнью отшельника на островке посередине реки Нил. Всю неделю он изучал Зоар, а субботу проводил с семьей.

Ари зарабатывал на жизнь торговлей пряностями и зерном. В гнизе[46] Каира найдены торговые договора АРИ, связанные с продажей перца. В ту пору для многих известных и уважаемых людей, даже таких, как главный раввин Египта РАДБАЗ, источником доходов служили торговля или другая работа, а не высокие должности.[47]

В 1570 году, в 36-летнем возрасте, АРИ принимает судьбоносное решение и переезжает с семьей в древний

---

[45] *Рав Горовиц Пинхас Эльягу* (1765-1821) — каббалист, автор сочинений, пользующихся большим авторитетом в академических и религиозных кругах. Сэфер а-Брит а-Шалем. Петроковъ. 1904. С.319-320. http://www.hebrewbooks.org/pdfpager.aspx?req=43436&st=&pgnum=321&hilite=
[46] E. Shochetman. Pe'amim: Studies in Oriental Jewry, 1983 pp. 56-64
[47] ENCYCLOPEDIA OF GREAT MEN IN ISRAEL. Josua Chachik Pabllising House, Tel-Aviv. 1947, vol. 2. P. 364. http://hebrewbooks.org/pdfpager.aspx?req=36622&st=&pgnum=17&hilite=

город Цфат – центр изучения каббалы того времени.

Очень важно понимать, что движет каббалистом. Спрашивается, зачем АРИ переехал в землю Израиля и почему вскоре организовал каббалистическую группу? Ответ кроется в следующем тексте:

> *Постановление свыше о запрете открытого изучения каббалы действительно только в определенный период времени – до конца 5250 г. [1490 г. н. э.], и с этого времени отменяется это постановление и разрешается открыто заниматься изучением книги Зоар. А с 5300 г. [1540 г. н. э.] занятия этой мудростью считаются высшим предназначением и должны все, как взрослые, так и дети, заниматься ею, как сказано в «Рейя Меемна» (статья из Зоар).*[48]

Ко времени приезда АРИ можно сказать все жители Цфата, так или иначе, имели отношение к каббале. Несмотря на это, практически никому не известный 36-летний АРИ в кратчайшее время приобретает авторитет величайшего знатока каббалы. В чем секрет этого невероятного успеха?

Прежде всего в том, что он сумел, как никто другой до него, систематизировать постижения каббалистов и, таким образом, облегчить и одновременно расширить подачу изучаемого материала.

> *В 38 лет он превзошел своей мудростью всех предшественников, включая Гаонов*[49].[50]

То, что сделал АРИ в Цфате за 17 месяцев[51] существования его школы, не поддается осмыслению. Оставаясь преуспевающим купцом, он сумел собрать группу учеников, сформировать и передать свою революционную методику и еще смог организовать большую общину.[52]

АРИ обучал своей методике, но при этом сам ничего не записывал. Каким же образом методика АРИ распространилась в мире? Благодаря его ученику Хаиму Виталю:

> ВИТА́ЛЬ Хаим бен Иосеф (1542, Цфат, — 1620, Дамаск), каббалист; оказал значительное влияние на развитие поздней каббалы.

---

[48] *Рав Азулай Авраам бен Мордехай* (1570-1643) — каббалист, один из первых объявил о снятии запрета на изучение каббалы. Avraham bar Mordechai Azulai. Op a-Хама. Ohr haChomah Vol.1. Prezysml. 1776. P.7. Предисловие. ע. ז. 7. С. אברהם בן מרדכי אזולאי. אור החמה.ישראל. הקדמה. http://hebrewbooks.org/pdfpager.aspx?req=21493&st=&pgnum=7&hilite=

[49] ГАОН (גאון, буквально «величие», «гордость», в современном иврите также «гений», мн. число גאונים, геоним), официальный титул глав иешив Суры и Пумбедиты в Вавилонии. С конца 6 в. и до середины 11 в. (так называемый период гаоната) гаоны считались у евреев высшим авторитетом в толковании Талмуда. Электронная еврейская энциклопедия. https://eleven.co.il/jewish-history/mishnah-and-talmud-period/11061/

[50] *Бааль Сулам*. Предисловие к книге «Паним мэирот у-масбирот». Kitvei Baal Hasulam. ARI. Israel. 2009. P. 139.

[51] *Бааль Сулам*. Предисловие к книге «Паним мэирот у-масбирот». Kitvei Baal Hasulam. ARI. Israel. 2009. P. 140.

[52] *Грец Г*. История евреев от древнейших времен до настоящего. Одесса. Изд. Я. Х. Шермана.1908 г., т. 10. С. 350.

Виталь был самым выдающимся из учеников и продолжателей Ицхака Лурии. Основное сочинение Виталя, «Эц ха-хаим» («Древо жизни»), в котором изложены и развиты идеи Лурии, служило важнейшим источником для изучения лурианской каббалы для ряда поколений каббалистов во многих странах Ближнего и Среднего Востока.[53]

Хаим Виталь был не просто учеником. АРИ выбрал его как единственного продолжателя своего дела.

В момент смерти завещал он (АРИ) раву Хаиму Виталю, чтобы не учил он мудрости других, хотя ему самому было разрешено заниматься тайно. А другим совершенно запретил заниматься ею, и сказал, что не поняли они мудрость правильно.[54]

Во времена АРИ, как и до него, так и сегодня, каббалу часто воспринимают, как нечто мистическое и ни в коем случае не как науку. В какие только упаковки не упрятывали каббалу, кого только не называли каббалистом, что только каббале не приписывали. Вот как комментировал деятельность АРИ известный историк[55] 19-го века:

Каббала Лурии причинила всему еврейству несказанный вред. Она покрыла еврейство таким толстым слоем плесени, что еще и по сие время не удалось совершенно удалить ее.[56]

Автор этих строк очень бы удивился, если бы узнал, что АРИ будет чтить весь еврейский народ, а его именем назовут десятки улиц в городах Израиля.

И все мудрецы последующих поколений, до наших дней, все без исключения, перестали пользоваться книгами и сочинениями, написанными ранее, будь то каббала РАМАКа, каббала Первых или каббала Гаонов, и всю свою духовную жизнь посвятили слиянию с его (АРИ) священной мудростью. И, само собой разумеется, что не просто так дается такая абсолютная победа, как мудрость отца в лета ребенка.[57]

Несмотря на короткую жизнь АРИ сумел, как никто другой, изменить как каббалу, так и отношение к ней. С его помощью каббала — некогда скрытое и непонятное учение — стала органическим и культурным достоянием мира. Многие ученые, писатели, философы и мыслители окунулись в новое, неведомое до сих пор мироздание. Можно с уверенностью заключить, что история каббалы делится на две части — до АРИ и после него.

---

[53] Электронная еврейская энциклопедия. https://eleven.co.il/judaism/mystic-kabbalah-magic/10934/
[54] *Бааль Сулам*. Предисловие к книге «Паним мэирот у-масбирот». Kitvei Baal Hasulam. ARI. Israel. 2009. P. 149.
[55] *Грец Генрих* (Heinrich Graetz; Гирш; 1817, Ксёнж-Велькопольски, ныне Польша, — 1891, Мюнхен), историк, автор первого монументального труда по всеобщей истории евреев, исследователь Библии. https://eleven.co.il/jewish-philosophy/jewish-studies/11301/
[56] Грец Г. История евреев от древнейших времен до настоящего. Одесса. Изд. Я. Х. Шермана. 1908 г., т. 10. С. 352.
[57] *Бааль Сулам*. Предисловие к книге «Паним мэирот у-масбирот». Kitvei Baal Hasulam. ARI. Israel. 2009. P. 139.

Глава 7. Бааль Шем Тов и хасидизм

После семнадцати веков изгнания появилось движение по воссоединению разрозненного еврейского народа. Во главе этого действующего в Восточной Европе движения, стоял каббалист Исраэль бен Элиэзер, больше известный по именем Бааль Шем Тов, или сокращенно – БЕШТ.

Казалось бы, о человеке, жившем всего два с половиной столетия назад и создавшем, по сути, целую духовную империю, должно быть известно все, до мельчайших деталей, однако это не так.

Проблемы ожидают нас сразу – с года, когда родился БЕШТ. Разные источники называют разные даты. Чаще всего – или 1698, или 1700 гг.

С местом рождения дело обстоит еще хуже. Хотя по поводу названия этого места разногласий почти нет, зато с его местонахождением вообще ничего непонятно. Одни полагают, что оно находится около Каменец-Подольского, другие – на берегу Днепра, третьи – на Буковине, а еще предполагают, что оно – в Галиции.

Семейные корни, детство, юность, личная жизнь БЕШТа окутаны туманом слухов и легенд. Из истории мы знаем, что подобные «белые пятна» сопровождают многих каббалистов, в том числе, и знаменитого АРИ. Скажем о том, кто именно обучал каббале АРИ, как и, в свою очередь, БЕШТа, достоверных сведений нет.

То, что известно наверняка – это результаты деятельности БЕШТа по объединению и воспитанию народа, а также та историческая атмосфера, которая эти события сопровождала.

В те времена еще были живы свидетели резни, устроенной казаками Хмельницкого в 1648-1649 годах. В бытность самого БЕШТа, с 1734 по 1768 год, в Речи Посполитой гайдамаками были убиты десятки тысяч поляков и евреев. Нетрудно представить тогдашнее моральное состояние еврейского населения, в разбросанных на больших территориях беззащитных местечках.

В это же время, но уже на востоке, происходили другие события – не менее судьбоносные. Выходец из турецкого города Измир (Смирна), Шабтай Цви, объявил себя мессией.

Известно, что он был почитателем Зоара и Лурианской каббалы, а его бурная мессианская деятельность не на шутку взбудоражила еврейский мир и привлекла к нему множество сторонников. Кончилось все это тем, что под угрозой смерти Шабтай Цви принял ислам, а еврейский мир от него отвернулся. Громкие события тех лет оставили свой след в народных преданиях.

Однажды, когда БЕШТ спал, к нему снова явился Шабтай Цви и стал соблазнять, говоря, что БЕШТу необходимо стать тем, кем был он. *Поэтому БЕШТ выгнал его вон, сделав это с той же решимостью, с какой он сходил в самые глубины ада. С тех пор, когда БЕШТ говорил о Шабтае Цви, он всегда повторял: «Искра Божия была в нём, но сатана поймал его в ловушку гордыни».*[58]

Во времена самого БЕШТа появился новый лжемиссия, Яков Франк. На этот раз все происходило в Польше.

Свою карьеру Франк начинал как приверженец идей Шабтая Цви. Он так же, как и его идейный учитель, поменял вероисповедание. Сначала он принял ислам, а позже он и его сторонники перешли в католичество. Известно, что БЕШТ очень переживал, что не удалось переубедить франкистов остаться в среде еврейского народа...

Он (БЕШТ) говорил: «Пока пораженный член связан с телом, остается хоть какая-то надежда излечить его. Когда же его отрезали, он уже пропал навсегда».[59]

Теперь мы можем, хотя бы отчасти, представить, в каких условиях Бааль Шем Тов пытался консолидировать еврейский народ и готовить каббалистических наставников будущих поколений. В результате его деятельности появилось новое движение – хасидизм.

ХАСИДИЗМ *(חסידות, хасидут), широко распространенное народное религиозное движение, возникшее в восточноевропейском иудаизме во второй четверти 18 в. и существующее поныне. Хасидизм дал начало общинам, во главе которых стоят цаддики.*[60]

Можно с уверенностью сказать, что впервые после изгнания народ Израиля, по крайней мере, та его часть, которая проживала в Восточной Европе, консолидировалась благодаря усилиям БЕШТа. Как говорил каббалист, рав Барух Ашлаг (РАБАШ), вплоть до начала 20-го века все духовные руководители восточноевропейского еврейства были известными каббалистами.

Вместе с этим, несмотря на очевидные успехи деятельности БЕШТа, у нового начинания появились противники. Во главе главных оппонентов – «митнагдим» (противники) стоял известный каббалист Ильяху бен Шломо Залман, более известный под именем Виленский Гаон, сокращенно АГРА.

Виленский Гаон – раввин, каббалист и общественный деятель, один из выдающихся духовных авторитетов ортодоксального еврейства, математик. Основатель миснагедского (или литовского) направления

---

[58] *Бубер Мартин* (1878-1965) – философ, религиозный мыслитель, теоретик сионизма. «Хасидские предания». М. Республика. 1997. http://royallib.com/read/martin_buber/hasidskie_predaniya.html#409600
[59] Сарей амеа 3:7. http://toldot.ru/tora/rabbanim/rabbanim_14360.html
[60] http://www.eleven.co.il/article/14467

в иудаизме. Слово «гаон» в переводе с иврита означает «гений».[61]

На первый взгляд, это кажется невероятным. Каббалист выступает против каббалиста в вопросе распространения каббалы. Так и хочется сказать — «этого не может быть». Но это было и, более того, это противостояние перешло в многолетнюю неприкрытую вражду.

В 1796 г. хасиды распространили слух, что Элияу бен Шломо Залман пересмотрел свое отношение к хасидизму и из его гонителя превратился в его приверженца. На это Элияху бен Шломо Залман обратился с посланием «Ко всем богобоязненным детям Авраама, Ицхака и Яакова», в котором заявлял: «Я, как и прежде, стою на своих позициях, и кто только носит еврейское имя и чтит Бога в душе, обязан преследовать и угнетать их [хасидов] всеми способами, где только возможно...; они преступны и для еврейства опаснее проказы».

В своем следующем послании к губернским кагалам он призывает к борьбе с хасидами и предупреждает: «Кто с ними вступит в сношения, должен быть наказан».[62]

Во многих источниках делается упор на то, что Виленский Гаон был, прежде всего, выдающимся талмудистом, а не каббалистом. Очевидно, это все-таки недоразумение, возникшее из-за недостатка информированности того, чем занимался АГРА.

...главным образом освобождение (геула) зависит от изучения каббалы.[63]

Какое место отводил АГРА каббале, понять из этого и других подобных текстов нетрудно. Другое дело, почему он, будучи сам каббалистом, прекрасно зная о месте и силе каббалы, инициировал такое давление на каббалистов-хасидов? Четкого и понятного ответа на этот вопрос нет.

Между тем, как ни странно это звучит, но гонения и преследования, которые обрушились на хасидов, привели к обратной реакции.

Однако все эти меры (херем) привели лишь к распространению хасидизма и **тесной сплоченности** *хасидов. Молодежь покидала родительские очаги, и полуголодные юноши приходили к приверженцам хасидизма.*[64]

Напрашивается парадоксальная мысль — жесткие санкции, которым подверглись хасиды, в итоге привели не к разрушению начинаний Бааль Шем Това, а наоборот, к укреплению и расцвету всего движения. Как кожура защищает плод от разрушения, так гонения защитили новое начинание от забвения.

---

[61] Википедия. Виленский гаон
[62] Электронная еврейская библиотека. http://www.eleven.co.il/article/15060
[63] *АГРА (Виленский гаон)* — рав Элияху бен Шломо Залман (1720-1797) — каббалист, выдающийся духовный авторитет. В сборнике «Эвен шлема». (ЭВЕНЪ ШЛЕЙМО). Вильна. 1873 г. С. 62.
[64] Еврейская энциклопедия. Брокгауз-Ефрон. С.- Петербург. 1906-1913, т. 15. С. 570.

> *Жесткая кожура покрывает плод и предохраняет его от грязи и вреда, пока он не созреет, и без кожуры плод бы пропал и не достиг своей цели.*[65]

В дальнейшем само движение сохранилось, вместе с этим то, что было задумано БЕШТом, получило другую окраску и другое направление. Духовная преемственность поколений была заменена на династическую. Места глав общин стали наследовать сыновья и зятья духовных лидеров, а не их лучшие ученики.

> *...было решено отказаться от идеи ставить учеников во главе общины...*

> *...хасиды отказались от основополагающего принципа хасидизма, который можно определить как «внутренняя миссия».*[66]

Как бы то ни было, но тому, что сделал Бааль Шем Тов нет аналогов со времен изгнания еврейского народа со своей земли. Впервые в новейшей истории — за очень короткое время с помощью каббалистической методики были объединены десятки тысяч человек. Идеи единства — «как один человек с одним сердцем» и даже «возлюби ближнего как самого себя» — БЕШТ реализовал на практике. Благодаря ему и его ученикам, каббалистическая методика была подготовлена для нашего поколения.

---

[65] *Бааль Сулам*. Предисловие к книге «Паним мэирот у-масбирот». Kitvei Baal Hasulam. ARI. Israel. 2009. P. 148.
[66] *Бубер Мартин*. Хасидские истории. Мосты культуры. Москва. 2009. С. 21.

Глава 8. Бааль Сулам и последнее поколение

Всего несколько человек за всю историю внесли кардинальные изменения в методологию каббалы. Последний из этих людей жил не так давно — в середине прошлого века. Он сделал все возможное и невозможное, чтобы передать понятным, современным языком все, что оставили человечеству его предшественники. Его имя — рав Йегуда Лейб Ашлаг (Бааль Сулам).

Родился Йегуда Лейб в 1884г. в Варшаве, столице Царства Польского, тогда части Российской империи, в семье Симхи и Маши Ашлаг.

Известно, что еще юношей, учась в ешиве, Йегуда начал заниматься каббалой. Это «увлечение», мягко говоря, не приветствовалось. Свои занятия он не оставил, а тексты каббалистических книг он просто прятал между страницами Гмары.

Вместе с отцом он ездил в городок Калушин, находящийся в полусотне километров от Варшавы, к известному каббалисту, адмору[67] Меиру Шалому Рабиновичу.

После кончины учителя он продолжил занятия у его сына, рабби Йешуа Ашера, жившего в городке Парисов, также находившегося недалеко от Варшавы. Долгие годы рав из Парисова оставался учителем Йегуды.

В девятнадцать лет он получает аттестацию раввина и официальную должность судьи и законоучителя (морэ цедек). Вскоре он женится на Ривке Абрамович, и через год у них рождается сын, Барух, будущий его последователь и преемник.

Бааль Сулам в течение жизни издал множество книг, однако первый издательский опыт он приобрел при подготовке к печати книги «Беседы о жизни» (Сихот Хаим). Она вышла из печати в 1914 году в городе Петрокове.

Все, что было до сих пор в жизни Бааль Сулама, по сути, было лишь прелюдией к дальнейшим событиям.

В письме, опубликованном в 21 томе комментариев на книгу «Зоар», под названием «Перуш а-Сулам», Бааль Сулам описывает событие, изменившее его судьбу.[68]

Однажды у его двери появился незнакомец. Уже после нескольких фраз, произнесенных этим человеком, стало ясно, что это великий каббалист. В течение шести месяцев у себя дома этот человек обучал Йегуду. Благодаря учителю, он сумел достичь величайших вершин духовного постижения. К огромному горю Йегуды, его учитель умирает. Имя этого человека, прикрывавшегося маской обычного купца, неизвестно по сей день.

---

[67] Аббревиатура слов адонену морену ве-раббену: господин, учитель и наставник наш. Звание духовного вождя у хасидов.
[68] http://www.kab.co.il/kabbalah/short/148510

С этого момента Бааль Сулам делает все, чтобы высокие идеи каббалы воплотить в жизнь. Он решает отправиться в Палестину, чтобы основать каббалистическое поселение. Собранные им 300 семей[69] начали подготовку к переезду. Трудно даже представить, как во время гражданской войны, шедшей на обломках Российской империи, он собирался переправить такую большую общину.

Подготовка шла полным ходом: люди обучались необходимым для переселенцев профессиям, было куплено оборудование для обработки кожи и производства мыла, и даже заказаны сборные домики в Стокгольме и в этот момент происходит неожиданное. Опасаясь светского влияния в Палестине, раввинат Варшавы запрещает репатриацию. Доводы Бааль Сулама об опасности, нависшей над евреями Европы, не помогают...

Теперь его ничто не удерживало в Польше. Осенью 1921 года, в дни праздника Суккот, Бааль Сулам прибывает в Землю Израиля.

По приезде он отправляется в Иерусалим, в знаменитую каббалистическую ешиву с более чем 200-летней историей — «Бейт-Эль». В свое время ею руководил легендарный каббалист РАШАШ[70]. Однако там его ожидает разочарование. «Каббалисты» учат и даже с легкостью цитируют источники, не задумываясь о цели своих действий.

И я очень смеялся над ними, ведь если так, то как соединилось все в сердце АРИ без знания и понимания? И ответили мне, что все это он получил от Элиягу, который знал внутреннюю часть, поскольку был ангелом. И тогда излил я на них свое презрение, так как не осталось у меня терпения оставаться далее с ними.[71]

Бааль Сулам набирает группу и начинает преподавать настоящую каббалу, а для покрытия материальных потребностей семьи он открывает цех по обработке кожи.

Однако это длилось не долго, и вскоре его назначают на раввинатскую должность. Теперь он живет и работает в пригороде Иерусалима — Гиват Шауль. Там, в 1925 году, Бааль Сулам основал школу под названием «Бейт Ульпана — Итур Рабаним»[72].

Через некоторое время происходит особое событие, которое он сам описывает так:

И сказал Бог мне: «...и сделаю тебя великим мудрецом, ибо тебя Я избрал праведником и мудрецом в этом поколении, чтобы излечил ты бедствие человеческое полным избавлением».

---

[69] *Аарон Сорский*. Статья «Адмор рав Йегуда Лейб». http://www.kab.co.il/kabbalah/short/148320
[70] *РАШАШ* — рав Шалом Мизрахи Шараби (1720-1777) — выходец из Йемена, один из самых заметных восточных каббалистов. Автор комментариев на писания АРИ, «Молитвенника РАШАШа» и др. известных произведений.
[71] *Бааль Сулам*. Предисловие к книге «Уста мудрого». Kitvei Baal Hasulam. ARI. Israel. 2009. P. 809.
[72] Газета 30.05.1941 , "הצפה" стр. 12

И наполнился я мудростью прекрасной... Так прибавлял мудрости ежедневно сто восемьдесят дней...[73]

Вновь, как и после встречи со скрытым каббалистом, он выходит на новый уровень духовного постижения. Как и в прошлый раз, это заняло шесть месяцев, и точно так же, как тогда, Бааль Сулам круто меняет свою жизнь. Он едет в Лондон и пишет книгу «Паним мэирот у-масбирот». В предисловии к книге он во весь голос провозглашает свою цель — массовое распространение каббалы:

И отсюда пойми сказанное в Зоар: «Благодаря этой книге выйдут сыны Израиля из изгнания»...

И коль скоро это так, обязаны мы открывать школы и писать книги, чтобы ускорить распространение науки среди народа...[74]

Тогда же он сочиняет сборник каббалистических мелодий.

Друг и единомышленник Бааль Сулама — каббалист, главный раввин подмандатной Палестины, рав Кук. Они часто встречаются, и их встречи продолжаются часами. Рав Кук поддерживает Бааль Сулама в его стремлении распространять каббалу. Его согласие на издание книг Бааль Сулама, стоящее на первых страницах, — тому свидетельство.

Тем временем в Германии к власти приходят нацисты. Бааль Сулам знает, к чему это может привести. Он решает издать серию брошюр со статьями, способными изменить ход истории.

То, что пишет Бааль Сулам, по своей мощи страшнее любой бомбы — они взрывают ортодоксальные стереотипы. Впервые в истории каббалист заговорил языком, понятным каждому человеку. Его стиль прост, ясен и часто нелицеприятен.

Из статьи «Дарование Торы»:

Почему дана Тора только народу Израиля, а не всему миру, в равной степени? Нет ли здесь национальной избранности?

И понятно, что только душевнобольной может так думать.[75]

Из статьи «Поручительство»:

Не может быть двух мнений по поводу цели творения, ведь она едина для всех: для черных, белых и желтых, — без различия в происхождении, до самого нижнего уровня творения, которым является эгоистическая любовь, что владеет человечеством.[76]

В его планах выпустить 50 брошюр. В свет выходят только три брошюры: «Дарование Торы», «Поручительство», «Мир»... Противники распространения каббалы из религиозной среды с помощью британских властей добиваются запрета на дальнейшие публикации...

---

[73] Бааль Сулам. Пророчество. Kitvei Baal Hasulam. ARI. Israel. 2009. P. 509.
[74] Бааль Сулам. Предисловие к книге «Паним мэирот у-масбирот». Kitvei Baal Hasulam. ARI. Israel. 2009. P. 136-137.
[75] Бааль Сулам. Дарование Торы. Kitvei Baal Hasulam. ARI. Israel. 2009. P. 386.
[76] Бааль Сулам. Поручительство. Kitvei Baal Hasulam. ARI. Israel. 2009. P. 394-395.

Для людей, живущих обычной жизнью, существует четкая граница между прошлым, настоящим и будущим. Для каббалиста, способного мгновенно видеть следствия совершенных деяний, все складывается в целостную картину. В статье «Служанка, наследующая своей госпоже», написанной в 1935 г., он пишет:

> ...общество (население Земли), насчитывающее 8 миллиардов человек, может поставить себе на службу языковедов более крупных и многочисленных, чем наше общество (еврейский народ), состоящее примерно из 15-ти миллионов человек...[77]

Для справки. В 1930 году на Земном шаре было около 2 миллиардов человек. Евреев в 1939 году было 16.6 миллионов. Статистика сообщает, что на сегодняшний день (2019 г.) в мире проживает около 7.7 миллиардов человек и среди них — 14.7 миллионов евреев. Таким образом, Бааль Сулам описывает ситуацию, которая была отдалена от него почти на 100 лет!

В 1937 году Бааль Сулам начал издавать фундаментальный научный труд «Учение Десяти Сфирот» — комментарий на книгу АРИ «Древо жизни». Основополагающий учебник по каббале, состоящий из 16 частей, включающих более 2000 страниц, который описывает всю духовную работу человека.

Первого сентября 1939 года начинается Вторая мировая война. Бааль Сулам видит то, на что современники сознательно закрывают глаза — приближающуюся гибель миллионов. Поэтому он идет на беспрецедентный шаг: издает газету «Аума» («Народ»). Первый номер выходит из печати 5 июня 1940 года. В первых же строках Бааль Сулам с болью говорит о причинах появления газеты:

> ...Оно (издание газеты) стало следствием яда ненависти, поразившего народы мира стремлением стереть нас с лица земли...[78]

Второй номер газеты должен выйти через две недели. Но газету закрывают. И вновь те же самые силы применяют испытанный однажды метод — запрет британских властей. А потом произошло страшное — Катастрофа европейского еврейства...

Каббалист Йегуда Ашлаг знает, что благополучие народа и всего мира зависит от распространения идей единства. Поэтому он встречается со многими еврейскими лидерами той эпохи, в числе которых: Бен Гурион[79], Моше Шарет[80], Залман Шазар[81],

---

[77] *Бааль Сулам.* Служанка, наследующая своей госпоже. Kitvei Baal Hasulam. ARI. Israel. 2009. P. 455.
[78] *Бааль Сулам.* Газета «Народ». Kitvei Baal Hasulam. ARI. Israel. 2009. P. 487.
[79] *Давид Бен-Гурион* (1886-1973) — крупный политический и государственный деятель Израиля. Первый премьер министр Израиля. Занимал эту должность в (1948-1954), (1955-1963) г.
[80] *Моше Шарет* (1894-1965) — израильский государственный деятель. Премьер-министр (1954-1955), первый в истории Израиля министр иностранных дел.
[81] Залман Шазар (1889-1974) — израильский общественный деятель, историк, писатель, поэт. Министр воспитания и образования (1949-1950). Третий президент Израиля (1963-1973).

Моше Арам[82], Хаим Арлозоров[83], Хаим Бялик[84] и др.

Из письма Бен-Гуриона:

> *Несколько лет назад мне довелось неоднократно встречаться в Тель-Авиве с равом Ашлагом и подолгу беседовать с ним — и о каббале, и о социализме...*[85]

Основной труд своей жизни — комментарий на книгу «Зоар», под названием «Перуш а-Сулам», — он начал во время Второй мировой войны, самой ужасной из войн в истории человечества.

Очевидцы поражались тому, как он пишет. То, что он делал, было сродни чуду — он сразу писал набело. Из-под пера непрерывно текли слова и заполняли страницы. Страницы складывались в тома и сразу, без правки, уходили в набор.

Два сердечных приступа, последовавшие один за другим, останавливают гонку. Выздоровление шло очень тяжело и длилось несколько месяцев.

Но вот все позади! Поставлена последняя точка. Комментарий к самой главной каббалистической книге — книге Зоар — готов. Именно тогда его стали называть «Бааль Сулам», что означает «обладатель лестницы». В каббале «лестница» — это путь духовного подъема.

Вместе с тем на печать книги не хватает средств, и он сам становится на место наборщика... Символично, что за этот многотомный труд в 1954 году, незадолго до смерти, Бааль Сулам получает почетную премию, учрежденную в честь его друга рава Кука...

О Бааль Суламе уже пишут романы, по его трудам защищают докторские диссертации, несмотря на это миру он пока малоизвестен. По сегодняшний день замалчивается не только заслуги Бааль Сулама, но даже его имя.

Однако жизнь не стоит на месте, и очень скоро все изменится. Почему? Потому что Бааль Сулам раскрыл человечеству путь в лучшее будущее:

> *Когда человечество достигнет своей цели на телесном, материальном уровне, то есть поднимется на совершенную ступень любви к ближнему, когда все люди мира сплотятся, как единое тело, единое сердце (как сказано об этом в статье «Мир»), только тогда во всей своей полноте раскроется счастье, ожидающее человечество.*[86]

---

[82] *Моше Арам* (1896-1978) — израильский политический деятель, депутат Кнессета пяти созывов (1949-1951), (1951-1955), (1955-1959), (1965), 1965-1969).
[83] *Хаим Арлозоров* (1899-1933) — экономист и политик, один из лидеров сионистского движения.
[84] Хаим Нахман Бялик (1873-1934) — писатель, переводчик, классик современной поэзии на иврите.
[85] *Архив Бен-Гуриона*, письмо от 20.05.1958.
[86] *Бааль Сулам*. Свобода воли. Kitvei Baal Hasulam. ARI. Israel. 2009. P. 426.

Глава 9. РАБАШ и новая эпоха

Когда человек открывает новую страницу в жизни? Чаще всего в молодые годы. Иногда, когда уже наступила зрелость. К каббалистам это отношения не имеет. Первую свою статью РАБАШ написал в 1984 году. В тот год ему исполнилось 77 лет.

В последующие семь лет он написал более 2000 страниц. Кроме того, во время уроков, бесед он наговорил тысячи аудиокассет. В них он открыл миру практическую каббалу.

До сих пор бытует мнение, что практическая каббала — это заклинания, гадания или/и таинственные мистерии. На самом деле все гораздо прозаичнее и, одновременно, гораздо сложнее. Речь идет о процессе объединения людей и общества на основе идеи любви к ближнему.

Благодаря Баруху Ашлагу, у нас есть сегодня современная методика реализации каббалы. Четкая инструкция заменила язык иносказаний. Он сделал то, что до него не осмеливался сделать ни один каббалист. Потому что пришло время...

Барух Шалом а-Леви Ашлаг (РАБАШ) родился 22 января 1907 года в Варшаве — столице Царства Польского, находившегося тогда в составе Российской империи.

Отцом Баруха был величайший каббалист последних поколений — Йегуда Ашлаг (Бааль Сулам). Мать Баруха — Ривка — принадлежала к известной каббалистической династии. Неудивительно, что в такой семье царил дух каббалы...

Каббалу может и должен учить каждый, но постичь ее можно только с учителем. Учителем Бааль Сулама был рабби Йешуа Ашер из городка Парисов, находящегося вблизи Варшавы, где проживала тогда семья Ашлагов. Барух очень рано начал сопровождать отца в поездках к учителю...

В те годы каббалисты из многих областей Восточной Европы иногда собирались в городе Белз, в Галиции, у известного каббалиста, адмора[87], рава Иссахара Дова. Несмотря на неспокойное время и длинную дорогу, Бааль Сулам тоже ездил туда с Барухом. Это было одно из последних мест, где понятие «духовное» сохранило еще свое подлинное каббалистическое значение.

Одна из таких поездок совпала с началом Первой мировой войны. Вследствие начавшихся военных действий, отец с сыном надолго застряли в Белзе. Лишь каким-то чудом, пробравшись в последний военный эшелон с солдатами, они сумели живыми и невредимыми вернуться домой, в Варшаву.

По еврейской традиции, когда мальчику исполняется 13 лет, он становится совершеннолетним. Это праздничное событие называется «Бар мицва» (буквально — «Сын

---

[87] Аббревиатура слов адонену морену ве-раббену: господин, учитель и наставник наш.

заповеди»). В этот день принято устраивать торжество с обильным угощением и приглашать много гостей. На трапезе, посвященной «Бар мицве» Баруха, было всего лишь три человека, еда состояла из нескольких ломтей хлеба и простой воды. Но разве существует мерка, чтобы измерить то, что почувствовал мальчик в тот день...

В 1921 году семья, после долгих приключений, переезжает в Иерусалим, и Барух поступает в ешиву «Торат Эмет». Вскоре Барух, несмотря на свой взрывной, непоседливый характер, становится известен в ешиве, как один из самых усидчивых учеников.

Учителя предрекают ему блестящее будущее, полное высоких постов и регалий, и никто бы не поверил, что его мысли занимает совершенно другое — он мечтает попасть на уроки своего отца.

Когда Баруху исполнилось 17 лет, он получил звание раввина. Барух прошел аттестацию у самых больших авторитетов того времени: первого главного раввина Израиля, Авраама Ицхака а-коэна Кука, и первого раввина ортодоксальной общины Иерусалима, Йосефа Хаима Зоненфельда.

Все это время он жил с родителями. В возрасте 18-ти лет он женился. Женой Баруха стала Йохевед, дочь рава Йехезкеля Элимелеха Линдера, одного из уважаемых жителей Иерусалима. Йохевед родила ему семь детей, а вместе они прожили 65 лет.

После женитьбы Барух стал постоянным учеником своего отца. Уроки начинались в час ночи и заканчивались на рассвете. Чтобы попасть на урок, Баруху приходилось покрывать каждый раз пешком несколько километров из Старого города до дома отца в пригороде Иерусалима.

Маршрут этот был очень опасен. Нужно было ночью проскальзывать мимо британских блокпостов и многочисленных банд, которые подстерегали еврейских жителей города.

В то время Барух начал работать арматурщиком на стройке. Население страны стремительно росло и требовалось много жилья. Несколько позже, когда строительный бум снизился, он трудился на прокладке дороги Иерусалим-Хеврон, был сапожником, переписчиком Торы.

Случалось, его строительная бригада оставалась ночевать под открытым небом. В такие дни он добровольно брал на себя обязанности ночного дежурного по кухне. Дело в том, что кухня была единственным местом лагеря, в котором горел свет. Он вставал в час ночи, до рассвета самостоятельно учился, а после этого весь день работал вместе с остальными...

В 1948 году возникло государство, и появились различные государственные учреждения. РАБАШ начал работать служащим в «Налоговом управлении Израиля».

Еще задолго до этого, в 30-е годы, Барух по указанию отца начал преподавать. Он был ближайшим учеником Бааль Сулама и даже получал индивидуальные уроки. В те годы он не писал книг, но зато старательно заносил в тетрадку все услышанное от отца. В итоге сложилась книга, которая была напечатана в 90-х годах. Она так и называется «Шамати» (Услышанное).

Счастлив удел сына, который удостоился усердствовать в познании тайн своего отца и всех секретов его дома, как единственный сын, которого отец поставил господствовать над всеми своими тайнами.[88]

Путь каббалиста не прост. Помехи на пути чаще всего возникают там, где не ждешь. Так случилось и с РАБАШем. После смерти отца в 1954 году, неожиданно возник наследственный спор о правах на издание книги Зоар с комментариями Бааль Сулама.

РАБАШ передает все дела по судопроизводству своему ученику, а сам в 1956 году уезжает в Англию. Он не хочет и не может участвовать в этом разбирательстве. Им движет лишь одно – издание книги отца должно быть продолжено.

В 1958 г. он возвращается из Англии, где в городе Гейтсхед, а также в других местах, преподавал каббалу. После того, как постановлением суда книга была передана РАБАШу, он сразу же безвозмездно передал права на издание одному из учеников.

Приближалось время начала массового распространения каббалы. Бааль Сулам даже говорил о времени, когда это должно произойти – 1995 год. Чтобы подготовить почву к этому событию, РАБАШ давал уроки по всей стране. Тель-Авив, Хеврон, Тверия, Иерусалим, Эйлат – где только он не побывал в те годы.

В 1979 году у РАБАША появился новичок – Михаэль Лайтман. Он был совершенно не похож на тех, кто приходил до сих пор. Темпераментный молодой парень с университетским дипломом, недавний репатриант, сразу же показал свое неудержимое желание и твердый характер.

Он начинает с того, что приносит на урок магнитофон. РАБАШа это очень удивляет, и он запрещает использовать диковинный прибор. Однако Михаэль не отступает, разъясняет важность записи уроков для будущих поколений, и РАБАШ дает согласие.

Новый ученик, по образованию биокибернетик, привык к научному методу работы. Он чертит, составляет таблицы, скрупулезно систематизирует новые знания. РАБАШ, видя такую прилежность, предлагает Михаэлю начинать готовить материалы для начинающих, и вскоре появляются сразу три книги.

Однако главное событие произошло в 1983 году. Михаэль читает курс по работе Бааль Сулама «Введение в науку каббала» преподавателям Института каббалы Берга. По окончанию курса, неожиданно, все слушатели – около 40 человек – переходят к РАБАШу. Эти светские ребята из Тель-Авива, представители всех слоев израильского общества, сильно отличались от прежних учеников. Из новичков создается группа, и РАБАШ начинает писать для них статьи по групповой работе.

В первый раз он это сделал во время прогулки в парке, на обратной стороне сигаретной фольги. Вскоре он это делает уже регулярно. Выучившись немного печатать на машинке,

---

[88] Zohar for All. Kabbalah Publishers. Israel. 2014, vol. 6. P. 432.

РАБАШ каждую неделю старательно, одним пальцем, часами выстукивает статьи. Со временем ученики составили из этих статей серию книг под общим названием «Ступени лестницы» (Шлавей а-Сулам).

Условия изложения каббалистических знаний зависят не от уровня знаний каббалиста, а от свойства его души, от его способности выразить словами неощущаемое другими людьми. Лишь в зависимости от наличия в себе этой способности каббалист получает разрешение раскрыть определенную часть каббалистических знаний.[89]

Бытует мнение, что каббалист — это затворник, оторванный от проблем материального мира. У нас есть свидетельство обратного.

Однажды, во время Первой ливанской войны РАБАШ включил радио прямо во время урока. Один из учеников очень этому удивился, на что РАБАШ сказал: «Если бы у тебя были там сыновья, ты бы, конечно, интересовался тем, что происходит, твое сердце было бы там. И тогда ты включал бы радио и слушал, потому что чувствовал, что от этого зависит твоя судьба. А у нас там находится вся наша армия, все они мои сыновья, и я, безусловно, страдаю и тревожусь за них».

Он уже немолод, а обучение новых учеников требует сил. Врачи рекомендуют плавание, но РАБАШ плавать не умеет. Тогда он отправляется в бассейн и начинает учиться плаванию вместе с маленькими детьми. Кроме проблем со здоровьем, у него была еще одна — дикция. Ученики с трудом могли его понимать. Не беда — решает РАБАШ и начинает заниматься с логопедом...

Когда человек полностью завершит всю свою духовную работу, связанную с любовью к ближнему, он сможет удостоиться любви к Творцу.[90]

Барух Ашлаг стал последним звеном в цепочке величайших каббалистов всех времен, протянувшейся от Авраама. Все свои силы он направил на то, чтобы заложить основы духовного развития нового поколения. Для этого РАБАШ разработал методику, которая подходит каждому человеку и ориентируется на нужды современного мира. Благодаря ему, человечество способно сделать гигантский шаг к решению охвативших его проблем.

И говорит об этом РАМБАМ, приводя жизненный пример: «Если колонна из тысячи слепых людей идет по дороге, и есть во главе колонны хотя бы один зрячий, то все они уверены в том, что идут по прямой дороге и не упадут, ведомые тем, кто видит путь, но если не будет в голове колонны зрячего поводыря, несомненно собьются с пути и затеряются.[91]

---

[89] *Бааль Сулам*. Условия разглашения каббалистических знаний. Kitvei Baal Hasulam. ARI. Israel. 2009. P. 10.
[90] *РАБАШ*. Пойдем к Фараону (2). 251.עמ.א כרך ש"רב כתבי ARI. Israel. 2008.
[91] *Бааль Сулам*. Предисловие к книге Зоар. Kitvei Baal Hasulam. ARI. Israel. 2009. P. 448.

Глава 10. Михаэль Лайтман и интегральный мир

Михаэль Лайтман родился в Витебске, после окончания Второй мировой войны, в 1946 году. Война оставила тяжелые воспоминания в его семье. Многие из его родственников погибли в Катастрофе.

Родители — врачи, мама из религиозной семьи, отец из семьи атеистов. Уже в возрасте 7-8 лет Михаэль начал задавать вопросы об устройстве мира и места человека в нем. Ответы взрослых его не удовлетворили, и в книгах, а потом в науке он продолжил поиски ответов на свои «детские» вопросы.

В школе его интересовали точные науки. В 1971 году он окончил Северо-Западный заочный политехнический институт, где изучал биологическую и медицинскую кибернетику. Наука могла объяснить, как рождается, живет и функционирует такая сложная система, как человеческий организм, но на вопрос: «Зачем и кому нужен этот механизм?» — она ответа не давала.

> *Если только обратим внимание на всем известный вопрос, уверен я, что все остальные вопросы и сомнения исчезнут с горизонта, и, посмотришь по сторонам, а их и нет. Речь идет о гнетущем вопросе, задаваемом каждым родившимся на земле: «В чем смысл нашей жизни?»* [92]

Михаэль решил уехать в Израиль и там продолжить свои поиски. Он подает заявление на выезд и получает отказ. Лишь через четыре года он с женой и маленьким сыном смог выехать из Советского Союза.

В те годы из СССР выехали тысячи евреев, но до Израиля доехали единицы, большинство оставалось в Европе, или отправилось за океан. Михаэля не оставляла уверенность, что его место — Израиль.

По приезду в страну в 1974 г. он почти сразу начал работать. Семья хорошо обустроилась в стране, родились дочери, но желание понять по-настоящему этот мир Михаэля не оставляло.

Он начинает изучать каббалу, но скоро понимает, что это древнее знание самому не одолеть. Долгие поиски в 1979 г. приводят его к РАБАШу (Барух Шалом а-Леви Ашлаг). Это был старший сын и ученик известного каббалиста Бааль Сулама — автора комментария на книгу Зоар.

Эта встреча полностью изменяет его жизнь. С этого момента Михаэль всегда рядом с РАБАШем. Еще при жизни учителя он сам начинает преподавать каббалу и писать книги...

В 1991 году РАБАШ умирает. Через год Михаэля уговаривают начать преподавать каббалу.

В 1998 году он и группа «Бней Барух» (сыновья Баруха), названная им так в честь своего учителя, начинает раскрывать миру каббалу — то, чего

---

[92] *Бааль Сулам.* Предисловие к «Учению Десяти Сфирот». Kitvei Baal Hasulam. ARI. Israel. 2009. P. 769.

так хотели РАБАШ и его отец Бааль Сулам. Начиная с 1999 года начинаются прямые интернет-трансляции на весь мир.

Усилиями М. Лайтмана каббала, наконец, начала широко открываться миру тем, чем она была изначально – наукой, способной ответить на вопрос «почему?». Почему рожден человек? Почему этот мир враждебен человеку? И наконец, что надо делать, чтобы человеку было хорошо в этом мире?

Не может быть двух мнений по поводу цели творения, ведь она едина для всех: для черных, белых и желтых, – без различия в происхождении, до самого нижнего уровня творения, которым является эгоистическая любовь, что владеет человечеством.[93]

Каббала говорит, что единство – это закон природы. Эгоистический путь развития человечества закончился. Мир стал глобальным и интегральным, поэтому и человечество должно стать единым организмом.

С 2002 года деятельность М. Лайтмана приняла еще более масштабный характер. Книги, радиопередачи, публикации в СМИ, Интернет и наконец, международные турне с лекциями приводят к появлению групп в Москве, Нью-Йорке, Санкт-Петербурге, Киеве. По прошествии времени «каббалистическая эпидемия» захватила Боливию, Мексику, Чили, Хорватию, Германию, Италию, Камерун, Австралию и другие страны. С этого момента начинают собираться первые мировые конгрессы.

В 2004 году Михаэль Лайтман защищает докторскую диссертацию. На вопрос: «Зачем вам научная степень?» – следует прямой ответ: «Люди готовы слышать о каббале не от каббалиста Лайтмана, а от доктора Лайтмана, значит, я обязан стать доктором».

В том же, 2004 году, он знакомится с Эрвином Ласло, основателем и руководителем «Будапештского клуба», который еще в начале 60-х годов говорил о надвигающемся кризисе. Михаэль Лайтман солидарен с ним и предлагает методику преодоления кризиса. Об этом он говорит на встрече Всемирного Совета Мудрости в Японии (The 3rd World Wisdom Council meeting, Tokyo, Japan) перед пятитысячной аудиторией.

В Германии он выступает перед ведущим мировыми учеными (The New Planetary Consciousness, World Wisdom Council Dusseldorf).

Он встречается с принцессой Голландии, с представителями Ватикана, с режиссерами и сценаристами в Лос-Анжелесе.

В 2005 году происходит встреча с учеными-физиками, героями популярного фильма «What the Bleep Do We Know?» (Symposium with Quantum Physics Scientists, San Francisco, USA). Идет непростой разговор, о том, что задача ученых не в изменении мира вокруг, а в изменении человека.

В Берлине, на площади Бебельплац 9 сентября 2006 года, происходит

---

[93] *Бааль Сулам*. Поручительство. Kitvei Baal Hasulam. ARI. Israel. 2009. P. 394-395.

знаменательное событие. Здесь собираются 100 известнейших философов и мыслителей современности. «Круглый стол свободных голосов», так это называется (The Table of Free Voices, Berlin Germany). Они должны ответить на 100 важнейших вопросов, которые задаются им самыми разными людьми планеты.

Михаэль Лайтман озвучивает мысль, которую из глубины веков передают каббалисты — все проблемы мира от нашей разобщенности, которая растет и становится угрожающей. Пока мы ее не преодолеем, мир будет безостановочно падать в пропасть. Остановить падение может система интегрального воспитания, созданная на основе науки каббала.

В 2006 году, в Аросе (Wisdom in Action, The 3rd World Spirit Forum in Arosa, Switzerland) Михаэль Лайтман с высокой трибуны предупреждает о приближающемся кризисе. Он предлагает конкретные шаги, которые необходимо начать делать прямо сейчас. Его слушают, кивают, соглашаются, но на этом все и заканчивается.

В преддверии надвигающегося кризиса, в 2007 году Михаэль Лайтман совершает осенний тур по Америке и Канаде. Он дает интервью таким СМИ, как Forbes, Chicago Tribune, Fox News Radio, The Miami Herald, Terra, Telemundo Chicago, Bloomberg TV.. Множество людей увидели, услышали доктора Лайтмана, но на этом все и заканчивается...

В 2008 году действительно разразился мировой экономический кризис. Михаэль Лайтман не торжествует, в нем только горечь, что не был услышан...

С 2009 года его программа интегрального воспитания совершенствуется на конгрессах в Израиле, Турции, Мексике, Нью-Йорке, Торонто, а в 2011 году эта программа передается генеральному директору Юнеско Ирине Боковой...

На следующий год Михаэль Лайтман встречается с первым заместителем Генерального секретаря ООН доктором Аша-Роуз Мигиро. И с ней он говорит о системе интегрального воспитания. Между поездками он проводит 130 виртуальных встреч с известными учеными, политиками, общественными деятелями и деятелями культуры.

На встрече с представителем Европейской комиссии Эмилио Далмонте Михаэль Лайтман рассказывает, что Евросоюзу угрожает распад, и это уже не является новостью для его собеседника. Лайтман объясняет причины происходящего и предлагает устроить встречу с руководством Евросоюза, чтобы изложить программу выхода из этого кризиса. Однако этой встречи не произошло...

Это было в 2012 году. Сегодня, после Брекзита, уже ни у кого нет сомнений, что доктор Лайтман в очередной раз был прав.

С 2014 года он печатает статьи на самых престижных сайтах и газетах мира: The New York Times, CNN, Bloomberg TV, Fox News, Chicago Tribune, Corriere della Sera, The Miami Herald, The Huffington Post, Jpost,

Haarez, Ynet, Times of Israel и др. Его читают миллионы...

В феврале 2014 года впервые метод «круглые столы», как универсальный инструмент интегрального образования и воспитания, был испытан на международном конгрессе. В этом конгрессе, который проходил в выставочном комплексе «Ганей-Тааруха», в Тель-Авиве, приняло участие около 8 тысяч человек, включая 2,5 тысячи гостей из 63-х стран! География зарубежных участников поражает пестротой: Сибирь, Аляска, Африка, США, Чили, Мексика, Китай, Япония, Македония, Грузия... Ощущение дружбы, семьи, настоящего единства и внутренней теплоты, сделало этот конгресс исключительным событием года.

С 2015 года начинается новый уникальный эксперимент. Ученики по всему миру соединяются в небольшие группы – десятки. За этой методикой тысячелетние корни. Самые известные каббалисты прошлого – РАШБИ, АРИ, БЕШТ – использовали этот способ объединения людей.

Последние годы: 2016, 2017, 2018 также полны встреч, поездок, лекций. На встрече с лауреатом Нобелевской премии Эли Визелем Михаэль Лайтман объясняет причины Катастрофы. Интервью с известнейшим тележурналистом Ларри Кингом, которое длилось полтора часа вместо запланированных 15 минут. Открытые письма в Ватикан, в администрацию американского президента, выступление на израильско-американской конференции в Вашингтоне, конгрессы в Сантьяго, Сан Паоло, Гвадалахаре, Нью-Джерси...

Такая бурная деятельность по объединению людей нравится не всем. Несмотря на это, процесс, связанный с распространением каббалы – самой востребованной науки 21-го века, продолжается и расширяется.

На сегодня можно подвести некоторые итоги. Благодаря Михаэлю Лайтману работают: сайт на 36-и языках, единая система виртуального обучения, кабельное телевидение в Израиле, мировая трансляция на 23-ти языках. Им написано 70 книг, переведенных на 40 языков, ведется блог на 22-х языках. Подготовлено 230 квалифицированных преподавателей. Создано 156 групп в 70 странах мира. Около 2 миллионов учеников со всех континентов, разных национальностей, религий, цвета кожи, участвуют в процессе совершенствования методики объединения. То, что когда-то начал Бааль Сулам и его сын РАБАШ, продолжает воплощаться в жизнь...

Когда человечество достигнет своей цели на телесном, материальном уровне, то есть поднимется на совершенную ступень любви к ближнему, когда все люди мира сплотятся, как единое тело, единое сердце (как сказано об этом в статье «Мир»), только тогда во всей своей полноте раскроется счастье, ожидающее человечество.[94]

---

[94] *Бааль Сулам.* Свобода воли. Kitvei Baal Hasulam. ARI. Israel. 2009. P. 426.

Глава 11. Бней Барух

Каббалист Бааль Сулам (1884-1954) незадолго до смерти сказал своему сыну, РАБАШу, что через 50 лет каббала начнет распространяться по миру. Жизнь доказала его правоту.

В конце 80-х годов и в начале 90-х, перед самым развалом Советской империи, в Израиль хлынули сотни тысяч русскоязычных репатриантов. Среди них были и такие, которых давно уже волновали «вечные вопросы» о смысле жизни. Именно из этих людей и начал в те годы формироваться костяк будущей мировой группы.

Фактически, история появления группы «Бней Барух» (сокращенно ББ) началась с того дня, когда в 1995 году Михаэль Лайтман — ученик каббалиста РАБАШа — начал давать уроки каббалы в своей квартире в Бней-Браке. В то время на занятия приходило около десяти человек.

К концу 2018 года в рамках мирового «Бней Баруха» в 152 странах мира учатся 30 000 очных студентов и 50 000 студентов проходят дистанционное обучение.

Подробно рассказать о становлении всемирной ББ в одной статье невозможно. Отметим лишь некоторые основные вехи.

После того, как М. Лайтман стал проводить регулярные занятия, количество учеников начало увеличиваться. В ту же пору к русскоязычным ученикам стали присоединяться и коренные израильтяне, и потому утренние уроки стали проходить на иврите.

В начале 1997 года был организован первый центр изучения каббалы в Бней Браке. Там ежедневно проходили утренние занятия и вечерние курсы для начинающих. Тогда же группа получила официальный статус и название «Бней Барух» (сыновья Баруха) в честь Баруха Ашлага — учителя М. Лайтмана.

Вскоре к утренним урокам по телефонной линии стали подключаться ученики со всей страны. Началась интенсивная работа по распространению каббалистических знаний в интернете, и группа начала стремительно расти. В те же годы начали появляться одна за другой книги для начинающих. Вскоре на мероприятия, проводимые ББ, стали приезжать гости из России и других стран.

Через некоторое время после переезда М. Лайтман начал процесс построения «десяток». Если кратко, десятка — это минимально необходимое количество людей, требуемое для запуска внутреннего природного механизма объединения.

Процесс распространения каббалы продолжался. Огромный интерес к каббале, возникший в России и США, привел к возникновению в этих странах каббалистических групп — филиалов «Бней Барух». С тех пор начали проводиться мировые конгрессы в Израиле, а затем по всему миру.

Сегодня, из-за огромного количества групп, разбросанных на разных континентах, д-р Лайтман не имеет физической возможности посещать все международные конгрессы. По этой причине все больше конгрессов проводятся виртуально.

В заключении можно сказать так. «Бней Барух» живет, развивается и наращивает свои усилия. Положение в Израиле и во все мире вызывает растущую озабоченность. По прогнозам каббалистов любая пассивность в деле объединения людей приводит к активизации негативных сил в мире. Это выражается в мировых кризисах, общественных и межнациональных конфликтах, росте шовинизма и антисемитизма.

Мечта ББ — объединиться на самом высшем уровне самим, и помочь объединиться всему миру — возможно, кому-то кажется несбыточной, однако каббалисты на протяжении истории не раз доказывали обратное.

Нет необходимости подгонять мир под различные представления о справедливости. Пришло время заняться развитием самого человека.

Природа человека — это его эгоизм. Людям предстоит узнать, как управляться со своим эгоизмом, как над ним возвышаться с помощью взаимной поддержки, поручительства. Это огромная работа.

Сегодня мы переживаем глубочайший кризис как смену парадигмы внутреннего поведения человека. В основе этого развития — доброе начало связи с другими людьми, забота о другом человеке.

Мир должен увидеть притягательность примера, который может показать международная многонациональная группа людей, которая по-настоящему ищет смысл жизни. Он достигается в особом внутреннем объединении, компрессии, вызывающей мощную силу отдачи, любви, взаимной поддержки и работающей против эгоизма.

На сопряжении и использовании положительной силы, которую они вызвали, и отрицательной, природной силы эгоизма люди и смогут выстроить хорошие отношения в обществе. И сегодня наступает время именно этих людей — стремящихся к поиску и постижению смысла жизни.

Мы видим, что миру некуда больше развиваться. У людей нет никаких идей, мы приходим к ощущению безысходности. И действительно, все может закончиться в любую минуту. Кризис, который развивается тысячи лет, окончательно завел нас в тупик. И выйдем мы из кризиса, только воспитав человека, живущего в соответствии с законами природы, в основе которых — проявление любви и отдачи в отношениях между людьми.

Раздел V

Критика каббалы

Содержание:

Глава 1. Борьба противоположностей — получения и отдачи
Глава 2. Объективная причина противоречий — противоположность получения и отдачи
Глава 3. Субъективные причины противоречий: две части одного народа
Глава 4. Отчужденность и раздробленность
Глава 5. Отчужденность переходит в ненависть
Глава 6. Политическая и идейная ангажированность
Глава 7. Борьба за каббалу
Глава 8. Почему люди по-прежнему настороженно относятся к каббале?
Глава 9. Выводы: феномен критиков современной каббалы
Заключение

Глава 1. Борьба противоположностей — получения и отдачи

Борьба противоположностей — таков универсальный закон, охватывающий все уровни, от неживой природы до человеческого общества. Куда бы мы ни шли, к чему бы ни стремились, всегда что-то помогает нам, а что-то мешает. Каждый человек, как и человечество в целом, развивается под воздействием двух сил, в динамичном противостоянии позитива и негатива, поддержки и сопротивления.

Противоположные силы могут называться по-разному: добро и зло, свет и тьма, подъем и падение. Но обе они — неотъемлемые части процесса, две стороны одного целого. Именно вместе они обеспечивают развитие — рывками и откатами, расширением и сжатием, расцветом и упадком, на контрасте, на конфликте, на спайке противоположностей.

Когда колесо вращается, разные его части движутся в противоположных направлениях. Вот почему жизнь человека пульсирует взлетами и падениями, резкими или микроскопическими. Движение вперед — это всегда преодоление.

Глава 2. Объективная причина противоречий — противоположность получения и отдачи

Согласно диалектике противоречий, история науки каббала — это, во многом, история сопротивления ей. Иначе и быть не могло, ведь наука эта испокон веков помогала брать новые высоты, вторгаться в неизведанное, менять себя. В каббалу идут люди, которые испытывают потребность раскрыть цель творения, познать, изучить Природу и мироздание. Они стремятся к подъему над обычной жизнью, над собой, им необходимо добраться до сути, до смысла, до того уровня, с которого открывается цельная картина единого мира, единого человечества.

Мы только сейчас начинаем оперировать такими понятиями, привыкаем к «глобальности», к всеобщей взаимосвязи — а каббалисты изучают эту систему тысячи лет.

Именно поэтому с каббалой идет многовековая непрерывная борьба. Зачастую к каббалистам относились как к пришельцам из другого мира. Сам вектор этой науки чужд эгоистической природе человека, противоположен ей.

> «Пришельцем стал я в земле чужой...»
>
> Тора, Шмот, 18:3

Изучая неделимую картину мира, поднимаясь над искусственными границами восприятия, каббалисты естественным образом входили в конфликт с традиционным подходом, выхватывающим частности из целого. К тому же, им приходилось описывать результаты своих исследований языком текущей эпохи, из-за чего смысл и терминология их трудов извращались порой до противоположности.

В действительности основополагающие каббалистические источники, включая Тору, говорят исключительно о постижении Высшего мира или Творца. Однако традиционная наука и абсолютное большинство людей воспринимают эти книги на материальном уровне — как описание событий, происходивших в нашем мире.

Итак, давайте запомним: каббалисты всех поколений постигали и описывали духовную систему, управляющую нашим миром.

Тора (букв. учение) — это методика, позволяющая человеку, живущему в нашем мире, изучать свойства духовного мира. Предметом изучения и постижения в каббале является воздействие духовных сил на человека.

И постижение это происходит лишь в той мере, в какой человек желает изменить себя, устремляется к подъему над своей природой и вызывает помощь с более высокой ступени развития. В каббале эта помощь часто называется «светом». Понятие «Тора» происходит от иритского *ор* (свет). В целом, наука каббала направлена на то, чтобы человек мог изучать себя и изменить свои свойства с получения на отдачу при помощи «высшего света».

Итак, в основе объективных противоречий каббалы и традиционной науки лежит то, что каббалисты с помощью особого органа, экрана, описывают законы и силы высшего мира, в котором действует свойство отдачи. Тогда как традиционные ученые исследуют мир, базируясь на восприятии в пяти органах чувств, базирующихся на свойствах получения, противоположных отдаче.

Глава 3. Субъективные причины противоречий: две части одного народа

Помимо объективных причин антагонизма каббалы и представлений людей, живущих в ощущениях только нашего мира, есть и дополнительные, так называемые субъективные причины.

Дело в том, что *Авраам*, родоначальник еврейского народа, оставивший неизгладимый след в истории человечества, первым из каббалистов начал широкое распространение науки каббала. Он не выступал и не подстрекал против власти. Но он подвергся жесткому противодействию. Его отринули придворные жрецы во главе с собственным отцом Терахом. Его считали еретиком и сумасшедшим.

Людям в те времена, действительно, проще было назвать безумным человека, говорившего о Творце как едином Законе и призывающего к разрушению идолов. Они видели в его словах подрыв «божественного» статуса вавилонского царя Нимрода.

Вопреки сопротивлению языческий жрец стал основоположником каббалистической методики. Он покинул Древний Вавилон со своими последователями, заложив тем самым основы народа, поставившего целью «любовь к ближнему». Так каббалистическая методика вышла в «большой мир».

Каббалистическая методика основана на изменении собственных свойств, Внутреннее в ней всегда превалирует над внешним. А потому самой трудной для последователей Авраама оказалась борьба с самими собой.

По свидетельству Торы, тяготы *Моше* начались тогда, когда его предали собратья[1]. Если бы этого не случилось, он не стал бы лидером народа.

Когда Моше выводил евреев из Египта — в каббалистическом понимании, из власти эгоизма к любви и отдаче — разве не единоплеменники преследовали его, а затем, увидев, что Фараон проиграл, присоединились к нему «на шестистах колесницах»? Ведь сказано в Торе, что скот египтян целиком вымер во время казней.

Каббалисты объясняют, что евреев преследовали те из слуг Фараона, кто боялся Творца. Иными словами, те, кто знали о едином Законе, но хотели использовать его на собственные нужды — «служили Фараону». Они же примкнули к беглецам в виде «смешанных сил» или «великого сброда», которые Тора называет «эрев рав».

В результате из Египта вместе вышли две части одного народа. За Моше и его приверженцами, объединившимися на принципах альтруистической любви и отдачи, последовали те, кто не вырвался из-под власти своей

---

[1] См. Тора, Шмот, 2:11-14.

природы. Они были удовлетворены обычным эгоистическим общежитием и соблюдением многочисленных внешних ритуалов. Представители «смешанных сил» или «великого сброда» не были готовы внутренне изменять себя.

Так сформировался народ Израиля — с одной стороны, единство людей, основанное на духовном возвышении, а с другой стороны, значительная часть, несущая в себе зерна эгоизма, которые прорастают в каждом поколении. Такая разобщенность сводит на нет успехи, воспламеняет междоусобицу и призывает внешние силы, другие народы, к «решению еврейского вопроса». В этом явлении остро проявляется диалектика развития каббалы. С одной стороны, непрекращающийся «злой рок», а с другой, постоянный стимул к развитию.

Глава 4. Отчужденность и раздробленность

Прошли века. Достигнув в своем внутреннем развитии высокой духовной ступени Храма, народ Израиля начал опускаться в растущий эгоизм, пока не вернулся под его власть окончательно. Тогда возникла религия в ее нынешнем понимании, с правилами поведения в материальном мире, символизирующими духовные действия, но не заменяющими их.

Далее, за две тысячи лет изгнания евреи рассеялись по «новому Вавилону» — по всему миру — и создали себе «идолов», «святыни», «ритуал». Тягу к высотам духа подменила вера в «загробный мир». Материя поглотила людей, и постепенно народ раздробился, распался на части, порой совершенно оторванные друг от друга.

Неразрывная связь между людьми может быть основана только на любви и отдаче. Достижению этого внутреннего свойства учит каббала. Она обеспечивает практику, а без нее остается только теория. Поэтому, хотя принцип любви к ближнему, как к себе, является главным правилом Торы, но сама «Тора» в ее первоначальном виде — инструкция по единению, полученная от Моше, — больше не служит руководством к действию. Евреи оказались во внутреннем изгнании, в отрыве от собственной сути. Исчезло понимание духовных законов, того кто такой народ Израиля, в чем его предназначение, цель его развития. «Великий сброд» взял верх.

«Приходят мелкие ограниченные люди и равнодушно пичкают нас всевозможными снадобьями, а самое главное — эликсир жизни — убирают подальше от глаз. Дело доходит до того, что духовная жизнь для нас и для всего мира, который от нас зависит, омрачается конвульсиями и ужасным обмороком...»

Рав Кук, Послания, 2, опубликовано Издательством рава Кука, 1993, стр. 123

Таков самый тяжелый период в истории каббалы и еврейского народа. «Конвульсии» — это не просто чужбина и гонения. Это, прежде всего, беспрецедентные проявления ненависти между людьми. Именно собратья донесли римлянам на рабби Акиву, а затем — на рабби Шимона Бар Йохая, который с группой учеников написал Книгу Зоар.

«Рабби Йехуда, рабби Йоси, рабби Шимон и Йехуда бен Герим обсуждали вклад римлян в развитие страны. Рабби Йехуда сказал, что римляне сделали много хороших вещей: основали рынки, мосты и бани. Рабби Йоси промолчал. Рабби Шимон сказал, что всё, что сделали римляне, — сделали для собственной пользы. Рынки — чтобы было место для блуда, бани — для ублажения собственного тела, мосты — для сбора пошлин. Йехуда бен Герим разболтал содержание разговора. Это дошло до властей, и

они решили, что рабби Йехуда должен получить повышение за то, что возвеличил римское правление, рабби Йоси должен быть сослан в Ципори за то, что промолчал, а рабби Шимон должен быть казнен за то, что порицал правящий режим».

Талмуд, Трактат «Шаббат», 33,72

Глава 5. Отчужденность переходит в ненависть

Апогей ненависти пришелся на XVIII век, когда восточноевропейское еврейство было буквально расколото противостоянием митнагдим и хасидов.

Основатель хасидизма, Бааль Шем Тов, не просто распространял каббалу в среде народа. Он преследовал две цели: прежде всего, он хотел объединить народ с помощью каббалистической методики, а кроме того, он отбирал и готовил будущих наставников каббалы. Разрозненное еврейское население восточно-европейских местечек получило мощную моральную поддержку, а на место духовных лидеров народа встали каббалисты.

Вместе с этим у нового начинания появились противники (митнагдим). Во главе их находился известный каббалист из Литвы Ильяху бен Шломо Залман (Виленский Гаон или сокращенно АГРА). Почему каббалист противостоял каббалисту — вопрос остался открытым. Несмотря на то, что современный хасидизм утратил свою прежнюю идеологию, разногласия продолжаются.

Не менее острая борьба происходила в это время и в западноевропейском еврействе. Уроженец Италии, рав Моше Хаим Луцатто, считал, что распространение каббалистической мысли, объяснение постулатов и понятий каббалы, играет решающую роль в нравственном воспитании народа. Его ученики «приняли на себя обязательство любить друг друга и обращаться друг с другом по-братски, с добрым сердцем».

Однако далеко не все современники поняли и по достоинству оценили книги Рамхаля. На протяжении всей жизни Рамхаль был объект беспрецедентной травли со стороны влиятельных раввинов, подозревавших его в ереси и запретивших издавать сочинения по каббале. Его труды были частью сожжены, а частью захоронены, но и на этом травля не прекратилась. Обвинение следовало за обвинением, а все попытки публично доказать свою правоту наталкивались на стену религиозной косности и непримиримости.

В первой половине XX века величайший каббалист Бааль Сулам слышал на иерусалимских улицах примерно то же, что Авраам в Уре Халдейском. Он писал, взывал, предостерегал о близившейся Катастрофе. Еще ранее пытался организовать массовый переезд евреев из Польши в Эрец Исраэль — но собратья вынудили его уехать вместе с семьей, после чего большинство из них сгорели в пламени Холокоста.

«Я уже высказывал свои принципиальные соображения в 1933 году. Кроме того, я общался с руководителями поколения, и слова мои не были приняты. Хотя я кричал во весь голос, предупреждая тогда о мировом крахе, — это не произвело впечатления...»

Бааль Сулам, Последнее поколение, Предисловие, (9/3)

Между каббалистами и народом разверзлась пропасть непонимания и отчуждения.

Глава 6. Политическая и идейная ангажированность

Начиная с 70 гг. XX в. и до сегодняшнего дня каббала переживает беспрецедентный по масштабам взлет популярности во многих странах мира. «В последние три десятилетия, — пишет известный израильский ученый Боаз Хус, — тысячи людей стали изучать и практиковать различные формы каббалы, были опубликованы сотни книг о каббале, а в Интернете можно найти многочисленные сайты, посвященные каббале.

Очередное возрождение каббалы сопровождается значительными трансформациями, и это служит поводом для дискуссий о ее преемственности и аутентичности. Усиливается смешение разнородных взглядов современных каббалистических движений, которое проявляется в их этнической и социальной структуре, но главное — в их учениях и практиках, сочетающих каббалистические и хасидские традиции с идеями и практиками, заимствованными из других учений (в основном восточных), из массовой культуры и академических трудов. Причем инородный материал проникает даже в некоторые ортодоксальные группы»[2].

Известный социолог М. Интровинье считает каббалу «живым явлением, которое исторически развивалось, постоянно трансформируясь... То, что сейчас кажется "неправильным толкованием", возможно, открывает путь духовным инновациям, а для каббалы это способ функционировать в качестве живого развивающегося метода или системы». Интровинье подчеркивает, что «в битве за каббалу, которая ведется между академическими учеными, ультраортодоксами и "прагматическими" каббалистами, понятие *каббала* становится политически и идейно ангажированным»[3].

---

[2] *Хус Б. Новая эра каббалы*. Современная каббала, Нью-эйдж и духовность в эпоху постмодерна // Эзотеризм в России и на Западе: прошлое и современность. 2013. № 4 (31). С. 113-143.
[3] Introvigne M. Pragmatic Kabbalists: Bnei Baruch and the Globalization of Kabbalah // Interdisciplinary Journal of Research on Religion. 2017. V. 13. P. 3-38.

Глава 7. Борьба за каббалу

Интровинье выделяет четыре группы интерпретаций каббалы: академическую, религиозную, эзотерическую и практическую.

Академические интерпретации в традиции Гершона Шолема (1897–1982), главным представителем которого сейчас является Моше Идель, пытаются воссоздать самые старые версии каббалы посредством изучения текстов. Они часто критикуют практические интерпретации за упрощения. Они предполагают, что каббала представляет собой чрезвычайно сложную систему текстов и традиций, описанных в многочисленных и зачастую противоречивых источниках.

Религиозные интерпретации обычно встречаются в хасидских движениях. Они настаивают на том, что каббала по своей сути является частью религии, иудаизма. Каббала – это эзотерическое содержание иудаизма, которое следует скрывать, и раскрывать только посвященным. Для тех, кто выступает за религиозное толкование, преподавание каббалы непосвященным не имеет смысла, а обучение не евреев равносильно святотатству.

Эзотерические интерпретации рассматривают каббалу сквозь призму существовавшей ранее эзотерической системы через процесс получения. Практически все эзотерические учения опираются на каббалу для подтверждения своих основ. Так, Елена Блаватская (1831–1891), сооснователь Теософского общества, опиралась на каббалу в своих ранних произведениях. Для нее, по словам израильского ученого теософии Джулии Чаес, «каббала была теософией, а теософия была каббалой».

Практическая каббала отрицает свою принадлежность к религии или какой-либо эзотерической системе. Практическая каббала – ответ на самые глубокие духовные запросы человека. Это означает, что ее можно изучать атеистам и людям всех религий без их обращения в иудаизм. Ведущие последователи практической каббалы – Бааль Сулам, Рабаш и, в особенности, Михаэль Лайтман, не игнорируют академическую литературу. Они ищут ясность, простоту, и здравый духовный смысл там, где ученые концентрируются на сложности, противоречиях, и теориях.

Борьба за каббалу между этими четырьмя интерпретациями не является чисто умозрительной. По мере ее развития, сама идея Каббалы становится формой существования в обществе и предметом политических обсуждений. Каждая интерпретация служит своей цели. Конфликт практически неизбежен.

Глава 8. Почему люди по-прежнему настороженно относятся к каббале?

Что вынуждает людей бояться и даже ненавидеть каббалу, хотя они очень мало знают о ней?

Во-первых, ощущения страха и ненависти подспудно существуют в людях, потому что противодействие, пропаганда против каббалы продолжается на протяжении как минимум трех тысяч лет.

Во-вторых, изучая каббалу, человек чувствует сопротивление своего эгоизма. Это против его природы. Каббала говорит о воздействии на человека скрытых от него сил, поднимает сознание на уровень высшего мира. Поэтому люди, не знающие каббалу, зачастую считают каббалистов «закрытой кастой», члены которой занимаются тайным управлением.

Обычные люди, не понимающие и не ощущающие внутренней сути каббалы, подчас усматривают в ней лишь отдельные физические действия на уровне нашего мира, воспринимают ее как религию. Здесь следует пояснить, что три мировые религии действительно произошли от каббалы после утери еврейским народом ощущения высшего мира. При этом истинная классическая практическая каббала не имеет никакого отношения ни к религиям, ни к национальности.

Занимаются каббалой только те, кто чувствует в себе сильное желание понять смысл жизни, постичь Высший мир. Для таких людей это желание становится доминирующим, непреодолимым, требующим поиска ответа на самые глубокие вопросы и наполнения. Человек должен свободно и осознанно выбрать путь изучения каббалы, несмотря на все противодействие и даже внутреннее сопротивление.

По-настоящему правильно оценить суть науки каббала и всей системы мироздания может только каббалист. То есть человек, внутренне включившийся в систему высшего мира, преодолевший условную границу между материальным и духовным миром. Другими словами, человек, создавший эту систему высшего мира в себе, и тем самым ставший хотя бы в какой-то мере ее составной частью.

При этом каббала не является «наукой для избранных». Она предназначена абсолютно для всех. Каббала – не просто учение, а над-религиозная наука об устройстве Высшего мира. Каждый человек может ее постичь, потому что является частью духовной системы. Все мы в итоге своего развития достигнем такого состояния, когда и разумом, и желанием включимся в нее на принципах позитивной взаимосвязи.

Глава 9. Выводы: феномен критиков современной каббалы

Систематизируя критику современной каббалы, мы приходим к следующим выводам:
- Наиболее весомая критика современной каббалы исходит от ортодоксальных еврейских кругов, представители которых не являются сторонними наблюдателями по отношению к каббалистическим источникам и практикам.
- Большинство критиков являются сторонними наблюдателями. Даже те из них, кто посвятил всю свою жизнь изучению каббалы, изучали её со стороны, не занимаясь собственно каббалой. Это характерно и для израильских вузов, где специалистами по каббале называют фактически специалистов по истории каббалы, что далеко не одно и то же.
- Знакомство сторонних наблюдателей с каббалой сводится, как правило, к знакомству с её вульгарной формой, распространившейся во времена Рима и в средние века среди христиан. Оттуда эти представления были заимствованы иудаизмом, который, начиная со времен АРИ, постепенно отрывался от настоящей каббалы. Знакомые с вульгарной каббалой часто путают её с мистикой, магией и различными восточными практиками.
- Некоторая часть современных критиков каббалы — это бывшие ученики, изучавшие каббалу и оставившие ее по разным причинам. У таких людей возникает потребность оправдать свое решение прекратить свое внутреннее развитие при помощи каббалистической методики. Такие люди подчеркивают трудности учебы и кажущиеся им противоречия в каббале, требующие преодоления и больших усилий. Ведь для разрешения этих противоречий ученикам надо подняться на высокие духовные ступени, с которых каббалисты описывают свое восприятие действительности, законы и силы, воздействующие на человека, находящегося в ощущениях только нашего мира.
- Современную каббалу критикуют одновременно и за излишнюю религиозность, и за излишнюю светскость, что связано с разным пониманием сути каббалистического учения среди традиционных евреев представителей практической каббалы.
- Следует отметить, что процесс отрыва иудаизма от каббалы начался задолго до Бааль Сулама и М. Лайтмана. Его начали ортодоксальные раввины, не принявшие отмены запрета на изучение каббалы, отмененного со времен АРИ.
- Известный отрыв каббалистов от религии был во все времена. Ортодоксальные круги всегда утверждали, что занимающийся каббалой, то есть внутренней работой над собой, ослабляется в выполнении внешних

заповедей, что неприемлемо для традиционного иудаизма.
- По мнению части религиозных кругов в традиционной каббале существует запрет на её изучение мужчинами моложе сорока лет. Этот запрет был отменён со времени Ари. Все до одного выдающиеся каббалисты подтверждали необходимость повсеместного изучения каббалы.
- В ортодоксальном иудаизме принято считать, что существует строгий запрет на её изучение людьми, не освоившими в совершенстве Талмуд и Танах. Однако все каббалисты, начиная со времен Ари, пишут об отмене этого запрета и о необходимости широкого изучения каббалы.
- По мнению ортодоксальных кругов, традиционная каббала ни в коем случае не претендует на «научное познание» высших миров.
- Каббалисты воспринимают мир через призму желаний человека и его внутренней работы. Это приводит к непониманию и неприятию такого подхода. Так, например, если каббалист говорит о желаниях неживой природы, то он подразумевает собственные желания этого уровня. Если каббалист пишет, что каждый ребёнок времён храма с определённого возраста знал законы очищения, то он подразумевает очищение от эгоизма, а не внешние материальные заповеди.
- Михаэль Лайтман позиционирует себя, как последователь Бааль Сулама. Поэтому критика Лайтмана может быть направлена против всей классической практической каббалы. Говоря о единственности каббалистического пути, сторонники школы Лайтмана подразумевают «научный» принцип — «подобное постигается подобием свойств человека». Иными словами, Творца можно постичь, лишь приобретя его свойство абсолютной отдачи.

Заключение

Мы живем в довольно непонятном мире. И человек спрашивает себя о том, где он живет, где существует.

На протяжении тысяч лет мы, в принципе, этим вопросом не задавались. Мы думали, что тот мир, в котором мы живем, — и есть этот мир. Затем, продвигаясь в изучении природы, мы обнаружили, что другие существа, отличные от людей, ощущают мир по-другому: в виде пятен тепла, или облака запахов, или расчлененным на множество секторов, и так далее.

А потом возникла иная парадигма. Появился Эйнштейн и доказал, что всё относительно: время, пространство, передвижение, и нет ничего абсолютного. То есть наше *восприятие мира* — это просто наши привычки, и мы могли бы воспринимать его совершенно по-другому.

Далее, Хью Эверетт доказал, что мира, который мы воспринимаем относительно нас, то есть зависящего от нас, практически не существует, мы строим его в своих ощущениях.

А затем появилась *наука каббала*, которая была скрыта в течение почти 6000 лет, и в ее книгах всегда говорилось о том, что ни нас, ни мира, как такового, воспринимаемого нами, не существует, а всё это — только относительно наших органов чувств. Если мы будем изменять эти органы чувств, то и мир будет меняться. Каббала рассказывает, как нам подняться над этими пятью органами чувств и начать ощущать мир другим — дополнительным. В дополнение к тому миру, в котором мы существуем сейчас в нашем теле, как любой живой организм, мы можем начать ощущать природу, мир, каким он существует вне нашего тела, вне наших пяти органов чувств.

В каббале нет ничего религиозного, мистического или эзотерического. Она не имеет отношения ни к иудаизму, ни к какой иной религии. Все противостояние религии и каббалы в оценке важности действия и намерения: что важнее — действия или намерения. Ведь и каббала не отрицает важность действий (традиций), как образующих и организующих рамки общества. Но и религия должна признать, что все действия без намерения мертвы, не исправляют человека. А намерения можно изменить только при правильном изучении каббалы. Это чистая наука. Так писали о ней и древние философы, которые изучали эту мудрость у каббалистов в Древнем Израиле, и ученые средних веков, вплоть до наших дней.

О мире, находящемся вне нас, вне наших пяти органов чувств, не в том потоке информации, который входит в нас, а в том, что существует на самом деле вне нас, — об этом говорит наука каббала. Поэтому она и называется «каббала — получение», — как получить настоящее ощущение истиной реальности.

Человек начнет ощущать, откуда приходят мысли, желания, почему вдруг происходит какое-то событие с ним и с другими людьми. Он начнет видеть, как в мире действует *сеть сил*, и как она, своей игрой, своими волнообразными движениями, организует нам все происходящее здесь.

Вот почему каббала заявляет о себе в полный голос. Это зов времени.

Разумеется, многие люди все еще принимают каббалу в штыки, или предпочитают ее суррогаты. Но миллионы уже интересуются ею, начинают понимать ее, видят в ней зерно истины.

Две тысячи лет назад народ Израиля был изгнан не просто из земли Израиля — он был изгнан из братских отношений, из внутреннего единства. В свою землю он вернулся, но к единству — еще нет.

В такие времена у каббалиста, действующего в поколении, нет шансов быть признанным современниками. Они не могут его понять. У них другие ценности, другие критерии, другая «система координат». Обновление, которое каббалист приносит в мир, необязательно «инсталлируется» для всех одновременно, и потому многим трудно, невозможно с ним согласиться.

Однако спустя время ситуация смягчается. Кто-то начинает принимать каббалиста прошлого поколения, некоторые даже пытаются понять суть духовной работы. Тем не менее, большинство людей всё еще неспособны понять его последователей.

Наша эпоха — не исключение. И все же она особенная — ведь сегодня все мы вернулись в Древний Вавилон. У нас та же удивительная картина: расцвет и параллельно с ним тупик в развитии. Правят бал те же идолы, идеологические установки, которые навязываются с телеэкранов и сайтов. Агонизирует неолиберальная эзотерика. Растет вавилонская башня непомерного эгоизма.

Только масштабы теперь другие, и это кардинально меняет дело.

Раньше племена охотно шли за фетишами, за прогрессом, за посулами эгоизма. Потому царь древних вавилонян Нимрод и изгонял каббалу — чтобы не отвлекала от «главного».

Но сейчас круг замкнулся на новом витке. Мир снова стал тесным, как маленькая деревня. Постепенно становится ясно: экспансия эгоизма достигла пределов, а его базовые противоречия так и не разрешены. Невозможно ужиться всем вместе на этой маленькой планете, когда человек корыстно использует других людей. Когда хрупкое равновесие непрерывно нарушается вспышками, набегами, переделами, стонами жертв и злорадными возгласами сиюминутных триумфаторов.

Вроде бы есть и ресурсы, и свобода, и возможности, но нет общего языка, согласия, доверия. Много красивых слов, обещаний, высокотехнологичных игрушек — и мало тепла, заботы. А смысла — высокого смысла существования человека, его предназначения — нет совсем.

Вот почему наука каббала заявляет о себе в полный голос. Это зов времени — миру нужно единство, доброе сосуществование. За Нимродом больше некуда идти. Его путь исчерпан. А путь Авраама, напротив, готов для всех.

Разумеется, многие люди всё еще принимают каббалу в штыки или предпочитают ее суррогаты. Но миллионы уже интересуются ею, начинают понимать ее, видят в ней зерно истины.

Благодаря противникам она окрепла настолько, что ей больше не нужно скрываться. Она предлагает единство как ключ к решению проблем человечества. Она объясняет, что такое человеческое естество, что такое единая Природа и как привести их в соответствие, чтобы они гармонично взаимодействовали и дополняли друг друга, создавая качественно новое общество. Такое общество, о котором сказал пророк:

«Волк будет жить рядом с ягненком, тигр будет лежать с козленком, и телец, и молодой лев, и вол будут вместе, и маленький мальчик будет управлять ими».

Талмуд, Трактат «Шабат», 33,72

Ни идеологии, ни технические новшества не обеспечат людям спокойствия и счастья. Волк не съест ягненка, только если сам станет другим, если в корне изменится его мотивация, его отношение к окружающим. И тогда маленький мальчик — новое, «юное» единство, построенное на альтруистических принципах любви и отдачи, обретет силу, чтобы вести всех добрым путем.

Раздел VI

Каббала и верования

Содержание:

Глава 1. *Две реальности*
Глава 2. *Развитие представлений о Высшей силе*
Глава 3. *Сравнительный анализ каббалы и верований*
Глава 4. *Религиозная форма всех народов*

Глава 1. Две реальности

С точки зрения каббалы, всю историю человечества можно рассматривать как развитие эгоизма. Эгоизмом, или материалом творения, является *желание получать*. Относительно свойства отдачи Творца, которое существует изначально, находясь вне времени, желание получать создано из ничего, у него есть точка отсчета. Существует состояние, когда раскрывается только желание получать, называемое «существующее из ничего», первичный материал. Вначале творение существует без связи с Высшей силой, со свойством отдачи, а затем, постепенно, начинает приобретать формы подобия Творцу. В зависимости от того, насколько ему удается достичь свойства отдачи, настолько проявляется в нем присутствие частицы Высшей силы. Наличие такой частицы в эгоистическом желании получать делает его подобным Творцу.

По мере развития свойства отдачи, или, на языке каббалы, свойства бины, творение начинает называться человек (Адам). Мы сейчас рассматриваем духовные категории, которым, как известно из каббалистических источников, существует четкое соответствие, аналоги, в нашем мире. С развитием свойства бины в творении, происходила эволюция неживой, растительной, животной природы и человека, ибо присутствие этого свойства и есть движущая сила развития.

Мы с вами разбираем очень важный момент в становлении творения, которое является ничем иным, как *совокупностью желаний*.

Мы должны запомнить важный принцип: со стороны Творца, или, что то же самое, законов природы, не существует понятия личного отношения к кому-либо. Воздействие проявляется через общую систему Адам Ришон, и ощущается каждой ее частью в отдельности. В этом случае можно привести аналогию с нашим биологическим телом, части которого в отдельности не представляют собой никакой значимости, и лишь соединившись вместе, то есть соблюдая законы гомеостазиса, дают возможность подняться на более высокий уровень существования.

Очень важно понять и размежевать духовное развитие, то есть развитие свойства бины в творении, и, как его следствие, — процесс развития человечества в нашем материальном мире. **Существуют две реальности, а значит, и две истории.** Одна из них — это история развития человеческого общества, верований и религий, как проявление культурного феномена каждого периода. Однако имеет место и внутреннее изменение человечества — эгоистическое развитие творения, которое описывают каббалисты в своих трудах. **Между этими двумя процессами развития существует причинно-следственная связь.** Непонимание этого основного принципа ввело в заблуждение многих исследователей, что, в свою очередь, привело к созданию ложных книг и возникновению всевозможных «духовных» методик.

В каббале существует важное правило, которое говорит, что все процессы, происходящие в духовных мирах, должны проявиться и в материальном мире хотя бы один раз. В связи с этим нисхождение творения, удаление от первопричины отображается и в нашем материальном мире, но лишь как *следствие,* причину которого определить невозможно. **Только в мере постижения** *состояния*, **откуда нисходит причина, человек видит ее связь со следствием.**

Каббала рассматривает историю развития желаний человека, точнее, эгоистического намерения, которое и определяет восприятие реальности. Это не имеет никакого отношения к развитию религий и всевозможных верований, возникавших на протяжении истории. Каббала — это наука о самопознании, о выявлении противоположности человеческой природы природе Высшей (первопричине), о раскрытии Творца в себе.

Глава 2. Развитие представлений о Высшей силе

История человечества неразрывно связана с развитием религий и верований. Человек представлял себе, что этим миром управляет множество божеств, олицетворяющих различные силы природы. Он верил в это так же искренне, как современный человек уверен в том, что управление миром осуществляется посредством взаимодействия общества и природы. Мы считаем их источниками воздействий на каждого из нас.

Родоначальником каббалы принято считать Авраама. Он сознательно отказался от мировоззрения отцов (его отец, Терах, в русской транскрипции — Фарра, был идолопоклонником, языческим жрецом) и стал первым человеком, раскрывшим, что за проявлениями различных сил природы, воздействующих на каждого человека, стоит единая управляющая сила, которую он назвал Творцом, и начал устанавливать с ней связь.

Науку о постижении единой силы через проявление множества различных сил, ее воздействие на человека Авраам назвал «каббала». Он заложил основы научных знаний, чтобы последующие поколения могли с их помощью постичь эту единую силу, слиться с ней. Достигнув этого — человек достигает состояния полной свободы, совершенства, вечности.

Таким образом, согласно каббале, существует одна, единая, сила — Творец, а не множество различных сил, воздействующих на человека.

История вообще, и история верований в частности, есть следствие воздействия этой Высшей силы. Исторический процесс заранее предопределен и воплощается в нашем мире в исторических событиях и личностях. Историю человечества можно представить, как поэтапное развитие созданного Творцом эгоистического желания. В ходе истории человеческий эгоизм (то есть, сила желания получать) постоянно возрастал, и, в соответствии с этим, на арену выходили различные верования, каждое из которых пытался наполнить эгоизм в определенном народе в соответствующее время. Перестав удовлетворять запросам возрастающего желания получать, верования заменялись на новые, более соответствующие запросам времени, духовные практики. При всем разнообразии внешних культов и обрядов различные религии и верования имеют между собой много общего. Это вызвано тем, что все они произошли от одного источника.

В наше время наблюдается огромный всплеск к духовному развитию у миллионов людей. Поэтому в начале 20-го века начала раскрываться каббала — методика постижения Высшей силы природы, или Творца. Начиная с 16 века были отменены все запреты на изучение каббалы, а в начале 21-го века во всех странах мира стали образовываться группы людей, занимающихся духовным развитием по каббале.

Глава 3. Сравнительный анализ каббалы и верований

3.1. Постоянство Творца
3.2. Молитва
3.3. Заповеди — это внутренняя работа
3.4. Осознание зла эгоистической природы
3.5. Подобие Творцу
3.6. Постижение или вера

3.1. Постоянство Творца

Каббала утверждает, что Творец, или Высшая сила, не меняет свое отношение к человеку в зависимости от его поступков, и что действия человека меняют только его самого, приводя к иному восприятию Высшего управления. Если изменения, происходящие в человеке, приводят его к подобию свойств с Творцом, то он ощущает Его благосклонное расположение к себе. Если же свойства человека (получение) приобретают большие отличия от свойств Творца (отдачи), ему начинает казаться, что Творец стал относиться к нему негативно.

На неизменность отношения Творца к своим созданиям указывают множество выдержек из каббалистических источников: «Я Своего Имени не меняю»[1], «Добр и творит добро плохим и хорошим»[2], «Высший свет пребывает в полном покое»[3] и пр.

3.2. Молитва

В дословном переводе с иврита «молиться» означает — «судить себя». Человек проверяет свои качества, сравнивает их со свойствами Творца и, в результате молитвы, приходит к просьбе о собственном изменении. Он обращается к Творцу, Источнику сил, мыслей, образцу для подражания. Творец не является неким обезличенным законом, наподобие силы тяготения. Обращение должно содержать конструктивную просьбу, в которую человек вкладывает свое понимание процесса исправления. Поэтому молитвой называется проверка самого себя, самоанализ, где человек, обращаясь к Творцу, судит себя относительно высшего неизменного Универсума.

Целенаправленная молитва — это поднятие МАН, в котором есть осознание того, что человек желает от нынешнего состояния и к какому состоянию стремится. Ему недостает лишь силы для исполнения — саму же картину

---

[1] Писание, третья книга Царств, п.6.
[2] *Бааль Сулам*. Предисловие к Учению Десяти Сфирот. Kitvei Baal Hasulam. ARI. Israel. 2009. P. 789.
[3] *Бааль Сулам*. Учение Десяти Сфирот. 68. עמ. א. כרך הספירות עשר תלמוד ARI. Israel. 2007.

будущего человек понимает, видит, испытывает в ней потребность. Только такая молитва принимается, только такая молитва называется цельной.

В каббале нет мольбы о милости, о замаливание грехов, обращенной к Творцу в обмен на обещание беспрекословного повиновения. Не практикуется «задабривание» высших сил природы при помощи принесения каких-либо жертв.

Каббала не считает, что достаточно внешнего благочестия, совершения благовидных поступков, коими являются, например, помощь из сострадания, неукоснительное соблюдение ритуалов, жертвоприношения и заученные молитвы. Каббалисты утверждают, что только изменение своей природы на природу Творца может изменить ситуацию и внести положительные изменения в жизнь человека.

Для понимания истинного отношения каббалистов к Творцу можно привести в пример каббалистический молитвенник, в котором нет эмоциональных слов, выражающих чувства человека. Все изложенное в нем обозначает духовные действия, которые должен произвести *над собой* человек в процессе исправления, чтобы вызвать на себя влияние Высшего света.

3.3. Заповеди — это внутренняя работа

В каббале заповеди — это внутренняя работа, действия по исправлению намерений, которые приводят человека к раскрытию Творца в этом мире.

Рав Хаим Виталь (ученик великого каббалиста 16-го века АРИ) в книге «Шаар Акдамот» подчеркивал: «Нет иного наслаждения у Творца из всего созданного в мире, как чтобы сыновья его занимались тайнами Торы, познали Его величие, красоту и превосходство. В простоте Торы, в ее рассказах, законах и заповедях, в их простоте невозможно познать Творца. Более того, есть в них немыслимые заповеди и законы».

Каббалист РАБАШ в статье «К вопросу о вознаграждении получающих» добавляет, что «Совершаемое действие, направленное на отдачу, называется соблюдением заповеди».

3.4. Осознание зла эгоистической природы

Каббалисты вообще не принимают во внимание свои желания и черты характера — это заданная заранее информация, которая лишь раскрывается со временем и может быть изменена под воздействием общества. Изменению, принимающемуся во внимание, подлежит более тонкая вещь — намерение. Это скрытый от всех окружающих, а порой, и от самого человека эгоистический расчет, направление желаний. Кропотливая внутренняя работа каббалиста по выявлению правильного намерения и является уподоблением свойству Творца.

Во многих верованиях считается, что человек должен ощущать себя существом низшим по отношению к Богу, порочным и ущербным. В каббале причина человеческой порочности рассматривается с положительной точки зрения. Бааль Сулам пишет в одной из своих статей, что он рад раскрытию в себе грешника, то есть, эгоистических намерений по отношению к Творцу. Только благодаря выявлению и осознанию противоположных Творцу качеств, каббалист настраивается на уподобления Ему. Именно из осознания своей эгоистической природы можно обратиться к Творцу с подлинной просьбой об исправлении. Поэтому каббалист не плачется Творцу на свою неполноценность, низменность помыслов и ущербность. Все недостойные склонности натуры он не считает своими, так как они даны ему для достижения возвышенной цели.

Не следует делать выводов — хорош или плох ты, мир и Творец — прежде чем поймешь, что таково лишь твое личное отношение, а не истинная картина.

Бааль Сулам в статье «Свобода воли» пишет: «Суть религии — раскрыть в нас осознания зла. Вся Тора и заповеди даны только лишь для того, чтобы присоединить к ним Израиль, что означает, развить в нас чувство осознания зла, заложенное в нас с рождения, определяемое нами как любовь к самому себе, и обратить его в абсолютное добро, называемое любовью к ближнему, переходящей к единственной и особенной любви к Творцу».

3.5. Подобие Творцу

Каббала говорит: будь милосерден по отношению ко всем людям, потому что этого требует от тебя Творец в качестве условия уподобления Ему по свойствам. Если бы не наша обязанность реализовать цель творения и достичь уподобления Творцу, не было бы никакой необходимости быть добрыми. Да это и невозможно с точки зрения каббалы.

Великий каббалист начала 20-го века, рав Кук, в книге «Орот» пишет так: «До тех пор, пока люди не узнают, что есть Высшая сила, способная менять природу, они сами не смогут изменить свою природу, стать более нравственными. Тора Израиля говорит нам о чудесах изменения нашей природы, способствует изменению и совершенствованию морали».

Здесь следует прояснить понятие «добро». «Быть добрым» означает в каббале — приобрести свойства Творца и предоставить всем творениям информацию об этой Высшей силе, объяснить цель нашего существования в этом мире. Уподобившись по свойствам Творцу, то есть, приобретя правильные намерения, все человечество поднимется на другой уровень существования и станет счастливым. Все эти состояния каббалисты обещают нам в этой жизни, которая и будет называться будущей, а не после смерти.

3.6. Постижение или вера

В каббале необходимо постичь Творца, почувствовать Его, а не просто в Него верить. Творца, а вернее Его свойство отдачи, необходимо раскрыть в себе, и это действие возложено на все человечество без исключений. Бааль Сулам в статье «Созидающий разум» пишет, что «Каждый человек обязан постичь корень своей души».

А в статье «Суть науки каббала» Бааль Сулам дает четкое определение каббалы и ее цели: «Эта наука не что иное, как порядок корней, нисходящих по принципу причинно-следственных связей по постоянным и абсолютным законам, объединенных и направленных к одной возвышенной цели, называемой: "Раскрытие Творца Его творениям в этом мире"».

Глава 4. Религиозная форма всех народов

Религии построены так, что человеку не требуется избавляться от своего эгоизма. Наоборот, религии используют эгоизм человека, чтобы притянуть его, успокоить, обещая спокойную жизнь, здоровье, успех, благополучие семьи. Это форма, свойственная прошедшему периоду развития человечества, и она совершенно правильная в его условиях. Мы нисколько ее не отрицаем.

Но сейчас настал такой период, когда люди хотят постичь Творца и управлять своей судьбой. С одной стороны, сама жизнь не оставляет им другого выбора, став совершенно непредсказуемой. А, кроме того, желание внутри нас развивается и требует от нас познавать ранее скрытые от нас законы природы.

Поэтому в мире есть так много людей, начинающих пробуждаться. Но когда человек пробуждается к постижению Творца, ему требуется уже каббала. Ведь каббала – это наука о раскрытии Творца творениям в этом мире. При этом **каждый народ может придерживаться своей собственной религии и традиций, и ему не следует вмешиваться в дела друг друга.**

Бааль Сулам объясняет:

Религиозная форма жизни всех народов должна, прежде всего, обязывать их представителей к отдаче ближнему – по принципу (когда жизнь другого важнее собственной жизни) любви к ближнему, как к себе, дабы никто не получал от общества больше, чем его отстающий член. Такова общая религия для всех народов, которые войдут в рамки альтруистического коммунизма. Однако, помимо этого, каждый народ может следовать своей религии и традиции, и не следует одному народу вмешиваться в дела другого».

Таким образом, ни одному из народов, которые пожелают присоединиться к этому обществу, не потребуется менять свою религию или свою культуру, а потребуется только соблюдать универсальные принципы отдачи ближнему.

Во всем, что касается культуры каждого народа, люди могут оставаться в рамках своих традиций, обогащая друг друга по взаимному желанию. Культурная жизнь, быт, который человек обустраивает вокруг себя, создается согласно неизменному корню души, а он должен оставаться его собственным. Это не имеет отношения к исправлению эгоистической природы человека на альтруистические свойства Творца. Культура каждого народа, как качества и характер индивидуума, относится к корню души, который не нуждается в исправлении. Традиции, устои, обычаи и нравы не являются формами получения или отдачи и не имеют ни малейшего отношения к цели творения. Поэтому каббала никак не связана с традициями и культурной жизнью какого бы то ни было общества – она является средством исправления природы человека с целью достижения им уровня Творца.

В скором будущем всем народам потребуется сменить свою эгоистическую природу на природу Божественную, альтруистичную — и тем самым пройти через сущностное внутреннее исправление. Внешние рамки останутся теми же, но внутренняя суть человека полностью изменится.

Раздел VII

Каббала и философия — сравнительный анализ

Содержание:

В данном разделе проводится сравнительный анализ каббалы и философии как разных способов исследования реальности. Сегодня еще многие считают каббалу частью философии, однако их отличие кардинально, поскольку философия занимается всем, что человек постигает внутри своих пяти органов чувств, то есть не выходя за пределы нашего восприятия, не получая дополнительный, шестой *орган чувств*.

Для человека, который не понимает, не ощущает, никогда не слышал о существовании такой возможности, философия — это действительно наука, которая представляет собой всеобъемлющее знание о мироздании. Поэтому философы на протяжении всей истории человечества являлись его самой прогрессивной группой. Но те, кто знает, что такое каббала, что она открывает человеку и какие дает возможности, понимают, что философия является лишь плодом нашего воображения.

Философия занимается рассуждениями о тех знаниях, действиях и свойствах, которые не находятся в четко определяемой области, поддающейся нашему опыту, поэтому ее знание абсолютно недостоверно, так как не подтверждается никакой практикой и экспериментальным путем. Рассуждения этой науки касаются отвлеченных понятий, о которых каждый может иметь свое мнение.

То, что в философии определяется догадками, в каббале является опытным материалом. Из этого следует главное различие между философией и каббалой, их противопоставление друг другу.

Предисловие
Глава 1. *Каббалистическая и философская мысль в поисках ответа на «вечные вопросы»*
Глава 2. *Антагонизм каббалы и философии*
Глава 3. *Познание материи и формы*
Глава 4. *О строении мироздания и восприятии реальности*

Предисловие

Основной вопрос бытия – в чем цель и смысл нашего существования? С самых древних времен человек задумывался о возникновении и предназначении мира, который его окружает, и о своем месте в нем. Во все исторические эпохи развитие человечества определялось именно поиском ответа на эти вопросы. По мере своего становления человек изыскивал различные способы осмысления того, что его так волновало: создавались древние мифы, возникало искусство, религии порождали ритуалы, затем человеческая мысль оформилась в философию и, наконец, получила свое развитие наука. В каждый исторический период выдающиеся умы предлагали немало способов миропонимания, но до сегодняшнего дня люди продолжают выяснять: что же им известно об этом мире и что они знают о себе?

Изучением наиболее общих законов развития природы, общества и человеческого мышления, а также всего интеллектуального гуманитарного наследия занимается философия. Исследованием и постижением мироздания, а также места человека в нем занимается каббала.

Сегодня уже нет необходимости в длинных предисловиях, где во всех подробностях объясняется, что каббала не имеет отношения к мистике, магической манипуляции числами и буквами, а представляет **собой систему знаний о мире и методику постижения мироздания**. Наравне с философией эта наука изучается в университетах, ради обсуждения ее животрепещущих проблем собираются конгрессы и конференции, в которых принимают участие ведущие ученые мира, выдающиеся исследователи защищают по этому предмету научные диссертации. Совместно с учеными и философами каббалисты организуют симпозиумы по вопросам новой этики, морали и отношения к окружающей действительности в эпоху глобального кризиса. Методика, с помощью которой каббала отвечает на извечные вопросы человечества, с каждым днем становится все более доступной для любого, кто этого пожелает.

Каббала и философия – две системы знаний о мире и человеке, в основе которых лежит один и тот же вопрос: в чем смысл бытия? Однако есть ли что-то общее в методах исследования каббалистов и философов? Каковы результаты, к которым пришли те и другие в процессе своих многотысячелетних поисков?

Следует ли считать философию наукой в истинном значении этого понятия, особенно если взять за основу тот факт, что она неоднократно была замечена в подтасовывании и достаточно вольной интерпретации нескольких неверно понятых идей, заимствованных древними греками у каббалистов Вавилона, Египта и Иудеи? В чем состоит, собственно, метод каббалы? Почему ее подход представляет собой альтернативу философскому исследованию? Возможно ли сотрудничество ученых-каббалистов и философов в попытке создания новой мировоззренческой модели, с помощью которой удалось бы преодолеть кризисное состояние современной цивилизации? Или антагонизм, заложенный в абсолютно разных подходах этих двух систем миропонимания, настолько силен, что невозможно говорить ни о каком диалоге между каббалой и философией?

Ответы на эти нетривиальные вопросы содержатся в данном разделе учебного пособия.

Примечание. *В разделе дается понятие о методе исследования каббалы. В данной работе не ставилась задача изложить историю западной философии или детально разобрать мировоззрение того или иного философа, – любой человек, подробно интересующийся этими вопросами, может ознакомиться с ними самостоятельно, почерпнув информацию в философских источниках. Тем не менее, для того, чтобы разговор об антагонизме каббалы и философии не был голословным, а опирался на некоторый конкретный материал, а также с целью проиллюстрировать философские идеи, опровергаемые каббалистами, в этом разделе дан небольшой исторический экскурс, где приводятся цитаты и ссылки на работы различных философов и философских школ.*

Несмотря на то что философия зародилась на заре человеческой цивилизации в Индии, Китае, Египте, своей классической формы она достигла в Древней Греции. Можно сказать, что и сама цивилизация в современном понимании сложилась в Греции, хотя некоторые ее формы существовали уже тысячелетиями в Египте, Месопотамии и ряде других мест Ойкумены. Поэтому в данном разделе разбираются лишь некоторые философские идеи античности и их развитие, которое они получили в философии Запада, а мировоззренческие системы Востока остаются за пределами внимания этой главы.

При рассмотрении темы составители брали за основу определенные источники в силу того, что именно западная цивилизация и западная философия играли доминирующую роль на протяжении последних двух тысяч лет (и продолжают играть по сей день, хотя уже и с меньшей степенью уверенности). Однако стоит отметить, что интерес западного мира к восточным культурам и их мировоззрению начал бурно развиваться с конца 19 в. и не угас по сей день, что свидетельствует о неудовлетворенности системой миропонимания, предлагаемой традиционной западной философией. (Например, представления о мире, развитые индийской философией, во многом повлияли на Шопенгауэра, а также русских мыслителей 20 в.). Обращение за ответом на вопрос о смысле бытия к иным, подчас очень далеким культурам, продиктовано тотальным недовольством западных мыслителей обветшавшими мировоззренческими концепциями, которые были сформированы традиционной философией, наукой и религией, а также горечью мироощущения человека 20 и 21 веков, прошедшего через разочарования, кризисы и катаклизмы данного исторического периода.

Составители раздела также хотят обратить внимание учащихся на употребление понятия «философия» при цитировании работ ученых-каббалистов: под ним в данном случае подразумеваются лишь некоторые направления философской мысли, а не глобальное философское течение в целом. (За пределами рассмотрения остается современная философская мысль, синтез философии и науки и т.д.). Для того чтобы скрупулезно проанализировать позицию каббалы по отношению к каждому отдельному философскому направлению, пришлось бы написать несколько томов. Кроме того, в каббалистических первоисточниках, на которые мы опираемся в своем исследовании, не содержится достаточно сведений для подобного анализа, но главное — авторы пособия не ставили перед собой такой трудоемкой задачи.

Сопоставив мировоззрения философов с мнениями ученых-каббалистов и получив представление о строении мироздания и способе восприятия реальности с позиций каббалы, можно объяснить как причины кризиса философии, так и провал многочисленных попыток практической реализации абстрактных философских идей.

Глава 1. Каббалистическая и философская мысль в поисках ответа на «вечные вопросы»

1.1. *Человек и Природа*
1.2. *Вопрос о происхождении мира и сущности человека в западной философии*
1.3. *Кризис традиционных систем мышления*
1.4. *Почему нужно сравнивать каббалу и философию*
1.5. *Влияние каббалы на философию и науку*
    Тест

1.1. Человек и Природа

Каждый из нас хотя бы раз в жизни задавался вопросом об устройстве *мира* и месте в нем человека, какова цель возникновения нашей земной системы существования и каким законам подчинено ее развитие. Кто или что его определяет? Есть ли тут место случаю или все предопределено? Познаваем ли *мир* и положен ли предел познанию? Что такое человеческое «я»? Эти вопросы порождены самой жизнью, и во все времена человечество находило на них определенный ответ, в том числе и задолго до появления современной цивилизации с ее философией и наукой.

В доисторические времена близость человека к природе определялась двумя причинами: во-первых, еще неразвившийся эгоизм не отделял его от среды обитания, и человек ощущал себя ее интегральной частью. Во-вторых, недостаточные знания о природе вызывали в первобытном существе трепет и заставляли смотреть на нее как на проявление высших сил.

В итоге человек стремился не просто к накоплению знаний о явлениях окружающего мира, а пытался разобраться в том, что за силы им управляют. Он не мог избежать столкновения с ними, укрыться от стихии, как сегодня, в искусственно созданном им мире. Его органы чувств, еще не искаженные и не атрофированные современными техническими приспособлениями, могли глубже воспринимать окружающую действительность. Страх перед природой и одновременно близость к ней принуждали человека выяснять, что она желает от него, есть ли у нее цель, для чего она его создала, и он стремился как можно больше узнать о реалиях *мира*, который его окружал.

Именно в тот момент, когда человек стал спрашивать себя, для чего он живет, почему страдает, что представляет собой *окружающий мир*, и возникла философия. Накопив некоторый жизненный опыт общения с природой и преодолев, благодаря этому, первобытное состояние, человек начал развивать философское мировоззрение.

Ведя общинно-племенной способ существования, дикарь не ощущал своего «я» и жил в полном соответствии с окружающей средой. Тесно соединенный с другими, он еще не имел эгоизма, действовал согласно врожденным инстинктам и жил, сообразуясь исключительно с потребностями тела.

Как только человек начал желать больше того, чем требовалось для удовлетворения его врожденных инстинктов (что было вызвано ростом эгоизма), как только он отделился от общины и осознал свою индивидуальность, у него возникло желание познать то, что происходит вокруг него, и он стал наблюдать за *окружающим миром*. С этого момента зародилась философия. Потребовались тысячелетия, прежде чем человек стал разбираться в проявлениях сил природы и как-то систематизировать знания о ней, но единство с *окружающим миром*, которое он переживал в первобытном состоянии, было безвозвратно утрачено.

Наблюдая за природными стихиями, древние философы полагали, что за этим стоят различные противоборствующие силы (древнегреческая мифология полностью отражает это мировоззрение). Такой точки зрения они придерживались до тех пор, пока не соприкоснулись с мировоззренческой концепцией о *единственной воздействующей и управляющей силе* — основой каббалы. Древняя философия восприняла эту доктрину и вытекающие из нее следствия, в результате чего ее взгляды существенно видоизменились.

Ученые древности обменивались между собой знаниями о природе.
Это в полной мере относится и к каббалистам. В каббале излагается система управления нашим миром. Основная задача этой науки состоит в выяснении причин и цели творения. Каббала как наука о системе мироздания представляла собой средоточие базовых знаний для других наук. Из общения каббалистов с учеными древности произросла античная философия, из которой развились науки.

1.2. Вопрос о происхождении мира и сущности человека в западной философии

Прежде чем мы перейдем в данной работе к сравнению каббалы и философии, сопоставляя определенные философские идеи с постижениями каббалистов, необходимо сделать краткий экскурс в историю философии и обозначить наиболее основополагающие теории, доктрины и философские направления, а уже затем показать, в чем же именно расходятся взгляды философов и ученых-каббалистов.

На протяжении всей человеческой истории философы выдвигали и разрабатывали самые различные предположения о природе и строении мира. Почти все гипотезы, господствующие в современной философии, первоначально были представлены в Греции, именно она является родиной наиболее известных абстрактных теорий. Несмотря на то что ранние доктрины кажутся сейчас наивными, современная философия базируется на тех же самых принципах, а ее история представляет собой модернизацию базовых идей, известных со времен античности, которые пересмотрены и подогнаны под нужды конкретной исторической эпохи. Однако античная софистика в целом основывалась на принципе выведения данных из абстрактных аксиом, а не на конкретных наблюдениях, что полностью отвергается современным научным методом познания. Можно сказать, что современная наука и научно-технический прогресс во многом опровергли греческую философию.

Ранние философы античного мира стремились, главным образом, открыть единый источник многообразных природных явлений. Их интересовали как основополагающие космогонические и физические вопросы (из чего состоит материя, какова форма земли, что представляют собой небесные тела, какова природа движения), так и категории этического характера, человеческого бытия (что такое судьба, справедливость, естественный закон и борьба противоположностей, вопрос возникновения мира, происхождения и эволюции всего живого). Каждая философская школа по-своему освещала эти проблемы.

Древнегреческие софисты (Протагор, Горгий и др.) были озабочены поисками первоосновы мира, его вечного и неизменного начала. Таким началом Фалес полагал воду, Анаксимен — воздух, Гераклит — огонь и т.д. Подобные теории имели хождение во времена, когда естественные науки еще не выделились из философии.

Они носили довольно рационалистический характер и получили название натурфилософии, пережившей в средние века второе рождение. Представления о природе в эпоху ранней античности сформировались благодаря контакту греков с Вавилоном и Египтом. Можно сказать, что подход к природе у ранних философов был более научным и менее религиозно окрашенным, чем у представителей поздней античности.

Поиск человеком вечной первоосновы мира, в противоположность изменчивой и полной опасностей земной жизни, приводил к возникновению мифа, на основе которого произрастал ритуал поклонения, что впоследствии легло в основу религии. Ее исследованием тоже занималась философия, так возникло направление, называемое *теология*.

Для ранних греческих софистов понятие «Бог» являлось средоточием и воплощением космической справедливости. Ему уделялось в их трактатах очень большое внимание, однако позже оно было заменено понятиями «субстанция», «сущность», «идеальная форма», «первопричина» и т.д.

Попытку исследования вневременной сущности одним из первых предпринял Парменид (около 460 г. до н. э.) — самый выдающийся из философов элеатской школы. Учение Парменида придерживалось тенденции отрицать всякое множество и изменчивость бытия и сводить все сущее к единому бытию. В своем единственном сочинении, философской поэме

«О Природе» он говорит, что «нет и не будет ничего, кроме сущего...»[1].

Философ-материалист, один из основоположников *диалектики* — Гераклит (около 540-480 г. до н. э.) учил, что «мир, единый из всего, не создан никем из богов и никем из людей, а был, есть и будет вечно живым огнем, закономерно воспламеняющимся и закономерно угасающим». Огонь, по Гераклиту, — первовещество и первичная сила. Благодаря его изменениям материя превращается в воду и землю, так единое становится многим и всем. Стадию уничтожения огнем он называет «путь вниз», а огонь воспламеняющий именует «путь вверх», отвергая различие между этими путями. Мир, по утверждению Гераклита, пребывает в вечном процессе возникновения и уничтожения, ибо все течет, все изменяется. Из Вселенной устраняются только покой и неподвижность. «Все совершается через борьбу и по необходимости», — заявлял Гераклит. Любые изменения в мире подчинены строжайшей закономерности и не зависят от промысла богов. Закономерность, присущую самой материальной субстанции, он называл *логосом*.

Ученик Фалеса Анаксимандр (около 611 г. до н. э.) — представитель ионийской школы — пошел дальше своего учителя, считая, что в основе всего сущего лежит некая *особая первоматерия*, а не одна из четырех главных стихий. Она недоступна чувственному восприятию и являет собой нечто неопределимое по свойствам и бесконечное по протяженности. Анаксимандр так и назвал ее — «бесконечное», признав вечной. Конечное — мир отдельных предметов — происходит из бесконечного вследствие присущей ему вечной подвижности, путем выделения основных противоположных элементов тепла и холода, влаги и сухости. По прошествии времени все конечное опять обращается в изначальные противоположные элементы, создавая, таким образом, бесконечный ряд возникающих и уничтожающихся мировых образований. Живые существа последовательно возникают из влаги под влиянием теплоты. Животные суши, как и человек, появились из низших рыбообразных форм.

С Пифагора (около 582 г. до н. э.) — едва ли не самого популярного ученого за всю историю человечества — берет начало концепция вечного мира, доступного интеллекту и недоступного чувствам. Любопытно отметить, что Пифагор, видимо, первым именовал себя «философом», то есть другом мудрости, а не мудрецом, то есть софистом, как это было принято до него. Так как он сам ничего не писал, то о его учении нам известно по случайным упоминаниям Платона и Аристотеля. Его личность окружена целым ореолом легенд, странных вымыслов и сказок. Однако можно с достоверностью утверждать, что ему принадлежит учение о переселении душ, математическая философия чисел, аскетическое направление

---

[1] Цит. по: Фрагменты ранних греческих философов. Ч. 1. М. 1989. С. 291.

морали. Пифагор доказал, что Земля имеет форму шара, хотя, возможно, пальма первенства принадлежит в этом вопросе Фалесу. Он впервые вводит понятие о человеке как микрокосме, отражающем свойства Вселенной, развивает учение о Космосе как о закономерном, стройном целом, подчиняющемся закону гармонии, и стремится так же гармонизировать человека, вписав в него ритмы природы. Воодушевленный «гармонией сфер», Пифагор жаждет осчастливить человечество, построив «рай на земле». Он верил, что тело ограничивает и сковывает душу, это утверждение и легло в основу его учения о метемпсихозе, которое, скорее всего, не являлось его изобретением, а было только перенято им с Востока.

Платон (около 427 г. до н. э.) — последователь Гераклита, близкий друг Сократа. Принято считать, что именно мученическая смерть последнего придала его философии нравственно твердое направление, отличавшее Платона от софистов своей эпохи. Платон — родоначальник философской школы, получившей название Академия. Сочинения его дошли до нас полностью, они написаны в форме диалогов и используют способ постепенного углубления в предмет, хотя не содержат методики как таковой. Диалектические диалоги Платона утверждают объективную достоверность и истинную действительность (царство идей). На основании этого автор делает попытку объединить в философии отдельные науки (физику, этику, политику и пр.). Философия Платона может быть понята только в своей связи с предшествовавшими ей доктринами. Например, у Гераклита он позаимствовал идею, что «все течет», но вослед Сократу опять вернулся к метафизическим началам об истинной действительности.

Платон развил концепцию *о понятии как сочетании признаков, присущих всем членам рода и являющихся неизменными.* Он объявил понятие истинным бытием, имеющим «разумное начало», которое называл «идеей» (eidos, образ, форма), и сделал учение об идеях предметом своей философии. Однако существует много различных понятий: прекрасное, добро, душа, государство и т.д. Поэтому есть не только множество идей, но их зависимость друг от друга основана на последовательном и обоснованном соподчинении. Наконец, должна существовать и *всеобъемлющая идея*, которая, как «солнце в царстве идей», названная им идеей добра, чем Платон хотел придать строго этический характер разуму.

Идея добра у Платона тождественна понятию Бог, и потому *истинное знание* невозможно получить через органы чувств, оно может быть обретено только с помощью разума. Однако Платон вынужден признать, что мир идей «не от мира сего», и хотя является образцом и прообразом нашего мира, но сам — «сверхмировой». Платон помещает его в области, недоступной человеческому взору. Проникнуть туда может только душа, до ее вступления в чувственный мир, то есть до рождения или во время земного существования, но в моменты освобождения от оков чувственности. Платон считал учение об идеях наукой об истинном бытии или *метафизикой*. Метод Платона состоит в том, что вначале он разлагает бытие на его противоположности и путем выделения общей связи между ними устанавливает гармонию. Хотя душа в качестве идеи и есть нечто простое, но и она предполагает «части», соотносящиеся между собой, как разумное и неразумное.

Платон все измеряет абстрактной мыслью: «Мысль является наилучшей, когда ум сосредоточен на себе, и ему не мешают ни зрение, ни слух, ни страдание, ни наслаждение, а также когда ум оставляет тело и устремляется к истинному бытию»[2]. (См. диалоги «Федон», «Менон»). Теория идей Платона сохранилась в философии в разных формах вплоть до настоящего времени.

Платон также создал собственную утопию – прообраз идеального общественного устройства, где граждане живут по законам коммуны, получают одинаковое воспитание и не имеют никакой частной собственности. Рассуждая на основании чисто теоретических критериев, Платон, как и все утописты, полагал данную модель общества наилучшей формой существования людей, и мечтал о воплощении в жизнь своего идеала.

История знала немало утопий, созданных философами и мыслителями разных эпох, известны также и попытки реализации этих теорий на практике. (Сегодня мы можем говорить о последствиях подобного эксперимента, проведенного в конкретном государстве и приведшего к колоссальным человеческим жертвам, к трагедии целых народов).

Учитель и близкий друг Платона Сократ (470-399 гг. до н. э.) в числе первых в античной философии задался вопросом о сущности человека. Сам Сократ ничего не писал, а проповедовал свое учение обыкновенно на улицах и площадях, считая, что философия не должна быть оторвана от жизни. Его доктрины дошли до нас благодаря диалогам Платона. Личность Сократа как бы разделила античную философию на досократовскую натурфилософию и поколение софистов, исповедовавших этико-политические идеи. Он видел свой долг в воспитании добродетельного человека и гражданина.

Философия Сократа имеет три особенности: носит характер диалога; дает определение понятиям путем индукции; утверждает принцип этического рационализма – «добродетель есть знание».

Сократ утверждал, что человеческая душа живет по своим законам. Самопознание имеет внутренний критерий истинности: если знание и добро тождественны, то, познавая себя, человек должен становиться лучше. Стало быть, необходимо очищать душу от ложных предрассудков и совершенствовать через познание. Душа, по Сократу, находится в теле, а после смерти отделяется от него.

---

[2] *Платон. Федон*//Сочинения. М., 1970, т. 2, с. 19. с. 22.

Разграничение между духом и материей, ставшее распространенным в философии, в науке, а также среди простых людей, возникло как разделение сущности человека на душу и тело. Тело появляется из земли, с неба нисходит душа. (Эту теорию Платон и Сократ выразили на языке философии, и в средние века она уже прочно закрепилась в умах людей). Исходя из этого, зрение и слух являются недостоверными источниками получения информации о мире, а истинное существование — в мысли (если оно вообще возможно).

Ко времени появления на философской арене Аристотеля (384 г. до н.э.) доктрины ранних софистов уже прочно вошли в сознание образованного человечества.

Аристотель в течение 20 лет был учеником Платона, хотя их отношения не носили особенно сердечного характера. Это доказывает и тот факт, что Аристотель, подвергнув серьезной критике комплекс идей Платона, заимствовал у своего учителя всю теологическую сторону собственного мировоззрения. Аристотеля принято считать основателем логики, которая имела в его трудах роль методологической пропедевтики к философии. Идя в своих умозаключениях от общего к частному, он изобрел метод, называемый *силлогизмом*.

Что касается метафизики, то здесь идеи Аристотеля мало чем отличаются, по сути, от доктрины Платона, несмотря на выдвинутую им теорию универсалий (теорию «вторых сущностей»).

Аристотель заложил основы практически всех областей философского знания, разработал учение о материи и форме, и вплоть до Нового времени (XVII в.) его авторитет был почти абсолютным. Можно сказать, что все мыслители средневековья так или иначе отталкивались в своих трудах от доктрин, выдвинутых Аристотелем, либо оспаривая их, либо соглашаясь с ними.

Важной частью метафизики Аристотеля, рознящей его с Платоном, является утверждение, что в каждом действительном предмете, за исключением лишь божества, различаются две стороны: форма и материя, хотя их существование друг без друга невозможно. Они составляют два основных начала или принципа. Образование материи посредством формы никогда не случается сразу, а происходит постепенно. Согласно его учению, переход от потенциальности к действительности обусловлен движением, для которого требуется новая побудительная причина, и так ряд за рядом. Однако должен существовать первый двигатель, божественный источник и исходное начало всякого движения и всей жизни.

Большое место в рассуждениях Аристотеля занимает анализ сущности Бога, которого он также пытался познать при помощи разума. Бог один, потому что множественность присуща лишь материи, и он есть чистая мысль, не имеющая цели вне себя.

В человеке, по Аристотелю, помимо «формы» есть еще и высшая душа, мыслящий разум, дух, нечто богоподобное.

Теория «формы» Аристотеля пересекается с его концепцией «универсалий» и с «идей» Платона – все эти доктрины уводят философа максимально далеко от реального опыта в некий сверхчувственный мир, который он не ощущает и не познает, но лишь размышляет об этих категориях с помощью интеллекта.

В своей книге «О душе» Аристотель рассматривает душу как то, что движет телом и ощущает чувственные предметы, но разум (одна из способностей души) обладает более высокой функцией мышления, не связанной с телом и органами чувств, и потому – как высшая часть души – он может быть бессмертным. Счастье человека в том, чтобы созерцать истину «разумной душой», хотя это счастье он считает не вполне достижимым.

Философы Средневековья устремляли свою мысль к поиску иного, лучшего мира и его нереальных объектов, отвергая видимый мир как источник страданий. Причиной этому послужило то обстоятельство, что примерно с третьего по одиннадцатый век Западная Европа пережила ряд тяжелых бедствий и войн. В своих трактатах средневековые философы рассматривали вопросы о душе и теле, о воздаянии, о сущности Бога. В это же время философы-схоласты с помощью формально-логических приемов стремились доказать существование Бога.

Фома Аквинский (1225 г.) – знаменитый философ-схоластик, который использовал философию как служанку богословия для доказательств существования Бога. Его теологический догматизм содержал в своей основе искаженное, приспособленное к требованиям церкви учение Аристотеля, убив в нем все живое и увековечив мертвое. В споре об универсалиях с античным софистом Фома придерживался смягченного схоластического реализма, утверждая, что понятия существуют в Божественном разуме, в самих вещах и после вещей (в познающем их человеческом разуме). Высшее начало есть само бытие, или ветхозаветный Бог, сотворивший мир, где расположен обильный корень бытия и сущности. Сущности, или субстанции, обладают самостоятельным бытием, в отличие от акциденций (свойств, качеств).

В мире Фомы подлинно сущими оказываются индивидуумы. Начиная с Бога, который есть чистый акт бытия, и кончая малейшей из сотворенных сущностей, – все обладает относительной самостоятельностью, которая уменьшается по мере нисхождения по иерархической лестнице и обусловлено убыванием актуальности бытия существ.

Средневековый философ Маймонид (Рабби Моисей Бен Маймон, акроним РАМБАМ, 1135-1204 гг.) начал свою ученую деятельность в Испании, но был вынужден покинуть ее и перебраться сначала в Иерусалим, а затем – в Каир. Несмотря на свою скитальческую жизнь, он приобрел редкие познания во многих науках, в том числе и в философии. Как и его современники, Маймонид отталкивался в своих работах от учения Аристотеля. Однако с помощью философского языка, разработанного последним, РАМБАМ в своих произведениях пытался изложить знание, постигнутое им из каббалы. В частности, он писал, что поиск истины — высшая задача человека, а также объяснял иносказательный принцип языка Пятикнижия. Он исповедовал идею о непознаваемости сущности Бога.

Не оставили без внимания так называемый «вопрос о душе» и философы Нового времени. Выдающийся мыслитель Франции Ренэ Декарт (1596-1650 гг.), основатель новейшей догматической рационалистической философии, связывал существование с мышлением: *«cogito, ergo sum»* («я мыслю, следовательно, существую»). Он полагал, что представление о внешнем мире и о природе неискоренимо заложено в уме человека и называл его протяженным. Это «протяженное» и есть тело или материя. Бессмертная, неразрушимая человеческая душа пребывает в теле и обитает в единственном непарном органе мозга, центральной железке, взаимодействуя с ним, но с согласия и соизволения Бога, что отличает человека от животных. Он отрицал у последних наличие души, считая их живыми машинами, даже неспособными ощущать боль.

Декарт вполне признавал метафизику, но в области природы строго подчеркивал ее механистичность. Он превозносил значение рационального начала в познании, однако считал, что в мыслящем субъекте от рождения заложены теоретические идеи (так называемые «врожденные идеи»). Из тезиса «я мыслю, следовательно, существую» Декарт делал вывод о существовании двух субстанций — материальной (телесной, протяженной) и духовной (мыслящей).

Бенедикт Спиноза (Барух Эспиноза 1632-1677 гг.) всю свою недолгую творческую деятельность употребил на попытки поиска места обитания Бога. Отличаясь крайним свободомыслием и в силу своих ортодоксальных религиозных воззрений, он отверг всякие попытки сделать его адептом традиционного иудаизма, предполагая постичь Бога, душу и такие абстрактные категории, как «ненависть» и «бесконечная любовь» умозрительно, путем интеллектуального созерцания. Спиноза разработал *монотеистическую метафизику* с целью упразднить дуалистическую систему Декарта по части взаимоотношений духа и материи. Спиноза выдвинул положение, что из бесконечной сущности Бога следует бесконечное развитие на бесконечно разнообразном пути, а последовательность и связь идей, идеальный миропорядок — понятия тождественные. Тем самым он заложил основы *философии тождества и детерминизма*. Спиноза был уверен, что мир как таковой не наилучший и не наихудший из всех возможных миров. Он — единственно возможный. Познание же неизменного миропорядка есть то, что отделяет мудрецов от глупцов.

Лейбниц (1646-1716 гг.) — один из самых разносторонних ученых и остроумнейших мыслителей своего времени. Юрист, историк, дипломат, математик, физик, филолог, философ — он был не только глубоким знатоком в этих областях, но и содействовал их развитию своим стремлением соединить противоположное, подобно Платону и Аристотелю. В своих философских воззрениях он отталкивался от идеи Декарта о качественной противоположности между материей и духом (душой и телом), вследствие чего считал возможным их взаимодействие. Он утверждал, что материя по своим элементам неотличима от духа.

Лейбниц дал свой вариант ответа на «вечный вопрос»: если Декарт допускал три субстанции – Бога, дух и материю; Спиноза – одну бесконечную субстанцию – Бога (или Природу), то Лейбниц верил в бесконечное число субстанций, которые он называл «монадами». Он считал, что это и есть души. Лейбниц также выдвинул идею о том, что бытие Бога следует непосредственно из понятия о Нем, как о существе, соединяющем в себе все качества, в том числе и реальность, притом одновременно. Бог мог бы создать всевозможные миры, но пожелал и создал только лучший из них. Зло же Он допустил только потому, что через него достижимы некоторые внешние блага.

Оригинальные концепции, выдвинутые наукой в 16-17 вв., и представленные такими выдающимися умами, как Коперник, Кеплер, Галилей, Ньютон, и рядом других ученых, глубоко повлияли на философию Нового времени. С помощью изобретенных приборов (микроскоп, телескоп и пр.) люди смогли заглянуть вглубь материальной природы. В связи с этим из философии постепенно исчезла теория *анимизма* (предположение, что душа воздействует на материю и движет ею). С открытием законов движения и тяготения максимально уменьшилась роль Бога в управлении миром, что нанесло удар по религиям и теологии. Людей стал интересовать не столько вопрос «как познать мир», но, в основном, вопрос, «как изменить мир». Этому подходу немало способствовали научные открытия и широкое внедрение механизмов в производство. В это время главным стало то, что считалось практически полезным. Таким образом, и наука, и философия начали развиваться в сторону утилитарной полезности, а не абстрактных теоретических доктрин о природе мира, как это было прежде.

Английский философ Джон Локк (1632-1704 гг.) оспорил схоластическое учение о том, что дух обладает врожденными знаниями, и основал эмпиризм – философскую доктрину, утверждающую, что все наши знания вытекают из опыта. «На опыте основывается все наше знание, от него, в конце концов, оно происходит»[3]. В то время такое утверждение являлось почти революционным, так как до него философы предполагали, что ум знает обо всех видах вещей априорно.

Восемнадцатый век был ознаменован новым направлением в английской философии, выдвинутым Гексли и Спенсером, которое называлось – *агностицизм*. Оно делает предметом исследования лишь то,

---

[3] *Дж. Локк.* Соч., М., 1985. Т. 2, с. 139-140.

что, несомненно, доступно нашему познанию. То же, что ему не доступно (Бог, бытие, душа и пр.), совершенно исключается из области философии.

Ярким представителем агностицизма был великий скептик, философ-субъективист Дэвид Юм (1711-1776 гг.), утверждавший, что наши ощущения – это предел человеческих возможностей, так как мы не можем заглянуть за них и ответить на вопрос: что или кто порождает эти ощущения. Юм придерживался идеи принципиальной непознаваемости мира. Отталкиваясь в своих взглядах от эмпиризма, он в итоге пришел к выводу, что ничего нельзя познать путем опыта и с помощью наблюдений, однако он так же отвергал и метафизику. Взгляды Юма представляли собой определенный тупик в развитии философии.

Философы, вдохновленные техническим прогрессом и призрачной властью человека над природой, вообразили человека хозяином мира. При этом вопрос о конечной цели и предназначении этого мира слабо принимался в расчет. Эти тенденции, а также другие характерные черты философии Нового времени – индивидуализм и субъективизм, развившись до новейшей эпохи, стали предтечей глобального кризиса и катастроф 20 века. Для того чтобы преодолеть этот кризис, требуется совершенно новая философия, иначе говоря – совершенно иной подход к пониманию мира и места человека в нем.

Что касается более поздних научных открытий и глубоких изменений, привнесенных в науку Эйнштейном (отказ от абсолютных понятий пространства и времени) и квантовой механикой, можно сказать, что переосмысление представлений о мире в связи с этими открытиями до сих пор оставляет ученым почву для размышлений и поисков.

1.3. Кризис традиционных систем мышления

Кант, Фихте и Гегель по-своему пытались преодолеть тупиковую ситуацию, в которой оказалась философия в 18 веке.

Иммануил Кант (1724-1804 гг.) в разные периоды своей научной деятельности испытывал на своем мировоззрении влияние различных философов. Сначала он симпатизировал доктринам Вольфа, затем подпал под воздействие работ Юма и преисполнился скептицизма. По его выражению, последний разбудил его «от догматического сна». Позднее Кант заинтересовался исследованием априорных форм чувственного восприятия и пришел к идее *трансцендентальной эстетики и аналитики*. В своей работе «Критика чистого разума» (теоретического разума) он, возрождая абстрактную философию, пишет, что знание человека априорно и не зависит от опыта. Кант ставит своей задачей исследовать объем, границы и происхождение познания, желая понять, как далеко может продвигаться человеческий разум без всякого опыта в познании предметов и явлений.

В более поздних работах Кант стремится разделить способности души на силу познания, желания и чувствования, рассматривая эту проблему с точки зрения эстетической целесообразности. Он поднял вопрос и о телеологической целесообразности, считая ее результатом отношений вещей между собой. Практический разум, в отличие от теоретического, выдвигает следующие требования: для достижения совершенной добродетели требуется бессмертие, а для реализации высшего блага необходимо существование Бога. Только Он может наградить человека блаженством, связав надлежащим образом добродетель и счастье, ибо владеет абсолютным знанием.

Кант признавал существование вещей как они есть (непознаваемая «вещь в себе»): которые, воздействуя на наши органы чувств, порождают ощущения — образы этих вещей. После Канта немецкая философия стала развиваться в сторону идеализма и абсолютизма, оставив в стороне эмпирический подход.

Другой крупнейший немецкий философ-идеалист и диалектик Георг Вильгельм Фридрих Гегель (1770-1831 гг.) выдвинул философскую теорию, исходным понятием которой была «абсолютная идея», являвшаяся основой мира. Мистическая «абсолютная идея», по Гегелю, существовала до появления природы и человека и была неким деятельным безличным духовным началом всего сущего, содержащим в себе сущности всех природных, общественных и духовных явлений. Однако ее деятельность может выражаться только в мышлении и самопознании. «Абсолютная идея» внутренне противоречива. Она движется, изменяется, переходя в свою противоположность, проходя в своем развитии три этапа: логический (стадия чистого мышления, система логических понятий); природный («идея» превращается в природу, не способную к развитию во времени, а лишь в пространстве); саморазвитие («абсолютный дух», отрицающий природу и возвращающийся к самому себе, развиваясь далее в области человеческого мышления).

Гегель считал свою философскую доктрину окончательной ступенью саморазвития идеи, однако его система есть не что иное, как новое именование Бога. Он отрывает человеческое сознание от природы, превращая его в самостоятельный субъект, обожествляет его и вынуждает в процессе развития порождать природу, общество и самого человека.

Гегель верил также в то, что существует «абсолютная истина», которую можно осуществить на практике в конкретном государстве: «Германский дух — есть дух нового мира, цель которого заключается в осуществлении абсолютной истины как бесконечного самоопределения свободы, той свободы, содержанием которой является сама ее абсолютная форма». («Философия истории»)[4]. Ценность его идеалистической философской доктрины состоит в диалектическом

---

[4] *Гегель Г. В. Ф.* Лекции по философии истории / Пер. с нем. А. М. Водена. СПб., 1993. С. 361.

методе — учении о том, что источник развития есть борьба противоположностей, а истина конкретна.

Девятнадцатый век и последовавший за ним двадцатый характеризуются все более глубоким протестом против традиционных систем мышления, что отразилось как в философии, так и в политических движениях. Развитие промышленности и общий научно-технический прогресс принесли человеку ощущение безграничной власти над природой и миром. Однако именно в это время в философии начинают прослеживаться пессимистические тенденции.

Философские труды Артура Шопенгауэра (1788-1860 гг.) наглядно демонстрируют усталость и болезненное отторжение мира, уход от него. Он был злейшим врагом материализма и диалектики, противопоставляя этому метафизический идеализм, и отбросив кантовскую непознаваемую «вещь в себе», утверждал, что сущностью мира является мировая воля. Волюнтаризм Шопенгауэра отличается признанием господства над миром слепой, неразумной, бессмысленной воли, что исключает закономерность развития природы и общества и тем самым возможность логического познания. По Шопенгауэру, страдание есть неизбежная составляющая жизни, где счастья не существует, потому что неосуществленное желание причиняет боль, а достижение желаемого приносит лишь пресыщение. Инстинкт понуждает людей производить потомство, что вызывает к жизни новые возможности для страдания и смерти.

Шопенгауэр был увлечен индуизмом и буддизмом, в которых он находил выход из страданий. Его философия завершается провозглашением мистического идеала «нирваны» — абсолютной безмятежности, убаюкивающей «волю к жизни».

Вопреки философским концепциям, прославлявшим разум, в 20 в. появилась антиинтеллектуальная философия. Ее ярчайшим представителем был Анри Бергсон (1859-1941 гг.), который призывал в своих философских трудах к открытому разрыву с наукой и отказу от логического, рационального познания. Он поставил в центр своей философии идею о том, что истина недоступна научному пониманию, а логическое мышление не помогает постижению действительности. Бергман заявлял, что «интеллект характеризуется естественной неспособностью понимать жизнь», поэтому интуицию он считал важнее разума.

Изучая философские доктрины, мы можем отметить общую тенденцию, присущую всем философам, начиная с Платона и Аристотеля: они строят свои концепции на чисто умозрительных догадках: «я так считаю», «я так полагаю», согласно правилу, по которому каждый, кто этого пожелает, имеет право излагать свое мнение. Любая возникающая у человека мысль является порождением его природы, его впечатлений и потому имеет право на существование. Это, безусловно, верно — она имеет право на существование, ведь она уже существует. Однако необходимо разобраться, на что может претендовать такая мысль.

Таким образом, мы видим, что в истории своего развития философия нередко заходила в тупик, выбравшись из которого, вновь оказывалась перед непреодолимым препятствием, пока, в итоге, не пришла к отрицанию самой себя. В течение двух тысяч лет философы ходили по кругу одних и тех же абстрактных идей и методов, сформулированных еще древними мыслителями-софистами, но, как ни старались они проникнуть вглубь, даже используя открытия науки, тем не менее, оказались не в состоянии приблизиться к пониманию первичных вопросов, а скорее наоборот, удалялись от них. Каждый философ продолжал высказывать то, что ему казалось истинным, пока в XIX и XX вв., пытаясь преодолеть кризис и замешательство, философия не породила такие концепции, которые при попытках практической реализации их адептами и приверженцами привели к страшным социальным, природным и военным катаклизмам.

1.4. Почему нужно сравнивать каббалу и философию

Слово «философия» буквально означает «любовь к мудрости» (греч. Philosophya, от *philio* – «люблю» и *sophya* – «мудрость»). Эта научная система стремится выяснить общую связь всего сущего и объединить все области человеческого знания. Если другие науки делают предметом изучения какой-то отдельный срез реальности, то философия стремится охватить всю действительность в ее единстве. Кроме того, обычно люди понимают под философией попытку оценить и объяснить, что же является смыслом жизни.

Каббала включает в себя практически все наши знания о *мире*. Она охватывает все уровни мироздания – от макросилы, называемой Творцом, создающей, управляющей и ведущей все к единой цели, и до мельчайших проявлений этой силы относительно творения, включая природу самого творения, всего происходящего с ним под воздействием единой *Высшей силы*, с учетом реакции самого творения.

Нет такого вопроса, которым бы не занималась каббала; она говорит обо всем, кроме *Ацмуто* – той части *Высшего*, которую мы не постигаем, поскольку все постижения происходят внутри нашего желания (*кли*), созданного этой *Высшей силой*.

С чем же можно сравнить такую науку? Казалось бы, ни с чем. Однако сравнение с философией напрашивается само собой, поскольку и философия также претендует на то, чтобы заниматься разработкой универсального знания.

Вокруг каббалы, которая в течение многих столетий оставалась закрытым учением, тайной мудростью, возникло такое множество легенд и фальсификаций, что современному человеку трудно добраться до истинных источников. Об этом писал, в частности, Лейбниц: «Поскольку у людей не было правильного ключа к Тайне, то страсть к знанию, в конечном итоге, была сведена к различного рода пустякам и поверьям, из чего возникла своего рода "вульгарная каббала", которая далека от настоящей, а также различнейшие фантазии под ложным названием магии, и этим полнятся книги».[5]

Древние каббалистические источники свидетельствуют, что философия возникла в результате неправильно понятых уроков, полученных у древних каббалистов (у Авраама, в частности, было 70 учеников, которых он послал на Восток). Это и естественно, поскольку в эгоистических, неисправленных свойствах понимание каббалистических знаний не может быть иным.

Философия, восприняв элементы каббалы, пошла по иному пути. От нее произошли современные науки о материальном мире и его законах – в рамках явлений, которые способны воспринять наши пять органов чувств, а древние мудрости, в том числе каббала, остались вне интересов исследователей. То, что наука не смогла охватить, что осталось для нее непостижимым, вошло в религиозные учения, в ритуалы и обычаи. Древняя мудрость постепенно забылась.

Исследуя *этот мир*, пытаясь понять место и возможности человека, определить цель и смысл существования, человечество использовало параллельно науку и религию. Однако обе они лишь отдалили человечество от постижения истинных законов. Человек изучал природу не для того, чтобы изменить себя и узнать о ее ожиданиях, а для того, чтобы изменить, покорить природу в угоду своему эгоизму.

1.5. Влияние каббалы на философию и науку

В истории каббалы интересен период, когда выдающиеся западные (да и восточные) мыслители обращались к ее исследованию и изучению, интегрируя эти знания в систему классической философии. Приведем здесь отношение к каббале выдающихся западных мыслителей, исследования которых в области этой науки образовали отдельное направление, а именно, **философско-умозрительную каббалу**. Широкое распространение данное направление получило в Европе, начиная с эпохи позднего Средневековья (XIII в.), в среде христианских теологов и особенно среди философов-гуманистов эпохи Возрождения.

Христиане начали проявлять интерес к каббале практически одновременно с обнаружением текстов таких выдающихся каббалистических трудов, как «Книга Зоар» и *«Сэфер Ецира»* в XIII в., однако особое влияние на западную культуру каббала стала оказывать, начиная с XV в., с появлением первых переводов каббалистической литературы на латинский язык.

---

[5] «Et Pythagoram credibile est, ut alia multa, ita hanc quoque opinionem ex Oriente attulisse in Graeciam. Sed cum vera arcani clavis ignoraretur, lapsi sunt curiosiores in futilia et superstitiosa, unde nata est Cabbala quaedam vulgaris, a vera longe remota, et ineptiae multiplices cujusdam falsi nominis Magiae, quibus pleni sunt libri». *Leibniz.* Die philosophischen Schriften, VII. P. 184.

Джованни Пико делла Мирандола⁶ (1463–1494) был одним из первых, кто принес каббалистическое знание в Гуманистическую республику ученых, центром которой сделалась Платоновская Академия во Флоренции, созданная аристократом Козимо Медичи (1389-1464) во второй половине XV в. Пико собрал небольшую библиотеку каббалистической литературы, которая состояла из переводов, сделанных еврейским мыслителем из Сицилии, принявшим христианство, – Флавием Матридатом (*Flavius Mithridates*) для Папы Сикста IV, а затем в 1486 г. для самого Пико.

Список личной библиотеки другого христианского гуманиста и ученого того же периода эпохи Возрождения, последователя Мирандолы, Иоганна Рейхлина[7], наглядно демонстрирует, что около 1500 г. он закупал на реальном книжном рынке огромное количество еврейских книг, в том числе и трудов по каббале: «Сэфер Ецира», «Сэфер а-Баир» (Sefer ha-Bahir), книги Авраама Абулафии[8], Маймонида[9], Йосефа Гикатиллы[10], Авраама ибн Эзры[11], Йосефа Альбо[12], Иегуды а-Леви[13] и др.

Начиная с эпохи Ренессанса и вплоть до конца XVIII в., изучению каббалы уделяется особое внимание в обществе высокообразованных людей, среди которых находились великие мыслители-гуманисты, философы, ученые и христианские богословы. Из их числа можно выделить таких ярких представителей западной интеллектуальной элиты, как Парацельс, Джордано Бруно, Томмазо Компанелла, Мишель Монтень, Джон Мильтон, Готфрид Вильгельм Лейбниц, Исаак Ньютон, Иоганн Вольфганг Гёте, Уильям Блейк, Френсис Бекон, Спиноза, Беркли, Шеллинг, фон Баадер, Фридрих Этингер и целый ряд других выдающихся мыслителей Европы. Их знакомство с каббалой происходило, в основном, благодаря переводам оригинальных каббалистических источников (в большинстве своем это были сочинения АРИ, отрывки из «Книги Зоар» и «*Сэфер Ецира*»), компиляций и

---

[6] *Джованни Пико делла Мирандола* (Giovanni Pico della Mirandola) (1463-1494) – итальянский мыслитель эпохи Возрождения.

[7] *Иоганн Рейхлин* (Johann Reuchlin) (1455-1522) – немецкий гуманист, филолог. Был советником вюртембергского герцога, несколько раз посетил Италию, сблизился с деятелями Платоновской Академии (Пико делла Мирандола и др.); последние годы жизни – профессор греческого и еврейского языков в университетах Ингольштадта и Тюбингена. Считался в Германии лучшим знатоком древних языков – латыни и особенно древнееврейского и древнегреческого. (Иоганн Рейхлин. Большая Советская Энциклопедия).

[8] *Авраам Абулафия* (1240 – после 1291) – еврейский каббалист Испании.

[9] *Маймонид*, полное имя рабби Моше бен Нахман (сокращенно РАМБАН) (1195-1270) – еврейский ученый, каббалист, раввин еврейской общины Испании. Последние годы жизни провел в Иерусалиме.

[10] *Йосеф бен Авраам Гикатилла* (1248-1305) – еврейский каббалист Испании.

[11] *Авраам ибн Эзра* (1092-1167) – еврейский ученый, философ, поэт. Жил в Испании.

[12] *Йосеф Альбо* (1380-1444) – еврейский философ. Жил в Испании.

[13] *Йегуда а-Леви*, полное имя Йегуда бен-Шмуэль а-Леви (1075-1141) – еврейский ученый, философ и поэт. Жил в Испании.

собственных сочинений таких авторов, как Пико, Рейхлин, Генрих Корнелий Агриппа из Неттесгейма, Раймонд Лулль, Эдиджио де Витербо, Франческо Джорджио, Паулюс Рициус, Гильом Постель, Иоганн Писториус, Генри Мур, Ральф Кэдворт, Джон Пордедж, Иоганн Стефан Риттангело, Франциск Меркурий ван Гельмонт, Жак Гаффарель, Кнорр фон Розенрот, Франц Иосиф Молитор и многих других.

Обзор и анализ текстов христианских каббалистов показывает, что все они были людьми, стремящимися обрести картину единства законов мироздания, доказывая в своих работах отсутствие различий между духом и материей как компонентами единого континуума. Весь мир пребывал для них в состоянии непрерывной эволюции, направленной на восстановление первоначальной гармонии. Особая роль в деле возрождения мира отводилась человеку как носителю Божественной природы. Многие из них полагали, что именно еврейская каббала поможет преодолеть раскол внутри христианской церкви и предотвратить религиозный упадок, но основным стремлением большинства христианских каббалистов был поиск единой веры, которая бы объединила христиан, иудеев и мусульман.

Пико, Рейхлин, Постель и особенно христианские каббалисты XVII в. во главе с Кнорром видели в каббале наиболее чистое и полное выражение единой традиции, истинной prisca theologia (лат. — древняя теология), восходящей ко временам Адама, Авраама и Моисея и в той или иной мере сохранившейся во всех религиях и философских системах. По мнению Кнорра, греки, восприняв подлинную и древнюю еврейскую мудрость, впоследствии исказили ее, что, в свою очередь, оказало вредное влияние и на христианство; необходимо вернуться к первоначальному источнику христианства — каббале и вновь объединиться всем вместе в единой вере[14]. Кнорр полагал, что в каббале содержатся самые главные христианские доктрины. Если найти этому неопровержимые доказательства, то отпадет необходимость в каких бы то ни было религиозных спорах.

Изучая оригиналы и переводы текстов еврейских каббалистов, христианские мыслители Нового времени видели в них сокровенные христианские истины, что побуждало их публиковать свои переводы, комментарии и издавать оригинальные тексты еврейских каббалистов. Публикации христианских каббалистов выражали миссионерский призыв, обращенный сразу в двух направлениях: с одной стороны, они хотели объяснить иудеям суть их собственной веры, а с другой и, пожалуй, даже в большей

---

[14] *К. Бурмистров*. «Kabbala Denudata», открытая заново: христианская каббала барона Кнорра фон Розенрота и ее источники // Вестник Еврейского университета. — М., 2000. № 3 (21). С. 32, 62. Кнорр пишет об этом в предисловии к трактату Ван Гельмонта «Kurtzer Entwurff des eigentlichen Naturalphabets». Sulzbach, 1667. S. 22–23; см. также: *Coudert A.* A Quaker-Kabbalist Controversy: George Fox's Reaction to Francis Mercury van Helmont // Journal of the Warburg and Courtauld Institutes. 1976. Vol. 39. P. 176.

степени, помочь христианам достичь подлинного христианства.

В предисловии к переводу трех трактатов из «Книги Зоар» во втором томе «Kabbala Denudata» («Открытая каббала») Кнорр прямо заявляет об их богооткровенном происхождении и святости. По его мнению, знание «Книги Зоар» полезно как для понимания Ветхого, так и Нового Завета. В подтверждение своих мыслей Кнорр приводит сотни цитат из «Книги Зоар» в сопровождении соответствующих, по его мнению, фрагментов из Нового Завета. В обоснование необходимости латинского перевода «Книги Зоар» Кнорр подчеркивает важность изучения философских учений эпохи Христа и апостолов, включаясь, тем самым, в разгоревшуюся в XVII в. полемику относительно авторства и даты происхождения «Книги Зоар». В связи с этим интересно отметить, что, несмотря на доводы как еврейских, так и христианских философов, исследователей каббалы, христианские каббалисты следовали еврейской ортодоксальной традиции, относящей создание этого труда ко 2 в. н.э. и считающей ее автором рабби Шимона бар Йохая.

С помощью «Книги Зоар» и позднее сочинений АРИ христианские каббалисты надеялись решить мучительные догматические проблемы, волновавшие христианский мир и явившиеся предметом жарких споров и поводом для появления многочисленных ересей: как справедливый и милосердный Бог мог обречь созданного им человека на вечные адские муки? Как оправдать учение о предопределении? Как может историческое христианство с его несовершенными служителями, с его сравнительно короткой историей и незначительной распространенностью быть вселенской универсальной религией, единственным путем к спасению?

Определить отношение христианских мыслителей позднего Средневековья и эпохи Возрождения к каббале можно по следующим высказываниям:

«Та самая, настоящая трактовка Закона (*vera illius legis interpretatio*), которая была раскрыта Моисею в Божественном откровении, называется «каббала» (*dicta est Cabala*), что у иудеев означает «получение» (*receptio*)» (Пико делла Мирандола, «Речь о достоинстве человека»)[15].

«Каббалой называется способность выведения всех Божественных и человеческих тайн из Закона Моисея в аллегорическом смысле» (Паулюс Рициус. «Введение в основы каббалы». 1540 г.)[16].

«Дословный смысл (Писания) подчиняется условиям времени и пространства. Аллегорический и каббалистический — остается на века, без временных и пространственных ограничений» (Паулюс Рициус. «Введение в основы каббалы»)[17].

---

[15] *Pico della Mirandola.* Oratio de hominis dignitate // Conclusiones. P. 60 f.

[16] «Cabala ea facultas dicitur, quae diuinarum humanarumque rerum arcana, per Mosaicae Legis typum Allegorico sensu insinuate». *Paulus Ricius.* Introductoria theoremata cabalae. De coelesti agricultura // Johannes Pistorius. Ars Cabalistica. P. 120.

[17] «Literalis enim sensus est loci & temporis conditionibus implicatus: sed Allegoricus & Cabalisticus ad eterna sine omni temporis aut loci conditione pertinet». Ibid. P. 116.

«Каббала дает высшему принципу непроизносимое имя; из него она выводит в форме эманации второй ступени четыре принципа, из которых каждый вновь разветвляется на двенадцать, а они, в свою очередь, – на 72 и т. д. до бесконечных дальнейших разветвлений, как существует бесконечное количество видов и подвидов... И, в конечном итоге, получается, что все Божественное можно привести к одному Первоисточнику, так же, как и весь свет, который светит исконно и сам по себе, и изображения, которые преломляются во множестве зеркал и в стольких же отдельных предметах, можно привести к одному формальному идеальному принципу – Источнику всех этих изображений» (Джордано Бруно. «Итальянские сочинения»)[18].

Кроме древней и универсальной теологии, западные философы и ученые Нового времени видели в каббале также и универсальную науку, обладающую универсальным языком:

«Вся физика, включая все ее частные науки: астрономию, астрологию, пиромантию, хаомантию, гидромантию, геомантию, алхимию... – все они матрицы благородной науки каббалистики» (Парацельс. «Сочинения»)[19].

«Бытие, или язык – это адекватный субъект науки каббала... Поэтому становится ясно, что ее мудрость в особенной мере управляет всеми остальными науками» (Раймунд Лулль. «Сочинения Раймунда Лулля»)[20].

«Науки, такие как теология, философия и математика, берут свои принципы и корни из нее [каббалы]. Поэтому все эти науки (*scientiae*) подчинены этой мудрости (*sapientia*); и их принципы и правила подчинены ее принципам и правилам; и поэтому их аргументация недостаточна без нее» (Раймунд Лулль. «Сочинения Раймунда Лулля»)[21].

«В общем, существуют две науки... одна из них называется комбинаторика (*ars combinandi*), и она является мерой прогресса в науках... Другая говорит о силах высших вещей, которые выше Луны и которые являются частью природной магии (*magia naturalis*). Обе они вместе называются

---

[18] «Quella (Cabala de gli Hebrei) primieramente al primo principio attribuisce vn nome ineffabile, da cui secondariamente procedendo quattro, che appresso si risolueno in dodici; i quali migrano per retto in settantadoi, et per obliquo et tetto in cento quaranta quattro; e cossi oltre per quaternarij et duodenarii esplicati, in innumerabili, secondo che innumerabili sono le specie. Et talmente, secondo ciascun nome (per quanto vien commodo al proprio idioma), nominano vn dio, vn angelo, vna intelligenza, vna potest , la quale presidente ad vna specie; onde al fine si troua che tutta la deit si riduce ad vn fonte, come tutta la luce al primo e per s lucido, e le imagini che sono in diuersi, e numerosi specchi, come in tanti suggetti particulari, ad vn principio formale, et ideale, fonte di quelle». *Bruno*. Le opere italiane, II. P. 533.

[19] *Парацельс*. Сочинения. Т. 5. С. 343 (Полное собрание сочинений. Ч. 1. XIV. С. 547 и далее).

[20] «<...> esse sive verbum <...> est subjectum adaequatum huius sapientiae Kabbalisticae. Cum igitur hoc esse sive verbum sit omnium rerum primum regulans <...>, palam est quod ejus sapientia est omnium aliarum scientiarum longe valde regulatrix». Raymundi Lullii Opera. Изд. Цетцнера. P. 43.

[21] «<...> scientiae recipiunt sua principia, & radices ab ista; vt Theologia, philosophia, mathematica. Et propterea namque istae scientiae sunt subalternatae huic sapientiae, & sua principia & regulae sunt subalternatae principiis eius, & regulis & ideo earum modus demonstrandi est imperfectus sine ista. <...> & similiter post Theologiam & philosophiam omnes certae scientiae per istam quartam figuram aquiruntur». Raymundi Lullii Opera. Изд. Цетцнера. P. 93 f.

у иудеев «каббалой» (Пико делла Мирандола. «Сочинения»)[22].

«Каббалистический подход к Библии – это герменевтика, которая отвечает в убедительной форме самостоятельности, чудесной оригинальности, многогранности, всеобъятности, неизмеримости ее содержания (Гёте. «Материалы к истории учения о цветах»)[23].

«Адам – первый человек хорошо знал каббалу. Он знал все обозначения вещей и поэтому дал животным подходящие имена, которые сами по себе показывали их природу» (Курт Шпренгель. «Набросок прагматической истории врачевания»)[24].

«Каббала не позволяет нам проводить жизнь в прахе, но поднимает наш разум к вершине познания» (Иоганн Рейхлин. «Искусство каббалы»)[25]. «Настоящая эстетика – это каббала» (Фридрих Шлегель. «Издание критики Ф. Шлегеля». 1802 г.)[26].

Г.В. Лейбниц (о влиянии каббалы на взгляды которого существует целая литература[27]) также определяет каббалу как *scientia generalis* (лат. – *общая наука*), которая соединяет в себе все базисные науки, действующие как инструмент знания. Их общим знаменателем для него, как и для Пико, является методика комбинаторики букв, с помощью которой все познаваемое может быть классифицировано и сохранено:

«Древняя поговорка гласит, что Бог создал все по весу, мере и числу... Число поэтому является своего рода метафизической основной фигурой, а арифметика – своего рода статистикой универсума, с помощью которых могут быть исследованы силы вещей. Уже во времена Пифагора люди были убеждены, что числа скрывают в себе самые глубокие тайны. Пифагор, по правдоподобным источникам, принес это убеждение, как и многие другие, с Востока в Грецию. Поскольку у людей не было правильного ключа

---

[22] «In uniuersali autem duas scientias, hoc etiam nomine honorificarunt, unam quae dicitur ars combinandi, & est modus quidam procedendi in scientiis, & est simile quid, sicut apud nostros dicitur ars raymundi. <...> Aliam quae est de virtutibus rerum superiorum, quae sunt supra lunam, & est pars magiae naturalis suprema. Vtraque istarum apud Hebraeos etiam dicitur Cabala, <...> & de utraque istarum etiam aliquando fecimus mentionem in conclusionibus nostris. Illa enim ars combinandi, est quam ego in conclusionibus meis uoco, alphabetariam reuolutionem». *Pico.* Opera, I. S. 180 f.

[23] *И.В. Гете.* Материалы к истории учения о цветах. 1805-1810.

[24] *Sprengel.* Versuch einer pragmatischen Geschichte der Arzneykunde (в 5 томах). Halle, 1792–1803. Vol. 2. P. 358–362.

[25] «Haec est Cabala quae nos humi degere non sinit, sed mentem nostram extollit ad altissimam comprehensionis metam». *Reuchlin.* De arte cabalistica, 20a.

[26] «Die wahre Ästhetik ist die Kabbala». *Schlegel, Kritische F.* Schlegel-Ausgabe. Изд. Ernst Behler (в 35 томах). Paderborn, 1958. Vol. 16. P. 305.

[27] См.: *Coudert A. P.* Leibniz and the Kabbalah. Dordrecht, 1995; *Coudert A. P.* The Impact of the Kabbalah in the Seventeenth Century. Leiden, 1999. C. 308–329. См. также: *Foucher de Cariel A.* Leibniz, la philosophie juive et la Cabala. Paris, 1861; *Politella J.* Platonism, Aristotelism and Cabalism in the philosophy of Leibniz. Philadelphia, 1938; *Hutin S.* Henry More. Hildesheim, 1966. Pp. 194–197. О влиянии христианской каббалы на монадологию Лейбница см.: *Merchant C.* The Vitalism of Anne Conway: Its Impact on Leibniz's Concept of the Mind // Journal of the History of Philosophy. 1979. Vol. 17. Pp. 255–269.

к Тайне, то страсть к знанию была, в конечном итоге, сведена к различного рода пустякам и поверьям, из чего возникла своего рода «вульгарная каббала», которая далека от истинной каббалы, а также различные фантазии под ложным названием магии, и этим полнятся книги. В то же самое время у людей сохранилась склонность верить в то, что нам еще предстоят чудесные открытия с помощью чисел, букв и с помощью нового языка, который одни называют адамическим, а Яков Беме – природным (естественным)»[28].

«Мастера знания (как можно назвать по голландскому примеру тех, кто занимается математикой) владеют изобретением искусства знаков, только частью которого является алгебра: с его помощью сегодня можно узнать вещи, к которым не могли прийти древние, и, несмотря на это, все искусство состоит всего лишь в использовании правильных знаков. С помощью каббалы древние делали много существенного и искали тайны в словах, и они, действительно, находили их в хорошо построенном языке: таковым он служит не только для мастерства знания, но и для всех наук, искусств и дел. Таким образом, можно искать каббалу, или мастерство знаков, не только в ивритских языковых тайнах, но и в любом языке, но не в дословных толкованиях, а в правом рассудке и применении слов»[29].

В целом западные мыслители рассматривали каббалу как древнее и в то же время современное знание, сходное с философскими учениями Платона, Аристотеля, Пифагора. Они считали каббалу основополагающим источником этих учений.

«Изучай каббалу, она объяснит тебе все!» (Парацельс. *«Paragramum»*)[30].

В конце XVII в., в эпоху религиозного кризиса, великих апокалиптических ожиданий и, вместе с тем, формирования нового научного сознания и практически атеистического скептицизма, концепция «предвечной традиции» (*prisca theologia*), присущая эпохе Ренессанса, обретает новый облик учения о всеобщем братстве людей, носителей единой Божественной природы, об исправлении мира и универсальном спасении в эсхатологической перспективе. В сущности, это было цельное мировоззрение, и не последнюю роль в его возникновении сыграла еврейская каббала, определенным образом преломленная в трудах христианских каббалистов.

---

[28] «Vetus verbum est, Deum omnia pondere, mensura, numero fecisse. <...> Itaque numerus quasi figura metaphysica est, et Arithmetica est quadam Statica Universi, qua rerum potentiae explorantur. Jam inde a Pythagora persuasi fuerunt homines, maxima in numeris mysteria latere. Et Pythagoram credibile est, ut alia multa, ita hanc quoque opinionem ex Oriente attulisse in Graeciam. Sed cum vera arcani clavis ignoraretur, lapsi sunt curiosiores in futilia et superstitiosa, unde nata est Cabbala quaedam vulgaris, a vera longe remota, et ineptiae multiplices cujusdam falsi nominis Magiae, quibus pleni sunt libri. Interea insita mansit hominibus facilitas credendi mirificia inveniri posse numeris, characteribus et lingua quadam nova, quam aliqui Adamicam, Jacobus Bohemus die Natur-Sprache vocat». *Leibniz.* Die philosophischen Schriften, VII. P. 184.

[29] Ibid. C. 521.

[30] *Theophrastus Paracelsus.* Das Buch Paragramum. Изд. Franz Strunz. Leipzig, 1903. P. 56.

В XVIII столетии, известном как век Просвещения, христианская каббала как бы отодвигается на задний план и продолжает развиваться лишь в закрытых масонских обществах и всевозможных движениях, проповедующих идеи универсального братства. С другой стороны, в этот период каббалистические идеи предлагаются западными мыслителями и философами (Этингер, Баадер, Гёте, Шеллинг, Молитор и др.) как некая альтернатива секуляризации и новой атеистической идеологии.

Тогда же, в начале XVIII в., начался быстрый рост целого ряда оккультно-каббалистических течений, который достиг своего расцвета во второй половине XIX в. В действительности, зарождение этого направления произошло еще в XVI в., когда некоторые христианские каббалисты начали постепенно отходить от еврейских первоисточников и соединять каббалистические идеи с алхимией и магическими практиками. Основоположниками этого направления считаются Генрих Корнелий, Агриппа Неттесгеймский и Теофраст Парацельс.

Безусловно, раскрытие каббалы в эпоху позднего Средневековья и Нового времени оказало большое влияние на европейскую культуру и на процессы, определившие особенности западной цивилизации. Неоспорим тот факт, что изучение этой науки помогло величайшим ученым и философам открыть основополагающие законы мироздания, а также глубже понять природу человека и определить цель его существования в этом мире.

Русские мыслители и религиозные философы начинают обращаться к каббале лишь в конце XIX – начале XX вв. Одни из них ищут в ней новые интерпретации трактовок Писания для обоснования собственных религиозно-философских взглядов, другие – дополнительную аргументацию, используемую в антисемитской пропаганде. Каббалой интересовались такие русские мыслители, как В. С. Соловьев, С. Н. Булгаков, П. А. Флоренский, Н. А. Бердяев, В. В. Розанов, Л. А. Тихомиров, А. Ф. Лосев и др. В отличие от западных, русские философы практически не имели возможности ознакомиться с оригинальными источниками еврейских каббалистов и, как правило, пользовались переводами трудов христианских мыслителей и оккультистов, в различной степени знакомых с каббалистическим учением.

Ранние работы Владимира Соловьева[31] насквозь пропитаны каббалистической тематикой: это идеи подлинного сопричастного Богу существования, целостности мира и всеединства творения (*«мировой души»*) и Творца, где *душа человечества, Адам Кадмон* – «это мыслящий центр и внутренняя связь всех существ...»[32].

Свой взгляд на каббалу Соловьев формулирует следующим образом:

---

[31] *Владимир Сергеевич Соловьев* (1853-1900) – русский философ, поэт, публицист и литературный критик.
[32] *В. С. Соловьев*. София // Логос. 1991. № 2. С. 189.

«...каббала не есть продукт ни Средневековья, ни александрийского мышления. Неизгладимую печать ее древнееврейского происхождения и существенное ее отличие от неоплатонического учения мы видим в особом первобытном реализме и цельном монизме этого своеобразного миросозерцания. Характерное для всей греческой философии и вполне сохранившееся в неоплатонизме противоположение между миром умопостигаемых сущностей, областью истинного, подлинного бытия, и миром материальных явлений — это дуалистическое противоположение совершенно отсутствует в каббале (для нее материальный мир есть только последняя крайняя степень реализации и воплощения истинносущего)»[33].

Однако, несмотря на обилие каббалистических идей в работах Соловьева, смысл многих из них крайне трансформирован и искажен. Причина этого кроется в том, что его познания в каббале базировались, в основном, на источниках поздней христианской каббалы с преобладанием оккультной составляющей, что и оказало свое влияние на восприятие Соловьевым каббалы как религиозно-мистического учения.

Его работы по каббале послужили фундаментом для дальнейших исследований этого учения русскими философами. Увидев в учении Соловьева каббалистический элемент всеединства, русский философ и богослов Сергей Николаевич Булгаков (1871–1944 гг.) приступает в начале XX в. к серьезному изучению этой науки, о чем, прежде всего, свидетельствует его работа «Свет Невечерний» (1917 г.). Пытаясь понять каббалистическое учение, Булгаков обращается к доступным в то время переводам «Книги Зоар» и «Сэфер Ецира», наиболее известным из которых являлся шеститомный французский перевод «Книги Зоар» Жана де Паули, выполненный в начале XX в.[34] Однако этот перевод, являвшийся для русских философов первой трети XX столетия зачастую единственным источником каббалистического знания, к сожалению, был полон искажений и фальсификаций. Жан де Паули практически не был знаком с каббалой, что наложило отпечаток не только на адекватность перевода чрезвычайно сложного текста «Книги Зоар», но и на тот образ каббалы, который сложился у его читателей[35].

Зависимость от плохих переводов — печальное отличие русских энтузиастов каббалы рубежа веков от их предшественников — христианских каббалистов. Несмотря на это, Булгакову удивительным образом удалось

---

[33] Энциклопедический словарь Брокгауза и Ефрона. СПб., 1894. Т. 26. С. 782-784. См. также: *В.С. Соловьев*. Собр. соч. – СПб., 1907. Т. 9. С. 111–116.
[34] Sepher ha-Zohar (Le Livre de la Splendeur). Doctrine ésotérique de Israélites traduit par Jean de Pauli. Paris, 1906–1911. Vol. 1–6.
[35] Подробнее об этом см. в: *К. Бурмистров*. Каббала в русской философии: особенности восприятия и истолкования // Вестник Еврейского университета. М., 2000. № 4 (22). С. 37-70. А также: *G. Sholem* Kabbalah. Jerusalem, 1974. P. 240, 241; *G. Sholem* On the Mystical Shape of Godhead. N. Y., 1991. P. 38.; *G. Sholem* Bibliojgraphia Kabbalistica. Leipzig, 1927. S. 120.

избежать оккультных искажений в понимании каббалистического учения. По глубине и полноте знакомства с каббалой его можно соотнести с классическими христианскими каббалистами Европы. Неоднократно цитируя «Книгу Зоар» и сопоставляя каббалистическое учение с новозаветным, Булгаков приходит к следующему выводу: «Идея о человеке как микрокосме, столь многократно высказывавшаяся в философской и мистической литературе старого и нового времени, нигде не получает столь углубленного истолкования, как в каббале»[36].

К аналогичному выводу приходит и Николай Бердяев (1874-1948 гг.): «В каббале самосознание человека достигает вершины»[37]. «В обычном христианском сознании, — пишет русский философ, — истина о человеке-микрокосме задавлена чувством греха и падения человека. В официальном христианском сознании антропология все еще остается ветхобиблейской. В основной книге каббалы «Зогаре»[38] и у Бёме в «Mysterium magnum» (толковании на первую книгу Моисея) снимаются с Библии оковы ограниченности и подавленности ветхого сознания человечества, и приоткрывается истина о космическом человеке»[39].

В XX в. философы, мыслители и писатели — Гершом Шолем, Вальтер Беньямин, Франц Кафка, Мартин Бубер, Исаак Башевис Зингер и другие продолжили теоретическое исследование феномена каббалы.

Безусловно, в рамках одной главы невозможно хотя бы частично затронуть работы или даже просто перечислить имена всех исследователей каббалы. Однако это и не является целью данного очерка. Задача, которую автор здесь перед собой поставил, — осветить в пределах общей темы историческое развитие исследований каббалы, указать основных каббалистов и их труды, а также фрагментарно проиллюстрировать отношение к этой науке выдающихся мыслителей прошлого, что позволит читателю получить более объемную картину для серьезного осмысления этого знания.

Сегодня каббала изучается во многих университетах мира. Особый интерес к ней проявился в последнее десятилетие: публикуется множество интересных работ, исследующих различные аспекты каббалистического учения, все больше людей устремляется к различным источникам в поисках достоверной информации о каббале. Ученые, представители различных областей науки обращают свое внимание на древнее учение, обнаруживая в нем подробные объяснения сложнейших закономерностей природных процессов. Постепенно люди начинают осознавать, что в каббале присутствует некий инструмент, умение пользоваться которым поможет человеку решить многие тупиковые проблемы и

---

[36] *С. Н. Булгаков* «Свет Невечерний». – М., 1994. С. 246-250.
[37] *Н. А. Бердяев.* Смысл творчества // Философия свободы. Смысл творчества. – М., 1989. С. 300.
[38] Прим. автора: название *Zohar* в русском написании имеет два варианта – *Зоар* и *Зогар*.
[39] *Н. А. Бердяев.* Смысл творчества // Философия свободы. Смысл творчества. – М., 1989. С. 300.

позволит раскрыть новые грани в познании себя и *окружающего мира*.

Тест

1. Какая из основных концепций древней философии была воспринята от каббалы?

a. концепция единственной воздействующей и управляющей силы;
b. концепция противоборствующих сил природы;
c. концепция познаваемости мира;
d. концепция абстрактной мысли.

2. В чём состоит наиболее характерная особенность античной философии?

a. античная философия опиралась только на конкретные наблюдения;
b. античная философия опиралась на абстрактные категории, выводя из них абстрактные аксиомы;
c. античная философия исходила из тезиса о единстве человека и природы;
d. античная философия выдвигала идею единства духа и материи.

3. Назовите автора концепции (сохранявшейся в философии до нашего времени) вечного мира, постигаемого лишь разумом и недоступного чувствам:

a. Гераклит;
b. Пифагор;
c. Декарт;
d. Фалес.

4. Кто был автором первой утопии — прообраза идеального общественного устройства?

a. Платон;
b. Сократ;
c. Аристотель;
d. Парменид.

5. Какова причина кризиса философии Нового времени в XX веке?

a. философы вообразили человека хозяином мира;
b. вопрос о цели мироздания перестал приниматься в расчёт, освободив место понятию «практической пользы»;
c. причиной кризиса стал возросший индивидуализм и субъективизм;
d. все ответы верны.

6. Каким вопросом (в отличие от философии) каббала не занимается?

a. о смысле жизни;
b. о единстве реальности;
c. об объединении всех областей человеческого знания;
d. о сути *Высшей управляющей силы (Ацмуто)*.

Глава 2. Антагонизм каббалы и философии

2.1. Предисловие
2.2. Каббала и философия как разные способы исследования реальности
2.3. Проблема определения «духовного»
2.4. Различие между пониманием и постижением
2.5. Вопрос о сути Высшей управляющей силы (Творца)
Тест

2.1. Предисловие

Великий каббалист XX в. Йегуда Ашлаг (Бааль Сулам) в статье «Мир» пишет: «Я не любитель формальной философии и ненавижу любые виды исследований, проведенные на теоретической основе; как известно, большинство людей моего поколения согласны в этом со мной, потому как слишком много испробовали мы в этой области. Известно, что если шатается основа, то при малейшем движении рухнет все здание. И потому я не пишу здесь ни одного слова, не прошедшего проверку опытом, – начиная с простого осознания, по поводу которого нет разногласий, продвигаясь далее и получая доказательства аналитическим путем (путем разделения на составляющие), и до познания самых возвышенных объектов...»

Отличие каббалы от философии состоит в том, что каббала не принимает во внимание абстрактные умозрительные рассуждения. Ученые, работающие в различных областях науки, также соглашаются с этим, поскольку не доверяют данным и выводам, не подтвержденным практикой. Поэтому каббала описывает только результаты, подтвержденные опытом, и приводит в своих трудах только те доказательства, которые получены аналитическим путем.

2.2. Каббала и философия как разные способы исследования реальности

Существует довольно расхожее мнение, что каббала является частью философии, однако эти две системы знаний имеют кардинальное отличие. Философия рассматривает то, что человек постигает, не выходя за пределы нашего мира внутри своих эгоистических келим, желаний, способностей, возможностей и не получая дополнительный шестой орган чувств – душу, экран.

Тому, кто даже не подозревает о возможности выхода из рамок своего эгоизма во внешнее мироздание, туда, где можно ощутить пространство, не воспринимаемое нашими естественными органами чувств, философия представляется наукой, допускающей рассуждения о любых сферах бытия. В этом случае можно сказать, что философия — это всеобъемлющее знание человечества, а философы на протяжении всей истории развития являлись наиболее прогрессивными его представителями.

Однако человеку, знакомому с основными понятиями каббалы, становится очевидным, какие безграничные возможности она ему предоставляет, и он отчетливо понимает, что все философские реалии являются лишь плодом воображения. Философское знание абсолютно недостоверно, потому что не подтверждается никакой практикой, никакими экспериментами. Поскольку философия рассуждает о понятиях, действиях, свойствах, не расположенных в четко определяемой области, поддающейся опыту, то все ее выводы и заключения носят чисто умозрительный характер. Философские рассуждения касаются вещей отвлеченных, о которых каждый желающий может иметь собственное мнение.

Когда каббалисты, выходя за пределы *нашего мира*, начинают постигать *Высший мир*, когда они поднимаются над нашим разумом и приобретают способность исследовать его, «препарировать» мысли (оценивать, взвешивать, сравнивать), то для них теоретические, бездоказательные рассуждения и воображаемые, умозрительные категории философов становятся элементами практики. То, что в философии определяется догадками и предположениями, в каббале является опытным материалом. Именно здесь и находится водораздел, определяющий то огромное, непреодолимое различие между этими двумя системами знаний, их противопоставление друг другу.

2.3. Проблема определения «духовного»

В этом пункте на конкретных проблемах, исследуемых как каббалой, так и философией, показана разница в подходах этих двух научных систем.

В пределах нашего мира, опираясь на информацию, поставляемую пятью врожденными органами чувств, человек не может дать точного определения «**духовному**». Именно в силу этого объективного обстоятельства не сумела этого сделать и философия. Считается, что если ощущение человека выходит за рамки привычного восприятия и не укладывается до конца в его желания (келим), то состояние это он может назвать «духовным». Некоторые именуют духовное «любовью». В словарях, справочниках или Интернете на запрос о «духовности» можно получить ссылки на события в сфере культуры — театра, кино, живописи, скульптуры, музыки, литературы и т.д. Таким образом, человек подводит под это понятие всё что угодно, относя наслаждение, расположенное чуть выше живота, к духовной сфере. Иное определение духовности у него отсутствует.

Ученый-каббалист Бааль Сулам пишет по этому поводу следующее[40]:

Все духовное воспринимается нами как сила, отделенная от тела, и поэтому не имеет никакого материального образа. Оно является отдельным свойством и полностью отделено от материального мира. А если это так, то каким же образом оно может приводить в движение материю, не говоря уже о том, чтобы породить ее. Ведь у духовного нет никакого свойства, с помощью которого можно было бы достичь контакта с материальным.

Каббала определяет *«духовное»* как **нечто, не имеющее никакой связи со временем, пространством, материей, и представляет собой силу, не облаченную в тело.** *Духовное* — это сила в идеальном виде, независимо от того, на какой объект она воздействует (потому что в этом случае мы уже ведем речь о материи, на которую действует некая сила), сила сама по себе и есть *«духовное»*. Это самое верное, наиболее близкое к истине определение, единственное, которое мы можем применить, говоря о *«духовном»*.

Когда речь идет о силе в *Высшем мире*, не имеется в виду *духовный свет* как таковой, потому что он находится вне *сосуда* — вне органа ощущения и постижения, а потому является непостигаемым. Этот *свет* исходит из Творца и равен сути Творца. Мы не способны понять и постичь *духовный свет*, дать ему название и определение. Поэтому даже название *«свет»* метафорично, оно не является истинным. Под «силой» без тела подразумевается *«духовный сосуд»*. Определения, даваемые *свету* в каббале, не говорят о сути самого *света*, а отражают **реакции сосуда, его впечатления от встречи со светом в себе.**

Альтруистическим, духовным желанием мы называем определенную силу, а реакцию этой силы на то, что воздействует на нее, мы называем светом. Таким образом, и свет, по нашему определению, относительно сосуда является его порождением. Следовательно, мы исследуем не свет, а исправленные свойства наших желаний, которые называем светом.

«Огромную работу проделала философия, чтобы доказать, что материальное является порождением духовного и душа порождает тело. Но и после этого утверждаемое ими совершенно не принимается ни сердцем, ни разумом. И главная их ошибка была в восприятии духовного, в том, что, как они утверждали, оно породило материальное, что, безусловно, является выдумкой<...> Суть слова «духовное» не имеет никакого отношения к философии, потому что, каким образом можно обсуждать то, чего никогда не видели и не ощущали? На чем это основано? Ведь если есть какое-то определение, позволяющее различить и отделить духовное от материального,

---

[40] Бааль Сулам. Сравнительный анализ каббалы и философии. Kitvei Baal Hasulam. ARI. Israel. 2009. P. 34.

то дать его не может никто, кроме тех, кто постиг однажды духовное и ощутил его, а это прерогатива истинных каббалистов. Поэтому мы и нуждаемся в науке каббала».

«То, что каббалисты определяют словом «духовное», никак не связано со временем и пространством, не имеет никакой материальной ценности и представляет собой просто силу. То есть не силу, которая облачена в тело, как мы привыкли в этом мире, а просто силу без тела». Идеалистическое направление философии, будучи теснейшим образом связано с идеей Бога, базируется на утверждении, что реально существует лишь «мировой дух», сознание, а материальный мир и природа являются его воплощенным продуктом. Таким образом, идеализм, с одной стороны, предполагает обязательное наличие связи между духом и материей, но с другой — отрывает сознание от действительности, возводя общие понятия в абсолют. Он отъединяет материальное начало от духовного, обожествляя его, а это означает, что не существует способа, который дал бы возможность духовному началу контактировать с материальным и каким-то образом приводить его в действие.

Каббала, как и любая точная наука, считает, что обсуждению подлежит только то, что мы в состоянии ощутить и исследовать. Потому и **первичное определение духовного** требует от нас отличить, отделить его от материального, а значит, следует прежде всего **ощутить и постичь его**. Для этого и необходима каббала: лишь она дает возможность ощутить *Высший мир*.

Человек, не понимающий реалий духовного мира, не видящий его, не имеющий четкого впечатления о нем, не способен дать ему определение: как дать определение тому, что ни разу не ощутил? Каббалисты *ощущают духовное*, исправив себя, уподобив этому свойству. Исследуя его на себе, они дают определение тому, что ощущают и называют *духовным*.

Каким же образом философы, не ощущающие духовного начала, а лишь умозрительно его воображающие, в состоянии дать ему определение? Вне каббалы невозможно рассуждать о духовном каким бы то ни было образом. Определение вытекает из глубины постижения — как вывод, как концентрация огромного количества фактов и информации.

Каббалисты утверждают, что связи между материальным и духовным *миром* нет. Однако философы допускают ее наличие. Причинно-следственная зависимость *ветви* и *корня*, разумеется, имеет место, но связи, благодаря которой через материальное начало можно было бы пробудить духовное, не существует. Другими словами, связи эти не ясны и не доступны человеку, они остаются вне нашего постижения.

Философы, тем не менее, пытаются рассуждать о том, как материальный мир порождается духовным началом, полагая, что дух облачается в материю. Однако они заблуждаются. Бааль Сулам говорит о философах, однако в действительности не только они, но и все прочие люди ошибочно думают, что *душа* облачается в тело и что посредством тех или иных физических действий человек может оказывать влияние на *душу*.

Может быть, желание человека считается духовным началом? Нет. Каббала говорит, что **желание тоже материально, если оно эгоистично**. Ведь духовность означает *намерение ради отдачи*. Значит, мы оторваны от духовного не только телом, не только «плотью и кровью», но и желанием.

Отсюда следует, что у нас вообще нет никакой связи с духовным началом: ни в теле, ни во внутренней части — в желаниях, в сознании, во всем, что составляет наше «я». Возникает проблема: как мы можем, в таком случае, вообще рассуждать о духовном? Действительно, Бааль Сулам пишет, что **не можем**. Следовательно, не понятно, о чем, собственно, мудрствуют философы. Рассуждения о духовном начале не имеют ни малейшей возможности сделаться предметом философии, так как не относятся к человеческому разуму.

У человека нет никакой связи с духовным миром. Сколько бы слов он ни произносил, сколько бы физических действий ни совершал, – человек не привносит этим в свою душу никаких исправлений, оставаясь на уровне исключительно материальных действий. Каббалисты никогда не предавали этого обстоятельства массовой огласке, поскольку такое откровение могло ослабить людей, создав ощущение, что они оставлены на произвол судьбы. В действительности, существует возможность установить связь между материальным началом и духовным. Однако необходимо учиться тому, как выстраивать эту связь, что, в сущности, и является методикой каббалы. Если же человек действует, руководствуясь лишь соображениями разума и человеческого ощущения, то он не может понимать и обсуждать вопрос о том, что такое духовное начало.

С помощью собственного разума человек никогда не сможет отыскать путь в *духовный мир*: для этого необходимо одновременно находиться в двух точках, «здесь» и «там». Как мы видели, даже правильное определение духовного понятия человек дать не способен. Есть тысяча людей — и тысяча мнений, ни одно из которых не является верным, и не существует никаких критериев для проверки их истинности.

История человечества и накопленный им опыт свидетельствуют лишь об одном: мы ошибаемся. В чем состоит истина, нам неизвестно. Получая удары по ходу исторического развития, люди не становятся умнее в смысле определения местонахождения *духовного мира*, а лишь накапливают отчаяние на этом пути. Поэтому нельзя сказать, что сегодняшние философы умнее или ближе к истине, чем их предшественники.

Многие древнегреческие философы придерживались, по современным меркам, примитивного подхода к решению проблемы взаимоотношений бытия и сознания: они называли дыхание «душой» и выносили по этому вопросу незамысловатые суждения, которые сегодня уже неактуальны. Однако это вовсе не свидетельствует об их скудоумии по сравнению с современными мыслителями, ибо последние не больше преуспели в понимании *духовного мира*. Наоборот, судя по их сочинениям, можно даже сказать, что софисты были куда ближе к природе и глубже понимали ее. То же самое относится и к древней медицине — не симптоматической, а ориентированной на корень болезни. Одним словом, посредством философии человечество нисколько не продвинулось вперед и не сделает этого ввиду разрыва, который существует между материальным и духовным началом.

> *Духовное начало может существовать во всем. Высший свет[41] пребывает в абсолютном покое, и везде присутствует Творец, облачающийся во всё творение. Это — с Его стороны, однако мы всегда ведем речь с позиций творений, а в этом случае связь между материальным и духовным началом отсутствует.*

Откуда же взялась материя, если она не является следствием духовного? Разумеется, она произошла от духовного начала в процессе его распространения сверху вниз (причинно-следственный процесс), однако нет связи, нет порождения. Духовное по желанию не порождает и не производит материальное, такое невозможно. Высший парцуф[42] не может внезапно захотеть наслаждаться ради получения. Дело в том, что в духовном мире при движении снизу вверх произошел сбой. Сбой этот известен как «разбиение сосудов»[43] или «грех Адама Ришон»[44], и случился он «не по желанию» — не по исправленному желанию.

Итак, наверху, в корне находится сила Творца, Замысел творения о принесении блага Его созданиям. Чтобы перенестись через *нечто, возникшее из ничего*[45], чтобы привести творение на Свою ступень, Творец делает возможным этот великий переход от материального к духовному.

Между духовным и материальным началом расположен *махсом*[46] (*преграда*). Из духовного по направлению к материальному можно спускаться до последней духовной ступени, но не далее. Чтобы перескочить через нее, было произведено *разбиение сосудов*. Осуществила это сила Творца, которая «запутала *парцуфим*». Соответственно, и на обратном пути, когда человек

---

[41] **Высший свет** (на ивр. — **ор элион**) — определенный вид излучения свыше, то, что исходит из Сущности Творца и ощущается творением как «Замысел творения»: насладить творения.

[42] **Парцуф** (мн. ч. *парцуфим*) = «духовное тело» — желание наслаждаться Творцом, снабжённое экраном (то есть способное получить свет).

[43] **Разбиение желаний-сосудов** (на ивр. — *швират келим*) — исчезновение связующего экрана (намерения «ради отдачи») между различными свойствами, желаниями, исчезновение альтруистического взаимодействия между собой.

[44] **Грехопадение** *(Адама)* — разбиение сосудов (*швират келим*), в результате которого смешались альтруистические (отдающие) и эгоистические (получающие) сосуды, желания.

[45] **Нечто из ничего** (на ивр. — *еш ми аин*) — возникшее (созданное) вне Творца желание насладиться из не существовавшего ранее, до Замысла Творца; качество, абсолютно противоположное Его свойству отдавать.

[46] **Махсом** — граница между ощущением, возникающим только благодаря возможностям пяти органов чувств, ощущением «этого мира», и ощущением в «шестом органе» чувств, ощущением «Высшего мира».

желает перейти из материального *мира* в духовный, он использует **всё ту же силу Творца**. Это означает, что замысел творения о принесении блага Его созданиям находится **над** природой, ведь всё является природой, кроме этого действия Творца.

Здесь не идет речь о нашем материале и облачении духовной силы в человеческую плоть, — об этом вообще не говорится, т.к. этого не может быть. Речь идет об *уподоблении свойств*: каким образом возможен контакт между *намерением ради получения* и *намерением ради отдачи*? **Именно эти формы являются противоположными, и** связь между ними невозможна.

Здесь может возникнуть возражение: а что если соприкасаются самые малые, наименьшие по величине проявления этих форм? Ответ: они лежат на бесконечно отдаленном расстоянии друг от друга. Наибольшее желание с *намерением ради* получения и наибольшее *желание ради отдачи* разделены бесконечной дистанцией, и минимальные желания с разными *намерениями* также невероятно удалены друг от друга. Все дело в противоположности формы. Желания не ощущают друг друга, не соприкасаются — и в *духовном мире* это называется *бесконечной удаленностью*.

При проходе снизу вверх, в постижение *духовного мира*, каббалист получает уже *готовую духовную ступень*.

Это прыжок в бесконечность, скачок, смена фазы на противоположную. Даже сам каббалист не может осознать, как был совершен переход, так как, по сути, это находится во власти Творца и является прерогативой *Высшей Силы*, создавшей сущее из ничего[47].

Различие между материальным и духовным началом — это различие между нашей первоначальной природой и свойством *бины*[48], свойством Творца, свойством отдачи. Творец выводит каббалиста из простого желания наслаждений, являющегося «сущим из ничего», и внезапно придает ему духовную конструкцию — парцуф, являющийся «сущим из сущего». Это можно назвать настоящим чудом. До того, как это произойдет, человек не может представить себе, что это такое, потому что в его природе нет ничего, что могло бы существовать по ту сторону *махсома*.

Как проверить определение, данное духовному началу каббалой? Находясь в рамках одной природы, невозможно сравнивать ее со второй или их обе между собой. Поэтому разговор на эту тему с человеком, находящимся в рамках эгоизма, беспредметен: ему невозможно объяснить, что он может сравнивать, а что не может. До тех пор, пока мы находимся только в своей эгоистической природе, мы не имеем возможности разумно и четко взвешивать, исследовать и измерять ее. Чтобы

---

[47] **Сущее из ничего** (ивр. — «еш ми аин») — творение, сосуд, душа; созданное из ничего желание насладиться (ощущением Творца, светом), получить, которое является материалом всей существующей действительности.

[48] **Свойство бины** *(отдачи)* — качество, которым Высшая сила (Творец) проявляется относительно творения. Высшая сила создала творения для того, чтобы дать им наслаждение, и поэтому ее свойство называется отдачей.

что-то измерять, нужно одновременно находиться в двух противоположных свойствах. Два противоположных свойства — это свойство *малхут*[49] и свойство *бины*.

Обычно человек находится только в свойстве *малхут*. Если он занимается каббалой и развивает свойство *бины* и *бина* становится противодействующей, противоположной, противостоящей *малхут*, тогда между ними, как между двумя самостоятельно существующими категориями, человек может начать измерять свои свойства — те, что находятся между *малхут* и *биной*. Это измерение демонстрирует каббалисту его духовный уровень, духовную ступень, на которой он находится. Однако это возможно тогда, когда человек преодолевает преграду между духовным и материальным *миром*, получает свойство *бины* и может *сократить малхут*, поставить все свои желания под *цимцум*[50]. У философа этого инструмента нет, он наличествует только у каббалиста, перешедшего в следующее духовное состояние.

Человеку, начавшему исправлять себя, *мир* раскрывается как исправленный. Перед ним не предстают какие-то «духовные миры». Что представляют собой духовные миры? В тех же самых келим человеку раскрываются исправленные связи между душами в системе «Адам Ришон»[51].

2.4. Различие между пониманием и постижением

Бааль Сулам пишет[52]: **«Философы любят кичиться тем, что в сути Творца они понимают всю отрицательную сторону. С другой стороны, мудрецы каббалы в этом месте прикрывают рот рукой и не дают Ему даже простого имени, так как то, чего не постигнем, не сможем определить именем и словом».**

Постижением в каббале называется наиболее глубокое проникновение в предмет, предполагающее не только понимание самого объекта и его формы, но и знание породившей его более высокой ступени. Таким образом, каббалист постигает происхождение объекта: какова цель его существования, почему он появился, каковы метаморфозы, которые он должен преодолеть, — все изменения по цепочке исправления вплоть до его окончательной формы. Итак, если я исследую какой-либо объект, духовный или материальный, я изучаю причину его появления и все, что с ним должно произойти вплоть до последнего

---

[49] **Свойство малхут** *(получения)* — желание получать наслаждение.
[50] **Сокращение** (на ивр. — *цимцум*) — отказ принимать свет из альтруистических соображений. Властвующий над своими желаниями, то есть удерживающий себя и не получающий, хотя очень желает получить, называется сокративший себя.
[51] **Адам Ришон = Адам** — совокупность всех созданных душ, связь между ними на основе взаимоотдачи.
[52] *Бааль Сулам.* Сравнительный анализ каббалы и философии. Kitvei Baal Hasulam. ARI. Israel. 2009. P. 33.

исправления. Такая цепочка знаний об объекте называется постижением.

То есть истинное внутреннее понимание всего причинно-следственного механизма, всех начал и причин объекта со всеми возможными последствиями называется «*постижением*». Иногда мы говорим, что «немного постигаем» что-то, — и это неверно. Можно понимать, однако постижение означает, что я постиг некий фактор из корня данного состояния. Подобно создавшему этот фактор Творцу, я постиг весь Его помысел в данном отношении, всё, что происходит с этим фактором, от начала и до конца. Поэтому на предварительных этапах речь идет лишь о *понимании*. Это различие, заложенное, казалось бы, на уровне термина, очень важно.

Философы думают, что они постигают что-то, но если человек пребывает в духовном постижении, то это состояние означает для него ясность на каждом текущем этапе. Тысячи сил воздействуют на него и исходят от него, со всеми их причинами и следствиями — и всё ясно, прозрачно. Разумеется, у философов такое духовное постижение отсутствует. Рассуждая абстрактно, теоретизируя, они ошибались. Влияя на умы правителей и лидеров разных эпох, труды философов косвенно стали причиной многократных ошибок человечества.

2.5. Вопрос о сути Высшей управляющей силы (Творца)

«**И вот суть Творца, которой так любит заниматься философия, доказывая все законы несуществующего в ней. Каббала же совершенно не занимается сутью самой Высшей силы, поскольку как же можно определить что-то в том, что абсолютно невозможно понять и постичь? Ведь определение отсутствующего имеет не меньшую ценность, чем определение существующего, потому что если посмотришь на какую-то сущность издали и познаешь в ней все составляющие отсутствующего, то есть все то, чего нет, то ведь это также считается свидетельством и определенным осознанием, так как если это действительно далеко, то нельзя различить в нем даже отсутствующее.**

Например: если мы издали смотрим на какую-то черную картину и распознаем, что это не человек и не птица, то разве это не является каким-то свидетельством? Ведь если бы она была удалена на большее расстояние, то мы не смогли бы определить, что она не является человеком.

Отсюда и проистекает вся ничтожность и путаница философии.

Однако о свете Творца в действительности говорится и анализируется очень много. Речь идет о тех проявлениях света, в которых каббалисты удостоились действительного постижения, не меньшего, чем постижения в материальном».

О том, что не улавливается в наших ощущениях, мы не можем говорить даже в отрицательном значении. Если нечто не воспринимается, не ощущается, невозможно даже с определенностью подтвердить неспособность к восприятию. Однако если утверждается, что не воспринимается что-либо, то тем самым осознается неспособность к восприятию. Она проистекает из опустошенности в сосуде, который уже готов и констатирует свое состояние: он лишен восприятия и не наполнен. Поэтому об отрицании Божественности философы тоже не могут говорить, ведь у человека нет сосуда для восприятия Божественности.

Все наши измерительные приборы построены на принципе сопротивления и сопоставления. Так, например, амперметр измеряет не силу электрического тока, а силу противодействия элементов своей конструкции воздействию электрического тока. Измеряя реакцию электромагнитов и пружинок в амперметре, мы выдаем ее за свойства электрического тока. На этом принципе построена работа всех наших ощущений — как в приборах, так и в органах чувств.

Мы не знаем природы света, наполняющего кли. Мы познаем лишь реакции, которые он вызывает в нас, и по его действию в нас даем ему определения: теплый, радостный, несущий жизнь, уверенность и так далее. Определения даются не самим его качествам, а тому, как мы их воспринимаем и ощущаем. Философия же не делает различий между ощущаемым (а потому постигаемым) и неощущаемым (и потому непостигаемым). Она выносит суждения непосредственно о самом Творце, не понимая, что без постижения Его свойств внутри келим (как это ощущают каббалисты) любое определение будет заведомо ложным.

В этом и состоит существенное отличие каббалы от философии.

Каббала не занимается сутью Высшей силы и не пытается доказывать законы, существующие в ней. Эта наука определяет себя как экспериментальную практическую систему знаний и о непостигаемом не говорит даже в виде отрицания постижения, поскольку определение отсутствующего имеет не меньшую ценность, чем определение существующего.

Основной принцип каббалы гласит: «Непостигаемое не можем назвать по имени», где под «именем» имеется в виду постижение. Однако Высший свет, постигаемый в душе, ощущение Высшей управляющей силы, Творца, излагается в каббале в подробностях, с не меньшей, чем в любой другой науке, точностью анализа и эксперимента.

Тест

1. **Почему нам необходима каббала?**

a. с помощью каббалы человек может наполнить свои эгоистические желания;
b. каббала предоставляет человеку методику, с помощью которой можно отыскать путь в *духовный мир*;
c. каббала помогает человеку избавиться от страданий;
d. с помощью каббалы можно добиться успехов в бизнесе и в личной жизни.

2. Назовите главную причину, по которой Бааль Сулам выступает против философии?

a. философия выстроена внутри *нашего мира*, она занимается тем, что человек постигает внутри своих эгоистических желаний;
b. попытки реализации абстрактных философских теорий приводят к трагическим провалам и приносят человечеству множество бед;
c. выводы философов недостоверны и не подтверждены никакой практикой;
d. рассуждения философов касаются отвлечённых понятий, о которых каждый может иметь своё собственное мнение.

3. Что понимается в каббале под словом «духовность»?

a. сфера человеческого разума;
b. всё, что относится к понятию «культура»: театр, музыка, живопись и т.д.;
c. сила, не облачённая в тело, не связанная с понятиями времени и пространства;
d. любовь.

4. Как духовное начало связано с материальным, по мнению философов?

a. материальное порождается духовным, то есть духовные сущности могут облачаться в материал;
b. между духовным и материальным нет никакой связи;
c. существует связь между *желанием наслаждаться (ради получения)* и *желанием наслаждать*;
d. связи эти не ясны и не раскрыты человеку, они остаются за гранью нашего постижения.

5. Как духовное начало связано с материальным, по мнению каббалы?

a. невозможно связать духовное с материальным;
b. связь возможна при соприкосновении наименьших по величине *желаний получить для себя* с *желаниями получить ради отдачи*;
c. между духовным и материальным существует преграда (*махсом*), преодолеть которую можно только при помощи силы Творца;
d. облачением духовного материала в нашу плоть.

Глава 3. Познание материи и формы

3.1. Исследование материи и формы
3.2. Материя и форма в каббале
3.3. О сущности и происхождении материи
3.4. Может ли духовное породить материальное
    Тест

3.1. Исследование материи и формы

Любое понимание (осознание разумом) имеет две составляющие. Первая — это понятия материи, то есть природа тел в существующей действительности. А вторая — это понятия формы, абстрагированной от тел, то есть формы самого разума и понимания. Первая составляющая представляет собой познание материи, которое является исследовательским и называется физикой. А вторая составляющая представляет собой познание формы, которое является исследовательским и называется теорией логики.

Познание материи делится на четыре части.

В познании материи иногда можно ограничиться исследованием того, что находится выше природы и называется наукой о том, что находится за рамками природы. В этом выделяют четыре части:

1) познание материи, относящееся к части, называемой наукой о природе, и носящее эмпирический характер;

2) познание материи, относящееся к части, называемой наукой о природе, и представляющее собой науку о том, что находится за рамками природы;

3) познание материи, относящееся к части, называемой первичной, и носящее характер эмпирический и практический;

4) познание материи, относящееся к части, называемой первичной, и представляющее собой науку о том, что находится за рамками природы.

«Познание материи — это постижение взаимоотношений во всей существующей действительности, форм её существования и порядка нисхождения от первоначального замысла до этого мира как сверху вниз, так и снизу вверх. Основной принцип познания этого — постижение причины и следствия происходящего, поскольку это даёт полную картину всей науки, подобно тому, как это происходит в естественных науках»[53].

Познание формы представляет собой познание Высшей управляющей силы, а познание материи есть

---

[53] *Бааль Сулам.* Общий характер науки каббала. Kitvei Baal Hasulam. ARI. Israel. 2009. P. 39.

познание ступеней, которые называются миры⁵⁴ и парцуфим. Это познание всегда носит эмпирический характер. Предметом каббалы является раскрытие Высшей управляющей силы (Творца) своим творениям.

Мы устроены таким образом, что ощущаем, изучаем, исследуем, познаем материю и все явления, происходящие в ней. Мы можем возвращаться к этим исследованиям, передавать друг другу информацию о них, чтобы другой человек произвел такие же действия и получил аналогичные результаты. Эти исследования полностью удовлетворяют нас как в отношении процесса, так и в отношении результатов и выводов. Поэтому науки, исследующие материю, являются точными, и мы уверенно полагаемся на них, считая их данные достаточно достоверными.

Однако существуют системы знаний, занимающиеся рассмотрением одной лишь отвлеченной формы, не имеющей никакой связи с материей. Это означает, что формы абстрагируются от материи, то есть отрываются от людей, являющихся их носителями, и рассматривается только значимость самих форм в чистом виде, не воплощенных в какой бы то ни было материал, или отсутствие значимости. Это и называется познанием формы.

Если мы изучаем материю, то можем быть уверены, что не совершим ошибки, ведь мы тоже состоим из нее. Если мы изучаем формы, воплощенные в материи, то изучаем их в связи с материей, то есть те, которые принимает она, и поэтому можно также исследовать их с достаточной степенью достоверности. В итоге мы имеем возможность добиться такого результата, когда будем обладать безошибочным знанием об изучаемом предмете, так как рассмотрели все, что связано с его материей и с формами, которые она принимает.

Однако при изучении формы, абстрагированной от материи, той, которая сама по себе в реальной действительности не существует, неизбежно могут возникать вполне естественные ошибки — и в методах исследования, и в сделанных выводах. Ведь разделяя в своем воображении форму и материю и исследуя форму, которая сама по себе ни в материальной, ни в духовной реальности не существует (например, такие абстрактные категории, как «истина» или «ложь», которые являются чистой силой, не имеющей конкретного облачения, так что мы не видим ее реального проявления), мы проводим исследование, которое носит отвлеченный, недостоверный характер, ибо в этом случае ничего не можем явно ощутить и измерить.

Только умозрительно мы можем отделить форму «стол» от конкретного изделия из дерева, форму «лжец» от конкретного человека, являющегося носителем этого качества. Тогда мы и начинаем заниматься тем, что является предметом философии, — изучением неких отвлеченных категорий и абстрактных свойств, которые сами

---

[54] **Миры** (на ивр. — **олам** — от слова **алама**, «сокрытие») — всевозможные частичные меры ощущения Творца, степени Его сокрытия.

по себе в действительности не существуют. Поскольку рассматриваемые категории имеют место лишь в нашем воображении, потому нельзя и полагаться на рассуждения о них.

Мы никогда не можем достичь подлинного, достоверного результата в изучении отвлеченных форм в отрыве от материи, и потому на такие исследования опираться нельзя. Преступая эту границу и переходя от исследования формы, воплощенной в материи, к абстрактным формам, мы лишь сбиваемся с пути и, таким образом, удлиняем весь процесс познания.

Чем ближе человек в своих исследованиях придерживается форм, воплощенных в материал, тем больше это помогает ему в раскрытии истины — облачения духовного понятия в материал *желания получать*, которое может произойти только за счет *альтруистического намерения*[55].

Требование каббалистов, их предупреждение — исследовать только формы, воплощенные в конкретный материал, — это практический совет, помогающий нам никогда не выпускать из поля зрения необходимость достижения тождественности свойств с Творцом, поскольку форма, воплощенная в материю, является, по сути, формой Творца, которую мы должны постичь. Вся наша работа заключается в том, чтобы находиться в постоянной связи с единственностью Творца как единой действующей силы, которая движет нами, придавая всевозможные, постоянно сменяющиеся в нас формы.

Эти образующиеся в нас формы в материале *нашего мира* могут ощущаться как положительными, так и отрицательными. Если мы не отрываемся от воплощенных в материале форм и не переходим к абстрактным категориям, то мы всегда будем требовать, чтобы наш материал приобрел ту же форму, какой обладает Творец. Такой подход приводит нас к необходимости раскрытия Творца во всем, происходящем с нами, как в добром, так и в дурном. Мы стремимся добиться раскрытия в такой форме, воплощенной в нашем материале, которая тождественна форме Творца.

Таким образом, соблюдение условия исследования только материи и формы, воплощенной в материю, позволяет нам находиться на кратчайшем расстоянии от цели. Ведь тогда во всех проходимых нами формах, несмотря на кажущееся множество сил и властей, мы раскрываем единую власть, единственную действующую силу, которая придает нам свои собственные всевозможные формы, воплощая их в нашем материале.

Изучение же абстрактных форм не имеет эмпирической основы. Выводы, сделанные в результате такого изучения, не подтверждаются практикой, поскольку эти формы находятся за пределами реальной действительности. Отвлеченная форма является плодом воображения, только

---

[55] **Альтруистическое намерение** = *намерение «ради отдачи»* — использование своей природы, собственных свойств с целью доставить удовольствие Творцу. С помощью намерения «ради отдачи» творение становится равным Творцу, уподобляется Ему.

умозрительно можно нарисовать ее, даже невзирая на то, что в реальности она не существует.

Мы не воспринимаем воображаемые формы, в отношении нас они не существуют, и не проводим исследования относительно Творца. Все наши постижения происходят только относительно человека. Если бы мы не видели, не ощущали, как некая форма воплощается в каком-либо материале, то никогда бы не смогли представить себе абстрактной формы, существующей вне материала.

Мы ощущаем то, что воплощается в материале, так как сами созданы из него, поэтому можем его исследовать и полагаться на результаты этих исследований, зная, что не ошибаемся. Мы можем также исследовать формы, принимаемые этим материалом, и полагаться на результаты исследований, рассчитывая, что не совершим ошибку на нашем пути, получая знания для достижения определенной цели.

Однако если мы (не важно по какой причине) начинаем относиться к абстрактным формам, как к чему-то достоверному, то, даже несмотря на то, что они когда-то были воплощены в материи и мы были уверены, что изучили это воплощение, — отделив их от материи, мы неизбежно совершим ошибки и придем к неправильным выводам.

Мы можем сбиться с пути, и это именно та оплошность, которую постоянно совершает человечество. Она проистекает из ошибки, которую совершил некогда *Адам Ришон*, приняв форму, оторванную от материи, за достоверную и начав на этой основе принимать решения.

Ему показалось, что можно работать с подлинным *АХАПом*[56], когда для этого не было никакой реальной основы и данное действие еще не было воплощено в материи. В этом заключается корень всех прегрешений и проблем[57]. Человечество постоянно ошибается именно таким образом: оно принимает в качестве руководства к действию некую абстрактную теорию, никогда не воплощавшуюся в реальности, или некогда существовавшую, но уже давно оторванную от действительности.

При изучении же *духовного мира* у самого человека каждый раз возникает стремление использовать именно абстрактные формы, поскольку у него пока нет ничего другого, что относилось бы к духовной сфере, кроме собственных фантазий о ней. Поэтому **нельзя представлять духовное состояние в каких бы то ни было формах**, нужно лишь стремиться реально «увидеть» его, воплощенным в материале, — нашем *желании получать*. Произойти это может лишь в том случае, если наше *желание получать* приобретет форму, идентичную духовной, — форму отдачи.

Поэтому указание каббалистов — никогда не отрываться от формы, воплощенной в материи, и не переходить к абстрактной форме, — определяет

---

[56] **АХАП** — «*Озэн, Хотэм, Пэ*» — *сфирот* нижней части *Бины, Зэир Анпин* и *Малхут*, в которых есть желание получить. Сосуды (*келим*) получения.
[57] Более подробно эта тема разбирается в разделе «Каббалистическая антропология».

для нас самую короткую и истинную дорогу к цели. Именно это обстоятельство является причиной выдвигаемого ими условия в качестве обязательного руководства к действию.

Поэтому, чтобы не уклоняться от истинного подхода к формам, через которые проходит человек, он должен каждый раз воплощать данную форму в *своем материале*. На практике это означает, что он обязан постоянно следовать формуле: нет иного, кроме Творца. Он должен осознавать, что принимаемые им формы приходят к нему от Творца, несмотря на всю внешнюю неочевидность этого, и свое стремление отделить их от материала и приписать им какой-то другой источник, от которого, якобы, исходит действие, когда ему кажется, что он зависит от других людей или от себя самого.

Даже наслаждение от единения, которое человек ощущает, присоединив форму к материалу, связав все происходящее с Творцом, он должен тоже отнести на счет Творца. Такое исследование (когда человек изучает материал или форму, воплощенную в материале) каббала и называет *истинно научным*. Мы устроены таким образом, что кроме этого ничего не воспринимаем.

Наш материал — это желание получать, и все, что у нас есть, — это принимаемые им формы и *решимот*, воспоминания от прошлых состояний, остающиеся в материале. Мы говорим о *свете,* который наполняет *исправленное кли,* но ощущаем не сам *свет,* а *собственные исправления.* Мы чувствуем наполнение *светом* в зависимости от того, насколько изменили себя в соответствии с чем-то, как будто находящимся вне нас. Однако на самом деле находящееся вне нас мы не ощущаем.

Нельзя говорить о чем бы то ни было в отрыве от нас самих. Мы можем говорить только о нашем материале и о том, как он изменяется. Наш материал — это единственное, что подвержено переменам, поскольку, если речь идет об абстрактной форме, то она представляет собой сам *свет*, который может даже находиться в материале, но так и остается светом, который никогда не исследуют сам по себе. Мы лишь получаем впечатление от некоторого внешнего воздействия и измеряем степень своей реакции. Это и называется *формой, воплощенной в материале.*

Поэтому в каббале существует формула: «Из действий Твоих познаем Тебя». В мере подобия формы, тождественности свойств, мыслей, желаний и действий мы можем что-то говорить о Творце. Это называется *раскрытием Творца творению*. Однако сам Творец не раскрывается. За счет *собственных изменений* человек может сказать, что он нечто постиг в Творце. Изменив себя некоторое количество раз, соответственно тем формам, которые он принимает, человек может сказать, что они подобны Творцу и присутствуют в нем. Однако это не означает, что это и есть Сам Творец.

Когда о Творце говорят вне связи с Его проявлением в человеке, вне реакции человека, это означает, что речь идет об *Ацмуто*, сути Творца, что и является важнейшим принципом.

Человек никогда не должен отступать от прямого курса: стремящийся к Творцу через всевозможные формы, придаваемые ему Творцом, постигает Его — будто Он раскрывается в человеке. Это означает, что **материал человека принимает в точности такую же форму, как у Творца.**

Наука каббала является результатом исследовательской работы человека. Это фиксация данных, набора всех форм, которые может принимать материя с момента рождения и до окончания своего исправления для достижения подобия Творцу. Мы накапливаем все формы, изучаем причины, которые приводят к их возникновению, отслеживаем, согласно причинно-следственной зависимости, их воплощение в желаниях, от простого желания к более сложному, от малого к большему. Этот процесс, который мы затем можем реализовать на самих себе, называется практической каббалой.

Таким образом, каббала — не теория, изложенная в книге. Это порядок корней, раскрывающихся в нас за счет нисхождения по причинно-следственной цепочке, когда мы вследствие раскрытия этих корней каждый раз приобретаем воплощаемые в нашем материале формы, являющиеся формами Творца, и тем самым приходим к подлинному подобию Его форме. Это наука о том, как приобретать формы на желание получать — формы Творца, воплощающиеся в желании получать, материале творения.

Творение приходит к получению форм Творца за счет того, что келим АХАП высшего находится в келим гальгальта вэ-эйнаим[58] (*ГЭ*) низшего. Так высший предъявляет себя низшему в качестве образца. Это подобно тому, как мать обучает ребенка новым для него действиям: как вставать на ноги, ходить, вести себя, совершать различные действия. Затем его обучают учителя в школе, в университете и т.д.

Иными словами, низшему показывают пример и демонстрируют его воплощенным в материале: в материале матери, спустившейся на уровень ребенка, и в материале ребенка, когда мать помогает ему.

То же самое происходит с нами и на духовном уровне. АХАП высшего опускается в *ГЭ* низшего, в материал творения, на его уровень. В результате этого низший приобретает форму, воплощает ее в материал, и знает, как это нужно сделать, — высший учит его этому, давая необходимый разум и силу.

В результате низший, проходя этот путь — даже без участия собственного разума и собственных сил, не имея ни малейшего знания о том, как это происходит, — получает разум и силу. Проходя через это действие, следуя за высшим, он решает, что ему надлежит перенять форму высшего, его образ действий.

При этом низший должен аннулировать себя перед высшим, как

---

[58] **Гальгальта вэ-эйнаим** — *кетэр, хохма* и верхняя часть *бины* (*ГАР де-бина*) вместе называются «*гальгальта вэ-эйнаим*» (*ГЭ*) или отдающие, альтруистические сосуды (*келим*).

младенец, который естественным образом желает учиться у взрослого, поскольку тот представляется ему большим, великим. Поэтому условием приобретения нами форм, свойств высшего является необходимость *сократить*[59] себя, аннулировать свое «я» перед высшим. Тогда АХАП высшего начинает светить внутри нас. Это происходит каждый раз: в той мере, в которой сокращаем себя, мы все больше раскрываем Творца, находящегося внутри нас.

Исследование, с которого мы должны начать и которым мы должны закончить наше исправление, — это исследование единственности Творца. Каждый раз нам нужно раскрыть истинное состояние, в котором мы находимся. Чтобы помочь нам раскрыть его, Творец все время посылает нам помехи, запутывает, скрывает от нас правду. Делает Он это для того, чтобы мы сами увидели и поняли, что существует только Он один.

Мы и сейчас пребываем в этом состоянии: я и Творец, и никого больше. Однако человеку кажется, что вокруг него находится целый *мир*. Слово *«мир»* (*олам*) происходит от слова *«скрытие»* (*алама*). **На что** произведено это скрытие? Именно на то, что **перед лицом человека находится только одна сила, одна власть.**

Это означает, что и сам человек также не существует относительно Творца в качестве самостоятельной силы, самостоятельной власти. Есть только Творец, человек же — лишь тот, кто чувствует, думает, реагирует.

Все производимые нами исследования — это средство обнаружить тот факт, что мы находимся перед одной силой, одной властью. Все это — несмотря на те препятствия, которые создают в нас ощущение, что снаружи существует множество сил и властей, а также помехи, убеждающие, что мы существуем, можем и способны что-то сделать, и сами совершаем как плохие, так и хорошие поступки. Таким способом человек приписывает себе некую независимость и личную самостоятельность, что уже является нарушением принципа: «нет иного, кроме Творца».

Поэтому вся наша работа заключается только в концентрации внимания на одной силе и изучении того, **как** Творец облачает нас во всевозможные формы и работает с нами. Человек должен выявить, обнаружить, что все (и плохое, и хорошее) приходит из одного источника, и все, сделанные им открытия, даны только для того, чтобы приблизиться к Нему. Этим человек **достигает тождественности свойств с Творцом**.

В этом и заключается суть исследования, в котором нельзя выходить за пределы материала и формы, воплощенной в материале. Материал — это сам человек, *желание получать*, а форма, воплощенная в материал, — это то, что он получает от Творца, — свойства Творца. Только эти свойства

---

[59] **Сокращение** (на иврите — *цимцум*) — отказ принимать свет из альтруистических соображений. Творение, властвующее над своими желаниями, то есть удерживающее себя и не получающее, несмотря на большое желание получить, называется «сокративший себя».

проявляются в человеке в своем обратном виде, если он еще не достиг того, чтобы объединить их с Творцом. Если же в этих формах он приходит к единению с Творцом, то раскрывает, что все они являются свойствами Творца.

Откуда человек может знать, что эти свойства подобны его собственным? Он **получает такое ощущение**, чувствует, что начинает походить на Творца. Над этой формой он начинает раскрывать Дающего ее, но этот Дающий также облачен в форму и в материал человека. Эти две категории нельзя разделять. Невозможно ничего исследовать вне *кли* человека: такое исследование заведомо ненадежно.

Внутри материала заложены *решимот*, подготовленные для получения всевозможных форм в соответствии с воздействием свыше. Если использовать научную терминологию каббалы, а не понятия «Творец и творение», то мы фиксируем, как *свет* воздействует на *келим*, пробуждая в *келим* определенные ответные реакции.

Эти рефлексивные состояния развиваются в *келим* поступенчато, согласно порядку причины и следствия, то есть *цепочке решимот, находящейся в кли*. Свет приводит в действие келим, и это может происходить без осознания, явного ощущения, понимания со стороны келим. Так, в рамках, называемых этим миром, развивается все — за счет света, нисходящего без всякого приглашения со стороны кли, который, воздействуя своим свечением, обязывает *кли* к развитию. Этот способ развития называется путем страдания, так как приходящий к *кли свет* встречает сопротивление, обусловленное противоположностью свойств, и поэтому пробуждает в *кли* неприятные ощущения.

Это вынуждает *кли* развиваться. Оно оставляет свою текущую форму, которую ощущает как зло и в поисках лучшего состояния принимает другую форму. Так, на протяжении миллионов лет развивается неживая, растительная и животная природа.

Однако если творение **способно опередить** свое вынужденное развитие, не ожидая, пока придет *свет* и начнет его развивать, начав самостоятельно, своими силами вызывать на себя воздействие *света*, притягивать его к себе, то это будет означать развитие не путем страданий, а путем каббалы. На это способен только человек.

В заключение можно сделать следующие выводы:

следование абстрактной формы является всего лишь видом теоретической дискуссии. Как выводы, так и заключения, полученные таким путем, нельзя воспринимать в качестве достоверных, поскольку они базируются исключительно на теории и не подтверждаются опытами. Поэтому большинство современных ученых отказались от подобных исследований. следования в каббале также подразделяются на две вышеупомянутые части: познание материи и познание формы. Однако, по сравнению с классической наукой, в каббале даже познание формы целиком построено на научном исследовании практического восприятия, то есть на основе опыта.

3.2. Материя и форма в каббале

В этом параграфе с использованием каббалистического языка и принятого в каббале способа объяснения будет показано, что каббала подразумевает под понятиями материи и формы.

Бааль Сулам пишет[60]: «Известно, что основой измерения наслаждения является желание его получить. Так как все, что наше желание жаждет получить более всего, ощущается в нас как большее наслаждение, и это просто. А поскольку это так, мы можем различить в творении, в «желании получать» две категории: суть получаемого им и суть самого получающего. И следует знать, что желание получать считается нами телом творения, то есть основой его сути, кли получения блага. А второе — суть получаемого им блага, свет Творца, всегда нисходящий к творению.

И непременно нужно различать два качества, проникающие одно в другое, даже на духовных уровнях, более высоких, чем те, о которых можно думать и размышлять. И это противоположно тому, что придумала себе философия, считающая, что сущности, отделенные от материи, являются несоставными. Ведь «желания получать», обязательно находящегося в творении (без которого нет наслаждения, а лишь принуждение, без какого-либо намека на наслаждение), не было в сути Творца. И потому оно названо творением, тем, чего нет в Творце, ведь от кого Он может получать?

Тогда как получаемое изобилие непременно является частью сути Творца, и по отношению к нему не должно быть ничего нового. А если так, то мы видим огромное расстояние между вновь созданным телом и получаемым изобилием, подобным сути Творца».

В каббале *состояние творения* подразделяется на две части: *кли* и *свет*. В действительности же и то, и другое — лишь ощущение творения, именно оно испытывает впечатление разделения. Творение разграничивает свое состояние на *желание* и *ощущение наслаждения в этом желании*, или, согласно источнику, — откуда исходит *кли* и откуда исходит *свет*. Оно может дифференцировать его по цели и по тем изменениям, которым подвергаются *келим* и *свет*. Творение также может начать изучать связи между ними, их взаимозависимость: *свет* от *кли* и *кли* от *света*, как состояния *света* и *кли* в одном состоянии, зависят от состояния *света* и *кли* в следующем или предыдущем состоянии.

> *Каббалисты никогда не изучают келим и свет в абстрактной форме — они всегда опираются на собственные впечатления. Именно свое ощущение мы дробим на несколько деталей восприятия. Того, что выходит за пределы ощущений, не существует вообще. Ощущение, имевшее место в прошлом, но отсутствующее в настоящем, тоже не изучается каббалистом, поскольку с прошедшим нет той связи, какая есть с тем, что присутствует и ощущается в данный момент. Тем более не принимается во внимание*

---

[60] *Бааль Сулам.* Сравнительный анализ каббалы и философии. Kitvei Baal Hasulam. ARI. Israel. 2009. P. 36.

воображаемое состояние, то, которое никогда не присутствовало в ощущении(в отличие от философии). Каббалист основывается на том, что испытывает внутри кли, внутри ощущения: лишь такой подход является безошибочным.

Свет — это впечатление кли от происходящего в нем. Все наши переживания исходят из наших келим. Однако внутри желаний происходят такие явления, в результате которых мы называем желания материальными или духовными, определяем их как разновидности света и *келим*. Эти явления наделяют наши желания всевозможными уровнями, и, соответственно, наши *келим* принимают как бы разнообразные формы различных видов *света*. Мы называем их *хэсэд, гвура, тифэрэт* и т.д. В действительности, речь идет только о реакции *келим* на воздействие, производимое на них снаружи или изнутри.

Говоря «снаружи», мы подразумеваем то, что находится *вне свойства кли*. Имеется нечто, находящееся вне свойства *кли* и воздействующее на него. Надежней всего представлять себе все постоянным, статичным. Нет ничего, что находилось бы в движении, нет границ, существует лишь Бесконечность. И только *келим* в связи между собой начинают выявлять все большую чувствительность к состоянию, в котором пребывают.

Нет ничего, кроме сил. Сила желания отдавать, сила желания наслаждаться, сила света, сила наслаждения, сила отдачи — все это сила или сочетание сил, действующих в разных направлениях. Это то, что существует в реальности.

Сила желания означает *кли*, в котором имеется воздействующая на него сила наслаждения. Почему сила? Наслаждение давит на желание, заставляя принять себя внутрь. Желание, отказываясь от наслаждения, тоже пользуется силой. Все является противоборством сил. Кроме этого более ничего нет.

Однако что такое реальность? Существует она или нет?.. Лишь углубляясь в свое ощущение, я начинаю воспринимать некоторые элементы в виде *сил без облачений*. Облачения — это то, что ощущается мною сейчас как нечто существующее, поскольку мои келим до конца не исправлены. После же их исправления ощущение, что материальное существует, исчезает. Остается только сила, то есть комбинация сил, в которых я ощущаю себя и свое впечатление. Как мы можем измерить наслаждение или желание? Только в виде сил. О том, что вне этих сил, мы говорить не можем. За их пределами есть абстрактная форма, Ацмуто, судить о которой мы не должны, поскольку не в состоянии постичь. Силы — та область, в границах которой мы способны пребывать.

Она называется миром Бесконечности[61]. То, что за его пределами, нам недоступно. По крайней мере, в нашем курсе об этих состояниях не говорится. Мы изучаем только происходящее до момента окончательного исправления (гмар тикун[62]).

Итак, мы говорили о том, что существует:
- материя – желание;
- форма в материи – ощущение наслаждения;
- форма вне материи – ощущение любви.

Желание наслаждаться является материалом, и этот материал принимает форму, которую мы называем *светом, впечатлением кли*. Это можно уподобить тому, как из какого-либо материала создается некая форма, например, из пластилина лепится собака: значит, был взят материал – пластилин, и из него сделана форма – собака.

Итак, у нас есть материал – *желание наслаждаться*, который принимает некоторую форму посредством *исправлений*. Что представляют собой исправления? Это экраны, ограничения, которые создаются на желание наслаждаться. С помощью экранов материал уподобляется Творцу. Форма, которую принимает материал, называется светом. Поэтому Бааль Сулам писал, что свет – это впечатление кли.

Впечатление – это материя и форма вместе, но оно разделяется на материю и форму, принимаемую материей. Свет, то есть впечатление сосуда, можно постичь, и такое постижение называется «материя и форма» вместе.

Однако рождающееся при этом в сосуде **чувство любви** определяется как «форма без материи», потому что она является результатом действия материала, принимающего всевозможные формы. Одна из проявленных форм любви – желание одарить объект любви. Если мы абстрагируем любовь от дара, как будто она никогда и не была облачена в какой-то конкретный дар, а представляет собой лишь абстракцию – любовь Высшей управляющей силы (Творца), тогда она определяется как «форма». Проявление, реализация ее называется «получением формы». Это является конкретным исследованием, так как дух этой любви действительно остается в постижении совершенно абстрагированным от дара понятием, то есть сутью *света*.

Эта любовь, несмотря на то, что является результатом подарка, в любом случае несоизмеримо важнее самого подарка, поскольку оценивается величием дарящего, а не ценностью самого дара, то есть именно **любовь и проявленное внимание** придают этому

---

[61] **Мир Бесконечности** (на ивр. – *олам Эйн Соф*) – состояние постижения душами бесконечного совершенства и наслаждения от единства с Творцом (уподобления Творцу). В этом состоянии творение (совокупность душ) не ограничивает распространение света (наслаждения), то есть все желания удовлетворены полностью, без ограничения.

[62] **Гмар тикун** (ивр. – *окончательное, конечное исправление*) – конечное состояние всего мироздания, когда самая низшая точка творения достигает того же состояния, что и самая высшая. Полное исправление своих свойств и, соответственно, полное слияние с Творцом.

состоянию бесконечную ценность и значимость. Поэтому любовь совершенно абстрагируется от материи, являющейся подарком, – так, что остается только постижение любви, а сам дар забывается, будто стирается из сердца.

Соответствующая часть науки называется «форма в каббале» и является ее наиболее важной составляющей.

Стараясь стать подобным Дающему, я начинаю понимать Его, ощущать Его, осознавать, что Он сделал для меня, потому что сейчас я делаю то же самое Ему. Исходя из этого, я понимаю, каков результат действия отдачи – и это любовь. Я ощущаю, что она родилась во мне – *сила любви, свойство любви*.

Это говорит о том, что пока мой материал не примет форму отдачи, я не смогу *любить Творца*. Поэтому, хотя каждый человек может говорить о любви к Творцу, но до произведенных исправлений все это – ложь.

В этой *любви* различают четыре ступени, подобно этапам любви человека.

1) «*Преподнесение дара*» называется *миром Асия*. Начиная ощущать Творца, человек чувствует наслаждение от Него.

2) «*Увеличение числа даров*» называется *миром Ецира*.

3) «*Раскрытие сути любви*» называется *миром Брия*. Здесь начинается изучение формы в каббале, так как на этой стадии *любовь отделилась от дара* (мир Брия – это уже свойство *бины*), потому что в *мире Ецира* есть и свет хасадим[63], и свет хохма[64], а в *мире Брия* – только *свет хасадим* (одна любовь, только хасадим – одна отдача), без даров.

4) «В мире Ацилут *свет и любовь ощущаются вместе*». После окончательного отделения формы от материи, то есть когда полностью освоены *келим дэ-ашпаа*[65], в состоянии тьмы (никакого получения света хохма), человек обретает силы подняться на ступень *мира Ацилут*, на которой форма возвращается и воплощается в материи, то есть свет и любовь ощущаются вместе. Это является уже получением *света* в эгоистические *желания с намерением ради Творца*. (Лекабель аль менат леашпиа – получение ради Творца).

Давайте рассмотрим, насколько мы здесь уходим от материальной реальности. Я – *желание насладиться* – ощущаю чувство, впечатление, называемое наслаждением. Как будто ко мне присоединили электрод, дали электрический заряд – и я наслаждаюсь. Исходя из испытываемого наслаждения, я делаю вывод, что Вызывающий во мне это ощущение любит меня. Что значит «Он меня любит»? Независимо от моей материи, независимо от чувства наслаждения, которое Он вызывает в ней, в Нем присутствует чувство любви ко мне.

Это уже отделено от меня. Это *форма без материи*. «Он любит меня.

---

[63] **Свет хасадим** (*ор хасадим*) – свет, который творение желает отдать, вернуть Творцу; намерение доставить удовольствие Творцу; наслаждение от подобия свойств с Ним, от отдачи.
[64] **Свет хохма** (*ор хохма*) – весь исходящий от Творца свет, то есть свет, включающий в себя все, что желает дать нам Творец, определяется как сущность и жизнь творения.
[65] **Келим дэ-ашпаа** (ивр. – сосуды отдачи) – отдающие желания.

Поскольку любит — создает меня и вызывает во мне чувство наслаждения» — это уже абсолютно бездоказательное, вольное предположение.

Как познать Творца, как познать что-то «вне себя»? Такая методика разработана в каббале. Творец познается методом уподобления — я действую так же, как Он действует на меня (в меру своего понимания). Мне не надо философствовать, выдумывать, как Он воздействует на меня, — я исхожу только из того, что я обнаруживаю в себе. Раскрывая в себе Его воздействие и затем таким же образом воздействуя на Него, я начинаю Его понимать. Почему? Потому что я уподобляюсь тому, что Он вызывает во мне.

Я не могу постичь Его самого — но я могу постичь Его отношение ко мне. Я не могу постичь *Ацмуто*, но Творца я таким способом постигаю. Это действие в каббале называется «приобретением формы». При этом мое исследование, действительно, является конкретным, поскольку дух этой любви остается в нем совершенно абстрагированным от дара понятием — иначе говоря, *сутью света*.

Почему «абстрагированным»? Я начинаю действовать так же, как действует по отношению ко мне Творец, стремясь вызвать в Нем то же чувство, что Он вызывает во мне. Между нами возникает такое соединение, что уже не важно, кто кому дает. Дело не в самом даре — дело в том, **что** мы стремимся вызвать друг в друге посредством этого *света*, ощущаемого как наслаждение.

Постигаемое чувство любви называется «приобретением формы». Мы возносимся над своей материей и над тем, что ощущаем в ней, понимая, что и материя, и ее наполнение являются не более чем **инструментом**, необходимым для передачи нашего отношения друг к другу — любви.

Итак, мы пришли к *форме*. Причем, эта форма функционирует в определенном режиме, предполагающем **практический опыт**, измерения, повторения, воспроизведения и так далее, что в философии совершенно отсутствует. От материи мы перешли к *форме в материи*, от формы в материи — к *форме вне материи*, то есть к любви, являющейся следствием того, что ощущает материя.

Пользуясь шкалой материала и шкалой формы, начиная углубляться в свой материал и достигая *стадии далет через стадии алеф, бэт и гимэль*[66], каббалист постигает формы, облаченные на него соответственно этим стадиям, и разницу между ними — насколько они противоположны. Чем

---

[66] **Четыре стадии распространения прямого света** — этапы построения духовного сосуда, желания. При распространении света сверху вниз сначала строится стадия *кетэр* (исходящий свет), затем *хохма* (желание получить), далее *бина* (желание отдать), *Зэир Анпин* (реализация бины, когда она хочет уподобиться Творцу — отдавать, получая) и, наконец, *малхут* (она желает не уподобиться Творцу, а получить все Его «состояние», «статус»). Обычно стадия *кетэр* не упоминается, т.к. является, по сути, самим Творцом, поэтому говорится о четырех стадиях построения кли (желания).

больше он углубляется в *авиют*[67], тем более раскрывается противоположность материала формы, которая принимает этот *авиют*, — форме отдачи. В разрыве между ними каббалисту раскрывается третья составляющая — **желаемый результат**, и это называется *любовью*, которая уже не зависит от предыдущих внутренних определений. Это называется *абсолютной любовью*, не зависимой ни от чего из того, что раскрывается мне в материале. Это не значит, что она отрывается от материала и формы, разумеется, она не отрывается от них, но **я пребываю сейчас в любви, а будут подарки или нет — это уже не важно.**

Исправляя свой материал, мы поднимаемся над этой разницей между «*сущим из сущего*» и «*сущим из ничего*», но поднимаемся из самой большой, действительно, бесконечной разницы, которая раскрывается. Изначально материал создан Творцом, он не существует как что-то независимое от Него, между ним и Творцом нет никакого разделения, даже в *мире Бесконечности* они пребывают в слиянии друг с другом. Однако затем, когда *свет* работает, постоянно развивая в этом материале всевозможные формы, и посредством познания формы, к творению приходит ощущение любви, тогда эта любовь, действительно, оторвана от всего предшествующего процесса, потому что, в конечном счете, весь этот процесс был выяснением состояния любви.

Бина и *малхут* должны быть смешаны, поскольку я обязан ощутить и свой материал, и форму, принимаемую материалом. Для меня это сочетается в познании материала и познании формы. Они обязаны протекать совместно, потому что из всего моего материального познания и познания формы, и именно в разнице между ними каббалист видит различие между собой и Творцом, то есть постигает, что называется формой, входящей в него. **Материал и форма — это две категории, которые обязаны присутствовать в ощущении и постижении каббалиста.**

3.3. О сущности и происхождении материи

Если у духовного начала нет никакого контакта с материальным, то каким же образом оно может порождать и приводить в движение материю?

Однако сила сама по себе материальна не в меньшей степени, чем остальная материя *мира*. То, что сила не обладает образом, воспринимаемым человеческими органами чувств, не умаляет ее значения.

Мы говорили, что духовное начало — это сила, а теперь говорим, что сила — это материя. Выходит, духовное — это тоже материя?

Рассмотрим для примера кислород — химический элемент, входящий в состав большинства соединений в *нашем мире*. Если взять бутыль с чистым кислородом, она будет выглядеть как

---

[67] **Авиют** — сила, глубина желания, требования (измеряется по шкале от 0 до 4).

пустая: кислород нельзя потрогать, поскольку он находится в газообразном состоянии и невидим для глаза, не имеет запаха и вкуса. Подобным образом ведет себя и водород: относительно нас они никак не проявляются.

Однако если соединить два эти вещества в определенной пропорции, то они превратятся в воду — жидкость, пригодную для питья, обладающую вкусом, запахом и плотностью. Если добавить воду в негашеную известь, она немедленно впитается в последнюю, и жидкость станет твердым веществом. Таким образом, химические элементы — кислород и водород, которые по отдельности и в чистом виде совершенно невозможно ощутить, превращаются в твердое вещество, уже способное принимать некую форму.

Аналогично можно рассматривать и действующие в природе силы. Обычно они не считаются материей, потому что не подлежат познанию через ощущения. С другой стороны, мы видим, что ощущаемая реальность — твердые и жидкие тела, безусловно, постижимые в нашем реальном *мире*, могут превращаться при нагреве в газ, который, будучи охлажденным до определенной температуры, может вновь стать твердым веществом.

Отсюда ясно, что ощущаемые образы происходят от неощутимых нематериальных основ. Зафиксированные в нашем сознании картины, с помощью которых мы определяем материалы, непостоянны и не существуют при определенных условиях. Форма их является производной от температуры. Нагревая или охлаждая какое-либо тело, можно наблюдать, что с ним происходит на более неуловимой ступени и на более осязаемой. Таким же образом мы можем рассмотреть самое неуловимое состояние любого вещества и сказать, что на высшем уровне оно такое-то, а затем, нисходя и огрубляясь, отвердевает и предстает перед нами в ином виде.

В чем разница между состоянием, в котором некое вещество (материя) было на своем высшем уровне, то есть в газообразном или вообще неуловимом для нас виде, и существующим теперь низшим, грубым состоянием? Есть ли между ними отличие по сути? Практически нет.

Итак, основа материи — это сила, заключенная в ней. Однако силы еще не проявляются относительно нас сами по себе, но сущность их раскроется в будущем, так же как были обнаружены нами химические элементы только за последние века.

Все названия, данные нами, исходя из картин материи, являются выдуманными, не соответствующими сути, поскольку мы даем их, исходя из нашего восприятия пятью органами чувств. Поэтому эти названия непостоянны. С другой стороны, любое определение силы, которое мы даем, отрицая ее связь с материей, также является надуманным. До тех пор, пока наука не разовьется до своей совершенной формы, мы должны считаться только с **конкретной действительностью**. Другими словами, все материальные действия, которые мы наблюдаем и ощущаем, нам необходимо рассматривать в связи с совершающим их человеком и понимать, что он, так же как и действие, в основе своей состоит из материи. Если бы не это обстоятельство, то невозможно было бы его постичь.

«И нужно знать, что источник всей этой путаницы в различиях между действующей силой и действием находится в формальной философии, затрудняющейся доказать связь между действующим в духовном и действием в материальном. И потому пришли к искаженным предположениям, подобным описанным выше, тогда как каббале все это не нужно»[68]

Вскоре мы увидим – причем, как с помощью изучения каббалы, так и в результате развития других наук, – что **материи как таковой не существует**. Ученые, работающие в различных отраслях науки, уже приходят к этому выводу в своих исследованиях. Они давно поняли, что материя существует лишь относительно нас, поскольку мы воспринимаем ее такой. Сама по себе, безотносительно человека, материя отсутствует. Любую материю можно привести в такое состояние, когда мы будем воспринимать ее как твердую, жидкую или газообразную. Ее можно перевести в плазменное состояние или даже в такое, которое совершенно недоступно нашим органам чувств. Все зависит только от того, как мы на нее воздействуем, насколько мы пытаемся увести ее в зону неощутимости. При этом сама материя лишь переходит из одного состояния в другое, но не исчезает. Любое вещество можно нагреть, а потом снова охладить или сжать – и тогда из жидкости образуется газ или другое состояние вещества.

Изменения материи происходят лишь относительно наших органов чувств, нашего восприятия, а на самом деле ничего не исчезает и ничего не возникает. Существуют только силы, которые относительно нас либо не проявляются вообще, либо проявляются в тех обличиях и видах, которые мы в состоянии уловить: газообразное, плазменное, жидкое или твердое. Так мы ощущаем материал.

Относительно нас есть тепло и холод, и при определенной высокой температуре материалы могут испаряться, а при определенной низкой – затвердевать, и так далее, – то есть все это имеет отношение к способности органов ощущений человека. Мы говорим только относительно *келим* творения, у нас нет возможности обсуждать еще чьи-то способности восприятия. Силы, называемые кислородом и водородом относительно моего состояния, соединяясь вместе, рождают в моем состоянии возможность раскрыть их как нечто третье: жидкость – воду или твердое вещество – лед.

В *нашем мире* материя представляется нам газообразной, жидкой, твердой или плазменной. Есть четыре вида материи, так называемые стихии: огонь, вода, воздух и земля. Однако подобным образом они выглядят только относительно нас. Было бы

---

[68] *Бааль Сулам*. Сравнительный анализ каббалы и философии. Kitvei Baal Hasulam. ARI. Israel. 2009. P. 33.

ошибкой утверждать, что сам материал, его суть, изменяется в зависимости от того, ощущаем мы его при помощи своих органов восприятия или не ощущаем. Изменяется лишь его **проявление относительно нас**. Это зависит от условий, существующих на поверхности земного шара и в нашей жизни. Мы так привыкли и потому установили для себя, что это — газ, а то — твердое вещество или жидкость. Если бы мы жили, допустим, при температуре минус 200 градусов или +5000 градусов, было бы что-то другое, например, мы ощущали бы состояние сверхпроводимости или плазму. Нужно понять, что это **не изменяет силу, находящуюся внутри основных элементов.**

Мои пять органов ощущений — это не стандарт. Я не знаю, что представляет собой данное явление вне меня. Я только могу вести речь о своей реакции на его воздействие. Поэтому Бааль Сулам говорит, что названия эти — ложные, потому что, во-первых, они непостоянны, во-вторых, неподлинны, они приходят, распадаются и исчезают.

В конечном счете, мы имеем дело со свойствами своего кли. Мы то углубляемся в сами свойства, то в соединении между ними, и в их соединении раскрываем нечто новое: как они работают в своем сочетании.

Кислород является кислородом относительно меня. Вся Вселенная существует относительно меня. Я не знаю, что она собой представляет вне меня. Я не могу также дать имя чему-то вне меня. Я обнаруживаю, что это — газ,

и он — кислород. Выясняю ли я это иначе? Если я изменюсь, то восприму его иначе. Что он собой представляет вне меня? Этого я не могу сказать. Существует ли он вообще вне меня? Он всегда существует только в моих келим. Я никогда не исследовал его вне своих возможностей. Относительно меня он всегда останется кислородом во всех своих модификациях, проявлениях, поскольку так я определяю в своем *кли*.

Если бы мы видели силы, то их внешнее одеяние — *неживой, растительный, животный, человеческий уровни* или газообразное, твердое, жидкое, плазменное состояние — не влияло бы на наше восприятие, поскольку мы воспринимали бы не материал, а суть, заключенную в нем. Под сутью подразумевается сила, удерживающая материал в определенном соотношении, и тогда газ не исчезал бы из нашего восприятия, мы чувствовали бы исключительно разницу между силами. Посредством наших органов чувств мы не можем воспринять такие отличия, или же за счет возможностей наших органов чувств нам не видится связь между жидкостью и газом, между газом и твердым материалом.

Силы исчезают и проявляются относительно нас, но существуют постоянно (хотя без какой-то связи с нами мы не можем о них говорить). Поэтому нам стоит говорить о действующей силе, а не о материале, который существует, потому что материал, который существует, — это случайность.

Раскрывая истинную картину реальности, каббалист видит силы, качества, свойства, а не одеяния. Он видит и одеяния, поскольку свойства наших пяти органов чувств никуда не исчезают, они относятся к *неживому уровню* и не изменяются. Однако каббалист соотносит все со свойствами. В нем рождается новое *кли*, раскрывающее силу. Прежний результат при этом не исчезает. Каббалист продолжает быть, допустим, физиком или химиком, одно не противоречит другому. Результат исследования материи он раскрывает в одних *келим*, а силу — в других. С помощью сил в химии или физике он создает что-то еще, например, новые вещества или механизмы. Его *кли* изменяется, потому что он переходит с уровня материала на уровень сил. Он знает, как должны измениться силы, чтобы материал изменил свое состояние, предположим, с жидкого на газообразное.

Ученые все больше и больше соотносят свои исследования с силами, стоящими за материей, углубляются в атомы, составляющие их элементарные частицы. Исследуя элементарные частицы, мы начинаем соотносить происходящее с их энергией, с такими параметрами, которые все меньше и меньше относятся к самому материалу, мы приближаемся к силам. В конечном счете, мы желаем познать действующую силу; и многим уже ясно, что материал, облачающий эту силу, его внешняя форма может изменяться.

Придем ли мы к такому состоянию, когда ученые обнаружат, что есть только *сила отдачи* и *сила получения*? Они уже приближаются к этому. Разве есть что-то, кроме плюса и минуса, давления и его отсутствия? Две противоположности всегда существуют в природе, и без их сочетания не может существовать и развиваться ничего. Ученые понимают это, но отсюда они не постигают Высший корень творения, потому что две эти силы действуют в материале, а корень в материале не действует. Чтобы достичь корня, надо быть в подобии свойств с ним, а не с его действиями в материале.

Любая информация может быть представлена в абстрактной форме, не облаченной в материю, — например, в математике. Однако она не оперирует духовными понятиями. Это силы, о которых можно говорить только в том случае, когда они облачаются во что-то, но не о силах самих по себе. Мы совершенно не способны осознать, что находится выше этих сил, выше информации, представить, что такое вообще существует.

Поэтому проблема заключается не в самой науке, и не из-за нее возник кризис, а из-за того, что человек понимает, что с помощью возможностей, которые она предоставляет, он не постигнет уже ничего нужного для себя. Научные исследования не закончатся, можно исследовать природу еще миллион лет, и материал для открытий не иссякнет. Однако уже сейчас ясно, что это не удовлетворит человека и не наполнит его келим. Наука перестает быть средством достижения достатка и счастья. Сегодня говорят о кризисе в науке, но это кризис не в ней, а в нашем к ней отношении.

Ученый может достичь стопроцентного осознания сил, действующих в материале. В этом вопросе наука не зашла в тупик. В стадии кризиса находится наше отношение, наше разочарование в науке, которая не дает нам знания о происхождении и цели мироздания. Это знание скрыто в *силе, предшествующей материалу*, и для ее выявления у человека нет естественных *келим*, ее можно постичь только в подобии свойств, с помощью исправления.

Чтобы подняться над материалом, нужно уподобить себя чему-то, находящемуся вне материала. Однако откуда вообще об этом будет известно? Если бы свыше каббалистам не раскрыли эту возможность — достичь подобия свойств силе, действующей выше материи, предшествующей материи, то люди никогда не узнали бы об этом. **Каббалистам раскрылась методика постижения того, чего нет в этом мире.**

Каббалист, производя свое исследование, постигает слияние с корнем, с Творцом. Все остальное могут сделать ученые. Каббалист раскрывает цель творения в той мере, в какой может отождествить себя с ней, что ученые оставляют вне области своих исследований, даже не рассматривая такую возможность. Они могут интересоваться этим (кто не задается вопросом о цели творения?), но не способны исследовать ее. Для этого в человеке нет таких *келим*, как у каббалистов — *экрана* и *отраженного света*. Потому для такого исследования человеку и нужна каббала, а не физика.

Цель науки — предоставить человеку определенное число закономерностей внутри материала, чтобы, исходя из этого, он смог подняться над материалом, к силам, и перейти от материальных понятий к духовным, чтобы у него была некая платформа для прыжка, трамплин для духовного понимания, чтобы он увидел эти соотношения как ветвь и корень. Наука *нашего мира* разовьется до своей совершенной формы, когда мы раскроем причину наших ошибок. Это не значит, что мы сможем перейти к силам изнутри материала. Мы всегда будем пребывать в возможностях пяти органов чувств, всегда будем исследовать только то, что находится внутри нашего материала, однако мы поймем, насколько он нас сковывает. Поэтому до тех пор, пока не раскроем это, мы должны считаться только с конкретной действительностью, понять рамки, внутри которых мы действуем.

Итак, в чем состоит главный просчет философии? Философы запутались в самой сути проблемы исследования, но почему это волнует каббалистов до такой степени, что они пишут об этом? Философский подход — отрыв силы от материала — впоследствии приводит людей, не являющихся философами, к заблуждениям. Однако философы предлагают свой умозрительный метод обществу как единственный ответ на все вопросы. Каббала же говорит, что мы обязаны использовать только те возможности, которые предоставляют нам естественные органы чувств, рассматривать лишь то, что раскрывается в реальной форме, и не отделять силу от материала, в котором эта сила действует.

3.4. Может ли духовное породить материальное

«На первый взгляд, трудно понять, как духовное может порождать и поддерживать нечто материальное. Но эта трудность возникает только если рассматривать духовное никак не связанным с материальным. Если же взять за основу мнение каббалистов, постигающих, что любое *качество* духовного полностью похоже на *качество* материального, то выходит, что они близки между собой, и нет между ними различий, кроме как в материи: у духовного — материя духовная, а у материального — материя физическая. Однако все качества, действующие в духовной материи, действуют и в материи физической.

В понимании связи духовного и материального есть три ошибочных утверждения:
1. Сила разумной мысли в человеке — это бессмертная душа, суть человека;
2. Тело – это продолжение и результат души;
3. Духовные сущности являются простыми и несоставными»[69].
Такие ошибочные предположения давно разрушены материалистической психологией, и человек, желающий постичь Высшую управляющую силу, может осуществить это, воспользовавшись научной методикой ее постижения — каббалой.

Мы говорим, что нет понятия времени: причина и следствие имеют место только относительно нас. Относительно духовного мира все существует вечно и не претерпевает развития. Бааль Сулам пишет, что проблема времени является философской категорией, тогда как для каббалиста такое понятие вообще не рассматривается.

Тест

1. Какое исследование каббала называет истинным и научным?

a. изучение абстрактных форм;
b. изучение материала и формы, воплощённой в материал;
c. изучение материала творения;
d. изучение формы вне материала.

2. В какой мере мы можем постигать Творца?

a. в мере подобия формы (тождественности свойств, желаний, действий), достигаемой человеком в результате собственного исправления;
b. в мере раскрытия нами внутренней сущности Творца;
c. в мере постижения абстрактной формы *Высшего света*;
d. в мере исследования собственных желаний, т.е., материала творения.

---

[69] *Бааль Сулам.* Сравнительный анализ каббалы и философии. Kitvei Baal Hasulam. ARI. Israel. 2009. P. 33.

3. **Каким образом материал творения может получить форму Творца (т.е. Его образ действий)?**

a. творение должно пройти весь путь самостоятельно, опираясь на собственный разум;
b. творение должно вначале получить знание о том, что произойдёт с ним в результате;
c. за счёт того, что *келим АХАП* высшего (Творца) находятся в *келим ГЭ* низшего (творения), т.е. высший показывает себя низшему в качестве образца;
d. по личному решению Творца.

4. **Как определяется в каббале чувство любви, порождаемое светом в сосуде?**

a. как материал творения;
b. как форма, воплощённая в материале;
c. как ограничение (*экран*) на *желание наслаждаться*;
d. как форма вне материала.

5. **Назовите духовную ступень, на которой начинается постижение формы?**

a. *мир Асия* («преподнесение дара»);
b. *мир Ецира* («увеличение числа даров»);
c. *мир Брия* («раскрытие сути любви»);
d. *мир Ацилут* («свет и любовь ощущаются вместе»).

6. **Существует ли материя как таковая, сама по себе?**

a. да;
b. нет;
c. существует лишь относительно наших внутренних свойств, т.е. возможностей восприятия наших органов чувств;
d. существует как объективная реальность, независимо от нас.

7. **Закончите фразу: «Нам стоит говорить о силе, действующей в материале, а не о самом материале, потому что существующий материал — это ....»**

a. случайность;
b. закономерность;
c. действительность;
d. объективная реальность.

Глава 4. О строении мироздания и восприятии реальности

4.1. Строение и происхождение мироздания с точки зрения каббалы
4.2. О восприятии реальности
Тест
Заключение

4.1. Строение и происхождение мироздания с точки зрения каббалы

Поскольку предметом исследования каббалы является истинная реальность, то эта наука преследует конкретную цель — действительное, фактическое постижение мироздания, то есть такое, когда выводы и доказательства, сделанные ею, невозможно опровергнуть никакими возражениями.

С точки зрения каббалы, мироздание состоит из *сосуда (желания)* и *света (наслаждения)*. Различие между сосудом и светом проявилось в первом же отделившемся от *Высшей силы* творении. Первое творение — более наполненное и более тонкое по сравнению с любым последующим. Оно получает наполнение от сути *Высшей силы*, желающей наполнить его наслаждением.

Как желание, так и наполнение всякий раз могут быть измерены, а результаты зафиксированы учеными-каббалистами (в виде формул и графиков). Эти данные поддаются проверке и повторению в определенных условиях (аналогично тому, как это делают, например, во время физических экспериментов). Основой измерения наслаждения является желание его получить. То, что желание жаждет получить больше, ощущается им при наполнении как большее наслаждение. Поэтому мы различаем в первом творении — *«желании получать»* — две категории:

1) суть получающего — *желание получать, тело творения*, основа его сути, *сосуд получения наслаждения*;

2) суть получаемого — *наслаждение, свет* Творца, всегда исходящий к творению.

Мироздание в целом и любая его часть в обязательном порядке состоит из двух взаимопроникающих качеств, то есть является составным, потому что *«желание получать»*, непременно находящееся в творении, отсутствовало в сути *Высшей силы*. Именно в силу этого оно и названо творением, то есть тем, что не существует в *Высшей силе*. Получаемое изобилие является обязательной частью сути *Высшей силы*, и поэтому огромное расстояние разделяет вновь созданный объект и получаемое изобилие, подобное сути *Высшей силы*.

4.2. О восприятии реальности

С точки зрения каббалы, воспринимаемая нами реальность — есть тот же самый духовный мир, материальное проявление которого улавливается в наших желаниях, то есть в наших текущих свойствах. Мы воспринимаем его так потому, что речь идет о неживой ступени[70], которая не относится к духовному началу, и мы должны оставаться на ней, пока не достигнем окончательного исправления. Эта ступень дана нам в качестве самого низкого, минимального уровня существования. На нем мы ощущаем подуровни: неживой, растительный[71] и животный[72], а сами пребываем на говорящем[73] подуровне.

Каббалисты настолько в состоянии объяснить восприятие реальности, насколько воспринимают ее в своих *келим*. Они передают в своих исследовательских трудах, что реальность — есть лишь то, что представляется нам в наших *келим*, и объясняют, как наши органы ощущений получают впечатления от *решимот*[74] внутри нас. Каббалисты дают нам представления о том, как наши сенсоры и наши *решимот* впитывают информацию из нашего окружения, каким образом человек выстраивает систему ценностей и как, сообразуясь с этими ценностями, он в своих проявлениях (пороках или исправлениях) анализирует и видит *мир*.

В своих научных сочинениях каббалисты рассказывают о *скрытии на истинную реальность*, внутри которого мы пребываем. Это означает, что мы не владеем истиной и даже не знаем, что это такое. Вместо подлинной картины перед нами находится ложная, но мы думаем, что воспринимаем *окружающий мир* естественно и правильно. Кроме того, скрытая истинная картина и предстающая перед нами ложная соотносятся между собой, исходя из нашего эгоизма и желания наслаждаться. До тех пор, пока человек не достигает истинного *кли*, *намерения*, он остается философом,

---

[70] **Неживой** (*уровень*) (на иврит. – *домэм*) – имеющий единственное свойство – сохранять своё стационарное состояние: получать и наслаждаться, осуществляя те желания, ту программу творения, которая в нем заложена.

[71] **Растительный** (*уровень*) (на иврит. – *цомеах*) – начало зарождения самостоятельного желания, благодаря которому появляются силы преодолеть свое стремление насладиться и действовать с желанием отдавать. Однако находящийся на этом уровне еще не в состоянии идти против желаний своего окружения.

[72] **Животный** (*уровень, ступень*) (на иврит. – *хай*) – существуют четыре ступени развития желания получать: неживое, растительное, животное, человек. Животный уровень желания получать рождает в каждом частном элементе индивидуальные ощущения – особую жизнь каждого, отличающуюся от остальных. Однако на этой ступени еще отсутствует чувство сопереживания ближнему, то есть нет необходимого сострадания или радости за себе подобных.

[73] **Уровень «говорящий»** (на иврит. – *медабэр*) – четвертая ступень развития желания наслаждаться, которая рождает возможность ощущать кого-то (ближнего), помимо себя, в результате чего «человек» является обладателем свободы выбора, то есть имеет возможность подняться над своим естеством, познать природу Творца, уподобиться Ему.

[74] **Решимо** (*мн.ч. решимот*) – «духовный ген», «запись» духовной информации. Решимо представляет собой чистую суть, силу – то, что остаётся после исчезновения прошлой формы. Это энергия, не облаченная ни в какую внешнюю оболочку.

и его природное воображение рисует ему всевозможные картины, воображаемый *мир*.

Когда каббалисты раскрывают человеку суть понятий «*человек и его мир*», то есть объясняют, каким *этот мир* ему представляется, кто он такой и что существует вне его, тогда можно говорить о мировосприятии. Следует постепенно вводить научный метод каббалы, который позволяет осуществить выход за рамки пяти временных, естественных органов ощущений и начинать пребывать в *духовном кли*, в котором уже существует иная возможность, потому что оно подобно Творцу.

Все наши движения строятся на ощущениях. Как в *этом мире*, так и в духовном, мы действуем только в соответствии с тем, что чувствуем. У нас нет никаких других приборов или способов измерения, определения, кроме собственных чувств, свойств, мыслей. Однако в духовном мире они имеют четкую соразмерность: можно научно, практически продемонстрировать человеку результат, его причину и следствие. В *нашем мире* есть предположения, допущения, намеки, полутона — в духовном измерении этого нет. Каждая ступень состоит из пяти частей и наполняется пятью типами света.

Допустим, *сосуд* исправил себя на 20%, и в этих 20% он ощущает новое состояние, возникшее в нем в результате исправления. Это **изменившееся ощущение в исправленном желании мы и называем светом.** Таким образом, можно сказать, что *светом* называется ощущение исправленного желания, а ощущение неисправленного желания называется тьмой. Наполняет их что-либо или не наполняет — это совершенно от нас ускользает. Мы имеем в виду только **ощущения самого сосуда** — наполняется ли он собственными исправленными ощущениями или неисправленными.

Можно вживить в человеческий мозг электроды и, подавая на них различные сигналы, вызвать у человека определенные эмоции. Ему будет казаться, что он испытывает чувство полета или переживает что-то необыкновенное. А на самом деле? Если спросить его, он уверенно скажет: «Конечно, я ощущаю именно это». Однако экспериментатор точно знает, что испытуемый находится под воздействием электрических импульсов. Как же в таком случае мы можем отличить реальность от иллюзии? Никак! Человеку трудно поверить в это, поскольку у него отсутствует противоположное качество, свойство, ему не с чем сравнивать, нечего измерять.

Каббала говорит, что мы ощущаем только свои внутренние реакции. Мы никогда не сможем сказать, насколько наши ощущения правильны или неправильны, объективны или субъективны. Такова истинная, действительно научная база для рассуждений о нашей сути, наших ощущениях. Отступив от нее, можно легко принять за правду абсолютно бездоказательные философские умозаключения.

В человеке нет ничего, кроме его свойств и впечатлений, получаемых за счет тех же самых свойств. Этот принцип в каббале выражается правилом: «Любой критикующий критикует в меру испорченности своих свойств, но всякий оправдывающий оправдывает в меру их исправленности». Мы наблюдаем это и в *нашем мире* — я могу ощутить, понять, принять только то, что уже сам в себе накопил, ощутил, принял и понял. Все основано на **внутренних свойствах воспринимающего**.

Субъективность и относительность всеобъемлющи, поскольку исходят из *первого свойства кли*. Когда *свет* создал *кли* и дал ему свои свойства, оно начало реагировать на *свет* на основании двух параметров: *собственного желания насладиться и желания уподобиться свету*. *Кли* создано эгоистическим, воспринимающим *свет* как наслаждение. Оно ощущает наслаждение или его отсутствие, а самого *света* не ощущает, потому что *свет* создал *кли* не для ощущения собственно себя, а для *ощущения себя как наслаждения*. Поэтому мы не знаем, что такое *свет*, — мы только ощущаем, что он доставляет нам наслаждение. В этом заключается наша ограниченность.

По мере своего исправления каббалист начинает видеть, что весь *мир* вокруг него сливается в одну единственную силу, концентрируется на одном едином желании, называемом *Творцом*. Все, существующее вокруг человека, создано ради него – для того, чтобы он постиг единственную волю, называемую Творцом. Ничего больше нет. Только в силу испорченности и неспособности связать противоположное человек воспринимает происходящее вокруг него как нечто, якобы существующее безотносительно к Творцу, имеющее свои программы, личную волю, собственные желания.

Возможно ли, чтобы тела сами решали, как поступать и как существовать? Что такое плоть? Белковая материя. Почему ей приписываются подобные свойства? Мы говорим так потому, что сами находимся в таком же состоянии. Исправляя свои свойства, человек начинает ощущать, что **в нем пребывает и действует только Творец**. То же самое, по аналогии, будет определяться и в других людях, без предположений и допущений, что кто-то может действовать самостоятельно.

> *Самое важное внутреннее усилие, которое мы должны совершить, состоит в выяснении единственности Творца.*

Существуют три препятствия для постижения истинной реальности. Первое состоит в том, что **мы не ощущаем духовное начало**. Второе – **вместо духовного мира мы представляем себе иную картину**, и она нас полностью удовлетворяет. Третье – **мы держимся за собственное воображение как за истину**, а каббалу считаем ложной наукой.

Все эти препятствия – следствие наших разбитых *келим*, развивающихся в направлении от испорченного *кли* к исправленному. Однако человек, начинающий постигать духовное пространство, осознает на пути к нему эти препятствия, существующие внутри его *кли* по величине того сопротивления, которое его *кли* оказывает восприятию духовного начала. Он хотел бы чувствовать иначе, но не способен. Обманчивая картина постоянно возвращается к нему, и он оправдывает ее, все время притягивая к себе.

Человек обязан осознать всю эту противоположность. Философы, безусловно, не понимают такого положения дел. Философия — это способ мышления человека, пребывающего в иллюзии. Кроме философии, в *этом мире* есть еще много подобных занятий — весь этот воображаемый *мир*.

Тест

1. На каком уровне мы ощущаем духовный мир в наших сегодняшних свойствах?

a. на *неживом*;
b. на *растительном*;
c. на *животном*;
d. на уровне *говорящий*.

2. Какие препятствия стоят перед нами на пути постижения истинной реальности?

a. мы не ощущаем духовный *мир* нашими обычными органами ощущений;
b. вместо реальной картины мы представляем себе воображаемый *мир*, и он нас полностью удовлетворяет;
c. мы держимся за воображаемую реальность как за истину, а каббалу считаем ложью;
d. все ответы верны.

3. Каково главное внутреннее усилие, которое мы должны совершить для понимания истинной реальности?

a. перестать держаться за воображаемую картину;
b. выяснить единственность Творца;
c. перестать приписывать происходящему собственную программу и собственные желания;
d. отказаться от своих эгоистических желаний.

Заключение

Итак, каббалисты не признают философский способ познания *мира* научным, потому что выводы философии базируются только на теоретических, умозрительных предположениях, абсолютно не подкрепленных опытом. Каббалисты считают, что осуществленные на практике, столь бездоказательные теории (хотя они могут выглядеть логичными и правильными) приносят результаты, заставляющие страдать все человечество. Реализация абстрактных философских утверждений может повлечь за собой гибель миллионов людей, что уже имело место при попытке построить социализм и коммунизм. В теории эти социальные устройства общества выглядели возвышенно, однако на практике потерпели провал именно в силу того, что вступили в противоречие с эгоистической природой человека, категорически не желавшей отказываться от себялюбивых реалий ради призрачного прекрасного будущего, базирующегося только на философских умозаключениях. Именно поэтому каббала опровергает философию, основывающую свои выводы на абсолютно нереальных, оторванных от практики предположениях.

Самая возвышенная идея, какая только может родиться у человечества, будет материальной ввиду отсутствия ее связи с духовным началом. Следовательно, если человек не возьмет на вооружение каббалу и не пожелает принять научного руководства от того, кто уже находится на высших ступенях постижения *духовного мира*, он не будет способен сам отыскать правильный путь, сколько бы ни страдал в *этом мире*. Из сказанного вытекает вывод о прямой и безотлагательной необходимости применения методики каббалы.

Различие между понятиями, принятыми в каббале и философии, заключается в том, что каббалисты исходят из собственного опыта и исправляют свои *келим*. Сказано, что *келим* находятся выше материи, поднимаются в *духовный мир*. Может быть, каббалистические определения и кажутся нам не совсем точными, говорят о чем-то оторванном от реальности, но в любом случае они базируются на непосредственном опыте, утверждая: **что постигнуто внутри келим человека, то присутствует в его желаниях**. Эти келим исправлены силой отдачи, и поэтому ощущения в них реально проверяются, анализируются, измеряются, проходят внутреннее осмысление. Такое постижение подобно тому, как мы познаем (хотя бы в отдаленной степени) нашу реальность в своих нынешних *келим* — пяти естественных органах восприятия, в чувствах и в разуме. Каббалисты, получая новое *кли*, новое желание, обрабатывают его, исправляют таким образом, что постигают своими чувствами и разумом и используют подобно тому, как в *этом мире* человек пользуется своими чувствами и разумом в процессе познания окружающей действительности.

Именно в силу этого выводы, сделанные каббалистами, не являются абстрактными, парящими в воздухе или возведенными на зыбкой почве догадок, как у философов. В каббале любое духовное понятие вымерено, ему дано точное определение, установлены его связи со всей системой, на каких ступенях и в каких состояниях происходит постижение, каким образом, то есть с учетом всех причин, следствий, результатов и возможностей достижения того или иного состояния.

Понятия же, которые используют философы, абстрагированы от реальности, и потому им невозможно доверять. В чем, собственно, причина, по которой Бааль Сулам вступал в спор с философией? Ведь, казалось бы, человек всего-навсего развивает собственные способы мышления, что же в этом плохого? Таковыми являются **последствия**, приводящие человечество на стезю многочисленных ошибок, отдаляя от пути исправления. Это совсем не означает, что философия сама по себе несостоятельна. Речь идет только о путанице, которая может возникнуть в уме человека, на основании выводов, сделанных философами, и как результат — множество бед, ожидающих человечество в своем развитии. Философы пытаются облачить абстрактные формы в материю, что уже может причинить непоправимый вред, ибо осуществить это невозможно. Абстрактные формы не могут быть облачены в материю, поскольку не постигаются на ее основе, а развиты из нее априорно.

Можно сказать, что философская система знаний выстроена внутри *нашего мира*. Кто такой философ? Это человек, который **не постигает** духовное начало, а **представляет** себе эту категорию на основе своего пребывания в *этом мире*. Если он пишет об альтруизме, то его выводы также базируются на собственном эгоизме, исходя из того, как это принято в *нашем мире*: ты отдаешь — значит, можешь считать себя альтруистом. В философии человек исследует реальность согласно уровню *этого мира* и ничего не говорит о *мире намерений*. Понятия «альтруизм» и «эгоизм» в философии рассматриваются на основе нашего бытия. Тогда как в каббале вообще не идет речь о нашем уровне и *нашем мире*; в этой науке принято все рассматривать с позиций *намерения*, а не в границах материальных действий.

Например, если кто-то в целях благотворительности пожертвовал миллиарды, но ожидает, что после этого благого поступка его начнут превозносить и восхвалять, то он такой же эгоист, как и человек, который украл. Просто один более жестокий, а другой более хитроумный, но, в сущности, это одно и то же. Поэтому так трудно всерьез относиться к философии с позиций каббалы. Это два разных *мира*.

Каббалисты предлагают проводить исследования, поднимаясь над материалом, а ученые-естествоиспытатели — внутри материала. Все дело в разнице подходов. Можно еще миллионы лет оставаться в материальном измерении, проходя через страдания и краткие передышки между войнами и кризисами. Однако так нельзя отыскать путь в *духовный мир*, а потому человек, находящийся в *этом мире*, лишен всякой надежды на то, чтобы обнаружить поистине правильную цель. Однако цель эта расположена прямо перед ним, она приводит человека в действие, и пока он ее не достигнет, будет страдать.

Следовательно, нет иного выхода, кроме как обратиться к каббале и к каббалистам. Если мы хотим говорить о духовном начале — хоть как-то, понимая или не понимая предмет, — то обязаны обратиться к трудам каббалистов и постараться отыскать в них, что это такое. Каббалисты — люди из плоти и крови, которые вместе с тем ощутили, получили, уподобились тому, что называется «духовным». Тем или иным образом они передали это состояние в своих сочинениях, благодаря чему мы можем, пусть и на собственных ошибках, приблизиться к духовному постижению. Всё остальное представляет собой материалистическую психологию, и не нужно присваивать ей духовные наименования. Они не имеют отношения к человеческой психике.

Материалистическая психология сыграла немалую роль в разрушении власти над умами, которой обладали надуманные философские построения, основываясь на том, что мы видим и постигаем все, связанное с человеком, его поведением, отношением к нему других людей. Можно сказать, что у нее нет законов, поскольку нам неизвестны законы человеческого уровня. Это уже поле деятельности каббалы, где законы связаны с Творцом, с Его планом в отношении человека. Без связи с корнем мы сможем лишь увидеть проявление закона в каждой отдельной ситуации. Чтобы действительно **открыть закон**, нужно связать его с процессом, у которого имеется начало, конец, четкие причины и целенаправленность. Это является прерогативой каббалы и только.

Материалистическая психология базируется на изучении частных случаев. Эта область знаний имеет применение и, несомненно, заслуживает внимания человека в его жизни в *этом мире*. Материалистическая психология является отдельной областью науки, хотя на основе разрозненных данных, с которыми она работает, невозможно сформулировать общие законы. Все наши науки основываются на исследованиях *неживой*, *растительной* и *животной*, но не человеческой природы. Чтобы раскрыть законы *человеческого уровня*, мы должны познать все *миры* до бесконечности, соединив их с уровнем человека. Только в этом случае можно говорить о том или ином законе. Поэтому, хотя эта область психологии и занимается вещами не проявленными, не расположенными «на поверхности», но можно считать, что она соприкасается с каббалой в той области, которая имеет отношение к определению человека и его поведения (насколько раскрыто, кто такой человек, каково его поведение).

Философия намеревалась заняться исследованием духовного пространства, что является безусловной прерогативой каббалы. Чтобы попасть туда, необходимо прежде всего построить *келим*. Когда появляются *келим* для постижения *духовного мира*, тогда и можно начинать исследование, однако это уже будет называться каббалой, а не философией. Представители же последней считали, что могут заниматься этими исследованиями исключительно с помощью разума и вне всякой связи с реальностью. Практически каждый человек при желании может сделаться философом, для этого ему достаточно выучиться в специальном заведении дискутировать на отвлеченные темы — в отличие от каббалиста, которому, чтобы действительно стать таковым, требуется много лет труда.

Поэтому, как пишет Бааль Сулам, опасность состоит в **подмене каббалы философией**. Только ввиду трагических последствий использования философских теорий, отчасти благодаря развитию психологии и накоплению опыта материальной жизни с использованием статистики (собранных материалистической психологией) произошел отказ от формальной философии с ее оторванностью от материи. Люди переключили свое внимание на объект психологии, поняв ту перспективу, которую дает им разработка этой области знаний.

Философия — есть творческий плод человеческого разума и воображения, сродни художественной литературе. Она весьма ограничена в выборе дееспособных средств и инструментов исследования, особенно это касается той ее области, где философы пытаются углубиться в обсуждение не *окружающего мира*, а некоего пространства, расположенного над ним. Поэтому неудивительно, что в наши дни философия вот уже несколько десятилетий находится на периферии человеческой деятельности. Сегодня доминируют точные науки и материалистическая психология – всё, что мы можем видеть из опыта, продвигаясь, согласно ему и точным измерениям, вперед. Абстракции, уже доставившие человечеству массу несчастий вследствие провальных попыток их осуществления, теряют свое значение день ото дня.

По тем же причинам сегодня уже не осталось чисто теоретической философии. Она идет рука об руку с психологией и другими дисциплинами. В ее область вторгаются технологические аспекты, философы начинают исследовать источники науки, технологии, синергетику, проблемы глобализации. Они начинают обсуждать сферы, не укладывающиеся в рамки философии, – такой подход распространяется и принимает всё более разнообразные формы и широкие масштабы. Только благодаря этому философия по-прежнему жива, однако ее направления, связанные с наукой и культурой, – уже не собственно философия, а изучение практической деятельности человека.

Сегодня уже нет и былого противостояния между философией и каббалой. Конечно, отдельные столкновения еще имеют место, но теперь философы начали заниматься не восприятием якобы высшей реальности или высшим предназначением человека, а все больше вопросами технологии и кризиса. Несмотря на это, претензии философов к каббале выражаются в очень крайней форме, и, разумеется, каббала отвергает философию.

Почему нам важно это исследование? Потому что философы, действительно, убеждены, что у них есть ответ на вопрос о сути жизни, хотя их сфера деятельности изобилует множеством мнений по этому поводу. Они продолжают считать, что им известна цель человеческого бытия. Они уверены, что их подход рационалистичный и верный, поскольку основывается на историческом опыте. Однако они словно забывают, что вся история представляет собой цепочку ошибок и разочарований.

Верно и то, что в самой нашей природе заложено стремление заниматься абстрактными вещами. Человечество отличалось этим всегда. Ему было необходимо испытать все страдания и пережить ошибки, поскольку без этого невозможно обнаружить разницу между ложью и истиной, сделать выводы. Именно выводы из этих противоречивых вещей и являются новыми *келим*. С этой точки зрения, вполне оправданно то, что без изучения философии невозможно подойти к каббале, и, начав, наконец, различать разницу между ними, понять истину. На этом основывается и поднимается все человечество.

Приступив к изучению каббалы и получив чувственные и умственные *келим*, человек, ранее серьезно занимавшийся философией, все равно должен будет вернуться к ней, чтобы поднять все прежние знания и умозаключения на новый уровень. Ему необходимо, наконец, проанализировать и решить, что правильно, а что ложно, и осознать, где он вообще находился. Человеческое развитие никогда не происходит методом полного стирания прошлого, ибо все накопленное потребуется впоследствии. Изучая каббалу, человек претерпевает все ошибки человечества, потому что включает его в себя. Хотя это происходит очень быстро, но он идет тем же путем заблуждений, приверженности самым разнообразным теориям и религии, начинает видеть их основы, понимает, почему человечество вообще занималось этим и где запуталось. Человек начинает различать, где наш корень, в котором заложено то, что должно было произойти, и почему это было необходимо, однако он видит и то, как это будет исправлено, когда начнется восхождение к истине.

Раздел VIII

Свобода выбора

на основе статьи Бааль Сулама «Свобода воли»

Содержание

Глава 1. Между наслаждением и страданием
Глава 2. Четыре фактора
Глава 3. Влияние окружения

Глава 1. Между наслаждением и страданием

1.1. Введение
1.2. Суть свободы
1.3. Наша жизнь – между наслаждением и страданием
1.4. Кто определяет наши наслаждения?
  Тест

1.1. Введение

Природа не дает нам знать, в каких поступках мы действительно свободны, а в каких присутствует лишь иллюзия свободы. Природа позволяет нам ошибаться — как каждому человеку, так и человечеству в целом. Ее цель — привести нас к разочарованию в своей способности что-либо изменить в этой жизни и в самих себе, к состоянию полной растерянности и дезориентации относительно того, как жить дальше. Все это делается с тем, чтобы, остановившись, мы смогли определить, на что мы в состоянии влиять.

В одной древней молитве говорится: «Боже! Дай мне силы изменить в моей жизни то, что я могу изменить, дай мне мужество принять то, что изменить не в моей власти, и дай мне мудрость отличить одно от другого».

На что же именно в нашей жизни мы можем влиять? Достаточно ли отпущенной нам свободы действий для того, чтобы менять свою жизнь и судьбу? Почему человек не получает этого знания от природы?

Почему мы, в отличие от животных, совершаем неэффективные поступки и постоянно ошибаемся, несмотря на то, что в основе нашей природы лежит лень и здоровый эгоизм — желание получить максимум при минимуме усилий? Быть может, мы действуем там, где все уже заранее предопределено, и наше сознательное участие не оказывает на ход событий ни малейшего воздействия? Возможно, в большинстве случаев «Аннушка уже пролила масло», уже произошло все, что должно произойти, тогда как мы убеждены, что ход событий зависит от нас? Быть может, нам следует изменить подход к своей жизни, перестать думать, будто мы что-то решаем, предоставить ей течь самой по себе, а самим действовать лишь в сферах, подвластных нашему влиянию? Не пришло ли время выяснить, где мы на самом деле можем поступать свободно, а где поступаем автоматически? Четко определив сферу автоматизма, мы избавим себя от нужды заботиться о связанных с ней поступках.

Неразумные поступки совершают дети, потому что их развитие происходит неосознанно или под влиянием инстинкта. Природа вынуждает их поступать так или иначе, чтобы они учились на собственных успехах и ошибках. Взрослый человек, напротив, начинает с того, что определяет цель, а уже желание достичь ее дает ему энергию для движения к этой цели. Однако свободен ли взрослый человек, когда определяет себе цель и средства ее достижения? Понимает ли он, что делает, или это стоящая перед ним цель вынуждает его поступать так или иначе?

Очевидно, мы ошибаемся именно в оценке пределов наших возможностей достижения цели. Мы хотим достичь невероятного или изменить нам неподвластное. Природа не дает нам знать, в каких поступках мы действительно свободны, а в каких присутствует лишь иллюзия свободы воли. Природа позволяет нам ошибаться — как каждому человеку, так и человечеству в целом. Цель природы — привести нас к разочарованию в своей способности изменить что-либо в этой жизни и в самих себе, к состоянию полной растерянности и дезориентации относительно того, как дальше жить.

Бааль Сулам в «Предисловии к Учению Десяти Сфирот» говорит, что человек начинает поиск духовного пути с вопросов: «В чем смысл моей жизни? Для чего я живу? Я не вижу в своей жизни ничего рационального. Для чего мне все эти годы, наполненные лишь страданиями? Я не получаю наслаждения и никому его не даю. Для чего жить, какой в этом толк?» Вопросы эти возникают для того, чтобы, остановившись, мы смогли определить, на что мы действительно в состоянии влиять, и для чего, действительно, нам стоит существовать.

Если я на что-то влияю, мое существование целенаправленно и осмысленно; если у меня нет свободы воли — я всего лишь животное, осознающее, правда, что оно животное. Животное ведь и этого не осознает — оно просто существует.

Получается, что вопрос о свободе воли — это кардинальный вопрос не только для философии, но и для повседневной жизни, потому что я постоянно спрашиваю себя, зачем я живу, зачем я страдаю, что я делаю каждое мгновение своей жизни. Все эти вопросы сводятся к вопросу о свободе воли, поэтому это единственный вопрос, который человек должен для себя решить.

Если у человека есть свобода воли, нужно точно определить ее границы. Синонимична ли свобода воли свободе поведения, свободе решения или свободе выполнения? Чем ограничена свобода — мною, окружением или отношениями между нами? Может ли оказаться так, что она не ограничена ни тем, ни другим, а единственно моими взаимоотношениями с Творцом? Все это необходимо выяснить.

На самом деле, понятие свободы воли включает в себя абсолютно все. Я стою перед будущим: кто я в этой жизни — запрограммированный автомат или существо, наделенное свободой воли? Я могу быть марионеткой, но при этом понимать и видеть, насколько предопределены мои действия. Я могу быть свободным и не знать, что я свободен. Я могу быть свободным и решать, понимать и действовать в той мере, в какой я свободен, а в том, в чем я не свободен, осознавать степень своей связанности. Получается, что вся моя жизнь в осознании себя, окружающих и Творца сводится к вопросу о свободе.

Вопрос: Природа допускает, чтобы мы ошибались. Существует ли допустимый «размер» ошибки?

Может быть, она этого не допускает, и, возможно, нам только кажется, что мы ошибаемся. Возможно, я способен увидеть свои ошибки лишь в сравнении с тем, что надо было бы сделать, — и в этом заключается суть моей свободы.

Животное не ошибается. Почему? Очевидно, потому что оно действует инстинктивно. Все животные поступают правильно, и мы можем только позавидовать им. Животное действует, исходя из своих сил и обстоятельств, оптимальным образом выбирая то, что ему надо, насколько это в его возможностях. У животного есть определенный внутренний механизм, просчитывающий все варианты и выбирающий наилучший из имеющихся. В таком случае мы говорим, что свободы воли нет, а есть механизм, есть заданные внутренние и внешние обстоятельства и свойства, и все рассчитано.

Поскольку мы не знаем наших внутренних свойств и внешних обстоятельств, мы не ощущаем внутри себя четкой программы действий. И в этом состоит наша свобода.

Не оказываемся ли мы при этом в ситуации, когда свобода воли сводится к недостатку информации? Мы называем свободой положение, в котором я не знаю, как поступить. Если бы я знал одно, то поступил бы так, а если бы знал другое — поступил бы иначе. Разве это свобода? Скорее, наоборот: я нахожусь в плену неизвестных мне обстоятельств.

Животное знает не больше меня, но у него нет сомнений: оно знает то, что знает, и исходя из этого поступает так или иначе. Животное точно знает другого и ощущает его. У человека же есть область неизвестного, сокрытого: я «не читаю» другого человека, не знаю окружающих, не знаю и себя. И это называется свободой? От чего я свободен? Свобода оборачивается пустым отсутствием знания, мы оперируем невероятно искаженным понятием свободы. Будь мы в тех же обстоятельствах, что и животные, мы оказались бы роботами. Возможно, мы и есть роботы, только не понимаем этого.

Итак, необходимо выяснить, что значит «свобода воли». Мы должны понять, что свобода заключается единственно в том, чтобы уподобиться Творцу. Только состояние действительно можно называть «свободой».

Все остальное — это, на самом деле, жесткое подчинение обстоятельствам, известным или не известным, пребывание в своей природе — вне зависимости от того, раскрыта она нам или нет, абсолютнейший диктат природы. Когда мы выходим из-под власти желания насладиться, мы становимся свободными.

1.2. Суть свободы

Я стою перед будущим: кто я в этой жизни — запрограммированный автомат или существо со свободой воли?

Я могу быть марионеткой, но одновременно понимать и видеть, насколько предопределены мои действия.

Я могу быть свободным и не знать, что я свободен.

Я могу быть свободным и решать, понимать и действовать в той мере, в какой я свободен, а в том, в чем я не свободен, осознавать степень своей связанности.

Получается, что вся моя жизнь в осознании себя, окружающих и Творца сводится к вопросу о свободе.

При общем рассмотрении свободу можно отнести к закону природы, пронизывающему все стороны жизни. Мы видим, что животные в неволе страдают, и это свидетельствует о том, что природа не согласна с порабощением любого творения. Не случайно человечество сотни лет вело войны, пока не достигло некоторой степени свободы личности.

В любом случае, наше представление о свободе очень туманно, и если мы углубимся в его содержание, от свободы почти ничего не останется. Ведь прежде чем требовать свободы личности, мы должны предположить, что стремление к свободе есть у каждой личности. Но еще прежде надо убедиться, может ли личность действовать по своему свободному желанию, способна ли она к этому.
Бааль Сулам

Что значит «быть свободным»? Означает ли это, что у меня есть свое «Я», и реализация его есть реализация свободы воли? Определение самого понятия свободы становится вдруг невероятно смутным.

1.3. Наша жизнь — между наслаждением и страданием

Если проанализировать действия человека, мы обнаружим, что все они являлись вынужденными и совершались по принуждению. Внутренняя природа и внешние обстоятельства вынуждают человека действовать по заложенному в нем алгоритму поведения. Природа поместила нас между наслаждением и страданием, и у нас нет свободы выбирать страдания или отвергать наслаждения.

Если я состою исключительно из желания насладиться, то как бы я ни изворачивался, я все равно буду выбирать то, что кажется мне наилучшим, и стараться избежать того, что представляется мне плохим — в той мере, в какой мне будут раскрываться его отрицательные стороны. Единственное, что я могу делать — это давать разные оценки плохому и хорошему: «Это плохо, но вот то — еще хуже». Или: «Нет, это лучше — это, вообще, скорее хорошо, чем плохо».

Я могу менять в себе эти установки под влиянием общества, воспитания и других факторов, но я в любом случае буду стремиться к наилучшему и избегать наихудшего. Я могу менять оценки хорошего и плохого, но после того, как во мне произошла эта переоценка, решение будет исходить только из желания насладиться, я буду настроен исключительно на оптимизацию своего состояния. Я не меняю своего материала. Мой материал — желание насладиться — всегда выбирает оптимальный вариант наслаждения.

> *И нет у нас свободы выбрать страдание или отвергнуть наслаждения. Преимущество человека над животными состоит лишь в том, что человек способен видеть отдаленную цель (то есть менять систему предпочтений) и поэтому готов согласиться на известную долю страданий, видя в будущем компенсирующее вознаграждение.*
> *На самом деле, тут нет ничего, кроме расчета, когда, оценив конечную пользу, мы видим, что она перевешивает боль, и согласны перенести боль ради наслаждения в будущем. Так мы идем на хирургическую операцию и еще платим за нее большие деньги.*
> Бааль Сулам

Мы готовы перенести большие страдания, чтобы в будущем быть здоровыми. Мы производим расчеты, привлекая в настоящее сведения о будущем, и оценив их, принимаем соответствующее решение, однако решение это все равно принимается в нашем эгоистическом *кли* (сосуде, желании). Здесь все дело в расчете, когда, вычитая страдания из ожидаемого наслаждения, мы получаем определенный положительный остаток, и видим, что стоит страдать, чтобы потом насладиться.

Так устроены все люди. Индивиды, которые кажутся нам безрассудными и нерасчетливыми (например, романтики или готовые к самопожертвованию индивиды), — не более чем люди с особым видом расчета, для которых будущее проявляется как настоящее, причем столь явно, что во имя него они готовы пойти в данный момент на необычайные страдания, представляющиеся нам, неспособным к столь тонким расчетам, подвигом и жертвой. На самом деле никакого подвига и жертвы нет. Они производят точно такой же расчет, как и мы, но принимают во внимание параметры, которых мы в виду не имеем. Расчет все равно остается эгоистическим, произведенным в нашем материале, в природе творения, нацеленной на получение наслаждения.

Психологам известно, что в любом человеке можно изменить приоритеты и приучить его производить расчеты таким образом, что самый большой трус превратится в героя. В глазах каждого человека можно настолько возвысить будущее, что человек ради него согласится на любые лишения.

Следовательно, разница между нами и животными состоит исключительно в том, что мы принимаем во внимание будущее, можем его видеть и оценивать относительно настоящего и в соответствии с этим решать, стоит что-либо делать или нет. Расчет наш сложнее, чем у животного, но это все равно эгоистический расчет по заданной программе максимизации наслаждения.

Получается, что рядом с нашим желанием насладиться имеется своего рода вычислительная машина, способная просчитывать варианты, принимая во внимание общественные установки, желания славы, знания, денег, богатства, почестей. Учитывая все это, она выдает нам оптимальный для каждого из нас (в зависимости от наших природных параметров) вариант максимального наслаждения.

Вопрос: Это свобода или игра в неизвестность?

Конечно, это не свобода, потому что расчет производится на основании жестких вычислений. Но, быть может, свобода заключается в том, что мы не знаем, что следует принимать во внимание, а что – нет? Однако свобода ли это? – Ведь это просто отсутствие определенных данных.

Мы постоянно стремимся к тому, чтобы эти данные были точнее. Мы развиваем науку, желаем понять свою природу и природу окружающего мира. Мы пытаемся стереть «белые пятна» неизвестных параметров и стремимся к тому, чтобы вместо них у нас были известные. Человек при этом в еще большей степени становится автоматом.

Возможно, первобытный человек, живший в пещерах, был более свободным? Он не знал, что с ним произойдет, он боялся ветра и солнца – была ли его свобода полнее? И в чем она заключалась?

Были бы мы более свободными, если бы все знали и были бы способны производить абсолютно точные вычисления? Наоборот. Получается, что наше сегодняшнее состояние неизвестности – это не свобода, а отсутствие информации. Аналогичным образом мы определяем веру: я верю – и все. Во что ты веришь? Верю, что есть Бог, есть другая жизнь, есть еще что-то. Что же такое вера? Разве это нечто большее, чем пробелы в информационной картине, заполненные нашими домыслами?

Мы видим, что объем имеющейся или отсутствующей у нас информации не определяет наличие свободы воли. Область свободы располагается над информацией: когда я все знаю, и все равно могу свободно, вопреки этому знанию, поступать.

Как это сделать?

Допустим, я абсолютно знаю себя, полностью осознаю, что происходит вокруг меня, точно знаю, по какому алгоритму я буду решать свои отношения с окружающими, как мое тело, мое кли будет действовать согласно изначально ему присущему желанию насладиться. Все это я знаю абсолютно четко. Передо мной есть наслаждение, мне известны все его варианты и параметры. Свет против меня — и я, кли. Я точно знаю, как и что я хочу от него. Какая же в этом свобода? Это всего лишь полное знание исходных данных.

Свобода — это возможность принимать решения вопреки своему состоянию и, вопреки своей эгоистической природе — решения, основанные на совершенно другом принципе, другой формуле, другом алгоритме. Свобода находится выше Цимцума (Сокращения).

Однако, проанализировав действия человека, мы увидим, что все они являлись вынужденными и были совершены по принуждению. У человека нет возможности выбора. Этим он похож на варево, кипящее на плите: у того тоже нет никакого выбора — оно обязано свариться. Высшее управление поместило жизнь меж двух огней: наслаждением и страданием.
Бааль Сулам

Я обрету свободу, только если смогу осуществить Сокращение и перестану принимать во внимание свою природу. Свобода заключается в выборе кли для нового наслаждения, свобода — в реализации желания насладиться. Свобода — в том, что я выбираю совершенно иное наслаждение, чем требует моя природа (которую я либо знаю, либо нет, которая сокрыта от меня или мне раскрыта). Здесь мы заодно можем выяснить, почему часть информации остается от нас сокрытой, а часть раскрывается.

Но является ли свободой то, что вместо своего природного желания насладиться и находящегося передо мной наслаждения я беру желания Творца и Его возможности насладиться? Самостоятелен ли я в своем выборе? Есть ли у меня выбор, могу ли я, кроме этого, выбрать что-то еще?

Очевидно, что свобода находится над нашим естеством, над нашей природой, над эгоизмом, над кли, она появляется после того, как мы делаем на себя Цимцум (Сокращение).

1.4. Кто определяет наши наслаждения?

Кроме того, что у нас нет свободного выбора, мы не выбираем и характер наслаждения. Мы не выбираем моду, увлечения, образ жизни, досуг, пищу и прочее — все это навязывается нам желаниями и вкусами общества, причем не лучшей его части (которая понимает, скажем, что такое здоровое питание или полезные увлечения, или что предпочтительней в целях возвышения) — мы принимаем для себя мнение большинства. Уровень вкусов и стремлений большинства обычно не слишком высок, поэтому и наши стандарты остаются очень средними.

Несмотря на то, что нам удобнее вести себя просто и ничем себя не обременять, вся наша жизнь скована условностями манер и общественных вкусов, превращенными в законы поведения и жизни. Обычный человек всю жизнь делает то, что ему навязывает общество — соответствует стандартам. Если так, то в чем же заключается наша свобода? Если мы постоянно выполняем навязанные нам общественные требования, в чем же тогда мы свободны?

Мы ведем себя, как все остальные: если все воруют, мы тоже воруем. Все, что есть в человеке, он прямым или косвенным путем получил от окружающих. В таком случае мы не имеем никакой свободы воли, а мышление и поступки человека являются продуктом общества.

Но почему каждый все-таки ощущает себя индивидуальностью? Что особенного в каждом из нас? Есть ли в нас хоть какое-то свойство, которое мы можем менять самостоятельно, независимо от окружающих и от того, как мы определены природой? Существует ли это третье измерение, отличное от внутренней природы и внешних ограничений?

Если это третье есть, мы должны выделить его из всех остальных свойств и направить все силы исключительно на его развитие, потому что все остальные свойства будут реализовываться поневоле.

Человек не должен заботиться о своей природе — он всегда будет поступать так, как она его заставит. В свою очередь, окружающая нас среда будет навязывать нам свое желание, и мы поневоле будем его выполнять.

Однако если во мне есть нечто, исходящее не изнутри меня самого и не от окружающей природы, а, скажем, снизошедшее свыше, я, очевидно, смогу выйти из-под диктата природы и общества. Возможно, я попаду под третий диктат, но, может быть, этим диктатом и окажется свобода? Если и это — не свобода, значит, свободы нет вообще.

Свободой называется уподобление Творцу. Творец ни от чего и ни от кого не зависит, пребывая исключительно в желаниях отдачи. Желания отдачи у Творца исходят не из принуждения, а из того, что Он свободен и ни в чем не нуждается. У Него изначально нет никаких желаний, поэтому и Его желание отдачи не является вынужденным.

В нашем мире у родителей есть желание отдавать, но это желание вынужденное, они не могут без этого. У Творца же это желание свободно. Мы говорим, что Он существовал до того, как начал создавать творения. «Добрый, Дающий Добро» — состояние, выбранное Им свободно. В той мере, в какой человек сумеет подняться над своим эгоизмом и выбрать новый путь поведения, он может стать абсолютно свободным и уподобиться Творцу — так же, как Творец свободен относительно человека.

Другого выбора и другой возможности нет. Выбор всегда должен быть оптимальным: в любых обстоятельствах максимальная отдача является условием максимальной свободы.

Тест

1. С какой целью природа позволяет нам ошибаться?

a. чтобы мы учились на ошибках и не допускали их;
b. с целью приведения нас в состояние дезориентации и потерянности относительно того, как жить дальше;
c. чтобы заставить нас понять, что от нас вообще ничего не зависит;
d. чтобы заставить нас жить, не думая о завтрашнем дне.

2. Чем, по сути, является то, что люди воспринимают как свободу?

a. свободой мысли;
b. свободой решений;
c. недостатком информации о том, что на них влияет;
d. информацией о том, на что они могут влиять.

3. Какой программе изначально подчиняется человек?

a. удаляться от страданий и приближаться к наслаждениям;
b. удаляться от лжи и стремиться к истине;
c. стремиться к высшему, отказываясь от материального;
d. человек изначально не подчиняется никаким программам.

4. Выбираем ли мы свои наслаждения?

a. да, выбираем полностью;
b. нет, они навязываются окружающей средой;
c. выбираем частично;
d. выбор заключается в отказе от наслаждений.

5. В чем заключается свобода человека?

a. принимать решения согласно своим желаниям;
b. быть счастливым;
c. уподобиться Творцу;
d. быть независимым от обстоятельств и внешних факторов.

6. Материал, из которого состоит человек, это желание:

a. насладиться;
b. страдать;
c. насладить других;
d. причинять страдания.

7. Может ли человек выбрать страдание и отказаться от наслаждения?

a. не может;
b. может ради большего наслаждения;
c. выбор отсутствует;
d. все ответы верны

Глава 2. Факторы, определяющие наше развитие

2.1. Четыре фактора
2.2. Основа
2.3. Неизменные свойства основы
2.4. Свойства, изменяющиеся под воздействием внешних сил
2.5. Изменения внешних сил
2.6. Свобода выбора
     Тест

2.1. Четыре фактора

В любом творении существует четыре определяющих фактора.

Творение и любое его состояние характеризуется четырьмя параметрами.

2.2. Основа – первичный материал данного создания, из которого оно возникло

Это неизменные свойства создания, порядок его развития. Например, гниение зерна пшеницы в земле вызывает появление нового ростка пшеницы того же вида – свойства вида (основа) не меняются. Зерно сгнивает – внешняя форма полностью исчезает, подобно тому, как наше тело разлагается в земле, но основа остается.

Основа – нечто духовное, некая сила, остающаяся даже после того, как внешняя форма исчезает. Она дает новый побег (новую жизнь), подобно тому, как наша душа вынуждает родиться новое тело, чтобы облачиться в него. При этом информационная часть, которая остается после того, как тело полностью сгнило, духовная информация, не имеющая вокруг себя никакой материальной, вещественной оболочки, вынуждает снова возродить вокруг себя какую-то внешнюю оболочку.

Это либо решимо (запись, воспоминание, духовный ген), вынуждающее работать с высшим светом и создавать кли, либо душа (тоже решимо), не сумевшая реализоваться и могущая реализоваться, только если будет снова облачена в тело. Находясь в теле (во внешних свойствах), душа постепенно реализует себя переходом из эгоистических желаний в альтруистические (как зерно, утратившее внешнюю оболочку и готовое приобрести новую). Новая оболочка по своей сути будет такой же, как и прежняя, но в ней произойдут определенные изменения.

Именно эти внешние изменения в постоянной внутренней информационной части нас и интересуют. Внутренняя информация не меняется, поэтому не представляет для нас особого интереса: знаю я что-либо о ней или нет, не так уж важно.

Важно знать, как менять внешнюю форму: как сделать, чтобы зерно стало лучше, качественнее, чтобы в каждом стебельке было больше зерен. Как сделать, чтобы человек (он все равно родится человеком) родился намного духовнее, сильней, здоровей и так далее.

Поэтому первые информационные данные (основа) – не самые важные, хотя, будучи основополагающими, они говорят о том, что же именно родится, но не дают понятия о будущих качествах объекта.

2.3. Неизменные свойства основы

Основа (зерно, в данном случае) никогда не примет форму других хлебных злаков (например, овса), а лишь предшествующую, потерянную ею форму, то есть форму пшеницы. Возможны определенные изменения в количестве и качестве нового побега, зависящие от окружающей природы – от почвы, удобрений, влаги и солнца, однако основа формы пшеницы, то есть прежней сути, не претерпевает никаких изменений.

Поэтому об основных свойствах мне нечего беспокоиться. Человек должен разделять и выделять именно то, что в его власти изменить в качественную сторону.

Вопрос: Что такое решимо? Это основа или неизменные свойства?

Решимо – это основа с неизменными свойствами. Если мы говорим о человеке, то в нас заложено практически все: кто я такой, с какими свойствами рождаюсь, весь мой путь, конечное свойство, то есть конечный вид, который я должен буду иметь – все это заложено, все это уже существует. Единственное, что зависит от меня – это формы, которые я буду принимать во время своего развития, и то, насколько они будут ощущаться мною как желательные.

Дело в том, что мы не совсем правильно трактуем наш путь. Мы оцениваем его по скорости, с которой дойдем к цели – быстрее или медленнее. Однако дело не в скорости, а в том, чтобы самим желать принять следующее, более близкое к Творцу свойство и форму.

Если я сам участвую в осознании своего нынешнего вида, в понимании того, чем он нехорош относительно Творца, я начинаю осознавать и то, какова форма Творца по сравнению с моей, осознавать, что я хотел бы эту форму принять, вопреки своему нынешнему виду. При этом я произвожу внутреннюю исследовательскую работу – такую, что во мне начинают открываться данные о самых глубинных слоях творения, я начинаю понимать замысел Творца: из Твоих действий я познаю Тебя, я начинаю понимать Его мысли – почему Он сделал так – и я начинаю походить на Него.

Происходит не просто ускорение пути: в итоге я приобретаю совершенно новые, не свойственные творению знания, устремления, глубинные ощущения, устремляющиеся в Творце, — свойства, которых в творении, вообще-то, быть не может. Поэтому работа над своим путем, над своим устремлением к цели является анализом всех состояний кли относительно света, из которых и рождается понимание Творца. Поэтому решимот определяют абсолютно все, и все данные, находящиеся в творении, мне нужны.

Есть (свет) со всеми его свойствами, есть кли (сосуд, желание) со всеми его свойствами — здесь мне нечего раскрывать. Это все скрыто от меня, потому что именно «трением» между светом и кли я высекаю совершенно новые искры, создаю совсем другие келим.

Келим (желания) называются буквы. Они появляются на взаимных ударах, подобно искрам, возникающим при соударении двух твердых предметов. Эти искры и являются новыми келим. В итоге, когда они собираются вместе, они становятся *парцуфом* (духовным объектом), который приобретает творение при уподоблении Творцу.

Это уже не то первоначальное кли — желание насладиться, и не тот свет, который его наполнял. Это совершенно новое существо, которое творение создает своими усилиями, своим анализом, ощущением взаимодействия между светом и кли.

Мы изучаем четыре фактора, потому что из них нам надо выбрать важные для нас. Нам совсем не важны первоначальные свойства света и первоначальные свойства кли. Нам важен именно переход между ними, потому что таким образом мы проникаем в само творение (как Творец из света создал черную точку), мы проникаем в Его замысел.

Вопрос: В чем отличие основы от неизменных свойств?

Основа — это суть. Необходимо еще выяснить, что значит — «неизменные свойста».

Итак, есть творение, и есть «решимо» — запись, воспоминание. Разница между ними очень большая. Решимот все время меняются, творение остается постоянным. Творение — это та часть желания получить наслаждение от Адама Ришон (Первого Человека), от общей души, которая неизменна и которая должна пройти все эти изменения по ступеням решимот. Решимот меняются, а эта часть остается постоянной.

Я являюсь какой-то частичкой Адама Ришон. Эта частичка во мне неизменна, она перемещается по определенным, тоже неизменным, ступеням развития. Моя частичка из Адама Ришон называется основой. Решимот, которые находятся во мне, как спирали в ДНК, тоже неизменны, и я обязан пройти их все.

Единственное, что здесь важно — это как я их пройду. Сам захочу пройти — пройду с удовольствием, с наслаждением, потому что при этом я отдаю наслаждение Творцу. Это уже мои изменяющиеся параметры. Однако мое исконное желание и весь мой путь сам по себе неизменны. Я могу изменить лишь свое отношение к пути. В нашем мире это подобно рождению зерна с лучшим качеством. На примере зерна это, может быть, не так понятно, но на примере души — понятней.

2.4. Свойства, изменяющиеся под воздействием внешних сил

Человек, как основа, находится в окружающем его обществе. Он с неизбежностью подвержен его влиянию, как пшеница подвержена влиянию окружающей ее среды. Основа — это всего лишь сырье, которое в непрерывном соприкосновении с внешней средой и обществом, претерпевает ступенчатые изменения, переходя от состояния к состоянию в соответствии с законом причины и следствия.
Бааль Сулам

Под воздействием внешних факторов качественно меняется оболочка сути: зерно остается зерном, но его внешняя форма подвергается изменениям в зависимости от окружающей среды. Дополнительные внешние факторы присоединяются к сути и вместе с ней дают новое качество за счет влияния внешней среды. Это может быть солнце, земля, удобрения, влага, дождь — относительно зерна. Или общество, книги, учитель — относительно человека.

Вопрос в том, каким образом можно что-либо изменить. Ничего нельзя изменить ни в первоначальном, исконном желании (моем корне, моей частице в Адаме Ришон), ни в пути, который я обязан пройти от моего настоящего состояния до конечного: все ступени, по которым душа спустилась сверху-вниз. Говорится не о том, как я должен поднять ее по той же точно «тропиночке» снизу вверх, а о моем качественном отношении к тому, как я развиваюсь.

Под влиянием общества, книг, учителей мой путь может быть проделан с большим осознанием, с большим пониманием и рвением. Благодаря этому я приобретаю более качественные формы. Так происходит на каждой ступени.

Тогда возникает другой вопрос: можно ли подняться со ступени на ступень в «некачественном» виде? Или подняться, достигнув качества на 50% или на 80%? Или я обязан оставаться на каждой ступени до тех пор, пока качественно не доведу себя в отношении книг, учителя, общества до максимального их использования, и только тогда поднимусь? Должен ли я достичь 100% качества на низшей ступени, чтобы подняться на высшую?

Дело не в том, какую форму я могу принять: качественную или не совсем — я всегда приму качественную. Дело в том, при каком — большем или меньшем — усилии я дойду до качественной формы, до которой я и поневоле дойду.

Значит, этот фактор — время? Или мои собственные усилия вопреки каким-то внутренним свойствам (например, лени) или помехам, которые Творец создает мне, чтобы я прилагал усилия? К чему именно я должен приложить усилия, чтобы определить это качество?

Свобода воли состоит в том, чтобы тщательно проанализировать, куда именно я должен прикладывать усилия, чтобы повысить качество. Вопрос в том, чтобы максимально эффективно использовать данные мне внешние обстоятельства, притягивая их к себе вопреки эгоизму, лени и пр., чтобы впитывать от них все, что мне нужно, чтобы самому максимально участвовать в своем качественном развитии.

Каким образом это делается? Это достигается благодаря четвертому фактору.

2.5. Изменения внешних сил

Человеку необходимо окружение, которое развивается и постоянно влияет на его развитие. В свою очередь, человек, развиваясь, влияет на окружение, побуждая его к росту, что вновь поднимает человека. Таким образом, человек и его среда растут параллельно.

Следует принимать во внимание не только собственный рост и влияние окружающей среды, но и заботиться о том, чтобы окружающая среда постоянно росла, потому что от нее я питаюсь и благодаря ей я каждый раз создаю из себя новую качественную форму.

Этими четырьмя факторами определяется состояние каждого творения. Даже если человек целые дни будет проводить в исследованиях, он ничего не сможет добавить к тому, что предоставлено ему этими четырьмя факторами. Как бы мы ни действовали, что бы мы ни думали и ни делали, что бы ни приобретали, — все замыкается рамками этих четырех факторов. Любое добавление, какое мы сможем найти, будет лишь количественным, определяющимся большей или меньшей степенью разума, в то время как качественно здесь абсолютно нечего добавить. Эти факторы принудительно определяют наш характер, форму мышления и выводов.

Итак:

1) суть свою человек изменить не может;

2) законы, по которым меняется его суть (то есть последовательность решимот), человек изменить не может;

3) законы изменения своих внутренних свойств в зависимости от внешних воздействий человек изменить не может (среда действует на него определенным образом, и сам он не может изменить свои взаимодействия со средой);

4) окружающую среду, от которой он полностью зависит, человек может изменить.

Это можно понять так: мы созданы с определенным решимо, и внутри него находятся все остальные решимот, которые мы должны реализовать до нашего Полного Исправления. Ни само мое решимо, ни желание, к которому оно относится, ни все остальные решимот я изменить не могу.

Я нахожусь в жесткой связи с остальными душами. Они влияют на меня, я каким-то образом влияю на них. Эта связь между всеми нами или связь в нашем мире между человеком и внешними обстоятельствами задана, и человек ее не может изменить. Будет ли солнце, ветер, дождь или тучи — зерно на это повлиять не может. Человек не может изменить соотношение себя и окружающего мира — он всегда будет находиться внутри него.

Человек может изменить только то, что он вбирает от окружающего мира, — иными словами, то, как он меняет окружающий мир под себя.

Если человек может в настоящем влиять на окружающую его среду, он определяет этим свое будущее состояние.

Настоящее человек не определяет, он имеет влияние только на будущее. Таким образом, никогда нельзя думать о том, что сейчас со мной происходит, потому что это уже задано, это уже реализуется. Я всегда должен думать о следующем мгновении.

Единственное, на что может повлиять окружающая среда — это на количество и качество, то есть на темп и качество пути, который пройдет человек: пройдет ли он его в страхе, в страданиях, с болью, в тысячелетиях кровопролитных войн, или пройдет его спокойно, комфортно, поскольку сам стремится к цели.

Здесь нужно понимать, что лучше пройти этот путь спокойно, комфортно, а не в страданиях. Под покоем имеется в виду покой, находящийся в Творце, а под комфортом — свойство отдачи, имеющееся в свете. Поэтому каббалисты призывают открывать центры по изучению этих законов, дабы формировать группы — необходимое окружение для желающих достичь Цели творения.

2.6. Свобода выбора

Человеку необходимо окружение, которое развивается и постоянно влияет на его собственное развитие. В свою очередь, человек, развиваясь, влияет на окружение, побуждая его к росту, что вновь поднимает человека. Таким образом, человек и его среда растут параллельно.
Бааль Сулам

Мы не определяем свою основу — кем, где, в каких условиях родиться, но мы можем влиять на три первые фактора при выборе своего окружения, каковым являются общество, книги, учителя. После выбора окружения наше будущее состояние определяется уже тем, что способна дать нам среда. Бааль Сулам пишет в статье «Свобода воли»:

«Если человек не сделает этого, а будет готов войти в любую случайную среду и читать любую случайную книгу, то обязательно попадёт в плохое окружение или будет проводить время за чтением бесполезных книг (их больше, и они намного приятнее), а в результате обязательно получит плохое образование, что приведёт к греху и злодеянию. Соответственно, и наказание он понесет не за плохие мысли и дела, в которых у него нет выбора, а за то, что не выбрал хорошее окружение, т.к. в этом безусловно есть возможность выбора».

Человек должен понимать, за что его наказывают, иначе у него внутри не возникнет правильной связи (за что мне такое?). Если он украл, и его наказывают за то, что украл, пользы не будет. Мы видим, что тюрьмы ничего не дают. Они не исправляют, потому что человек не связывает действие с его корнем, откуда оно произошло. Генетики считают, что есть ген, создающий в человеке предрасположенность к воровству, но этот ген мог бы развиться по-другому, если бы человек находился в другом обществе.

Сегодня мы оправдываем воров: все воруют, чего уж там. Почему мы оправдываем? Потому что наше общество таково, что в нем все решимот, все гены развиваются в плохую сторону. Но это не значит, что они *должны* развиться в эту сторону. Предрасположенность к воровству, наркомании, насилию существует на самом деле. В человеке есть все, но это все могло бы развиться по-другому, если бы общество было другим. Кто будет менять общество? Вообще, кому-то это надо?

Мы не представляем даже, как это сделать, и потому соглашаемся со всем и принимаем как норму. Закон понижает планку: можно воровать, употреблять наркотики и так далее. Нельзя судить человека за то, что в нем есть желание. Это желание дано свыше Творцом. Мы состоим только из отрицательных желаний, ни одного положительного желания в нас нет. Творец не сделал ничего хорошего, только плохое — создал эгоизм. Однако именно от нас зависит, сможем ли мы выбрать такое общество, чтобы все эти данные реализовались правильно. Поэтому нельзя наказывать человека за его гены — нужно наказывать за то, что он выбрал неправильное окружение, и в результате этот ген развился неправильно.

Прилагающий усилия в своей жизни и каждый раз выбирающий лучшую среду удостаивается успеха не за хорошие мысли (они возникают у человека непроизвольно), а за старание выбрать каждый раз лучшее окружение
Бааль Сулам

Мы получаем вознаграждение даже не за результат, а за то, какие усилия мы приложим, выбирая лучшее окружение. Выбирающий каждый раз лучшую среду достигает награды — своего следующего, более продвинутого, лучшего состояния.

Книга Зоар приводит пример о бедном мудреце, которому богач предложил переехать к нему. На это он услышал отказ: «Ни на каких условиях я не поселюсь в месте, где нет мудрецов». — «Но ведь ты самый большой мудрец поколения! — воскликнул богач. — У кого тебе еще учиться?» И услышал в ответ, что даже большой мудрец (имеется в виду каббалист, уже исправленный человек), если окажется среди неучей, в скором времени уподобится им.

Я должен не только заботиться о своем следующем состоянии: даже если я уже нахожусь в исправленном состоянии, окружение может способствовать моему регрессу. Таким образом, не надо все время пытаться «подрасти» под общество — надо всегда выбирать общество на ступень выше тебя, иначе ты спустишься.

Поэтому надо поступать по известному указанию: «Сделай себе учителя и купи себе товарища». Только выбор окружения может принести успех. После того, как человек выбрал окружение, он полностью оказывается в его руках, как глина в руках ваятеля.

Мы находимся в плену эгоистической природы. Выйти из-под ее власти окончательно означает выйти из ощущения нашего мира в высший мир. Поскольку мы находимся всецело во власти этого мира, единственным средством для выхода из-под его власти является создание вокруг себя — вопреки нашей естественной эгоистической среде (всего человечества) — искусственной среды, группы, которая бы стремилась сообща выйти из-под власти нашего широкого эгоистического окружения и попасть под власть окружения, руководствующегося законами высшего мира.

> *У человека нет иного способа выхода в высший мир, кроме пребывания в окружении, желающем того же самого и рассматривающем это как наивысшую цель своего существования. Наша свободная реализация проявляется в освобождении от влияния эгоистического окружения и выявлении в себе свойства отдачи, тогда как в самом свойстве отдачи заключена свободой воли.*

Тест

1. Чему соответствует решимо?

a. основе;
b. законам изменения внешних сил;
c. основе с неизменными свойствами;
d. свойствам, изменяющимся под воздействием внешних сил.

2. Что такое основа?

a. неизменные свойства;
b. порядок развития;
c. духовная информация;
d. все ответы правильны.

3. Какой из четырех факторов человек может изменить?

a. суть;
b. законы изменения сути;
c. законы изменения внутренних свойств в зависимости от внешних воздействий;
d. окружающую среду.

4. На что влияет изменение человеком своего окружения?

a. на темп и качество развития человека;
b. на чувствительность восприятия мира;
c. на три остальных фактора;
d. на черты характера.

5. В чем проявляется для нас свобода выбора?

a. в освобождении из-под власти любого окружения;
b. в освобождении из-под власти эгоистического окружения и выявлении в себе свойства отдачи;
c. в ограничении своих желаний;
d. в выборе окружения, ограничивающего наши желания.

6. Что называется правильным окружением человека?

a. мысли людей;
b. учитель, книги, группа;
c. общество;
d. законы природы.

7. Что из указанных параметров и обстоятельств человек способен изменить самостоятельно?

a. суть;
b. свое отношение к обществу;
c. последовательность решимот;
d. настоящее.

Глава 3. Влияние окружения

3.1. Краткое резюме предыдущих глав
3.2. Защита от влияния трех неизменных факторов
3.3. Власть разума над телом
3.4. Два пути управления
3.5. Следовать за большинством
    Заключение
    Тест

3.1. Краткое резюме предыдущих глав

Мы выяснили, что находимся во власти четырех факторов развития. Наша суть есть исконное желание, неизменная часть общей души, и мы должны достичь полного исправления этой части.

Каждый из нас представляет собой частичку общей души, разделившейся когда-то на множество частей. Наша частичка спустилась до нашего мира при нисхождении общей души, называемой Адамом или Адамом Ришон. В процессе нисхождения эта частичка деградирует в своем желании, оно представляется ей все меньшим и меньшим по количеству и по качеству. Ступени, по которым спускается частичка общей души, остаются в ней в виде решимот, в виде данных. Достигнув низшей части нашего мира, душа получает наименьшее по количеству и по качеству желание, и находится настолько низко, что оказывается отрезанной даже от осознания того, что существуют более высокие ступени.

Такое состояние называется «человек в нашем мире».

«Человека в нашем мире» характеризуют четыре параметра:
- его исконное желание, пребывающее в уменьшенном виде, однако остающееся неизменным по своей сути. В нашем мире проявляется лишь наименьшая часть этого желания, остальные части оказываются сокрытыми;
- неизменные законы развития этого желания, то есть ступени, по которым человек должен подняться в свое исходное состояние;
- воздействие внутренних изменений (вынуждающих постепенно подниматься) и внешних;
- внешняя среда, оказывающая разнообразные положительные и отрицательные воздействия.

Если человек находит среду, положительно на него влияющую, она подталкивает его к скорейшему прохождению всех необходимых состояний. Организуя вокруг себя правильное общество, человек обретает целенаправленность в своих поисках. Общество помогает ему наикратчайшим путем найти свои следующие состояния, чтобы подниматься со ступени на ступень, не теряя времени на каждой и оставляя без внимания все ненужное для подъема в наивысшее состояние.

Духовный рост человека возможен лишь под воздействием окружающего общества, потому что два внутренних параметра являются пассивными: это исконное желание человека, его суть, и решимот, то есть информационные записи, образовавшиеся при нисхождении души, которые человек попеременно должен пройти при восхождении снизу вверх. Однако решимот просто записаны в душе человека, а каким образом и в каком темпе они реализуются, зависит от окружающей среды.

Бааль Сулам приводит пример с зерном. Если мы бросим зерно в сухой песок, оно не сможет расти, несмотря на то, что в нем наличествуют все данные для роста, потому что данные эти – пассивные. Для того, чтобы они начали развиваться в нужном направлении, требуется внешний фактор питания. Так же и человек: пока он не найдет для себя правильную среду, его развитие будет приобретать абсолютно неверные обличья, не ведущие к Цели творения. Вне правильной среды человек будет страдать, как страдает все человечество уже в течение многих тысяч лет, пребывая в состояниях, далеких от совершенного. В итоге мы просто разочаровываемся в такой жизни и начинаем искать других путей развития. Такой процесс неэффективен.

Что же делать, чтобы защититься от неверных путей развития и выбрать наиболее оптимальный? Об этом говорит Бааль Сулам.

3.2. Защита от влияния трех неизменных факторов

Поскольку человек создан как сущее из сущего, то есть из самой сердцевины родивших его составляющих, то, в соответствии с этим, в определенной степени он является их копией, как бы перепечатывающейся из книги в книгу.
Бааль Сулам

Поведение человека определяется заложенными в нем внутренними факторами и суммой внешних воздействий. В этом смысле человек является лишь своего рода исполнительным механизмом.

Для выхода из-под этого управления природой и автоматического режима существования человек должен предоставить себя управлению избранной им окружающей среды. Он должен выбрать учителя, группу, книги, которые будут впредь определять порядок его действий.

В результате складывается следующая ситуация. Я всегда выполняю законы окружающего общества, которое, в свою очередь, меняется по своим законам. Эти законы всегда влияют на мою внутреннюю суть и в итоге помещают меня на ту ступень, которую я должен занимать.

Таким образом, мне никуда не деться от вышеописанных четырех параметров. Единственное, что мне нужно — выбрать из этих четырех параметров единственный, который влияет на динамику моего продвижения. Таким параметром является общество. Мне следует выбрать такой вид общества и такой тип взаимодействия с ним, чтобы оно действовало на меня максимально эффективно.

3.3. Власть разума над телом

Жизненные события, записанные в материальных клетках мозга, — вот что властвует над человеком и приводит его в действие.
Разум человека похож на зеркало, отражающее формы того, что находится перед ним. Несмотря на то, что зеркало является носителем этих форм, оно не может повлиять на то, что отражается в нем.
Бааль Сулам

Разум человека формируется под влиянием жизненных ситуаций, событий и обстоятельств, через которые проходит человек. Правильное использование разума заключается в приближении к полезному и отдалении от вредного. Если бы мы знали, что полезно и что вредно (а ничего другого в нашем окружении нет), мы бы сортировали все окружающее согласно тому, удаляет ли оно или приближает меня к избранной мною цели.

Воображение человека пользуется разумом так же, как глаза микроскопом: обнаружив с помощью микроскопа вредящие ему мельчайшие организмы, человек удаляется от этого вредителя. Следовательно, наша задача состоит в том, чтобы в своем настоящем состоянии построить подобный «микроскоп».

Мне кажется, что я вижу, что мне полезно и что вредно, но это только кажется мне. Как мне убедиться в правильности моих представлений? Для этого я должен проникнуть на следующий, более глубокий уровень того, что находится передо мной. Мне нужен микроскоп, чтобы увидеть, что происходит внутри: за красивой оболочкой я могу обнаружить микробы, способные меня убить.

Значит, в моем движении вперед мне нужен «микроскоп», чтобы за всеми воздействиями на меня (неважно, какими они мне кажутся) я увидел бы их истинное влияние на меня. Тогда я, глядя в этот микроскоп, естественным образом не захочу брать то, что внешне выглядит красиво (ведь я увижу, насколько это вредно внутри), и наоборот, несмотря на неприглядную внешнюю оболочку какой-либо вещи, выберу ее, потому что внутри она полезна.

Поэтому чтобы правильно сориентироваться в этой жизни, мы используем такие средства, как присоединение к какой-то группе, которая занимается, например, похуданием, здоровым питанием или чем-то еще. Такая группа помогает нам лучше увидеть, что вредно и что полезно, то есть служит микроскопом. Я прихожу в группу, и мне рассказывают: это и то кушать нельзя, там такие-то вредные элементы, мне показывают различные фильмы, картинки, пытаются меня впечатлить, приблизить ко мне то, что находится внутри и чего я сам не вижу.

Как сделать так, чтобы группа, существующая вокруг меня, четко демонстрировала мне, что полезно и что вредно: эгоизм, альтруизм, движение вперед, важность Творца. Как создать вокруг себя такую группу и способствовать тому, чтобы она воздействовала на меня, причем вопреки моему природному эгоизму?

Воображение человека пользуется разумом так же, как глаза микроскопом. Таким образом, именно микроскоп-разум, а не ощущение позволяет человеку избежать вреда там, где вредитель (микроб, бактерия, вирус) не чувствуется. Это справедливо и в нашем деле: в наших обычных органах чувств и разуме мы не чувствуем, что эгоизм вреден для нас, что получать вредно, а отдавать полезно.

Мы видим, что там, где тело не в состоянии распознать вред или пользу, возникает необходимость в разуме, властвующим над телом человека, позволяя избегать плохого и приближаться к хорошему. Осознав, что разум есть результат жизненного опыта, мы готовы принять разум и мудрость другого человека, которому доверяем, в качестве закона для самих себя. Если уважаемый мной человек говорит мне нечто, противоречащее моим собственным соображениям, я могу принять его мнение вопреки своему и пользоваться его разумом и его постижением как своим. Таким образом меньшее понимание прилепляется к большему и может использовать его данные, его понимание и достижения.

Это подобно тому, как человек спрашивает совета у врача и выполняет его указания, несмотря на то, что сам ничего не понимает в медицине: он доверяет разуму врача. Мы в нашем мире постоянно надеемся на знания других людей и используем эти знания, хотя для нас они совершенно непостигаемы. Однако нас это не заботит: мы верим, что люди изобретают нормальные, правильные вещи, и пользуемся ими.

Если бы мы в нашем мире пользовались только тем, что знаем и понимаем сами, мы остались бы жить в пещерах. На самом деле все, что я имею, я получил от людей, развивших свои навыки и знания до уровня реализации и предоставивших мне плоды своих знаний. В свою очередь, я могу предоставить им плоды собственных знаний.

Как сделать так, чтобы то, о чем группа говорит как о самом главном, тоже влияло на меня? Как добиться того, чтобы я с удовольствием принял эти знания и постижения в полной уверенности в том, что они истинны и что именно так и стоит поступать? Для достижения этой цели мы должны действовать против своей природы.

Вопрос: «Воображение человека пользуется разумом так же, как глаза микроскопом». Что значит «воображение»?

У нас есть разум. Я вижу, понимаю, чувствую, пробую, исследую и в итоге получаю какие-то данные, с помощью который я могу действовать в этом мире. Мой эгоизм, мое желание (то есть, мое тело), моя суть понимает эти данные. Сунул руку в огонь — больно, прыгнул с пятого этажа — больно, поступил по-другому — хорошо. Сведения, накопленные таким образом, называются опытом, на котором основывается разум.

Кроме того, есть воображение. Именно с помощью воображения я могу принять в себя, впитать и использовать впечатления, не прошедшие через меня на самом деле, не отпечатавшиеся явно в моем эгоизме и в моем сознании. Таким именно образом я могу пользоваться опытом других, могу увидеть через «микроскоп» нечто и приблизить к себе, будто увидел сам — это называется воображением. Под воображением здесь понимается дополнительное свойство, позволяющее обогащать разум. У животных такой возможности нет, у них нет воображения.

3.4. Два пути управления

...совершенно невозможно представить себе силу как сущность, находящуюся в покое и существующую саму по себе, ... [она постижима] только как процесс. В то время, когда действие реально осуществляется, проявляется и сила, заключенная в действии.
Бааль Сулам

Существуют два пути управления, гарантирующие человеку достижение Цели творения:
1) путь страданий;
2) путь каббалы.

Путь каббалы состоит в том, чтобы мы доверились разуму ученых-каббалистов, уже постигших Цель творения, как своему собственному жизненному опыту.

Путь каббалы предполагает, что у нас нет микроскопа, позволяющего видеть, что происходит в духовном мире, видеть следующую ступень, себя на ней и то, каким образом мои сегодняшние действия ведут (или не ведут) к ней. Мое следующее состояние от меня скрыто. В такой ситуации у меня нет другого индикатора и другой возможности, кроме как довериться человеку с большим жизненным опытом, который уже находится на более высокой ступени. Рассказывая мне о высшей ступени, он создает во мне дополнительное знание, своего рода микроскоп, с помощью которого я словно бы вижу эту высшую ступень. На самом деле я ее не вижу, а если бы увидел, то эгоистически захотел бы ее достичь и никогда бы не избавился от своего эгоизма.

Проблема в том, что советы по достижению высшей ступени, которые дают мне каббалисты, антиэгоистичны, то есть направлены против моего желания. Я смогу выполнять их, только если получу помимо этих советов еще и источник высшей жизненной энергии — высший свет, ощущение Творца и Его важности. Тогда я смогу выполнить заветы каббалистов и подняться на следующую ступень.

В нашем мире у меня есть «микроскоп», или группа, объясняющая мне, что плохо, например, курить или быть толстым (эта группа является для меня микроскопом). Поскольку я состою из эгоистического желания, мне не нужно искать силы, чтобы реализовать установки, полученные от группы.

В нашем движении к цели происходит не совсем то же самое. Каббалисты рассказывают мне, что представляет собой высшая ступень, каким образом ее можно достичь, что в моем сегодняшнем состоянии называется осознанием зла, насколько порочно мое сегодняшнее состояние. Если я принимаю на веру то, что они говорят и начинаю следовать их примеру, я получаю данные, позволяющие мне узнать, к чему стремиться, и понять, что именно они мне советуют. Следовательно, необходима вера в учителей. Однако для того, чтобы реализовать их советы, я должен использовать дополнительные силы. Чтобы я смог последовать совету бросить курить, мне демонстрируют страшные последствия курения, и мой эгоизм помогает избавиться от вредной привычки. В реализации того, что предлагают каббалисты, мой эгоизм мне не поможет.

Следовательно, кроме того, что я верю каббалистам, я должен обращаться к Творцу, чтобы получить от Него силы выполнить то, что они говорят. Они предлагают противоестественную программу исправления моей природы, и я должен получить от Творца силы на реализацию этой программы.

В этом и состоит проблема. Есть я, есть окружающая меня среда — группа, книги, учитель, и есть Творец. Я — реализующий то, что рекомендует мне мое общество, каббалисты, учитель. Творец — тот, от кого я получаю силы, благодаря которому и к которому я, в итоге, поднимаюсь, уподобляясь Ему. Здесь у человека возникает состояние двойственности: группа или Творец. В действительности это не двойственность, это одно и то же, но относительно человека происходит раздвоение, потому что группа представляет собой реализацию следующей ступени, а Творец представляет собой качество этой ступени.

Вопрос: У человека есть два типа решимот — желания сердца и желания точки в сердце, и окружение влияет на то, какой именно тип решимот будет проявляться в человеке. Как это согласуется с тем, что цепь решимот жестко определена?

Мы состоим из двух частей, или из двух видов решимот. Одни решимот, или один тип желания — это желание к наполнениям нашего мира, второй тип желания — к наполнению Высшим светом. Какие решимот — этого мира или духовного — будут мне предпочтительны для реализации, зависит от группы, в которой я нахожусь.

Я желаю наполнить и те, и другие. Все зависит только от соотношения между ними. В принципе, нельзя думать, что реализация решимот этого мира находится в противодействии к реализации решимот духовного развития. По мере своего духовного развития человек все равно будет окунаться в решимот этого мира, будет увлекаться: он испытывает необходимость в телесных наслаждениях, ему хочется много есть, вдруг возникает необходимость в деньгах, знаниях и так далее. Человек попеременно находится во всех этих желаниях. Они не противоречат друг другу, потому что одеваются друг в друга, и именно из постижения всех земных желаний человек поднимается и ощущает все большее и большее желание к Творцу.

Нельзя думать, что после того, как я полностью отработал все свои желания в этом мире, я автоматически готов к подъему в высший мир. В нашем мире все эти желания взаимосвязаны, и в каждом из нас они действуют в определенных сочетаниях.

Так же и любой каббалист, хотя и находится в духовном мире, одновременно находится и в теле (имеется в виду, в этих желаниях). Он все равно использует эти желания — любит, например, вкусно поесть. Это две имеющиеся в нас оболочки, и одна другую не аннулирует.

Путь каббалы состоит в том, чтобы мы доверились разуму ученых-каббалистов, уже постигших Цель творения, как своему собственному жизненному опыту. Но как я могу быть уверен, что разум, которому я сейчас готов довериться, действительно истинный, и что то, что мне говорят ученые-каббалисты, истинно?

С другой стороны, если я не использую разум мудреца, как совет врача, я обрекаю себя на долгий путь страданий — как больной, отвергающий советы врача и начинающий сам изучать медицину. Этот больной может умереть от болезни прежде, чем сам изучит медицинскую мудрость.

Таков путь страданий по сравнению с путем каббалы. Тот, кто не верит мудрости, которую каббала советует ему принять, может пытаться постичь эту мудрость сам. Он все равно придет к тому же выводу, что и все каббалисты, только пройдет при этом через массу страданий, в то время как есть опыт, многократно ускоряющий процесс и позволяющий ощутить зло и отдалиться от него с помощью хорошего окружения, которое побуждает к появлению правильных мыслей и действий.

Возникает вопрос: если я изначально выбираю правильное окружение, правильные книги, не обкрадываю ли я себя при этом — может быть, я должен пройти и плохие состояния, увидеть все, что в них находится, ведь сказано, что все свои решимот я должен пройти? На самом деле человек пройдет все свои решимот, вся разница только в том, пройдет ли он их в свете или во тьме. В нашем мире можно уподобить это разнице между полетом на самолете и поездкой на поезде.

Человек может впасть в депрессию, в состояние беспомощности или болезни и находиться в них долгое время, не имея сил выкарабкаться. И вдруг рядом с ним оказывается врач, который за несколько минут вытаскивает его из этого состояния. Это не значит, что в дальнейшем человек никогда не будет чувствовать себя плохо — однако он будет проходить через страдания в высшем свете. Человек все равно пройдет через всю цепь ощущений, но пройдет быстро, осознанно.

Следуя путем каббалы, человек не просто находится в своих состояниях на определенных уровнях постижения (нулевом, первом, втором), а начинает их ощущать изнутри. Само прохождение этих состояний ускоряется: оно реализуется в человеке, приводит его к быстрому пониманию происходящего и способов выхода из ситуации.

Для того чтобы прохождение состояний было быстрым и эффективным, мы должны максимально возможным образом использовать советы и опыт каббалистов. При этом мы ничего не теряем. Не думайте, что вы перескочите через какие-то ощущения — вы пройдете через них, но увидите их в луче света, направленном внутрь, и поэтому пройдете их быстро и осознанно. Любое другое развитие будет медленным за счет эгоизма, который будет стоять, как осел на дороге, и не сдвинется с места, пока не получит двести ударов, сделает следующий шаг и снова встанет, пока не получит еще двести ударов.

Стоять и получать двести ударов необязательно. Можно осознать причинно-следственную связь и силы, вынуждающие перейти из одного состояния в другое, не под ударами, а под воздействием света, под воздействием контраста между мной и светом. Итог будет тем же самым: мне все равно придется ощутить эти двести ударов, но в один момент и осознавая их. Поэтому они не будут ощущаться как страдания — наоборот, осознание вызовет радость.

Иначе переход со ступени на ступень должен будет осуществляться по закону отрицания отрицания: я буду обязан полностью убедиться в порочности своего настоящего состояния, чтобы выйти из него в следующее.

Единственное, что дает нам окружение — это осознание зла, осознание того, что в том состоянии, в котором ты находишься, тебе оставаться нельзя, так как ты болен: под микроскопом ты уже увидел, сколько у тебя разнообразных вирусов. Если ты сейчас же не начнешь исправлять и лечить себя, с тобой произойдут ужасные вещи. Такое впечатление я должен получить от группы. Все необходимое для дальнейшего движения уже заготовлено у меня внутри.

Таким образом, все зависит от окружающего общества, выполняющего роль микроскопа, индикатора, показателя.

3.5. Следовать за большинством

Очевидно, что нет у нас иного способа жить в обществе, кроме как по закону следования за большинством, регламентирующему любой наш спор и любой порок в обществе таким образом, что этот закон оказывается единственным инструментом, дающим обществу право на существование. Поэтому он считается одним из естественных законов

Управления, и мы обязаны принять на себя его исполнение и сохранять со всей осторожностью, безо всякой оглядки на наше понимание. Закон следовать за большинством — это закон Высшего управления и природы.
Бааль Сулам

Всюду, где возникает разногласие между индивидуумом и большинством, мы обязаны принять решение в пользу большинства. Так указывают нам каббалисты. Казалось бы, этот закон возвращает человечество назад: ведь большинство всегда неразвито, а развитые всегда составляют малочисленное меньшинство.

Однако, поскольку природа определила нам жить в обществе, мы обязаны выполнять его законы, иначе природа взыщет с нас независимо от того, понимаем мы смысл ее законов или нет. Поэтому требование «следовать за большинством» — один из естественных законов. Создавая нас, природа дала нам этот закон вместе с пониманием того факта, что его соблюдение является оптимальным для нашего развития. Поэтому мы обязаны соблюдать этот закон со всей тщательностью, совершенно не принимая в расчет свое представление о его правильности.

Изнутри нашего состояния мы не можем оценить верность общего закона мироздания — нам его преподносят постигшие его ученые-каббалисты. Принимая на себя этот закон, мы словно бы заглядываем сквозь микроскоп внутрь мироздания, и это дает нам возможность поступать правильно. Я будто бы стою на голове гиганта, далеко вижу и, исходя из этого, поступаю.

Смысл этого закона состоит в том, чтобы развить в нас осознание:
- любви к себе как зла;
- любви к другому как добра.

Это единственный способ достичь любви к Творцу.

Однако у большинства нет никакого права отменить мнение индивидуума в его отношениях с Творцом, и каждый свободен поступать, как считает правильным. В этом и заключается свобода личности. Отношения человека с Творцом регулируются самим человеком, в то время как остальные законы поведения регулируются правилом «следовать за большинством».

В обществе действует закон «меньшинство подчиняется большинству»

На каком основании большинство взяло на себя право подавлять свободу личности и лишать ее самого дорогого, что у нее есть — ее свободы? На первый взгляд, здесь нет ничего, кроме насилия.

Поскольку природа обязала нас жить в обществе (каждого из нас, каким бы индивидуалистом он ни был), то само собой разумеется, что каждому члену общества вменяется в обязанность общественное служение, забота о его существовании и способствование его процветанию. Все это может осуществиться лишь посредством исполнения закона подчинения меньшинства большинству. Индивид не может действовать, как захочет — он обязан подчиняться закону, принятому в данном обществе.

Однако ясно и то, что когда не затрагиваются интересы материальной жизни общества, у большинства нет никакого права ограничивать и ущемлять свободу индивидуума. Те, кто делают это — преступники, предпочитающие силу справедливости, ибо в данном случае природа не обязывает личность подчиняться желанию большинства.

Каковы же рамки, внутри которых личность должна подчиняться обществу и за которыми она от него свободны? Об этом Бааль Сулам говорит, что в духовной жизни действует закон «большинство следует за личностью». Если в рамках нашего мира мы должны подчиняться массе, то в духовном мире мы, наоборот, должны подчиняться личности.

Этот принцип является следствием общего закона желания и наслаждения. В мире Бесконечности и в нашем мире действуют одни и те же законы: человек развивается согласно наполнению своего эгоистического желания, тогда как на ступенях духовной лестницы действует обратный закон — развитие согласно экрану. Эти два типа развития можно представить и следующим образом:

— либо движение вперед происходит согласно закону существования в нашем мире и в мире Бесконечности под воздействием простого света, без ограничений келим, согласно общему эгоизму общества;

— либо развитие происходит при чётко регламентированном взаимодействии экрана, желания насладиться и его наполнения. В этом случае командует личность, то есть тот, кто обладает экраном, а большинство, находящееся в неисправленных желаниях, должно действовать согласно указаниям этой личности, поскольку пребывающая в исправленных келим душа может помочь этому большинству исправиться и наполниться.

В духовной жизни действует закон «большинство следует за личностью»

Помимо закона о том, что человек не должен подчиняться обществу в своей духовной жизни, в природе есть еще и совершенно обратный закон: "Общество должно подчиняться личности и следовать за ней".
Бааль Сулам

Поскольку мир в его эгоизме создан по форме пирамиды, то людей с большим эгоизмом мало, а с маленьким эгоизмом — большинство. Так сделано для того, чтобы уравновесить силы (не количеством — так качеством, а не качеством — так количеством), чтобы в итоге они везде были равны.

Сильных людей должно быть немного. Допустим, у десяти человек, сила каждого из которых составляет сто единиц, общая сила будет равна тысяче. Если же собираются люди, каждый из которых имеет силу, равную одной единице, то для установления качественного равенства с сильными их должна быть тысяча.

Пирамида построена именно по этому принципу. На любом уровне внутри пирамиды высота уровня (исправленной величины желания), умноженной на его охват (количество душ, обладающих таким уровнем желания), представляет собой величину духовной мощности. В итоге качество уравновешивает количество.

У вершины пирамиды находится небольшое количество человек, но каждый из них очень силен, внизу такой же срез дает большое количество людей, но мощность каждого из них невелика. Таким образом, сохраняется принцип равенства мощностей.

Возникает вопрос: как должно вести себя общество одного уровня по отношению к группам, находящимся на другом уровне, и как должна вести себя пирамида в целом, то есть все человечество? Очевидно, что на каждом уровне, в зависимости от предпочтения количества качеству, действуют разные законы. Из чего и возникают два правила, действующие в нашей повседневной жизни.

Находящиеся в ощущении нашего мира должны выполнять закон, в соответствии с которым все следуют за большинством: на низком уровне большинство является определяющим, и даже единицы, находящиеся на духовном уровне, обязаны следовать за большинством в вопросах, относящихся к нашему миру. Напротив, в духовной жизни действует закон, согласно которому большинство должно следовать за личностью, и все — за своим личным идеалом.

В любом поколении индивидуумы более развиты. Если общество осознает необходимость избавиться от страданий, начав развиваться по законам природы, а не в соответствии с собственным эгоистическим желанием, оно обязано подчинить себя индивидууму и следовать его указаниям. Индивидуум, уже испытавший на себе многое и самостоятельно прошедший этапы, которые общество в целом еще не успело пройти, может дать этому обществу правильные рекомендации.

Таким образом, в том, что касается духовного развития, право большинства превращается в долг, здесь действует закон «следовать за индивидуумом», за развитой личностью. Поскольку развитые и образованные личности составляют незначительную часть общества, общественные успехи и достижения в духовной сфере всегда определяются меньшинством. Соответственно, общество обязано беречь идеи этих личностей, дабы они не исчезли из этого мира. Обществу желательно знать, что его спасение находится не в руках особо одаренных и духовно развитых индивидуумов.

Вопрос: Если в повседневной жизни мы будем постоянно следовать за большинством, то каким образом мы сможем прийти к духовному?

Мы следуем за большинством исключительно в вопросах повседневной жизни. К духовной жизни это не относится. Если хочешь продвигаться вперед в духовной жизни, нужно следовать за индивидуумом.

Я одновременно нахожусь в двух плоскостях: в земной жизни и в духовной. В земной жизни я должен следовать за большинством. В земной жизни невозможно требовать соблюдения духовных законов, потому что эти законы предназначены только для тех, кто развивается духовно. Человек, существующий исключительно в своем эгоистическом желании не может жить по духовным законам и в духовных условиях, поэтому в своих желаниях он создает для себя условие, которое называется «этот мир». И я нахожусь вместе с ним в этом мире, нахожусь для того, чтобы быть с ним — поэтому я должен соблюдать те же законы, что и он. Если же я хочу вести его за собой в духовный мир, он обязан подчиняться мне.

Обычный человек живет по законам этого мира. Они ему понятны и, собственно, для него и существуют. В том, что касается жизни в этом мире, каббалист тоже должен следовать законам, которые диктуют ему обычные люди. Если же эти люди желают войти в духовное, они должны следовать условиям, о которых им говорит каббалист, он должен подтягивать их к своим духовным законам.

Таким образом, каждый из участников — как находящийся внизу, так и пребывающий наверху — в своей обычной жизни следует законам нашего мира, но в духовной жизни ориентируется на высший духовный уровень. То, что я, находясь на духовном уровне, живу в нашем мире и выполняю его законы, позволяет мне соединяться с массами и таким образом постепенно привлекать их к себе. Кроме того, это позволяет мне совершать в них исправления, о которых они даже не подозревают: ведь у нас с ними есть совместный уровень, потому что я нахожусь с ними в одном мире, якобы на одном уровне желания. Я внешне соблюдаю те же законы, что и они, и это позволяет мне создать с ними общность и постепенно продвигать их к себе.

Когда мы таким образом кооперируемся друг с другом на низшем уровне, то в итоге своего развития, вследствие страданий, мы начинаем видеть, что нам не хватает всего лишь любви к ближнему.

Вопрос: Какому правилу я должен следовать, определяя, в котором часу мне идти спать?

Должно ли это быть моим личным решением или решением окружающего общества? Следует ли мне ложиться спать тогда же, что и всем?

Мое поведение в этом мире делится на индивидуальное и общественное. Я не должен выходить за общественные рамки там, где это нарушит мой контакт с обществом. Но я не смотрю на поведение общества там, где это касается духовного. Более того, человек создан так, что он и в других своих действиях отличен от общества.

Вспомним основные уровни развития творения. Например, камни: у всех камней более или менее одинаковая структура. Разница есть, но она невелика. Растения: одни колышутся, другие нет, но все-таки они колышутся в одну сторону, расцветают в одно время, сбрасывают листья в одно время. Животные: у каждого существует свое, определенное движение. Почему не у всех вместе? Они более развиты. Однако все равно существует период зачатия потомства, миграции и т.д., то есть и у животных есть общие для всех свойства.

Человек же вообще может быть не связан с обществом: зачатие детей происходит в любое время года, человек движется независимо от остальных, подчиняется своим внутренним законам в большей степени, нежели общественным. Общественным законам человек подчиняется на основании выбора, а не инстинктивно, как животные.

Таким образом, мы видим, что пирамида присутствует уже и в самой природе — неживой, растительной, животной и человеческой. Если мы говорим об этой пирамиде, но уже со встроенным духовным уровнем, то это находится еще выше, хотя, в принципе, устроено по той же системе. Это не нарушает общий закон: чем выше развита личность, тем больше у нее степень свободы.

Вопрос: Если так делится реальность, то где граница?

Я не провожу никакого различия между собой и остальным миром в том, что касается моего участия в нем как обычного члена общества. Я обязан работать, платить налоги, рожать детей, участвовать в общественных делах. Все, что касается внешних телесных отправлений по отношению к обществу, должно неукоснительно исполняться. При этом законы мне диктует общая масса. Какие законы она выбрала — тем законам я и должен подчиняться.

Они должны подчиняться моим духовным законам, а я должен подчиняться их земным законам, и тогда у нас будет общая точка соприкосновения. Это идеальное состояние.

Вопрос: Что было бы, если бы земные законы определял духовный лидер?

Это было бы насилием над уровнем масс, еще не дошедших до этого в своем исправлении. Это запрещено делать.

Единственное, что может сделать духовный лидер — это начать постепенно, мягко обучать массы. В той мере, в какой они адаптируют в себе его знания, они сами начинают менять свои законы и подниматься. Но даже самый продвинутый духовный лидер не имеет права насильственно вводить в нашем мире какой-либо духовный закон. Это насилие.

Как работать над выполнением духовного закона с неисправленными келим? Духовный закон — это отдача. При неисправленном кли с ним невозможно ничего сделать. Происходит еще большее разбиение.

Вопрос: Что смог бы изменить в рамках нашего мира каббалист, обладающий всей полнотой земной власти?

Если бы в нашем мире появился каббалист в качестве руководителя народа или человечества, он не менял бы в рамках нашего мира ничего, кроме воспитания. Все остальное — это насилие, и в той мере, в какой он воспитывал бы народ или человечество, люди сами бы меняли свои законы.

Нельзя насильственно вводить свои законы. Будучи обязанным выполнять существующие требования, человек чувствует их рамки, чувствует боль, удары, страдания, и благодаря этому исправляется. Именно потому эти законы и существуют в нашем мире.

Любой здравомыслящий человек понимает, что ничего не может изменить. Любой правитель знает, что эти законы — природные законы. Их невозможно изменить. Есть объективные законы общества.

Почему они существует? Без них люди не придут к исправлению. Единственное, что можно делать — это воспитывать.

Вопрос: Почему в материальном мире закон следования меньшинства за большинством действует, а в духовном закон следования большинства за меньшинством не действует?

Почему большинство не следует за меньшинством в духовном? Потому что большинство не устремлено к духовному. Вы забываете самый главный принцип: все должно исходить из желания.

Мы говорим так: «Есть народ (или весь мир), желающий устремиться к духовному. Кого слушать в таком случае? В этом случае ты должен слушать личность — хотя бы одну, и следовать за ней во всем, что касается духовной жизни». Но это касается только духовного. В том, что касается нашего мира, массы сами для себя создают законы.

Заключение

Накапливая опыт, человечество постепенно убеждается в том, что, несмотря на все его попытки изменить течение истории и ход развития общества, жизнь берет свое, и все происходит по какому-то не от нас зависящему сценарию. Неужели рок довлеет над нами?

Изучение мироздания каббалистическим методом раскрывает, что сущность человека — венца творения — состоит из трех частей:
- первая часть, животная, проявляется в телесных желаниях пищи, секса, семьи, крова, всего, что необходимо индивидууму, вне зависимости от общества;
- вторая часть, человеческая, выражается в стремлении к богатству, почестям (славе, власти), знаниям — к тому, в чем мы зависим от общества (эти желания мы получаем именно от общества);
- третья часть, духовная, рождает желание высшего (оно возникает в нас из ощущения смерти, незавершенности жизни, неизвестности относительно ее происхождения), которое мы называем «точкой в сердце».

В то же время точка в сердце не является обязательным условием. Любое явное устремление к чему-то духовному исходит из того, что есть конец. Если бы мы не задумывались о смерти, у нас не было бы потребности в устремлении к чему-то выходящему за рамки нашей жизни. Животные тоже умирают, но они не понимают, что они умирают. В этом разница, и поэтому для них не стоит вопрос о смерти и о том, что будет после нее.

Человек рождается в этом мире, чтобы в течение жизни раскрыть для себя высший мир. Если ему это удается, он существует в обоих мирах и после смерти тела ощущает духовный мир в той мере, в какой достиг его при жизни в теле. Если в течение своего пребывания в этом мире человек не достигает высшего мира (то есть не приходит к исправлению своих качеств, достаточных для ощущения Творца), то его душа снова нисходит в этот мир (то есть неисправленные желания вновь проявляются в человеке) и облачается в биологическое тело именно для этой цели. Раскрыть высший мир душа может лишь будучи облаченной в тело.

Это начальное условие: человек существует в теле и не ощущает свою душу — только это гарантирует свободу воли и независимость от Творца.

Я существую в этом мире без всякой связи с Творцом. Следующим шагом я хочу продолжать существовать без всякой связи с Творцом в духовном мире. Я хочу существовать в отдаче независимо от Него — чтобы не Он являлся источником моей жизни, а я бы Ему отдавал. Естественно, я прошу у Него исправления и наполнения, чтобы наполнять Его.

Таким образом, обретение свободы и независимости от Творца может происходить только извне, из состояния, в котором мы с Ним «не знакомы».

Тогда я вхожу в наше знакомство как самостоятельная личность (я против Него) и могу диктовать регламент наших отношений. Творец наслаждается тем, что мы обретаем самостоятельность, как родители рады тому, что ребенок взрослеет и становится независимым от них.

Из этого понятно, что:

— весь этот мир и наше пребывание в нем предназначены исключительно для того, чтобы мы в течение жизни раскрыли высший мир;

— наши первая и вторая части (животные желания и общественные характеристики) не существуют в нас сами по себе. Их роль определяется лишь тем, что они способствуют реализации третьей части желаний — духовной. Их миссия состоит в развитии стремления к высшему, в раскрытии высшего мира, в постижении Творца, в слиянии с Ним уже во время нашего пребывания в этом мире;

- действия человека оцениваются лишь в той мере, в какой они связаны с его духовным продвижением. Изменения должна пройти именно духовная часть человека.

Неважно, в каких условиях и в каких эпохах мы будем жить и что именно мы будем делать. Это лишь оболочки нашего внутреннего желания, которое мы должны исправить и наполнить Творцом. Первая и вторая части изменяются не сами по себе и не в зависимости от наших желаний, а только по мере необходимости реализации третьей, духовной, части наших желаний.

В своих поступках, связанных с действиями в первой и второй частях

желаний, мы лишены свободы воли. Эти поступки жестко заданы в нас природой (то есть нашими внутренними свойствами и окружающей средой), составляя общий каркас нашего строения. При выборе поступков в своем духовном развитии (в третьей части своих желаний) мы определяем состояния в первой и второй частях наших желаний — в животной (телесной) и человеческой (общественной) — и задаем состояния третьей части.

Концентрируя свои усилия на раскрытии высшего управления, человек получает возможность управлять всем в этом мире (в части первой и второй). Человек поднимает с собой весь мир, весь мир начинает проникаться теми духовными светами и тем изобилием, которые человек привлекает своими духовными действиями.

Даже в нашем мире, в неживой, растительной и животной природе, ощущается благо: оно проявляется в желаниях, которые ощущаются нами как внешние и составляют ту часть мироздания, которую мы видим и ощущаем вне себя и вокруг нас, не говоря уже о неживой, растительной и животной природе внутри нас. Так называемая внешняя природа нашего мира приобретает при нашем исправлении совершенно другое наполнение. Поэтому и сказано, что и неживая, и растительная, и животная природа поднимаются вместе с человеком, в зависимости от его действий.

Иными словами, путь к управлению этим миром лежит через высший мир.

Все поступки человека и его состояния в этом мире предопределены — все, кроме одного. Устремление к высшему миру, определяющее все остальные состояния, движение к его раскрытию и овладению законами высшего управления является свободным. Это движение и определяет судьбу человека.

Естественным образом возникает вопрос об источнике знаний каббалиста. Ответ просто: либо он сам постиг это, либо передает от тех, кто постиг. Другого пути и другого доказательства не существует.

Откуда берется уверенность в истинности постижений? Никакой априорной уверенности нет. Человек постигает самостоятельно или в процессе изучения понимает, насколько все логично. Наблюдая следствия высших законов в нашем мире, действительно начинаешь проникаться этим и верить, что это существует в тех областях мироздания, которые ты еще не ощущаешь.

Духовный мир существует, потому что есть люди, которые его постигают, которые исследуют высшую действительность и рассказывают нам о ней так, как ученые описывают природу. В принципе, разницы между исследованием духовного мира и нашего мира нет. Меняется только человек.

Тест

1. В чем заключается правильное использование разума?

a. в отдалении от страданий и приближении к наслаждениям;
b. в отдалении от вредного и приближении к полезному относительно цели;
c. в ограничении желаний с помощью разума;
d. в использовании общества.

2. Какой закон определяет поведение человека на материальном уровне?

a. личность следует за большинством;
b. большинство следует за меньшинством;
c. большинство следует за личностью;
d. такого закона нет.

3. В чем выражается свобода индивидуума?

a. в духовном развитии индивидуума, в его связи с Творцом;
b. в том, что индивидуум вправе выбирать, как ему жить в обществе;
c. в том, что индивидуум свободен в выборе, быть ли ему связанным с обществом или отдалиться от него;
d. в том, что индивидуум сам устанавливает, как будет существовать данное общество.

4. В каком случае общество должно подчиниться индивидууму и следовать за ним?

a. если общество идеально;
b. в обычных бытовых отношениях;
c. в вопросах духовного развития;
d. ни в каком случае — индивидуум всегда следует за большинством.

5. Каково начальное условие реализации свободы воли?

a. сокрытие Творца от человека;
b. раскрытие Творца человеку;
c. ограничение желаний человеком;
d. свободы воли нет.

6. Что дает нам окружение?

a. осознание зла;
b. осознание добра;
c. правильные мысли;
d. продвижение к Цели.

Раздел IX

Каббала как интегральная наука

Бытие, или язык — это адекватный субъект каббалы... Поэтому становится ясно, что ее мудрость в особенной мере управляет всеми остальными науками».

Раймонд Луллий

Каббала не оставляет нам возможности проводить жизнь в прахе, но поднимает наш разум к вершине познания.

Иоганн Рейхлин «De arte cabbalistica»

Содержание

Ценность любой науки определяется тем, насколько продуктивно она используется обществом. В этом аспекте каббала должна быть наиболее востребованной наукой. Она необходима каждому человеку для того, чтобы, проясняя для себя собственную глубинную природу, он познал причины всего, что происходит с ним и вокруг него, а так же увидел их следствия. Такое постижение дает ему возможность понять цель существования и позволяет получить представление о цепочке состояний, которые необходимо пройти одно за другим до приобретения окончательной формы.

Предисловие
Глава 1. *Каббала и современные науки*
Глава 2. *Каббала — корень всех наук*

Предисловие

Современная наука определяет материю как объективную реальность, существующую вне человеческого сознания и независимо от него, а мир — совокупностью всех форм материи в земном и космическом пространстве.

В действительности такой, якобы материалистический, подход к внешнему миру сильно сужает человеческие представления о функционировании материи и подменяет частным случаем грандиозную реальность. Согласно каббалистическому методу исследований *наш мир* является лишь **небольшой частью** объективной реальности, данной нам в ощущениях.

Из школьного курса естествознания известно, что все многообразие проявлений материи делится на 4 класса: твердые тела, жидкости, газы и разряженные ионизированные газы, называемые плазмой. Очевидно, эта классификация представляет собой градацию плотности материи — от большей к меньшей (хотя в зависимости от условий бывают исключения). Далее в этот ряд можно, по-видимому, поставить *свет*, на котором, по сути, исчезает проявление материи — массы. Свет имеет ярко выраженную двойственную природу — корпускулярную и энергетическую. Если же внимательно всмотреться в четырехэлементный ряд, о котором идет речь, то можно, очевидно, прийти к выводу, что энергетическая форма материи по мере уменьшения плотности массы и степени взаимодействия с нашими органами ощущений и физическими приборами возрастает (за исключением опять же неких особых условий).

Затем возникает зияющая пустота, свободное и ничем не заполненное пространство. Уже давно известны фотоснимки, сделанные в камере Вильсона, где мы видим, как практически в абсолютном вакууме (при соударении двух частиц) из одной точки возникают два следа, один из которых изгибается в сторону анода, а другой — в сторону катода. Из пустоты возникает пара электрон-позитрон! Теория относительности говорит об искривлении пространства. Что же в таком случае представляют собой волны распространяющегося света и радиоволны? Не найдя себе среды в виде гипотетического эфира, они вынуждены были стать волнами пустоты.

Каббала утверждает, что исследовать это пустое пространство посредством наших пяти органов чувств и приборов, являющихся их продолжением, не представляется возможным.

Инструмент для точнейших научных исследований других миров и вселенных может быть создан только внутри самого человека. Научная методика создания такого инструмента называется каббалой.

Мы помним, как в начале двадцатого века новые идеи — теория относительности, квантовая теория, оригинальные доктрины в психологии, социологии, экономике, философии — буквально взорвали уже выстроенное и устоявшееся здание плоского механистического понимания мира. Подобную же картину мы наблюдаем и сейчас. Старое миропонимание пришло в противоречие с требованиями времени. Затихли бурные научные «разборки», когда ученые готовы были жизнями расплачиваться за свои поистине революционные идеи. Пустота заполняет мир. Это затишье перед бурей. Мир созрел и снова ждет рождения новой идеи, нового универсального знания.

Глава 1. Каббала и современные науки

1.1. Картина мира
1.2. Критерий ценности науки
1.3. Ценность каббалы
1.4. Причина малочисленности ученых-каббалистов
1.5. Постижение – в усилиях
1.6. Вопросы и ответы
    Тест

1.1. Картина мира

Область взаимопроникновения естественных наук и каббалы наметилась 70—80 лет назад, когда, изучая строение атомов и свойства элементарных частиц, ученые обнаружили их двойственную природу: в одних случаях они ведут себя как частицы материи, а в других – как волны. Как их воспринимать, рассматривать, изучать – целиком зависит от исследователя, пользующегося тем или иным прибором. Когда это выяснилось, встал вопрос: обладают ли волны, да и вся окружающая нас материя какой-либо определенной формой или эта форма такова, какой мы ее воспринимаем? Эта дилемма поразила ученых. Каков же наш мир на самом деле?

В последние годы ученые приблизились к пониманию того феномена, которому уже давно дала объяснение каббала: вне человека не существует реальности, которую можно было бы обнаружить и исследовать иначе, чем в соответствии с информацией, доставляемой нашими органами чувств.

Каббалистам известно, что окружающая реальность – это *Высший свет*, энергия, некое силовое поле. Картина *мира*, которую мы воспринимаем, зависит от того, под каким углом зрения, при каких условиях и с каким предварительным пониманием мы ее рассматриваем.

Восприятие *мира* меняется в зависимости от **состояний исследователя**, подобно тому, как голографическое изображение изменяется в зависимости от угла зрения. Каббала объясняет это так: между духовным проявлением и материальным разницы не существует. Если человек поймет, как он воспринимает картину материального *мира*, ему будет намного легче перейти к духовному восприятию. Тот же самый человек будет воспринимать оба *мира* одним и тем же способом.

Каббала утверждает, что материалом творения является *желание получать*. Это желание требует наполнения, которое зависит от его собственных, индивидуальных свойств. Если желание получать невелико, оно в состоянии ощутить лишь свою жизнь, свое частное существование. Это видно на примере *неживой природы* и *растительного мира*, а также *животной* жизни на простейшем уровне. Когда *желание получать* становится достаточно большим, оно развивает себе в поддержку умственную систему, помогающую достичь наполнения. Рядом с сердцем, желанием наслаждаться возникает разум.

Чем больше желание, тем изощреннее, предприимчивее делается ум в поисках способов наполнения. Чем более высокоорганизованным является творение, тем совершеннее в нем обе составляющие. *Желание получать* достигает состояния, когда становится способным воспринять реальность целиком, то есть получить **все полагающееся ему наполнение** (на предыдущих *уровнях*[1] возможно лишь частичное наполнение).

Если в нас преобладает жажда земных наслаждений, то и разум наш занят поиском путей наполнения именно этого желания. У *желания* есть определенные внутренние свойства, и *свет*, который его наполняет, создавая совместно с ним общую картину *мира*.

Действительность – это не то, что находится перед нами или существует вне нас. **Картина действительности полностью зависит от наших свойств**, в ней присутствует открытая и скрытая часть. Реальность можно разделить на уровни: *неживой*, *растительный*, *животный* и *человеческий*; на твердые тела, жидкости, газы и плазму. Все подобного рода деления **определяются нашими свойствами**: если мы изменим себя, иной вид примет и воспринимаемая нами реальность.

Здесь дело обстоит точно так же, как с элементарными частицами: посмотрим одним способом – увидим материю, применим другой – обнаружим волны. Все зависит от того, *как* смотреть. Это в полной мере касается и нас: если бы мы изменили себя, то увидели бы реальность, соответствующую нашим новым свойствам, например, обнаружили бы волновые эффекты там, где сейчас наблюдаем твердое тело.

30-40 лет назад в научной методологии наметился кризис. Ученые обнаружили, что не имеют возможности развивать те или иные направления, не принимая в расчет **свойства человека**, хотя наука всегда утверждала, что воспринимает *мир* объективно, вне зависимости от личности исследователя. Когда выяснилось, что многое зависит от того, как изменяемся мы сами, научная картина *мира* подверглась переосмыслению. Так начала выявляться связь между академической наукой и каббалой. Если 20-30 лет назад невозможно было даже помыслить завести с учеными речь о каббале (они вообще не воспринимали ее подход к исследованию *мира*), то сейчас они с готовностью принимают положение о том, что воспринимаемая нами

---

[1] **Уровни (желания)** – стадии развития «желания получать»: неживой, растительный, животный, человек. Растительный включает в себя неживой уровень, животный включает в себя неживой и растительный, человеческий – все три нижестоящих уровня. Такая структура повторяется на всех уровнях реальности, во всех деталях.

реальность есть лишь **оттиск наших свойств**. Реальности самой по себе не существует. Все ощущения и действия человека обусловлены его представлениями о *мире*.

Сегодня мы можем говорить об этом с учеными и совместно обращаться ко всей просвещенной общественности с новым объяснением мироустройства. Это настоящий переворот в мировоззрении, последствия которого огромны и чрезвычайно важны. Все, по сути, зависит от внутреннего состояния человека: как система законов этого *мира*, так и наблюдаемые нами связи и соответствия между его частями.

Если объективной реальности не существует, то необходимо знать лишь одно: как нам нужно измениться, под каким углом следует рассматривать абстрактный *Высший свет*[2], пребывающий в абсолютном покое[3], чтобы он проявился в оптимальном виде и наилучшим для нас образом. Этим и занимается каббала. В противовес всем остальным наукам, она не направляет свои усилия на **исследование материи вне нас**, а изначально говорит о том, какие изменения должны произойти с человеком, чтобы воспринимаемый им *мир* стал другим.

Картина мира, какой она представляется нам сегодня, поистине ужасна. Человечество погружено в полное отчаяние, о чем свидетельствует все возрастающая зависимость от наркотиков, кризис семьи и общества в целом. Однако это происходит совсем не потому, **что так устроен мир**. Его современная картина — лишь слепок **растущего в нас желания**. Именно желание порождает картину *мира*, проецируя себя на свойства *Высшего света*.

Ученые согласны воспринимать эти идеи и рассматривать данный подход; они готовы к сотрудничеству с исследователями-каббалистами и понимают, что в этом — залог будущего. Ученые сами приблизились к такому подходу путем исследования реальности, они «переключили» восприятие и перенесли причины происходящего снаружи внутрь человека. Наука будущего — это каббала, поскольку именно она даст человечеству правильное отношение к *миру*.

Сам по себе *мир* не изменится. Каббала говорит нам, что это — *Высший свет*, пребывающий в абсолютном покое. О том же мы читаем в новейших научных публикациях. Астрофизики, например, полагают, что Вселенная — это единая мысль, действующая разумно и целенаправленно. Экологи пришли к выводу, что наша планета с ее атмосферой и природными явлениями ведет себя, как живое существо, обладающее разумом и программой действий, реагируя на нас, как живой объект.

---

[2] **Абстрактный Высший свет** = простой Высший свет — не составной, не сложный. Свет, в котором нет дифференциации. Только тот, кто его получает, выделяет в нем определенные качества, согласно своим свойствам.

[3] Термин «**абсолютный покой**» указывает на то, что отношение Высшей управляющей силы (закона отдачи, Высшего света) к творению никак не меняется. Давление, оказываемое светом на желание, постоянно и неизменно как в количественном, так и в качественном отношении. Однако желание под влиянием этого давления постоянно претерпевает разнообразные изменения.

Основываясь на определенных научных данных, ученые имеют основания считать, что и Вселенная, и земной шар, и все, что на нем существует — от самых простейших форм жизни до глобальных систем, — **оттиск свойств человека**. Поэтому классические науки, в конечном счете, сумели до сих пор охватить лишь очень узкую область действительности. На их место приходит каббала, с ее **всеохватом**, которая сотрудничает с ними и объясняет, как правильно исследовать **истинную реальность**. То, в каком виде предстает перед нами действительность, определяется по принципу подобия свойств[4] — при сопоставлении наших свойств со свойствами света. Любое явление открывается нам только в том случае, если наши свойства подобны его свойствам.

Можно объяснить это на простом примере: звуковые волны существуют вне моего уха, но я воспринимаю их только в том случае, если у меня внутри есть система, способная воспроизводить аналогичные волны. Простейшая иллюстрация этому утверждению – радиоприемник. Если в нем имеется колебательный контур, воспроизводящий частоту волны, совпадающую с внешней, то происходит резонанс. Приемник как бы захватывает волну извне и доносит до слушателя. Таким образом, чтобы уловить волну, я должен обладать соответствующим ей свойством. Если я хочу воспринять определенную часть действительности, то должен обладать внутренними свойствами, которые ей адекватны.

Мы рождаемся с пятью органами чувств, и у каждого из них есть определенная область восприятия, в которой фиксируются наши реакции на происходящее извне. Мы воспринимаем на слух не все существующие вокруг нас волны, а только определенный их диапазон: скажем, от 15 Гц до 15 КГц. Подобно слуху устроены и остальные органы чувств.

Картина мира — это представление, сформированное суммой наших реакций на расположенное и происходящее вне нас. Извне находятся и волны Высшего света, из которых мы улавливаем лишь незначительную часть, ограниченный набор впечатлений в определенном диапазоне частот, что создает нашу картину мира. Так мы воспринимаем и самих себя, и окружающую реальность.

Разумеется, эта картина является оттиском наших свойств. Если кто-то от рождения лишен одного из органов восприятия, то его представление о *мире* отлично от нашего. Появись у нас дополнительный сенсор, картина *мира* тоже изменится.

---

[4] **Принцип подобия свойств** — основной закон, действующий в мире. Он гласит: если ты желаешь и пытаешься быть подобным чему-либо (кому-либо) в его свойствах, то в той мере, в какой ты способен это сделать, у тебя и есть связь с ним. Вследствие этого ты понимаешь внутреннее состояние, действия, намерения интересующего объекта.

Каббала и современные науки

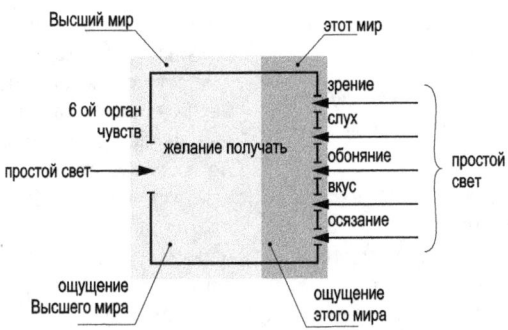

Рис. 1.1. Восприятие картины нашего мира с помощью пяти органов чувств.

Прогресс в науке основывается на результатах исследований. Будучи ограничен своими врожденными свойствами, человек не может исследовать то, что находится за гранью его восприятия. Для преодоления лимита своих при-родных возможностей человеку нужно развить в себе дополнительный *шестой орган чувств*, называемый *экраном*. Наука переживает определенный кризис, но ее развитие не завершено: ей необходимо перейти на более высокий, качественный уровень.

Модифицировать наши естественные органы чувств мы не в состоянии, поэтому и воспринимаем окружающий *мир* как единую картину. Если бы у нас появился орган восприятия, способный к изменениям, то благодаря этому нам открылся бы изменяющийся *мир*. Это происходит, когда мы обретаем возможность воспринимать иной — *Высший мир* — с помощью *экрана*.

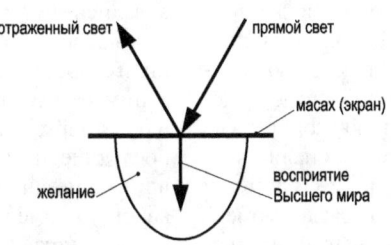

Рис. 1.2. Восприятие Высшего мира с помощью экрана.

Каббала делает человека способным ощутить реальность посредством дополнительного внутреннего органа чувств — *экрана, сосуда, кли, души* (все это различные названия одного и того же органа чувств).

1.2. Критерий ценности науки

Значимость любой науки определяется задачами, которые она перед собой ставит.

К исследованию природы нас подталкивает эгоизм: мы постоянно стремимся наполнить себя и достичь, таким образом, оптимального состояния. Развитие знаний о природе и их накопление дает нашему эгоизму определенное наполнение, и науку мы оцениваем именно по степени этого наполнения.

Не существует науки, не имеющей цели. Какова ее цель, такова и ее значимость. Наука определяется не по точности накопленных знаний, а по утилитарности и преимуществам, которые они приносят. Наука может быть в высшей степени уникальной, но если она не имеет прикладного применения, мы практически не принимаем ее во внимание.

В разные исторические периоды приоритетное значение имели различные науки. Как только человечество усматривало в определенной области исследований какую-либо конкретную выгоду, туда сразу же начинали вкладываться научные силы и средства, и отношение к такой отрасли моментально менялось. Соответственно, наука теряла всякую привлекательность, если по той или иной причине переставала приносить практическую пользу.

Несмотря на то что научные знания всегда имеют Высшую основу и определенную ценность нельзя отрицать за этим отсутствием стремления к достижению конкретных, не всегда научных результатов, чаще всего научные исследования оцениваются именно в соответствии с конечной целью, к которой они ведут. Если целью является нечто преходящее, то вместе с пересмотром ценностей исчезает и все данное направление исследований.

Существуют, конечно, теоретические науки, не приносящие, казалось бы, непосредственной пользы, однако мы развиваем их, потому что желаем понять себя и *окружающий мир*. Наше общее желание наполниться и устранить неизвестность (ведь неизвестность ощущается нами как страдание) заставляет нас развивать и такие отрасли, которые в ближайшей перспективе не будут иметь прикладного применения.

Однако по-настоящему мы ценим в науке лишь то, что можем использовать практически. История знает множество подобных примеров. Развивались нужные на определенном отрезке времени исследования, их ценили и превозносили, а потом интерес к ним бесследно угасал. Это хорошо иллюстрирует развитие технологий за последние пятьсот лет: паровые машины, механические двигатели... В какой-то момент они безнадежно устаревают, утрачивая всякую ценность, а вместе с ними исчезают отрасли, в которых велись их разработки. Ввиду отсутствия практической потребности исследования и производства прекращают развиваться.

1.3. Ценность каббалы

На основании вышесказанного можно сделать следующие выводы о значимости каббалы.

1. Поскольку каббала занимается познанием Высшей силы[5] и путей ее управления мирозданием, а также способствует сближению человека с этой *Высшей силой* и сама опирается на нее, то эта наука имеет для человека неизмеримую ценность.

Мы постигаем воздействие *Высшей силы*, объединяющей в себе все мироздание, включая человека и все физические, ментальные и моральные состояния во всех его воплощениях. Каббала позволяет не только понять *Высшую силу*, но и сблизиться с ней, обнаружить способы влияния на нее. Никакая другая наука не занимается в таком объеме общим устройством мироздания и законами, определяющими его развитие.

2. Поскольку предметом каббалы является **вечное существование**, то и саму эту науку можно считать вечной. Она зародилась за много веков до нас, существует вместе с нами и останется после нас — вне времени и пространства, в том, что можно назвать «*Бесконечностью*»[6], несмотря на нашу полную неспособность понять смысл этой категории. Поскольку каббала занимается исследованием всех возможных состояний (а некоторые из них непреходящи), то эта наука не может прекратить свое существование и утратить значимость.

3. В силу того, что цель каббалы — в сближении с *Высшей силой*, вплоть до полного уподобления ей и включения в нее, трудно переоценить пользу, которую данная наука приносит своим приверженцам. Ценность ее несоизмерима по своему значению с утилитарностью всех остальных научных знаний.

1.4. Причина малочисленности ученых-каббалистов

Возникает естественный вопрос: если человек, овладевающий каббалой, получает столь огромное преимущество перед теми, кто ею не занимается, прилагая свои усилия к освоению других наук, то почему постичь каббалу стремятся единицы?!

Основная причина малочисленности ученых-каббалистов заключается в том, что, начиная заниматься каббалой, человек стремится как можно быстрее охватить **всю науку целиком** и, как следствие этого, выносит о Высшем управлении слишком поспешные суждения. Чтобы его воззрения не стали искаженными, необходимо получить **фундаментальное знание**, которое, однако, невозможно приобрести путем обычного изучения материала, как в остальных науках.

---

[5] **Высшая сила = Творец** — это общий замысел и природа мироздания, который, нисходя (то есть огрубляя свои свойства, трансформируя их в более эгоистичные), создает высшие (более близкие к свойству альтруизма) и низшие миры и наполняет их творениями. Он управляет всем, ведя к изначальной цели — развить творения до своего уровня.

[6] **Бесконечность** — состояние постижения бесконечного совершенства и наслаждения без какого-либо ограничения.

Прежде всего, начинающему необходимо освоить альтруистический язык Высшего мира, которым излагается каббала. Человек может постичь эту науку только в той мере, в какой входит в нее как интегральный, альтруистический элемент.

Войти в каббалу с эгоистическим желанием могут все. Однако когда выясняется, что для постижения хотя бы одной буквы нужно изменить свою природу на противоположную, в рядах исследователей остаются немногие. Они и овладевают этой наукой.

Каббала отличается от всех академических наук тем, что предметом ее исследования является самая внутренняя часть в человеке – его *намерение*, его скрытое от других отношение к *миру*. Если в любом другом направлении, экспериментируя над неким объектом или явлением, мы влияем на него – изменяем, измеряем показания, и все это происходит, внутренне не затрагивая нас, то, изучая каббалу, мы **должны изменять себя**, измеряя и исследуя. Поэтому человеку необходимо быть **изначально готовым** к этим переменам в себе вопреки своей **исконной природе** – желанию получать. Поскольку на такой шаг могут пойти лишь единицы, ученых-каббалистов очень и очень немного. Однако постепенно к ним будет примыкать все большее количество людей, потому что каждый обязан стать исследователем всего мироздания, чтобы достичь сближения с *Высшей силой* и полного уподобления Ей.

В том, что такой важной наукой, как каббала, во всем *мире* занимаются всего лишь несколько тысяч человек, нет никакого противоречия. Мы должны стремиться к тому, чтобы все люди узнали об этой системе знаний и ее целях, а также о том, что она несет человечеству спасение и возвышение. Однако несомненным остается тот факт, что собственно каббалой все равно будут заниматься единицы. Поскольку человечество можно уподобить пирамиде, верхушка которой всегда значительно меньше основания, то осуществлять исследования в области самой науки много людей не будет, так же, как и в *нашем мире* непосредственно наукой занимаются не более пяти процентов населения.

Рис. 1.3. Соотношение числа каббалистов к общему населению Земли.

Остальным – по мере удаления от верхушки пирамиды – это нужно все в меньшей и меньшей степени. Они могут пользоваться плодами той или иной области знаний, но погружаться в них полностью, непосредственно их разрабатывать и развивать все равно будут единицы. Собственно говоря, нет нужды всем заниматься каббалой в равной степени. Каждый человек должен использовать эти знания, чтобы исправить себя[7] в той мере, какая необходима для его личного исправления. Развивать теоретическую часть самой науки, приобщать к ней человечество ради вовлечения в освоение каббалы — задача единиц. Однако это ни в коем случае не умаляет значимости участия в процессе развития каббалы остальных людей. Степень вовлеченности проистекает из свойства душ, здесь не может быть никакого предпочтения.

Итак, малочисленность ученых-каббалистов сохранится, в то время как практическая значимость каббалы для каждого человека будет постоянно возрастать. Заниматься в группах, действительно исследовать эту науку изнутри и в развитии будут немногие, однако количество интересующихся и в разной степени использующих эту методику начнет увеличиваться с каждым годом, пока не охватит все человечество.

Тот, кто изучает каббалу, совершенствует себя и одновременно развивает саму науку. Однако развитие науки не есть самоцель, а является как бы приложением. В первую очередь, каждый человек должен исправить себя и привести к состоянию подобия Творцу. Это и есть его предназначение, для этого человек рождается, ради этого существует, и потому он будет нисходить в этот мир, пока не реализует своё окончательное состояние[8], пока не придет к цели.

Рис. 1.4. Путь развития человечества.

---

[7] **Исправление, себя исправить** — изменение намерения: не наслаждаться ради себя, а потому, что этого желает Творец (Высшая сила).
[8] **Окончательное состояние, цель** = окончательное исправление, конечное состояние всего мироздания — Полное исправление эгоистических свойств и, соответственно, полное слияние с Творцом.

В *нашем мире*, чем дальше продвинулся ученый в своем познании, тем более широко он известен. В каббале это необязательно, потому что для тех, кто находится внизу, высокое постижение каббалиста — не главное. Важно, чтобы он сумел донести это знание до нас в приемлемой форме, в виде практических рекомендаций. Поэтому из всех каббалистов мы знаем, ценим и уважаем именно тех, кто доходчиво и сравнительно доступно изложил сам материал — несмотря на то, что существовало еще тысячи ученых, знавших гораздо больше.

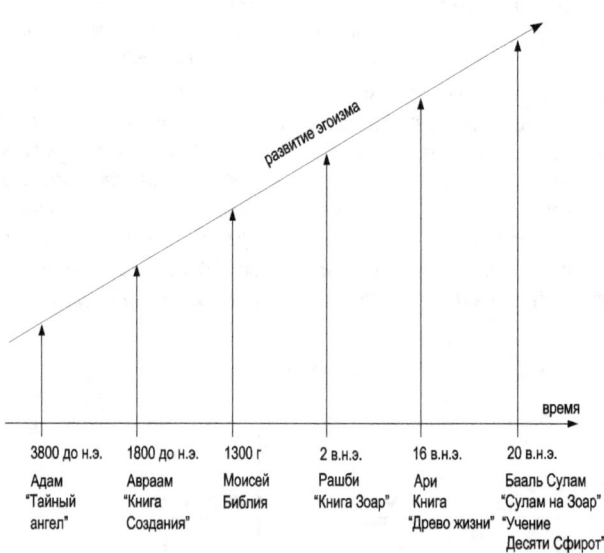

Рис. 1.5. Каббалисты, разработавшие для человечества методику духовного постижения.

Не следует судить об известных ученых-каббалистах как о самых великих. Это особые люди, совершающие огромную работу ради нас. Так же и мы: кто-то станет ученым в этой области науки, а кто-то — просто ее приверженцем, постигающим Высший мир и стремящимся к слиянию с Творцом[9].

---

[9] **Слияние с Творцом** — Цель творения. Слиянием в духовном мире называется полная тождественность свойств, желаний, мыслей, намерений — всего, что характеризует человека, в чем он ощущает свою индивидуальность, свою суть – с Творцом. Человек начинает ощущать себя равным Высшей силе во всем – как Он, так и я, что во мне, то и в Нем.

Итак, ученые – это те, кто несет каббалистическую методику другим людям, развивает, обогащает, обобщает и описывает свои постижения.

Однако это не имеет никакого отношения к высоте постижения[10], поскольку людям, находящимся внизу[11], не нужны слишком глубокие постижения и обобщения. Что человеку в его обыденной земной жизни нужно от науки? То, что он может взять от нее сегодня и с успехом использовать в повседневном существовании. Поэтому совершенно не обязательно стремиться стать ученым, это особая роль. Человек находит себя естественным образом: сама *душа* учит и ведет его.

Бааль Сулам с особым уважением относился к **материалистической психологии**, потому что она, в отличие от философии, основывается на опытных данных. Эта наука занимается исследованиями того, что происходит с человеком: воздействует на него определенным образом и фиксирует его реакции, проникая, насколько возможно, в сознание, а то — и в подсознание испытуемого. Таким образом, изучается эгоизм человека, даже не называя проявление этого качества эгоизмом. В любом случае психология стремится познать эгоистическую природу *этого мира*, причем, с помощью абсолютно четких научных методов. На этом пути существуют, разумеется, свои ограничения и заблуждения, но, в общем, материалистическая психология основывает свои выводы исключительно на опытных данных. Это единственная область науки о человеке в *нашем мире* (хотя психологию можно назвать точной наукой лишь с известными оговорками), которая исследует природу человека опытным путем, а не априорным.

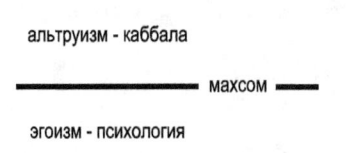

Рис. 1.6. Местонахождение каббалы и психологии.

Каббала тоже использует только опыт. Имея в руках могущественный инструмент – *экран* (*масах*) – она меняет человека, воздействуя на него *Высшим светом*, делает иными его составляющие и свойства, наблюдает

---

[10] **Высота постижения** – постижение возможно только в мере подобия формы (свойств) Творцу. «Подобие свойствам Творца» означает, что первоначальное, исходное свойство человека (его *келим*) – получение ради самонаслаждения – представляется ему никчемным, не достойным использования. Это называется, что он «видит свою низменность». Свойство Творца – отдача, именуемая: «Добрый и Творящий добро» – видится ему самым возвышенным. Благодаря этому получается, что собственное ощущение он воспринимает как самую низшую точку, а свойство Творца – как самую высшую; разница между ними и называется «высота», уровень человека.

[11] **Люди, находящиеся внизу** – «Выше»/«ниже» – понятия, означающие в каббале «ближе»/«дальше» к подобию Высшей силе, то есть к альтруизму, свойству отдачи.

за результатами этого воздействия и фиксирует их.

Таким образом, можно говорить о плавном перетекании материалистической психологии в каббалу. Та часть науки, где изучаются эгоистические механизмы проявления человеческого поведения, называется «материалистической психологией». Далее, за *махсомом*[12], начинается область, исследующая альтруистические свойства, создаваемые в человеке с помощью Высшего света, которая и называется каббалой.

1.5. Постижение – в усилиях

Существует условие, обязательное для всех наук: необходимо приложить много сил, чтобы стать учёным в той или иной области знаний. Наука постигается в мере затраченных усилий, поскольку любое наполнение эгоизма стоит немалого труда. Усилия же по своим качествам могут быть как корыстными, так и альтруистическими.

Зачем Творец устроил все именно таким образом? Он постепенно сократил Себя[13] во всех мирах сверху вниз[14], чтобы создать в нас *условия сокрытия*. Исходя из этих условий, мы должны искать, чем и как наполнить себя.

Если бы наполнение не стоило нам никаких затрат, эгоизм никогда не поднялся бы выше *неживого уровня*[15]: он был бы постоянно наполнен, ничего больше не желая и не развиваясь. Лишь то обстоятельство, что эгоизм постоянно стремится к наполнению, развивает рядом с ним разум, голову, рош парцуф[16].

Мы видим это на примере *мира Бесконечности*, где есть только *тох* – внутренняя часть *кли*, наполненная светом.

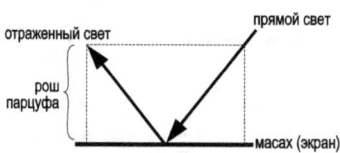

Рис. 1.7. Взаимодействие света с экраном в рош парцуфа.

---

[12] **Махсом** – духовный «барьер», «черта», переходя которую человек начинает ощущать духовный мир.

[13] **Сократил Себя**. Творец сократил Себя, дав место творению, то есть выделил некую центральную точку «внутри Себя» и удалил Себя от нее. Вот в этой точке мы и существуем. Понятие «удалил» не соответствует нашему бытовому понятию «расстояния». В данном случае расстояние определяется человеческим ощущением присутствия или отсутствия Высшей управляющей силы.

[14] **«Сверху вниз»** – распространение (огрубление, ухудшение свойств) Высшего света сверху вниз, от Первичного источника (Творца) вплоть до материализации, возникновения «нашего мира».

[15] **Неживой уровень** – обладающий единственным свойством – сохранять своё постоянное состояние: получать и наслаждаться, выполняя заложенную в творении программу.

[16] **Рош** (голова) **парцуф** – часть *парцуфа* (духовного объекта, тела), принимающая решение, наиболее близкая по свойствам к Творцу.

Необходимо развивать *рош*, то есть постижения, осознание, осмысление, ведь именно эту часть нужно создать в творении, чтобы оно уподобилось Творцу, поскольку только голова творения становится равной Ему.

Рис. 1.8.

Мы не принимаем во внимание эгоистическое желание или желание с экраном, а рассматриваем исключительно расчеты, постижения. Для этого творению нужно каждый раз создавать состояния опустошенности. Чем сильнее ему необходимо развивать рош парцуфа (то есть подобие Творцу), тем раз за разом всё большее опустошение творение должно ощущать.

Люди, стремящиеся к наслаждениям, а не к исправлению, не выбирают путь каббалы и не приближаются к духовному мироощущению. Поэтому так незначительно число истинных каббалистов: идти этой стезей приходится вопреки своему опустошенному состоянию.

1.6. Вопросы и ответы

Вопрос: Необходимо ли при изучении каббалы знать остальные науки?

Получается, что человек, изучающий каббалу, интуитивно разбирается и в других науках. Он, разумеется, не знает их на уровне специалиста в *нашем мире*, потому что у него отсутствует соответствующий язык, который присущ той или иной области знаний, набор специальных терминов.

Например, когда я беседовал со своим Учителем о волнах, об их взаимном наложении, свойствах дифракции, о состояниях, возникающих в волновых средах, о теориях, существующих по этому поводу, он прекрасно понимал суть вопроса, исходя из природы творения. Однако объяснить ему это научным языком я не мог, потому что он не знал специальной терминологии. Каббалисты чувствуют источники и основные понятия, которые знает любой ученый, и, может быть, намного глубже, но они объясняют и описывают те или иные явления на своем уровне постижения и своим языком. Поэтому, раскрыв труд «Учение Десяти Сфирот»[17] и будучи одновременно, допустим, и каббалистом, и физиком, человек обнаружит там изложение основных законов мироздания, включающих в себя все то, что физика когда-либо открыла или еще откроет в нашем мире.

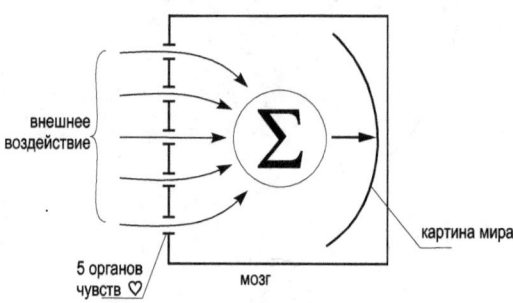

Рис. 1.9. Ощущение мироздания через пять органов чувств. Их сумма (Σ) дает нам картину нашего мира.

Вопрос: В чем состоит необходимость изучения наук, ремесел, иностранных языков и т.д., если в духовном мире эти знания не понадобятся?

Этот мир предстает перед нами таковым благодаря информации, доставляемой с помощью пяти органов чувств, как копия *мира* духовного — ощущения в *шестом органе чувств*.

Отличие состоит только в *материале*, на почве которого возникает ощущение: на эгоистическом (подложке, матрице, экране) или альтруистическом. Поэтому развитие *шестого органа чувств* возможно лишь из *нашего мира*, то есть из состояния, когда человек опирается на ощущения пяти органов чувств. Только благодаря и

---

[17] **ТЭС – Талмуд Эсер Сфирот** (ивр. – *Учение Десяти Сфирот*) – основной каббалистический учебник нашего времени (6 томов, более 2000 страниц). Главное наследие Бааль Сулама. Хотя Бааль Сулам знаменит как автор комментария «Сулам» на Книгу Зоар, но для стремящихся войти в Высший мир труд Учение Десяти Сфирот дает силы, необходимые для преодоления границы, разделяющей наш и Высшие духовные миры. Включает в себя вопросы и ответы, материалы для повторения и запоминания, объяснения, графики, чертежи и так далее. В книге дается описание законов и сил, управляющих нашим мирозданием.

вопреки им мы можем правильно развить *шестой орган восприятия*, потому что отношения между пятью органами чувств и *шестым* — взаимообратные.

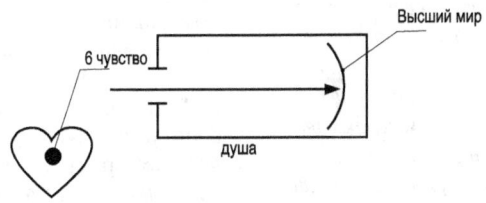

Рис. 1.10. Ощущение мироздания в шестом органе чувств.

Вопрос: Существуют ли другие разумные существа, кроме человека?

Разум является порождением желаний, он развился именно для достижения желаемого. Поскольку нет более эгоистического существа, чем человек, постольку нет и более разумного. По мере развития *шестого органа чувств* в человеке претерпевают изменения также и его естественные желания — именно для того, чтобы взрастить на их почве *шестой сенсор*. Человек, изучающий каббалу, становится большим эгоистом и более разумным существом, однако лишь потому, что продвигается выше своего эгоизма и вопреки ему. В этом смысле можно сказать, что нет существа более разумного, чем каббалист, познающий все мироздание — от низов *нашего мира* до вершин *мира Высшего*.

Вопрос: Каббала говорит, что на других планетах существует только животная и растительная природа. Откуда это известно — каббалисты ведь туда не летают?

Возможно существование всех видов жизни в рамках нашей Вселенной, вплоть до существ интеллектуально и биологически подобных нам. Исключение составляет лишь *наша духовная суть, точка в сердце, зародыш души, сосуд подобия Творцу.* Это присуще только человеку, обитающему на планете Земля.

Вопрос: Должен ли человек, занимающийся каббалой, развиваться исключительно в этом направлении? Должны ли уйти на задний план понятия карьерного роста и профессионализма?

Любое занятие человека в этом мире оценивается по целесообразному для общества результату. Поскольку все действия человека обусловлены его эгоизмом, ничего полезного в них нет, кроме того, что в итоге человек обнаружит их бесполезность и придет к решению о необходимости исправления. Отсюда следует, что максимальную пользу миру дает каббалист, ибо своими исправлениями он притягивает в наш мир Высший свет[18], несущий благо и изобилие.

Каббала призывает человека выполнять свой гражданский долг в рамках нашего мира, работать, иметь семью, служить обществу. Однако основным своим устремлением, первостепенной задачей человек должен ставить духовное возвышение до цели творения, до первопричины своего появления в нашем мире. Достигнув этой цели, человек более не нуждается в том, чтобы нисходить в этот мир.

Вопрос: В книге «Гармония хаоса или фрактальная реальность» (В.Ю. и Т.С. Тихоплав) приведен краткий обзор научных работ, раскрывающих гармонию в воде. Вода, содержащаяся в клетках организма, подвергается воздействию энергии информационного поля Вселенной. Если человек не живет в гармонии с природой, с самим собой и окружающими людьми, он ослабляет воздействие Вселенной на свой организм и расплачивается за это различными неприятностями, в том числе и болезнями. Ваше отношение к такому утверждению?

Утверждение, само по себе, абсолютно правильное. Наблюдения авторов верны. В *духовном мире* они тоже подтверждаются исследованиями каббалы.

Мы учим, что человек создан Творцом для того, чтобы достичь полного Ему подобия, быть с Ним в абсолютном равновесии. **Творцом называется общий закон мироздания.** В мере соответствия человека этому закону он оказывается в более комфортном состоянии, чувствует свою принадлежность реальности, подчиняющейся этому закону, то есть находится в ощущении вечности и совершенства. В мере же несоответствия ему человек испытывает дискомфорт и страдания.

Воздействие энергетического информационного поля Вселенной на человека, о котором пишут авторы книги, действительно, имеет место. Равновесие с окружающей средой и обществом нам всегда идет во благо — как в *нашем мире*, так и в духовном.

Вопрос: Каково будущее классических наук?

Классические науки в итоге окажутся в тупике, обнаружив, что не могут развиваться далее в понимании законов природы, лишь приспосабливая их к потребностям практической жизни. Науки сами обнажат тщетность упования на свои методы исследования.

Жизнь становится настолько тяжелой, что, не получая от той или иной системы знаний ожидаемых результатов, мы перестаем в ней нуждаться. Поэтому сегодня гуманитарные науки

---

[18] **Притягивает в наш мир Высший свет.** Мы говорим: свет движется, приходит, уходит; кли притягивает свет, изгоняет. Однако движение (перемещение) в духовном мире не имеет ничего общего с перемещением с места на место. Под «движением» в данном случае понимается изменение свойств духовного объекта. Поэтому каббалист, находящийся в нашем мире, «притягивает» свет посредством того, что изменяет себя в подобие Творцу (Высшему свету).

утрачивают поддержку и уважение: в практической жизни их результаты просто не согласуются с нашим возросшим эгоизмом. Сегодня людям нужны психологи все в большем количестве — чтобы у каждого был личный психоаналитик и до некоторой степени его успокаивал. Больше ничего от гуманитарных наук мы не ждем.

В конце концов, люди придут к тому, что займутся *теорией достоверности*, как этого требует каббала. Тогда они обнаружат, что любая наука — это знания о нашем естестве, изначально базирующиеся на свойствах человека, хотя предметом их исследований, якобы, является внешний *мир*. Человек проецирует себя на окружающий его *простой Высший свет*.

Ученые начнут понимать, что *этого мира* не существует, что он является проекцией наших свойств на *белый свет* и все данные зависят от человека. Тогда возникнет вопрос: если мы видим тот или иной *мир* в зависимости от своих параметров, что же нужно изменить внутри нас, чтобы увидеть *этот мир* другим, скажем, «в розовом цвете?». Для чего еще существует наука, как не для того, чтобы познавать и практически применять знания для нашей пользы? Что мне следует сделать, чтобы моя проекция на *белый свет* была «розовой с цветочками»? Если наука мне конкретного решения не предлагает, а я продолжаю страдать, и меня уже душит мой развивающийся эгоизм, то мне эта наука не нужна.

Вот тогда от частных направлений люди придут к каббале, потому что она *дает решение*: объясняет, что нужно изменить в человеке, чтобы *окружающий мир* воспринимался как позитивный — в качестве проекции его улучшенных, исправленных внутренних свойств на абсолютно простой, аморфный *свет*.

Тест

1. По каким критериям человек определяет ценность той или иной науки?

a. точность выводов;
b. обширность и глубина исследований;
c. практическая польза и ценность;
d. уникальность предмета исследований.

2. Какова основная цель пребывания человека в этом мире?

a. пережить высокие духовные состояния;
b. исправить себя и довести до состояния полного подобия Творцу;
c. забота о процветании своей семьи;
d. служение обществу.

3. Что является предметом исследования каббалы?

a. Высшая сила;
b. внутренний мир человека;
c. мироздание;
d. буквы и символы.

4. Что представляет собой окружающая реальность по мнению каббалистов?

a. Вне человека находится *Высший свет*, пребывающий в абсолютном покое;
b. Реальности вне нас не существует;
c. Картина мира является отпечатком наших свойств;
d. Все ответы верны.

5. Как, согласно каббалистическому методу исследований, формируется картина мира?

a. материальный *мир* существует независимо от человеческого сознания;
b. *мир* является совокупностью всех форм материи в земном и космическом пространстве;
c. картина *мира* формируется внутри человека, в соответствии с проекцией *Высшего света* на его органы чувств;
d. нет правильных ответов.

Глава 2. Каббала — корень всех наук

2.1. *Методика каббалы*
2.2. *Необъективность картины мира*
2.3. *Каббала — корень всех наук*
2.4. *Вопросы и ответы*
Заключение
Тест
Дополнительный материал

2.1. Методика каббалы

У многих вызывает сомнение, является ли каббала наукой в истинном значении этого понятия. Следует ли относить ее к категории естественных наук, исследующих природу *окружающего мира* (как физика, химия, биология), или гуманитарных (как философия, психология и пр.)? Не является ли она отдельной системой знаний, поскольку требует от исследователя обладания особым приобретенным свойством, не заложенным в человека от рождения?

Под наукой мы подразумеваем такие исследования *окружающего мира*, результаты которых можно записать, передать, воспроизвести посредством возможностей природных органов чувств и приборов, расширяющих диапазон их чувствительности. Каббалисты утверждают, что занятия по определенной, разработанной ими методике позволяют обрести *шестой орган чувств*, помимо пяти естественных, с помощью которого можно исследовать получаемые в нем возбуждения. Они называют его *экран* или *душа*. Ощущения, воспринимаемые посредством этого дополнительного сенсора, фиксируются, анализируются, суммируются и сводятся в единое целое. Причем, наблюдения, производимые таким способом, как и в естественных науках, велись веками и подтверждались тысячами исследователей-каббалистов.

Что же делает каббалу уникальной наукой, кардинально отличающейся от остальных методов познания, используемых человеком?

Особенность каббалы состоит в том, что она позволяет познать Высшую часть мироздания, откуда к нам поступает информация, облачающаяся в пять органов чувств, которую исследователь начинает ощущать и воспринимать так же, как реальность этого мира, используя шестой орган чувств наравне со способностью, данной ему от рождения.

Эта наука позволяет постичь корни мироздания, а не просто еще одну дополнительную его часть, на уровне, предшествующем воспринимаемой человеком реальности.

Данный способ не означает примитивного получения сведений о том, что через какое-то время станет реальностью, — в таком случае неотвратимость надвигающегося события не оставит человеку никакого выбора и не в его власти будет что-либо изменить.

Получение с помощью методики каббалы **знаний о высшем уровне**, о том, что еще не проявилось в действительности *нашего мира*, позволит исследователю **управлять Высшей реальностью**, изменять ее посредством личного включения в сам процесс. Человек словно поднимается в центр управления, откуда осуществляется контроль над окружающей действительностью, — с уровня творения на уровень Творца.

Происходит как бы возвышение человека над самим собой, подъем туда, откуда нисходят силы, облачающиеся затем в материю нашего мира и проявляющиеся как конкретные действия и события. **Изменение отношения к ним** в самом их источнике (не самих сил, а именно отношения к ним) приведет к тому, что в нашем мире они станут восприниматься совершенно по-иному. Вместо того чтобы раз за разом возникало **ощущение пустых келим**, будет чувствоваться их постоянное накопление, рост и наполнение *светом*. Все зависит от того, как каббалист в своем *шестом органе чувств* относится к тому, что должно раскрыться перед ним.

Таким образом, отличие исследователей-каббалистов от ученых, пользующихся традиционными способами исследования, заключается только в том, что они проникают в мироздание посредством дополнительного органа чувств, который, в принципе, может обрести любой желающий.

Несколько непривычно вдруг узнать о том, что в человеческих силах приобрести еще один орган ощущения, дающий дополнительную информацию о *мире*, рамки которого уже очерчены возможностями пяти органов чувств. Однако, как только возникает готовность принять такое предположение, все остальное начинает выглядеть абсолютно естественно.

Исследование мира посредством дополнительного органа восприятия, безусловно, называется наукой, как и использование для этой цели тех сенсоров, с которыми мы рождаемся.

Ученый-некаббалист ограничен в своих исследованиях врожденными возможностями мировосприятия. Он даже не может вообразить, что ожидает его за их пределами.

2.2. Необъективность картины мира

В последнее время ученые соглашаются с тем, что картина *мира* не является объективной, а целиком определяется наблюдателем. Как утверждал Нильс Бор, исследователь изучает *не окружающий мир*, а лишь свои реакции на него. Если это так, то знания, накапливаемые естественными науками, можно квалифицировать, как получаемые с помощью *пяти врожденных органов чувств*, а каббалу — как науку, диапазон познания которой находится **над традиционными возможностями восприятия**. С этой точки зрения каббала является «сверхъестественной» наукой: ее постигают, предварительно обретя дополнительный сенсор.

2.3. Каббала — корень всех наук

Мы раскрываем *наш мир* и расчетливо пользуемся тем, что обнаруживаем в нем, прикидывая, насколько можем приспособить и преобразовать его для себя, чтобы наша жизнь изменялась в соответствии с этими открытиями. В *нашем мире* мы расширяем возможность более комфортного и безопасного существования. Однако нам следует постигать совершенно новое мироздание, новый объем, новый порядок. Раскрытие следующего, более *Высокого мира* приведет нас к совершенно иным постижениям — к ощущению вечности и совершенства, к осознанию того, чего в *нашем мире* не существует. Объединение с Высшей управляющей силой, в мере отождествления себя с ней, даст человеку освобождение от страха за свое настоящее и будущее существование.

Для этого нам следует, прежде всего, освоить науку об альтруистическом развитии и уподоблении Творцу, и она является поистине чудесной. Нет ни одной системы знаний, которая не была бы в нее включена. Каждая из наук *нашего мира* представляет собой лишь достаточно узкую область исследования *нашего мира*, изучающую его под тем или иным углом зрения, с помощью набора определенных инструментов и соответствующих методов. Совокупность данных, полученных в результате одного способа исследования, мы называем физикой. Изучение *нашего мира* другим образом мы называем химией. Третий — именуем биологией и т.д. Любая наука возникает на базе того, что мы собираем данные в строго фиксированном ракурсе, с помощью определенных инструментов и программ отношения к *нашему миру*. Эти данные иногда пересекаются между собой. Когда видим взаимосвязь между ними, то можем работать на стыке двух или более наук — физики и химии, биологии и физики, механики и математики и т.д. Однако, как правило, мы дифференцируем науки о *нашем мире*. Кроме того, они применимы только в той области *нашего мира*, где мы существуем и ощущаем себя.

Основой каббалы является общее, совокупное знание всех уровней (неживого, растительного, животного и человеческого) и всех их частных проявлений, включенных в замысел Высшей управляющей силы.

Каббала занимается постижением всего сотворенного Творцом. Она изучает как сам материал творения, так и все, что с ним происходит: воздействие и его законы, возможность их освоения человеком, способ, каким образом управлять собой и достичь наивысшего состояния, включить в себя все мироздание и стать единственным творением, созданным Творцом.

Каббала рассматривает все метаморфозы, происходящие с *желанием насладиться*, — материей творения. Она также объединяет в себе все частные науки, которые мы развили на базе своего небольшого опыта взаимодействия с материалом *нашего мира*. Поскольку каббала занимается исследованием материи на наивысшем и глубочайшем уровне, то эта система знаний включает в себя не только все науки, но также и все законы мироздания.

Каббала выстраивает науки в едином для всех порядке так, что каждая из них получает соответствующее ей место в системе каббалистического знания, подводя их к общему знаменателю. Однако каббала при этом нисколько не принижает значимость всех существующих наук, не умаляет их достижения, а, напротив, дает возможность каждой раскрыться полностью. Что может предъявить физика сверх того, что возможно постичь путем эгоистического отношения к материалу? То же самое касается химии, биологии и других естественных наук.

Физика точно соответствует порядку миров и *сфирот*, как, скажем, астрономия или музыка. Это свидетельствует о том, что все они взаимосвязаны, то есть каббала содержит в себе остальные науки, которые, в свою очередь, зависят от нее. Соответственно, прогресс наук состоит в совмещении с каббалой, как изначально включающей их в себя.

Мы можем проследить, что в течение последних десятилетий различные области знаний во всем мире практически не развиваются. Речь идет о тупиковой ситуации. Дальнейшее их развитие, как утверждают сами ученые, зависит от того, как будет изменяться наблюдатель, то есть сам исследователь.

Ученый должен изменить *средства исследования*, начать изучать материал, уподобляя его себе, пропуская через себя, а не просто рассматривать абстрактно, безотносительно к себе. Исследователю пришла пора начать приобретать альтруистические свойства, изыскивать возможность выхода из собственного эгоизма. Все, что можно было изучить, накапливая и поглощая информацию об *окружающем мире*, уже исследовано. Разумеется, можно продолжать развитие в том же духе, но ничего нового мы уже не получим.

Дополнительное знание о мире можно получить, привнося в них личностный элемент, а не собирая механически информацию, изолируясь от изучаемых объектов и действий. Поэтому, прежде чем начинать исследования, нужно обрести свойство отдачи. Эпоха науки, построенная на поглощении и потреблении, закончилась. Начинается следующий этап, пришло время альтруистической науки.

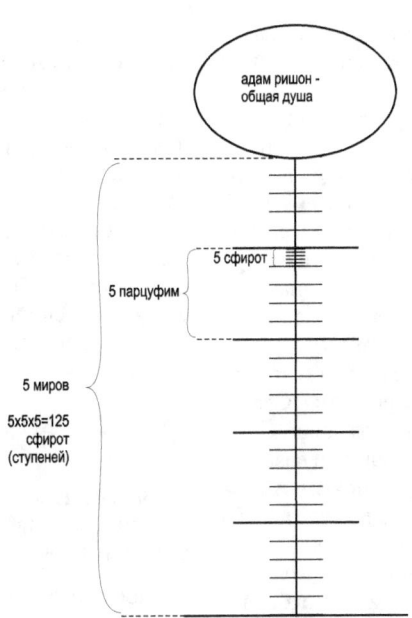

Рис. 2.1. Ступени постижения духовного мира.

Слияние естественных наук с каббалой способствует их развитию, которое возможно исключительно в интеграции с этой системой знаний. На сегодняшний день исчерпаны все возможности изучения *окружающего мира* путем поглощения — эгоистическим методом.

Развитие эгоистического желания вынуждало человека мигрировать, внутренне меняться, расти в постижениях и открытиях. В итоге эгоистическое желание возросло до своего максимума, то есть оно уже не служит продвижению. Мы достигли такого состояния, когда это желание необходимо подводить под альтруистическое *намерение*[19]. Только тогда будет возможно дальнейшее продвижение, восхождение по 125 ступеням[20] в *мир*

---

[19] **Намерение** — расчёт, мотивация творения по отношению к свету. Это отношение человека к Источнику наслаждения, а не к желанию получать, и не к наслаждению (свету), которое наполняет его.

[20] **125 ступеней** — «духовная лестница»; система развития творения до уровня Творца. Мы и сейчас находимся в мире Бесконечности и ощущаем его, но лишь в самом мизерном проявлении, называемом «этот мир». Кроме мира Бесконечности и нас в действительности ничего нет. Все остальное — фильтры, которые стоят на наших органах чувств.

Бесконечности. В *нашем мире* мы находимся уже на вершине использования эгоизма.

Мы можем лишь продолжать наращивать свои достижения, но это не пойдет нам на пользу, а будет причинять вред. Как сказано во всех каббалистических трудах и с чем сегодня соглашается академическая наука, в формировании человечества намечается новый этап. Оно начинает осознавать порочность эгоистического, направленного исключительно на собственное наполнение развития. Следующим этапом будет выход вовне.

Наш эгоизм исчерпал свои возможности — способствовать новым открытиям. Столетие с 1850 г. до 1950 г. было эпохой великих озарений в естествознании, и она завершилась. Мы ещё будем некоторое время «подбирать крохи» данных, но ничего кардинально нового больше не произойдет на этом поприще. Исследователи естественных направлений прекрасно понимают сложившуюся ситуацию.

Став альтруистом, ученый начнет изучать *этот мир* в отрыве от себя, в его внешнем проявлении, и это будет называться постижением *духовного мира*. Если прежде мы считали, что наше отношение к окружающей среде не вносит в нее никаких изменений, то позже выяснилось, что это далеко не так. Эйнштейн утверждал, что все обусловлено скоростью света, от которой мы, якобы, не зависим, потому что находимся в зоне ограниченных перемещений, но абсолютные законы мироздания этого феномена не подтверждают.

Впоследствии ученые осознали, что воспринимаемый нами *мир* сугубо субъективен и зависит от свойств наблюдателя. Меняются свойства исследователя — претерпевает изменения наблюдаемая им картина *мира*, поэтому необходимо думать о духовном уровне самого исследователя, его отношении к мирозданию, к себе, ко всему окружающему. Это настолько изменит его мировосприятие, что перед ним возникнет совершенно иной *мир*.

2.4. Вопросы и ответы

Вопрос: Каким образом всем раскроется мудрость каббалы, пребывавшая в сокрытии в течение веков?

Поскольку каббала — это наука обо всем творении, она проявится абсолютно во всех областях человеческой деятельности. Чем бы человек ни занимался, о чем бы ни думал, что бы ни совершал в своем земном существовании — у него начнет возникать необходимость относиться к своим замыслам, поступкам, решениям по-другому, не так, как раньше. Все в жизни человека будет направлять его к обретению свойства отдачи, вынуждать изменить свою эгоистическую природу на альтруистические свойства Творца.

Вопрос: Если ученый, исследующий реальность с помощью пяти органов чувств, ощущает, что в нем происходят изменения, отражается ли это на результатах его деятельности? Что же он, в таком случае, исследует?

Сегодня ученый исследует действительность посредством пяти органов чувств, изучая свои реакции на ее воздействие. Он сопоставляет результаты, чтобы лучше понять взаимодействие одного материала с другим.

Что произойдет, если мы как бы поднимемся над исследованием, попытаемся превзойти свои естественные физические возможности, перейдя на более высокий уровень, и постигнем первопричину? Мы обнаружим, в силу чего этот материал вообще существует и почему подчиняется определенным законам.

Если я знаю *корни материала* (почему он сейчас будет создан и начнет существовать в соответствии с конечным замыслом), то мне нет нужды экспериментировать с ним. Ведь ученые пытаются на экспериментальной основе вывести законы поведения материала, достичь понимания его корней, представить некое состояние, предшествующее его возникновению, найти исток. Я же напрямую поднимаюсь к корню этого материала и вижу, в силу какой необходимости он был создан в таком виде. Поскольку я узнаю свойства элемента в его корне, то мне не нужно тратить время и средства на проведение бесчисленного количества опытов, как это делают ученые. В сущности, все результаты подобных исследований верны только в очень ограниченном диапазоне и работают при определенных предположениях и допущениях.

Я знаю *душу* каждой частицы реальности, ее внутреннюю суть, и поэтому мне становится известно о ней все! Наука в том виде, какой она имеет на сегодняшний день, не будет более существовать. Когда ученые начнут исследовать материю шестым органом чувств, все направления поиска поднимутся на другой уровень. Человеку не нужно будет копаться в молекулах и атомах с помощью громоздких и дорогостоящих приборов. Ведь почему мы этим занимаемся? Мы движимы желанием постичь корень! Раскрыть, кто Он — стоящий за этим материалом! В чем причина создания того или иного элемента? Какова его конечная функция? Человек хочет постичь Творца — к этому в итоге сводятся все науки.

Почему именно после жажды обладать знаниями в человеке возникает желание духовного постижения, стремление к Творцу? Почему желание поднимается в своем развитии именно по этой цепочке: богатство, почести и власть, знания и после него — духовное? Потому что в результате этих исследований я хочу понять *самую суть*. Эйнштейн сказал, что мечтает открыть закон, который объединил бы в себе все мироздание, все его составляющие. Не просто: $E=mc^2$, а вывести единую формулу, которая включала бы в себя все. Возникает желание раскрыть духовный закон.

Вопрос: Должен ли каждый ученый стать каббалистом и иметь духовное постижение, чтобы подняться на более высокий уровень исследования?

Все должны будут стать каббалистами! Однако именно у исследователей, поскольку они жаждут познать материю, это стремление поднимется и преобразится в желание постичь Творца. Многие ученые уже сегодня понимают это и приветствуют помощь каббалистов. Есть среди них и такие, кто пока остается в рамках традиционной науки в качестве обычных исследователей узкой области действительности. Им достаточно знать: одно минус другое влияет на третье, чтобы получился такой-то результат. Они не хотят подниматься выше этого уровня.

Однако взгляните, например, на исследования в области онкологии: если бы ученые могли понять, что вместо того чтобы искать истину среди тысяч гипотез и идей, тратить миллиарды долларов на разработки препаратов и аппаратуры, можно подняться в корень проблемы, и тогда не понадобятся ни колоссальные средства, ни десятки лет, потраченных на исследования! Важно понять предмет в его корне.

Конечно же, исследователи будут учеными-каббалистами. Что они в итоге откроют? Они поймут, какой *недостаток желания отдавать* вызывает ту или иную отрицательную реакцию в материале на всех его уровнях: неживом, растительном, животном и человеческом.

Безусловно, наука будет развиваться в направлении исследования *свойств отдачи*, и мы увидим такое же описание этого состояния, как в «Учении Десяти Сфирот» Бааль Сулама, только в более доступной, подробной форме. Это будет объяснение того, как за счет *шестого органа чувств* на уровнях ощущений всех пяти врожденных сенсоров человеку раскрывается Творец.

Это единственное, чего нам недостает. Бааль Сулам пишет, что в *нашем мире* нам не хватает только одного — раскрытия Творца. Если бы человек, живший в пещере тысячи лет тому назад, мог с самого начала раскрыть Творца, он был бы счастлив и достиг *конечного исправления*. Мы же должны прийти к этому вследствие ощущения пустоты, приняв самостоятельное решение. Поэтому мы достигаем этого состояния после тысяч лет исследований и поисков, развития науки и прочих сфер деятельности. В итоге мы оказываемся перед необходимостью понять, что в *нашем мире* не хватает только раскрытия Творца. Таким образом, добравшись до конца, мы, словно по кругу, возвращаемся к исходной точке нашего пути.

Вопрос: Есть ли различие между ученым, исследующим действительность путем простого созерцания, и тем, кто изменяет реальность в процессе своего исследования?

Мы не можем изменить реальность в рамках нашей жизни. Мы начинаем ощущать иную реальность только в том случае, если вносим в наше существование Творца — как его наполнение, как первопричину, следствием которой является наш мир. Мы чувствуем, что у него есть корень, присутствует цель, и ощущаем, в соответствии с этим, что находимся выше нашего мира, используя его для достижения цели. С одной стороны, как пишет Бааль Сулам в статье «Последнее поколение»[21], больших изменений не произойдет. Человек будет воспринимать своими пятью органами чувств то же самое, что окружает его сегодня. Это никуда не исчезнет. Однако вследствие того, что Творец облачается в естественные органы ощущения, мир принимает совершенно иные очертания. Это выражается только двумя словами: совершенство и вечность.

Вопрос: Каков критерий достоверности результата?

Сказано мудрецами в Вавилонском Талмуде[22]: «Нет у судьи больше того, что видят его глаза». Что значит: «видят»? Видением называется максимальное постижение — то, которое я считаю абсолютно достоверным, которое затем проходит проверку и перепроверку мною и другими исследователями, получая подтверждение своей достоверности, как в любой академической науке.

Это совершенно практический подход. Если я открыл какой-то закон, явление, которое могу повторить несколько раз, то я передаю эту информацию другим людям. Они могут воплотить ее и увидеть то же самое. В итоге это явление становится неопровержимым фактом. Так принято поступать в любой науке. До появления Эйнштейна существовала одна теория, после него — теория изменилась.

Это произошло не сразу: он развивал ее, домысливал, а в результате ряда опытов остальные исследователи убедились в правильности его выводов и приняли их как факт.

Вопрос: Как духовное ощущение может породить материальное восприятие?

На первый взгляд, трудно понять, как духовное ощущение может порождать и поддерживать нечто материальное. Однако трудность возникает, только если считать, что они никоим образом не связаны между собой. Если же взять за основу мнение каббалистов, считающих, что любое качество духовного подобно качеству материального, получится, что между ними нет различий, кроме как в материи: у духовного материя духовная, у материального — вещественная. Однако качества, действующие в духовной материи, действуют и в материи вещественной.

В понимании этой связи присутствуют три ошибочных утверждения. Первое состоит в том, что **сила человеческой мысли и есть его бессмертная душа**, его суть. Это заблуждение, которого некогда придерживались философы, давно отмерло. Полагали, что все наши знания — то, что мы постигаем, чему обучаемся, что приобретаем — являются вечными и составляют основу нашей *души*.

---

[21] *Ашлаг Й.* Последнее поколение // Лайтман М. Последнее поколение. — М.: НПФ Древо Жизни, изд. группа kabbalah.info, 2004. — С. 229-265.
[22] Трактат Санэдрин, гл. 6.

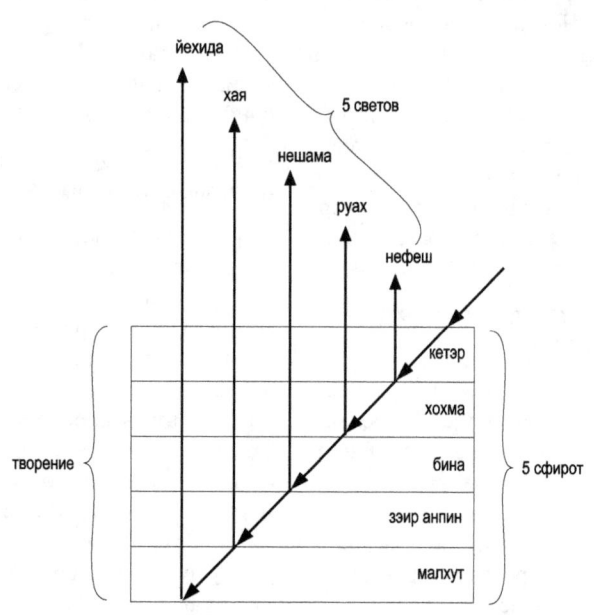

Рис. 2.2. Строение кли.

Знания, говорит каббала, **это наполнение искусственного кли, которое мы создаем рядом с душой, с желанием.** Поскольку мы чего-либо желаем, то образуем рядом с желанием еще некую систему — блок, помогающий нам наполнить это желание. Такой дополнительный блок, вспомогательная система и называется разумом.

При уменьшении или возрастании наших желаний соответственно этому ведет себя и разум. Если человеку выпадает больше страданий, он вынужден развивать эту систему, чтобы найти способ избежать их. Есть такая поговорка: «За одного битого двух небитых дают». Потому что «битый» умнее — он знает, как себя наполнить, как использовать заложенные в нем качества.

Желание является сутью творения, а разум — лишь вспомогательный механизм рядом с желанием. Поэтому говорить о том, что сила разумной мысли в человеке и есть его душа, его суть, совершенно неверно.

Второе ошибочное представление состоит в том, **что тело — это продолжение души.**

Наша биологическая плоть никоим образом не связана с *душой*. Тело растет, умирает, в нем можно делать любые пересадки органов, но это совершенно не отражается на *душе*. **Душа проходит свои изменения. Тело от нее не зависит.**

Третье ошибочное представление состоит в том, что **духовные сущности являются простыми**.

Мы изучаем, что творение состоит из одного пятиступенчатого *кли* (*кетэр, хохма, бина, зэир анпин, малхут*[23]), наполненного светом НАРАН-ХАЙ[24].

Затем *кли*, это изначально созданное единственное творение, разбивается, делится на десятки, сотни, миллиарды частиц. То есть духовная суть — составная, и таким образом она раскрывается относительно нас. Конечно, о ней самой мы говорить не можем. Мы имеем возможность только рассуждать о том, как мы ее постигаем, ощущаем, исследуем и определяем.

Современный человек, желающий постичь Высшую управляющую силу, может осуществить это, приложив свои усилия в методике ее постижения — каббале.

Вопрос: Как ученые воспринимают идеи каббалы?

Наука, наконец-то, пришла к выводу, приближающему ее к методу духовного познания: все, что человек исследует, он исследует внутри своего *кли*. Наука признает, что за любыми приборами, компьютерами, вычислениями и сенсорами стоит тот, кто ведет исследование.

Можно сделать сложнейший механизм, хоть с галактику величиной, но кто будет анализировать полученные данные, кто станет оценивать их? Разумеется, не сам механизм, а создавший его человек. Результаты измерений тоже оценивает относительно себя человек — извне он этого сделать не сможет. Все устройства и системы он создает для своего использования, что называется, «под себя», исходя из собственной сути. Поэтому любое наше впечатление, восприятие и постижение субъективно.

То же самое можно сказать о *духовном мире*. Наше **желание разбито на пять частей**. Мы воспринимаем в них нечто и говорим об этом ощущении, а о том, что происходит вне *кли*, мы говорить не можем, ибо не понимаем этого.

Бааль Сулам в «Учении Десяти Сфирот» перечисляет лишь 12 основных видов *света*, находящихся вне *кли*, а можно назвать еще 12 тысяч. Однако все эти виды *света*, якобы существующие вне *кли*, ощущаются самим кли, внутри него, а не вовне. Вне *кли* невозможно ничего ощутить — просто наши впечатления делятся на внешние и внутренние.

---

[23] **Пятиступенчатое** *кли* — *кетэр, хохма, бина, зэир анпин, малхут* — пять частей желания, в которых творение ощущает Высшую силу.

[24] **НАРАНХАЙ** — пять видов света, воспринимаемых соответственно пяти ступеням экрана. Творение в мере зависимости от своего экрана (то есть в какой мере оно подобно свету, свойству отдачи) желает принимать и свет. Эти частные меры называются — *нэфеш, руах, нэшама, хая, йехида* — сокращённо НАРАНХАЙ.

Наше *кли* по своим мерам исправления является составным, и поэтому мы ощущаем в нем столько различных деталей, впечатлений. Поэтому нам кажется, что окружающий нас *мир* тоже является составным. На самом деле, нас ничего не окружает, это только **наши внутренние ощущения**.

Мы различаем в *окружающем мире* семь основных цветов, семь звуков гаммы, которые в свою очередь делятся на множество оттенков и нюансов: это наше кли создано таким образом, что мы общее впечатление градуируем на множество частных. Все они внутренние — ничего внешнего нет. Так они делятся потому, что подобно этому наше кли, по мере своего исправления, подразделяется на относительно внутренние и относительно внешние части.

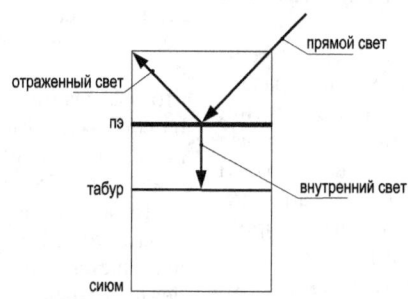

Рис. 2.3. Виды света в парцуфе: прямой, отраженный и внутренний.

Например, как мы различаем виды *света* — внешний и внутренний? Мы говорим, что *свет*, который после *зивуг дэ-акаа*[25] кли может принять в себя (наполниться от пэ[26] до табура[27]), — это внутренний свет.

Как я это чувствую? Некто, с кем я соединился в рош парцуфа, наполняет меня, или я наполняю его, или мы вместе наполняемся друг другом. Где это ощущается? В тох парцуфа[28], внутри кли. Та часть, в которой мы еще не наполняем друг друга, не контактируем

---

[25] **Зивуг дэ-акаа** (ивр. – «ударное слияние») – действие экрана, с помощью которого он препятствует распространению света в желании насладиться ради себя, отталкивает свет обратно, к его корню (источнику). Этот возвращающийся свет образует новое *кли* (сосуд получения), в который и облачается (вливается, сливается) приходящий первоначально свет (ввиду подобия свойств).

[26] **Пэ** (ивр. – рот) — место, в котором происходит взаимодействие Высшего света с экраном.

[27] **Табур** – линия, ограничивающая получение света в тело (*гуф*), образует разделение между туловищем (*тох*) и окончанием (*соф*).

[28] **Тох** (внутренняя часть, туловище) – часть духовного тела, наполняемая прямым (исходящим от Творца) светом, на который одевается отражённый (возвращённый Творцу) свет. Иначе говоря, та часть творения, которая получает свет, называется *тох*.

друг с другом, не в состоянии соединиться, остается снаружи, вне нас. Где ощущается это «снаружи»? Внешний окружающий свет, ор макиф[29], ощущается относительно соф[30], потому что если мы исправим соф, мы уже получим этот *свет* как *внутренний*.

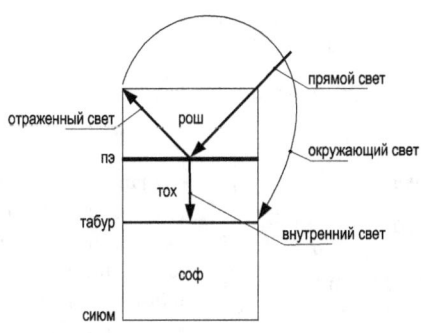

Рис. 2.4. Окружающий свет в парцуфе.

Как я могу ощутить что-либо вне себя, снаружи? Посмотрим на самую первую стадию распространения света[31].

Когда возникает *кли*? Когда оно способно внутри себя ощутить *свет*. Когда у него появляется способность к ощущению *внешнего света*? Когда *кли* начинает осознавать, понимать, что хочет ощутить *свет* по-другому — как находящийся вне его, внешний, то есть на отдачу. Когда *кли* хочет его ощутить таким образом (это не значит, что оно его так ощущает), другое отношение к тому же *свету* превращает его во внешний. Это как в нашем, так и в духовном *мире* происходит абсолютно одинаково.

---

[29] **Окружающий свет** (на ивр. — *ор макиф*) — свет, предназначенный для облачения в ступень, который пока находится вне кли, но своим давлением, целенаправленным воздействием вынуждает кли изменяться, улучшиться.

[30] **Соф** — часть творения, которая остается пустой, называется *соф* (конечная). В ней творение создает ограничение на получение света из-за отсутствия соответствующего экрана.

[31] **Четыре стадии распространения прямого света** — этапы построения духовного сосуда, желания. При распространении света сверху вниз сначала строится стадия *кетэр* (исходящий свет), затем *хохма* (желание получить), далее *бина* (желание отдать), ЗА (реализация *бины*, когда она хочет уподобиться Творцу — отдавать, получая) и, наконец, *малхут* (она желает не уподобиться Творцу, а получить все Его «состояние», «статус»). Обычно стадия *кетэр* не упоминается, т.к. является, по сути, самим Творцом, поэтому говорится о четырех стадиях построения кли (желания).

Рис. 2.5. Нулевая и первая стадии распространения света.

Заключение

Сегодня человечество вступает в период разочарований как в сфере общественного развития, так и в области внутреннего формирования личности. Такой вид человеческой деятельности, как наука, также демонстрирует неспособность к дальнейшему развитию.

Состояние, которого человечество достигло в настоящее время, является совершенно уникальным. Утрачено понимание **общего направления развития**. Проблемы в сферах общественных отношений, экологии, культуры, воспитания, просвещения и науки поставили нас на край пропасти. Становится ясно, что дальнейшее продвижение при отсутствии правильной тенденции, которая является движущей энергией, сутью материи, тем, что ею управляет и наполняет изнутри, более не представляется возможным.

Прежде кризисы наблюдались в какой-то отдельной области: в науке, культуре, религии, общественных отношениях и т.д. Наступавший коллапс, тем не менее, служил стимулом для развития новых направлений в той или иной сфере человеческой деятельности или кардинальной модернизации прежних, что считалось переворотом, а порой даже приравнивалось к революции. Теряла свои позиции религия — ее сменял расцвет науки и новых технологий. Наступал технологический упадок — начиналась культурная революция. Ветшали культурные ценности — им на смену приходило бурное развитие промышленности. Однако всегда крах одного приводил к возникновению другого.

Сегодня человечество достигло такого состояния, когда на всех направлениях своей деятельности человек получает абсолютно негативные результаты, означающие полное истощение.

Не имеют под собой реальной почвы также и надежды на возникновение синтеза религии и науки, который помог бы избавиться от ощущения бессилия и беспомощности. Человечество подошло к завершению развития, тысячелетиями происходившего на основе получающих *келим*.

Все движется в одном направлении: к раскрытию Творца. Однако если этот процесс происходит вопреки желанию творения уподобиться Творцу, то развитие ощущается им как негативное и угрожающее. Оно погружает во мрак всю реальность, которую человек воспринимает посредством пяти органов чувств. Когда же раскрытие происходит по доброй воле творения и его желание соответствует желанию Творца (то есть осуществляется в процессе уподобления друг другу), оно ощущается как сближение с Высшим светом, и связь эта постоянно укрепляется и расширяется.

Тест

1. **Как называется инструмент исследования в каббале?**

a. экран;
b. махсом;
c. свет;
d. кли.

2. **Завершите предложение: «Картина мира является не объективной, а полностью субъективной, то есть целиком определяется...»**

a. высшим светом;
b. шестым органом чувств;
c. наблюдателем и его свойствами;
d. природой.

3. **Завершите предложение: «Человечество подошло к окончательному итогу своего развития, тысячелетиями происходившего на основе ...»**

a. научных исследований и открытий;
b. религий и верований;
c. постепенного развития эгоизма;
d. альтруистических законов природы.

4. **Почему необходимо слияние естественных наук с каббалой?**

a. каббала помогает получить дополнительные знания о мире;
b. наука, построенная на поглощении, закончилась, и теперь для дальнейших исследований необходимо обрести экран;
c. такое слияние способствует дальнейшему развитию наук;
d. потому что развитие эгоистического желания в человеке вынуждает его продвигаться, чтобы наполнить себя.

5. **В чем состоит главная причина кризиса современной науки?**

a. наука не принимает в расчет личные свойства человека-исследователя;
b. отсутствие практической пользы большинства научных исследований;
c. отсутствие принципиально новых идей (развитие науки завершается);
d. никакого кризиса в науке нет.

Дополнительный материал

Е. Вахромов[32]

Интегральная культура[33]

С позиции научной психологии диалектика «мира действительности» и «картины мира» определяется тем, что мир как таковой бесконечен в пространстве и времени. Фундаментальным его свойством является изменчивость; картина мира, представленная артефактами, текстами, составленными из исчисляемого количества знаков и символов по конечному числу правил. Текст, понятие, теория *делаются*, таким образом, «посредниками» между бесконечным миром и человеком — «конечным» существом — как в пространстве, так и во времени. Через слово, текст бесконечное потаенное открывается пониманию. Фиксированная в текстах система представлений о мире более «статична», чем *мир-сам-по-себе*. Когда человек, предпринимая «здесь-и-сейчас» какое-либо действие, соответствующее его представлениям, основанным на теории и прошлом успешном опыте взаимодействия с действительностью, получает удивительный, неожиданный результат, «статичность» становится для него проблемой. Однако, по мнению Аристотеля, такого рода «удивление» лежит в основе науки и научной деятельности, вынуждая человека и все человечество постоянно не только строить, но и перестраивать свою «картину мира». Это является основой выделения исследовательской деятельности в науку. Перед наукой, в свою очередь, встает задача поиска и систематизации нового знания, сопоставления его с накопленным ранее в других отраслях, проверки на практике.

Понимание необходимо отличать от *знания*, в том числе научного. Понимание — понятие более широкое, здесь имеется в виду *единство знания и действия на его основании*. Однако знание и понимание не являются «привилегией» человека, они, в определенных формах, присущи растительному и животному миру. Так, в этологии и зоопсихологии известно о наличии у животных двух функциональных систем, первая из которых «отвечает» за определение типа ситуации (знание), а вторая «запускает» имеющийся в репертуаре ответ, реакцию. Б.Рассел писал: «Знание не следует определять так, чтобы этим подразумевалась непроходимая пропасть между нами и нашими предками, не пользовавшимися языком».

Существенное отличие знания и понимания в животном и растительном мире от человеческого заключается в том, что его **истинность** проверяется логикой **естественного отбора**. Отсутствие необходимой поведенческой реакции, «**поступка**» или **ошибочная оценка**

---

[32] *Вахромов Евгений Евгеньевич* — кандидат психологических наук, профессор кафедры психологии и педагогики Федерального института развития образования, член Профессиональной психотерапевтической лиги.
[33] Публикуется с разрешения редакции научно-практического сборника «Альтернатива.Развитие. Интеграция» №7 (Москва, Издательство МГУ, 2006).

ситуации чреваты гибелью особи, вымирание критического числа представителей означает исчезновение рода, вида. Поэтому для индивида проблема выживания, приспособления есть, прежде всего, вопрос исключения ошибок, который состоит в отказе от форм поведения, не приносящих успеха в достижении цели. В жизни человечества просматривается попытка «заменить» чреватый гибелью *естественный отбор* выбором тех или иных *теорий* (эволюционная эпистемология). Метафорически говоря, пусть вместо нас вымирают те, кто не выдержал проверки практикой и временем теории.

Создавая образ мира, человечество все менее соотносит свое существование с ним и все более – с его культурным образом. Человек всегда пребывает в конкретной ситуации и решает прежде всего вызванные ею проблемы и задачи. Ситуация предоставляет сделать в *настоящем* определенный выбор в форме поступка, действия или бездействия. Совокупность актуализованных выборов формирует *«прошлое»*, которое неизменно, вариациям подвержены только его интерпретации. *«Будущее»* есть сумма потенциальных, ожидаемых результатов усилий, предпринимаемых в настоящем. В связи с этим будущее *открыто*, поэтому разные варианты ожидаемого в будущем имеют различную мотивирующую притягательность.

Отметим ключевые закономерности, выявленные философией и методологией науки.

Во-первых, современный человек все в большей степени должен ориентироваться при выборе решений не столько на личный опыт, сколько на обобщенный, накопленный семьей, группой, культурой, цивилизацией и хранящийся в форме текстов. Отсюда следует, что возрастает и будет возрастать роль общения, коммуникации на всех уровнях – от межличностного до межкультурного. Эффективность этого взаимообмена будет связана с пониманием каждым субъектом (личностью, группой) **цели приобретения знаний**, границы применяемых теорий, меры, в которой полученные познания используются без ущерба для других.

Во-вторых, каждая языковая культура в целях самосохранения заинтересована в успехах и росте своих носителей-индивидов. В силу этого она непосредственно зависит от максимальной интеграции знаний, накопленных в иных культурах. Человеческая цивилизация в рамках, доступных исторической науке, развивалась из нескольких очагов, слабо связанных между собой и породивших разные знаково-символические системы – языки. В связи с различиями в конкретных исторических судьбах народов и культур соответствующие языки являются носителями различного, во многом не пересекающегося знания и опыта. Важное значение в этой связи приобретает трансляция, взаимообмен накопленного человечеством в различных культурах знания, так как адаптация и возможность выбора для актуализации будущего зависят от того, насколько широко и полно в данном языке представлено собранное человечеством знание. Исключительную важность при этом несет в себе **проблема взаимопонимания и доверия** между культурами.

В-третьих, реальный успех индивидов и культур требует, чтобы интеграция и использование иного знания, накопленного другими, не нарушало собственной психологической целостности выше критического уровня; позволяло добиваться практических результатов. История знает немало примеров, когда неумеренное потребление продуктов иной культуры приводило к размыванию смыслового ядра собственной. Следствием такого процесса является «психическая инфляция» на уровне малых групп (особенно опасно это для семьи) и индивида, приводящая к потере чувства самоидентичности. Тяжелым является положение малых народов и бедных стран, не имеющих возможности ассимилировать достижения мировой науки и культуры, следствие чего есть исход носителей интеллектуального потенциала в высокоразвитые и богатые страны.

В проблеме построения позитивного образа будущего и определения пути к нему — основной вызов нашей эпохи. Это имеет отношение как к человеку, так и к семье, группе, культуре, цивилизации, человеческому познанию.

На каждом уровне этот вызов ощущается все острее.

Неприятие вызова, принимающее как форму «упрощенного оптимизма», что выражается в «трескотне» о скорой и легкой победе над трудностями, так и вид «упрощенного пессимизма», проявляющийся в смирении, отказе от борьбы и ведет к гибели.

Принятие вызова требует «экзистенциальной» реакции, заключающейся в трезвом и беспощадном анализе, диалектической конфронтации негативного и позитивного аспектов социальных и культурных проблем, и систематической творческой работы по проверке истинности теорий всех уровней. Причем, необходимо ясное понимание того, что «последний» ответ может дать только практика.

Раздел X

Каббалистическая антропология

Содержание:

Данный раздел посвящен одной из самых спорных тем — соотношению души и тела. В первой главе рассматриваются наиболее распространенные теории, касающиеся этого вопроса, которые великий каббалист прошлого века, Бааль Сулам, объединил в три группы: теория веры, теория дуализма, теория отрицания. В зависимости от своего мировоззрения, каждый человек является приверженцем одной из них.

В последующих главах даются определения каббалистических понятий души и тела, и разбираются этапы развития души; предлагаются вопросы и ответы по теме, которые помогут правильно ориентироваться в дальнейшем материале. Вы узнаете, что представляет собой душа, поймете ее устройство и предназначение.

Глава 1.   *Тело и душа*
Глава 2.   *Понятие души в каббале*
Глава 3.   *Духовная конструкция Адам Ришон*

Глава 1. Тело и душа

1.1. Введение
1.2. Три теории души и тела
1.3. Критика теории отрицания
1.4. Понятия душа и тело в каббале
1.5. Реинкарнация согласно каббале
1.6. Суть исправления
1.7. Жизнь и смерть
1.8. Причина смерти человека
1.9. Цель земного существования
1.10. Заключение
1.11. Вопросы и ответы
Тест

1.1. Введение

Мы — совокупность тела и души. Что такое тело, мы знаем. Это мы можем ощущать своими пятью органами чувств. А что такое душа? Есть множество определений и толкований, что такое душа. Большинство из этих определений мистическое, связанное с ощущением отдельных людей, передающих это субъективно. Нет в описании понятия души универсальности. На койках в реанимации лежат два тела. Оба без сознания. Не видно, как они дышат. Одно тело еще живое, а другое мертвое. В одном теле сердце еще бъется и работают клетки, а в другом этот процесс закончен. Разница между одним и другим и есть душа? Были даже сделаны исследования по измерению веса человека до и после смерти. После смерти тело становится легче. Кто-то это приписывает душе, а кто-то заявляет, что человек выдыхает перед смертью и именно этот последний выдох и является причиной изменения веса. Действительно, есть нечто, что отличает живого человека от мертвого.

Китайцы называют это Чи, индийцы — прана, гомеопатия определяет это, как жизненная сила. И это чаще всего и называется в литературе душой. На самом деле — это та минимальная искра чего-то божественного или природного, что дает возможность клетке жить, сокращаться мышцам сердца и грудной клетки, заставляя человека или животное дышать и жить. А если клетки мозга больше не работают, а клетки сердца сокращаются — это жизнь? А может быть, понятие души глубже или находится за пределами отличия мертвого человека либо животного от живого?

Человек смертен — подразумевается, что именно эта сила или качество может быть или исчезнуть из тела. Душа бессмертна. Значит, это нечто другое. Как это можно представить? Почему человечество постоянно обеспокоено поисками ответов о душе, теле, смерти? Почему человек не может спокойно заниматься земными делами, пробить карточку в конце и на покой? Ведь самое естественное в природе это жизнь и смерть, животные спокойно относятся к этому природному процессу, а человек должен себе что-то объяснять, целые теории придумывать?

Все распространенные теории тела и души великий каббалист 20-го века Й. Ашлаг объединил в три нижеследующие: теория веры, теория дуализма и теория отрицания.

1.2. Три теории души и тела

Теория веры говорит, что нет ничего, кроме души или духа. По мнению сторонников этой теории, существуют духовные сущности, отделенные друг от друга в зависимости от их качеств, называемые «души людей». Душа обладает самостоятельно существующей реальностью, прежде чем спускается в материальный мир и воплощается в тело человека. Смерть физического тела не влияет на душу, потому что она духовна, и является простой сущностью. По мнению сторонников этой теории, смерть — это не более чем разделение между основами, из которых состоит сущность. И поэтому душа относится к материальному телу, являющемуся конструкцией из неких основ, каждый раз разделяемых смертью тела.

Душа, как духовное образование, представляет собой простую сущность, в которой нет составляющих, и поэтому она не может разделиться так, чтобы это повлияло на ее строение. В соответствии с этим, душа бессмертна и существует вечно. В соответствии с представлением сторонников этой теории, тело является неким одеянием для души — духовной сущности. Душа облачается в тело и через него проявляет свои силы, качества и различные навыки. Таким образом, душа дает жизнь телу, приводит его в движение и предохраняет от любых повреждений. Само по себе тело не имеет жизни, в нем нет ничего, кроме мертвой материи, в виде которой оно и предстает, когда душа покидает его. А все признаки жизни, которые наблюдаются в теле человека, являются лишь проявлением сил души.

Теория веры является наиболее распространенной ее постулаты разделяет большинство людей. Однако эта теория не дает ответа на вопрос о том, что представляют собой тела всех остальных творений, кроме человека? Существует ли у них душа? Можно предположить, что у человека есть некая «внутренняя душа», которая облачается в его биологическое тело и приводит его в движение. Что же отличает тело человека от тел животных, если оно удостоено «внутренней души»?

В концепции рассматриваемой теории больше вопросов, чем ответов. Однозначно она утверждает лишь следующее: существует душа и существует тело. Душа представляет собой нечто внутреннее, а тело — нечто внешнее, и одно облачается в другое. Душа является бессмертной частью, а тело — преходящей. Плоть живет и умирает по своим законам, не зависящим непосредственно от вечной сущности души.

Теории дуализма придерживаются апологеты двойственности. По их мнению, тело является совершенным созданием. Оно живет, питается, в мере необходимости заботится о продолжении своего существования и нисколько не нуждается в помощи какой бы то ни было духовной сущности.

Однако, тело отнюдь не считается сутью человека. Основу сути человека представляет разумная душа, которая является духовной сущностью, что перекликается с мнением последователей теории веры.

Расхождения в этих двух теориях касаются лишь определения тела. Современная наука показывает, что все необходимые жизненные потребности заложены природой в самом теле, и это не оставляет места для деятельности души внутри тела в их духовном виде, ограничивая ее функцию лишь навыками и хорошими качествами.

Таким образом, сторонники дуализма верят в обе теории одновременно, но при этом утверждают, что душа является первопричиной тела, то есть тело, по их мнению, представляет собой порождение и продолжение души.

Теории отрицания придерживаются исследователи, отрицающие наличие в теле некой духовной реальности и признающие только его материальность. Согласно их утверждениям, разум человека также является производным от тела.

Сторонники теории отрицания представляют тело подобным исправной электрической машине с проводами, протянувшимися от тела к мозгу. Весь механизм приводится в действие вследствие контакта организма с внешними раздражителями и управляется посредством обработки ощущений тела «боль» или «наслаждение» мозгом, который дает команду, как отреагировать на внешнее воздействие определенному органу. Все управление осуществляется с целью отдалять организм от источника боли и приближать его к источнику наслаждения посредством нервов-проводов и присоединенных к ним жил.

Как утверждают сторонники теории отрицания, именно таким образом в человеке происходит осмысление и вырабатывается реакция на любые жизненные ситуации. А наше ощущение разума и логики мозгом подобно снимку или отпечатку процесса, происходящего в организме. Ощущение это является неоспоримым преимуществом человека, и становится возможным благодаря его развитости по сравнению с представителями животного мира. Таким образом, по мнению сторонников этой теории, разум и его деятельность есть не что иное, как результат процессов, происходящих с организмом.

С теорией отрицания соглашается и часть сторонников теории дуализма. Но они все же добавляют к модели теории отрицания некую вечную духовную сущность, называемую ими «душа». По их утверждениям, душа является сутью человека и облачается в тело-оболочку.

1.3. Критика теории отрицания

Теория отрицания чужда духу образованного человека, поскольку игнорирует личность и представляет человека в виде машины, приводимой в действие посредством внешних сил. Из нее следует, что у человека нет никакого свободного выбора в своих желаниях, он находится под полным контролем сил природы, все действия совершает по принуждению и не получает ни вознаграждения, ни наказания за свои поступки, поскольку закон вознаграждения и наказания распространяется только на того, кто имеет свободу выбора.

Человеку не очень нравится думать о себе как о марионетке, приводимой в действие посредством внутренней программы или внешнего воздействия. Бааль Сулам говорит, что эта теория чужда как религиозным, так и нерелигиозным людям, то есть ни одна из теорий, созданных человечеством, все-таки не рассматривает человека как механизм, не имеющий никакой свободы выбора и приводимый в действие исключительно внешней силой.

В нашем состоянии мы не способны точно определить истинность каждой из этих теорий, поскольку у нас нет возможности видеть, кто мы такие и Кто такой Творец, Высшая сила. Мы не знаем, насколько Он облачается в нас, определяя все происходящее, и оставляет ли нам какую-либо возможность для собственного решения и действия. На протяжении тысяч лет человечество пытается найти ответ на эти вопросы. Нет науки, которая может дать нам ясное объяснение, свободны ли мы, что должны делать в этой жизни, для чего и почему мы существуем. Несмотря на то, что эти вопросы возникают внутри нас, ответы на них следует искать на другом уровне осознания.

Описанные теории не основываются на ясном постижении духовного начала и поэтому не способны установить, что означает само понятие «человек». Ведь что, в сущности, есть в мироздании? Есть я и то, как я ощущаю себя и мою среду обитания. Все это является моим восприятием самого себя, и, исходя из этого ощущения, я считаю, что чувствую нечто, находящееся вне меня, — окружающую меня реальность. В итоге все сущее есть лишь человек и его ощущения. Может быть, такая картина мира вовсе не существует вне меня, а просто я таким образом представляю себе то, что происходит у меня внутри. На самом деле, если бы мы знали, что означает само понятие «человек», нам стало бы ясно многое о реальности в целом — существует ли она в действительности, является ли лишь моими представлениями или присутствует независимо от меня.

1.4. Понятие «душа и тело» в каббале

В каббале душой называется внутреннее чувство человека, желание насладиться, наполниться близостью, подобием свойств с Творцом или Природой. Это можно сравнить с ощущением знакомства с великим и уважаемым человеком, но не просто близости с ним, а подобию свойств, мыслей.

Пока человек не развил в себе душу, он имеет так называемую «витальную силу», энергию, как у любого живого существа. Она обеспечивает ему существование. Однако эта «витальная сила» не имеет никакого отношения к душе. Она лишь отпечатывается в наших пяти органах чувств. Между духовным и материальным нет прямой связи, существует лишь причинно-следственная связь.

Душа в человеке должна развиться. Она ждет, когда человек будет готов ее развивать, то есть пройдет такие состояния в этом мире, которые, с одной стороны, убедят его, что внутри его тела, его эгоистических желаний нет наполнения, а с другой стороны, когда в нем пробудится так называемое устремление уподобиться Природе по свойствам, но в соответствии с его собственным выбором, собственным усилием, собственным желанием развивать себя.

Это стремление человек и начинает развивать. Изначально оно подобно зародышу, внутри желаний. Желание получить, единственное творение, проходит многие кругообороты. После того, как желания тела прошли все свои метаморфозы и развились до такого состояния, когда человек начинает понимать, что дальше ему развиваться некуда, когда он осознает порочность эгоистического развития, направленного лишь на поглощение в себя, тогда и начинает проявляться новое стремление. Тогда в человеке образуется сила, отталкивающая его от такого мировосприятия. И одновременно у него появляется стремление к новому восприятию. Важно добавить, что весь этот процесс происходит именно в состоянии, когда человек ощущает мир пятью органами чувств.

1.5. Реинкарнация согласно каббале

Реинкарнация обычно понимается как такое положение дел, когда человек живет и умирает несколько раз. Но с точки зрения каббалы новое рождение — это вовсе не рождение в другой физической оболочке. «Новое рождение» относится к личности. Это происходит каждый раз, когда вы поднимаетесь на следующую духовную ступень. Например, если вы интенсивно занимаетесь исправлением себя, вы можете прожить несколько жизней за считанные минуты. С другой стороны, если вы не исправляете свое отношение к другим, вы можете никогда не испытать духовного рождения.

Каббала оценивает людей по духовным характеристикам. Когда каббалистические тексты говорят о рождении нового человека, имеется в виду не физическое тело, не руки-ноги. Имеются в виду намерения и желания. Когда качество ваших желаний изменяется к лучшему, с точки зрения каббалы, родился новый, более духовный, человек.

Тело — это просто биологическое вместилище. Органы, например, могут замещаться путем трансплантации. Каббала рассматривает тело как простой приемник для души.

Реинкарнация — это повторное вселение душ в тела, происходящее в этом мире. Это случается, поскольку каждая душа стремится к окончанию своего индивидуального исправления.

Полное исправление — дело долгое, включающее ряд уровней. Творец хочет, чтобы мы вкушали духовное наслаждение полной мерой, достигли полного исправления. Это возможно только через большое желание. Только с исправленным желанием мы сможем достичь духовного мира и стать сильными и активными. Вот что пишет Й. Ашлаг в статье «Введение к Книге Зоар»:

> *И мы должны иметь в виду, что, поскольку Замысел Творения заключается в том, чтобы даровать Своим творениям, Он должен создать в душах большое количество желания получать то, что Он задумал дать. Ведь мера каждого наслаждения зависит от меры желания получить его: чем больше желание получить, тем больше наслаждение, и чем меньше желание — тем меньше наслаждение. Поэтому сам Замысел Творения диктует творениям желание получать, в соответствии с тем бесконечным наслаждением, которое Его Всемогущество задумало нам даровать.*

1.6. Суть исправления

Цель исправления вашей души намного шире, поскольку все души взаимосвязаны. Когда вы впервые приходите в этот мир, ваша душа называется «точкой». Мы все являемся частями духовного сосуда, называемого Адам Ришон (Первый Человек). Душа Адама Ришона расщепилась на 600 000 душ, которые спустились на Землю. В этом мире огромное количество тел, и каждое имеет душу. Если вы не взрастили духовное желание из этой точки, живя в этом мире, ваша душа возвращается к своему корню в Адам Ришон. Она подобна семени, которое так и не взошло. Ваша цель — вернуться точно к тому корню в Адам Ришон, от которого вы произошли. Мы не может сегодня с нашим восприятием мира осознать духовную реальность. Каббала считает, что существуют вещи, знать которые нам не дано, и действовать нужно, сознавая это.

1.7. Жизнь и смерть

Существует известное латинское изречение — «самое определенное в жизни — смерть, самое неопределенное — ее час». Действительно, человеку не дано знать час своей смерти, и он думает, что это случится в далеком будущем. И по сути — считает себя бессмертным. Человек, покупая лотерейный билет, считает, что обязательно выиграет, хотя шансы 1 из миллиона, а когда выходит на улицу, то никогда не думает, что что-то плохое случится с ним, хотя вероятность намного больше. В чем причина такого нашего поведения?

Известный исследователь смерти доктор Кюблерр-Росс выпустила книгу «Смерть — последняя стадия роста», где собрала многочисленные примеры того, как сильно меняются люди, осознав неизбежность смерти. Так американский сенатор Пауль Цонганс, заболев неизлечимым раком, писал, что именно болезнь заставила его принять тот факт, что он когда-нибудь умрет. Он понял, что у человека есть потребность в духовном в независимости от того — болен он или здоров и за это понимание он благодарил свою болезнь — рак. Когда хирург Роберт М.Мак, узнал, что у него рак легкого, он был растерян и близок к отчаянию, но затем, приняв необратимость близкой смерти, писал: «Я счастливее, чем когда-либо раньше. Эти дни на самом деле лучшие дни моей жизни».

Смерть, кажется, чем-то привлекает людей. Ничто так не притягивает их к газетной странице или к экрану телевизора, как сообщения о смерти — особенно когда трагическая смерть постигает множество людей. Похоже, что интерес к ужасам войны, природным катаклизмам, преступлениям или болезням лишь растет. Такой нездоровый интерес людей к смерти выражается в особом всплеске эмоций, когда умирает какой-то видный деятель или знаменитость.

Но мысль о собственной смерти отталкивает. Думать о собственной смерти всегда было и остается чем-то неприятным. Чтобы побороть это чувство и удовлетворить естественное желание жить вечно, люди придумали множество теорий, начиная с учения о бессмертии души до идеи реинкарнации. Прежде всего смерть показывает нам, что жизнь, нацеленная на приобретение богатства и власти,— бессмысленна.

Каббалисты утверждают, что если человек в этом круговороте жизни не раскрывает смысл жизни, который заключается в уподоблении свойств Творцу, то он продолжает реинкарнации пока в одной из жизни не завершит, задуманное Творцом.

Вот как пишет Бааль Сулам в статье «Предисловие к ТЭС», п. 155, стр. 332:

> *Каждый человек должен достичь наслаждения, уготованного ему Творцом в замысле творения. Если человек не удостоился достижения цели творения в этой жизни, то удостоится в одной из следующих. Он будет рождаться в этом мире до тех пор, пока не достигнет завершения замысла Творца по отношению к себе. Все то время, когда он пытается, хотя и не может пока достичь совершенного состояния, — Высший свет издали светит ему и помогает исправиться, чтобы наполнить его исправленные желания.*

1.8. Причина смерти человека

По каббале кроме постоянного обновления решимот — информационных данных внутри нас, существуют еще такие пороги в нашем развитии, когда мы обязаны сменить общество, культуру, страну, в общем, все, что имеет отношение к материальному миру. А для этого необходимо сменить тело — умереть и снова родиться.

Это необходимо человеку еще и для того, чтобы все полученное им в нашем мире — все приобретенное им как знание перешло в чувство. Пример такого перехода, когда умирает тело и остается душа, — зерно, сгнившее в земле. Только сгнивая, оно дает новый росток. Так и мы обязаны полностью оторваться от внешней оболочки, отбросить свою смертную часть, из которой ушла вся энергия. Именно эта энергия даст нам в будущем новую жизнь.

Эта энергия, освободившись от внешней оболочки, вбирает в себя все полученные ранее знания и вносит их в мои свойства. И в следующее воплощение я прихожу с большими способностями, большими природными задатками и возможностями, приобретенными в течение прошлой жизни. Таким образом, во время перехода из жизни к смерти происходит как бы перекачка накопленного мной знания, совокупного потенциала в мою природу.

Мы замалчиваем тему смерти, пытаемся о ней не думать, удержать внимание на других состояниях, вырабатываем очень много защитных мыслей, своеобразных логических ходов, только чтобы обойти эту тему, которая навязчиво вызывает у нас ощущение бесполезности нашего существования. Если все кончается, обрывается смертью, какой смысл всех лет существования до нее? Только чтобы как-то забыться и приятно провести время?

Когда же человек раскрывает смысл вечного существования, бытия в совершенно иной области, в ином измерении, его земное существование в течение отпущенных ему лет меняется, обретая совершенно новую окраску, новую ценность, и он поднимается к осознанию своей жизни как человека и на земном своем отрезке времени. Объяснить все это людям, помочь им установить связь уже сегодня с той вечной жизнью, которая сегодня начинается и продолжается — задача науки каббала.

Причем, начиная действовать во имя общей Цели, поднимаясь вместе со всем человечеством до осознания этого уровня, мы избавляемся от ощущения физической смерти, потому что человек в нас — это не животное, а наше ощущение связи с первопричиной, с тем кто нам создал, с Творцом.

Если мы воспринимаем свою жизнь только как животную, биологическую, то, естественно, она будет ограничена рамками тела, которое живет, развивается, болеет и умирает. Но стоит нам приподняться над собственным телом, и мы начинаем ощущать жизнь как непрерывное течение мысли, энергии, бытия. Тогда обнаружится, что времени не существует, не существует даже такого понятия, как движение, характерного для нашего мира, то есть, нет физических перемещений, — есть лишь перемещение огромного потока информации в единстве всего сущего над нашей материальной природой. И человек может ощутить это, еще находясь в нашем мире. Если он осознает этот великий, вечный процесс и отождествляет себя с ним, то уже сейчас может ощущать вечность.

Сосредоточившись на развитии вашей души, вы можете выйти за пределы биологических (земных) влияний, освободиться от них. Каббалист Барух Ашлаг говорил, что для него смерть и новое рождение – это все равно как снять грязную рубашку и надеть чистую. Когда его отца, Бааль Сулама, спросили, где он хотел бы быть похороненным, он безразлично ответил: «Вот уж все равно мне, куда вы денете этот мешок с костями».

1.9. Цель земного существования

Каббалисты говорят, что задачей человека является такое существование, когда отсутствует ощущение жизни-смерти. Если же это ощущение присутствует, — значит, он еще не поднялся над своим животным уровнем, еще не стал человеком. Человек – это тот, кто существует вечно и чувствует себя таковым. А рождение, смерть – все, что связано с облачением в физическое тело, — как утверждают каббалисты, должны стать для нас подобием смене одежды. Мы переодеваемся в соответствии с тем, чем занимаемся: если куда-то выходим, кому-то представляемся, выполняем определенную работу или миссию.

Именно таким образом человек должен чувствовать облачение в физическое тело. Это возможно для каждого, и каждый должен выработать такое отношение к жизни, при котором станет воспринимать поток вечности как сферу своего бесконечного бытия, а рождение в физическом теле как возможность решения каких-то определенных задач в нашем мире.

Пока человек не достигает такого уровня, он не называется «Человек». И Каббала указывает на это, как на конкретную задачу, которую должен решить каждый в течение нескольких лет занятий Каббалой.

Человек, который достиг духовного уровня «Человек» и должен при этом сойти в наш мир для выполнения определенной миссии, связанной с другими людьми, которые еще не приподнялись до этого уровня, подобен здоровому органу, который начинает соединяться с больными, чтобы каким-то образом им помочь – включиться в их работу и наладить ее, соответственно приподняв их над уровнем их существования.

При этом он проходит несколько этапов: опускается в тело нашего мира, проживает все те события, которые переживает обычный человек, родившийся в нашем мире. До какого-то определенного этапа своей жизни он существует, вроде бы, как все остальные, но, естественно, его окружение, родители, заданные свойства определяются миссией, конкретной целью.

И вот, наступает такой момент, когда в нем начинает пробуждаться интерес к познанию тайн природы, к выяснению вопроса о смысле жизни, и тогда этот человек быстро достигает некоего духовного уровня, с которого может правильно контактировать с остальными, оказывать им помощь, обучать их, приподнимать их и так далее.

Каббалисты, находящиеся в этом мире, ощущают людей, которые приходят на Землю с подобной миссией, и пытаются их найти. Они стараются привлекать к себе тех людей, которые в кругооборотах своих прошлых жизней уже достигли определенных духовных вершин, постижений и на сегодняшний день готовы к своей новой, сознательной миссии — служить двигателями человечества и тех людей, которые уже близки к вступлению на путь духовного возвышения.

1.10. Заключение

Бааль Сулам пишет в своей статье «Свобода», что каждое поколение имеет те же души, что и предыдущее, но в новых телах. Душа, которая соединилась с вашим телом, могла быть в различных людях, но нет возможности узнать это, поскольку ваша душа сосредоточена только на настоящем. Все, что вы испытали, остается с вами; ничто не исчезает. Однако вы не можете использовать его как папку с файлами, вытаскивая конкретные мысли. Прошедшие воспоминания появляются сами по себе, чтобы понять настоящее. Все души соединены в универсальную систему и обладают общей памятью. Подобно капле воды в ведре, души не сохраняют своей земной формы.

Когда каббала говорит о человеческом существовании в этом мире, она подразумевает человеческое желание получать в состоянии сокрытия от Творца. Важно помнить, что реинкарнируете не вы, а ваша душа, ваше желание получать, которое является основой творения. Желание получать бывает разных уровней от неживого до человеческого. Так, например, камень имеет желание получать, которое заключается в сохранении формы. Человек не можете превратиться в неживой объект. Он можете быть только в другом теле другого человека, которое способно продолжить процесс духовных постижений. Как долго этот процесс может продолжаться? Об этом в своей статье «Какой ступени должен достичь человек» каббалист Барух Ашлаг пишет, что душа продолжает возвращаться, пока она не достигнет полного исправления и не вернется к своему корню. Если вы целиком исправились сами, и сделали все, что могли, для других, вы больше не будете возрождаться на Земле.

Число душ в универсальной системе Адам Ришон 600 000, и оно неизменно. На всех душ дано 6000 лет, чтобы достичь исправления. Как долго души продолжают возвращаться на Землю, зависит от того, какой прогресс они совершили в своем исправлении. Пока все души не достигнут раскрытия Творца, что и является исправлением, они будут возвращаться в земные тела. Та близость, которой вы достигли к Творцу в этой жизни, облегчает процесс исправления в следующей жизни.

Люди естественным образом идут к исправлению, либо намеренно, либо через страдания. Если вы подготовились и изменились внутренне, эти изменения остаются в вас на всю жизнь. Все, что вы приобретаете (свойства, качества, знания) в этом мире, проходит, кроме изменений в душе. Каббала учит, что в конечном счете ваша жизнь измеряется разницей между тем, какую душу или желание вы получили при рождении, и какую имеете сейчас. Это сравнение показывает степень, в которой вы поднялись к духовным мирам.

1.11. Вопросы и ответы

Вопрос: Чем различаются понятия категории души в первой и во второй теориях?

В первой теории во всех действиях тела *душа* принимает решающее участие, она управляет всем и определяет все. Тело без *души* совершенно безжизненно. В той мере, в какой *душа* вселяется в материю, последняя принимает более одухотворенную форму и становится биологически живой. Это первая теория.

Во второй теории материя существует биологически естественно, сама по себе, и из своего биологического состояния поддерживает себя, зная, как оптимально существовать. В ней есть все, чтобы сохраняться, развиваться и размножаться. Однако в эту материю внедряется дополнительная духовная сущность, называемая *душой*. Она создает в теле определенные предпосылки.

Тело, допустим, заботится о себе совершенно самостоятельно. Однако *душа*, очевидно, накладывает на него некоторые дополнительные обязанности, цели, и тогда тело, кроме своих собственных действий, выполняет еще и указания *души*. Это те выводы, которые проистекают из теории дуализма.

Первая теория: только душа ответственна за все. Вторая теория: тело и душа обоюдно управляют человеком.

Вопрос: Что такое «точка в сердце»?

Под телом в каббале понимается тело духовного парцуфа, то есть его желания.

Другими словами, *тело* в каббале и есть *душа*. Под телом в *нашем мире* мы понимаем физиологическую плоть, состоящую из материи *нашего мира* по отпечатку строения *души*. Для чего это создано таким образом? Для того чтобы человек, находящийся в *нашем мире*, ощущая себя как биологическое тело с набором желаний, рождался и существовал независимо от воздействия Творца. Именно в этом состоянии у него появляется свобода воли, возможность самостоятельно развить свою *душу*. Тогда, кроме физического тела, у него будет и *душа*.

Душа — это внутреннее чувство человека, желание насладиться, наполниться близостью, подобием свойств с Творцом, который является Абсолютом, совершенством — но не ради себя, а ради Него. Такое состояние можно сравнить с ощущением от знакомства с великим и уважаемым человеком, но не просто сближения с ним, а достижения подобия свойств, мыслей, что коренным образом меняет взаимоотношения.

Пока человек не развил в себе *душу*, он имеет так называемую «витальную силу», энергию, присущую любому живому существу. Она обеспечивает ему жизненный процесс, откуда он может с *нулевого уровня* начать свое духовное развитие. Однако эта «витальная сила» не имеет никакого отношения к *душе*. Она называется земной и таковой отпечатывается в наших пяти органах чувств. Весь *наш мир* представляет собой *низшую духовную ступень* и существует лишь как ее отпечаток, только в эгоистическом материале. Поэтому между духовным и материальным состоянием нет *прямой связи*, а существует лишь причинно-следственная.

Душа должна сформироваться. Она ждет, когда человек будет готов развить ее, то есть пройдет в *этом мире* состояния, которые, с одной стороны, убедят его, что внутри тела, его эгоистических желаний нет наполнения, а с другой — когда в нем пробудится так называемая *«точка в сердце»*. Это *точка* его духовной составляющей, которая может меняться в соответствии с личным выбором, собственным усилием, своим желанием духовно развиваться. Это необходимо сделать! Изначально *точка в сердце* присутствует, подобно зародышу, внутри желаний. Желание получить, единственное творение проходит многие *кругообороты*, а *точка в сердце*, или зачаток будущей *души*, как бы ждет своего часа. После того как желания тела прошли все свои метаморфозы и развились до такого состояния, когда человек начинает понимать, что дальше в этом направлении ему развиваться некуда, когда он осознает порочность эгоистического развития, направленного лишь на поглощение, тогда и начинает проявляться *точка в сердце*. В этот момент в человеке образуется сила, отталкивающая его от себялюбивого мировосприятия, и одновременно у него возникает стремление к *духовному миру*.

Тест

1. Согласно теории веры, «душа и тело» это:

a. неделимое целое;
b. душа — внешняя, а тело — внутренняя часть;
c. душа — это желание отдавать, а тело — желание получать;
d. душа является вечной частью, а тело — преходящей.

2. Согласно теории дуализма:

a. душа есть только у человека;
b. тело является порождением и продолжением души;
c. душа является порождением и продолжением тела;
d. тело и душа — две независимые части.

3. По теории отрицания, человеком управляет:

a. душа человека;
b. тело человека;
c. мозг человека;
d. неизвестная внешняя сила.

4. Какая из теорий верна?

a. теория веры;
b. теория дуализма;
c. теория отрицания;
d. все эти теории неверны.

5. Каббала принимает знания, если они получены:

a. опытным путем;
b. путем логических заключений;
c. путем «духовных» доказательств;
d. даны свыше.

6. Предмет исследований теорий дуализма, веры, отрицания:

a. право, человек и государство;
b. человек, его душа и тело;
c. отношение человека к природе;
d. отношения в семье.

7. На каких данных основаны выводы каббалы?

a. знание о *Высшем мире* получено учеными-каббалистами в результате непосредственных опытов и исследований на себе;
b. на теоретических рассуждениях;
c. знания о *Высшем мире* основаны на представлениях человека в своем разуме;
d. знания о *Высшем мире* основаны на изучении каббалистических книг.

8. Мозг человека выстраивает картину окружающего мира...:

a. на основании ощущений, доставляемых мозгу пятью органами чувств;
b. на основании событий, происходящих вокруг человека;
c. на основании различных теорий и учений;
d. все ответы правильные.

9. Что на самом деле существует в реальности:

a. энергия;
b. материя;
c. желания;
d. нет правильного ответа.

10. Состояние, когда человек способен воспринимать реальность без ограничений, — это:

a. мир Бесконечности;
b. мир Адам Кадмон;
c. мир Ацилут;
d. духовный мир.

Глава 2. Понятие души в каббале

2.1. Условия развития души
2.2. Что значит иметь душу
2.3. Три этапа развития души
2.4. Цель кругооборотов душ
    Тест

2.1. Условия развития души

В *нашем мире* люди не могут вести оптимальный образ жизни без элементарных знаний о его устройстве и влиянии на человеческий организм. Человек должен иметь представление, по каким законам существуют неживая, растительная, животная природа и человеческое общество. Чем глубже он познает *окружающий мир*, тем проще и безопасней себя в нем чувствует. Если судьба забросит современного горожанина в пустыню, то, не будучи осведомленным о специфических условиях жизни в ней, он просто погибнет. Чтобы адекватно обитать в той или иной среде, необходимо знать, как она функционирует, каковы ее законы и свойства, что в ней полезно, а что вредно и даже представляет смертельную опасность для жизни.

Соответственно, для комфортного существования в человеческом сообществе каждый его член должен знать и понимать себе подобных и общество в целом. Без этого он не сможет быть его полноценным представителем.

Если поместить в современную социальную среду первобытного дикаря, не имеющего представления ни о законах социума, ни о техническом прогрессе, ни об уровне сознания окружающих и их взаимоотношениях, сможет ли он вы-жить? Любой человек, не обладающий знаниями о природе и обществе, не сможет существовать в *нашем мире*.

Точно так же *душа* человека не может пребывать в *духовном мире*, не приобретя определенных представлений о его природе и законах. Это включает в себя сведения об устройстве и функционировании *духовных миров*, *парцуфим*[1], *сфирот*[2], об их взаимодействиях,

---

[1] **Парцуф** (мн. ч. *парцуфим*) = «духовное тело» — желание наслаждаться Творцом, снабжённое экраном (то есть способное получить свет).

[2] **Сфира** (мн. ч. *сфирот*) — различные свойства, которые принял на себя Творец относительно творений. Всего их 10 — *кетэр, хохма, бина, зэир анпин* (который состоит, в свою очередь, из *хэсэд, гвура, тифэрэт, нэцах, ход, есод*), *малхут*.

называемых зивугим[3], и о следствиях их действий.

Однако для того, чтобы **возникла необходимость** ознакомиться с *духовным миром*, человек должен иметь *душу*. Только тогда ему становится важно выяснить природу *духовного мира*, потому что такое знание даст возможность *душе* существовать в нем.

2.2. Что значит иметь душу

Душа – это духовный орган, постепенно зарождающийся в человеке, находящемся в нашем мире. Рождение души означает последовательное развитие ощущения, вызванного воздействием духовных сил, появление новых альтруистических желаний, возникновение минимального восприятия Творца.

Таким образом, наряду с физическим телом, живущим по законам физиологии, в человеке появляется *тело духовное*, существующее в *мире духовном*. Как без знания законов природы и общества мы не смогли бы физически существовать в *этом мире*, так и наша *душа*, наше *духовное тело* не сможет пребывать в *духовном мире* без знакомства с его природой. Верно и обратное: человек, не имеющий духовных знаний, никогда не обретет *душу*, поскольку немедленно навредит ей. Поэтому Высшее управление ограничивает возможности восприятия несведущего человека и препятствует его духовному росту.

Ощущения *духовного мира* обретает лишь тот, кто способен действовать с полным пониманием законов функционирования духовной среды, которая ему открывается.

Итак, **человек, не имеющий духовных знаний, не обретет душу,** получивший *душу* развивается в *духовном мире*, подобно новорожденному в *нашем мире*.

2.3. Три этапа развития души

В рождении и развитии физического тела различают три периода, являющиеся следствием трех этапов развития *души*.

Первый этап – процесс рождения и появление на свет. На этом этапе отсутствуют знания и навыки, все необходимое младенец получает от родителей, существуя исключительно благодаря их усилиям и заботе. Аналогично физическому происходит и духовное рождение. То есть выход в *духовный мир* осуществляется после **осознания** своей эгоистической природы как зла и **приобретения** начального желания к исправлению.

Под осознанием зла имеется в виду **ясное понимание** того, что во мне отсутствуют любые *желания духовного уровня* – желания к тому, что выходит

---

[3] **Зивуг дэ-акаа** (ивр. – *ударное соитие*) – взаимодействия света с *масахом* (экраном), когда кли (человек, творение) в стремлении к единению с Творцом делает огромные усилия и, превозмогая собственную природу, отталкивает свет (наслаждение) ради слияния (уподобления) с этим светом.

за рамки моих личных, эгоистических интересов. После этого происходит рождение: Высший дает человеку силы полностью перестроить свою природу, подавить эгоистические желания, создав на них экран, и принять условия *первого сокращения*[4]. Такое состояние называется рождением духовного желания — кли. Несмотря на то что у человека появляются все большие и большие желания вследствие раскрытия огромных духовных наслаждений, он предпочитает оставаться в состоянии зародыша[5]. Такое исправленное желание называется 1-м малым состоянием (катнут алеф)[6].

Душа, полученная живущим в *нашем мире* взрослым человеком, называется *новорожденной*.

В момент ее рождения человек еще не обладает никакими духовными знаниями и не в состоянии понять процессов, происходящих в *духовном мире*, подобно тому, как новорожденный не осознает своего местонахождения. У *новорожденной души*[7] есть только авиют алеф — экран сопротивления на самую малую часть своего эгоизма.

Новорожденная душа не может самостоятельно продвигаться и производить какие бы то ни было духовные действия, как младенец не может выполнять никаких осознанных физических действий. Пребывая в состоянии «духовно новорожденного», можно существовать, как и в нашем мире, только за счет родителей.

Это предполагает необходимость *примкнуть к Высшему парцуфу* и, прилагая все личные усилия, стараться, вопреки любым эгоистическим помехам, искушающим всевозможными наслаждениями, или доводам разума, *не отрываться от Него*.

В процессе своего духовного продвижения человек сталкивается с разнообразными помехами и соблазнами, побуждающими его совершать неблаговидные проступки и впадать в «животные» (то есть ради себя) наслаждения. Необходимость таких проявлений слабоволия предопределена свыше: человеку важно осознать, насколько он ничтожен и слаб в своих духовных желаниях и до какой степени сильна его эгоистическая природа. Если, несмотря на это, человек «приклеивается» к *Высшему*

---

[4] **Первое сокращение** (на ивр. — *цимцум алеф*) — решение никогда более не наслаждаться светом ради себя.
[5] **Состояние зародыша** (на ивр. — *ибур*) — состояние, когда человек способен *не* расценивать собственное положение в соответствии с внутренними чувствами, с желанием получать, а рассматривает своё состояние только по отношению к цели, насколько связан с Высшей ступенью. В таком состоянии человек полностью аннулирует себя и растворяется в Творце.
[6] **Катнут** (ивр. — *малое состояние*) — состояние *парцуфа*, не использующего *Рош* (голову), то есть в нем есть *сфирот* от *хэсэд* до *малхут*, а у большого *парцуфа*, в дополнение к малому, есть еще *кетэр*, *хохма*, *бина*, то есть *рош* или большое состояние (*гадлут*).
[7] **Новорожденная душа, рождение** (на ивр. — *лида*) — духовным рождением называется состояние, когда мы, уже включая внутри себя и свойства Творца, и свойства творения, в первый раз в каком-то из этих желаний выбираем и предпочитаем свойство Творца свойству творения.

парцуфу[8], он вступает в фазу духовного роста и преодолевает стоящие на его пути препятствия.

Помехи посылаются Высшим намеренно, причем так, что низший этого не чувствует: Высший ставит перед ним всевозможные препятствия в духовном продвижении, чтобы тот, убедившись в собственном бессилии, *воззвал к Нему о помощи*.

Просьба о помощи – это внутреннее осознание никчемности своей эгоистической природы в сравнении с уже раскрывающейся человеку природой Творца. Это ощущение можно сравнить со стыдом, охватывающим человека, обнаружившего, что он единственный в мире не умеет читать или выполнять тому подобные элементарные действия и о его ущербности всем известно. Именно такие состояния испытывает в своем духовном продвижении каббалист, когда, взаимодействуя с Творцом, раскрывает эгоистическую природу своих мыслей и желаний.

Здесь может помочь только Высший. Ему не нужны унижения и мольбы. Взаимодействие начинается тогда, когда, осознав свое бессилие, низший создает в себе **условия для получения помощи от Высшего**. Если же человек еще не осмыслил, что он не в состоянии самостоятельно справиться с одолевающим его эгоизмом, с тягой к наслаждениям, то у него еще нет *кли*, то есть **возможности** получить помощь Творца.

Такая ситуация напоминает процесс обучения: человек может получать знания от другого, только если убежден, что тот знает больше него. Ощущая свое полное ничтожество, человек порывается оставить духовный путь, потому что внутренний голос убеждает его, что у него недостает сил для продвижения. Удержаться в состоянии духовного продвижения можно только с помощью силы *Высшего парцуфа*.

Второй этап – рост и получение необходимых знаний и разума, дающих возможность избегать вредного и опасного для тела, но при самостоятельной заботе о себе под контролем отца и матери.

Рост в *духовном мире* можно уподобить физическому развитию. Человек становится более наполненным относительно *света хасадим*[9]: увеличивается его желание на отдачу; он становится выше относительно света хохма[10]: растет возможность получения света ради Творца.

---

[8] **Приклеиться к Высшему парцуфу** – желать быть включённым в Высшего. Во всем своем разуме, во всех желаниях, способностях, во всем своем понимании я решаю, что готов быть включенным в Него с преданностью всему тому, что у Него будет или не будет и что я только могу себе вообразить.

[9] **Свет** (на иврит. – *ор*) **хасадим** – свет, который творение желает дать, вернуть Творцу. Представляет собой огромное наслаждение от подобия Творцу, оттого, что ты находишься вместе с Ним, что в тебе есть та же информация, что и в Творце. Ты знаешь Его мысли, чувства, ты постигаешь то, что есть в Нём, находишься на одной ступени с Ним.

[10] **Свет** (на иврит. – *ор*) **хохма** – весь исходящий от Творца свет, то есть свет, включающий в себя все, что желает дать нам Творец, определяется как сущность и жизнь творения.

Духовный рост состоит минимум из двух стадий. Там, где я могу что-то сделать для Творца, я делаю сам. Там, где не могу, — должен просить помощи Высшего.

Считается, что человек может все делать самостоятельно на той ступени духовного развития, на которой он находится в настоящий момент. Для перехода на высшую ступень он должен просить Творца о помощи. Стадия роста и постижения духовной природы, осуществляемая за счет помощи Высшего, называется *катнут бэт — второе малое состояние*.

Человек проходит эти состояния благодаря *Высшему свету*. В свете, исходящем от Творца, он ощущает эгоизм злом, себя — ничтожным, а самого Творца — спасителем. По мере прохождения этих состояний человек чувствует, как оберегают его родители — *Высший парцуф*. Обеспечивая его всем необходимым, он показывает, «что такое хорошо и что такое плохо».

Постепенно низший сознает, что ощущаемое им — как плохое, так и хорошее — исходит от родителей. В каких-то случаях он справляется сам, помня, чему они его научили. Человек растет, шаг за шагом накапливая все больше духовных сил и знаний.

Примечание. Необходимо понимать, что мы пытаемся передать словами незнакомые нам ощущения, состояния, которые нигде и никем ранее не описывались в такой открытой форме. Поэтому для объяснений нам приходится использовать определенные каббалистические термины.

Третий этап — *гадлут* (*большое состояние*)[11], состояние взрослого, когда приобретенные знания дают силу для самостоятельного существования, подобного жизни зрелого человека в *нашем мире*.

Взрослый зависит от общества, от окружающих его людей, но не от родительской опеки. Он уже привлек на себя *свет хохма* и может осуществить *зивуг*, то есть родить, вырастить и наполнить *светом* другой, более низкий *парцуф* – своего сына. У человека появляется собственный опыт и разум, достаточные для самостоятельного существования и передачи другому.

С духовным объектом — *душой* человека — происходят духовные процессы, подобные росту и развитию человека в *нашем мире*. Отличие заключается лишь в материале — эгоистическом или альтруистическом, но именно это и делает духовные действия совершенно непонятными для нас. Природу альтруизма мы просто не понимаем.

Душа каждого человека совершает кругообороты возвращения в этот мир и облачается в тело этого мира до тех пор, пока не постигнет полностью каббалистическое знание. Без него она не может вырасти

---

[11] **Гадлут** (большое состояние) – состояние полного уподобления Творцу на данной ступени. То есть это состояние *парцуфа*, имеющего экран, – силу противодействия своей эгоистической природе не только *не* получать для себя, но и получать не ради себя. В таком случае *парцуф* наполняет все свои желания светом *хасадим* и светом *хохма*.

и получить все то, что Творец задумал ей дать.

Душа обязана постичь эту науку не потому, что знания сами по себе расширяют *душу*, а потому, что природа ее такова. Без получения знаний, *ор хохма*, *душа* не в состоянии достичь того уровня, для которого была создана Творцом. Таким образом, не **процесс получения знаний** взращивает *душу* человека, а внутреннее свойство *души* таково, что человек не может собственными силами взрастить себя, пока не освоит духовную природу и не получит все необходимые духовные знания.

Рост *души* полностью зависит от объема получаемых знаний. Если бы *душа* росла, не получая *Высшего света* и знаний о Творце, она навредила бы себе. *Душа* накапливала бы всё большие желания, но при этом не имела бы понятия об их правильном использовании. Подобную ситуацию можно представить и в *нашем мире*: если человек в возрасте 20 лет остается на уровне умственного развития годовалого ребенка, он может натворить страшные беды. Сила без ума опасна как для него самого, так и для окружающих.

В *духовном мире* такая ситуация немыслима: человек получает возможность осуществлять духовные действия лишь в меру своей исправленности, в меру полученных им духовных знаний. Человек, не развившийся в этом направлении, живет и умирает физически, не начав духовной жизни.

Количество *света*, входящего в *душу*, определяет высоту *парцуфа*. *Парцуф* может быть расположен как лежащий новорожденный: ноги, руки, туловище и голова его находятся на одном уровне. У головы нет никакого преимущества перед ногами: во всех частях духовного тела и в его желаниях имеется лишь минимальный *экран* и соответствующий ему минимальный *свет*. Это положение подобно состоянию младенца или спящего, разум которого не проявляется.

Горизонтальным положением в каббале называется такое, при котором имеется *ор хасадим*, а *ор хохма*, входящий в *парцуф* в зависимости от *экрана*, отсутствует. Начальная стадия духовного развития происходит из горизонтального положения, подобного лежащему новорожденному.

Вторая стадия: ее можно уподобить сидящему человеку, в ногах которого еще недостаточно сил, чтобы держать тело. Конечности — окончания желаний получать наслаждение — пока не исправлены, не имеют *экрана*, не могут создавать ограничений для самостоятельного получения большого *света*.

В духовном состоянии «лежа» все 10 *сфирот души* человека оцениваются, как имеющие один *свет*, один минимальный *экран*. У новорожденного отсутствует знание, и потому нет и не должно быть сил передвигаться.

Духовную силу придает *душе* (*парцуфу*) лишь *свет хохма*. Основное развитие происходит в результате *добрых действий самого парцуфа*, а не вследствие получения *света* от родителей, без участия собственных усилий.

«Добрые действия» означают получение света с помощью экрана, вопреки эгоизму. Способность к таким действиям позволяет осуществить

постижение каббалы. Основной фактор роста является функцией добрых дел, которые, в свою очередь, зависят от освоения каббалы, то есть от получения знаний от Высшего парцуфа.

Любая душа постигает в своем знании все души: от первоначального состояния, называемого душой Адама[12] до окончательного исправления их всех.

Подобным образом человек, постигающий наш мир, познает природу человечества, усваивает его ментальность, перенимает привычки, то есть, все окружающее. На основании этих знаний он получает возможность защищаться от различных угроз со стороны природы и может соединяться, сближаться с теми, кто способствует его росту.

Нет ничего удивительного в том, что отдельная душа может постичь все души. Даже в нашем мире мудрец может познать природу всего человечества через осознание самого себя, потому что каждая часть творения включает в себя элементы всех остальных его частей. В человеке нет ни одного свойства, которого не было бы в других, и потому каждый, пусть в минимальной степени, обладает свойствами всего человечества. Все мы отчасти убийцы, гении, ловеласы, ученые, глупцы, верующие, безбожники и пр. В любом из нас кроется все многообразие человечества.

Работая над своим духовным совершенствованием, человек начинает чувствовать все эти качества в себе и, ощущая каждое из них как эгоистическое, постепенно осознает их зло для себя. Когда ощущение зла достигает максимального, нестерпимого порога, человек добровольно отказывается от этого качества, как от вредного, и таким образом исправляет себя.

Человек воспринимает свойства другого как естественные, только если обнаружит и прочувствует их в себе. Мы часто видим людей, обладающих отрицательными качествами, но даже не подозревающих об этом, не ощущающих их в себе. Однако в то же время они не переносят подобные свойства в окружающих.

Когда же с помощью изучения каббалы человек начинает постигать, кто он такой на самом деле, то становится терпимее к окружающим и учится прощать им их недостатки, поскольку обнаруживает аналогичные и у себя. Такой человек понимает, что окружающие просто не в состоянии избавиться от своих дурных качеств. По мере осознания своей ничтожности человек начинает любить других, потому что видит в них самого себя.

Поскольку все части творения взаимосвязаны и только эгоистические намерения разделяют нас, а наши души представляют собой единое духовное тело, называемое душой Адама, то, исправляя себя, человек исправляет весь мир.

---

[12] **Адам** = *Адам Ришон* – совокупность всех созданных душ, связь между ними на основе взаимоотдачи.

2.4. Цель кругооборотов душ

Творец создал душу — систему Адам Ришон, состоящую из 613 желаний[13]. Мы также называем их *«десять сфирот»*. Цель Творца состоит в том, чтобы творение (желание получать) достигло вечности и совершенства, уподобившись Ему Самому.

Прийти к такому состоянию можно лишь в том случае, если творение уподобится Творцу **абсолютно во всем**, поскольку только уровень Творца совершенен и вечен. Чтобы творение достигло этого уровня, ему необходимо осознать всю низменность своего теперешнего состояния и **захотеть** стать подобным Ему.

Осознать свою противоположность Творцу, выстрадать это ощущение и пожелать исправить его невозможно иначе, чем путем продолжительного, последовательного, систематического и упорядоченного изучения каббалы.

Каждое из 613 *желаний* делится на множество частей. Чтобы исправить желание за желанием, а затем включить их все в каждое из остальных желаний, буквально в каждую из 600 *тысяч душ*[14], разделившихся ещё на миллиарды душ, требуется медленная, постепенная, кропотливая работа. Однако в результате она изменяет сами основы личности — будь то человек, отчаявшийся от нестерпимости своего нынешнего состояния, или достигший определенного исправления и некоторого соответствия Творцу, или прошедший определенный виток внутреннего качественного, то есть сознательного развития.

Чтобы измениться окончательно, необходимо отсечь предыдущее состояние и подняться к более высокому, то есть в большей мере соответствующему свойствам Творца. Достичь этого возможно лишь путем освобождения от обычного восприятия реальности. В этом процессе следует выделить: момент рождения, основные этапы физиологического развития человеческого организма, его вхождение в общественную сферу и затем — выход к духовному состоянию.

Выходит, что жизнь, которая кажется нам растраченной попусту, таковой и должна выглядеть. Каббалист, постигший систему мироздания, понимает, что сделать ее иной было невозможно. Однако нам трудно оправдать происходящее.

Если мы согласны, что созданы из материала, противоположного Творцу, и нам необходимо проделать серию исправлений для достижения вершины мироздания — высшего состояния из всех существующих в реальности, то мы должны признать, что нам нужно прожить тысячу лет, чтобы, поднимаясь по ступеням развития, с каждым шагом обогащаться новыми качествами, ощущениями и постижениями. Наша жизнь должна бы выглядеть иначе, чем сейчас, когда мы семь часов в сутки спим, десять часов работаем, несколько часов посвящаем

---

[13] **613 желаний** – части, называемые органами парцуфа, органами тела души.
[14] **600 000 частей** (*душ*) – качественное понятие взаимовключения частных душ (*сфирот*) в общее совершенное кли (сосуд).

заботе о детях, о своем теле и т.д. Даже тот, кто желает полностью погрузиться в духовную работу, способен уделить этому не более двух-трех часов в сутки.

Почему лишь десятую часть дня человек может посвятить своим духовным потребностям, составляющим, в сущности, основу и важнейшую цель всей его жизни? Почему столь нерационально устроено наше существование?

Ответ довольно прост. В мироздании много систем, работающих, развивающихся и совершенствующихся без нашего ведома и вмешательства. Например, я сейчас сижу, а во мне происходят всевозможные процессы, работают различные системы, невероятно разумно и мудро сконструированные. Эти системы не ощущаются мною, я не могу самостоятельно управлять ими, часть из них невозможно исследовать вообще. Организм живет.

Точно так же необходимо, чтобы вокруг и внутри человека существовали многочисленные недоступные ему системы, действующие как в физическом, так и в духовном аспекте. Человеку приходится работать, решать разного рода житейские проблемы, в ходе чего он, сам того не ведая, исправляется. Возложенная на нас задача сводится к тому, чтобы использовать эти, скажем, два свободных часа в день для изучения истинной методики исправления, которую мы способны и обязаны реализовать самостоятельно. Такой методикой является каббала. Человеку достаточно заниматься этой наукой хотя бы два часа в день, чтобы привнести дух каббалистических источников в свою обыденную жизнь.

С этого момента человек, продвигаясь духовно, начинает раскрывать реальность, рассматривая ее как единую взаимосвязанную систему, приводящую все неживое, растительное, животное и человеческое к одной цели. В процессе развития и совершенствования мы всегда идем от несовершенного к совершенному и потому не способны правильно оценить свое текущее состояние. Оно кажется нам непонятным, непостижимым. Всякий раз нам приходится, за неимением выбора, продвигаться. Поэтому извечные вопросы всегда останутся таковыми. Разрешить их можно, лишь достигнув более высокого уровня, с позиции которого, действительно, видно, что происходило раньше. Однако, устремив свой взор вперед, человек остается с тем же вопросом, и у него нет иного выхода, как подняться на еще более высокую ступень.

В земной жизни мы не в состоянии соединиться друг с другом душами, потому что нас разделяет эгоизм. Поэтому существуют процессы смены жизни и смерти в многочисленных кругооборотах, через которые проходит все человечество, становясь при этом все более подготовленным к объединению. Таким образом, необходимы периоды, в течение которых человек, находясь в теле, взаимодействует с другими людьми. Несмотря на то что он относится к ним с позиции своего эгоизма, человек неосознанно проходит через исправление. Так, из кругооборота в кругооборот форма соединения становится все более возвышенной как в духовном, так и в материальном смысле. В конце концов, мы достигнем состояния, когда, оставаясь в телах, все люди соединятся душами. Тогда человечество в целом, как один человек с одним сердцем, сольется с Высшей силой.

Здесь задействованы разнообразные процессы и причинно-следственные взаимосвязи, которые невозможно объяснить в простой форме. Это касается многих вопросов: почему каждый из нас рождается со своими особенными качествами, связывает свою жизнь с определенным человеком, образуя с ним пару; тут же проясняется, почему мы рождаемся у тех, а не у других родителей, в таких, а не иных обстоятельствах и т.д. Все это можно вычислить, измерить и понять, увидев полную цепочку исправлений всех *душ* и проследив участие одной души во всех остальных.

Тогда станет ясно, что каждый человек проходит свою цепочку *кругооборотов* в оптимальном и наиболее эффективном виде. Собственно, самому человеку принадлежат лишь два часа в день, данные ему в этой жизни для освоения *методики исправления*. Она необходима для того, чтобы мы осознанно относились к процессу исправления и самостоятельно принимали в нем активное участие.

Тест

1. Назовите обязательное условие получения души:

a. иметь знания об *этом мире*;
b. иметь знания о *духовных мирах*;
c. иметь желание к духовным знаниям;
d. заниматься поиском наполнения в жизни.

2. Что такое просьба о помощи:

a. это внутреннее осознание никчемности своей эгоистической природы в сравнении с уже раскрывшейся человеку природой Творца;
b. это ощущение дискомфорта человеком и поиск избавления от страданий;
c. это просьба улучшить отношение к окружающим его людям;
d. здесь нет правильного ответа.

3. Человек получает возможность осуществить духовные действия в меру:

a. получения духовных знаний;
b. развития интеллекта;
c. желания к наполнению;
d. количества приложенных усилий.

4. Что разделяет людей между собой:

a. только эгоистические *намерения*;
b. разница в менталитете людей;
c. физические различия;
d. разница в уровне осознания важности духовного.

5. Чтобы творение достигло уровня Творца, необходимо:

a. необходимо хорошо знать каббалистические книги;
b. обладать особыми свойствами *души*;
c. необходимо осознать всю низость своего эгоистического состояния;
d. здесь нет правильного ответа.

Глава 3. Духовная конструкция Адам Ришон

3.1. Введение
3.2. Условия развития творения
3.3. Подобие свойств
3.4. Движущая сила развития человека
3.5. Строение общей души Адама
3.6. Процесс разбиения
3.7. Причина разбиения
3.8. Кругооборот изменения формы
Заключение
Тест

3.1. Введение

Цель *Высшей силы* состоит в том, чтобы создать равное Себе творение. Поскольку совершенство Творца выражается в отдаче и любви, то и творение обязано достичь такого же состояния. Находясь на более низком по отношению к Нему уровне, оно должно пройти через определенные процессы, которые позволят ему подняться на уровень Создателя. Иными словами, творению необходимо убедиться, что **заложенные в него первоначальные свойства совершенны**, а Высшее управление преследует наилучшую цель. Творению важно понять, что в каждом своем состоянии оно находится под самым бережным руководством Творца.

Однако творение должно постичь себя, Творца и пути Его управления *самостоятельно*. В результате этого постижения ему откроется понимание совершенства, придет искреннее желание подняться на уровень Творца

и уподобиться Ему в свойстве полной отдачи и любви. Качества творения должны соответствовать свойствам Творца в *полном объеме*. В этом состоит конечная цель развития человечества.

Чтобы привести творение к конечному состоянию, Творец вводит его в **определенный процесс**: создает и производит над ним определенные действия. Именно этот процесс мы изучаем, делая это в том виде, в котором каббалисты, постигшие высшие состояния, обнаруживают его на духовном уровне, где отсутствует понятие времени. На духовном уровне существуют лишь *фиксированные состояния*, как бы сканируя которые, мы постепенно переживаем и постигаем их.

Поднимаясь на духовный уровень, каббалист видит все творение целиком. Он словно просматривает киноленту, где ему доступны все кадры, и может описывать состояние творения от начала до конца и обратно. Читая труды каббалистов, мы можем попытаться понять то, что они почувствовали, пережили и теперь хотят передать нам. Если человек в состоянии сделать это, он включается в этот процесс осознанно, рационально и потому быстро и сравнительно легко идет к заранее обозначенной цели.

Именно для этого и нужна каббала. Без этой науки человечество все равно пройдет те же самые состояния, однако **качество прохождения** станет совсем иным: грубый каток развития будет подгонять нас, угрожая раздавить, и вынуждать идти вперед по закону «отрицания отрицания». Каждое состояние ставит человека в определенные жесткие рамки так, что, чувствуя всю его непереносимость, он **вынужден** совершенствоваться. В этом случае, чтобы обрести способность продвигаться, **необходимо ощутить каждое свое состояние как невыносимое**. Во избежание столь болезненного способа достижения конечной цели каббалисты предлагают нам свою методику преодоления этого процесса и показывают, как следует устремляться вперед, чтобы опередить каток развития.

3.2. Условия развития творения

Творец создает соответствующие условия для развития творения и его перехода к совершенному состоянию. Таких условий два: внутреннее, которое можно именовать *творением*, и внешнее, называемое *мирами*. Миры представляют собой отношение Творца к Своему созданию. Скрываясь, Он как бы накладывает на Себя оболочки, создавая *миры*, реальность, окружающую творение.

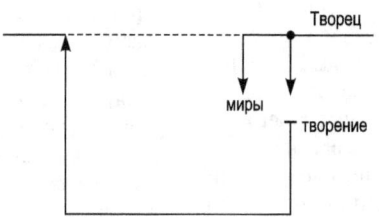

Рис. 3.1. Миры – окружающая творение реальность.

Мы можем представить, что находимся внутри *миров*, а Высшая совершенная сила нас окружает. Таким образом, Творца отделяет от творения пять *миров*, созданных Им специально для нас. «*Мир*» на иврите — «*олам*», от слова «*алама*», сокрытие. *Мир* скрывает стоящую за ним силу, которая управляет нами через оболочку *этого мира*.

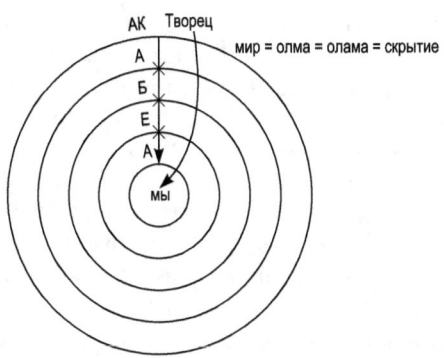

Рис. 3.2. Творец, человек и система миров между ними.

Итак, Творец управляет нами через пять занавесов – систему *миров*: *Адам Кадмон* – прообраз будущего человека (*«Адам»* – человек, *«Кадмон»* – предыдущий, прообраз), затем *миры Ацилут*, *Брия*, *Ецира* и *Асия*. Можно сказать, что, с одной стороны, Он создал систему *миров*, а с другой – человека, состоящего из *тела* и *души*.

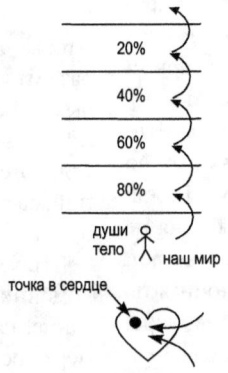

Рис. 3.3. Миры – частичные меры скрытия Творца.

Наше тело находится ниже всех *миров* в состоянии, называемом *«наш мир»*. Этот *мир* не изучается в каббале, потому что он относится к материи, не способной на духовные взлеты и падения.

Остальные *миры*, расположенные выше *нашего мира*, являются духовными: в них возможен непосредственный контакт человека с *Высшей силой*. Связь с Творцом раскрывается человеку с их помощью в разной степени. Скажем так: первый *мир* скрывает Творца от творения на 20 процентов, второй — на 40, третий — на 60, следующий — на 80 и *наш мир* — полностью. Устройство *миров* можно отобразить приблизительно следующим образом: см. Рис. 3.3

3.3. Подобие свойств

Человек должен развить в себе свойства, которые позволили бы ему преодолеть *сокрытие миров*. Рассмотрим данное утверждение на элементарном примере. Представьте, что вы от меня каким-то образом скрываетесь. Что при этом происходит? Я вижу вас, но внутренне не воспринимаю. Иногда люди говорят друг другу: «Ты меня не понимаешь». Так вот, Творец желает, чтобы мы научились Его понимать. Делать это можно лишь в той мере, в какой мы сами Ему уподобляемся. Чтобы возникло понимание, я должен приобрести качества, адекватные Его качествам. Творец желает, чтобы мы исправили себя, отождествившись с Ним, стали такими же, как Он. Только поднявшись на Его уровень, можно полностью понять Творца. Таким образом, подъем по пяти *мирам* предполагает постепенное уподобление Творцу.

Это восхождение человек должен осуществить, находясь в *нашем мире* в биологическом теле, которое у каббалиста остается тем же, что и у любого другого.

На каких бы духовных уровнях человек ни находился в своей душе, его тело продо-жает существовать в этом мире. Духовное развитие может осуществляться только из состояния «наш мир».

3.4. Движущая сила развития человека

Чтобы дать человеку возможность развития, **из желаний и их разнообразных сочетаний Творец создал Адама**. *Адам* — это *конструкция*, состоящая из великого множества отдельных желаний, связанных между собой, подобно органам и клеткам нашего тела.

Итак, изначально было создано комбинированно-интегральное желание, называемое *Адамом*. Затем, по мере постепенного нисхождения с духовного уровня через *миры*, в каждой клетке этого духовного тела, то есть в каждом желании (ведь Творец ничего, кроме желания, не создал), пропадает стремление поддерживать друг друга.

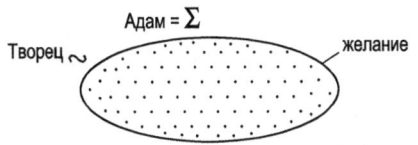

Рис. 3.4. Адам – созданная Творцом единая душа, состоящая из частей (частных душ, желаний), содержащих в себе все остальные части.

Наше тело тоже состоит из множества клеток, каждая из которых в отдельности эгоистична. Однако в процессе эволюции они пришли к «пониманию», что их противоборство ведет к гибели тела, а взаимная поддержка и связь способствуют совместному выживанию. Если две клетки, вместо того чтобы воевать друг с другом, начинают объединяться, то каждая может в чем-то помочь другой. Естественно, в этом случае они учитывают не только собственные интересы, но и пекутся друг о друге. Совместное желание клеток удваивается, как и оживляющая их сила, и они, объединившись, могут сопротивляться другим инородным клеткам. Так возникают организмы. Живой организм построен на том, что принимает и отдает, – иначе жизнь и обновление невозможны.

Подобным же образом в конструкции *Адама* все желания поддерживают друг друга, находясь в абсолютно полном интегральном сочетании и гармонии. *Адам* – это абсолютно здоровое духовное тело.

По мере нисхождения *Адам* претерпевает искажение, огрубление и разрыв связей между частями. К примеру, два желания в нем начинают противоборствовать друг с другом, разделяются, пытаются существовать одно за счет другого. Это постепенное нисхождение описано в каббале очень подробно. Возникновение взаимной ненависти между творениями в процессе нисхождения называется *грехопадением*. Происходит падение с уровня стопроцентного взаимодействия до уровня стопроцентного отторжения, эгоизма.

Разбиение связей между частями *души* в *нашем мире* выразилось в том, что сегодня на земном шаре существует шесть миллиардов человек, каждый из которых находится в абсолютно эгоистическом состоянии.

Система Адама является проекцией духовных сил на наш мир. Она существует и во всех промежуточных мирах, только это состояние в настоящий момент от нас скрыто. В действительности все человечество представляет собой единые мысль и желание и находится в состоянии мира Бесконечности, где все желания слиты друг с другом в одну душу, в одно большое желание.

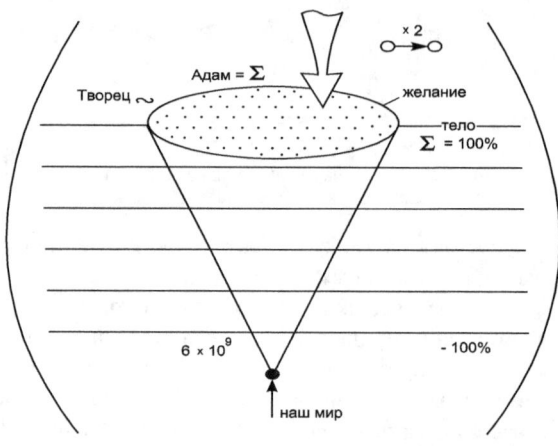

Рис. 3.5. Система Адам – проекция духовных сил на наш мир

3.5. Строение общей души Адама

Конструкция *Адама* разбивается на мелкие частички, каждая из которых представляет собой ее подобие в целом. Человек – это микромир.

Всего имеется 620 основных частей, разбиение происходит таким образом, что какая-то часть или сочетание частей становится у отдельного человека особенной. В каждом из нас есть нечто, принадлежащее лично ему, то, чем человек отличается от всех прочих.

Во мне существует то же количество частей, что и в любом другом. Отличающая меня частичка присутствует и во всех остальных людях, только у них она не является доминирующей.

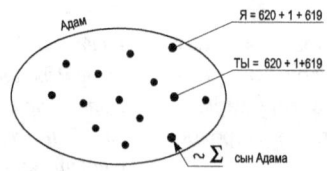

Рис. 3.6. Отдельные части конструкции Адам.

Разнообразие сочетаний создает индивидуальность каждого человека. Любой из нас подобен конструкции Адам в целом, поэтому и называется *«Бен Адам»*. *«Бен»* в переводе с иврита означает *«сын»*. Каждый из нас — *«сын человеческий»*, однако выявляет при этом какую-то определенную особенность *Адама* на фоне всей конструкции.

Конструкция *Адам*, кроме того, делится на семьдесят частей — семьдесят основных *народов мира*. Это связано с наличием в ее строении семи основных параметров: *хэсэд, гвура, тиферэт, нэцах, ход, есод, малхут*. Каббалистические термины характеризуют духовные свойства, присущие данной структуре. Каждое из свойств состоит из десяти *сфирот* (подчастей), что в итоге дает семьдесят основных параметров конструкции *Адам*, обозначаемых как *«семьдесят народов мира»*. Всего в мире существует семьдесят основных свойств, распределенных между основными *народами мира*.

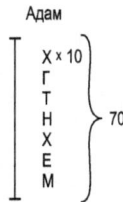

Рис. 3.7. Основные параметры конструкции Адам.

Конструкция *Адам* делится на множество различных подконструкций, в зависимости от того, о чем идет речь. Если мы говорим о количестве основных желаний, то всего их 620. Если мы рассматриваем человека (естественно, имеется в виду его *душа*, а не тело), то он состоит из верхней и нижней части, где есть семь последних, конечных желаний, 248 высших желаний и 365 низших желаний. Что в сумме дает 620. Такая жесткая структура присутствует в каждом из нас.

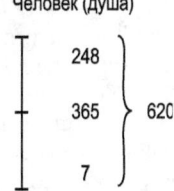

Рис. 3.8. Количество основных желаний человека (души).

Мы отличаемся друг от друга, и так было изначально. Все мы вышли из системы *единой души*, включающей в себя 600 000 частей – частных *душ*, среди которых нет двух идентичных. Можно изобразить строение этой *души* и в другой форме: ее конструкция сверху донизу разделена на *рош* (*голова*) и *гуф* (*тело*).

Есть *души*, относящиеся к *рош* системы *Адам Ришон*, и есть *души*, относящиеся к *гуф*. Система *Адам Ришон* во многом подобна человеческому телу, имеющему более и менее важные органы и клетки. Клетка, относящаяся к органу зрения, важнее миллиардов клеток пальца – настолько один орган значительнее другого.

Подобным же образом проявляется и различие между *душами*. С момента выхода из общей конструкции они **абсолютно не равны друг другу**. В той же форме существуем в *этом мире* и мы: между нами нет равенства. Однако **в процессе самоисправления каждый из нас восполняет себя до высоты Творца**.

Рис. 3.9. Разделение конструкции Адам.

Возвращаясь в первоначальное состояние, все люди достигают одного уровня, на котором нет более или менее важного, и все подобны.

3.6. Процесс разбиения

Разбиение конструкции *Адам*, произошедшее в *духовном мире*, не имеет четкого соответствия в *нашем мире*, поскольку на духовном уровне отсутствует временной параметр. В нашем же *мире* все подчинено времени, отсчет которого становится возможным благодаря тому, что в человеке постоянно возбуждаются все новые и новые желания. У каждого из нас это происходит в результате развития эгоизма. Если бы человек находился в совершенном состоянии, то в нем ничего бы не менялось ввиду отсутствия необходимости в смене одного состояния другим.

В *духовном мире* этого не происходит, и поэтому там нет времени в нашем понимании. В процессе духовного развития темп выбирает человек, пребывающий в стадии исправления своей *души*: именно он определяет, сколько по земным меркам прошло времени от одного его движения до другого.

В *нашем мире* время — это механический отсчет минут, секунд, дней и лет, поэтому сопоставлять с ним духовные изменения не имеет смысла. Можно лишь сказать, что *духовный мир* создает свою копию в *нашем мире*, а духовное «время», выраженное в последовательности событий, проецируется на *наш мир*, оставляя здесь определенные отпечатки.

Наш мир возник миллиарды лет назад и существовал в своем материальном развитии задолго до того, как образовалась планета Земля и сложились условия для появления жизни на ней. Силы, нисходящие из *духовного мира*, образуют материальные объекты *нашего мира*, а те постепенно развиваются от *неживого* к *растительному*, *животному* и к появлению *человека*. Мы связываем рождение человечества с человеком по имени Адам, жившим около 5800 лет назад.

Люди существовали десятки тысяч лет до рождения Адама. Однако каббалисты ведут отсчет человеческой цивилизации, то есть развития уровня «человек» в человеке, от *Адама*. Он является в *нашем мире* копией, отпечатком и следствием духовной силы, то есть *Адама*, представляющего собой единый организм, сумму всех *душ*.

В чем особенность Адама? Он был первым человеком, который начал задаваться вопросом о смысле жизни, у кого возникло стремление к Высшему миру. Адам прежде других людей раскрыл его для себя и ощутил. Свои постижения он передал в книге «Тайный Ангел», и именно с этого времени начала развиваться каббала — наука о постижении Высшего мира.

В конструкции *Адам* можно изначально выделить две составляющие. Высшая из них является альтруистической, а низшая — эгоистической. Последняя скрыта от самого *Адама*, подобно тому, как от нас скрыты сейчас наши огромнейшие возможности и желания, как не проявлены в маленьком ребенке все его будущие способности.

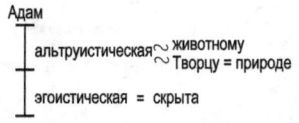

Рис. 3.10. Две части в конструкции Адама.

Чтобы привести *Адама* к состоянию, в котором он стал бы, как сказано в Писании, «знающим, как и Мы, добро и зло», нужно совместить в нем альтруистическую и эгоистическую части. Разбиение случилось именно в тот момент, когда произошло указанное совмещение.

Нижняя составляющая *Адама* называется «*Хава*» (*Ева*), когда между ней и верхней частью был осуществлен *зивуг*, произошло разбиение.

Внутри конст-рукции *Адам* возник общий вселенский эгоизм, и эта, уже совмещенная конструкция, начала распадаться на множество элементов. Их свойства, включая 248 альтруистических, 365 эгоистических и еще семь низших (всего 620 свойств), перемешались между собой. Даже по самым простым правилам комбинаторики здесь возможно огромное число комбинаций. Однако все образовавшиеся части приобрели *эгоистический характер*.

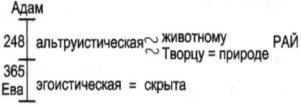

Рис. 3.11. Свойства двух частей в конструкции Адама.

Эгоистический характер, приобретенный совместными желаниями *Адама* и *Евы*, создал вокруг них ощущение дополнительной эгоистической оболочки, которая и называется *«нашим миром»*.

До пробуждения эгоизма *Адам* был подобен Творцу, то есть находился на духовном уровне Его восприятия, которое называется *рай*. *Рай* — это минимальная связь с Создателем. Обретя эгоизм, *Адам* оказался в состоянии, называемом *«наш мир»*, между ним и Творцом возник занавес, не просто уменьшающий ощущение Творца (как в остальных *мирах*), **а полностью скрывающий Его проявления**.

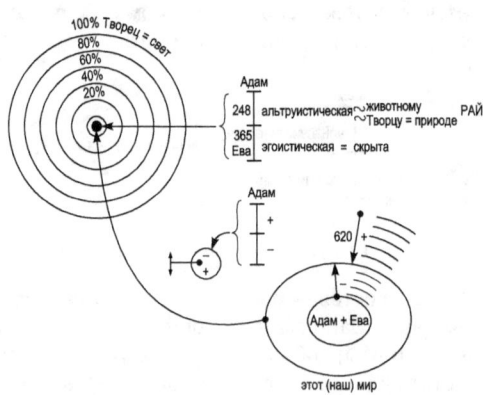

Рис. 3.12. Процесс разбиения парцуфа Адам.

Состояние «наш мир» предполагает не просто отсутствие духовного ощущения, а полную противоположность ему. Это не значит, что, поменяв местами все плюсы и минусы, мы сможем представить духовные объекты. Связь между мирами причинно-следственная, и здесь нет прямой зависимости, поэтому, исходя из нашего состояния, мы не можем представить себе духовного существования.

3.7. Причина разбиения

Духовная конструкция *Адам* раскололась на множество несвязанных между собой желаний. В каждом живущем на земле человеке есть *душа*, существующая в виде маленького желания, стремления к чему-то высшему. Она вынуждает нас вернуться к своему корню. Начиная развивать себя, человек увеличивает это стремление до таких размеров, пока не достигает уровня общей *души Адам*.

Увеличение происходит за счет соединения с остальными *душами*. Духовная конструкция *Адам* является общей *душой*, ее отношение к отдельной *душе* можно уподобить отношению тела к составляющим его клеткам. Духовный подъем человека от минимального стремления к следующему духовному уровню означает все большее соединение с остальными *душами*. Принцип «Возлюби ближнего, как самого себя» говорит о необходимости объединения стремлений всех людей с целью подъема к общему духовному корню.

На сегодняшний день человечество представляет собой «расчлененный организм», все клетки которого выпали из общей связи и пребывают в духовно мертвом состоянии. Человеческие *души* располагают лишь минимальной витальной силой, поддерживающей их и сохраняющей возможность будущего возрождения. В той мере, в какой эти разрозненные клетки начинают осознавать свое состояние как духовно мертвое, они приходят к необходимости возрождения и возвращения к духовной жизни. Это чрезвычайно болезненное состояние, хуже которого невозможно представить. Сегодняшнее человечество — разлагающийся организм. Его существование нельзя назвать жизнью. Самое малое духовное состояние в миллиарды раз лучше того, в котором мы пребываем сейчас. На фоне минимального духовного опыта наше теперешнее положение подобно состоянию одноклеточного организма на фоне жизни человека. Духовное же ощущение исходит только из положительных эмоций и сразу же дает понимание вечности, совершенства, слияния с *Высшей силой*, существование над временем и пространством, чувство безопасности. Нам трудно представить, что такое возможно. Человек относительно общества чувствует себя как абсолютный индивидуалист, и это тоже является следствием разбиения. Основной смысл разбиения заключается в том, чтобы создать для человека возможность **самостоятельного стремления к уподоблению Творцу.**

> *Ощущая себя связанным с обществом, человек может произвести определенные внутренние исправления в контакте с другими, то есть научиться влиять на окружение, болеть его интересами. Работая в этом направлении, он начинает использовать мир как огромную лабораторию, созданную для правильной настройки на Творца.*

Творец раскрывается в той мере, в какой человек Ему уподобляется. Уподобление Творцу на 1% дает однопроцентное ощущение Творца. Для достижения этого подобия человеку и дано окружение ему подобных.

Человека и Творца разъединяет разность свойств: Он – дающий, я – получающий. Поэтому у меня с Ним нет никакого контакта, я Его не чувствую. Он существует во мне, я нахожусь в Нем, но не ощущаю Его. Как настроиться на то, чтобы добиться этого состояния? Для этого мне и дано общество.

3.8. Кругооборот изменения формы

В статье «Мир» Бааль Сулам пишет:

> *Сначала я представлю сказанное мудрецами о нисхождении поколений мира. Тела, сменяющие друг друга и переходящие из поколения в поколение, – всего лишь тела. Души, составляющие суть тел, не исчезают в процессе замены тела, а отпечатываются и переходят из тела в тело, из поколения в поколение. Души, жившие в поколении потопа, отпечатались и перешли в поколение строителей Вавилонской башни, затем в Египетское изгнание, далее в поколение вышедших из Египта, и так до нашего поколения, и так до окончательного исправления.*

Существует система *Адам Ришон*, называемая *единой душой*. Она разделилась на множество душ (единая *общая душа* делится каждый раз на столько частиц, сколько ей нужно в определенное время и в конкретном состоянии). Эти частицы облачаются в тела, нисходят в *наш мир* и проходят через ряд изменений. Затем они вновь отделяются от тел и вновь возвращаются. Кругооборот продолжает воспроизводиться вплоть до *окончательного исправления*, когда человек достигает в своей *душе мира Бесконечности*.

> *Каждый из нас проходит кругооборот за кругооборотом, вновь и вновь нисходя в этот мир в различных состояниях и ситуациях. Условия каждого следующего нисхождения определяются местом того или иного человека в общей душе Адам Ришон. Все, без исключения, частицы должны изменяться от мгновения к мгновению, от состояния к состоянию и приближаться к цели творения. Такова судьба каждого из нас. Важно понять, имеется ли у нас возможность быть свободными и хоть в чем-то изменить предначертанное.*

Таким образом, в нашем мире нет новых душ, обновляющихся подобно телам, а имеется определённое количество душ, вращающихся в кругообороте изменения формы и «одевающихся» в каждом новом поколении в новое тело. Поэтому при рассмотрении с точки зрения душ все поколения от начала творения до конечного исправления определяются как одно поколение, жившее в течение нескольких тысяч лет, вплоть до достижения в процессе развития должного состояния. С этой точки зрения многократная смена тел не имеет никакого значения, поскольку составляющая суть тела — душа — никак не страдала от этих перемен.

В каждом из нас имеется часть, называемая «духовным геном», а все вместе мы принадлежим системе *Адам Ришон*, в целом составляющей *единую душу*. В своем первоначальном делении она равна 600 000 *душ*, которые затем продолжают разделяться и приходят в *этот мир* для прохождения *кругооборотов* жизней. Каждая частная *душа* выходит из общей системы и нисходит в *этот мир*, то есть получает «добавку» в виде эгоистического желания — тела. На самом низком уровне, именуемом «*наш мир*», мы ощущаем эту добавку как физическое тело. При помощи пяти органов чувств нам дается внешняя картина биологического тела, тогда как в действительности в мироздании нет ничего, кроме созданного Творцом желания.

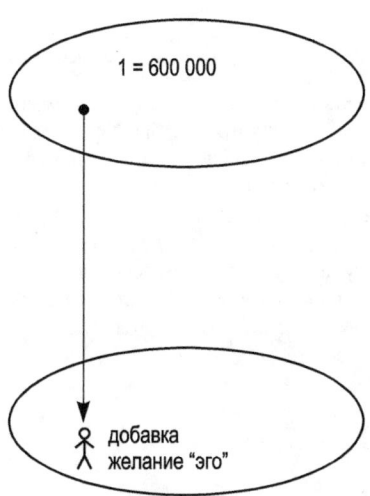

Рис. 3.13. Процесс разбиения парцуфа Адам.

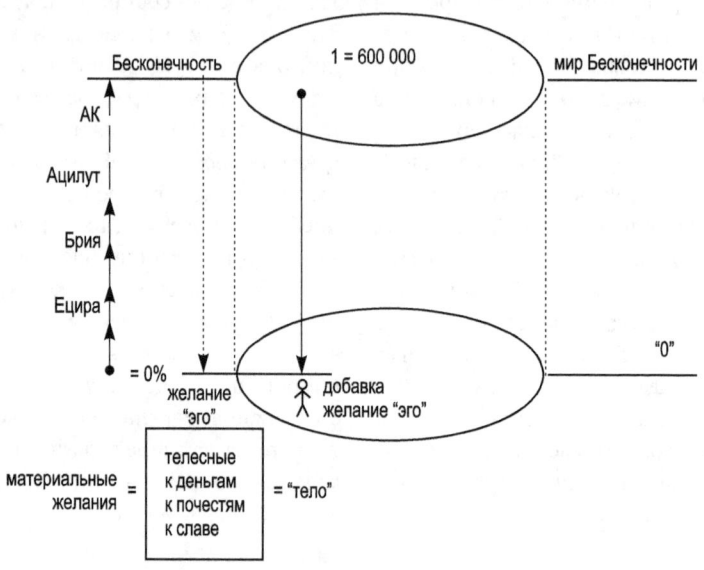

Рис. 3.14. Схема кругооборота изменения формы.

В *мире Бесконечности душа* находится в состоянии максимального, стопроцентного развития. Нисходя в *этот мир*, она достигает *нулевого уровня*. Как же сохраняется эта духовная субстанция?

Она продолжает существовать в состоянии, которое мы называем «*точка в сердце*». Пребывание в *этом мире* необходимо нам для того, чтобы из существования, не зависящего от духовного, можно было начинать взращивать *душу*, *точку в сердце* до ее истинного размера. Если человек этого не делает, он проходит тысячи *кругооборотов* в течение истории, пока не реализует свою точку. Так происходит *кругооборот* изменения формы.

Заключение

Мы, творения, лишились состояния совершенства в результате разбиения келим. Все, что существует в абсолютном высшем состоянии, проявляется в нас как его отсутствие. Это побуждает человека самостоятельно возвращаться к пережитому, но утраченному совершенству.

Этому есть многочисленные доказательства, и в этом заключается глубокая мудрость, называемая «тайной кругооборота душ», для объяснения которой здесь отсутствует место.

Исследование, проводимое Бааль Суламом, опирается на доказательства, однако он не хочет приводить доводы в пользу того, что *кругооборот душ*, действительно, существует. В данный момент это для нас не так важно. Да и без этих доказательств человечество постепенно само обнаруживает существование такого рода явлений.

Однако необходимо отметить, что тайна кругооборота душ распространяется также и на мельчайшие из ощутимых частиц действительнсоти, каждая из которых движется по своему пути вечной жизни.

Поскольку представители *неживого*, *растительного* и *животного* уровней включены в человека и находятся в единой духовной системе, у каждого явления, относящегося к системе *Адам Ришон*, существует отпечаток в *этом мире*, и все они проходят *кругообороты*. Еще раз подчеркнем, что, говоря о *кругооборотах*, мы не имеем в виду наши тела. Мы говорим о том, что рядом с *душой*, спускающейся до нулевого уровня, находится желание, в котором человек живет и с которым себя отождествляет.

Находясь в *этом мире*, мы склонны отождествлять себя с собственным телом и плотскими наслаждениями, которых посредством него достигаем. Позже мы обнаруживаем существование *точки в сердце*, и как только начинаем отождествлять себя с ней, с желанием уподобиться Творцу, тело и все, что с ним ассоциируется, постепенно теряет для нас всякое значение.

«Точкой в сердце» называется данная свыше божественная часть. Это та часть меня, которая находится в системе *Адам Ришон* в виде моей частной *души*, соединенной, подобно клетке биологического тела, со всеми остальными *душами* в процессе отдачи им и получения от них. В этом состоянии я чувствую присутствие Творца и свое подобие Ему. В состоянии *нашего мира* во мне находится лишь начальная *точка* этого желания.

Отождествить себя с *точкой в сердце* означает принять путь, который она должна пройти. Этот путь включает в себя 5 *миров*, каждый из которых делится на 5 *парцуфим*, состоящих из 5 *сфирот* — итого, мы имеем

125 *ступеней*. На этом этапе я задаюсь вопросом о смысле жизни, исходящим из *души*, то есть из желания уподобиться *Высшей силе*, свойству абсолютной отдачи, или Творцу. Телу, желанию получать и без того ясно, для чего оно живет, — поэтому оно не станет спрашивать.

Телу необходимы плотские наслаждения: пища, секс, семья. Оно также жаждет денег, почестей, знаний, власти над *миром*. Дай ему все эти наполнения — и этого ему будет достаточно. Только с пробуждением *точки в сердце* человек начинает спрашивать: «В чем смысл моей жизни?» В человеке раскрывается желание, которое невозможно наполнить предыдущими наслаждениями. Отождествить себя с этим желанием и приступить к поискам его наполнения означает отождествиться с *точкой в сердце*.

Несмотря на то что все существующее представляется нам исчезающим, на самом деле существуют только кругообороты, и любая частица не имеет ни секунды покоя, находясь в постоянном движении кругооборота изменения формы, ничего не теряя из своей сути на этом пути.

Ничего не исчезает, все действует автоматически как часы. Не важно, видим мы это или нет, но каждая деталь подчинена абсолютному закону. Все, что мы переживаем — осознанно или неосознанно, — находится под строгим контролем, заложенным во все законы природы. Кругооборот за кругооборотом, все вместе и каждый в отдельности, мы проходим этот путь от начала до конца в предрешенной форме.

Тест

1. Что происходит с духовной конструкцией Адам после ее сотворения Высшим светом?

a. она разбивается и части ее падают в *наш мир*;
b. она продолжает существовать в *духовном мире*;
c. она становится единой с *Высшей силой*;
d. нет правильных ответов.

2. Кто такой Адам:

a. это первый человек на Земле;
b. это первый разумный человек на Земле;
c. это конструкция, общая *душа*, состоящая из великого множества желаний, связанных между собой подобно органам и клеткам нашего тела;
d. все ответы правильные.

3. Что такое грехопадение:

a. увеличение числа грешников;
b. возникновение взаимной ненависти между людьми;
c. когда люди перестали уважать религию;
d. отказ от соблюдения заповедей.

4. Какая связь существует между мирами:

a. духовный и материальный *миры* никак не связаны;

b. материальный *мир* в точности повторяет духовный, только состоит из другого материала;
c. связь между *мирами* причинно-следственная;
d. нет правильного ответа.

5. За счет чего происходит увеличение стремления к духовному:

a. соединения с остальными *душами*;
b. усилия в учебе;
c. работы с эгоизмом;
d. подавления других желаний.

Раздел XI

Каббала в современном мире

Содержание:

Повседневная жизнь в современном мире требует новых навыков. Эта глава посвящена самым главным, самым острым проблемам, которые волнуют каждого. Исследовав нашу эгоистическую природу, мы сможем понять, как ее правильно использовать, и придем к гармоничным отношениям между собой.

Каббала предоставляет набор инструментов для решения текущих проблем во всех сферах жизни, включая экономику, здравоохранение, образование, семейные отношения, безопасность, экологию и многое др.

Глава 1.　*Генетический багаж или окружение*
Глава 2.　*Семья как интегральная система*
Глава 3.　*Экономика — отражение отношений в обществе*

Глава 1. Генетический багаж или окружение

1.1. Введение
1.2. Наше здоровье и медицина в эгоистическом обществе
1.3. Сфера здравоохранения в эгоистическом обществе
1.4. Здоровье и социальный статус
1.5. Здоровье как система: главные компоненты здоровья
1.6. Связь физического и «духовного» здоровья
1.7. Человек как единый организм
1.8. Каббалистический подход

1.1. Введение

Каждый из нас искренне уверен в том, что совершенно не похож на других и является уникальной личностью, единственной и неповторимой. Мы убеждены также, что можем сами строить свою жизнь, — стоит только повзрослеть и выйти из-под опеки родителей. На самом деле все это верно лишь отчасти.

Наш генетический багаж «закладывается» в нас еще до рождения благодаря генетическому наследованию. От наших родителей, дедушек и бабушек, и более далеких предков нам передаются некоторые черты характера и внешности, заболевания или предрасположенность к ним, таланты и интересы.

Известно, что, например, способность к «чистому» альтруизму зависит по преимуществу от генов. И этим дело, конечно, не ограничивается. Генетики утверждают, что гены определяют и многое другое — даже склонность к супружеским изменам или самоубийству. Но наряду с этим родственники могут наградить нас выдающимся интеллектом, способностями музыканта или художника. Не случайно великие композиторы часто рождались в «музыкальных» семьях.

Таким образом, «генетический багаж» играет очень важную роль в нашей судьбе. И, к сожалению, здесь мы не властны ничего изменить: какое «наследство» мы получим — хорошее или плохое, — от нас не зависит. Однако его роль не стоит преувеличивать, влияние генов не фатально хотя бы потому, что дальше свой вклад в нашу индивидуальность вносит окружение, начиная с самого ближнего круга — семьи и заканчивая дальним — обществом в целом.

Наша семья — это первое, изначальное и самое главное наше окружение, которое «лепит» нас, в котором генетически заложенные качества могут развиваться или подавляться. Здесь ребенок получает первый опыт социализации. Родители могут помочь ребенку раскрыть себя или наоборот — препятствовать развитию заложенных в нем склонностей. Понятно, что от нас не зависит, в какой семье мы родимся и чему научат нас родители. Здесь, как и в случае с генами, мы ничего изменить не можем.

Общество влияет на нас гораздо сильнее, чем семья. Осознаем мы это или нет, но общество, в котором нам довелось жить, заставляет нас следовать стандартам: как следует одеваться и обставлять квартиру, какую пищу есть, как вести себя дома и на людях, как строить семейную жизнь, к чему следует стремиться, какие цели ставить. Представления о добре и зле, о любви, истине, красоте, о труде — все это формируется главным образом под воздействием общества.

Рассмотрим, как влияет окружение на нашу повседневную жизнь, в таких областях как: здоровье, семья и экономика.

1.2. Наше здоровье и медицина в эгоистическом обществе

Здоровье по праву следует считать главным богатством человека, так как именно оно создает основу для его благополучия. Больному, страдающему каким-либо тяжким недугом, никакие блага не доставят радости. Государство тоже заинтересовано в том, чтобы в обществе было как можно больше дееспособных людей, которые будут работать, воевать, рожать здоровых детей. Здоровье каждого из нас является, таким образом, общественным достоянием. Одним словом, общие и индивидуальные интересы в данном случае, казалось бы, полностью совпадают.

Сейчас практически во всех странах мира существует разветвленная сеть медицинских учреждений, на медицинское обслуживание и разработки новых лекарств и методов лечении ежегодно тратятся изрядные суммы. И, конечно, трудно оспаривать тот факт, что за последние сто лет медицина добилась огромных успехов.

Жизнь человека, особенно в передовых странах, стала гораздо более продолжительной. Уменьшилась детская смертность. Значительно отодвинулась граница старости: в наши дни многие, перешагнув порог семидесятилетия, продолжают вести активный образ жизни и работают. А ведь совсем недавно, в XIX веке, человек, достигший 45-50 лет, считался почти стариком. Благодаря усовершенствованной диагностике, профилактике, новым лекарствам удалось справиться с оспой, чумой, холерой, полиомиелитом и другими болезнями, которые прежде уносили жизни сотен тысяч людей.

Часто говорят, что современная медицина способна творить чудеса: она возвращает зрение и слух, меняет старые, поврежденные органы на новые. Однако человечество не стало здоровее. На смену побежденным болезням приходят другие — не менее, а может быть, и более опасные. Ученые отмечают, что с начала XX века, вместе с небывалым ростом медицинских знаний и технологий, в геометрической прогрессии стал расти и уровень заболеваемости.

Цифры и факты.

По оценке, из 57 миллионов всех смертей в мире в 2008 г. 36 миллионов человек (63%) умерли от неинфекционных заболеваний, говорится в докладе ВОЗ «Мировая статистика здравоохранения 2012». Ожидается, что ежегодно число смертей от сердечно-сосудистых заболеваний (ССЗ) увеличится с 17 млн. человек в 2008 г. до 25 млн. в 2030 г., а число смертей от рака увеличится с 7,6 млн. человек до 13 млн. человек соответственно. В результате таких тенденций к 2030 г. общая смертность от неинфекционных заболеваний по прогнозам достигнет 55 млн. человек в год.

Почему это происходит? И как решить проблему борьбы с болезнями, жизненно важную для каждого из нас и для человечества в целом? Для этого надо разобраться, в чем причины сбоев в нашем организме и как их следует устранять.

Самый традиционный, проверенный способ — обратиться к врачам, однако система здравоохранения существует в обществе и зависит от него. Вот с этой проблемы мы и начнем.

По данным Всемирной организации здравоохранения (ВОЗ), оказывается, что состояние здоровья человека только на 10% зависит от медицины! 20% определяется наследственностью: в наших генах заложена предрасположенность к тем или иным заболеваниям. Еще 20% определяются качеством окружающей среды и целых 50% — образом жизни.

О чем говорят эти цифры? Они показывают, что не стоит рассчитывать только на лекарства и врачей. В гораздо большей степени наше здоровье зависит от общества, в котором мы живем, поскольку именно от общества в первую очередь зависит состояние окружающей среды и образ жизни. Это составляет 70% нашего здоровья. Влияние общества не всегда заметно, но очень действенно и разнообразно.

1.3. Сфера здравоохранения в эгоистическом обществе

Сфера медицинского обслуживания по большей части находится в руках государства, которое, располагая огромными финансовыми ресурсами и организационными возможностями, вводит систему медицинского страхования, предоставляет льготы, берет на себя заботу об инвалидах. Все это, конечно, большие достижения. Мы привыкли, что государство должно заботиться о нашем здоровье, рассчитываем на его помощь и действительно ее получаем.

Однако сфера здравоохранения не существует сама по себе, в некоем изолированном пространстве. Она является частью эгоистического общества потребления, нацеленного на получение прибыли. Поэтому меры по оздоровлению населения сочетаются с действиями, которые наносят ему вред.

Миллионы людей работают в различных «вредных» отраслях промышленности и получают профессиональные болезни, вызванные отравлениями красителями, производственной пылью, пестицидами и другими веществами, опасными для здоровья. Так устроено современное общество: оно лечит болезни и само же их создает.

1.4. Здоровье и социальный статус

Социальное положение тоже, как это было и прежде, очень существенно влияет на здоровье человека. Бедность, безработица, тяжелые условия работы, плохие жилищные условия — все это заметно сказывается на состоянии здоровья. Мы уже говорили, что здоровье только на 10% зависит от медицины. Тем не менее эти 10% часто бывают крайне необходимы: от них зависит жизнь человека. Однако и здесь возможности далеко не равны.

Самые дорогие лекарства, самые сложные операции, услуги самых высококвалифицированных специалистов доступны только богатым. Даже вполне обеспеченные представители среднего класса на Западе далеко не всегда могут позволить себе такую «роскошь». Что же говорить о развивающихся странах, где большая часть населения лишена возможности пользоваться качественным медицинским обслуживанием!

От чего зависит качество окружающей среды? Как мы помним, от качества окружающей среды зависит 20% здоровья, а это совсем не мало. Между тем все человечество сейчас оказалось в ситуации глобального экологического неблагополучия, что лишний раз подтверждает простую, но очень важную мысль: создавая глобальные проблемы, мы разрушаем самих себя.

Загрязненность окружающей среды — общая беда, она сказывается так или иначе на здоровье всех, но все-таки в разной степени. Где-то экология лучше, где-то хуже, а где-то экологическое неблагополучие перерастает в настоящую трагедию. И здесь многое зависит от политики властей, от решений и действий предпринимателей, активности экологических служб, которые отвечают за качество нашей пищи, воды и воздуха, которые, например, могут запретить сливать в реку ядовитые отходы, а могут закрыть на это глаза.

«Индустрия здоровья» в финансовом отношении очень выгодна — прибыль исчисляется миллиардами долларов, а потому подчиняется жестким законам рынка. Фармацевтическая промышленность, врачи, аптекари — все в конечном счете заинтересованы в большом количестве не здоровых, а больных людей.

Выводы напрашиваются сами собой. **В больном эгоистическом обществе не может быть «здоровой» системы здравоохранения.**

1.5. Здоровье как система: главные компоненты здоровья

Итак, мы выяснили, что больное эгоистическое общество не в состоянии обеспечить нам здоровье с помощью медицины. А теперь обратимся к нам самим и подумаем, что такое здоровье и что такое болезнь и почему, собственно, мы болеем.

Что такое здоровье? Наш организм работает автономно и автоматически, поэтому, когда человек здоров, он как бы «не замечает» своего тела. Нам не нужно контролировать его работу. Оно живет своей жизнью и четко выполняет все свои функции. Сердце стучит, кровь циркулирует по сосудам и венам, легкие дышат, нервная система координирует мышечную систему...

Невозможно перечислить все, что умеет делать наше тело, причем совершенно незаметно для нашего сознания. Здоровое тело позволяет нам жить полноценной активной творческой жизнью, преодолевать трудности и, если потребуется, выдерживать лишения и перегрузки. Оно дает нам работоспособность, хорошее самочувствие, физическую красоту. И, наконец, оно способно бороться с болезнями и побеждать их, ибо в нем есть дарованная нам Природой способность к саморегуляции.

Хорошо известно, что в теле человека живут вирусы многочисленных болезней. Однако здоровый организм их полностью контролирует. И есть много случаев, когда люди, пораженные смертельным недугом, вдруг выздоравливали, потому что в их организме неожиданно включались резервные возможности. Мы еще плохо представляем истинные масштабы наших способностей к самоисцелению, но очевидно, что они огромны.

Итак, что же такое здоровье? Из чего оно складывается? Вернемся еще раз к определению здоровья, которое дала ВОЗ: в нем было выделено несколько компонентов.

Человек — сложная система, состоящая из разных более мелких систем. Поэтому и его здоровье тоже представляет собой своего рода систему, в которой каждый компонент связан с другими, влияет на них и в свою очередь испытывает их воздействие.

Физическое здоровье — это состояние абсолютного физического комфорта. В основе его лежит гармония всех физиологических процессов и максимальная адаптация к различным факторам внешней среды.

Психическое здоровье — состояние душевного благополучия, способность сохранять адекватное поведение и оптимальный эмоциональный фон, справляться со сложными жизненными обстоятельствами.

Социальное здоровье включает в себя усвоение ценностей, норм и правил, принятых в обществе, и их выполнение; социальную активность; умение строить хорошие, добрые отношения с окружающими, дружить и понимать других людей.

Здоровье нравственное — это принятие общечеловеческих ценностей любви, красоты, добра, милосердия, а также наличие высоких жизненных целей, которые должны определять нашу деятельность и поведение.

Кроме того, следует помнить, что человек — это открытая система, которая существует за счет взаимодействия с внешним миром: с людьми, обществом и с Природой. И эти взаимодействия — обмен веществом, энергией, информацией, эмоциями — тоже, естественно, сказываются на нашем здоровье.

1.6. Связь физического и «духовного» здоровья

Современная западная медицина пытается проследить связи между разными составляющими здоровья, а также между здоровьем человека и «здоровьем» общества, между здоровьем человека и природными процессами. На этом пути уже достигнуты определенные успехи, но полной картины пока нет, целостный (холистический) подход к здоровью еще не разработан. Найдены лишь некоторые — но далеко не все — взаимосвязи между физическим, психическим, социальным и духовным здоровьем.

Так, совершенно очевидно, что тяжелый физический недуг оказывает негативное воздействие и на психическое, и на социальное здоровье: жизнь больного человека перестраивается, появляется много неприятных ограничений, меняются отношения с близкими, портится настроение, часто сужается круг социальных связей.

С другой стороны, наше психическое нездоровье пагубно сказывается на физическом состоянии. Эмоции, как утверждает психосоматика, самым непосредственным образом воздействуют на тело, выводят организм из равновесного состояния и способствуют возникновению или обострению самых разных телесных заболеваний. Ведь психическая деятельность человека связана с центральной нервной системой, которая «управляет» телом.

По мнению ученых, в 32-40% случаев виновники болезней — вовсе не вирусы и бактерии, а именно стрессы. И, по прогнозам ВОЗ, в ближайшие двадцать лет их разрушительная сила будет неуклонно возрастать.

Причин стрессов очень много. Но есть стрессы, которые действуют разрушительно на всех, и устранить или избежать их невозможно, пока не изменится общество и его цели, взаимоотношения между людьми и их внутренний мир. Несмотря на внешнюю комфортность техногенной цивилизации, такие «злокачественные» стрессы буквально встроены в нашу жизнь.

Это, например, постоянный стресс, вызванный исключительно быстрым темпом жизни, калейдоскопом резких перемен, огромными потоками информации. Биологические процессы в нашем организме меняются очень медленно, и поэтому он просто не успевает перестраиваться и адаптироваться к новым условиям.

Таким же постоянным источником стрессов является страх, неуверенность в завтрашнем дне. Современный человек, даже вполне преуспевающий, — поистине очень несчастное существо, пребывающее в непрерывном страхе перед очередным экономическим кризисом, потерей работы, инфляцией, экологической катастрофой, войной ... всего и не перечесть.

Одним из важнейших источников стресса по праву считается **неблагополучие в человеческих отношениях**. Действительно, мы ежедневно так или иначе, контактируем с очень большим количеством людей: на улице, в транспорте, в магазинах и офисах, на работе. И каждая встреча, даже самая поверхностная, может вызвать или положительные, или отрицательные эмоции. Злое слово или даже взгляд, говоря метафорически, способны «убить» человека: вызвать глубокую обиду, гнев, боль.

Атмосфера взаимной враждебности или холодного равнодушия, циничной расчетливости, зависти, интриг пагубно влияет и на психическое, и на физическое здоровье. Заметим, что речь идет не о случайных конфликтных ситуациях или трениях, которые почти неизбежно возникают при самых хороших, добрых, любящих отношениях, а о **доминирующей модели социальных отношений в обществе, нацеленном на получение прибыли и конкуренцию.** И, напротив, хорошая социальная среда благотворно влияет на здоровье.

1.7. Человек как единый организм

С точки зрения каббалы – под здоровьем понимается мера связи и гармония человека с общей системой Природы или Творцом. Для того чтобы быть здоровым, необходимо научиться правильному взаимодействию между людьми в обществе, т.е. научиться уравновесить две силы внутри нас – получение и отдачи.

Самая высокая система внутри человека – это система его желаний, и именно она является причиной отсутствие равновесия. Я не могу сказать: «Я дам тебе, а ты дай мне». Это – не равновесие, и никогда к нему не приведёт. Единственное, что вызовет равновесие, – это когда я буду считаться с другими людьми, при принятии решений брать в расчет их желание и интересы. И в этом мы должны взять пример с нашего организма, каждая клеточка, каждый орган которого думает обо всем организме, о том, как ему служить.

Так вот, если мы будем относиться к человечеству как к единому организму, то эта правильная, взаимная связь между нами, повлияет на каждого из нас. Поэтому «возлюби ближнего, как себя» — в этом главный закон здоровья. Поставить себя на место ближнего, и тогда, исходя из этого, поступать, и это — равновесие, которое исключит из тебя все болезни.

Но! – опять-таки проблема. Как оно может из тебя исключить все болезни, если ты находишься под непрерывным влиянием ужасной окружающей среды – человеческой и экологической. То есть, ты не просто должен сам себя исправить, ты должен себя относительно общества изменить и само общество исправлять.

Мир не исправится, пока есть люди, которые не понимают, что значит закон всеобщего равновесия на моральном уровне. Человек зависит от общества и поэтому вынужден постоянно заботиться о построении окружения с правильными ценностями.

Мысли должны быть не о себе, а об окружении, от которого мы все зависим. Это не просто быть хорошим человеком, это целая система взаимоотношений между индивидом и обществом.

1.8. Каббалистический подход

Каббала не отменяет систему здравоохранения, а наоборот, добавляет к сфере ее деятельности ответственность за создание и контролирование правильного окружения с ценностями солидарности и заботы о других людях.

Каббала объясняет интегральный подход и только добавляет заботу об еще одном очень важном факторе, который воздействует на наше здоровье — отношения между людьми в обществе.

Мы взаимосвязаны и поэтому все возможные виды заболеваний передаются нам от других людей. Люди — находятся в состоянии дисбаланса с Природой и поэтому Природа постоянно наносит нам удары! Природа или Творец — это сила, которая нас развивает и на определенном этапе развития требует нашего участия. Любая задержка с нашей стороны ощущается нами как страдания и удары. Проблема, что мы все получаем в себя и даже когда отдаем, но ведь намерение ради себя и поэтому нет циркуляции. Вся природа построена на получении и отдаче, в этом как раз человек и противоположен Природе.

Здоровье души — это правильная связь между человеком, обществом и Творцом.

Каббалисты утверждают в своих книгах, что образование и воспитание о правильной связи между людьми — это основа всего лечения. Даже сами мысли и разговоры о связях между нами уже лечат человека. Положительные мысли должны быть не о себе, а только об окружении.

Глава 2. Семья как интегральная система

2.1. Два вида творения: мужчина и женщина
2.2. Поиски семейной гармонии
2.3. Любовь и отношения в семье
2.4. Семья – основа для духовной работы

2.1. Два вида творения: мужчина и женщина

Каббалу можно определить как науку о скрытых силах природы, управляющих нашим миром, и о том, как их постичь любому человеку. Например, эта наука может объяснить вам, почему в мире существуют два пола: мужчина и женщина, со всеми их отличиями в анатомии, физиологии и психологии – исходя из того, какие силы природы, управляющие миром, стоят за мужчиной, а какие за женщиной, и как они ими движут.

Каббалисты в своих книгах пишут, что отношения между полами лежат в основе всего мироздания. Люди делятся на мужчин и женщин, потому что существует Творец и творение – два партнера, как в танце. Прообразом мужчины, мужского корня, является Творец – дающий, влияющий, ведущий. Женщина и ее корень в высшем мире – это творение – получающее, сближающее, идущее навстречу Творцу. Если в нашей жизни мы будем поступать, ясно понимая, как заложены и связаны между собой эти два корня в природе, мы придем к гармоничным отношениям между мужчиной и женщиной. Ведь не только люди, но и вся природа разделена на ярко выраженные части, относящиеся к мужскому и женскому духовному корню. Мы говорим о двух частях творения, которые ведут свой корень из разных источников: корень одного – в Творце, а корень другого – в созданном Им творении.

Творец создал единое творение – Адама, а затем из Адама (говоря аллегорически) создал еще и женскую часть. Все творение представляет собой желание насладиться, желание наполниться. Это желание разделилось на две разные части: желание наполниться ради других и желание наполниться ради себя. Желание наполниться ради других – это мужская составляющая. Желание наполниться ради себя – женская составляющая. В нашем мире мы не найдем такого четкого разделения, ведь наш мир противоположен духовному миру – все в нем противоположно ему и, более того, совершенно перепутано.

Мы говорим о двух частях творения, которые ведут свой корень из разных источников: корень одного – в Творце, а корень другого – в созданном Им творении.

Наше различие – это настоящий подарок свыше, благодаря которому, правильно соединяя эти разные начала, мы можем не только жить счастливо, но и решить ту самую «Загадку номер один», ради чего и сотворен этот мир.

2.2. Поиски семейной гармонии

Семья является ближайшим окружением человека, с ней связаны самые личные, самые интимные стороны его жизни. И вместе с тем, семья, минимальная общность — главная ячейка общества, его фундамент и опора, так как она помогает поддерживать социальный порядок. Великий китайский философ Конфуций считал, что состояние семьи — индикатор социального здоровья. Разлад в обществе начинается с семьи, и, наоборот, если в семьях все благополучно, то и в обществе царит гармония.

В современном мире, несмотря на то, что брак стал хрупким, семейные отношения явно остаются очень важными для людей.

Разводов действительно очень много, но много и повторных браков. Надежда найти наконец-то настоящую, истинную любовь заставляет людей предпринимать все новые и новые попытки, терпеть неудачи и снова искать.

Требования к семейной жизни меняются, и это естественно, ведь в брак обычно вступают добровольно, а не по настоянию родителей. Экономические соображения, конечно, часто присутствуют, а кроме того, псевдоценности общества потребления «запутывают» человека, и он теряет ориентиры: не знает, кого следует считать «удачным», подходящим супругом или супругой. Гордыня и тщеславие, материальные расчеты заставляют выбирать тех, кто занимает высокое положение или имеет известность. Однако гораздо больше браков заключаются по любви. В случае развода современной женщине гораздо легче, чем раньше, устроить свою жизнь, так как она обрела экономическую самостоятельность. Все это дает свободу и... порождает много проблем, так как браки, основанные на взаимном чувстве, требуют много усилий, «работы» над собой и над отношениями с партнером.

Требования к браку выросли: теперь он чаще всего оценивается по степени личной удовлетворенности или неудовлетворенности. Социологи считают, что в большинстве случаев разводы связаны не с легкомысленным отношением к семье, а со стремлением обрести «настоящую» семью — идеальный гармоничный союз. Но что такое эта гармония? Из чего она складывается? Достаточно ли для этого только любви?

2.3. Любовь и отношения в семье

Любовь, как мы выяснили, является в наше время главной причиной, которая побуждает людей вступать в брак или расторгать его. Любовь — стержень семьи, мощная цементирующая ее сила, и, если она исчезает, семейная жизнь теряет привлекательность. Но как сохранить любовь?

В обычной жизни мы называем любовью свое отношение к тому, что дает нам наслаждение. Что значит «я люблю кого-то или что-то»? Я люблю использовать это для себя. Значит, никакой любви здесь нет. Любовь — это не получение наслаждения от кого-то, а отдача объекту любви. Ты начинаешь чувствовать, что желает любимый, и, наполняя его, выражаешь свое отношение к нему, которое называется «любовь».

Когда человек рассматривает себя как инструмент для наполнения любимого, это называется любовью. Единица измерения любви — это единица измерения самопожертвования, самоотдачи с целью наполнить любимого.

Любовь строится на взаимных антиэгоистических уступках и возникает, когда два человека осознают свою животную природу и начинают работать над собой с целью приподняться над ней.

Основной закон Торы — «Возлюби ближнего, как себя». Что значит «как себя»? Каждый должен обнаружить, каким образом он любит себя, и именно согласно этой мере строить свое отношение к ближнему.

Человек должен любить себя за то, что он может слиться со всеми и наполнить всех, тогда он становится равным Творцу — Высшей силе природы. Ведь на самом деле мы существуем в других, а не в себе.

В чем секрет жизни? В том, что жизнь находится в других. Иными словами, моя душа не во мне, а в других и мне надо ее раскрыть. Ключом является любовь — особая связь с другим, которая позволяет почувствовать мир вне нас!

Сказано: «Муж и жена, и божественное присутствие между ними». Имеется в виду высший свет, высшее озарение. Правильная связь между мужем и женой, которые являются воплощением двух противоположных частей мира, невозможна, если между ними не будет раскрытия Творца, чувства любви и отдачи.

Любовь — очень сложное свойство, которому надо обучать. Именно этим и занимается наука каббала. Обучаться любви — значит обучаться правильной взаимосвязи с тем, кого ты любишь. Необходимо учиться проникать во внутренний мир другого и наполнять его собой, как действуют клетки в нашем животном теле.

Для практических тренировок каббалисты создают группы единомышленников. Главный инструмент наладить связи с ближним — это круглый стол. Есть четкие принципы, как проводить такие семинары.

Здесь, как и в любом другом деле, необходимы преподаватель, группа и инструкция, которую ты вместе с себе подобными пытаешься реализовать.

2.4. Семья — основа для духовной работы

Интегральные связи можно и даже необходимо формировать уже сейчас в кругу самых близких людей. Ведь семья, как и группа, — это маленькая лаборатория для исправления человека, своего рода школа, где можно тренироваться, экспериментировать, чтобы достичь главного результата — создания правильных взаимоотношений. Это придаст супружеству совершенно новое измерение и откроет супругам новое видение друг друга и окружающего мира в целом.

Институт брака не создан человеком искусственно, а возник на основе наших природных свойств. Мы наблюдаем подобие брака в животном мире, когда происходит соединение разнополых особей для воспроизведения потомства. Для рождения нового необходимо соединение двух разделенных между собой противоположностей. В животном мире на его примитивном уровне существуют формы, когда они не разделены, а мужская и женская часть существуют в одном теле, соединены между собой и вместе участвуют в продолжение жизни. На более высоком уровне развития мужская и женская части соединяются для создания новой жизни. Человеческий уровень построен на взаимодействии.

Основой семьи являются дети. Воспитание детей занимает одну треть жизни. Брак должен быть длительным и совершенным, чтобы успеть передать ребенку всю необходимую информацию, накопленную родителями.

Человеческого детеныша надо постоянно охранять, воспитывать, лелеять, наполнять огромным количеством информации, чтобы сделать для него возможным существование в этом мире. Для этого и существует институт брака, потребность в нем заложена в нашей природе.

Воспитывая ребенка, родители и сами включаются в процесс обучения, им приходится «работать» над собой. Ведь дело не только в том, чтобы передать своим отпрыскам ту или иную информацию: дети подражают родителям, их речи, поведению. Поэтому процесс воспитания является двусторонним и происходит постоянно, а не в какие-то особые часы, как в школе.

Природа заложила в нас естественную любовь к детям, иначе мы не соединялись бы и не смогли бы дать им возможность существования. Исходя из науки каббала родители, прежде всего, должны научить детей строить крепкие, здоровые связи с другими людьми.

Природа закладывает в нас инстинктивную любовь к детям, и мы как бы поневоле заботимся о них, получая внутренние выяснения и примеры альтруистического отношения ко всему человечеству, которое, по сути, тоже является одной большой семьей.

Семья — это окружение, которое на вас влияет и поэтому важно сделать это влияние положительным, поддержкой в вашем духовном продвижении.

Семья как основа объединения между людьми является началом на пути изменения отношений человека и общества. Семья пробуждает у людей чувство заботы, ответственности, желание отдавать.

Глава 3. Экономика — отражение отношений в обществе

3.1. Введение
3.2. Конец экономики потребления
3.3. Экономика взаимного поручительства
3.4. Экономика счастья
      Заключение

3.1. Введение

Экономика — это отражение общественных отношений между людьми, поэтому экономический кризис — это кризис взаимоотношений, между нами.

Примеры — из нашей жизни, которые напрямую завязаны на взаимоотношениях между людьми:

• намеренная продажа изделий, которые изначально ограниченны сроком годности.

• выброс продуктов питания на огромные суммы, чтобы удержать цены на рынке, когда в это же время огромное кол-во людей умирает с голода. До 50% продуктов питания выбрасываются, в то время, когда организация распределения нуждающимся стоит копейки. Причина — безразличие.

• банки платят мизерные проценты вкладчику, когда в тоже время берут большие проценты за вход в минус и за возврат ссуды.

• на черном рынке проворачивают миллиарды, когда можно было бы вложить эти деньги в социальные проекты.

• вооруженные конфликты отвлекают государственные средства от инвестиций в образование на военные расходы. Сегодня 21 развивающаяся страна расходует на вооружение больше средств, чем на начальные школы; если бы эти страны сократили свои военные расходы на 10%, то они могли бы охватить школьным образованием дополнительно 9,5 миллиона детей.

Вся экономическая теория построена на постулате о том, что изменение стимулов воздействует на поведение человека вполне предсказуемым образом. Мы выбираем тот способ действий, который сулит нам больше выгод и меньше издержек. Так работает наша внутренняя программа «больше выгоды, при минимальной затрате усилий».

Польза, которую человек извлекает из экономики, эгоистична и направлена на максимальную прибыль для себя. Поэтому в условиях глобализации и интеграции она создает понятный конфликт, выражающийся в соревновании, где выигрыш одного оборачивается проигрышем другого. Мы все жертвы нынешней экономики с одной стороны, но и соучастники в ней с другой. Так мы относимся один к другому! Это наша жизнь!

3.2. Конец экономики потребления

Причины, по которым обществу потребления приходит конец и поэтому модель экономического развития заканчивается и наступает кризис:

Первая причина – с одной стороны мы живем в очень взаимосвязанном мире, с другой стороны идет постоянный рост индивидуализма, желания использовать других без всякого расчета.

Следствием является нехватка доверия, которое очень сильно тормозит торгово-экономические связи. Кроме того, постоянное напряжение от конкуренции приносит ущерб здоровью, а нехватка свободного времени приводит к разрушению семьи...

Вторая причина – ограниченные ресурсы.

В США потребляют примерно 44-45% мировой энергии, вместе со своими транснациональными корпорациями США дают около 2/3 всех отходов, загрязняющих среду.

Если весь мир перейдет на уровень энергетического потребления среднего американца, планета превратится в свалку отходов, а потребляемых энергоресурсов человечеству хватит всего на 15 лет.

Третья причина – рост неравенства между бедными и богатыми. Для искоренения нищеты среди беднейших слоев населения мира хватило бы и 25% доходов первой сотни супербогатых. Чистые доходы этой сотни в 2012 году достигли 240 миллиардов долларов. Тем временем беднейшие слои населения зарабатывают менее 1,25 долларов в день на человека. За последние 20 лет доходы 1% самых богатых жителей планеты увеличились на 60%.

0.1% населения планеты имеет 42 триллиона долларов. Эту сумму можно потратить на образовательные и университетские программы для всего населения земли на протяжении 200 лет. В связи с ростом эгоизма, уровень терпимости у людей снижается и поэтому рост неравенства между бедными и богатыми ведет к эскалации конфликтов в обществе.

Четвертая причина – эгоистическое развитие человека растет и вместе с ним осознание, что не в деньгах и не в их количестве счастье. Последние исследования показывают, что все больше людей отказываются быть зависимыми от банков и рабами общества потребления. Именно наши отношения в обществе делают нас счастливыми, а не деньги. После определенного количества, выше нормального достатка, они уже не приносят блага.

3.3. Экономика взаимного поручительства

Важнейшие проблемы нашего времени можно решить, создав интегральное общество и новую интегральную экономику. Тогда естественным образом изменятся и наши потребности, и наши традиционные представления о труде. Место «расточительной» экономики займет экономика «разумного потребления», которая обеспечит каждому не просто необходимый прожиточный минимум, а достойное существование. Исчезнет конкуренция в нынешнем ее виде: в экономике, основанной на принципе взаимного поручительства, установятся совершенно иные отношения между различными фирмами и предприятиями, между сотрудниками, между продавцом и потребителем. Они будут конкурировать друг с другом в степени отдачи и пользы для общества.

В интегральном обществе не будет «уравниловки»: попытки ввести ее случались неоднократно, и исторический опыт убедительно показал, что этот путь ожидаемых результатов не дает. Материальный достаток будет разным: у кого-то выше, у кого-то ниже, в зависимости от характера труда и вклада в общество. Однако катастрофическая разница в доходах, которая в наши дни приводит к опасной поляризации социума, и избыточная роскошь — все это постепенно исчезнет, по мере того как будут меняться запросы людей, их потребности и жизненные цели.

Работа будет обеспечена всем. Мы привыкли считать, что «трудиться», «работать» — значит производить нечто материальное, вещи или продукты. Не случайно многие скептически относятся к интеллектуальному труду — ведь он не приносит немедленных и осязаемых результатов.

Понятие «труд», очевидно, придется переосмыслить. Современным работающим людям некогда жить, они живут «на бегу» и, как правило, не умеют использовать свое свободное время, если оно все-таки появляется.

И все это ради работы, которая, к сожалению, очень часто не приносит обществу пользы. Между тем освободившиеся от такой бесплодной работы время и силы можно потратить на другие занятия, ценность которых давно забыта: на совершенствование самих себя, на развитие нового типа отношений между людьми, на различные общественно-полезные работы, на обучение и воспитание детей и взрослых, наконец, просто на создание хорошего настроения у окружающих. Все эти занятия — тоже работа, очень важная, потому что она направлена на создание и поддержание правильных, гармоничных связей в обществе, и совсем не легкая, требующая от человека знаний, определенных навыков и больших усилий.

У каждого человека есть свои индивидуальные таланты и способности, присущие только ему, поэтому вклад каждого может стать ценным и уникальным для общества. Нужно только создать условия для раскрытия творческого потенциала.

В интегральном обществе будет поддерживаться баланс между теми, кто производит все необходимое для жизни, и теми, кто создает столь же необходимую «правильную», хорошую атмосферу, ведет занятия, формирует новую культуру.

Но хватит ли это средств? И откуда их взять? При сбалансированном разумном потреблении это вполне возможно, потому что постепенно будут высвобождаться и правильно распределяться огромные средства, которые сейчас расходуются неправильно, исходя из эгоистических расчетов. Приведем несколько примеров.

Сколько ненужных вещей скапливается даже у нас дома. Если каждый человек, предприятие, организация будут ощущать себя частью одной глобальной семьи, обнаружатся огромные излишки товаров, услуг, пищи и предметов быта. Все это можно передать другим и использовать по назначению.

А кроме того, понизится стоимость жизни — отчасти потому, что само собой исчезнет искусственно навязанное нам стремление к сверхпотреблению, а отчасти потому, что сегодняшние цены на товары и услуги, как хорошо известно, крайне завышены. Ведь деловые структуры стремятся любыми способами увеличить прибыль

Главное — думать не о своей выгоде, а о том, как помочь друг другу, придерживаться в своей деятельности принципа взаимного поручительства, принимать в расчет общее благо. Это и есть самый главный неисчерпаемый источник экономических ресурсов.

3.4. Экономика счастья

С точки зрения каббалы задача экономики обеспечить населению нормальный уровень жизни и потребления, которое обеспечит насущные потребности людей. Вследствие высвобождения времени и ресурсов, люди смогут реализовать свой личный и общественный потенциал, живя гармоничной жизнью, основанной на правильных социальных связях, сотрудничестве и солидарности.

«Индустрия счастья» состоит из самых разных компонентов, включая досуг, развлечения, воспитание детей и многое другое. С другой стороны, современная промышленность у нас на глазах сжимается и исчезает в своем привычном виде. Новые технологии и автоматизация производства уже сегодня способны значительно сократить количество рабочих на предприятиях, и остановить данный процесс невозможно.

Что же люди будут делать? Только одно — строить и развивать между собой новые, добрые отношения. И вот здесь-то всем хватит работы.

Экономисты должны максимально облегчить этот переход. Нам надо заранее сократить деятельность на исчерпанных направлениях — еще до того, как придет настоящий кризис. Придется закрывать предприятия, расформировывать фирмы и компании. Всё это грозит обвалом, поэтому необходимо задействовать экономистов, чтобы они разработали планомерную стратегию перехода к новой экономике.

Нам надо понять общую тенденцию происходящего. Мы переживаем период большой качественной трансформации всего мира, противостоять которой невозможно. Новая реальность вынуждает людей, измениться внутренне, и потому мы должны создать для человека новую экономику — иными словами, новое наслаждение, новое наполнение. Дело уже не в «игрушках», которыми наполнен его дом, не в самом доме, не в машине, не в пенсионных фондах, национальном страховании и пр. Всё это мелочи. Главное — как наполнить человека ощущением жизни, основанной на связях с другими людьми. В этом — суть новой экономики. Прочие сферы, учитывая современное технологическое развитие, не потребуют больших усилий. Обеспечить сбалансированное потребление не составит никаких проблем. Сегодня в мир вступает новая «валюта» — счастье.

К новому глобальному миру оказались не готовы все — и дети и взрослые. Для того чтобы самостоятельно управлять автомобилем, необходимо получить водительские права. Для того чтобы адаптироваться к интегральному миру, тем более нужно пройти процесс обучения. Каждый человек должен получить знания об интегральной мировой системе и уметь этими знаниями пользоваться на практике. Дело даже не в дисциплинах, которые будут в программе обучения, главное это подход. Те же история и география, поданные в проекции интегрального мира, помогут кардинально изменить мировоззрение учащихся.

Заключение

Главное — научиться видеть полную картину мира. В этом мире нет отдельно физики, географии, биологии, человека, правительства, общества.

Все это одно неразрывное целое. В интегральном ликбезе нуждаются все — и профессора и рабочие! Без этих знаний существование человечества на Земле выглядит парадоксальным.

Мы выбрасываем продукты питания и одновременно умираем с голода. Мы развиваем медицину и совершенствуем оружие. А если мы поменяем эгоистическое мировоззрение на интегральное? Если будем использовать продукты по назначению, а значит меньше производить? Если прекратим выпускать оружие и оборонительные средства? Если уменьшим расходы на содержание полиции, тюрем, и адвокатов? Ведь тогда совершенно естественным образом появятся средства, чтобы перейти к функциональному сбалансированному потреблению, которое обеспечит нормальные насущные потребности людей. Вследствие высвобождения времени и ресурсов, люди смогут реализовать свой личный и общественный потенциал, живя гармоничной жизнью.

Н. Кристакис и Д. Фаулер в своей знаменитой книге «Связанные одной сетью» отметили, что современная **технологическая эпоха поставила нас в зависимость друг от друга и тем самым сделала уязвимее.**

Сегодня мы пришли к пониманию, что у нас нет выхода — мы обязаны учитывать интересы всего общества. Мы нуждаемся в новом социальном мышлении и в полной переоценке ценностей. С чего начинать этот процесс? Очевидно, с исследований самых «горячих» тем:

Что представляет собой новый мир, к которому стремительно движется человечество? В чем будет выражаться его глобальность и интегральность? Что даст нам всеобщее объединение?»

И все-таки, очень хочется спросить другое — почему человечество оказалось абсолютно не готово к происходящему!?

Наша главная проблема заключается в том, что в исследованиях мира мы ищем ответ на вопрос «как» и даже не пытаемся найти ответ на вопрос «почему». Поэтому:
• Мы не понимаем свою собственную природу.
• Мы не понимаем причину наших поступков.
• Мы не знаем, по каким законам развивается мир и куда он идет.
• Почему нам всегда чего-то не хватает?
• Почему, достигнув желаемого, мы сразу бросаемся на поиски нового.
• Почему большую часть времени думаем о себе и почти никогда о других?
• Почему мы одни вещи любим, а другие ненавидим?
• Почему на неживом, растительном и животном уровнях существуют взаимосвязи и равновесие между отдельными объектами, а у людей этого нет?
• Человек появился в результате эволюции. Почему и куда направлена эволюция, мы представления не имеем.
• Мы продукт природы, ее законов. Однако ведем себя так, как будто ни к природе, ни к ее законам никакого отношения не имеем.

С точки зрения каббалы, всю систему интегральных знаний можно условно разделить на три части: природа, человечество внутри природы и человек внутри общества.

Чтобы дать людям возможность адаптироваться в условиях нового мира, необходимы образование и воспитание. Они будут включать в себя множество занятий, посвященных прохождению самых разнообразных ситуаций, — как в обществе, так и в семье, на рабочих местах — семинары (с целью взаимовключения людей), круглые столы для обучения принятия решений, объединяющие игры и т.д.

В итоге человек обретет полную картину мира, где нет отдельно взятых дисциплин, а всё вместе образует единое целое. Однако главным итогом станет построения новой личности человека — **Человека Интегрального**.

От редколлегии

В отличие от остальных научных дисциплин, каббала распахивает перед человеком *Высший мир*, а потому принято называть ее не «наукой», а «мудростью». Исследовательский метод этой мудрости основан на тех же принципах, которые применяются и в других сферах освоения знаний. Она так же возводит человека в ранг исследователя и ведет изучение воспринимаемой нами действительности, исходя из субъективных ощущений. Отличие каббалы от любой другой академической науки состоит в том, что объектом ее внимания является высшая часть реальности.

Данная наука позволяет человеку постигать *корни* действительности, причем, не отдельные ее сегменты, а высшие уровни, предшествующие образованию материи и нисхождению ее на ступень *нашего мира*. Человек обретает способность влиять на этот процесс, активно вмешиваться в само его формирование и управлять им посредством своего личного отношения к происходящему.

Если человек заявляет о своем желании постичь всю реальность так, чтобы она раскрывалась ему в направлении отдачи Творцу, если стремится проникнуть сквозь *мир*, о котором его информируют пять естественных органов чувств, с единственным *намерением насладить Творца*, то тем самым он определяет свое отношение к реальности на уровне *«шестого чувства»*. Формирование альтруистического отношения к Природе на основе *шестого чувства* придает совершенно иной вид той картине, которая была предъявлена ему прежде, ведь теперь человек постигает не кусочек *мира*, а сам его *корень*. Более того, он занимает командный пункт управления реальностью.

Человек поднимается над своим уровнем, переходя со ступени творения на ступень Творца, восходит к тому Источнику, откуда поступают силы, облачающиеся затем в материал *этого мира*. Если человеку удается изменить свое отношение к этим силам до того, как они облачатся в материю, проникнуть в них, пока они еще находятся в самом *корне*, то он совершенно иначе ощущает окружающую действительность. Чувство бессмысленности существования, опустошенности уступает место радости от восприятия *Высшего света*.

Реальность непрестанно движется навстречу раскрытию Творца творениям, и все зависит от того, как человек вписывается в этот процесс своим отношением к ней. Если творение осознанно и добровольно продвигается к цели путем уподобления Творцу, то Его раскрытие ощущается им как сближение, все возрастающий поток изобилия. Однако если постижение Творца в реальности происходит не по воле творения, если создание не стремится уподобиться Творцу, то этот процесс протекает болезненно и ощущается в виде превратностей судьбы и бесконечных угроз существованию. Эгоистические свойства человека не уподоблены Высшему изобилию, пронизанному отдачей, — и именно эта противоположность вызывает негативные ощущения.

Когда раскрытие *Высшего мира* не вытекает из подобия свойств Творца и творения, словно тьма окутывает существование человека, замутняя способности его естественных пяти сенсоров. Эта тьма является «обратной стороной» Высшего света, который наполняет человека, но тот пока не в состоянии его разглядеть. Наступление тьмы подобно «воззванию», призывающему человека изменить свой подход к реальности и раскрыть *Высший свет*.

Шестое чувство не просто количественно добавляется к пяти остальным — оно качественно обособлено и располагается над ними. Наше желание наслаждений улавливает материальную реальность через пять способов восприятия, соответствующих пяти органам чувств. *Шестое чувство* также включает в себя пять видов ощущения Высшей реальности. Благодаря ему пять остальных сенсоров начнут воспринимать иную действительность. Это и есть переход от тьмы к *свету*: от чувства опустошенности и страха, от мук и страданий к изобилию, уверенности, покою, вечности и совершенству.

Обретение *шестого чувства* расширяет знания человека благодаря положительной реакции на изобилие. Иначе говоря, Высшая реальность раскроется человеку в виде *света*, наполняющего его *сосуды получения*. Соответственно, изменятся и результаты научных изысканий во всех областях наук. Физики, химики и биологи получат новые исследовательские данные, указывающие на иной аспект все той же природы. Человек перестанет изучать лишенные *света сосуды* и их страдания. Природа больше не будет характеризоваться дефицитом и демонстрировать отчаянные попытки выживания — она возвысится и расцветет в своем истинном свободном желании навстречу *свету* Творца.

Обновленная наука заменит исследование «черных букв на белом фоне» постижением форм облачения *света* в *сосуд* и видов его наполнения. Вместо ощущения пустоты, вызываемой черными контурами на белом листе, человек в сравнении с чернотой будет постигать белизну как вечность и совершенство. Обладая перспективой исправленного *кли*, он перейдет к существованию в объеме *света*, ведь посредством альтруистического *намерения кли* превращается в *свет*, то есть принимает его форму и его свойства. Человечество будет развивать науки, исходя именно из этого бескорыстного *намерения*, на основе *шестого чувства*. Привлечение *света* путем уподобления ему распахнет перед нами иное бытие природы, существование на основе позитива, а не негатива.

Все уровни существования природы включены в человека, они поднимаются и опускаются вместе с ним. Если человек становится поистине «человеком», подобным Высшему[1], тогда *неживой*, *растительный* и *животный* уровни также получают подпитку и наполнение *светом*. Когда человек уподобится Творцу, *этот мир* включится в *миры Брия, Ецира, Асия* и поднимется с ними в *Бесконечность*. Вся природа – и даже самые низшие ее ступени – возвысившись, присоединится к Творцу.

В своем испорченном, эгоистическом состоянии человек не видит, что картина действительности, лишенной Творца, не существует. С обретением *шестого чувства* Творец раскрывается человеку как Зодчий реальности, как Тот, Кто находится внутри него и каждой его части. Благодаря этому ощущения от информации, поставляемой пятью органами чувств, становятся для человека «знаком», своего рода подарком Творца, а весь мир представляется мерой его связи и единения с Творцом.

Ощущение Творца, облаченного в реальность, растет. Человек обнаруживает, что Творец находится в нем и ориентирует все его органы чувств на это ощущение. Соответственно, его «я» начинает растворяться, остается лишь точка, из которой человек, подобно наблюдателю, следит за раскрытием Творца в себе и вокруг себя. Вот почему каббалисты говорят, что

Творец создал кли и наполняет его картиной мира.

Именно благодаря ощущению «отсутствия себя» перед человеком раскрывается возможность сформировать свое «я». В этой точке он способен выработать независимое отношение к реальности. Человек видит, что *кли* ему не принадлежит и наполнение приходит не за его счет. В тот момент, когда в человеке начинает проступать способность к определению собственного отношения, он осознает, что ощущения пяти органов чувств и вся картина действительности обусловлены светом. В этой *точке*, **над** возможностями пяти естественных сенсоров, он приступает к развитию *шестого чувства*, в котором и формирует свое «я». На основе собственного *кли* человек решает, как именно его «я» желает ощущать наполнение *сосуда*, и он определяет, кем является относительно наполнения. Так растет подлинный «*человек*», и переполняющее его изобилие называется «мудростью каббалы» – «мудростью получения».

Отсюда следует, что любая наука, которую человечество развивает, основываясь на возможностях пяти органов чувств, является лишь малой частью общей картины реальности. Ей предстоит претерпеть значительные изменения, границы ее исследований расширятся и выйдут далеко за пределы наших нынешних знаний и открытий. Небольшой кусочек реальности, который человечеству удалось обнаружить до сих пор, есть следствие

---

[1] На иврите слово «человек» (*адам*) сопрягается по корню со словом «подобный» (*домэ*) и связывается с выражением «уподоблюсь Высшему» (Пророки, Исайя, 14:14).

внутренней пустоты, а не изобилия, раскрывающегося в *исправленных сосудах*. Признавая тот факт, что наука зашла в тупик в своей методологии, исследователи, по сути, констатируют опустошение *сосудов*. Человечество реализовало все, что только можно было раскрыть в отсутствие *света*.

Все сферы научных разработок пополняют знания, исходя из отсутствия изобилия. Наука, как и прочие виды деятельности, выявляет негатив и неспособность к дальнейшему развитию. Дефицит изобилия в *сосудах* приводит современного человека в отчаяние, которое постоянно усиливается. Люди видят, что любые наслаждения, предлагаемые *этим миром* — секс, продукты питания, семейные отношения, богатство, почести, власть, знания, — не способны наполнить их, и в результате они остаются пустыми. Именно эта опустошенность подталкивает нас к раскрытию высшей науки — мудрости каббалы.

Ведущие ученые и известные философы вынуждены признать, что положение дел в *мире* стало угрожающим. Согласно их концепциям, человечество утратило контроль и способность понимать, куда оно направляется. Остались буквально считанные годы для того, чтобы скорректировать направление развития, прежде чем бездействие заведет нас на край глубокой бездны. В противном случае, катастрофа захватит все сферы человеческого существования, включая экологию, социум, экономику, культуру, воспитание и научные исследования. Ученые уже приходят к пониманию, что без раскрытия сути того замысла,

который генерирует материю, наука не сможет двигаться вперед, и на остаточное развитие в текущем режиме они отводят лишь несколько лет. По их словам, человечество стоит перед кризисом, аналогов которому еще не было в его истории.

Хотя кризисы случались и прежде, однако, в противоположность тому, который неминуемо приближается, они захватывали лишь определенные области и сферы человеческого бытия: религию, культуру, промышленность или науку. Когда одна сфера рушилась, на ее руинах расцветала другая. Новая идеология приходила на смену старой, и *мир* вступал в очередной, обновленный период развития. Однако на сегодняшний день все виды деятельности человека в *этом мире* исчерпали себя абсолютным и негативным образом.

На первый взгляд кажется, что в настоящее время происходит возврат к религии, хотя вере предавались и раньше, до того как наука, промышленность и культура заняли соответствующие места в жизни человека. Однако в действительности речь идет о совершенно ином процессе. Всеобщая тяга к религии и массовое увлечение разного рода мистическими учениями и техниками проистекает не из искреннего внутреннего побуждения, а от безвыходности. Человечество теряет надежду, что наука и технический прогресс улучшат его состояние и подсластят горечь жизни. Нынешнее приобщение к вере имеет целью повторно опробовать такой способ ухода от решения насущных проблем и вновь убедиться — на сей раз окончательно и бесповоротно, — что в них не отыщешь реальной пользы и действенного лекарства от нашего болезненного состояния.

На самом деле религии отмирают. Некоторым образом их пытаются подменить теории и философские концепции, полагающие, что можно улучшить нашу жизнь, совместив науку и религию. Нет сомнения, что и это предположение также окажется ошибочным. Интерес к религии переживает в наши дни последний всплеск. Он лишь окончательно обнажит их бессодержательность и неспособность дать настоящий ответ опустошенным сосудам, которым предстоит раскрыться.

Таким образом, все процессы современности подходят к окончательному итогу человеческого формирования, длившегося на протяжении тысячелетий, — развития в эгоистических *сосудах*. Отныне пришло время приступить к подготовке новых *сосудов*, альтруистических, где перед нами предстанет совершенно иная реальность, полная изобилия, совершенства, вечности и *света*. Раскрытие этой реальности всеми людьми и является целью творения.

Приложения

Глоссарий

Во всей реальности нет ничего кроме «Творца» и «творения», «света» и «сосуда». Таким образом, действительность состоит из двух компонентов: высшего и низшего. Многочисленные названия и обозначения, содержащиеся в каббалистических трудах, призваны подчеркнуть различные стороны взаимоотношений двух этих факторов. Далее приводятся основные термины, которые их определяют.
* Высшая сила, Высший свет, Высший, свет, Творец, Создатель, Божественность, свойство отдачи, сила отдачи, желание отдавать, желание наслаждать, желание давать, Высшая природа, природа альтруизма, духовная природа, свойство бины, Дающий, Управляющий.
* Кли, сосуд, творение, низший, душа, свойство получения, желание получать, желание наслаждаться, низшая природа, природа эгоизма, материальная природа, свойство малхут, получающий.

Каббалисты проводят различие между разнообразными проявлениями, обстоятельствами и действиями, характеризующими высшего и низшего. Каждое из них получает свое название. Таким образом, каббалисты помогают тем, кто раскрывает Высший мир, разобраться в нем. Данное учебное пособие написано для читателей, еще не пребывающих в постижении Высшего мира, а потому здесь не акцентируется внимание на этих деталях восприятия, и упоминающиеся названия, как правило, адекватны друг другу.

Каждый каббалистический термин сопровождается различными трактовками, которые обусловлены местом и действием рассматриваемого объекта, а также его взаимосвязями со всеми остальными компонентами реальности. Необходимо отметить, что определения данного словаря предназначены исключительно для понимания тем, затронутых в настоящей книге.

125 ступеней — «духовная лестница»; система развития творения до уровня Творца. Мы и сейчас находимся в мире Бесконечности и ощущаем его, но лишь на самом минимальном уровне, называемом «этот мир», «наш мир». Кроме мира Бесконечности и нас, в действительности ничего нет. Уровни постижения реальной, единственной и бесконечной действительности, в которой мы существуем, называются мирами. Существует пять миров, каждый из которых подразделяется еще на пять небольших частей, и каждая из них — еще на пять. Таким образом, есть 125 ступеней осознания, понимания, постижения и ощущения нашего истинного состояния, в котором мы на самом деле существуем.

600 000 частей (душ) — качественное понятие взаимовключения частных душ (сфирот) в общее совершенное кли (сосуд).

613 желаний — части, называемые органами парцуфа, органами тела души.

Абсолютный покой — термин указывает на то, что отношение Высшей управляющей силы (закона отдачи, Высшего света) к творению никак не меняется. Давление, оказываемое светом на желание, постоянно и неизменно как в количественном, так и в качественном отношении. Однако желание под влиянием этого давления постоянно претерпевает разнообразные изменения.

Абстрактный Высший свет = простой Высший свет — не составной, не сложный. Свет, в котором нет дифференциации. Только тот, кто его получает, выделяет в нем определенные качества, согласно своим свойствам.

Авиют — сила, глубина желания (измеряется по шкале от 0 до 4).

Авраам Абулафия (1240 — после 1291) — еврейский каббалист Испании.

Авраам ибн Эзра (1092–1167) — еврейский ученый, философ, поэт. Жил в Испании.

АГРА (Виленский гаон) — рав Элияху бен Шломо Залман (1720-1797)

— каббалист, выдающийся духовный авторитет.

Адам — первый человек, который получил желание к познанию Высшего мира (почти 6000 лет назад). Автор книги «Разиель Малах» («Тайный ангел»).

Адам = Адам Ришон — совокупность всех созданных душ, связь между ними на основе взаимоотдачи, подобно органам одного тела. В таком совершенном виде эта система создана Высшей силой: каждая клетка, каждая душа ощущает общее тело «Адам Ришон», частью которого является, а потому работает на благо всего организма как на себя.

Альтруизм — действие ради отдачи, использование своей природы ради наслаждения ближнего (кого-то, находящегося вне нас).

Альтруистический закон природы — заключается в том, что каждая клетка тела получает лишь то, что необходимо для поддержания ее жизни, а в остальном заботится только об интересах всего организма.

Альтруистическое намерение = намерение «ради отдачи» — использование своей природы, собственных свойств с целью доставить удовольствие Творцу. С помощью намерения «ради отдачи» творение становится равным Творцу, уподобляется Ему.

АРИ — полное имя Ицхак Лурия Ашкенази (1534-1572). Один из величайших каббалистов в истории человечества. Создал основополагающую систему обучения каббале. Пользуясь его методикой, каждый человек, изучающий эту науку, может достичь цели творения. Основной труд – книга «Древо Жизни».

АХАП — «озэн, хотэм, пэ» — сфирот нижней части бины, зэир анпин и малхут, в которых есть желание получить. Сосуды (келим) получения.

АХАП дэ-алия — выражение, означающее, что исправление эгоистических желаний возможно только в слиянии с более высокой ступенью.

Бааль Сулам — Йегуда Ашлаг (1884-1954) — основоположник современной науки каббала. Основной труд – «Учение Десяти Сфирот». Имя «Бааль Сулам» получил после выхода в свет комментария на «Книгу Зоар», под названием «Сулам» («лестница» – ивр.). Автор комментария на сочинения АРИ.

Бааль Шем-Тов (сокращенно БЕШТ), полное имя — Исраэль бэн Элиэзер (1700-1760). Величайший каббалист восточной Европы, основатель восточноевропейского хасидизма.

Бейт Мидраш (от ивритских слов байт – дом и лидрош – требовать объяснения, изучать, а также от слова драша – выступление с речью, пояснение) – место, где учатся «лидрош» (требовать) от Творца получения («каббала») духовных сил (альтруистических желаний), ощущения цели творения, Творца.

Бесконечность — состояние постижения бесконечного совершенства и наслаждения без какого-либо ограничения.

Бина — сила отдачи; свойство света, в котором ощущается наслаждение от отдачи, подобия Высшей силе (Творцу).

Владимир Сергеевич Соловьев (1853-1900) — русский философ, поэт, публицист и литературный критик.

Внутреннее кли = внутренние свойства, желания.

Внутренняя работа — внутреннее усилие по исправлению намерения получать ради себя на намерение «ради отдачи».

Время в духовном — означает некоторое число последовательных изменений, проистекающих друг из друга, где одно является причиной, а другое — его следствием.

Высота постижения — постижение возможно только в мере подобия формы (свойств) Творцу. «Подобие свойствам Творца» означает, что первоначальное, исходное свойство человека (его келим) — получение ради самонаслаждения — представляется ему никчемным, не достойным использования. Это называется, что он «видит свою низменность». Свойство Творца — отдача, именуемая: «Добрый и Творящий добро» — видится ему самым возвышенным. Благодаря этому получается, что собственное ощущение он воспринимает как самую низшую точку, а свойство Творца — как самую высшую; разница между ними и называется «высота», уровень человека.

Высшая реальность — существующая по законам свойства отдачи. «Высшей» называется потому, что свойство отдачи — это причина, корень нашего мира (реальности, воспринимаемой пятью органами чувств). Высшую реальность, Высший мир можно ощутить с помощью шестого органа чувств, экрана.

Высшая сила = Творец — это общий замысел и природа мироздания, который, нисходя (то есть огрубляя свои свойства, трансформируя их в более эгоистичные), создает высшие (более близкие к свойству альтруизма) и низшие миры и наполняет их творениями. Он управляет всем, ведя к изначальной цели — развить творение до своего уровня.

Высший свет (на ивр. — ор элион) — определенный вид излучения свыше, то, что исходит из Сущности Творца и ощущается творением как «Замысел творения»: насладить творения.

Гадлут (ивр. — большое состояние) — состояние парцуфа, имеющего экран — силу противодействия своей эгоистической природе, возможность не только не получать для себя, но и получать ради отдачи. В таком случае парцуф наполняет все свои желания — все 10 сфирот — ор хасадим и ор хохма.

Гальгальта вэ-эйнаим — кетэр, хохма и верхняя часть бины (ГАР дэ-бина) вместе называются «гальгальта вэ-эйнаим» (ГЭ) или отдающие, альтруистические сосуды (келим).

ГАР — гимель ришонот — три первых (сфиры): кетэр, хохма, бина.

Гематрия — численное значение букв в слове. Математическая запись духовных состояний.

Гмар тикун (ивр. — окончательное, конечное исправление) — конечное состояние всего мироздания, когда самая низшая точка творения достигает того же состояния, что и самая высшая. Полное исправление своих свойств и, соответственно, полное слияние с Творцом.

Грехопадение (Адама) — разбиение сосудов (швират келим), в результате которого смешались альтруистические (отдающие) и эгоистические (получающие) сосуды, желания.

Джованни Пико делла Мирандола (Giovanni Pico della Mirandola) (1463-1494) — итальянский мыслитель эпохи Возрождения.

Духовное рабство — власть эгоистических желаний (малхут).

Духовные ступени — степени желания отдавать, приобретаемые человеком.

Желание получить — незаполненное пространство, пустующее место, которое стремится себя наполнить, получить наслаждение. Материал всего творения, состоящий из нескольких уровней: неживое, растительное, животное, человек.

Животный (уровень, ступень) (на ивр. — хай) — существуют четыре ступени развития желания получать: неживое, растительное, животное, человек. Животный уровень желания получать рождает в каждом частном элементе индивидуальные ощущения — особую жизнь каждого, отличающуюся от остальных. Однако на этой ступени еще отсутствует чувство сопереживания ближнему, то есть нет необходимого сострадания или радости за себе подобных.

Закон подобия свойств — два объекта в духовном мире сближаются вплоть до слияния в меру подобия, сходства свойств. В той мере, в какой человек желает, пытается и в состоянии быть подобным чему-либо (кому-либо) в своих свойствах, у него образуется связь, возможность понять внутреннее состояние, действия, намерения другого объекта или субъекта.

Замысел творения = замысел Творца — создать творения с целью доставить этим творениям максимальное наслаждение.

Заповедью называется внутреннее усилие, которое человек совершает для того, что построить дополнительное, духовное кли (альтруистическое желание).

Земля Израиля (ивр. — «Эрец Исраэль») — «Эрец» — от слова «рацон», желание, и «Исраэль» — от слов «яшар к-эль», прямо к Творцу. В духовном смысле «достичь Земли Израиля» означает перейти от идолопоклонства к признанию того, что существует единая Высшая сила и согласно своему желанию отождествиться, слиться с этой силой.

Зивуг дэ-акаа (ивр. — ударное соитие) — взаимодействие света с масахом (экраном), когда кли (человек, творение) в стремлении к единению с Творцом делает огромные усилия и, превозмогая собственную природу, отталкивает свет (наслаждение) ради слияния (уподобления) с этим светом.

Зивуг дэ-акаа (ивр. - «ударное слияние») — действие экрана, с помощью которого он препятствует распространению света в желании насладиться ради себя, отталкивает свет обратно, к его корню (источнику). Этот возвращающийся свет образует новое кли (сосуд получения), в который и облачается (вливается, сливается) приходящий первоначально свет (ввиду подобия свойств).

Йосеф бен Авраам Гикатилла (1248-1305) — еврейский каббалист Испании.

Исправление — изменение намерения наслаждаться ради себя на намерение наслаждаться потому, что этого желает Творец (Высшая сила), что приводит к получению, наполнению ради Творца. Вследствие этого творение становится равным Творцу, уподобляется Ему.

Йегуда а-Леви, полное имя Йегуда бен_Шмуэль а-Леви (1075-1141) — учёный-каббалист, философ и поэт. Жил в Испании.

Йосеф Альбо (1380-1444) — еврейский философ. Жил в Испании.

Каббалист — учёный, обладающий дополнительным, духовным органом ощущения — «экраном», позволяющим исследовать воздействие Высшего мира на себе.

Катнут (ивр. — малое состояние) — состояние парцуфа, не использующего рош (голову), то есть в нем есть сфирот от хэсэд до малхут, а у большого парцуфа, в дополнение к малому, есть еще кетэр, хохма, бина, то есть рош или большое состояние (гадлут).

Кдуша — свойство «ради отдачи». **Келим** (ивр. — сосуды, мн.ч. от кли) — составные части кли = желания = инструменты восприятия, которые появляются в результате полученного опыта.

Келим дэ-ашпаа (ивр. — сосуды отдачи) — отдающие желания.

Клипа (мн. ч. клипот) — свойство «ради получения», желание насладиться ради себя.

Книга Зоар — широко известная каббалистическая книга, написана примерно в 120 году н.э. Автор: рабби Шимон бар Йохай (сокр. – РАШБИ). В ней впервые отражена зависимость и влияние наших действий на различные явления, обмен информацией между двумя мирами. Она охватывает практически полное развитие событий в течение всей истории человечества. Однако книга эта очень скрытая, сжатая. Кроме того, многое из нее утрачено.

Кругооборот — смена формы, облачения души, в результате чего происходит её развитие.

Люди, находящиеся внизу — «Выше»/«ниже» — понятия, означающие в каббале «ближе»/«дальше» к подобию Высшей силе, то есть к альтруизму, свойству отдачи.

Маймонид Моисей, полное имя раби Моше бен Маймон (сокращенно РАМБАМ) (1135-1204) — великий каббалист, философ, врач. Родился в Испании, служил придворным врачом Салах-ад-дина в Каире. Автор труда «Путеводитель растерянных» (1190 г.).

МАН (сокр. от «мэй нуквин») — истинное, глубокое желание исправиться и приблизиться к Творцу.

Материал = суть = основа.

Махсом — граница между ощущением, возникающем только благодаря пяти органам чувств, ощущением «этого мира» и ощущением в «шестом органе» чувств, ощущением Высшего мира.

Махсом — духовный «барьер», «черта», переходя которую, человек начинает ощущать духовный мир.

Мир (на ивр. — олам — от слова алама, «сокрытие») — определённое состояние человека. Кроме нашего мира (господство эгоистических желаний) существуют ещё пять миров (Асия, Ецира, Брия, Ацилут, Адам Кадмон). Каждый из них делится на пять подча_ стей_парцуфов. Мир Ацилут состоит из парцуфов Атик, Арих Анпин, Аба, Има, Зэир Анпин и Малхут.

Мир Бесконечности — состояние, когда все желания удовлетворены полностью, без предела, без ограничения.

Мир Бесконечности (на ивр. — олам Эйн Соф) — состояние постижения душами бесконечного совершенства и наслаждения от единства с Творцом (уподобления Творцу). В этом состоянии творение (совокупность душ) не ограничивает распространение света (наслаждения), то есть все желания удовлетворены полностью, без ограничения.

Миры (на ивр. — олам — от слова алама, «сокрытие») — всевозможные частичные меры ощущения Творца, степени Его скрытия.

Моисей Бен Шем Тов де Леон (Моше де Леон) (1250-1305) — каббалист, родом из Испании.

Мохин де-йехида — ступень совершенства (полного уподобления Высшей силе), включающая уровень Первого и Второго Храма. Уровень раскрытия Высшей силы, приравниваемый к ощущению «я видел».

Мохин дэ-нэшама — уровень раскрытия Высшей силы, приравниваемый к ощущению «я слышал».

Мусар (ивр. — мораль, нравственность) — моралистическое движение, ставившее на первое место воспитание личности в духе религиозной строгости и аскетизма.

Намерение — расчёт, мотивация творения по отношению к свету. Это отношение человека к Источнику наслаждения, а не к желанию получать.

НАРАНХАЙ — пять видов света, воспринимаемых соответственно пяти ступеням экрана. Творение, в мере зависимости от своего экрана (то есть в какой мере оно подобно свету, свойству отдачи), и желает принимать свет. Эти частные меры называются нэфеш, руах, нэшама, хая, йехида — сокращенно НАРАНХАЙ.

Нахманид, полное имя рабби Моше бен Нахман (сокращенно РАМБАН) (1195-1270) — еврейский ученый, каббалист, раввин еврейской общины Испании. Последние годы жизни провел в Иерусалиме.

Недостатки — желания, требующие наполнения.

Неживой (уровень) (на ивр. — домэм) — имеющий единственное свойство — сохранять своё стационарное состояние: получать и наслаждаться, осуществляя те желания, ту программу творения, которая в нем заложена.

Нечистые миры — система миров (определённых состояний человека), использующая свойство отдачи, Творца на благо желания получать; их роль заключается в том, чтобы предоставить человеку материал для работы.

Нечто из ничего (на ивр. — еш ми аин) — возникшее (созданное) вне Творца желание насладиться из не существовавшего ранее, до Замысла Творца; качество, абсолютно противоположное Его свойству отдавать.

Ниспадают в эгоизм — смешиваются, приобретают качества, сходные с эгоизмом.

Нисхождение в Египет — означает огрубление душ, приобретение дополнительных эгоистических желаний. «Находящийся в Египте» состоят под властью эгоистической природы.

Новорожденная душа, рождение (на ивр. — лида) — духовным рождением называется состояние, когда мы, уже включая внутри себя и свойства Творца, и свойства творения, в первый раз в каком-то из этих желаний выбираем и предпочитаем свойство Творца свойству творения.

Ойкумена (греческое oikumene) — населённая человеком часть Земли.

Окончательное исправление (на ивр. — гмар тикун) — см. конечное исправление.

Окружающий свет (на ивр. — ор макиф) — свет, предназначенный для облачения в ступень, который пока находится вне кли, но своим давлением, целенаправленным воздействием вынуждает кли изменяться, улучшиться.

Ор хозэр (ивр. — отраженный свет) — «ор» — свет, наслаждение, «хозэр» — возвращающийся, то есть отраженный свет — это желание дать наслаждение Творцу, так же как и Он дает мне.

Парцуф (мн. ч. парцуфим) = «духовное тело» — желание наслаждаться Творцом, снабженное экраном (то есть способное получить свет).

Первое сокращение (на ивр. — цимцум алеф) — решение никогда более не наслаждаться светом ради себя.

Помощь от Высшей силы = дополнительная сила отдачи.

Постижение — обязано соответствовать двум критериям: 1 — ни в коем случае не должно быть плодом воображения, 2 — не должно вызывать ни малейшего сомнения, как не вызывает в человеке сомнения собственное существование.

Предшествующие стадии — стадии развития желания, которые развиваются в соответствии со следующим законом: перед переходом на более высокий уровень развития все недостатки нынешнего положения ощущаются на существующей ступени как нетерпимые и требующие изменения.

Приклеиться к Высшему парцуфу — желать быть включённым в Высшего. Во всем своем разуме, во всех желаниях, способностях, во всем своем понимании я решаю, что готов быть включенным в Него с преданностью всему тому, что у Него будет или не будет и что я только могу себе вообразить.

Принцип подобия свойств — основной закон, действующий в мире. Он гласит: если ты желаешь и пытаешься быть подобным чему-либо (кому-либо) в его свойствах, то в той мере, в какой ты способен это сделать, у тебя и есть связь с ним. Вследствие этого ты понимаешь внутреннее состояние, действия, намерения интересующего объекта.

Притягивает в наш мир Высший свет. Мы говорим: свет движется, приходит, уходит; кли притягивает свет, изгоняет. Однако движение (перемещение) в духовном мире не имеет ничего общего с перемещением с места на место. Под «движением» в данном случае понимается изменение свойств духовного объекта. Поэтому каббалист, находящийся в нашем мире, «притягивает» свет посредством того, что изменяет себя в подобие Творцу (Высшему свету).

Пэ (ивр. — рот) — часть, в которой происходит взаимодействие Высшего света с экраном.

Пятиступенчатое кли — кетэр, хохма, бина, зэир анпин, малхут — пять частей желания, в которых творение ощущает Высшую силу.

Пять уровней нашего желания — неживой, растительный, животный, человеческий и духовный.

Рабби — титул мудреца, переводится как «мой учитель», происходит от ивр. слова «рав» — большой, великий.

Рабби Аба — ученик РАШБИ.

Рабби Акива, полное имя Акива бен Йосеф (ок. 50 - ок. 132) — величайший каббалист и мудрец.

Работа — внутренние действия по исправлению эгоистических желаний.

Рав Хаим Виталь (сокращенно РАХУ, МАРХУ) (1542-1620) — ученик АРИ.

Разбиение желаний (сосудов), («швират келим») — исчезновение связующего экрана между различными свойствами, желаниями, исчезновение альтруистического взаимодействия между собой.

РАМАК — акроним имени рабби Моисея Кордоверо (1522-1570), каббалист из Цфата (Израиль).

РАМБАМ — см. Маймонид Моисей.

РАМХАЛЬ — акроним имени рабби Моисей Хаим Луцатто (1707-1746) величайший каббалист из Италии. Впоследствии переехал в Амстердам, а затем в Акко (Израиль), где провел последние годы жизни.

Растительный (уровень) (на ивр. — цомэах) — начало зарождения самостоятельного желания, благодаря которому появляются силы преодолеть свое стремление насладиться и действовать с желанием отдавать.

Однако находящийся на этом уровне еще не в состоянии идти против желаний своего окружения.

Рейхлин Иоганн (Reuchlin Johann) (1455-1522) — немецкий гуманист, филолог. Был советником вюртембергского герцога, несколько раз посетил Италию, сблизился с деятелями платоновской Академии (Пико делла Мирандола и др.); последние годы жизни — профессор греческого и еврейского языков в университетах Ингольштадта и Тюбингена. Считался в Германии лучшим знатоком древних языков — латыни и особенно древнееврейского и древнегреческого.

Решимо (мн.ч. решимот) — «духовный ген», «запись» духовной информации. Решимо представляет собой чистую суть, силу — то, что остаётся после исчезновения прошлой формы. Это энергия, не облаченная ни в какую внешнюю оболочку.

Рош (голова) парцуф — часть парцуфа (духовного объекта, тела), принимающая решение, наиболее близкая по свойствам к Творцу.

Сверху вниз — распространение (огрубление, ухудшение свойств) Высшего света сверху вниз, от Первичного источника (Творца) вплоть до материализации, возникновения «нашего мира».

Свет (на ивр. — ор) хасадим — свет, который творение желает дать, вернуть Творцу. Представляет собой огромное наслаждение от подобия Творцу, оттого, что ты находишься вместе с Ним, что в тебе есть та же информация, что и в Творце. Ты знаешь Его мысли, чувства, ты постигаешь то, что есть в Нём, находишься на одной ступени с Ним.

Свет (на ивр. — ор) хохма — весь исходящий от Творца свет, то есть свет, включающий в себя все, что желает дать нам Творец, определяется как сущность и жизнь творения.

Свет хасадим (ор хасадим) — свет, который творение желает отдать, вернуть Творцу; намерение доставить удовольствие Творцу; наслаждение от подобия свойств с Ним, от отдачи.

Свет, возвращающий к Источнику — особая сила свыше (извне), приходящая во время изучения истинных каббалистических источников, благодаря которой человек исправляет себя, приобретает альтруистические желания, намерения.

Свойство бины (отдачи) — качество, которым Высшая сила (Творец) проявляется относительно творения. Высшая сила создала творения для того, чтобы дать им наслаждение, и поэтому ее свойство называется отдачей.

Свойство малхут (получения) — желание получать наслаждение.

Семь наук мира — диалектика, арифметика, геометрия, физика, музыка, астрономия, наука врачевания.

Слияние с Творцом — цель творения. Слиянием в духовном мире называется полная тождественность свойств, желаний, мыслей, намерений — всего, что характеризует человека, в чем он ощущает свою индивидуальность, свою суть — с Творцом. Человек начинает ощущать себя равным Высшей силе во всем — как Он, так и я, что во мне, то и в Нём.

Сократил Себя. Творец сократил Себя, дав место творению, то есть выделил некую центральную точку «внутри Себя» и удалил Себя от нее. Вот в этой точке мы и существуем. Понятие «удалил» не соответствует нашему бытовому понятию «расстояния». В данном случае расстояние определяется человеческим ощущением присутствия или отсутствия Высшей управляющей силы.

Сокращение (на ивр. — цимцум) — отказ принимать свет из альтруистических соображений. Властвующий над своими желаниями, то есть удерживающий себя и не получающий, хотя очень желает получить, называется сокративший себя.

Состояние зародыша (на ивр. — ибур) — состояние, когда человек способен не расценивать собственное положение в соответствии с внутренними чувствами, с желанием получать, а рассматривает своё состояние только по отношению к цели, насколько связан с Высшей ступенью. В таком состоянии человек полностью аннулирует себя и растворяется в Творце.

Соф — часть творения, которая остается пустой, называется соф (конечная). В ней творение создает ограничение на получение света из-за отсутствия соответствующего экрана.

Спасается бегством — делает сокращение = решает не использовать.

Сущее из ничего (ивр. - «еш ми аин») — творение, сосуд, душа; созданное из ничего желание насладиться (ощущением Творца, светом), получить, которое является материалом всей существующей действительности.

Сфира (мн. ч. сфирот) — различные свойства, которые принял на себя Творец относительно творений. Всего их 10 — кетэр, хохма, бина, зэир анпин (который состоит, в свою очередь, из хэсэд, гвура, тифэрэт, нэцах, ход, есод), малхут.

Табур — линия, ограничивающая получение света в «гуф» (тело), образует разделение между «тох» (внутренняя часть кли, наполненная светом) и «соф» (конечная, незаполненная, пустая часть тела).

Творение — различные уровни желания получить наслаждение.

Тело (на ивр. — гуф) — желание получить.

Тонкие, чистые сосуды — такие сосуды (органы восприятия), которые позволяют человеку понять законы, принципы альтруистического взаимодействия без особых исследований, выяснений, то есть мера чистоты сосудов определяет количество усилий, которое необходимо приложить для раскрытия духовной природы.

Тора (ивр. — «Тора» — учение, теория) — методика исправления с помощью света, от слов «ораа» (инструкция, методика) и «ор» (свет).

Тох (ивр. — внутренняя часть, туловище) — часть духовного тела, наполняемая прямым (исходящим от Творца) светом, на который одевается отражённый (возвращённый Творцу) свет. Иначе говоря, та часть творения, которая получает свет, называется тох.

Три линии — система, позволяющая прийти к подобию Творцу: левая линия — желание получать (свойство творения), правая линия — желание отдавать (свойство Творца), среднюю линию человек создает самостоятельно собственным стремлением к соответствию, подобию Творцу.

ТЭС – Талмуд Эсер Сфирот (ивр. – Учение Десяти Сфирот) — основной каббалистический учебник нашего времени (6 томов, более 2000 страниц). Главное наследие Бааль Сулама. Хотя Бааль Сулам знаменит как автор комментария «Сулам» на Книгу Зоар, но для стремящихся войти в Высший мир труд Учение Десяти Сфирот дает силы, необходимые для преодоления границы, разделяющей наш и Высшие духовные миры. Включает в себя вопросы и ответы, материалы для повторения и запоминания, объяснения, графики, чертежи и так далее. В книге дается описание законов и сил, управляющих нашим мирозданием.

Уровень «говорящий» (на ивр. — медабэр) — четвертая ступень развития желания наслаждаться, которая рождает возможность ощущать кого-то, находящегося вне его (ближнего), в результате чего «человек» является обладателем свободы выбора, то есть имеет возможность подняться над своим естеством, познать природу Творца, уподобиться Ему.

Уровни (желания) — стадии развития «желания получать»: неживой, растительный, животный, человек. Растительный включает в себя неживой уровень, животный включает в себя неживой и растительный, человеческий — все три нижестоящие уровни. Такая структура повторяется на всех уровнях реальности, во всех деталях.

Храм — олицетворяет собой исправленное состояние человечества, души (см. «мохин дэ-хая», «мохин дэ-нэшама»).

Четыре стадии распространения прямого света — этапы построения духовного сосуда, желания. При распространении света сверху вниз сначала строится стадия кетэр (исходящий свет), затем хохма (желание получить), далее бина (желание отдать), ЗА (реализация бины, когда она хочет уподобиться Творцу — отдавать, получая) и, наконец, малхут (она желает не уподобиться Творцу, а получить все Его «состояние», «статус»). Обычно стадия кетэр не упоминается, т.к. является, по сути, самим Творцом, поэтому говорится о четырех стадиях построения кли (желания).

Чистые миры — система миров, развивающая в нас желание слиться с Творцом, уподобиться Ему. Их роль заключается в том, чтобы помочь человеку выстроить правильное намерение относительно Творца.

Шхина — ощущение Творца.

Эгоизм — намерение получить ради себя, желание использовать всех остальных ради своего удовольствия.

Эгоистическое желание — желание получить наслаждение.

Эгоистическое развитие желаний — весь комплекс человеческих желаний можно разделить на пять этапов: первичные желания — секс, пища (неживой уровень); второй этап развития желания — стремление к богатству (растительный уровень); третий этап развития желания — стремление к власти и славе (животный уровень); четвертый этап развития желания — жажда знаний (человеческий уровень); пятый этап развития желания — стремление к духовному, к Творцу (духовный уровень).

Экран (ивр. — масах) — «сила сокращения», которая пробуждается в творении относительно Высшего света, с целью предотвратить самонаслаждение. Сила преодоления, сопротивления эгоизму (желанию получить ради себя).

Список сокращений

АА	—	Арих Анпин
АБЕА	—	Ацилут, Брия, Ецира, Асия
АВИ	—	Аба Вэ-Има
АК	—	Адам Кадмон
АХАП	—	Озэн, Хотэм, Пэ
БЕА	—	Брия, Ецира, Асия
ГАР	—	Гимэль Ришонот
ГЭ	—	Гальгальта Вэ-Эйнаим
ЗА	—	Зэир Анпин
ЗАТ	—	Заин Тахтонот
ЗОН	—	Зэир Анпин И Нуква
КАХАБ	—	Кетэр, Хохма, Бина
КАХАБТУМ	—	Кетэр, Хохма, Бина, Тифэрэт, Малхут
МАН	—	Мэй Нуквин
МАД	—	Мей Дхурин
НАРАН	—	Нэфеш, Руах, Нэшама
НАРАНХАЙ	—	Нэфеш, Руах, Нэшама, Хая, Йехида
НЕХИ	—	Нэцах, Ход, Есод
ОМ	—	Ор Макиф
ОП	—	Ор Пними
ОХ	—	Ор Хозэр
ОЯ	—	Ор Яшар
ЦА	—	Цимцум Алеф
ЦБ	—	Цимцум Бэт
ХАБАД	—	Хохма, Бина, Даат
ХАГАТ	—	Хэсэд, Гвура, Тифэрэт

Ответы к тестам

Раздел I
Глава 1 . . . . 77 с.
1-c; 2-d; 3-b; 4-d; 5-a.
Глава 2 . . . . 96 с.
1-d; 2-b; 3-b; 4-a; 5-b.

Раздел II
Глава 1 . . . . 116 с.
1-d; 2-b; 3-a; 4-b; 5-c.
Глава 2 . . . . 130 с.
1-b; 2-b; 3-b; 4-c; 5-d.
Глава 3 . . . . 143 с.
1-a; 2-c; 3-b; 4-b; 5-d.
Глава 4 . . . . 163 с.
1-b; 2-a; 3-a; 4-b; 5-c.
Глава 5 . . . . 175 с.
1-a; 2-d; 3-d; 4-c; 5-b.
Глава 6 . . . . 185 с.
1-d; 2-a; 3-b; 4-c; 5-b.
Глава 7 . . . . 193 с.
1-c; 2-b; 3-c; 4-b; 5-c.
Глава 8 . . . . 202 с.
1-c; 2-d; 3-b; 4-c; 5-b.
Глава 9 . . . . 212 с.
1-d; 2-c; 3-d; 4-a; 5-a.

Раздел III
Глава 1 . . . . 241 с.
1-c; 2-a; 3-a; 4-a; 5-a; 6-c.
Глава 2 . . . . 263 с.
1-b; 2-a; 3-b; 4-c; 5-b; 6-c.
Глава 3 . . . . 289 с.
1-a; 2-b; 3-c; 4-b; 5-b; 6-c.
Глава 4 . . . . 312 с.
1-a; 2-c; 3-a; 4-c.

Раздел VII
Глава 1 . . . . 443 с.
1-a; 2-b; 3-b; 4-a; 5-d; 6-d.
Глава 2 . . . . 454 с.
1-b; 2-b; 3-c; 4-a; 5-c.
Глава 3 . . . . 476 с.
1-c; 2-a; 3-c; 4-d; 5-c; 6-c; 7-a.
Глава 4 . . . . 483 с.
1-a; 2-d; 3-b.

Раздел VIII
Глава 1 . . . . 499 с.
1-b; 2-c; 3-a; 4-b; 5-c; 6-a; 7-d.
Глава 2 . . . . 508 с.
1-c; 2-d; 3-d; 4-a; 5-b; 6-b; 7-b.
Глава 3 . . . . 527 с.
1-b; 2-a; 3-a; 4-c; 5-a; 6-a.

Раздел IX
Глава 1 . . . . 549 с.
1-c; 2-b; 3-b; 4-d; 5-c.
Глава 2 . . . . 565 с.
1-a; 2-c; 3-c; 4-b; 5-a.

Раздел X
Глава 1 . . . . 582 с.
1-d; 2-b; 3-c; 4-d; 5-a; 6-b; 7-a; 8-a; 9-c; 10-a.
Глава 2 . . . . 594 с.
1-b; 2-a; 3-a; 4-a; 5-c.
Глава 3 . . . . 612 с.
1-a; 2-c; 3-b; 4-c; 5-a.

Библиографический список

АГРА (Виленский гаон). «Эвен шлема». (ЭВЕНЪ ШЛЕЙМО). Вильна. 1873 г. С. 62.
АРИ. Древо жизни // Собрание сочинений АРИ. Иерусалим, 1927 (иврит).
Аршинов В.И. Проблема синтеза знания и мудрости в контексте техногенной цивилизации // Сборник материалов Круглого стола «Обогащение форм научного знания в эпоху глобализации». М., 2004.
Бааль Сулам. Kitvei Baal Hasulam. ARI. Israel. 2009.
Бааль Сулам. Учение Десяти Сфирот. תלמוד עשר הספירות ARI. Israel. 2007.
Бейджент М. Запретная археология. – М., Эксмо, 2004.
Бердяев Н. А. Смысл творчества // Философия свободы. Смысл творчества. – М., 1989.
Бубер Мартин. «Хасидские предания». М. Республика. 1997.
Бурмистров К. «Kabbala Denudata», открытая заново: христианская каббала барона Кнорра фон Розенрота и ее источники // Вестник Еврейского университета. – М., 2000. № 3 (21).
Булгаков С. Н. «Свет Невечерний». – М., 1994.
Газета 30.05.1941 , "הצפה" стр. 12.
Гете И. В. Материалы к истории учения о цветах. 1805–1810.
Грец Г. История евреев от древнейших времен до настоящего. Одесса. Изд. Я. Х. Шермана.1908.
Давид Бен-Гурион. Письмо от 20.05.1958.
Дарвин Ч. Сочинения. Т. 5 / Пер. с англ. – М.: Изд-во АН СССР, 1953.
Джон Гриббин. Большой Взрыв // Курьер Юнеско. 1984, №10.
Ефрон И.А., Брокгауз Ф. А. Энциклопедический словарь. М.: ЭКСМО, 2006.
Ефрон И.А., Брокгауз Ф. А. Еврейская энциклопедия. С.- Петербург. 1906-1913.
Иосиф Флавий. Иудейские древности. Соч. в 2 т. М.: Ладомир: АСТ, 2003.
Капица С. П. Из доклада на Круглом столе ученых «Обогащение форм научного знания в эпоху глобализации». М., 2004.
Кобзев А. И. Общество и государство в Китае: XL научная конференция / Ин-т востоковедения РАН. - М.: Ин-т востоковедения РАН, 2010. – 470 с. – (Ученые записки Отдела Китая ИВ РАН. Вып. 2 / редколл. А.А. Бокщанин (пред.) и др.).
Лайтман М. Внутреннее созерцание // Лайтман М. Плоды мудрости. – М.: НПФ Древо жизни, изд. группа kabbala.org.ru, 2002. – (Каббала. Тайное учение).
Лайтман М. Книга Зоар. Перевод и комментарий. – М.: НПФ Древо жизни, изд. группа kabbala.org.ru, 2002. – (Каббала. Тайное учение).

Лайтман М., Розин В.М. Каббала в контексте истории и современности. – М.: Едиториал УРСС, 2005. – (Теоретические дискурсы культурологии).

Лайтман М. Наука каббала. В 2 т. – М.: НПФ Древо жизни, изд. группа kabbalah.info, 2004 – (Каббала. Тайное учение).

Лайтман М. Основы каббалы. – М.: НПФ Древо жизни, изд. группа kabbalah.info, 2003 – (Каббала. Тайное учение).

Лайтман М. Развитие души. – М.: НПФ Древо жизни, изд. группа kabbalah.info, 2004 – (Каббала. Тайное учение).

Лайтман М. Схема мироздания // Лайтман М. Основы каббалы. – М.: НПФ Древо жизни, изд. группа kabbalah.info, 2003. – С. 85-217. – (Каббала. Тайное учение).

Лайтман М. Условия разглашения каббалистических знаний: Урок от 17 июня 2004, Москва.

Лайтман М. Суть науки каббала. В 2 т. Т. 1. – М.: ИД София, 2005. С. 133-167.

Ленин В. И. Материализм и эмпириокритицизм. Полн. собр. соч. Т.18., – М., 1983.

Моисеев Н. Н. Универсум, информация, общество. – М.: Устойчивый мир, 2001.

Моррис Г. Библейские основания современной науки / Пер. с англ. – СПб.: Библия для всех, 1995.

Моше бен Маймон (РАМБАМ). Путеводитель растерянных. «Мосты культуры», Москва. 2003.

Нудельман Р. Кембрийский парадокс // Знание–сила. – 1998. № 8-9.

Парацельс. Сочинения. Т. 5. // *Полное собрание сочинений.* Ч. 1. XIV.

Перах М. Разумный замысел или слепая случайность? Схватка двух мировоззрений // Континент. – 2001. № 107.

Кехо Д. Подсознание может все! // – М.: ИД Попурри, 2003.

Писарев А. Болотные газы убьют Землю // Ytro.ru: 12 августа 2005. – Электронный ресурс: http://www.utro.ru/articles/2005/08/12/467203.shtml

Послания Маймонида / Изд. араб. текста, перевод на ивр., комм. И. Шилата, тт. 1-2. Иерусалим, 1987-1988.

Пятикнижие Моисеево или Тора / Ред. проф. Г. Брановер. Пер. с ивр.: З. Левин, Б. Хаскелевич, Й. Векслер. – Иерусалим: «Шамир», 1990.

РАБАШ. כתבי רב"ש ARI. Israel. 2008.

Рабби Моше Вейсман. Мидраш рассказывает. Берешит. Швут Ами. Иерусалим.

Рабби А. И. Кук. Философия иудаизма. Избранные статьи. /Пер. О. Балаги. Иерусалим: АМАНА. 1991.

Рабби Меир Бен Габай. Сефер «Аводат а-кодеш». Sefer avodat ha-kodeš. http://www.hebrew.grimoar.cz

Рав Азулай Авраам бен Мордехай. Ор а-Хама. Предисловие. Ohr haChomah Vol.1. Prezysml. 1776.

Рав Горовиц Пинхас Эльягу. Сэфер а-Брит а-Шалем. Петроковъ. 1904.

Сэфер Ецира // Лайтман М. Развитие души. – М.: НПФ Древо жизни, изд. группа kabbalah.info, 2004 – С. 343-357. – (Каббала. Тайное учение).

Современный энциклопедический словарь. Изд. «Большая Российская Энциклопедия», OCR Палек, 1998 г.

Соловьев В. С. София // Логос. 1991. № 2.

Сорский Аарон. Статья «Адмор рав Йегуда Лейб». http://www.kab.co.il/kabbalah/short/148320

Стивен Хоукинг. «От Большого взрыва до черных дыр. Краткая история времени». – М.: Наука, 1990.

ХИДА. Аводат а-Кодеш. Вильна 1906.

Хачатурян В. Лайтман М. Судьбы человечества. LKPublishers, 2011.

Электронный ресурс: http://www.izvestia.ru/news/news98173/index.html

ARI (Rabbi Yitzhak Luria Ashkenazi). Etz haim // ARI. Collected works. – Jerusalem, 1927 (Hebrew).

Bruno. Le opere italiane, II.

ENCYCLOPEDIA OF GREAT MEN IN ISRAEL. Josua Chachik Pabllising House, Tel-Aviv. 1947.

Laitman M. Introduction to the book of Zohar. 2 vols., edited by Talib Din. Toronto, 2005. (English).

Laitman M. The future generation. Thornhill, 2006 (English).

Laitman M. The sciense of Kabbalah. Pticha. Toronto, 2005 (English).

Odenheimer M. Derech ha-Kabbalah el ha-Kommunizm // Ha-Aretz. Israel. 2004.

Paulus Ricius. Introductoria theoremata cabalae. De coelesti agricultura // Johannes Pistorius. *Ars Cabalistica.*

Pascal. Oeuvres completes. Paris, 1954.

Pico della Mirandola. Oratio de hominis dignitate // Conclusiones.

Raymundi Lullii Opera. Изд. Цетцнера.

RASHBI (Rabbi Shimon ben Yochai). Sefer ha-Zohar. Im Perush ha-Sulam / Comment «Sulam» by Rav Yehuda Ashlag. Jerusalem, 1955. (Hebrew).

Reuchlin Johann, De arte cabalistica, Hagenau, Thomas Anshelm, 1517.

Scientific American Magazine.

Schindel David E. (Curator of Invertebrate Fossils, Peabody Museum of Natural History), "The Gaps in the Fossil Record" Nature, Vol. 297.

Shochetman. E. Pe'amim: Studies in Oriental Jewry, 1983

Sholem G. Kabbalah. Jerusalem, 1974.

Sholem G. Bibliojgraphia Kabbalistica. Leipzig, 1927.

Sholem G. On the Mystical Shape of Godhead. N. Y., 1991.

Sprengel. Versuch einer pragmatischen Geschichte der Arzneykunde (в 5 томах). Halle, 1792–1803.

Steven M. Stanley, The New Evolutionary Timetable: Fossils, Genes and the Origins of Species (New York: Basic Books, 1981).

Stephen Jay Gould, "Evolution's Erratic Pace", *Natural History,* May 1977.
Theophrastus Paracelsus. Das Buch Paragramum. Изд. Franz Strunz. Leipzig, 1903.
Zohar for All. Kabbalah Publishers. Israel. 2014
סיני, ספר היובל. מוסד הרב קוק, ירושלים תשי"ח (1957). הרב מנחם מ. כשר.הזוהר.
https://www.otzar.org/wotzar/book.aspx?156282

МЕЖДУНАРОДНАЯ АКАДЕМИЯ КАББАЛЫ

КАББАЛА ДЛЯ НАЧИНАЮЩИХ
материал основан на лекциях д-ра Михаэля Лайтмана

Авторский коллектив преподавателей Международной академии каббалы под руководством М. Санилевича:
М. Бруштейн, К. Кальченко, А. Козлов, Г. Шустерман

Редакторы: С. Добродуб, П. Календарев, М. Шапиро, Л. Шмуленсон

Верстка: Г. Заави

Выпускающий редактор: М. Бруштейн

Графика: О. Сафронова

Чертежи: О. Уткина, З. Куцина

МЕЖДУНАРОДНАЯ АКАДЕМИЯ КАББАЛЫ
под руководством Михаэля Лайтмана
http://www.kabacademy.com/

Учебно-образовательный интернет-ресурс, неограниченный источник получения достоверной информации о науке каббала.

Выберите удобный для вас способ обучения на сайте.

УГЛУБЛЕННОЕ ИЗУЧЕНИЕ КАББАЛЫ – ЕЖЕДНЕВНЫЙ УРОК
https://kabbalahmedia.info/ru/

Каждое утро на сайте ведется прямая трансляция уроков каббалиста Михаэля Лайтмана для всех, кто занимается углубленным, ежедневным изучением науки каббала и исследованием каббалистических первоисточников. Занятия проводятся на иврите с синхронным переводом на 8 языков, включая русский язык. Есть возможность задавать вопросы в режиме реального времени.

Видео портал Каббала Медиа располагает уникальным контентом в виде бесплатных видеоматериалов, текстов, видеоклипов, фильмов, музыки.

ИНТЕРНЕТ-МАГАЗИН КАББАЛИСТИЧЕСКОЙ КНИГИ
https://books.kab.co.il/ru/

Международная академия каббалы издает учебные пособия и другие книги, предназначенные для самостоятельного изучения каббалы. Все учебные материалы основаны на оригинальных текстах каббалистов, сопровождаемых комментариями руководителя академии, каббалиста Михаэля Лайтмана.

www.ingramcontent.com/pod-product-compliance
Lightning Source LLC
LaVergne TN
LVHW081812080526
838199LV00099B/4256